上海市重点学科建设项目资助

上海政法学院学术文库——行政法学丛书

行政法思想史

主　编　关保英

副主编　章志远

中国政法大学出版社

学术文库·总序

中华民族具有悠久的学术文化传统，两千年前儒家经典《大学》即倡言"大学之道，在明明德，在亲民，在止于至善"，其意即蕴涵着彰扬学术、探索真理。而《中庸》论道："博学之、审问之、慎思之、明辨之、笃行之"，则阐释了学术研究的治学精神以及达到真实无妄境界的必由之路。因此，从对世界历史进程的审视与洞察来看，社会发展、科学昌明、思想进步，从来都离不开学术科研力量与成就的滋养与推动。

大学是国家与社会发展中一种不可或缺的重要力量，而科学研究的水平则又体现了大学的办学水平和综合实力，是一所现代大学的重要标志。因此，一个大学的学术氛围，不仅在很大程度上影响和引导着学校的科研状态，而且渗透和浸润着这个大学追求真理的精神信念。这正如英国教育思想家纽曼所言，大学是一切知识和科学、事实和原理、探索与发现、实验与思索的高级力量，它态度自由中立，传授普遍知识，描绘理智疆域，但绝不屈服于任何一方。

大学的使命应是人才培养、科学研究和服务社会；高等教育发展的核心是学术和人才。因此，大学应成为理论创新、知识创新和科技创新的重要基地，在国家创新体系中应具有十分重要的地位和意义。上海政法学院是一所正在迅速兴起的大学，学院注重内涵建设和综合协调发展，现已有法学、政治学、社会学、经济学、管理学、语言学等学科专业。学院以"刻苦、求实、开拓、创新"为校训，这既是学校办学理念的集中体现，也是上政学术精神的象征。这一校训，不仅大力倡导复合型人才培养，注重充分发挥个性特色与自我价值的实现，提供自由选择学习机会，努力使学子们于学业感悟中启迪思想、升华精神、与时俱进，而且积极提倡拓展学术创新空间，注重交叉学科、边缘学科的研究，致力于对富有挑战性的哲学社会科学问题的思考与批判，探求科学与人文的交融与整合。"上海政法学院学术文库"正是在这一精神理念引领下出版问世的。

"上海政法学院学术文库"的出版，不仅是《上海政法学院教育事业"十一五"发展规划》的起跑点，而且是上海政法学院教师展示学术风采、呈现富有创造性思想成果的科研平台。古代大家云："一代文章万古稀，山川赖尔亦增辉"；"惟有文章烂日星，气凌山岳常峥嵘"。我相信"上海政法学院学术文库"的出版，不仅反映了上海政法学院的学术风格和特色，而且将体现上海政法学院教师的学术思想的精粹、气魄和境界。

法国著名史学家、巴黎高等社会科学院院长雅克·勒戈夫曾言，大学成员和知识分子应该在理性背后有对正义的激情，在科学背后有对真理的渴求，在批判背后有对更美好事物的憧憬。我相信"上海政法学院学术文库"将凝聚上政人的思想智慧，人们将从这里看到上政人奋发向上的激情和攀登思想高峰的胆识与艰辛，上政人的学术事业将从这里升华！

祝愿"上海政法学院学术文库"精神，薪火传承、代代相继！

上海政法学院院长　金国华

2006 年 9 月 10 日于求实楼

学术文库·行政法学丛书·总序

　　"行政法学丛书"作为"上海市重点学科（行政法学）"的部分成果，是我们多年来对行政法学哲理、实务等问题所作思考的系统总结。2006年9月，承蒙上海市教委的正确指导和资助，上海政法学院的行政法学科被批准为"上海市重点学科"。该学科立项后，上海政法学院领导给予了高度重视，从组织机构、人员配置等方面进行了部署。学科组对该学科的发展进行了整体建设的规划，并得到了院领导的认可和市教委的批准。该学科以行政法理论与实践为总的建设方略，设有行政法基础理论与实务、公共政策与比较公法、科技文化与卫生行政法治等方向。学术著作的撰写和编著是学科建设的重要组成部分，本学科拟在建设期间出版学术专著和规范化的教科书30余部。基于我国行政法基础理论相对薄弱的现实，我们在学术著作的选材上以行政法基本原理、行政法史、比较行政法为主，并兼顾部门行政法中备受社会关注的热点问题，通过系列学术著作和规范化教科书的出版使本学科通过数年的建设形成自己的特色。希望学术界同仁和广大读者给我们批评建议，帮助我们把这套丛书出好。

关保英

2006年12月

编写说明

　　《行政法思想史》是继《行政法制史教程》之后我们所编写的又一部行政法史著作，而且往后还将有系列丛书出版。行政法思想史的研究可以是多层面的，有思想家层面的行政法思想，有法学家层面的行政法思想，有行政法学家层面的行政法思想，但我们认为，只有思想家层面的行政法思想才称得上真正的行政法思想，法学家和行政法学家层面的行政法思想充其量只不过是有关行政法问题的认识而已。本书就是立足于这一视角来研究思想大师们的行政法思想的。

　　本书的体系结构由关保英设计，关保英、章志远审阅全部书稿。撰写过程中的具体分工如下：

　　关保英（上海政法学院）：第一章、第二章、第三章、第十三章

　　张知学（华东师范大学）：第四章

　　杨福涛（华东师范大学）：第五章

　　陈根强（华东师范大学）：第六章

　　季丽霞、章志远（苏州大学）：第七章

　　张　玫（江南大学）：第八章

　　曾祥华（江南大学）：第九章

　　黄　辉（华东师范大学）：第十章

　　郭　洁、章志远（苏州大学）：第十一章

　　陈书笋（华东师范大学）：第十二章

　　宋广奇（华东师范大学）：第十四章

编　者

2008 年 4 月

序　言

在《行政法思想史》之前，我们已经出版了《行政法制史教程》和《行政法认识史》，虽然我们的编著计划是将《行政法思想史》放在《行政法制史教程》和《行政法认识史》之间完成，从逻辑顺序上讲《行政法思想史》的研究也应当在《行政法认识史》之前，但是由于种种原因，《行政法思想史》迟迟没能与读者见面，而在其后编著完成的《行政法认识史》却先出版了。对于已经出版完成的这两部行政法史著作来说，其各方反响都很好。在《行政法制史教程》中，我们对行政法的若干重要制度进行了全方位的综合考察并理顺了各个制度的发展脉络，该书出版后引起了学界的一致好评，很多学者都肯定了我们对行政法制史进行立体研究的创意。当然，作为国内甚至全球第一部系统研究行政法制度的著作在诸多方面还存在缺陷，但在我们看来，该书只要能够起到奠定行政法史研究基础的作用，编著它的目的也就达到了。在《行政法认识史》中，我们选择了从迈耶、美浓部达吉、司徒节尼金、管欧等九位公法学家的行政法认识作为研究对象，对他们的行政法认识分别进行了概括和分析，并提炼了他们对行政法问题思考和分析中的学术精华。从体系构建的角度来看，我们没有以国家类型、时代发展、政权更迭、制度变迁等作为研究的切入点，而是以公法学家这一群体作为依据，这不得不说是行政法史研究中的鲜例。从总体而言，该书对于行政法学教学和研究都具有极强的理论价值和实践价值。

《行政法思想史》是我们编著的又一部重要的行政法史学著作，它是关于重要哲学家和政治思想家对行政法问题思考的研究，其对行政法问题思考和分析的哲学深度显然要比《行政法认识史》更高一些。在《行政法思想史》的研究中，我们研究了从柏拉图到黑格尔等哲学思想大师们对行政法问题的思考，他们都是一些具有划时代意义的思想家。在公法学界尤其我们行政法学界，学者们对我们所选择的行政法思想史的这些思想家都是十分熟悉的，但很少有人对这些学者们的行政法思想作如此系统的研究，因此我们的这次较大规模的行政法思想史研究工作的理论及现实价值自然不言而喻。在我们看来，思想范畴的东西或者是思想史必须以强大的方法论作为支撑，而这样的方法论并不仅仅限于一个单一学科。与《行政法认识史》的研究进路不同的是，在《行政法思想史》的研究中，我们结合各位思想家生活的历史年代和不同地域对整个世界的行政法思想进行了必要的历史断代和地域划块，分别将这些思想家安排在古希腊、古罗马、欧洲中世纪、欧洲文艺复兴时期、古代东方、中国古代、17 世纪、18 世纪、19 世纪、中国近现代、20 世纪西方国家、20 世纪苏联和东欧、中国当代等多个板块中，从而将设定的研究问题框定在某个具体代际和某个特定地域之中。之所以选择了这样一种较为传统的研究方法，一方面是出于历史研究的根本规定性，出于对历史研究法则的遵循，但更重要的则是为了使本书有一个比较清晰的脉络，毕竟思想史所涉及到的思想家要比认识史中所涉及到的公法学家多得多，如果也采取同认识史一样的体例安排，势必会使整个内容显得有些杂乱。

诚然，我们自身的学术水平以及我国整个行政法学史研究的现实状况决定了我们这部《行政法思想史》只能是抛砖引玉之作，它还有很多可以进行充实的内容，例如所收入的思想家的全面程度、结论的周延程度等都有扩展的余地。我们真诚欢迎学界同仁能与我们共同进一步探讨这一领域的话题，这必定会加强我国行政法史研究的深度和广度。

编　者

2008 年 6 月于上海

| 目 录 |

第 1 章

导 论

第一节 行政法思想史的学科地位

行政法思想史不论作为一个学科体系，还是作为一个课程体系，在行政法学研究中基本上是一个空白。[1] 由于该学科本身的缺失也就使人们忘记了从相对较高的角度界定该学科的地位。然而，既然我们要建立一个行政法思想史学科体系，我们就不能不对该学科的地位作出一般性描述。行政法思想史的学科地位是指行政法思想史在社会科学中所处的地位，依学科分类的理论，我们将目前存在于人类社会中的学科可以分为自然科学、社会科学、边缘科学等。自然科学是回答自然界之间诸关系的学科体系，社会科学是回答人与人之间关系的学科或科学，边缘科学则是科学的一种新的形态，至于它究竟研究的是何种关系至今还没有定论，但边缘科学这个概念却是人们公认的一个概念。[2] 依上列关于科学的分类，我们认为行政法思想史属于社会科学这是可以成定论的。而其与一般的社会科学还存在一定的区别，其不是对现实问题的研究，而是对已经发生过的问题的研究，这是它最为基本的特征。社会科学中某一学科地位的确定向来就是一个非常复杂的问题，通常情况下某一社会科学若能够独立存在，其就在社会科学大系统中获得了相对独立的地位，反之，

---

[1] 到目前为止，我们还没有看到一部系统的关于行政法思想史的专著或者教科书，即便有关某个行政法问题的思想史也没有专门研究。这无论从国内行政法学界看，还是从全球行政法学界看几乎都是相同的情况。造成这种现象的原因是值得引起注意的。在笔者看来，一方面，可能由于现代意义的行政法制度的建立较晚，人们还顾不上对该问题进行历史性的挖掘；另一方面，行政法本身是法律体系中的一个分支，其作为一个应用性极强的学科，一些历史性问题还没有达到非解决不可的地步，但行政法学作为法学的分支之一不能没有关于它的思想史这样的知识板块。

[2] 边缘学科和综合学科的出现被认为是现代科学发展的整体化趋势的一个方面，它促进了科学的彼此渗透和结合，正如有学者对此所作的评价："现代科学的发展方向之一，正是在现有基础学科临界领域之间产生一系列边缘学科。边缘学科的一个共同特点是：应用一门科学的方法去研究另外一门科学的对象，使得不同学科的方法有机地结合起来。边缘科学在现代科学发展中具有决定性意义，因为它们揭示了物质运动形式的相互转化，扩展了科学研究的新视角，开创了新的实验技术，形成了新的理论思想。"参见中国大百科全书编委会：《自然辩证法百科全书》，中国大百科全书出版社1995年版，第594页。

若某一学科在社会科学大系统中没有获得独立，它就没有相应的学科地位。行政法思想史究竟是否为一门独立学科，在笔者看来主要是将行政法思想史与其他学科的关系予以厘清。如果行政法思想史与行政法学、行政法思想史与法律思想史、行政法思想史与政治思想史、行政法思想史与行政思想史、行政法思想史与行政法制史等关系能够厘清，[1]并能够证明行政法思想史是上列学科所不能包容的，那么行政法思想史的学科地位也就澄清了。

一、行政法思想史与行政法学

行政法学是以行政法为研究对象的学科，这是行政法学界关于行政法学的一般定义。[2]在笔者看来，这个定义的表述存在一定的缺陷，因为行政法学在研究过程中不仅仅是对规范的研究，更为重要的是对规范背后隐藏的社会关系的研究。如果将行政法学的研究对象仅仅局限在行政法之内就会给人一种错觉，即行政法学是对行政法规范进行研究的学科。若行政法学仅仅研究行政法规范，那么，行政法学与行政法思想史的关系就相对容易区分，对规范本身的研究无论如何也不能与对规范的历史进行考察有什么关系。但是，行政法学并不是仅仅以规范为研究对象的，它必须对规范所涉及的社会关系进行研究，从这个意义上讲，行政法思想史和行政法学之间的关系就不那么简单了，因为社会关系使它们之间存在着千丝万缕的联系，行政法史问题与行政实在法问题关系的难以厘清也是由此所导致的。因此，对行政法学与行政法思想史从理论上进行区分就显得十分重要。在笔者看来，行政法学与行政法思想史至少可以作出下列区分。

（一）过去与现在的区分

行政法思想史与行政法学的区别首先是过去与现在的区分。行政法思想史是以过去的东西为范畴的，即是说，行政法思想史所关注的是过去的东西，不论其是过去的理论还是过去人们对行政法问题的认识。过去的特性是任何归之于历史范畴的

---

〔1〕　行政法学是一门独立的学科这是没有争论的，至于行政法这个学科中包括哪些具体内容是一个有争议的问题，如行政法学是否包括了行政法制史学、行政法学是否包括了行政法史学都是有争议的。法律思想史作为一门独立学科是早就被认可的，在诸国法律学的教学中法律史的教学是一个完整的教学体系。政治思想史亦是一门独立的学科，它作为独立学科的属性毋庸置疑。行政法思想史究竟是否为一门独立学科却是需要进一步澄清的问题，在一些行政法教科书中包括了行政法思想史的内容，但在笔者看来，行政法思想史作为一门独立学科的地位是成立的，这既可以从其研究对象中得到证实，也可以从研究方法中得到证实。行政法制史是否为一门独立学科的问题，笔者在《行政法制史教程》一书中已经作了探讨。上列这些学科的独立性使我们必将要它们与行政法思想史的关系阐释清楚，否则，行政法思想史的独立学科地位就会受到质疑。

〔2〕　例如，有学者认为："行政法学是以行政法为研究对象的法学学科。"有学者认为："行政法学是以行政法为研究对象的一门独立的法律学科。"参见王连昌主编：《行政法学》，中国政法大学出版社1994年版，第18页；廖晃龙主编：《新编中国行政法原理》，大连海运学院出版社1990年版，第22页。

东西的共同特征。这些东西都是在已经消失的历史中发生过的，至于其在当时历史条件下所起的作用和所扮演的角色则是另一个范畴的问题。行政法学应当被定义为现在的东西，是目前社会环境和其他相关环境的产物，其以一种思想或者概括了当下行政法及其制度的特征，或者是对当下行政法现象的描述。行政法学体系中如果有历史的东西，那也不能成为一个独立的范畴，而是附着于某一行政法现实问题之中的。过去与现在的反差使我们完全有理由认为行政法思想史与行政法学是两个独立的学科，正如我们前面所指出的，行政法学作为一门独立的学科在学界似乎没有争议，但人们很少谈及行政法思想史的独立学科地位。过去与现在在哲学范畴上讲具有质的差异，任何将二者混为一谈的论点都难以站得住脚。

（二）主观与客观的区分

总体上讲，行政法思想史和行政法学似乎都是意识范畴的东西，即仅从直观看行政法思想史和行政法学都是主观的，因为人们对问题的认识是一种心理活动。但是，我们将问题深化以后则会发现行政法思想史是一种纯粹主观的东西，其即使是一种历史，也是一种有关思想认识的历史，是人们对行政法问题进行思考的历史。行政法学则不同，其作为一种学科体系是主观的东西，而这个主观的东西却寸步不能离开行政法实在，无论哪一国的行政法学如果离开了该国的行政法制度，那么，这个行政法学科体系就是一种虚幻的学科。我们可以用毛雷尔对行政法学研究对象的描述证明这个学科的客观性。德国行政法学家汉斯·J. 沃尔夫对行政法学的研究对象做了较为清晰的列举，依他的论点行政法学的研究对象可概括为下列方面：①行政法学研究行政在国家体制和法律制度中的地位；②行政法学研究行政的法律根据、行政的任务、行政的权限等；③行政法学研究个人相对于国家和行政机关的地位；④行政法学研究行政的方法和活动方式；⑤行政法学研究行政程序；⑥行政法学研究行政责任；⑦行政法学研究行政的组织；⑧行政法学研究公务员的地位；⑨行政法学研究行政的物质手段；⑩行政法学研究行政的形象；⑪行政法学研究行政的监督等。[1] 主观性与客观性的区分是行政法思想史与行政法学的又一重大区别，对于这一区别我们同样应当给予高度关注，因为这个区别同样可以使行政法思想史成为独立学科具有理论依据。

（三）下意识与有意识的区分

行政法思想史与行政法学的另一个区分是下意识和有意识的区分。所谓下意识是指学者们在研究某一问题时对该问题产生的当下的认识，这个认识是在不经意间形成的。行政法思想史中有关行政法的思想常常就是这样。学者们并不是在对行政法问题进行专门研究时形成的认识，而是在研究其他问题时对行政法中的问题附带地形成的见解。例如，卢梭在《社会契约论》中就有诸多在我们看来是行政法问题的见解，但在卢梭看来这些问题的思考并不是对行政法问题的思考。行政法思想史

---

[1] ［德］汉斯·J. 沃尔夫等：《行政法》，高家伟译，商务印书馆 2002 年版，第 13 页。

的下意识特性是一个比较特别的现象，造成这种现象的根本原因还在于行政法问题本身的微观性以及行政法在法律体系中产生的时间相对较晚。与行政法思想史的下意识相比，行政法学研究则是一个有意识的行为。所谓有意识的行为是指人们对行政法学科体系的构建、对行政法中具体问题的研究都是有准备、有意识的情况下进行的。各国只要有一定的行政法制度的存在就都相应地形成了有关行政法问题的学科体系，每一种学科体系的形成都是学者们积极的研究行为的结果。行政法思想史与行政法学在这个层面上的区分具有一定的理论意义，它提醒我们对行政法思想史的研究不能局限在一些公法学者的著作中，因为一些不是对公法问题进行研究的思想家常常在其他研究中下意识地思考了行政法问题，而且这样的思考其见地甚至超过了有意识思考行政法问题的行政法学者。例如，卢梭关于行政体系在国家政权体系中处于比例中项上的理论就是一个非常精辟的行政法学理论，而这样的理论在专门研究行政法的学者中是很难形成的。[1]

上列诸方面是行政法思想史与行政法学的区别，然而，在行政法思想史与行政法学之间不仅仅是一个相互区别的问题，它们之间还存在着一定的关联性和学科特征上的相似性。①不论行政法思想史还是行政法学其限制词都是行政法，即行政法使此二学科之间有了学科上的关联性，这一点是十分重要的。即是说，二者所建立的基础是相同的，基础上的同质性使我们无论如何也不可将二者的区别理得那么清楚。②行政法学的研究不可能完全离开行政法思想史，一些行政法教科书在对行政法问题研究时引经据典，其中所引之经，所据之典就是行政法思想史的内容。例如，有学者在分析行政审批制度时就从经典作家关于市场经济下政府行政行为的特性出发，使行政审批问题的回答具有理论依据。行政法思想史虽然属于纯粹主观和过去的东西，但它不仅仅具有美学上的意义，最为重要的是它作为一种产生于人类社会的思想对当今行政法问题的研究具有指导意义。这样我们可以说，行政法思想史的研究对于行政法学科体系的完善具有指导意义。当然，行政法思想史不仅仅在于指导行政法学，它还能够在一定条件下指导一国的行政法制度和行政法治实践。

二、行政法思想史与法律思想史

法律思想史是一门相对成熟的学科，在我国高等政法院系的学科体系中，中国法律思想史与西方法律思想史是两门重要课程，在 20 世纪 90 年代以前，诸多政法院系都将这两门课程作为法学专业的必修课。既然能够作为课程体系来开设，其学

---

〔1〕　"正是在政府之中，就可以发现中间力量；这些中间力量的比率就构成全体对全体的比率，也就是主权者对国家的比率。我们可以用一个连比例中首尾两项的比率来表示主权者对国家的比率，而连比例的比例中项便是政府。政府从主权者那里接受它向人民所发布的一切命令；并且为了使国家能够处于很好的平衡状态，就必须——在全盘加以计算之后——使政府自乘的乘积或幂与一方面既是主权者而另一方面又是臣民的公民们的乘积或幂，二者相等。"参见［法］卢梭：《社会契约论》，何兆武译，商务印书馆 1982 年版，第 77 页。

科的成熟程度也就无须证明了。行政法思想史正如我们上面所指出的则没有法律思想史那样成熟和得到普遍认可。这样，在一些学者的著作中行政法思想史只是法律思想史的一个组成部分，其本身并不是一个完整独立的学科。这也可以成为解释行政法思想史没有得到很好发展的一个原因。为了澄清行政法思想史与法律思想史之间的关系，我们可以将行政法思想史与法律思想史进行比较研究，如果我们能够有效地将行政法思想史与法律思想史区别开来，那么，行政法思想史作为独立学科的地位也就一目了然了。在笔者看来，行政法思想史与行政法制史可以从下列方面予以区分。

（一）个别性与普遍性的区分

行政法思想史与法律思想史都是有关法律的思想史，但是，行政法思想史与法律思想史的区分主要表现之一是行政法思想史是法律现象中的个别问题，即对法律现象中个别问题的思考，而法律思想史则是对行政法现象普遍问题的思考。行政法思想史所思考的基本元素是行政法这个部门法的问题或者与行政法这个部门法有关联的问题，行政法在法律体系中只是一个分支，其对于整个法律体系而言是一个个别现象，对这一个别现象的思考就使行政法思想史具有个别性。法律思想史则是以法这个较为宽泛的社会现象为思考对象的。法律是一个非常庞大的规则系统，法相对其他社会现象而言是一个个别的东西，而对于其内部的分支部分而言则是一个普遍的东西，对于法的问题的思考必然是一个普遍性的思考。普遍性思考使法律思想史在社会科学体系中更容易得到人们的接受和认可。我们认为，个别性与普遍性的区分并不是一个细节上的区分，而是一个具有本质属性的区分。很难想像一个以个别作为对象的学科能够与一个以普遍性为对象的学科会具有质上的共性。即是说，以个别性为对象的行政法思想史必然不能归于以普遍的法律为思考对象的法律思想史之内。正是这一基本的思维定式使我们能够将行政法思想史作为一个独立的学科，使它不再成为法律思想史的附属物。

（二）从行政出发与从法出发的区分

行政法这个概念有两个关键词，第一个关键词是行政，第二个关键词则是法。法与行政的统一是行政法这个部门法一个特别的地方。然而，行政与法共同构成了行政法概念并不是说，行政法这个概念是行政与法的相加，而是两个在关系形式上存在主与从的关系问题。行政法在现代民主国家是指由国家政权系统控制行政体系的规则体系，其中法是行政的关键词，行政是法的副词。然而，这并不是说行政法概念中的行政是无关紧要的，恰恰相反，在行政法概念中，行政是整个问题的出发点，进一步讲，在人们思考行政法问题时其出发点并不是法而是行政。行政法思想史整个学科的出发点亦是行政的问题而不是法的问题，对此我们必须予以明确。如果我们不明确此点那就必然会将行政法思想史与法律思想史相混淆。法律思想史则是另一种情形，在法律思想史中，我们也可能会看到学者们关于刑法问题的思考、关于民法问题的思考、关于国际法问题的思考等。而这些思考中无一不是从法出发的，法是任何一个思考中的关键词而不是副词。我们也注意到一些国家和地区将行政法的基本制度和规范归入行政学体系中，但关于法的思想史却常常以法律体系的范畴作为学科的基本定位。行政法思想史从行政出发进行思考必然使行政法思想中的一些内容与法律思想史中的一些内容在价值取向上相去甚远。例如，人们在行政法问题的思考中对于行政机构体系活动的高效性特别关注，而在法的问题的思考中则不关注行政的高效性问题，大多数情况下，关注的是行政的程序性问题。行政法思想史从行政出发与法律思想史从法出发一定程度上使这两个学科存在一定的质差，至于这种质差的程度是需要再进一步进行研究的问题。

（三）分散性与集中性的区分

行政法思想史从来就不是成体系的，人们在思考有关的政治、行政、法律等问题时附带地思考行政法问题，这样便使行政法思想史相对分散。即既没有形成一个统一的体系，又没有像教科书那样规范的构成方式。法律思想史则不是，它是相对集中的，往往集中地思考法的一般问题，包括法的概念、法的特征、法的任务、法与其他社会控制方式的关系等。法律思想史相对集中的特性还表现在早在古希腊与古罗马法学家的著作中就有关于法的成体系的思想，[1] 这种成体系的思想对人们后来对法问题的研究起到了非常好的作用。同时它也在一定程度上制约了后人对法问题思考的视野。例如，我们注意到，目前有关法律思想史的著作和教科书对法问题的思考都是关于法的一般知识，有一部分是关于刑事法律和民事法律思考的知识，而真正的法律思想史中有关行政法的知识少之又少。行政法思想史没有形成统一体系的事实就充分证明了行政法思想史的相对分散性。这是行政法思想史与法律思想史的主要区分。同时，我们还必须注意，行政法思想史与法律思想史之间还存在着非常密切的关系，二者都与法有关，正如前述，从最广泛的意义上讲，行政法思想史与法律思想史都以法为元素，正是由于法这个基本元素才使我们不得不研究行政法思想史与法律思想史之间的逻辑关系。在一般情况下，行政法思想史应当是法律思想史的一个分支，应当归于法律思想史中，但是，如果我们仅仅得出这样一个单一的结论的话，我们将会犯非常严重的错误，因为在行政法思想史与法律思想史的关系中，其中二者之间在一些方面是没有关系的，即在行政法思想史与法律思想史之间有一部分互不关联的，即法律思想史中的一部分内容不是行政法思想史，而且与行政法思想史没有太密切的关系。而行政法思想史中的一部分也不是法律思想史的内容，例如行政机关的组织体系以及行政机关在行使行政权中如何对待效能问题，可以是行政法思想史的重要内容，但不应当是法律思想史的内容。

三、行政法思想史与政治思想史

政治思想史的学科地位是可以肯定的，国内外有关政治思想史的著作和教科书

─────────

〔1〕　参见［古罗马］查士丁尼：《法学总论》，张企泰译，商务印书馆1995年版。

有诸多部。学者们撰写政治思想史的方式和方法也非常多，乔治·荷兰·萨拜因的《政治学说史》与列奥·施特劳斯的《政治哲学史》[1]在思想方法和全书的体系结构上有很大差别。对于这些差别我们可以暂且不予考虑，政治思想史的相对成熟性是可以肯定的。政治思想史是有关政治问题思考和观察的历史，而政治问题的核心是有关国家权力的分配和行使问题，在通常情况下，政治思想史包含这样一些内容：①国家问题，即关于国家的概念、关于国家的功能、关于国家的命运等。例如马利旦在《人和国家》一书中指出："国家只是政治体中特别与维持法律、促进共同福利和公共秩序以及管理公共事务有关的那一部分。国家是专门从事于整体利益的一个部分。它并不是一个或一批人，它是联合成一个最上层的机构的一套制度：这种艺术创造物是由人所建立的，它使用人的脑力和精力，并且如果没有了人，它也就不存在了，但是它卓越地体现了理性，构成一种不具人格的、持久的上层建筑，这种上层建筑的作用可以说在次要的程度上是理性的，因为在其中受法律和一个普遍条例体系约束的理性活动，同我们个人生活中的理性活动相比，是更加抽象、更少掺有经验和个性的偶然因素，同时也更加冷酷。国家并非像黑格尔所相信的那样，是理念的最高体现；国家也不是一种集体的超人；国家不过是一个有资格使用权力和强制力，并由公共秩序和福利方面的专家或专门人才所组成的机构，它不过是为人服务的工具。使人为这一工具服务，是政治上的败坏现象。人作为一个个体是为政治服务的，而政治体是为作为一个人的人服务的。但人决不为国家服务。国家是为人服务的。"[2]这实质上是一个关于国家基本问题的思考，这个思考显然是政治思想史的内容。②关于政体的问题，即人们对政体的思考和认识。柏拉图在《理想国》中对政体有这样的评论："我所指的四种制度正是下列有通用名称的四种。第一种被叫做斯巴达和克里特政制，受到广泛赞扬的。第二种被叫做寡头政制，少数人的统治，在荣誉上居第二位，有很多害处的。第三种被叫做民主政制，是接着寡头政制之后产生的，又是与之相反对的。第四种乃是与前述所有这三种都不同的高贵的僭主政制，是城邦的最后的祸害。你还能提出任何别种政制的名称吗？所谓别种政制，指的是能构成一个特殊种的。有世袭的君主国，有买来的王国，以及其他介于其间的各种类似的政治制度。在野蛮人中比在希腊人中，这种小国似乎为数更多。"[3]③关于政府形式的思考。潘恩认为："政府不过是一个全国性的组织，其目的在于为全体国民——个人的和集体的——造福。每个人都希望和平而又安全地并以尽可能少的费用来从事他的工作，享受他的劳动果实和财产所得。这一点做到，

〔1〕　参见［美］乔治·霍兰·萨拜因：《政治学说史》，盛葵阳、崔妙因译，商务印书馆1986年版；［美］列奥·施特劳斯等主编：《政治哲学史》，李天然等译，河北人民出版社1998年版。

〔2〕　［法］马里旦：《人和国家》，霍宗彦译，转引自法学教材编辑部《西方法律思想史编写组》编：《西方法律思想史资料选编》，北京大学出版社1983年版，第676页。

〔3〕　［古希腊］柏拉图：《理想国》，张竹明等译，商务印书馆1986年版，第313页。

成立政府的全部目的也就达到了。"[1] ④关于权力分配的问题，即一个国家的政治权力如何分配。约翰·密尔在《代议制政府》一书中关于政府权力分配的一些思考就非常经典，这些思考是对政治问题的一般见解，用现在的眼光看是比较典型的政治思想史的内容。⑤关于权力行使的思考。权力行使和运行是政治学的核心内容之一，一定意义上讲，整个政治思想就是关于权力分配与运行的思想。行政法思想史必然涉及行政权的运行和分配的问题，这就使行政法思想史在一定程度上能够归入到政治思想史的范畴，或者说二者在学科属性上就有了一定的暧昧关系。那么，如何将行政法思想史与政治思想史区别开来是确立行政法思想史学科地位必须解决的又一个问题。我们认为，行政法思想史与政治思想史具有下列区别。

（一）权利的思想与权力的思想的区分

柏拉图在《理想国》一书中有这样一段话："每一个统治阶层总是制定符合自己利益的法律，一个民主政府制定的是民主的法律，一个专制政府制定的是暴虐的法律，等等；在制定这些法律的过程中，他们把凡是符合自己，即统治者利益的东西，界定为臣民的'权利'，任何人如果违反了他们的法律，都会被视为'罪犯'而受到处罚。我在说所有城邦的'权利'，即统治阶层的利益都是一回事时，就是那个意思；在每一个城邦，这一统治阶层都是'最强有力'的因素。因此，我们如果展开正确的辩论，就会认识到'权利'别无二致，总是'较强者'的利益。"[2]由此可见，权利问题在社会科学体系中是一个法律学的问题，因为权利只有放置于法律规则或法律制度之内才有真正的意义，虽然我们不能说法律思想史是有关权利保护的思想史，但是，我们完全可以说，行政法思想史从其思考问题的基础看是对有关权利的思考，或者是对权利制约的思考，或者是对权利保护的思考，或者是有关权利在国家政权体系中如何运作的思考。行政法思想史与权利的关系没有引起理论界较多的关注，无论人们是否关注这一问题，权利是行政法中不可回避的问题，这其中的重要原因在于行政法是公法范畴的法律，公法的最大特性就是与社会公众的权益关系有着十分重要的关联性。与行政法思想史以权利为核心的状况不同，政治思想史不是以权利为起点和终点的，而是以权力为起点和终点的，恩格斯在《论权威》一文中指出："这里所谈的权威，是说别人的意志强迫我们接受；另一方面，权威又是以服从为前提。但是，既然这两个用语不好听，而它们所表现的关系又是使服从的一方感到难堪的，那么试问：是否可以不要这种关系，我们是否能够——假定在当前社会的条件下——创造出另一种社会制度来，使这个权威成为无谓的东西而归于消失呢。我们只要考察一下作为现代资产阶级社会基础的那些经济关系、工业关系和农业关系，就会看到，它们具有使各个分散行动愈益为人们联合活动所代替的趋势。起而代替各个分散生产者小作坊的，出现了拥有庞大工厂的现

---

〔1〕　[英] 潘恩：《潘恩选集》，马清槐等译，商务印书馆1982年版，第264页。

〔2〕　[英] 彼得·斯特克等：《政治思想导读》，舒小昀等译，江苏人民出版社2005年版，第132页。

代工业，在这种工厂中有数百个工人操纵着蒸汽发动的复杂机器；大路上的乘客马车和载重马车已被铁路上的火车代替，而小型帆舟和内海帆船已被轮船代替了。甚至在农业中，也是愈益由机器和蒸汽占统治地位，虽然缓慢地但却一贯地使小自耕农被那些靠雇用工人耕作大片土地的大资本家所代替。这样，联合的活动，互相依赖的工作过程的复杂化，正在取各个人的独立活动而代之。但是，联合活动就是组织起来，而组织起来是否可能不要权威呢？"[1] 其从技术上分析了进入大工业社会以后权威的重要性，恩格斯的权威概念实质上是权力概念的一种转换形式。政治思想无论归入什么属性和什么流派都不能离开权力问题，要么对权力分配进行思考，即思考权力的运作形式及其体制问题；要么是对权力具体运作的认识。当然，政治学所关心的主要是权力行使的效果和技术，政治思想史实质上亦是权力行使和运作技术的思想史。那么，既然行政法思想史与政治思想史的基本元素那样清楚，为什么我们还要探讨二者的关系呢？主要原因在于行政法思想史中亦有权力的内容，而政治思想史中亦有权利的内容。正是二者涉及问题的相互交织性使我们不能不将二者的关系进行梳理和区分。我们要说的是行政法思想史的权力问题与政治思想史的权力问题有质的区别，行政法思想史的权力是以限制为思考路径的，而政治思想史的权力则是以有效行使为进路的。政治思想史中的权利是以限制为进路的，而行政法思想史的权利在大多数情况下是以保护和有效行使为进路的。总之，权利的思想与权力的思想是行政法思想史与政治思想史区别的关键之点。

（二）规范的思考与技术的思考的区分

行政法思想史与政治思想史一个与权利有关，另一个以权力为核心。而从另一个角度看，权利与权力是同一范畴的东西，它们是有关现代公共事务中的核心概念。一般认为，权利的主体是社会成员，即公民以及类似于公民的其他社会组织。权力的主体则是现代国家中的政治实体，即国家机构或者类似于国家机构的公共权力机构。由于现代社会发展过程中，社会公众与国家权力机构共同存在于社会统一体之中，因此，权利与权力的关系就自然而然地成了两个不可分开的概念。如果我们将视野扩大一点，认为不论行政法思想史中，还是政治思想史中都以权利与权力关系为核心，那么，这两个不同的学科对待权利和权力的态度却相去甚远。行政法思想史所关注的是对这两个核心问题如何规范的思考，而政治学则是对这两个问题在技术上的思考。退一步讲，我们不将行政法思想史与政治思想史都用权利和权力框定起来，即可以认为行政法思想史与政治思想史都没有以权利或权力为核心。那么，二者同样存在规范思考与技术思考的区分，行政法思想史对问题的思考是从规范相关主体的行为出发的，通过思考为相关主体提供行为规范以及规范的具体方式，正如罗素所指出的："法律的终极的权力是国家的强制权力。文明社会的特征就在于：直接的人身强制（也受到某些限制）是国家的特权，而法律则是国家对公民行使这

〔1〕 ［英］彼得·斯特克等：《政治思想导读》，舒小昀等译，江苏人民出版社 2005 年版，第 68 页。

项特权时所依据的一套规定。但法律使用惩罚，不仅是为了使不希望发生的行动实际上不可能发生，而且是作为一种诱导的手段。以罚金为例，它并不能使某一行动不可能发生，而只能使它失去诱力。而且（这也是更重要得多的一点），当法律不得人心的时候，法律也就几乎没有力量了；例如在美国禁酒期间，或如 19 世纪 80 年代爱尔兰的多数人民对夜间破坏土地法的人深表同情的时候，就可以看出这种情况。因此，作为一种有效的力量，法律依赖社会舆论和人心的程度，甚至超过它依赖警察权力的程度。法律在多大程度上受人拥护，是一个社会的最重要特征之一。"[1] 而政治思想史则是一种技术上的思考，通过思考为相关主体提供一些与权力和权利相关的技术，例如亚里士多德就对奴隶制有一个评说，他认为做主人是一门学问，治家、做主人、实行政治统治和君主统治都是一回事，主人对奴隶的统治违背了自然，奴隶与自由人并不存在自然的差别，而是由法律来进行规定，正因为它干预了自然，所以并不公正。这是一个对权力行使的技术思考。技术思考是政治思想史区别于行政法思想史的重要特征之一。这样的区分使行政法思想史不可以归入于政治思想史之中，行政法思想史作为独立学科的属性也就由此得到证明。

（三）过程的思考与结果的思考的区分

行政法思想史所关注的是一种过程，即权利享受和权力行使的过程，之所以这样说是因为行政法问题本身就是规则的问题，规则所关注的是行为的进行，即行为在运作时的基本过程。在任何情况下，一个行为规则本身都不是直接的结果。与行政法思想史相对立的是政治思想史所关注的是行为的结果，是权力行使的结果。我们知道，马基雅弗利在《君主论》一书中教给了君主行使权力的具体的和抽象的技术准则，而他将技术交给这些君主时并没有看重权力行使的过程，而是强调权力的结果。它并没指明一成不变的或者规范化的程序对权力行使会有怎样的意义，其所强调的是君主们在权力行使时有时可以有狐狸的狡猾，有时则必须有狮子的凶猛。只要达到了君主所期待的目的，什么样的方式、什么样的行为过程都是不重要的。行政法思想史所思考的则不一定是结果，而是产生结果的程序规则。我们用过程与结果概括行政法思想史与政治思想史的另一种区别并不显得牵强，因为行政法思想史本身就是对行为过程进行思考的历史，正是这一点使行政法思想史有了自身独特的内涵，该内涵使其完全与政治思想史划清了界限。

四、行政法思想史与行政思想史

行政思想史是指对行政权以及行政体制等有关行政问题进行思考和认识的历史。行政思想史在学科特征上与行政法思想史有一定的相似性，这种相似性主要表现在它们都还没有成为一个像法律思想史、政治思想史那样完全成熟和独立的学科。笔者注意到，人们在有关行政学和政治学的研究中讲到了行政思想史的问题，但至今

---

[1] ［英］伯特兰·罗素：《权力论》，吴友三译，商务印书馆 1991 年版，第 25 页。

在国内还没有发现一本关于行政思想史的系统教科书。行政思想史学科的这种相对不成熟性是由该学科的一些客观情况决定的，而不是说这个学科本身是不存在的。行政权及其行使问题是一个非常大的板块，在历史上不乏对这个问题进行专题研究的著述，威尔逊的名著《国会政体》就是一部对行政问题进行相对专题研究的专著。[1] 建构行政思想史学科体系并不比建构行政法思想史学科体系更加有难度，当然，行政思想史学科的构建不是行政法学研究者应当完成的任务。但是，我们必须从理论上将行政法思想史与行政思想史的界限划分清楚，否则，我们将会犯一定的错误，如将行政法问题混同于行政问题。事实上，在行政法学研究中有一些学者常常依行政的思路思考行政法问题，结果使一些行政法上的结论不能与行政权的控制相一致，而与行政权的扩张相一致。[2] 行政法思想史与行政思想史的区分是建构行政法学科体系所必需的，我们认为，行政法思想史与行政思想史可以作出下列区分。

（一）规制行政的思想与行政规制的思想的区分

行政法思想史中不能没有行政问题，与之相适应，行政思想史也不能没有行政问题，二者都与行政有非常密切的关系。然而，行政法思想史与行政思想史在对待行政的思维逻辑上却存在非常大的差异，行政法思想史由于涉及规范问题，即在思考行政问题时是与规范结合起来的，因此，行政法思想史的主要精神是通过规范规制行政，其中规范成了行政法思想史的核心内容之一，而其中的规范主要矛头是指向行政的，这样便使其以规制行政为思想方法的主流。《联邦党人文集》关于规制行政有这样一个思想："不论我们可能如何坚持行政部门应该无条件顺从人民的意向，我们却不应主张它同样迎合立法机构中的情绪。立法机构有时候可能站在人民群众的对立面，有时则人民群众可能完全保持中立。在这两种情况之下，行政部门肯定应该处于敢于有力量、有决心按照自己意见行事的地位。政府各部门之所以应该分权的原则，也同样说明各部门之间应能互相独立。如果行政和司法部门的组成使之绝对服从于立法部门，那么把行政和司法同立法分开又能达到什么目的呢？这样的分权只能是名义上的，不能达到其之所以如此建立之目的。服从法律是一回事，从属于立法部门则是另一回事。前者符合好政府的根本宗旨，后者则违反；不论宪法形式如何，后者都会把一切权力集中到同样一些人手里。前此若干篇论文中已经举例说明并全面阐述过立法权高于其他一切的趋向。在纯粹共和政府中，这种趋向几乎是不可抗拒的。在民选议会中，人民的代表有时似乎自以为就是人民本身，面对来自任何其他方面最小程度的反对，就暴露出不耐和厌烦的病态；好像不论是行政或司法部门只要行使其权限就是侵犯了立法部门的特权和尊严。立法机构常常表现出企图横蛮控制其他部门的意图；而且，由于立法机构一般有人民站在他们一边，

---

〔1〕 参见［美］威尔逊：《国会政体》，熊希龄等译，商务印书馆 1986 年版。

〔2〕 苏联学者司徒节尼金关于苏维埃行政法问题的研究就说明了这一点。参见［苏联］C. C. 司徒节尼金：《苏维埃行政法：总则》，中国人民大学国家法教研室译，中国人民大学出版社 1955 年版。

就总是在行动时势头过猛，致使其他政府部门难以维系宪法规定的平衡。"[1] 行政思想史对待行政的态度应当是另一种逻辑，即行政规制的逻辑。就是说行政思想史所关注的是行政权的有效运用，因此，其思考问题的方法是行政在社会控制过程中的实际效果。行政是社会控制的一个工具，行政是与其他国家控制方式相配合的，在行政思想史的理论体系中基本上都是此种思考问题的方法。既然行政与立法、司法一样都是社会控制的方法，那么，行政就应当与立法、司法一样有规制社会过程的功能，这是行政思想史的基本的思维逻辑。显然，其与行政法思想史存在巨大差别，二者不应当是同一范畴的东西。有学者就有这样一个关于行政规制的思想。"确实，任何政府如果没有最低程度的物质力量作为其权利的一个构成因素，就无法在内部行使任何权威，也无法汇集本共同体的力量，对抗与其他共同体的冲突。的确，在统治的最初时期或革命之后，唯有武力可以暂时成为权力的一个源泉。高压统治强迫人们服从，直到政府的权威建立起来——这时，它可以凭自身的威望赢得非强制的一致同意。但是，如果长期完全依赖于力量，就确实被视为不可忍受了，因为力量意味着不情愿的服从，违背了共同体成员的意愿。简短地说，权力必须基于或含蓄或清楚的一致同意，而不仅仅基于力量强迫人们服从其意志。"[2]

（二）从行政关系的社会性出发与从行政关系的政治性出发的区分

行政法思想史与行政思想史都涉及行政关系。然而，行政法思想史与行政思想史关于行政关系的切入点却是不完全相同的。行政法思想史对行政关系的思考是从行政的社会性出发的，认为行政是社会过程中诸种利益分配和调和的手段。行政过程是社会利益关系的组合过程。基于此，行政法思想史中的行政关系都与一定的社会主体、一定社会主体的行为、一定社会主体的利益组合密切相关，行政法就是对社会组合、社会利益提供规则的法律。我们也注意到，在思想家们对行政法问题的思考中，一般都与社会公众的利益关系结合起来，致使行政法中也有诸多主体以及每个主体在行政法中的权利义务关系。"各方面都同意，正当地属于某一部门的权力，不应该完全由任何其他部门直接行使。同样明显的是，没有一个部门在实施各自的权力时应该直接间接地对其他部门具有压倒性的影响。不能否认，权力具有一种侵犯性质，应该通过给它规定的限度在实际上加以限制。因此，在理论上区别了性质上是立法、行政或司法的几类权力以后，下一个而且是最困难的工作是，给每种权力规定若干实际保证，以防止其他权力的侵犯。这种保证应该是些什么，就是有待解决的一个重大问题。"[3] 即便对行政进行体制上的分析，也与其他主体的权力放置在一起。行政法思想史之所以会从行政关系的社会属性出发思考行政问题，主要因为行政法思想无论如何都不能完全离开法律而存在，而法本身就是一个非常

〔1〕　[美]汉密尔顿等：《联邦党人文集》，程逢如等译，商务印书馆1989年版，第364页。

〔2〕　[英]彼得·斯特克等：《政治思想导读》，舒小昀等译，江苏人民出版社2005年版，第72页。

〔3〕　[美]汉密尔顿等：《联邦党人文集》，程逢如等译，商务印书馆1989年版，第252页。

复杂的社会现象，法本身就是在一定社会过程中体现自身价值的。与之相反，行政思想史也必然牵涉行政关系问题，但是，行政思想史中的行政关系是从技术的角度出发的。如有人认为行政过程有四个基本环节，即决策、执行、咨询、监督等，每一个环节中都存在着非常复杂的技术关系，如行政决策中决策主体与决策事项的关系、决策主体与决策方案的关系。行政执行中执行主体与所执行决策的关系、执行主体与执行效果的关系，咨询过程中的相关技术关系等。行政思想史中的行政关系以技术关系为本质，之所以会造成行政思想史中的行政关系以技术关系为本质特征，主要原因在于行政思想史所关注的是行政的实际效果，而当对这种效果进行思考时并不将相关外在因素置于其中，诸如社会利益等因素。

（三）管理行政思想与行政管理思想的区分

行政法思想史与行政思想史的区分还有一个非常直观的方面，即行政法思想史可以简单地概括为管理行政的思想，而行政思想史则可以简单地概括为行政管理的思想。现代意义的行政法是资产阶级革命后的产物，其精神实质是对行政权行使进行有效约束和控制。行政法中的控权主义就是对现代行政法精神实质的基本概括。当然，社会主义制度建立以后，由于国家政权体系对旧的政治制度和法律制度持否定和废止的态度，而且这种否定和废止在诸国的行政法治实践中都有所反映，[1] 这便不得不在背后的国家政权体系中确立新的社会关系和新的社会秩序。此种重新确立的模式就使社会主义制度建立初期，或者一个国家的社会主义政权建立初期，行政法便以管理法为法律特征。但是，社会主义国家的行政管理法也仅仅在社会主义国家的行政法理念中维持了一段时间，就是说后来绝大多数社会主义国家还是接受了行政法作为行政控权法的理念，至少在一定程度上接受了这个理念。这个理念在社会主义国家的接受不是偶然的，因为行政法就其本质特征来讲必然是一种侧重于对行政进行管理的法，这从行政法的经典定义中可以得到证明，如古德诺认为："自确定行政官吏之组织观之，则行政法者，乃补充宪法所要之法律也。宪法规定政府组织之大纲领，行政法则分演其纲领而涉及其细目者也。行政法非但以规定政府之行政组织补充宪法，又以决定关于行政官吏行政上之法律规定而补充宪法。盖宪法以个人权利为根据而研究政府与个人之关系，行政法则以政府之权力为根据而研究之。故有谓宪法重权利，行政法重义务者。如此则行政法不问其置重于政府之权力与人民之义务，若个人之权利为之侵害，则不可不求救济于行政法。盖行政法，于制限行政作用范围之程度，而指定行政部不可不尊重之个人权利也；且欲使行政部不侵犯其指定之个人权利，苟被侵犯，则必予个人以救济之道也。"[2] 行政法的此种特征必然使行政法思想史是有关管理法的思想史，或者是由管理行政的思想史所构成的。行政思想史中同样涉及管理问题，但是，行政思想史中的管理是行政的管

---

[1] 例如前苏联、东欧等社会主义国家。
[2] ［美］古德诺：《比较行政法》，白作霖译，中国政法大学出版社 2006 年版，第 5～6 页。

理，即我们所说的行政管理，具体地讲就是行政对有关社会事态的管理。在这个管理的思维方法中行政是管理过程的主动者，行政体系是管理的当然主体和惟一主体，而其他社会主体则是被管理者和管理对象。行政思想史的内容就是行政管理思想的代名词。戴高乐就指出："毫无疑问，行政权如果源自由两院组成、拥有立法权的议会，就有导致权力混乱的危险；在混乱的局面中，政府将很快被削弱，仅仅成为一次代表的集会。在当前的过渡时期，有立法权的国民议会无疑有必要选出临时政府的总统，因为没有其他可以接受的历史清白的选举方法。但这只能是一种临时的安排。应当说，法兰西政府的联合、凝聚力和内部原则必须是神圣的，否则这个国家的领导将很快变得软弱而不合格。"[1] 他最后得出结论"行政权必须源自国家元首"。可以说，管理行政的思想与行政管理的思想是行政法思想史与行政思想史区分的关键之点。行政法思想史与行政思想史的上列区分是非常重要的，因为这样的区分使我们能够非常好地界定行政法思想史的范围，确立行政法思想史的独立地位。同时，还应指出，这些使行政法思想史能够从反向上将对行政权进行规制的思想方法予以全面化，一些行政法思想家在思考行政法问题时亦乐于运用这样的思考方法，其对行政的有效性和有用性进行思考以后，便得出一个结论：这样的有效性和有用性必须建构在规则之上。

五、行政法思想史与行政法制史

行政法制史的学科体系已经基本形成，它是有关行政法制度的历史，其编排体例可以有所不同，但这个学科在我国已经得到了人们的认可。[2] 相比之下，行政法思想史的学科体系还没有形成，那么，行政法制史与行政法思想史之间的关系是构建这两个学科都必须解决的问题。笔者认为，行政法思想史与行政法制史在学科体系上以及学科的特性上应当有下列区别。

（一）意识的历史与制度的历史的区分

行政法思想史是关于行政法的理论、观点和认识，行政思想史亦为关于行政法思想和认识的历史。作为一种认识，行政法思想史是意识范畴的东西，对于这种意识范畴的东西，美国法学家劳伦斯·弗里德曼认为其实质上是一种文化现象。"用'法律文化'这个词来表示存在于特定的社会中关于法律及其法在社会秩序中的位置的各种观念，当然这些观念是因社会而异的。这些观念影响法律事务、公民对法律的态度、公民对诉讼的情愿程度，以及法律在影响广泛流行的思想和行动方面的

〔1〕 [英]彼得·斯特克等：《政治思想导读》，舒小昀等译，江苏人民出版社2005年版，第75页。
〔2〕 行政法制史可以将其作为一个学科体系进行研究，也可以对行政法的若干制度的历史进行研究，这两个范畴的研究在国内外都不乏专门的著述，例如，很早就有学者出版了《中国古代行政法史》、《唐代行政法史》。2006年笔者主编的《行政法制史教程》使行政法制史的研究在我国形成了新的格局。

相对意义，这些思想和行动是超乎于与法律制度相联系的特殊活动和论说形式之上的。这样，在这些社会中，表面相似的法律条文或法律制度之所以以不同方式发挥作用，可以用法律文化的不同来解释。"[1] 我们在前面已经提到行政法思想史是相对主观的东西，实质上也反映了行政法思想史是意识范畴的东西。行政法制史则是制度范畴的东西，在行政法制史中，研究的重点是有关的行政实在法以及由这些实在法构成的法律制度。例如行政听证制度、行政诉讼制度等都是通过实在法确立的法律制度。一个是意识范畴的东西，一个是制度范畴的东西，这使二者的界限泾渭分明，二者作为相对独立的学科也都具有理论上的依据。

（二）不确定因素与确定因素的区分

行政法思想史是一个不大确定的东西，一方面，与其认识问题的态度，与其认识问题的方法等都是紧密联系在一起的，不同的学者对行政法中的同一问题会有若干不同的认识，而且这些认识中有些是完全对立的。例如，关于我国行政程序立法问题就有两种不同的论点，一种认为我国应该走统一立法的道路，就是制定一部统一的行政程序法将所有的程序规则予以集中。另一种观点则认为鉴于我国行政权的状况，我国应当走分散立法的道路，就是针对每种具体行政行为制定行政法规范。这两种看法是相互对立的，但持各自看法的人都有一套理论，且能够证明自己论点的正确性。由此可见，行政法思想史是一个极其不确定的学科，包括这个学科体系的构设，包括这个学科体系中对行政法问题认识的论点等。行政法思想史的不确定可以使研究者从不同的角度构想行政法思想史的学科体系。行政法制史则是相对确定的，因为，行政法制史所回答的问题是各国行政法制度中曾经存在过的客观制度，任何一个制度都是一种客观存在，要么存在于若干国家之中，要么存在于一个国家之中，要么所有国家都有同一的制度。学者们对行政法制史的构想就不具有主观性，因为行政法制史的实在性是每一个行政法制史研究的学者都能够看到的。其在构思这个学科体系时摆在其面前的东西是一定的，如行政立法、行政执法、行政救济等。二者此一区别对于行政法思想史来讲意义重大，因为我们可以根据自己的认识和自己已经掌握的资料对行政法思想史的体系和结构进行大胆构设。

（三）宽进路与窄进路的区分

行政法制史是以已经存在过的行政法制度为研究对象的。对于行政法制度的研究可以有诸多模式：①我们可以以一个国家的行政法制度为研究对象，理出一个国家行政法制度发展的历史。②我们可以将行政法制度作为人类社会的一个共同现象，著述行政法通史，使各国行政法制度有逻辑上的关联性。笔者2006年出版的《行政法制史教程》就是将人类社会中存在的行政法制度作为一个统一的现象予以研究，而不是以一个单一国家为单位的。③人们可以以法系为特征，将不同法系的行政法制度放置在一起，使同一法系国家的行政法制度在历史特征上保持连贯性。我们对

---

〔1〕 〔英〕罗杰·科特威尔：《法律社会学导论》，潘大松等译，华夏出版社1989年版，第26页。

行政法制度的研究还可以有其他的路径。但是，无论我们以何种路径研究行政法制史，其范围都是有限的，其制度的总量也是有限的，而且行政法制度都是明明白白地摆在我们面前的。这便决定了行政法制度范围的狭窄性，进路的相对狭窄性。行政法思想史则是另一种情形。上面我们已经指出，行政法思想史中的思想是分散地存在于不同的学科之中的，存在于不同的思想方法之中的。行政法思想史高度的分散性和丰富性使我们几乎无法穷尽行政法思想的总量。具体地讲，行政法思想史是一个范围相当宽泛的学科，其研究进路也必然是十分宽泛的。例如，我们可以在不同社会科学家的思想体系中探寻行政法思想，我们还可以在一国发生的重大政治事件和法律事件中探寻行政法思想等。上列若干方面是行政法思想史与行政法制史的区别。那么，行政法思想史与行政法制史除了存在较大区别外是否有一定的关联性呢？回答是肯定的，行政法思想史与行政法制史首先都是行政法律范畴的东西，都不是现实的行政法现象。其次，行政法思想史与行政法制史都以行政法作为存在的基础，行政法制史是有关行政法制度的历史，而行政法思想史则是有关行政法思考的历史，行政法是二者都涉及的问题。

第二节 行政法思想史的研究对象

作为一门学科应当有四个方面的构成要件：①构成这门学科的主体，即研究机构和研究人员。任何一个学科的形成都是相关主体作用的结果。同时，任何一个学科的存在和维持也必须以一定的研究主体为依托。行政法思想史如果能够成为一门学科亦必须有此一要素。在这一要素中有作为个体的研究人员，还有作为群体的研究机构，二者共同构成了行政法思想史的研究主体。②构成这门学科的研究方法，即研究者在研究问题的过程中所使用的方法。方法在现代科学研究中是不可缺少的，有些学科之所以能够形成与研究方法的可靠性和统一性是分不开的。③作用客体，指这个学科所发生作用的对象。在自然科学中任何一门学科都有其特殊的、区别于其他学科的作用对象，在社会科学中，学科的成立也受制于一定的客体，正是这个客体的存在使这个学科有了区别于其他学科的研究对象。当然，客体的概念是一个相对客观的东西，而在这个客观性之中包含着诸如特定的存在物、特定的关系形式、特定的元素组合等具体的东西。学科构成中的客体构成是十分关键的，正是客体的不同使此一门学科与彼一门学科予以区分，没有客体完全相同的两类学科。④构成这个学科的知识体系。知识体系是学科的最后存在物，它是主体的行为及其行为的结果。任何一门学科都有一个相对统一的知识体系，而知识体系的不同也反映了不同学科之间的差异。上列四个构成要素中，第三个方面是决定学科对象的方面。某一学科若没有自己独立的客体，那么，它就很难从其他学科中独立出去，很难获得独立学科的地位。正因为如此，我们在探讨行政法思想史的学科地位时不能不对行政法思想史的研究对象予以探讨。

一、行政法思想史的方法论

在学科体系之中方法论究竟扮演什么样的角色、起到什么样的作用是一个需要探讨的问题。通常情况下，一个学科之中是少不了方法论的，不论这个学科是隐含地对待方法论，还是彰显地对待方法论。方法论中有的是每一个学科都运用的，例如，一些存在于哲学范畴中的方法论，必然对其他任何具体学科都有指导意义，如辩证的方法在所有学科几乎都能够起到指导作用。还有一些方法论在一些学科中有用，在另一些学科中则不一定有用。在一部分学科中有用而在另一部分学科中不可运用的方法论是方法论的另一种形态。进一步讲，在学科体系中，方法论应当是分层次的，一些方法论可以被称之为普遍的方法论，这样的方法论放之四海而皆准，其可以运用的范围几乎不受限制。另一些方法论我们可以称之为相对的方法论，即其相对地存在于一些类型的学科之中，随着学科类型的不同其运用的范围也就有所不同。还有一种方法论我们可以称之为特定的方法论，即能够在一个特定而具体的学科中运用的方法论。上列三个类型的方法论其价值和功能都是有所不同的，放之四海而皆准的方法论具有较大的可靠性，正由于其有较大的可靠性，其对某一特定学科来讲则不会有针对性的指导意义。反过来说，这样的方法论对于某一特定学科并不见得一定有意义。正因为如此，我们在研究行政法思想史时必须首先确定行政法思想史特有的一些研究方法。同时，应当指出，方法论依学科状况的不同而有所不同。即是说，某一学科如果是一个成熟的学科，它所需要的方法论和方法论在该学科中的地位是一种情况，而某一学科如果是一个不成熟的学科，它所需要的方法论和方法论在该学科中的地位则是另一种状况。行政法思想史是一个正在构建的学科体系，因此，我们认为该学科中的方法论是另一非常特别的现象。深而论之，若我们从一开始就有一个很好的方法论或者方法论体系支持行政法思想史这一学科，那么，这个学科的体系结构就构建得快一些，更加有效率一些。对于行政法思想史而论，下列方法论是十分重要的。

（一）合理定位的方法论

行政法思想史通过与行政法学、法律思想史、政治思想史、行政思想史、行政法制史等学科的比较其完全可以成为一个独立的学科。但是，我们还要看到，行政法思想史即便成为一门独立学科，也是一个全新的学科，这个全新的学科究竟如何定位便是我们在这个学科体系相关问题研究中首先要澄清的问题。这实质上提醒我们，行政法思想史方法论中摆在第一位的便是合理定位的方法论。对一个学科进行定位究竟是不是方法论范畴似乎是有争议的。然而，在笔者看来，学科定位本身就是一个技术问题，不是学科本身的问题。方法论无论在什么情况下都是技术问题。方法论与技术的相互性便使我们不能不将行政法思想史的合理定位技术等同于该学科的方法论。再则，行政法思想史是一个正在构建的学科，这个学科中可能还有一些技术问题，一些具体的方法问题。但在所有的技术问题或方法论问题中学科定位是最为基本的方法论。那么，行政法思想史的合理定位究竟如何展开呢？针对这一问题，我们认为：①必须确定行政法思想史的研究范畴，将其范畴与其他学科的范畴予以区别，只有将行政法学科体系的范畴作出合理定位以后其他相关问题才能解决。②必须将行政法思想史的学科界限与其他学科的界限理清楚。如果不作出行政法思想史与其他学科界限的正确区分，行政法思想史的学科定位便不可以完成。③必须将行政法思想史的学科构成和学科结构予以确定。作为一个学科定位是一个知识系统，又是一个学科体系，其整体上的结构性和内部的层级性是一个不可以回避的问题。一个学科如果没有系统性和相应的结构性就不能算是一个完整的学科。上列三个方面是行政法思想史合理定位方法论的具体内涵。

　　（二）高度概括的方法论

　　行政法思想史与行政法制度史的区别在于行政法思想史中有诸多不确定的东西，有诸多需要我们进行深入研究以后才能对其进行定性的东西。在国内外行政法学的研究中，人们却将一大块本来属于行政法思想的东西遗忘了。行政法学者对行政法问题的研究常常立足于行政实在法之中，常常以一国基本的行政法制度和行政实在法为思维对象，一些学者除了懂得一国具体的行政法制度以外，几乎什么知识也不知道。但是，作为对行政法问题进行思考的思想，并不受人们视野尤其行政法学研究者相对狭窄视野的限制。例如托克维尔在《论美国的民主》一书中指出："乍一看来，不准行政权首脑连选连任，似乎是不合理的。谁都知道一个人的才能和品格会对整个国家的命运产生什么影响，特别是当国家处在艰难环境和紧要关头的时候！禁止公民连选连任首席行政官的法律，会使公民失去帮助国家繁荣和拯救国家的最好手段。而且可能产生一种奇怪的结果，即当一个人证明其有很好的管理才能时，却被排除于政府。这些论点毫无疑问都是很有力量的。但是，不能举出更有力的论点去反驳它们吗？搞阴谋和腐化是民选政府的自然弊端。当国家首脑可以连选连任时，这种弊端将会无限扩大，并危及国家本身的生存。一个普通候选人如想依靠阴谋达到目的，他的诡计只能在极其有限的范围内施展。而国家首脑出现于候选人名单，他却可借助政府的力量去达到个人的目的。在前一种情况下，那个候选人只拥有薄弱无力的手段；而在后一种情况下，则是国家本身用其强大的手段去搞阴谋和自行腐化。利用应受谴责的诡计去获得权力的普通公民，只能间接地损害国家的繁荣；而行政权的代表本人参加角逐，就会使政府将其主要注意力移到次要工作上去，把选举看成当前的主要工作。它已不再关心对外谈判和法律，而一心在想选举。政府官员照样得报酬，但他们已经不是为国家服务，而是为其上司服务了。同时，政府的活动即使不是总是违反国家的利益，至少也是不再为国家效劳。但是，政府的活动只应当为国家效劳。连选连任的渴望支配着总统的思想，他的一切施政方略都指向这一点，他的一举一动都对着这个目标，尤其是一临近选举的紧要关头，他就想用自己的私人利益代替全国的普遍利益。看不到这一切，就不能认识美国总统处理国务的常规。连选连任的原则，使民选政府的腐化影响格外广泛和危险。它在败坏人民的政治道德，以纵横捭阖冒充爱国行为。"[1] 这是一个非常具体而精辟的行政法思想，其中谈到了行政体制与公务员的任职等行政法中的基本问题。

然而，到目前为止笔者没有从国内外一部行政法教科书中看到对该思想的援引。因此，我们认为，高度概括是行政法思想史方法论中的又一重要方法论：①我们能够将视野从行政法的一般问题中拓展出去，观察行政实在法中的一些外围问题，并从这些外围问题中概括出与行政法有关联的东西；②我们要对人类社会中存在的非常丰富的认识问题和思考问题的思路进行概括，从中吸收对行政法有用的结论；③对已经占有的关于行政法思考的历史资料进行整合，框定属于行政法思想中相对重要的东西，将不是行政法问题的或者关于行政法问题的非理性思考予以去除。高度概括的方法论对于行政法思想史学科的构建同样十分重要，将其作为行政法思想史独有的方法论是完全正确的。

（三）理性推理的方法论

行政法思想史作为一门学科并不是将历史上已经存在的有关行政法的思想资料予以堆积，当然，即便是堆积已经存在的行政法思想史资料也需要通过一定的思考才可以。以本著作为例，对行政法思想史的学科体系构建就采取了属于作者自己的方式，而这样的方式也是逻辑思考的结果。因为，在中国历史上有诸多思想家都有关于行政法问题的思考，如何进行提炼更需要去认真思考。行政法思想史学科体系的构建以及对学科中相关内容的排列和组合是需要进行理性推理的。如果我们不进行理性推理，而以非理性的方式将有关行政法问题的思考予以组合，就很有可能得出非常错误的结论。马季佛关于分权问题就有一个推理："'分权'的真实问题或即为如何调整这些职权，使责任不致脱离效率而无所归属。责任必须有代表制而效率必须有专家知识；此二者是很少能混合在政府某一单独机关身上的。假如代表原则亦施用到行政员司与审判官的身上去了——例如美国便有这种趋势——我们便会得出一种奇异的结果：需要最高专家资格的位置，也要乞怜于民众的情感——这种情形必致将最寻常的事务亦毁坏无遗。更进一层说，在这一种制度之下，立法与行政之间无须合作与一致的保证。后者并不需仰赖前者，故亦不需对前者负责任。有独立孤立，必有抵触冲突。我们在事实上所需要的，不是职务的分置，而是他们合理的调整——遵照民主制度的第一原则，就是一切政府都是被治者所派遣所监督的一种委托机关，而加以调整。"[2] 其从分权原理出发进行推论，在用了不太长的篇幅的情况下便得出一个行政与立法关系的非常理性的结论。应当说，理性推理在其他学科中也是需要的，但行政法思想史中的理性推理显得更为重要，更加具有自身的内涵。行政法思想史学科在形成阶段，理性推理是形成这个学科不可或缺的方法论。

---

〔1〕 ［法］托克维尔：《论美国的民主》（上），董果良译，商务印书馆 1988 年版，第 152 页。
〔2〕 ［美］马季佛：《现代的国家》，胡道维译，商务印书馆 1937 年版，第 345 页。

二、行政法功能的思想

行政法思想史是围绕行政法问题展开的，那么，行政法思想史究竟包括对哪些行政法问题的思考，这便是一个值得引起讨论的问题。从大的范围上讲，行政法思想史由于所思考的是行政法问题，因此，应当说所有关于行政法问题的思考都应当被框定在行政法思想史之中，这似乎是无可争议的。然而，在笔者看来，由于行政法在其对行政权的规范过程中所遇到的具体问题多之又多，我们必须通过一定的方法或者机制将行政法问题的思考进行相对集中和概括，否则，行政法思想史则不成为一种非常严密的学科体系。行政法思想史中思考行政法问题的首先是对行政法功能的思考。关于行政法功能的思考又可以细化为下列几个方面。

1. 有关行政法社会功能的思考。行政法功能是就行政法所体现的相关价值而论之的，在行政法价值之中最为主要的是行政法的社会价值，即行政法在社会过程中所体现的价值。在一些经典作家的著作中对行政法社会价值的思考非常多见，日本行政法学家美浓布达吉指出："对于官吏关系，国家不单为经济生活的主体，且以统治主体的资格对付官吏，在那整个法律关系上，国家亦不站于准私人的地位，所以很明显官吏关系不是混合的法律。但国家往往一面为经济生活的主体而从事经济的活动，在原则上服从私法的规律；同时又为公益的保护者，不完全站在和私人同样的地位，而在某种程度内遵守与私人相互关系不同的公法的规律。"[1] 此一思考是有关公法社会价值的思考，行政法是公法的一个重要部分，即这个思考间接地反映了行政法的社会功能。思想家对于行政法社会功能的思考同样需要通过高度概括予以确定。我们知道，仅就现代意义的行政法来讲，其产生的历史并不长，我们仅仅从现代行政法格局形成以后的历史中寻求有关行政法社会价值的思考显然是不科学的。在古希腊哲学家和思想家的著作中早就有关于行政法社会功能的思考，只不过这些哲人没有使用行政法这一称谓而已。例如，亚里士多德提出了法治和人治的概念，并指出法治和人治各自的利弊，并认为人治在一定条件下可能是很有效的，但其最大的特点是不稳定。而法治在一些情况下可能没有人治有效，但法治是稳定的、靠得住的等。这个思想显然没有提行政法概念，但其对行政法社会功能的思考是十分明显的。

2. 有关行政法政治功能的思考。行政法的政治功能是指行政法在国家权力体系中的功能。在历史上有不少思想家思考了行政法的政治功能，刑事实证学派的创始人龙勃罗梭认为："政治社会之将来必为分权制度，此斯宾塞尔之言也。待人民如小儿，则人民失其自然之能力，不能抗御困苦。英人有互助会时，法人即呼噪反对其政府。然彼等实不能有自由政府因一失其巩固之政府，则彼等将立陷于无政府状态中也。帝国政府适与彼等最适合，惟不自由耳。反而言之，以政权置于三数人手中，

---

[1]　[日] 美浓布达吉：《公法与私法》，黄冯明译，商务印书馆 1937 年版，第 114 页。

政治实易腐败，若有国会为其护符尤甚。苟以城市行政授之人民，自行选举官吏，设立初级法庭，办理中等教育警察监狱及一切交通机关，则不公平之事与舞弊之事，其原因皆可少。而因此发生之政治犯罪亦可减去。阶级专政时，欲其不滥用威权损及其他阶级，则人民参与政治的某种遗传物实有保存之必要。罗马以有保民官得长存数百年，而免群众之运动。以时代言之，普选举可废除阶级上之区别惟盲从而乱用之，亦可妨碍自由。知识为贵族之物，据亚里士多德言，乃不可能之事，仅中国能有，然此事实可以反抗中等阶级之金钱势力与无产阶级之人数势力。苟迫于潮流。不得不采用普选举制，亦宜以有操守有远识之人，发合理之论调以指导之。司法方面应不受立法之牵制。意大利以司法隶于立法方面之下，致令司法有麻木不仁之病；美国则大不然，其地人民可选举法官，故法官独立权力至大，人民有权利被侵而控诉者，法官得取法律之不合宪章，作为无效。罗尔埃谓美国司法制度渊源于英国习惯法，保护国家与个人之权利以抗国会之权威，又保护联邦政府之特权与个人之权利以抗各州之权威。宪法上各条款如与立法机关所定律令有冲突之处，则司法部得用其权威以解决此事，免致人民所有宪法上之自由为立法部所蹂躏。"[1] 众所周知，龙勃罗梭是刑事法律学的鼻祖之一，其对行政法问题的思考同样非常深刻。上列关于国家权力与法关系的认识，其实从一个侧面反映了其对行政法政治功能的深刻理解。

3. 有关行政法经济功能的思考。行政法的经济功能在一些思想家的著作中是常常提到的。韦伯认为法律对于资本主义的经济基础以及对扶植和表现资本主义社会的社会生活合理化过程起到了非常重要的作用。其对行政法的概念的理解并不是就刑事法律而言的，而且是对刑事法律以外的其他法律而言的，这其中必然包括行政法在内。罗素认为："在一国内部的经济关系上，法律对于可能发生的榨别人财富的行为有限制。一个人或一个团体必然全部或局部地垄断别人所希求的某种东西。垄断权能由法律创设；例如专利权、版权以及土地所有权。垄断权也能由联合组织，例如托拉斯和工会之类的组织创设。除了私人或私人团体能通过讲价还价从事榨取以外，国家有权用强制手段来取得它所认为必需的任何东西。有势力的私人团体能诱使国家把这种权力以及作战的权力，照有利于它自身而不一定有利于整个国家的方式加以运用。它们也能使法律成为仅于它们自己是有利的，例如只承认雇主的组合而不承认工资劳动者的组合。这样，个人或团体享有的经济权力实际究竟有多少，决定于军事力量与宣传影响的程度，和决定于经济学通常所考虑的那些因素的程度一样大。"[2] 其中提到的对经济关系发生作用的法律主要是行政管理法。行政管理法是否为行政法的范畴，在不同法律体制之中认识有所不同，在控权主义的行政法体系中，行政管理法不直接是行政法的内容。但是，这些行政管理法可以成为行政

---

〔1〕 〔意〕龙勃罗梭：《龙勃罗梭氏犯罪学》，刘麟生译，商务印书馆 1928 年版，第 309~312 页。
〔2〕 〔英〕伯特兰·罗素：《权力论》，吴友三译，商务印书馆 1991 年版，第 96 页。

法的控制对象。而在管理法主义的国家，行政管理法是行政法的内容。行政法究竟包括不包括行政管理法这是一个理解问题，也是一个行政法的控制技术问题。不论从哪个角度理解，行政法必然具有相应的经济功能。思想家们关于行政法经济功能的思想是行政法思想史中另一个重要内容。

4. 有关行政法文化功能的思考。行政法的文化功能在思想史中有两种分析进路，一种将行政法现象本身视为文化的组成部分，认为法律、制度规范等都是一种文化现象，行政法作为法的一种也必然是一种文化现象，有思想家就指出："然而，如果思想真会传染的话，它从一个地方传到另一个地方时，亦能变形。制度成功之后，常使名字与象征具有一种暗示力，而那些名字口号即以渗透作用深入邻国。'帝国'、'恺撒'这些名词，直至两千年后的今日还保有相当的力量。意大利法西斯主义的姿态、词汇，被全世界抄袭了去。但无论哪一个民族，尽管自以为承受了另一个民族的组织，实际上总以自己固有的民族天才把别人的组织改变过了，这天才即是他的历史的机能。法兰西共和国，不论他自己愿或不愿，确是继续着路易十四与拿破仑的'集中'事业。马克思的社会主义，在俄国亦不得不承受沙皇时代的官僚传统。在德国，罗马的法西斯主义变成了异教的，狂热的，极端的。词汇的混淆造成了思想的混淆，令人相信使用相同的名词即能造成相同的制度。多少谈论议会制度的人，不论是颂赞或诅咒，似乎都相信这种制度在一切采用它的国家内都是相同的。事实上，从英国输入法国和美国的制度，在三个国家中各有特殊的体现。不列颠宪法以解散议会权为基础，这便构成了执行政权的人的威力与稳定，又如各大政党对于领袖的忠诚，各个政党领袖共同对于君王的忠诚，亦是英国宪法的基础。在美国，总统成为权力远胜英王几倍的独裁者，但他是选举出来的，而它的议会亦远没英国下院般的权力。法国的个人主义，则使稳固的政党组织变得不可能，一桩历史上的事故，例如马克－马洪（Mac-Mahon）的冒险的举动，使解散国会这武器成为无用。可见即在国家内部，未经任何新法律所改变过的宪法，亦会受着事变的影响而演化。"[1] 法律作为文化组成部分的论点在行政法学中却很少引起人们的注意，即行政法学界对行政法问题的研究中并没有用文化的眼光看待行政法现象。一些思想家的论点使我们能够从另一角度看待行政法及其所设计的制度。另一种将行政法在对社会进行控制过程中对文化的控制视为行政法的主要功能。行政法是社会控制的重要手段，其对社会的控制是全方位的，其中要包括文化控制的行为规则。笔者在《行政法的价值定位》一书中就曾经提到了行政法与文化的关系问题，并认为行政法如果没有设计好合理的行政体制，那么，不合理的行政体制便会对一国的文化造成无形的和有形的消耗。其实诸多经典作家关于行政法与文化的关系早就有深刻认识，《阿拉伯的伊斯兰文化史》一书有这样一个论断："蒙昧时代汉志的阿拉伯人是游牧人（贝都因人），或准游牧人，还没有组织政府，也没有国王根据自己

---

[1] [法]安德烈·莫罗阿：《人生五大问题》，傅雷译，三联书店1986年版，第104~106页。

的权力去阻止各部落互相的进攻。当时阿拉伯人仅是一些部落，人民众多的大部落，又分为若干小部落。每一个部落中，各个成员的关系，就是血缘的关系，血统相同的人民——根据他们的说法——合起来就成了一个集团，一个部落的成员，得享受部落的保卫与救助，同时各个成员则负着捍卫部落的责任：为部落流血牺牲，为部落抵抗敌人，服从部落的风俗习惯，遵行部落的宗教信仰。一个部落有一个酋长，为它的首领，管理部落的成员。长老的被选，或以贵族的资格，或以年高德劭。酋长对外代表整个的部落。酋长的权力，乃依靠族人的公意，不是凭恃个人的财力或武力等。"[1] 总之，行政法文化功能的思想是行政法思想史中关于行政法功能思考的不可缺失的部分。

三、行政法归属系统的思想

行政法的基本概念被确定以后，其归属系统就是行政法思想史中一个非常重要的问题。行政法的归属系统在行政法学研究中并不是一个轻易能够解决的问题。当然，我们可以说行政法是一个独立的部门法，但是，独立部门法只是我们给行政法一个直观的认识，行政法是法律体系的重要组成部分，这是理论界都持的具有普遍意义的看法。同时，也有学者从不同的角度认识行政法的归属系统。如有的思想家将行政法归于政治权力的范畴，有的思想家将行政法归于宪政制度的范畴等。在诸多思想家的著作中都谈到了行政法的归属系统问题，例如日本学者清水澄就认为行政法是一种制度，是一种构成官吏管理关系的制度，他指出："官制者，法规也。法规不可不以法律定之。故官制亦必以法律定之。此法国公法学者所称道也。然官制之为法规与否，属一疑问。主张为法规之说者曰：官厅为国家组织之一，国家为法人，故定法人组织之官制为法规。主张官制非法规之说者曰：官制者非与人格于官厅，又非对于人民制限其权利自由或负担义务，不过因行政上之便宜，为事务之分配耳。虽然二说皆未得其当，今且不论官制之为法规与否，先论官制之由如何部分而成立。盖官制者，由官厅之组织与权限而成立。官厅之组织虽不过官厅内部之规定，仅有事实之结果，然定官厅之权限者，有官厅与人民权利义务之关系，其为法规无疑也，是故官制者。关于权限之一部为法规。关于组织之一部非法规也。质言之，官制者，兼有法规非法规二者之性质也。法国宪法上之议论，法规必依法律。日本宪法上法规不必依法律。故官制之为法规与否，可不必深究也。"[2] 这是关于行政法归属系统的一个论点，在其他一些学者的著作中行政法归属系统的问题同样有所讨论。行政法归属系统的行政法思想大体上有下列一些。

1. 作为法范畴的思想。行政法由于涉及行政与法两个名词，而在这两个名词

---

〔1〕 ［阿拉伯］艾哈迈德·爱敏：《阿拉伯——伊斯兰文化史》，朱凯译，商务印书馆1982年版，第238页。

〔2〕 ［日］清水澄：《宪法》，卢弼等译，政治经济社1906年版，第356页。

中，行政法究竟归属于前者还是归属于后者，学者们的认识并不一致。有一部分思想家将行政法归属于法的范畴，认为行政法的实质内容首先是法：①行政法的实质内容是为行政提供规则，其规则体系具有明显的法的属性，而不是具有明显的行政属性。德萨米在《公有法典》中对行政法的论述就是从法的角度出发的。②行政法是法律体系的组成部分。此说认为法律体系的概念是一个动态概念，即法律体系的特征及其内容构成是随着社会的变化而变化的，在法律体系的初期，刑事和民事法律是法律体系的基本组成部分，而随着社会的发展，有关公共行政事务的法律则是法律体系的主要内容，行政法是有关公共事务的行为规则，其在公共事务的内容设计中起着其他任何行为规则不可替代的作用，因此，在现代法律体系中行政法所占的比重要比刑事和民事法律都大。因此，行政法是以法律体系这一社会现象为归属系统的，而不是以行政权为归属系统的。③行政法是法律体系中一个不可或缺的法律部门。此论认为，法律体系中有诸多部门，每一部门法都在法律体系中起着一定的作用，行政法是法律体系中的一个法律部门，这个法律部门随着社会的发展所起的作用会越来越大而不是可有可无。摩莱里在《自然法典》中就有一个国家设计了诸多法律部门，其中行政法就是其设计的一个法律部门。他设计的行政法典与现代一些国家制定的行政实在法几乎没有太大的区别，[1] 也许这是摩莱里的行政法思想对后来各国行政法制度的影响所造成的。将行政法归属于法的系统中从目前来看在行政法思想史中并非占主流地位的论点和认识。然而，这个认识却是现代行政法学的基本精神。

2. 作为政治权力范畴的思想。行政法的社会控制与行政法的政治控制向来就是人们对行政法价值的两种不同的认识。这种认识实质上对行政法的归属系统有决定性影响。依上列关于行政法价值认识的不同，行政法的归属系统也就必然有所不同。将行政法作为社会控制过程来看，认为行政法是社会政治思想的组成部分，是政权机关以及一国政治系统对社会进行调节和控制的工具。显然，将行政法作为政治权力对社会的控制手段和控制工具来理解的话，行政法在其运作和价值实现上是一种单向的线路和机制，这种单向线路和机制便使行政法与其他法律机制有了本质区别。其他法律机制是在平等与公平的基础上形成的机制，平等与公平在一些思想家的眼里是法律的本质属性。由于行政法的控制过程既不是平等又不是公平，因此，必然是一种纯粹的政治控制。因此，行政法的归属系统便是政治权力。这个论点一定意

---

[1]　摩莱里设计的行政法典共有11个条文，例如该法典第7条规定："各级首长在自己的管辖范围内，遇有特殊情况和意外情况，关系到某种安排或关于迅速执行某一有利的方案时，可以实行良知给他们启示的措施。如果事情对全体有很大福利，必须无条件地执行他们的命令。遇有不太紧迫的情况，他们应征求与自己地位相等的人士或有经验人士的意见。他们应向本级参议会和上级首长报告和说明自己的工作；省长（或市长）向国家元首报告；国家元首向最高参议会报告。"该条实质上蕴涵了现代行政法的基本精神。参见［法］摩莱里：《自然法典》，黄建华等译，商务印书馆1982年版，第121页。

义上讲是对行政法作为管理法模式之特性的描述。行政法同样被一些学者认为是政治控制的手段，即行政法控制的对象是一国的政治过程和行政过程。政治控制是指对国家政治机制中不同政治部门的控制，《联邦党人文集》就对政治控制的行政法问题作了非常深刻的研究，该著作的一些论点认为一国政权体制可以从理论上分成不同的类型，而每一种不同类型的权力又要交给不同的机构行使，各个机构之间必须通过一些行为规则联结起来，其中行政法就是联结不同机构之间关系的行为规则之一。而行政法对不同机构联结的本质是使各机构之间保持一种公平与和谐的关系形式，其关系的公平与和谐也就成了行政法的基本价值，此种作为公平与和谐的行政法必然只能归属于法的范畴而不是归属于政治权力的范畴。将行政法作为政治权力的组成部分在诸多以管理论为理念的政治思想家的著作中论述得非常多。[1]

3. 作为管理技术的思想。行政法与行政管理是紧密联系在一起的。行政管理在不同的政权体制中所处的地位和含义是有所不同的。在前资本主义时代，国家政权体系对社会所施展的是政治和经济的统治，社会管理在国家政权体系中的功能并不明显。国家政权机关对社会进行经济、政治、文化等方面的统治，但不对社会进行有效的组织，尤其技术上的组织几乎很少进行。我们知道，现代行政管理并不是纯粹的政治统治，其中技术上的组织要比政治统治更加明显。而前资本主义以前的国家基本上不对社会生活进行技术上的组织与整合。进入资本主义社会以后，真正意义上的行政管理便出现了，行政机关既是实施政治统治的机关，又是履行行政管理职能的机关，其履行行政管理职能的本质属性是对社会进行有效的技术上的组织与整合。但是，应当说明的是，在自由资本主义阶段，行政管理的范围相对狭窄。由于受亚当·斯密理论的影响，人们认为国家行政机关所扮演的主要是守夜人的角色，即除了维护社会治安这样的功能以外，其他技术整合的范围可以相对少一些，将这些事务交由市场主体去履行。到了资本主义制度的后期，先前政府相对不干预的理念渐渐被放弃，认为政府承担着诸多社会职能，[2] 这些职能都是由政府行政系统履行的，行政机关对上列活动的管理实际上都是技术问题而不是政治问题。进入社会主义以后，人们更加认为政府行政机关对社会必须进行管理，同样，这个管理虽然是政治的延伸，但是，从行政管理的本质属性看是一门技术，即国家行政机关对社会事务进行整合的技术。既然是一种技术，各种各样的有利于管理功能实现的方式和方法都是管理所必需的。其中有诸多管理手段是法律之外的东西，如经济的手段、道德的手段、宗教的手段、文化的手段等。其中行政法是诸种管理手段中的一种，

---

〔1〕 参见［美］罗伯特·古丁等主编：《政治科学新手册》（上），钟开斌等译，三联书店2006年版，第283页。

〔2〕 尤其进入了福利国家阶段，行政系统的职能几乎贯穿于社会生活的方方面面。对此，托马斯·戴伊在《谁掌管美国》一书中作了很好的概括。参见［美］托马斯·戴伊：《谁掌管美国》，梅士等译，世界知识出版社1980年版，第66页。

从这个意义上讲，行政法亦被归入到了管理技术的范畴之内。将行政法作为一种社会管理技术在一些社会福利制度比较发达的国家，在行政实在法中亦这样认为，并以此设计行政法制度。

四、行政法中诸元素的思想

行政法的构成元素是行政法这一部门法的基本单位，任何一个部门法的构成除了有其独有的调整对象以外，其中构成元素也是此一部门法区别于彼一部门法的重要标志。例如，刑事法律主要有两个基本元素，即犯罪和刑罚，正是这两个独有的元素使刑法这一部门法有了自己区别于其他法律的板块。民事法律的基本元素包括物权、债权等，也正是这些独有的元素使民事法律与其他部门法予以区分。婚姻家庭法亦有自己的构成元素等。行政法的构成元素究竟是什么，每一个构成元素的具体内容和状况等亦是构成行政法现象的因素之一。在行政法思想史中，行政法构成元素的思考有两个方面，第一个方面是行政法究竟由哪些元素构成。第二个方面是每一个构成元素的具体内容如何。

关于第一个问题在行政法思想史中有下列一些论点：①认为行政法由两个基本元素构成，即包括静态的元素和动态的元素两个方面。静态的元素是指在行政法体系中构成静态规则的那些行政法规范和行政法制度，如行政法规范中关于行政组织的行为规则、关于公务员的行为规则。所谓动态的规范是指规制行政行为或者行政机关行政活动过程的那些行为规则，如在行政法体系中的行政行为法以及与行政行为法相关的行为规则。行政法思想史中关于行政法包含二元素的思想在诸多行政法思想史的著述中都有所反映，例如，约翰·密尔在《代议制政府》一书中就依行政组织法和行政行为法构思行政法体系。[1] ②行政法由三个元素构成。这三个元素分别是行政组织法、行政行为法和行政救济法。即此一观点认为行政法中除了有关行政组织和行政行为的法律规范外，还应当有行政救济的法律规范。该论点与上一个论点相比实质上是对行政法理念的重新确定。将行政法理解为行政组织法和行政行为法两个基本元素的是从行政法作为调整管理关系的角度出发的，而将行政法视为除了包括行政组织法和行政行为法之外，还有行政救济法的主要的行政法理念是权利保护的理念。作为权利保护的行政法其中不能没有权利救济的规则。③行政法构成元素中除了行政组织法、行政行为法、行政救济法之外，还有行政程序法。行政程序法被一些思想家认为是现代行政权和行政法的核心内容。行政程序是指行政主体在行政权行使中应当遵循的程序规则。现代行政权的最大特点是其在运行中不能没有程序，因为程序是使行政权规范化最为本质的东西。上列关于行政法构成元素的认识反映了不同的行政法理念，我们认为，从行政法的整个构成体系来看，应当说行政法包括行政组织法、行政行为法、行政程序法和行政救济法的论点似乎更为

---

[1]　参见［英］约翰·密尔：《代议制政府》，汪瑄译，商务印书馆1982年版，第1章。

妥当一些。

1. 行政组织法作为行政法的构成元素。行政组织是行政权的物质承担者，行政权的运作都是在依托于行政组织的情况下进行的，因此，人们一旦思考到行政法问题首先想到的就是对行政组织进行有效的法律约束问题，这样便使有关的行政组织规则成了行政法规则体系中最为基本的一个。有学者认为："各种组织各自根据自身对其他组织的负责机构的依赖程度，具有相当不同的民主化的潜能。早期自由主义曾在官员的责任心上，在发挥官员的潜在能力方面遇到过这种困难。人们不能同时要求内阁部长对其下属官员所做的一切向议会负责，以及不能要求各个被授予——定自王权的官员都具有直接的政治责任心。部长向议会负责虽然促进了最高层的监督，但同时也促进了官员等级化。在议会中对官员的每一个行动拥有发言权的内阁部长必须把管辖的部门划分成各种等级，以便使一切都按照他的命令进行。因此，各个官员只对犯法行为负责，但不直接对他的行为在公众面前的政治合理性负责。同样，对其他组织的行为负有说明责任的组织，必须把有关人员的参与至少限制在决定层次上。因此，官僚政治越来越偏爱作为一种决定过程的'民主集中制'，在这种民主集中制的决定过程中，有关人员的参与只涉及事先说明的阶段，不涉及作出决定本身。激进的民主理论家通过否定任何类型组织的等级制的做法来逃避这种困境。然而，用温和的态度去捍卫参与范围扩大的人，例如纳合尔德并不否定：'用社会控制论的观点来看，等级制度……是综合性组织的一个必要的结构特征'。然而，这种让步并不意味着为当今多余的等级制度进行辩护。"[1]

2. 行政行为法作为行政法的构成元素。行政组织是权力的载体，但它本身并不是权力本身，也不是权力的具体运行。行政权和其他国家权力一样，运行是通过一定的行为来完成的，其中行政机关所为的行政行为就是实现权力运作的法律形式，行政行为是由行政主体实施的，其行为状态是体现行政权力的具体过程，使行政权力由一种抽象的形式转化为影响行政相对人义务的行动过程。由于行政行为与行政组织不可以分开，因此，思想家们在确认了行政组织法作为行政法的基本构成以后，又确认了行政行为法作为行政法不可缺少的一部分，罗素指出："节制权力这一问题是很早就存在的了。道家认为这个问题是无法解决的，因而主张无为；儒家则相信通过某种伦理的和政治的训练，可以使掌权者成为温和仁爱的贤人。在这同一时期，民主政治、寡头政治以及僭主政治正在希腊互争雄长；人们曾想用民主政治阻止权力的滥用，但民主政治不断地成为政治煽动家博取一时人望的牺牲品，因而不断地招致失败。柏拉图也像孔子一样，企图以哲人政治来解决这个问题，后来韦伯夫妇重申此说，他们称颂一种寡头政体，主张在其中掌权的以有'领导才能'的人为限。从柏拉图到韦伯这段时期中，世界上曾试行过军事独裁政治、神权政治、世袭君主政治、寡头政治、民主政治以及圣人政治。圣人政治，在克伦威尔试行失败后，

---

〔1〕　〔德〕克劳斯·冯·柏伊姆：《当代政治理论》，李黎译，商务印书馆1990年版，第184页。

今天又被列宁和希特勒恢复起来。这一切都说明我们的问题还没解决。"[1] 行政行为法是行政法中非常重要的一部分，其中有行政机关一般行为的规则，有行政机关在某一具体事件管理中的规则等。不同的思想家对上列问题都从不同侧面作了思考。

3. 行政程序法作为行政法的构成元素。行政程序究竟包括什么内容在行政法学界乃至于法学界向来就是颇具争议的一个问题。一些学者从正当程序的基本理论出发，认为行政程序是行政正义的体现。我们知道，正当程序是美国宪法第 5 条修正案和美国宪法第 14 条修正案规定的。在第 5 条修正案中，规定公众在不受法律程序的作用下，不被任何来自第三者的责任追究。换句话说，任何社会组织和个人以及其他政治实体在没有通过正式的法律程序的情况下不能剥夺其他公众的人身和财产自由。这个正当程序条款在一开始并不仅仅在行政法中，而是在整个法律领域。第 14 条修正案则使正当程序的内容进一步具体化了，它要求即便是政府机关也不能在没有通过司法等程序的情况下限制人身自由和财产自由。这个条款后来成为美国制定联邦行政程序法的理论基础之一。这个关于正当程序的规定使学者们将正当法律程序与法律上的深层法理学理念联系在一起。另一些人则将正当法律程序与政府行使权力的公平性和平等性结合起来，有人就认为正当程序首先保障的是不同社会主体之间的平等和自由权利，其与自然公正的法治理念是一脉相承的。还有一些学者则仅仅将正当程序理解为法律主体实施行为的过程和环节，有教科书对行政程序作了这样的解释："行政程序就是由行政行为的方式、步骤和时间、顺序所构成的行政行为的过程。它与行政行为的实体内容相对称。"[2] 不论如何理解行政程序的概念，其在行政法元素中基本上得到了认可，一些思想家在思考行政法问题时亦从行政主体行使权力必须遵循的程序规则出发，基本上将行政机关实施行政权的行为过程归入行政法的范畴。当然，行政程序在有些学者眼里，仅仅从行政行为的角度出发，而在另一些学者眼里，政府行政系统中的组织结构也是行政程序的基本内容，马克斯·韦伯的官僚体制及其理论实质上是将行政程序的内容运用于行政组织的分析之中。

4. 行政救济法作为行政法的构成元素。行政救济法是有关在行政法治运作中保障行政相对人权利的行为规则的一个总称。只要某些行政法制度处于救济相对人权利的状态其就是行政组织的救济制度。在现代行政法治体系中典型的行政救济制度包括行政诉愿制度、行政诉讼制度和行政赔偿制度等。这些制度在行政法中确立的时间要比其他行政法制度晚一些，但它都具有非常重要的时代意义，是现时代行政法治中最为重要和最为基本的制度。然而，在行政法思想史中有关行政救济制度的理论思考并没有行政组织制度和行政行为制度那样全面和具体。只有一些重要的关于国家权力的学术著作中有行政救济制度的思考。不过，一些学者从另一侧面思考

〔1〕 〔英〕伯特兰·罗素：《权力论》，吴友三译，商务印书馆 1991 年版，第 195 页。
〔2〕 应松年主编：《行政法学新论》，中国方正出版社 1999 年版，第 487 页。

行政救济制度存在的理论基础。

五、部门行政管理法思想

部门行政管理法是指政府行政系统对每一个方面的行政事务进行管理时所适用的行为规则。部门行政管理法因不同的行政法理念而在行政法中有不同的地位。在控权行政法理念的情况下，部门行政管理法不认为是行政法的内容，因为在控权行政法理念的情况下行政法主要是用来控制政府权力的，而不是用来进行行政管理的。在管理法理念之下，部门行政法是行政法中最为基本的组成部分，也是行政法体系中量最大的一块。在诸多思想家的著作里，部门行政法的思想非常丰富，牵涉行政管理的各个领域，在这些丰富的部门行政法思想中，有些是从行政管理技术的角度论证和讨论行政法规范，有些则是从纯粹的法律规范中探讨行政法规范。我们如果将部门行政管理法思想予以概括的话，大体上有下列一些部门行政管理法范围。

1. 治安行政管理法思想。治安管理是行政管理中最为基本的部分，指国家政权系统对社会秩序的设计以及对正常社会秩序的维护。我们经常讲到的政府所扮演的是守夜人的角色，实质上是就治安管理秩序而言的。即是说，政府机关的最低功能是维护社会秩序，不允许有破坏关系和破坏已经设计好的秩序的行为。当然，在社会治安秩序的维护中有两个层面的政府行为：①由司法机关对构成犯罪从而破坏治安秩序行为的制裁。此一部分行为不归于行政系统，其不是行政权的范畴而是司法权的范畴。②由行政机关对构成违法行为的制裁在对治安违法行为的制裁中前提是对社会秩序的管理。社会治安秩序的行政法管理包括对管理关系设定和对管理过程中违法行为的制裁两个方面，不同的思想家对这两个问题的思考都有所不同。

2. 财政金融行政管理法思想。行政管理不能不涉及经济管理问题，甚至可以说在一个国家的行政管理中绝大部分的管理事项属于经济管理，马克思指出："法律可以使一种生产资料，例如土地，永远属于一定家庭。这些法律，只有当大土地所有权适合于社会生产的时候，如像在英国那样，才经济意义。在法国，尽管有大土地所有权，但经营的是小规模农业，因而大土地所有权就被革命摧毁了。但是，土地析分的状态是否通过法律永远固定下来了呢？尽管有这种法律，土地所有权却又集中起来了。法律在巩固分配关系方面的影响和它们由此对生产发生的作用，在专门加以确定。"[1] 经济管理中有关财政金融的管理是十分重要的，之所以这样说是因为财政和金融已经不单单是一个社会问题，更为重要的它关系到政府权力系统的运作。政府权力系统并不参与直接的物质资料生产，但它却消耗着数额不小的物质资料生产。政府权力系统的物质消耗必须通过一定的制度予以保障，必须通过一定的法律程序使之合法化，其中财政金融方面的行政管理法就是保障政府权力系统物

---

[1] ［德］马克思："政治经济学批判"，载《马克思恩格斯选集》第2卷，人民出版社1972年版，第101页。

质资源供应充足化和合法化的行政法，在思想家的著作中关于这个问题的思想非常多，布坎南在《亚当·斯密关于法律、警察、岁入及军备的演讲》中就指出："在封建法律刚开始时，如果土地所有者不履行各项义务，他就会失去他的永久租借地；同样的，如果租地人侵入领主的土地，他的租借地就得交还领主。租地人的权利是基于领主的租地契约书，这个契约书所列的各项条款都必须遵守，而每一个新占有者都必须表示愿履行原契约。当租地人变成独立且拥有房地产时，我们可以说他们有了能享受利益的所有权，但没有合法所有权。"[1]

3. 土地行政管理法思想。土地是最为基本的不动产，政府权力系统对待土地的态度自然而然地成了思想家思考的对象。土地究竟受什么样的法律调整首先就是一个有着不同认识的问题，古罗马法学家并没有将土地纳入行政法的范畴，而是将土地纳入民事法律制度的范畴，查士丁尼在《法学总论》中指出："乡村不动产的地役权指 iter（通行）、actus（驾驱）、via（过道）和 aquae ductus（导水）等。Iter 是人走过或通行而不是驱兽或驾车通行的权利。Actus 是驱兽或驾车通行的权利。因此，享有通行权利不一定享有驾驱通行权，享有驾驱通行权的同时就享有通行权，因为他可以不带牲畜行使这一权利。Via 是走过、驱兽或驾车通行和步行走过的权利，它包括通行权和驾驱通行权在内。Aquae ductus 是引导水流经过他人土地的权利。城市不动产的地役权都是附属于建筑物的权利；它们之所以被称为城市不动产地役权，因为一切建筑物都叫做城市不动产，即使实际上是在乡村建筑的。城市不动产的地役权有：邻人一方承负邻人他方房屋的负重；邻人他方有权将其房屋的横梁架在邻人一方房屋的墙上；某人应承受或不承受从邻屋滴落或流到自己建筑物或庭院的水；或他不得加高其建筑物以阻挡邻屋的光线。有人认为应把下列权利归于乡村不动产的地役权之列：汲水权、牲畜饮水权、放牧权、烧制石灰权、采掘泥沙权。这些地役权所以被称为不动产地役权，因为没有不动产，就不能设定地役权。除非他是不动产所有人，否则他就不能取得关于城市或乡村不动产的地役权，或负担这种地役。如某人有意为邻人的利益设定地役权，他必须以约定和要式口约的方式为之。他也可以在遗嘱中载明，责成他的继承人不加高他的房屋以免阻挡邻屋的光线，或允许邻居将其房屋的横梁架在自己房屋的墙上，或允许从邻屋滴落的雨水，或允许邻居在自己地上通行、驱兽驾车通行，或导水。"[2] 显然，依这样的法律理念，土地管理的调整规则是民事法律而不是宪法和行政法。但是，在绝大多数思想家认识中土地是一种公共资料，作为一种公共资料当然应当受到公权力的调整，由公权力对土地的使用作出规定。在现代工业社会中，土地管理无论如何都是公权力的范围，正如罗素所言："尽管法律所规定的经济权力最后依靠的是土地所有权，但

---

〔1〕 〔英〕布坎南编：《亚当·斯密关于法律、警察、岁入及军备的演讲》，商务印书馆 1986 年版，第146 页。

〔2〕 〔古罗马〕查士丁尼：《法学总论》，张企泰译，商务印书馆 1989 年版，第 60～61 页。

在现代社会里，享有最大部分经济权力的人，并非名义上的土地所有者。在封建时代，享有土地所有权的人就有权力。他们能用劳工法这类的手段来处理工资问题，能用有组织的扼杀手段来对付初期的信贷力量。但在工业主义已经发达的地方，信贷比名义上的土地所有权更有势力。"[1]

4. 工商行政管理法思想。工商行政管理如果用我国行政法的法律制度来分析，就是指政府工商管理部门对企业、经营者以及其他市场主体所进行的审批登记、市场监控、经营活动监督等活动。据说工商行政管理的一套特殊制度在其他国家并不曾有，既没有一个国家有类似于我国的工商行政管理局，也没有哪一个国家有类似于我国的工商行政管理活动等。但是，我们认为工商业中的这两个字是可以拆开的，工业指从事生产活动的那些企业以及其他生产形式。商业则是指从事销售以及其他市场经营活动的行为。如果工商业这两个放在一起还不被大多数国家所认可的话，那么，将其分解为工业活动和商业活动则是大多数国家都承认的。毫无疑问，任何一个国家都以一定的形式管理其工业，都以一定的形式管理其商业。思想家也常常对这两类管理进行思考，关于工业管理规则的思想、关于商业管理规则的思想就构成了工商管理法的思想。我们注意到这类思想在经济学家的著作中相对多一些，例如美国经济学家阿瑟·肖就认为："对权利交易的禁止，保护了各种权利和制度免遭市场的侵蚀，然而它们也可能被市场操纵，将不平等、压迫和等级制度隔绝于公开讨论之外。历史上，等级地位、封建职务、地产继承以及行会会员身份，一直是金钱不能买卖的。这些禁令既助长经济的效率性，也助长着不平等。确实，纵观原始、古代、中世纪和现代社会，与保障多数人的平等权利相比，历来受到更经常限制的是市场对少数人的不公平的权力、地位的保护。暴君、武士、宗教狂以及独裁者显然在他们控制的社会里也只能默认市场的竞争。听任市场自然存在的社会，其后果可能好也可能坏，这取决于社会其他方面的状况，让社会更多地充满平等权利，是民主社会的独特性质。"[2]

5. 环境行政管理法思想。环境是人类生存的基本条件，人类社会在发展初期制约自然环境的能力相对较低，因此，自然因素受到人们影响的程度也不十分大。进入工业社会以后，人们在改造技术的同时，制约和克服自然的能力也越来越强。一些本来属于自然环境的东西，随着人类改造技术的提高则被人为地改造了。在大多数情况下，人类对环境的改造是有利于人类社会整体利益的。但是，其中相当一部分技术改革最终给人类带来的是不利影响，是对环境的破坏。最为明显的是资源的过分利用问题和工业社会带来的环境污染问题。进入近现代以后，这个问题就成了一些思想家思考的问题之一，包括人类如何面对固有的自然环境、人类如何保护环境等。由于环境问题是晚近发生的问题，因此，有关环境行政法的思想也大多体现

---

〔1〕　〔英〕伯特兰·罗素：《权力论》，吴友三译，商务印书馆1991年版，第90页。
〔2〕　〔美〕阿瑟·奥肯：《平等与效率》，王忠民等译，华夏出版社1987年版，第17页。

于近现代思想家的著作中，当然，思考最多的是当代思想家，例如，美国未来学家托夫勒在1983年出版的著作《第三次浪潮》中就提醒我们保护环境的重要性以及保护环境的一些技术思考。这些思想无疑都是环境行政法的内容，或者提供了制定环境法的新思路。[1]

6. 文化行政管理法思想。文化行政管理机构在各国行政系统中几乎都是一个客观存在，联合国也设有专门管理文化和教育的教科文组织。文化是人类社会独有的现象，也是人类文明的体现，它本身是精神范畴的东西，包括艺术、文学等相对娱乐的文化要素。依马克思主义人类的物质活动决定人类精神活动的理论，任何文化都是建立在一定的物质基础之上的上层建筑要素，一定的文化由于受物质活动的决定也必然具有阶级属性或者社会群体属性。正因为如此，一个国家的统治权力无不重视对文化的管理，对文化事业的法律调控，这就在行政法中产生了有关文化的立法和执法，这些立法和执法为文化的发展设置了诸多的行为规则，有关思想家关于文化管理行为规则的思想也就是文化行政法的内容。[2]

7. 教育行政法思想。教育分为专职教育和社会教育两个大的范畴。专职教育就是我们通常所讲的在一个国家建立的职业化和专业化的教育体系。例如，小学、中学、大学以及研究生教育都是这个范畴的教育。社会教育则是指一国在职业教育和专业教育以外对其社会成员进行的终身教育。这两个范畴的教育在一个国家的教育体系中都是不可缺少的，而与这两个教育相适应的都有一套教育制度和调整和设计这些制度的法律规范。正因为有此类法律规范的存在，人们就会从不同的角度思考有关教育管理的法律规范，例如，法国著名空想社会主义者欧文就著有一部《论人类性格的形成》一文，其中关于教育方面的行政法设想就有一套相对完整的规则体系，这无疑是一个非常好的教育行政法思想。

第三节　行政法思想史的资料来源

行政法思想史的资料来源是研究行政法思想史不能不提到的问题。行政法思想史是思想范畴的东西，存在于人们对行政法现象的认识之中，然而，这种认识必须

---

[1] 由于环境问题日益突出，研究环境管理和环境法律制度的人越来越多，便使环境法律学科从行政法中独立出去了。环境法就其法律归类来看应当是行政法的范畴。但由于其发展的速度快，渐渐形成了规模，便从行政法学中独立出去了。对于这样的独立我们认为是一个由主观因素决定的东西，即是由人设计的。对此我们应当有一个正确的认识。即是说环境法的法律归属应当是行政法，有关环境法的思想也必然是行政法思想。

[2] 文化还有更深层次的东西，法历史学派甚至将法律本身视为一个民族独有的一种文化现象，萨维尼认为，一国的实在法应符合一国的民族精神，而民族精神是该国民族的经验、品质的一部分，法律反映的是建立在社会观点和生活方式之上的一个民族的一般文化发展。因此，法律必然与一国民族形成的文化理念有关联。

通过一定的形式体现出来，反映在一定的材料之中。我们认为，行政法思想史的资料大体上有下列三个方面。

一、思想家原著中的行政法思想史资料

思想家的原著是指经典作家在其著作中对行政法问题的思考，应当指出，思想家对行政法问题进行系统思考的并不十分多，正如我们在前面讲到的主要原因在于行政法制度产生得相对较晚，因此，行政法思想史中系统研究行政法问题的并不多，绝大多数情况下是一些思想家在研究哲学问题、政治学问题、法学问题以及其他学科中的问题时对行政法问题作了附带性的思考。这样不成体系的思考并非没有价值，正如德国思想家赫费所指出的，对于法的问题所作的深刻思考都来自于哲学家而非来自于法律学家。笔者曾在《行政法的私权文化与潜能》一书中对这个论点作了肯定性评价。事实上，诸多丰富的行政法思想都反映在综合性思想家的著作中。思想家著作中的行政法思想可以概括为下列诸类。

（一）哲学类

1. 有关人类进化方面：

《物种起源》：［英］达尔文著，周建文等译，商务印书馆 1963 年版。

《人类的由来》：［英］达尔文著，潘光旦等译，商务印书馆 1983 年版。

《互助论》：［俄］克鲁泡特金著，李平沤译，商务印书馆 1963 年版。

《历史决定论的贫困》：［英］卡尔·波普著，杜汝楫等译，华夏出版社 1987 年版。

《文明论概略》：［日］福泽渝吉著，北京编译社译，商务印书馆 1982 年版。

《论人类不平等的起源与基础》：［法］卢梭著，李常山译，商务印书馆 1996 年版。

《古代社会》：［美］路易斯·亨利·摩尔根著，杨东莼等译，商务印书馆 1983 年版。

2. 有关人类认知发展方面：

《人类的知识》：［英］罗素著，张金言译，商务印书馆 1983 年版。

《分析的时代》：［美］M. 怀特编著，杜任之译，商务印书馆 1987 年版。

《理想的冲突》：［美］L. J. 宾克莱著，马元德等译，商务印书馆 1988 年版。

《当代哲学主流》：［联邦德国］施太格缪勒著，王炳文等译，商务印书馆 1986 年版。

《哲学主要趋向》：［法］保罗·利科主编，李幼蒸等译，商务印书馆 1988 年版。

《哲学百年新近哲学家》：［澳大利亚］约翰·巴斯摩尔著，洪汉鼎等译，商务印书馆 1996 年版。

《性现象》：［德］海因里希·灿克尔著，张云毅译，商务印书馆 2001 年版。

《性心理学》：［英］霭理士著，潘光旦译，商务印书馆 1997 年版。

《实用主义》：［美］詹姆斯著，陈羽伦等译，商务印书馆 1979 年版。

3. 有关人性方面：

《国富论》：［英］亚当·斯密著，郭大力等译，商务印书馆 1972 年版。

《共产党宣言》

《人性论》：［英］休谟著，关文运译，商务印书馆 1980 年版。

《人的潜能与价值》：［美］马斯洛著，林方主编，华夏出版社 1987 年版。

《论人的责任》：［意］马志尼著，吕志士译，商务印书馆 1995 年版。

《为自己的人》：［美］埃·弗洛姆著，孙依依译，生活·读书·新知三联书店 1988 年版。

4. 有关国家方面：

《理想国》：［古希腊］柏拉图著，张竹明等译，商务印书馆 1986 年版。

《关于国家的哲学理论》：［英］鲍桑葵著，汪淑钧译，商务印书馆 1995 年版。

《形而上学的国家论》：［英］L. T. 霍布豪斯著，汪淑钧译，商务印书馆 1996 年版。

《近代国家的发展》：［美］贾恩弗兰科·波齐著，沈汉译，商务印书馆 1997 年版。

《政治正义论》：［英］葛德文著，何慕李译，商务印书馆 1982 年版。

《日本政治学动向》：［日］神岛二郎著，马斌等译，商务印书馆 1983 年版。

5. 有关政治方面：

《自然政治论》：［法］霍尔巴赫著，陈太先译，商务印书馆 1994 年版。

《政治学》：［古希腊］亚里士多德著，吴寿彭译，商务印书馆 1983 年版。

《权力论》：［英］伯特兰·罗素著，吴友三译，商务印书馆 1998 年版。

《当代世界政治理论》：［美］爱·麦·伯恩斯著，曾炳钧译，商务印书馆 1990 年版。

《雪莱政治论文选》：［英］雪莱著，杨熙龄译，商务印书馆 1982 年版。

《政治论》：［荷］斯宾诺莎著，冯炳昆译，商务印书馆 1999 年版。

6. 有关社会方面：

《现代社会的结构与过程》：［美］帕森斯著，梁向阳译，光明日报出版社 1988 年版。

《社会学》：［美］伊恩·罗伯逊著，黄育馥译，商务印书馆 1994 年版。

《被封锁的社会》：［法］克罗齐埃著，狄玉明等译，商务印书馆 1999 年版。

《小的是美好的》：［英］E. F. 舒马赫著，虞鸿钧译，商务印书馆 1984 年版。

《社会的信息化》：［法］西蒙·诺拉等著，施以方等译，商务印书馆 1985 年版。

7. 有关政府方面：

《社会契约论》：［法］卢梭著，何兆武译，商务印书馆 1982 年版。

《利维坦》：［英］霍布斯著，黎思复等译，商务印书馆 1985 年版。

《制定公共政策》：［美］史蒂文·凯尔曼著，商正译，商务印书馆 1990 年版。

《国会政体》：［美］威尔逊著，熊希龄等译，商务印书馆 1986 年版。

《英国资本主义民主制》：［英］拉尔夫·密利本德著，博铨等译，商务印书馆 1988 年版。

《论民主》：［美］科恩著，聂崇信译，商务印书馆 1988 年版。

《政府片论》：［英］边沁著，沈叔平等译，商务印书馆 1996 年版。

《代议制政府》：［英］ J. S. 密尔著，汪瑄译，商务印书馆 1982 年版。

8．有关法律方面：

《法学总论》：［古罗马］查士丁尼著，张企泰译，商务印书馆 1995 年版。

《法的形而上学原理》：［德］康德著，沈叔平译，商务印书馆 1997 年版。

《法哲学》：［德］ H. 科殷著，林荣远译，华夏出版社 2002 年版。

《论法的精神》：［法］孟德斯鸠著，张雁深译，商务印书馆 1982 年版。

《法律导引》：［澳大利亚］维拉曼特著，张智仁等译，上海人民出版社 2003 年版。

《摩奴法典》：［法］迭良善译，马香雪转译，商务印书馆 1982 年版。

9．有关行政方面：

《政治与行政》：［美］ F. J. 古德诺著，王元译，华夏出版社 1987 年版。

《政府论》：［英］洛克著，瞿菊农等译，商务印书馆 1982 年版。

《共同体与社会》：［德］裴迪南·滕尼斯著，林荣远译，商务印书馆 1999 年版。

《联邦党人文集》：［美］汉密尔顿、杰伊、麦迪逊著，程逢如等译，商务印书馆 1982 年版。

《政治中的人性》：［英］格雷厄姆·沃拉斯著，朱曾汶译，商务印书馆 1995 年版。

《自由选择》：［美］米尔顿·弗里德曼等著，胡骑等译，商务印书馆 1999 年版。

《美国政府与政治》：［美］查尔斯·A. 比尔德著，朱曾汶译，商务印书馆 1987 年版。

《政治中的理性主义》：［英］迈克尔·欧克肖特著，张汝伦译，上海译文出版社 2003 年版。

10．有关人伦方面：

《道德与立法原理导论》：［英］边沁著，时殷弘译，商务印书馆 2000 年版。

《存在主义是一种人道主义》：［法］让－保罗·萨特著，周煦良等译，上海译文出版社 1988 年版。

《伦理学体系》：〔德〕费希特著，梁志学等译，中国社会科学出版社1995年版。

《环境伦理学》：〔美〕霍尔姆斯·罗尔斯顿著，杨通进译，中国社会科学出版社2000年版。

《道德情操论》：〔英〕亚当·斯密著，蒋自强等译，商务印书馆1998年版。

《美学史》：〔英〕鲍桑葵著，张今译，商务印书馆1985年版。

《语言论》：〔美〕布隆菲尔德著，袁家骅等译，商务印书馆1982年版。

《社会静力学》：〔英〕赫伯特·斯宾塞著，张雄武译，商务印书馆1996年版。

《论自由》：〔英〕约翰·密尔著，程崇华译，商务印书馆1982年版。

（二）史学类

1. 系统化的史学方面：

《历史研究》：〔英〕汤因比著，曹末凤等译，上海人民出版社1966年版。

《近现代世界史》：〔美〕帕尔默等著，孙福生等译，商务印书馆1988年版。

《人类婚姻史》：〔芬兰〕E. A. 韦斯特马克著，李彬等译，商务印书馆2002年版。

《家庭史》：〔法〕安德烈·比尔基埃著，袁树仁等译，生活·读书·新知三联书店1998年版。

《世界文明史》：〔美〕爱德华·麦克诺尔·伯恩斯等著，罗经国等译，商务印书馆1987年版。

《全球通史》：〔美〕斯塔夫里阿诺斯著，吴象婴等译，上海社会科学出版社1988年版。

《科学史》：〔英〕W. C. 丹皮尔著，李珩译，商务印书馆1975年版。

《文明的进程》：〔德〕诺贝特·埃利亚斯著，王佩莉译，生活·读书·新知三联书店1998年版。

2. 思想史方面：

《哲学史讲演录》：〔德〕黑格尔著，贺麟等译，商务印书馆1983年版。

《西方哲学史》（上下册）：〔英〕罗素著，何兆武译，商务印书馆1982年版。

《政治哲学史》：〔美〕列奥·施特劳斯等主编，李天然等译，河北人民出版社1998年版。

《西方法律思想简史》：〔爱尔兰〕J. M. 凯利著，王笑红译，法律出版社2002年版。

《近代日本思想史》：〔日〕近代日本思想史研究会著，马采译，商务印书馆1992年版。

《美国政治思想》：〔美〕梅里亚姆著，朱曾汶译，商务印书馆1984年版。

3. 历史问题专题研究方面：

《神圣罗马帝国》：〔英〕詹姆斯·布赖斯著，孙秉莹等译，商务印书馆1998

年版。

《风俗论》：[法] 伏尔泰著，梁守锵译，商务印书馆 1996 年版。

《蒙塔尤》：[法] 埃马纽埃尔·勒华拉杜里著，许明龙等译，商务印书馆 1997 年版。

《法国农村史》：[法] 马克·布洛赫著，余中先等译，商务印书馆 1991 年版。

《美国自由的故事》：[美] 埃里克·方纳著：王希译，商务印书馆 2002 年版。

《雅典政制》：[古希腊] 亚里士多德著，日知等译，商务印书馆 1999 年版。

《美国宪法的经济观》：[美] 查尔斯·A. 比尔德著，何希济译，商务印书馆 1984 年版。

4．历史事件专题研究方面：

《旧制度与大革命》：[法] 托克维尔著，冯棠等译，商务印书馆 1992 年版。

《法国革命论》：[英] 柏克著，何兆武等译，商务印书馆 1998 年版。

《罗马盛衰原因论》：[法] 孟德斯鸠著，婉玲译，商务印书馆 1984 年版。

《美洲三书》：[英] 爱德蒙·柏克著，缪哲选译，商务印书馆 2003 年版。

《后工业社会的来临》：[美] 丹尼尔·贝尔著，王宏周等译，商务印书馆 1984 年版。

《意大利文艺复兴时期的文化》：[瑞士] 雅各布·布克哈特著，何新译，商务印书馆 1979 年版。

《佛罗伦萨史》：[意] 尼科洛·马基雅维里著，李活译，商务印书馆 1982 年版。

《伯罗奔尼撒战争史》：[古希腊] 修昔底德著，谢德风译，商务印书馆 1996 年版。

《美国民主的再考察》：[美] 里夫斯著，吴延佳等译，商务印书馆 1997 年版。

5．历史人物研究方面：

《亚里士多德》：[英] W. D. 罗斯著，王路译，商务印书馆 1997 年版。

《孟德斯鸠传》：[法] 路易·戴格拉夫著，许明龙译，商务印书馆 1997 年版。

《罗素自传》：[英] 伯特兰·罗素著，胡作玄等译，商务印书馆 2002 年版。

《欧文选集》：柯象峰等译，商务印书馆 1979 年版。

《忏悔录》：[法] 卢梭著，黎星译，商务印书馆 1985 年版。

（三）政治学与行政学类

1．有关政治的系统研究方面：

《政治体系》：[美] 戴维·伊斯顿著，马清槐译，商务印书馆 1993 年版。

《变化社会中的政治秩序》：[美] 塞缪尔·P. 亨廷顿著，王冠华等译，三联书店 1989 年版。

《休谟政治论文选》：[英] 大卫·休谟著，张若希译，商务印书馆 1993 年版。

《政治学手册精选》：[美] 格林斯坦·波尔斯比编，竺乾威等译，商务印书馆

1996 年版。

《政治学》：〔古希腊〕亚里士多德著，吴寿彭译，商务印书馆 1983 年版。

《政治人》：〔美〕利普赛特著，刘刚敏等译，商务印书馆 1993 年版。

《比较政治学》：〔美〕加布里埃尔·A. 阿尔蒙德等著，曹沛霖等译，上海译文出版社 1987 年版。

2. 有关政治思想史的研究方面：

《近代政治思想的基础》：〔英〕昆廷·斯金纳著，亚方等译，商务印书馆 2002 年版。

《现代政治思想》：〔美〕詹姆斯·A. 古尔德文森特·V. 瑟斯比编，杨淮生等译，商务印书馆 1985 年版。

《现代政治分析》：〔美〕罗伯特·A. 达尔著，王沪宁等译，上海译文出版社 1987 年版。

《时代的精神状况》：〔德〕卡尔·雅斯贝斯著，王德峰译，上海译文出版社 1997 年版。

《霍布斯的政治哲学》：〔美〕列奥·施特劳斯著，沈彤译，译林出版社 2001 年版。

3. 有关政治实体的研究方面：

《英国议会》：〔英〕埃弗尔·詹宁斯著，蓬勃译，商务印书馆 1993 年版。

《资本主义社会的国家》：〔英〕拉尔夫·密里本德著，沈汉等译，商务印书馆 1997 年版。

《美国官僚政治》：〔美〕詹姆斯·Q. 威尔逊著，张海涛译，中国社会科学出版社 1995 年版。

《控制官僚》：〔美〕威廉·F. 韦斯特著，张定淮等译，重庆出版社 2001 年版。

《阿奎那政治著作选》：〔意〕阿奎那著，马清槐译，商务印书馆 1982 年版。

《伊加利亚旅行记》：〔法〕埃蒂耶纳·卡贝著，李雄飞等译，商务印书馆 1982 年版。

《太阳城》：〔意〕康帕内拉著，陈大维等译，商务印书馆 1982 年版。

《乌托邦》：〔英〕托马斯·莫尔著，戴镏龄译，商务印书馆 1982 年版。

4. 有关自由与权力的研究方面：

《权力意志》：〔德〕弗里德里希·尼采著，张念东等译，商务印书馆 1994 年版。

《资本主义与自由》：〔美〕米尔顿·弗里德曼著，张瑞玉译，商务印书馆 1986 年版。

《自由民主与政治学》：〔美〕詹姆斯·W. 西瑟著，竺乾威译，上海人民出版社 1998 年版。

《自由史论》：〔英〕阿克顿著，胡传胜等译，译林出版社 2001 年版。

《古代人的自由与现代人的自由》：［法］邦雅曼·贡斯当著，阎克文等译，商务印书馆 1999 年版。

《自由与权力》：［英］阿克顿著，侯建译，商务印书馆 2001 年版。

《自由与传统》：［英］埃德蒙·柏克著，蒋庆等译，商务印书馆 2001 年版。

5. 有关政治决策研究方面：

《民主财政论》：［美］詹姆斯·M. 布坎南著，穆怀鹏译，商务印书馆 1999 年版。

《制度经济学》：［美］康芒斯著，于树生译，商务印书馆 1994 年版。

《君主论》：［意］尼科洛·马基雅维里著，潘汉典译，商务印书馆 1986 年版。

《亚当·斯密关于法律、警察、岁入及军备的演讲》：［英］坎南编，陈福生等译，商务印书馆 1982 年版。

《论平等》：［法］皮埃尔·勒鲁著，王允道译，商务印书馆 1996 年版。

《美国的权势集团》：［美］伦纳德·西尔克等著，金君晖等译，商务印书馆 1994 年版。

《政治的正义性》：［德］奥特弗利德·赫费著，庞学铨译，上海译文出版社 1998 年版。

6. 有关政治问题专题研究方面：

《论公民》：［英］霍布斯著，应星等译，贵州人民出版社 2003 年版。

《控制国家》：［美］斯科特·戈登著，应奇等译，江苏人民出版社 2001 年版。

《论义务》：［古罗马］西塞罗著，王焕生译，中国政法大学出版社 1999 年版。

《新个体主义伦理学》：［美］爱因·兰德著，秦裕译，三联书店 1993 年版。

《民主新论》：［美］乔·萨托利著，冯克利等译，东方出版社 1998 年版。

《社会改造原理》：［英］伯特兰·罗素著，张师竹译，上海人民出版社 1959 年版。

《政治生活的系统分析》：［美］戴维·伊斯顿著，王浦劬译，华夏出版社 1999 年版。

《封建社会》：［法］马克·布洛赫著，张绪山译，商务印书馆 2003 年版。

（四）法学类

1. 法学史方面：

《法律史解释》：［美］罗斯科·庞德著，邓正来译，中国法制出版社 2002 年版。

《普通法的历史基础》：［英］S. F. C. 密尔松著，李显冬译，中国大百科全书出版社 1999 年版。

《法理学的法哲学及其方法》：［美］E. 博登海默著，邓正来译，华夏出版社 1987 年版。

《自由秩序原理》：［英］哈耶克著，邓正来译，生活·读书·新知三联书店

1997 年版。

《法学阶梯》：［古罗马］优士丁尼著，徐国栋译，中国政法大学出版社 1999 年版。

《法律与革命》：［美］伯尔曼著，贺卫方等译，中国大百科全书出版社 1993 年版。

《革命法制与审判》：［法］罗伯斯比尔著，赵涵舆译，商务印书馆 1986 年版。

2. 法理学方面：

《法和经济学》：［美］罗伯特·考特等著，张军等译，三联书店、上海人民出版社 1994 年版。

《法律体系的概念》：［英］约瑟夫·拉兹著，吴玉章译，中国法制出版社 2003 年版。

《当代法哲学和法律推理导论》：［德］阿图尔·考夫曼等主编，郑永流译，法律出版社 2002 年版。

《法学方法论》：［德］卡尔·拉伦茨著，陈爱娥译，商务印书馆 2003 年版。

《法与国家的一般理论》：［奥］凯尔森著，沈宗灵译，中国大百科全书出版社 1996 年版。

《认真对待权利》：［美］罗纳德·德沃金著，信春鹰译，中国大百科全书出版社 1998 年版。

《法律的原则》：［美］迈克尔·D. 贝勒斯著，张文显译，中国大百科全书出版社 1996 年版。

《法理学的范围》：　［英］约翰·奥斯丁著，刘星译，中国法制出版社 2002 年版。

《论立法与法学的当代使命》：［德］弗里德里希·卡尔·冯·萨维尼著，许章润译，中国法制出版社 2001 年版。

《法理学问题》：［美］波斯纳著，苏力译，中国政法大学出版社 1994 年版。

《法律的概念》：［英］哈特著，张文显译，中国大百科全书出版社 1997 年版。

《法律的成长　法律科学悖论》：［美］本杰明·N. 卡多佐著，彭冰等译，中国法制出版社 2002 年版。

3. 比较法学方面：

《当代主要法律体系》：［法］勒内·达维德著，漆竹生译，上海译文出版社 1984 年版。

《比较法》：［日］大木雅夫著，范愉译，法律出版社 1999 年版。

《比较法总论》：［德］K. 茨威格特等著，潘汉典等译，贵州人民出版社 1992 年版。

《比较法学》：吴大英主编，中国文化书院 1987 年版。

4. 宪政与宪法的研究方面：

《法与宪法》：［英］W. Ivor. 詹宁斯著，龚祥瑞等译，三联书店 1997 年版。

《美国宪法的高级法背景》：［美］爱德华·S. 考稳著，强世功译，生活·读书·新知三联书店 1996 年版。

《民主和专制的社会起源》：［美］巴林顿·摩尔著，拓夫等译，华夏出版社 1987 年版。

《无政府、国家与乌托邦》：［美］罗伯特·诺齐克著，何怀宏等译，中国社会科学出版社 1991 年版。

《成文宪法的比较研究》：［荷］亨利·范·马尔赛文等著，陈云生译，华夏出版社 1987 年版。

《宪法的政治理论》：［美］肯尼思·W. 汤普森著，张志铭译，三联书店 1997 年版。

《宪政与分权》：［英］M. J. C. 维尔著，苏力译，生活·读书·新知三联书店 1997 年版。

《宪政与民主》：［美］埃尔斯特等著，潘勤译，三联书店 1997 年版。

《英宪精义》：［英］戴西著，雷宾南译，中国法制出版社 2001 年版。

《法律、立法与自由》：［英］弗里德利希·冯·哈耶克著，邓正来译，中国大百科全书出版社 2001 年版。

《宪法决策的过程：案例与材料》：［美］保罗·布莱斯特等编著，陆符嘉等译，中国政法大学出版社 2002 年版。

二、重要法典中的行政法思想史资料

法典是法律制度的支撑材料，即我们对法律制度的研究要以法典规定的内容为依据，同样，我们对行政法制度的研究也要以行政法典为基础，进一步讲，行政法典则是行政法制史的资料来源这是没有争议的。但是，在笔者看来，法律典则中包括了非常重要的行政法思想。一个法律典则在制定时都是以人们的认识为前提的，在诸多认识的基础上形成一个法律典则。由此可以说，法律典则是法律思想的集中体现，一些行政法思想可能随着历史的流逝已经被人们遗忘了，但体现于法典中的行政法思想则不会被遗忘，这说明从法律典则中探讨行政法思想是一个比较简捷的路径。法律典则中的行政法思想应当体现于下列主要方面。

1. 刑事法典中的行政法思想。在古代的立法体系中刑事法律占有极其重要的地位，以《汉谟拉比法典》为例，其从头至尾的法律条文基本上都是刑事法律的内容。[1] 当这些法律规定刑事法律制度时也隐含了诸多行政法思想，尤其是治安管理方面的行政法思想。《汉谟拉比法典》对社会管理秩序进行了方方面面的设计，第176条设计了一个宫廷管理关系，这些关系的设计是从刑事法律制度的理念出发的，但为后来行政机关对社会治安秩序的管理提供了思想基础。[2]

2. 民事法典中的行政法思想。民事法律典则是法律典则中又一个重要组成部分。在法律体系中民事法律典则所占的比重甚至不比刑事法律典则少。那么，在民事法律典则中是否包括行政法的思想呢？回答是肯定的。不论在古代的民事法典中，还是在近现代的民事法典则中，有关行政法的思想是非常多的。古罗马著名的民事法典《十二铜表法》中就有诸多行政法规范的内容，这些规范包含着非常深刻的行政法思想，例如该法典第7表第2条规定："如果沿着近邻地区挖掘壕沟，则不得越过限界，如（设置）围墙，则必须（从近邻的地区起）留出空地1英尺，如果是住所，则留出2英尺，如果是挖掘坑道或墓穴，则留出的尺度与挖坑的深度同，如果是井，则留出6英尺，如果是栽种橄榄树或无花果，则从近邻的地区起留出空地9英尺，而其他的树木，则为5英尺。"[3] 这个规定中的内容设置了诸多属于行政管理的关系，这些设计行政管理关系的行为规则对后来行政管理法的制定提供了一定的思想基础。民事法典中有关行政法思想的内容除了具体的思想形式外，还包含着对行政法立法精神的借鉴，即行政法典的制定如何贯穿民事法律规范化、技术化的思想原则。

3. 宪法典中的行政法思想。宪法是国家政权体制和社会形态发展到一定阶段的产物，宪法典的产生对行政法的产生起到了基础性的作用，即是说没有宪法典的制定就没有行政法这个部门法的产生。宪法涉及的根本问题有两个方面：①反映国家政权体系与社会公众之间的关系，通过宪法规定公共权力属于人民，属于社会公众。这是宪法典则中最为主要的内容，也是宪法的精神实质所在。因此，在宪法规范之外，政府公共权力一般情况下是没有其他法律上的依据的，而且公民权利本身被视为是至高无上的东西，它不是由公共权力产生的，而是它产生了公共权力。从这个

〔1〕 例如《汉谟拉比法典》第116条规定："倘人质因遭殴打或虐待，死于取之为质者之家，则人质之主人应检举塔木卡之罪；倘（被取为质者）为自由民之子，则应杀其子，倘为自由民之奴隶，则彼应赔偿银三分之一密拉，并丧失其全部（贷款）。"参见萧榕主编：《世界著名法典选编（民法卷）》，中国民主法制出版社1998年版，第7页。

〔2〕 例如《汉谟拉比法典》第176条规定："倘宫廷之奴隶或穆什钦努之奴隶娶自由民之女，当他娶她时，她曾由其父家带来嫁妆以入于宫廷奴隶或穆什钦努奴隶之家，后来他们同居之后，即成家，且有［动］产，而后宫廷之奴隶或穆什钦努之奴隶死亡，则自由民之女应得自己之嫁妆，而所有从同居后由其夫及她自己所得之物，应分为两份，奴隶之主人得其半，自由民之女为其子女亦得其半。倘自由民之女未有嫁妆，则所有同居后由其夫及她自己所得之物，应分为两份，奴隶之主人得其半，自由民之女为其子女亦得其半。"参见萧榕主编：《世界著名法典选编（民法卷）》，中国民主法制出版社1998年版，第9页。

〔3〕 萧榕主编：《世界著名法典选编（民法卷）》，中国民主法制出版社1998年版，第17页。

意义上讲，宪法的确立对于当今社会的公共权力而言是非常重要的。②政府公共权力之间的权力分配，即政府不同部门之间权力分配的法律规定。例如，美国宪法就规定了立法权归国会行使，行政权归总统行使，而司法权由法院系统行使等具体制度。宪法规定中上列两个方面的内容实质上都与行政法有关。宪法与行政法被学者们都归入到公法的范畴，宪法中的一些具体规定实质上就是行政法的直接法律形式。宪法在任何一个国家其价值不仅在法律规则方面，更重要的是在统治权的价值方面，其作为统治权行使的一种方式，作为权力行使的一种文化包含着非常丰富的思想内容。我们注意到，诸多学者对美国联邦宪法以及法国人权宣言等宪法性文件的研究并不是将其作为一种法律规则，更为重要的是将其作为一种法律思想。毫无疑问，宪法典则中的思想体系就是行政法思想体系，或者是进行行政法思考的基本思想原则。

4. 国际法典中的行政法思想。国际法典有两个层面的意思：①一国部门法中有关调整国际关系的法律典则，这些法律制度是国内法律制度但却涉及不同国家或者不同国家公众之间的关系。②由国际组织制定的行为规则，如联合国宪章和 WTO 规则等。这两个类型的国际法典则都有诸多行政法规范，其中一些典则虽无行政法规范，但一些规定可以成为行政法思想，这是行政法思想史的又一个重要来源。

5. 行政法典中的行政法思想。行政法典与行政法思想本来是两个完全不同的东西，行政法典是行政法制度范畴的东西，而行政法思想则是意识范畴的东西。但是，二者在通常情况下也是难以区分的。行政法制度作为刚性的行为规则包含着丰富的行政法思想，当然，行政法典则中的行政法思想不是行政法思想的全部，但至少是行政法思想的有机构成之一。而行政法制度亦离不开行政法思想的支撑，其是行政法思想在博弈过程中的产物。由于这一点，我们研究行政法思想不能离开行政法典则。美国 1946 年联邦行政程序法的价值主要体现在其程序价值上，体现在其对程序比较珍视的思想价值之中。

三、重要政治文件中的行政法思想史资料

重要政治文件是指国家政权体系在实现统治权和履行国家管理职能过程中制定或者颁行的文件。政治文件与法律典则是有区别的，一方面，重要政治文件不是以法律典则的形式出现的，而是以非法律文件的形式出现的。另一方面，重要政治文件的制定主体有时是国家政权体系以外的政治组织制定的，例如一国执政党制定和颁行的政治文件。这些文件会对法律制度和法律典则产生影响，甚至能够改变法律典则的内容，但它与法律典则有本质区别。重要政治文件中的行政法思想史资料大体上有下列一些内容。

1. 关于行政权方略的行政法思想。有些政治文件中涉及一国行政权行使的方略，该方略就是行政法思想的重要内容，例如，美国独立宣言中就有诸多内容是行政法思想。《独立宣言》规定："我们认为这些真理是不言而喻的：人人生而平等，

他们都从他们的'造物主'那边被赋予了某些不可转让的权利，其中包括生命权、自由权和追求幸福的权利。为了保障这些权利，所以才在人们中间成立政府。而政府的正当权力，系得自被统治者的同意。如果遇有任何一种形式的政府变成是损害这些目的的，那么，人民就有权利来改变它或废除它，以建立新的政府。这新的政府，必须是建立在这样的原则的基础上，并且是按照这样的方式来组织它的权力机关，庶几就人民看来那是最能够促进他们的安全和幸福的。诚然，谨慎的心理会主宰着人们的意识，认为不应该为了轻微的、暂时的原因而把设立已久的政府予以变更；而过去一切的经验也正是表明，只要当那些罪恶尚可容忍时，人类总是宁愿默然忍受，而不愿废除他们所习惯了的那种政治形式以恢复他们自己的权利。然而，当一个政府恶贯满盈、倒行逆施、一贯地奉行着那一个目标，显然是企图把人民抑压在绝对专制主义的淫威之下时，人民就有这种权利，人民就有这种义务，来推翻那样的政府，而为他们未来的安全设立新的保障。——我们这些殖民地的人民过去一向是默然忍辱吞声，而现在却被迫地必须起来改变原先的政治体制，其原因即在于此。现今大不列颠国王的历史，就是一部怙恶不悛、倒行逆施的历史，他那一切的措施都只有一个直接的目的，即在我们各州建立一种绝对专制的统治。"[1]　其中诸多行政方略的思想为后世人们对行政法问题的思考提供了思路。

　　2. 关于行政与其他国家机关权力分配的思想。行政与其他国家机关的权力分配是宪法和宪政制度解决的问题。但是，宪法和相关的宪法制度并不能够提供行政法规范中的全部制度，而且行政法在其发展中诸多问题是有变化的，会随着历史的不同而有所不同，但宪法的认可则需要经过特别程序，这样便有可能在一些政治文件中规定行政权和其他国家机关的权力，这个规定的内容亦为行政法思想的重要来源。例如1689年英国《权利法案》就是一个比较典型的有关权力分配的政治文件，其有下列关于权力分配的精神："……灵俗两界贵族与众议员等……宣告：①凡未经国会同意，以国王权威停止法律或停止法律实施之僭越权力，为非法权力。②近来以国王权威擅自废除法律或法律实施之僭越权力，为非法权力。③设立审理宗教事务之钦差法庭之指令，以及一切其他同类指令与法庭，皆为非法而有害。④凡未经国会准许，借口国王特权，为国王而征收，或供国王使用而征收金钱，超出国会准许之时限或方式者，皆为非法。⑤向国王请愿，乃臣民之权利，一切对此项请愿之判罪或控告，皆为非法。⑥除经国会同意外，平时在本王国内征募或维持常备军，皆属违法。⑦凡臣民系新教徒者，为防卫起见，得酌量情形，并在法律许可范围内，置备武器。⑧国会议员之选举应是自由的。⑨国会内之演说自由、辩论或议事之自由，不应在国会以外之任何法院或任何地方，受到弹劾或讯问。⑩不应要求过多之保释金，亦不应强课过分之罚款，更不应滥施残酷非常之刑罚。⑪陪审官应予正式记名列表并陈报之，凡审理叛国犯案件之陪审官为自由世袭地领有人。⑫定罪前，特定

---

〔1〕　周一良等主编：《世界通史资料选辑（近代部分）》，商务印书馆1985年版，第93~94页。

人的一切让与及对罚金与没收财产所作的一切承诺，皆属非法而无效。⑬为申雪一切诉冤，并为修正、加强与维护法律起见，国会应时常集会。彼等（即灵俗两界贵族与众议员等）并主张、要求与坚持上开各条为彼等无可置疑之权利与自由；凡上开各条中有损人民之任何宣告、判决、行为或诉讼程序，今后不应据之为结论或先例。"[1]

3. 关于行政体制的思想。行政体制思想的政治文件是指在这样的条文中规定了有关行政体制问题，包括行政体制的结构、行政体制的构成形式等。《共产主义者同盟章程》有这样一些关于行政体制的规定：

第二章　支部

第6条　支部的组成至少3人至多20人。

第7条　每个支部选举主席和副主席各1人。主席主持各种会议，副主席管理财务，主席缺席时由副主席代理主席职务。

第8条　接收新盟员须经支部事先同意，由支部主席和充当介绍人的盟员办理。

第9条　各地区的支部彼此不得相识或保持任何联系。

第10条　各支部均须有特别称号。

第11条　任何一个盟员迁居时均须事先报告本支部的主席。

第三章　区部

第12条　区部辖有2个以上10个以下支部。

第13条　由这些支部的主席和副主席组成区部委员会。区部委员会从委员中选出领导人。区部委员会同本区各支部和总区部保持联系。

第14条　区部委员会是区内各支部的权力执行机关。

第15条　各独立支部须加入已有的区部，或同其他各别的支部成立新的区部。

第四章　总区部

第16条　本国或本省内的各区部隶属于一个总区部。

第17条　由代表大会根据中央委员会的建议按省划分同盟各区部和指定总区部。

第18条　总区部是本省各区部的权力执行机关。它同各该区部和中央委员会保持联系。

第19条　新建立的区部加入邻近的总区部。

---

[1]　周一良等主编：《世界通史资料选辑（近代部分）》，商务印书馆1985年版，第28～29页。

第 20 条　总区部向最高权力机关——代表大会报告工作，在代表大会闭幕期间则向中央委员会报告工作。

第五章　中央委员会

第 21 条　中央委员会是全盟的权力执行机关，向代表大会报告工作。

第 22 条　中央委员会的成员不少于 5 人，由代表大会指定为中央委员会所在地区的区部委员会选出。

第 23 条　中央委员会同各总区部保持联系，每 3 个月作一次关于全盟状况的报告。

第六章　一般规定

第 24 条　支部、区部委员会以及中央委员会至少每 2 周开会一次。

第 25 条　区部委员会和中央委员会的委员任期为 1 年，连选得连任，选举者可以随时撤换之。

第 26 条　每年 9 月进行选举。

第 27 条　区部委员会必须根据盟的意图对各支部所进行的讨论加以领导。如中央委员会认为某些问题的讨论具有普遍的和直接的利害关系，可以提交全盟讨论。

第 28 条　盟员至少每 3 个月同所属区部委员会联系一次，支部每月联系一次。每个区部至少每 2 个月向总区部报告一次本地区的工作进展情况，每个总区部至少每 3 个月向中央委员会报告一次本地区的工作进展情况。

第 29 条　同盟各级机关必须采取必要的措施来保证同盟的安全并加强其活动，按照章程独立负责进行活动，并立即把一切通知上级机关。[1]

第四节　行政法思想史的历史断代

一、以社会形态变化为依据的断代

1. 社会形态的概念。所谓社会形态是指按照社会发展的历史阶段对社会所作的分类。按照马克思主义哲学的基本观点，人类社会发展的社会形态包括原始社会、奴隶社会、封建社会、资本主义社会、社会主义社会、共产主义社会，其中社会主义社会是共产主义社会的初始阶段。①社会形态作为马克思理论当中的一个基本概念，它首先具有强烈的阶级性的特点。也就是说，各种不同的社会形态当中有着不同的阶级与阶级斗争关系。除原始社会与共产主义社会不存在阶级与阶级统治以外，

---

〔1〕　周一良等主编：《世界通史资料选辑（近代部分）》，商务印书馆 1985 年版，第 232～234 页。

其他社会形态都有着相互对立着的社会阶段，每一社会形态中主要的阶级都是各不相同的。比如奴隶社会主要存在着奴隶阶级与奴隶主阶级，封建社会主要存在农民阶级与地主阶级，资本主义社会主要存在工人阶级与资本家阶级。这些不同社会形态之中的阶级矛盾、阶级斗争、阶级关系也有所不同。②不同的社会形态反映了不同的经济发展水平和社会生产关系。按照马克思主义哲学相关理论，生产力决定生产关系，经济基础决定上层建筑。正是由于生产力发展水平的不同和生产关系模式的不同，才有了各种不同的社会形态。因此，根据某一社会所处的具体社会形态，我们就能清楚地知道它所具有的生产力发展水平和其中占统治地位的生产关系模式。③社会形态与历史时期不是同一概念或类似概念。尽管人类社会的发展规律一般是从低级向高级发展，社会形态一般也随历史时期的推进而不断进步，但社会形态与历史时期却不完全同步。同一历史时期可能存在几种不同的社会形态，同一社会形态也可能在不同的历史时期都存在着。正是由于社会形态与历史时期不一定完全同步，它的划分才有了自身的意义。

2. 此一断代的的意义。以社会形态的变化为依据对行政法思想史进行断代具有重要的学术价值。根据马克思对法律的基本认识，法是阶级统治意志的集中体现。要真正理解法的本质，就必须用阶级分析的方法，首先找到社会上占统治地位的阶级是哪一个，然后再看这一社会的法律是如何体现统治阶级意志的。而社会形态正是阶级分析的重要参照系，以社会形态的变化为依据对行政法思想史进行断代可以清楚地看到在各种社会形态中占统治地位的社会阶级都有哪些有代表性的行政法思想，被统治阶级又有哪些行政法思想，这些行政法思想有哪些共同的地方，从而深入探究各种社会形态下行政法思想的本质。

3. 具体断代。笔者依据社会形态的变化将人类历史上的行政法思想分为三类，分别是前资本主义的行政法思想、资本主义的行政法思想、社会主义的行政法思想。之所以将前资本主义的行政法思想统一归为一类，是因为现代意义上的行政法实际上产生于资本主义时期。在资本主义社会之前的原始社会、奴隶社会、封建社会并不存在专门的现代意义上的行政法，尽管如此，并不是说在资本主义社会之前就没有行政法思想。事实上，不少思想家都对行政、行政权、行政主体、行政管理、行政关系等提出了很多很有见地的观点或理论。鉴于上述两方面的原因，笔者将资本主义社会之前的行政法思想统归为前资本主义的行政法思想。当人类社会进入资本主义阶段之后，资产阶级思想家所提出的分权与制衡的思想得到了实践，人们首次将国家权力分为行政权、立法权、司法权等不同的类型并分别交由不同的机关来行使这些权力。在这样的大背景下，行政法也应运而生，有关行政法的各种思想层出不穷，行政法思想得到了一个跨越式的发展。资本主义的行政法思想以维护资产阶级利益为中心，以实践自由、平等、博爱的资产阶级理想为出发点，强调对行政权进行控制，防止行政机关对行政相对人的合法权益进行侵害。社会主义的行政法思想以马克思、恩格斯、列宁等人的马列主义为指导，在前苏联、东欧诸国、中国等社会主义国家得到了广泛的传播与实践。在社会主义社会，阶级尚未完全消失，阶级斗争也依然存在，为了彻底消灭阶级与阶级斗争、实现共产主义理想，社会主义国家必须以国家强力来推动这一进程，强调对国家进行管理。于是，社会主义国家的行政法思想自然也就以国家管理作为核心，突出国家管理的重要性。

二、以政府更迭为依据的断代

1. 政府更迭的概念。所谓政府更迭，是指一国国家政权发生了变化，从此一政权变更为彼一政权，从此一政府掌握政权变更为由彼一政府来掌握国家政权。在世界范围内，各个时期都有着政府更迭的情形发生，有时政府更迭的频率高一些，有时政府更迭的频率低一些。以我国为例，封建社会各个朝代的变化都是政府更迭的典型例子，1911 年辛亥革命之后中华民国取代满清政府、1949 年中华人民共和国取代南京国民政府也都是政府更迭的情况。政府更迭看似是一个简单的概念，却很容易与一些相近的概念混同。一方面，笔者这里所指的政府更迭与社会形态的变更不是同一概念。一国政府更迭不一定意味着社会形态就发生了变更，在同一社会形态之下，可以存在多个不同的政府，而这些政府之间的更迭对社会形态没有影响。像我国封建社会下的若干王朝的变化就对社会形态没有影响，2000 多年的封建统治之下政府出现过多次变更，而我国却一直处于封建社会这一种社会形态之中。但是社会形态的变更基本上都伴随着政府更迭，也就是说，社会形态要发生变更，往往意味着阶级与阶级关系发生了根本性变化，必须通过政府更迭这一方式来实现统治阶级的变化。另一方面，政府更迭也不是同一政权内部当权者的轮换。政府更迭的本质在于政权的变更，如果仅仅是同一政权内部的当权者发生了变化则不属于政府更迭的范围之内。我们知道，每一个政权内部其当权者掌握权力都是有一定时限的，最长也不过是专制政权下的君主终身执政，即使是终身执政也必须在一定时间之后换由新的当权者掌权。这种当权者的变化不是必然影响到政权的稳固，不是必然引起政权的转移，所以它与政府更迭不是同一概念。

2. 此一断代的意义。政府更迭尽管并不必然引起社会形态发生变更，但是它对一国国家政权和法律制度的影响仍然是十分显著的。任何一次政府更迭都意味着政府从组织形式、管理方式到治国方略、政策都要发生相当大的变化，任何一个新的政府都会提出一些新的理念、新的政策。这些新的理念、新的政策会影响到整个国家的方方面面，体现在行政法上就往往有一些新的思想问世。因此，以政府更迭为依据对行政法思想史进行断代，能够反映出行政法思想随着政权更迭而产生的种种变化和新的发展，能够反映出每一政府其政策对行政法思想的具体渗入和影响，是一种较好的断代方法。

3. 此一断代的列举。18 世纪末，法国爆发了举世瞩目的资产阶级革命，在这场大革命中，政府历经多次更迭，不同的政府分别提出了自己的政治主张。在极短的时间内，各种政治思想和法律思想相继登场，成为依政府更迭对行政法思想进行断代的典型例子。法国大革命始于 1789 年终于 1799 年，其间历经君主立宪派政府、吉伦特派政府、雅各宾派政府、热月党政府等多个政府的统治。君主立宪派政府在 1789 年 7 月 14 日革命成功之后，逼迫国王承认制宪议会的合法性。制宪议会旋即通过《人权及公民权宣言》，宣布人们生来而且始终是自由平等的。但君主立宪派主张保留王政，以宪法形式规定行政权属于国王、立法权属于立法会议、司法权属于法院。随着革命的发展，人民要求废除王政，1792 年 8 月吉伦特派取得政权，废除君主立宪制宪法，成立法兰西第一共和国，处死国王路易十六。吉伦特派政府实行温和政策，但在当时内外交困情况下，对内没能有力打击投机商和限制物价，对外不能抵抗外国联军。1793 年 5 月底 6 月初，巴黎人民再次发动起义，推翻吉伦特派政府，雅各宾派政府上台。雅各宾派实行激进政策，颁布土地法令让农民获得土地，制定 1793 年宪法，处决投机商人，处死吉伦特派及其支持者，同时雅各宾派也平定了国内叛乱、赶走了外国军队。后因雅各宾派内斗升级，人民也开始反对其恐怖专制政策，热月党人发动政变推翻了雅各宾派的统治。后来，拿破仑·波拿巴依靠军事实力逐渐掌控权力，1799 年他发动雾月政变，法国大革命基本结束。

三、以重要政治思想产生为依据的断代

1. 政治思想产生的界定。政治思想的产生有多种不同的表现形式，如何界定是否产生了新的政治思想、产生了何种新的政治思想并不是一件容易的事情，必须从多个方面进行分析、确认。笔者认为，政治思想的产生至少可以从以下四方面进行界定：①在政治思想领域产生了新的思想方法。思想方法是政治思想领域一个十分重要的问题，它主要是指政治思想领域中的研究方法、思考角度问题。用不同的思想方法去分析、看待同一事物可能得出不同的政治思想观点，正因为如此，一种新的思想方法的产生意味着人们政治思想的角度又有了新的变化、新的选择，意味着政治思想的产生。②在政治思想领域产生了新的政治思想观念。在政治思想领域人们提出了许许多多的政治思想观念，这些政治思想观念是人类政治思想的宝贵财富和构成部分。新的政治思想观念的产生使得人类政治思想宝库又增加了一笔新的财富，自然应当界定为新的政治思想的产生。③在政治思想领域产生了新的政治思想体系。政治思想体系的构建不是一件容易的事情，有些政治思想体系是由许许多多学者前仆后继逐渐建立起来的，有些政治思想体系是由大的思想家提出来的，无论如何，新的政治思想体系的出现都是政治思想领域的重大事件，应当将其划入政治思想产生的范围。④在政治思想领域产生了代表性的政治思想家。人类政治思想的进步常常是在大的政治思想家的引领下取得的，所以具有代表性的政治思想家的产生也应被视为是政治思想的产生。

2. 此一断代的意义。我们知道，行政法思想的发展不是按照时间顺序匀速向前推进的，在发展速度、程度上都是时快时慢、时而加速时而减速甚至停滞、后退的。于是，在不同的历史时期、不同的社会形态、不同的政府统治之下行政法思想的产

生、发展速度都有所不同。为了能够更好地把握行政法思想史的整个发展脉搏，笔者将行政法思想史以重要政治思想产生为依据进行断代。与哲学思想、经济学思想、社会学思想等相比，政治思想对行政法思想的影响要直接、强烈得多。重要政治思想的产生，往往意味着人们对政治领域的重大问题有了新的认识，在新的认识的推动下行政法思想也随之产生重大变化。所以，按照重要政治思想产生为依据对行政法思想史进行断代是很有价值的。

3. 具体断代。笔者认为，以重要政治思想产生为依据对行政法思想史进行断代可以分为三个阶段。①第一个阶段是严格司法审查的控权行政法阶段。在资产阶级启蒙运动时期，洛克、孟德斯鸠、卢梭等资本主义启蒙思想家提出了许多至今看来仍十分有价值的政治思想，这些政治思想的核心就是主权在民、权力分立、权力制衡等政治观点。根据这些启蒙政治思想，国家行政权应当属于全体人民，行政权应当受到立法权和司法权的有效约束，于是严格司法审查的控权行政法思想也就应运而生，现代行政法真正产生了。可以毫不夸张地说，正是资产阶级启蒙政治思想催生了现代行政法和现代行政法思想。②第二个阶段是行政造法阶段。19 世纪末 20 世纪初，资本主义进入垄断时期，政治思想领域也出现了新的思潮，为了更好地解决国内外各种矛盾，国家干预主义的政治思想取得了主流地位。国家干预主义政治思想主要强调国家应当对各种社会事务进行管理和干预，利用国家力量来化解各种社会矛盾。这种政治思想蔓延到行政法领域，要求政府改变过去"小政府、大社会"的消极行政模式，积极地管理各项社会事务。在这样的思想影响下，行政机关的行政权较过去大为扩大，甚至取得了行政立法的权力，过去只能由立法机关行使的立法权也部分地授予行政机关来行使，这就是行政造法阶段。③第三个阶段是行政法多元主义阶段。20 世纪以后，福利国家的理念在政治思想领域脱颖而出，成为一种新的重要政治思想。福利国家的政治思想主张国家应当为人民提供从生到死的各项福利措施，保障人民能够享有基本的生存条件，获得多方面的福利保障。福利国家的政治思想引发了行政法领域行政法多元主义的思想，所谓行政法多元主义是指行政法不一定是由立法机关或行政机关指定的，某些社会组织所制定的规则也应当纳入行政法范围之内。也就是说，行政法的法律形式日益呈现出多元化的特征。

四、以重要法典颁行为依据的断代

1. 重要法典颁行的概念。笔者这里所称重要法典颁行，是指人类历史上有重要影响、重大里程碑意义的诸著名法典的颁行，这些著名法典的颁行，意味着人们的法律思想上升到一个新的高度，行政法思想有了新的发展。一方面，重要法典颁行必须是在整个人类发展史上有重大意义的著名法典的颁行。重要与否是一个相对的概念，确定某一事物重要或者不重要的关键在于以什么样的标准、以什么样的参照系来进行衡量。这里所说的"重要"，是相对于整个人类历史而言的，只有在整个人类历史上都能说得上有重要影响的法典，才能称为重要法典。另一方面，重要法典颁行必须是对行政法思想有所促进的法典的颁行。由于这里所讨论的是行政法思想史的发展，断代的对象也是行政法思想史，因此此处所指的重要法典必须对行政法思想的发展有所促进，否则就不是我们所探讨的对象。

2. 此一断代的意义。法典是法律规范的集中表现形式，能够进入法典的法律规则基本上都是人类生活中最为重要的那些法律规则。因此，通过法典我们往往能够清楚地看到法律的变化与发展，并进一步看到法律思想的变迁。此外，法典的编撰与颁行本身就能够体现出人们对法律的一些基本观念。比如一部法典如何编撰、如何安排篇章结构、如何表述法律规范，这些都深刻地体现出人们的法律思想。在人类历史上有重要地位的重要法典的颁行其作用更加明显，这些重要法典当中包含着人类最具有代表性的那些重要法律思想，它们都是人类行政法思想发展到一定阶段的产物。基于上述原因，笔者将以重要法典颁行为依据对行政法思想史进行断代。

3. 具体断代。以重要法典颁行为依据，行政法思想史可分为三个阶段。①综合法典阶段。在人类社会进入资本主义时代之前，国家权力不作明确划分，最多只有分工上的不同，有关行政的法律规则都混同于其他法典之中。譬如古代的《萨利克法典》、《十二铜表法典》、《汉穆拉比法典》、《赫梯法典》、《摩奴法典》等，都是包含刑事、民事、行政等法律规范的综合法典。这些法典之中多多少少包含着一些行政法方面的法律思想，同时又综合了其他法律思想。此一阶段，我们只能从各种综合法典当中寻找行政法思想的起源和变迁。②宪法典阶段。在资本主义国家成立之初，最早制定也是最重视的法典就是宪法典，各资本主义国家形成了大量的成文宪法或不成文宪法。资本主义宪法典几乎都规定了行政权与其他国家权力如何划分、谁来行使、关系如何处理等根本性的问题，这些规定体现了人们对行政法的基本认识，成为现代行政法思想的源头。此时，由于行政法才刚刚开始萌芽，成文的重要行政法典尚未形成，我们就把这一阶段称为宪法典阶段。③行政法典阶段。随着现代意义行政法的不断发展，终于出现了现代意义上的行政法典，这些行政法典由于专门规定行政法规则，其中所包含的行政法思想更为丰富和完善。像美国的《美国联邦行政程序法》、《美国文官法》等就是其中的代表性法典。

五、以历史的时间顺序为依据的断代

1. 年代排列法。所谓年代排列法是指以时间上的年、月、日为单位，按照时间年代的先后顺序为依据对行政法思想史进行断代。年代排列法实际上是历史断代的最为基础、也是最为常见的一种断代方法，在历史研究当中它是一种常用的分析排列方法。行政法思想史的研究也是属于历史研究的范围，以行政法思想产生、发展的年代顺序为依据对行政法思想史进行排序可以十分清楚地看到行政法思想随着时间的推移有着怎样的历史变迁，不失为一种基础性的排列方法。

2. 历史过程排列法。历史过程排列法是按照行政法思想的历史过程为序对行政法思想史所进行的排列和断代。任何事物的发展都有一个产生、发展、成熟、衰落的历史过程，行政法思想也不例外，每一种行政法思想也都有一个产生、发展、成熟和逐渐弱化的历史过程。按照历史上存在过的每一种行政法思想的历史过程为顺序，可以把整个行政法思想史进行排序。这种排序可以让我们清楚地看到每一种行政法思想是如何发生、发展的，一种新的行政法思想又是怎样在前人行政法思想的基础上产生的。以历史过程为序对行政法思想史进行断代，也是一种较为基础、较为重要的排列方法。

3. 人物生卒年月排列法。行政法思想归根到底是人的思想，行政法思想的每一次大的发展几乎都是由一些大的思想家作为先锋来进行推动的。正因为如此，按照这些大思想家的生卒年月对行政法思想史进行排序和断代具有特殊的意义。人物生卒年月排列法正是按照思想家生卒年月对行政法思想史所进行的排列。譬如，同样作为早期资产阶级思想家，洛克的生卒年月就早于孟德斯鸠，孟德斯鸠又早于卢梭。孟德斯鸠三权分立的思想显然受到了洛克分权思想的影响，只是在分权方式上由两权发展到了三权。

4. 法思想形式递进关系排列法。按照马克思主义的基本观点，人类历史是呈螺旋上升的。人类行政法思想史也不例外，从总体上讲，人们的行政法思想都是在前人思想的基础上不断发展、不断前进的。因此，按照行政法思想形式的递进关系对行政法思想史进行排列就成为一种可行的排列方法。从古希腊先贤的自然法思想、"人治"与"法治"的思考、对正义的思考，到中世纪的教会法思想，到社会契约论、三权分立、人民主权等思想，再到马克思主义法律思想和当代各种行政法思想，这些行政法思想都可以按照法思想形式递进关系进行排列。

第2章 古希腊的行政法思想

古代的希腊，完全不等同于我们今天在地图上观察到的欧洲巴尔干半岛南端的这个国家，它的范围要远远大于希腊半岛的区域，包括小亚西亚西部沿海即爱琴海东的地带和爱奥倪亚海西的西西里岛、意大利半岛的一部分以及爱琴海上诸岛屿和其南部的克里特岛。在后来的亚历山大大帝的征服过程中，希腊化世界的疆域一度延长至埃及、高加索、近东和印度，成为一个地跨亚非欧三大洲的广大地区。"希腊化"世界的最初提法来自亚里士多德的《政治学》，后来主要指马其顿的亚历山大大帝征服希腊全境至后来埃及托勒密王朝的克莉奥佩特拉女王死亡为止的时期希腊文明所影响的疆域，这一时期的主要特点就是希腊文化广为传播，成为主宰欧洲、近东并影响远东文明的主要力量；柏拉图在《克里底亚篇》中述及希腊的人文环境时曾用玩笑的口吻说，希腊人就像是"围着池塘的蚂蚁和青蛙"。在公元前3世纪以前，即希腊世界依附于古罗马帝国的辖制以前，这便是"大希腊"文明的全部地域。[1]

第一节　城邦理论与行政法

城邦制度是古希腊社会的基本机构，形成于公元前8~前6世纪。当时的古希腊社会由包括本土及小亚西亚，以至南意大利、西西里岛等移民地区在内的100多个城邦组成。其中最大的是雅典和斯巴达。所谓"城邦"就是以一个城市为中心，连同周围不大的一片农村所构成的独立的"城市国家"。"城邦的一般含义就是为了要维持自给生活而具有足够人数的一个公民集团。"城邦是"许多公民各以其不同职能参加而合成的一个有机的独立体系"[2]。每一个城邦都是"自给自足"的单位，各城邦之间互为独立，互不统属。城邦就是国家，就是实际社会。它既包括政治生活，也包括经济生活、文化生活等各个方面。古希腊的城邦是一种特殊的国家形式，这是希腊人独有的政治形式，既不同于东方和西方后来庞大帝国或地域国家，也不同于近代的民主国家。从外部特征上看，城邦引人注目的一点在于其小国寡民的规

〔1〕　［美］保罗·埃尔默·摩尔：《柏拉图十讲》，苏隆编译，中国言实出版社2003年版，第2~3页。
〔2〕　［古希腊］亚里士多德：《政治学》，吴寿彭译，商务印书馆1981年版，第113、109页。

模。一般城邦往往以一个城市或城堡为中心，由附近数公里以内的若干村落组成，与其他城邦之间往往有山河海洋为自然边界。少量的城邦规模大些，如雅典在伯罗奔尼撒战争前，有公民 15 万 ~ 17 万，外邦人 3 万 ~ 5 万，奴隶 8 万 ~ 12 万，总计约 30 万人口。有城邦不过是一些小的居民点。典型的城邦领土在 50 平方公里 ~ 100 平方公里之间，公民人数在 635 ~ 1250 人之间。总人数一般有数千人，达到数万人的并不多[1]。城邦对希腊人的本质重要性（城邦主义），不能被理解为近代的国家主义，它们的本质区别在于：①城邦的最高权力者是神，而近代国家的最高主权在凡人，不管是国王、官僚，某个阶级还是人民的名义。②由于以上特点，在城邦，不管是个人，集团还是被称为"人民"，独断专行的统治是一种僭主。如果是个人的，就是暴君制或僭主制；如果是某一集团的，就是寡头制；如果是大众，就是暴民制。只有在遵守神法的前提上，才可以称为合法的统治。而在近代国家中，法，就是统治集团的意志。③在希腊城邦中，官员和普通公民在本质上并无不同，作为公民，他们都是沐浴神恩者，都是有权者；而在近代国家中，尤其是在极权制国家中，官员与平民的关系，就是有权与无权的关系。④更为重要的是，近代国家被理解为一个"需要的体系"，一个互相依赖、互相利用、互相算计的活动网络，一个庞大的利益集团；而在希腊，城邦则被理解为一个共享者的团体[2]。由于古代希腊社会特殊的城邦制度，也就形成了古代的政治思想以城邦问题为中心，或者说如何过好城邦生活是古希腊政治思想的主题。由于"公民"，即一部分自由民的一切活动都在其从属的城邦范围内进行，因此，每一个公民都把自己的城邦看做实现共同幸福的惟一途径。这种情况决定了古希腊政治法律思想必然要围绕城邦问题而展开。

一、自由与法治的政治理想与行政法的精神

（一）自由的政治理想与行政法的精神

自由是具有主体的人对自身存在的一种理想状态的自觉诉求，它表征着对历史主体——人类发展的一种终极关怀。亚里士多德认为，城邦是由自由人组成的社会团体，他认为，政治家与家长的权威不同之处在于，家长所管辖的人是奴隶，而政治家所管辖的人则是自由人，政治家所执掌的是"平等的自由人之间所托付的权威"[3]。在亚里士多德的观念中，奴隶并不是国家的成员，国家只是那些拥有自由人身份的希腊公民的国家。亚里士多德对于国家的认识，体现了古代社会所有思想家的一个共同的思想倾向，即人们不是用现代意义上的公共观念来理解国家的。国

---

[1] G. Starr, *Individual and Community*, *The Rise of the Polis*, Oxford, 1986. p. 47. Simon Hornblower, Antony Spawforth, *The Oxford Classical Dictionary*, Oxford, 1996. pp. 451 ~ 452.

[2] 洪涛：《逻各斯与空间——古代希腊政治哲学研究》，上海人民出版社 1998 年版，第 108 页。

[3] ［古希腊］亚里士多德：《政治学》，吴寿彭译，商务印书馆 1981 年版，第 19 页。

家只是体现了"自由人"的意志。他认为，城邦是"若干公民的组合"[1] 至于什么样的人才可以算做是公民，亚里士多德指出，决定一个人是否是公民的根本条件，并不在于他的居住所在和年龄，公民的根本标志是"可以参加司法事务和治权机构"，特别是对于民主政体来说，这一定义特别合适。[2] 他认为，这个定义最广泛而恰当地说明了公民的政治地位。因此，亚里士多德断言"凡有权参加议事和审判职能的人，我们就可以说他是那一城邦的公民"，并且说，"城邦的一般含义就是为了要维持自给生活而具有足够人数的一个公民集团"[3] 在亚里士多德的观念中，城邦是平等的自由公民的组合。他认为，它的政治生活的根本原则应该是正义，"城邦以正义为原则，由正义衍生礼法，可凭以判断（人间的）是非曲直，正义是树立社会秩序的基础"。[4] 正义是整合平等的自由公民的纽带，也是保障城邦能够达到"优良生活"的标准。所谓正义或公正，"它的真实意义主要在于'平等'，如果要说'平等的公正'，这就得以城邦整个利益以及全体公民的共同善业为依据"[5]"政治学上的善就是'正义'，正义以公共利益为依归……简而言之，正义包括两个因素——事物和应该接受事物的人；大家认为相等的人就该配给到相等的事物"[6] 也就是说，正义不仅在价值上是城邦的最高原则，而且在具体实践中，也应以此为标准，达到人与事物对应上的平等，也即是分配的正义。他认为，正义不是彻底的平等，而是合适的比例。它意味着把相等的东西分给同等的人。在城邦中人们在品德、财富、门第等方面有着差异，不同的政体会依照不同的上述标准来分配事物（政治权利）；而最好的、符合正义的城邦应该了公共利益，以品德为标准来进行分配[7]

亚里士多德论述了法律和自由的关系问题。在这个问题上他竭力反对平民主义者的极端"自由和平等"说。他说："平民主义者"先假定了正义在于"平等"，进而又认为平等就是至高无上的民意，最后则说自由和平等就是"人人各行其意愿"。如果一个社会的公民都随心所欲地生活，那么这个城邦必然呈现一片混乱。亚里士多德提出限制自由于法律所许可的范围之内的思想。他写道："公民们都应遵守一邦所制定的生活准则。让各人的行为有所约束，法律不应该看做和自由相对的奴役，法律毋宁是拯救"[8] 亚里士多德还认为遵守法律和自由并不矛盾。他批判了那种

〔1〕 ［古希腊］亚里士多德：《政治学》，吴寿彭译，商务印书馆1981年版，第109页。
〔2〕 ［古希腊］亚里士多德：《政治学》，吴寿彭译，商务印书馆1981年版，第111～112页。
〔3〕 ［古希腊］亚里士多德：《政治学》，吴寿彭译，商务印书馆1981年版，第113页。
〔4〕 ［古希腊］亚里士多德：《政治学》，吴寿彭译，商务印书馆1981年版，第9页。
〔5〕 ［古希腊］亚里士多德：《政治学》，吴寿彭译，商务印书馆1981年版，第153页。
〔6〕 ［古希腊］亚里士多德：《政治学》，吴寿彭译，商务印书馆1981年版，第148页。
〔7〕 王彩波：《西方政治思想史——从柏拉图到约翰·密尔》，中国社会科学出版社2004年版，第47～49页。
〔8〕 ［古希腊］亚里士多德：《政治学》，吴寿彭译，商务印书馆1981年版，第276页。

认为自由和平等就是"人人各行其意愿"的观点，认为根据这种观点建立的政体，必定是混乱的政体。他提出限自由于法律所许可的范围以内，公民们必须遵守国家的法律，让个人的行为有所约束。亚里士多德认为，国家是谋求全邦人民最高幸福的一种手段，要达到这个目的，就应该允许个人有相当的自由。因为人的智能和需要彼此不等，所以要使他们的能力得到最高的发展。达到"至善"，必须要有一种对他们以引导的相当自由的制度，这个制度就是法律。亚里士多德主张自由要受法律约束，要把自由限制在法律所许可的范围内，自由只能依法行使，反对各行其是、随心所欲、无拘无束的"自由观念"。

作为古希腊的奴隶城邦制生活在意识形态的反射与回声，古希腊罗马政治哲学的自由观念呈现出独特的意蕴，从内容或范围上看，它是一种政治自由；从性质上看，这是积极的自由；从结果上看，它是不平等的自由。这种政治的、积极的、不平等的自由，又是通过集体自决的方式并在民主的公共生活中得以实现，因而，归根结底，是一种集体的自由。

古希腊城邦的自由的政治思想与当代法（行政法）的正义思想相吻合，一般认为，行政法的正义可以分为：①行政的分配正义。即按照法律确定的标准，对不同等的人进行不同等的利益分配。如我国现行行政法律、法规对行政主体职权和职责以及行政相对人权利和义务的规定。②行政法的平均正义，即按照法律确定的标准，对同等的人进行同等的利益分配，例如我国行政法规对同一级别的人民政府的同一职能部门的职权和职责的规定。③行政法的矫正正义。即对破坏分配正义或者平均正义的人要对他加以矫正，如给予行政处罚和行政处分等。

（二）法治的政治思想与行政法精神

1. 严格实行法治。一是视宪法为最高法，神圣不可侵犯。从梭伦开始的每一次改革，无不以修改宪法作启动，接着便以执行和捍卫宪法为基本职责。享有巨大权力的法院的基本任务之一，就是审查某项法律是否违宪，包括公民大会通过的决议，若有违宪，法院可宣布撤销该项决议。公民享有崇高的"不法申诉权"，任何一个公民，都可以对某项法令提出认为违反宪法的控诉，在法院审理此控诉时，该项法令便暂停实行；如果法院对该法令作出否定性的裁决，该法令便予以撤销。

2. 官吏任职前的宣誓制度。在雅典，每个官员在任职前，经过议事会和陪审法庭的审查后，受审人就走向那块宰牲祭祀的石头，登上这块石头宣誓说，他们将公正地和依法地从政，而绝不以他们的职务接受礼物，如果他们接受任何东西，他们就要立一金像。宣誓之后，他们就到卫城去，在那里再次进行这样的宣誓，然后他们才就职。这种效忠法律的就职仪式，说明了雅典人的法律至上意识。

3. 依法治国，法律面前人人平等。官吏必须秉公执法，不图私利，不徇私情，一旦触犯法律，便要受到惩处。包括10将军这样的高级官员，概莫能外。公元前5世纪雅典的许多最显赫的政治家、军事机因触犯法律或遭流放，或被罚款，或被处死。

4. 反对人治。亚里士多德说："法治应当优于一人之治。遵循这种法治的主张，这里还须辨明，即使有时国政仍须依仗某些人的智慧（人治），这总得限制这些人们只能在应用法律上运用其智慧，让这种高级权力成为法律监护官的权力。"[1] 他还说："谁说应该让一个人来统治，这就在政治中混入了兽性的因素。"[2]

二、"议事会"的行政功能与行政立法民主化

"议事会"是在雅典的民主制发展到最高峰时所设立的。雅典的民主政体自公元前594年梭伦创立，历经近百年的历史发展，至公元前5世纪左右达到最高峰，当时雅典民主制的领导人伯里克利，是雅典杰出的政治家。在他领导的民主制下，建立了"议事会"，公民有决定立法、司法以及国家重大内政外交事务的权力，全体公民直接管理国家，在"议事会"制度下，公民通过抽签选举官吏，轮番执掌政权。在这种体制下，没有官僚、没有国王。当时，广泛性的群众性政治辩论充斥城邦政治生活，任何人只要能对国家有所贡献，就绝不会因为贫穷而在政治上湮灭无闻，人们都热心于城邦政治的参与。

1. "议事会"在古希腊的产生和发展。

（1）议事会的前身——执政官。雅典最初也是实行王制，约在公元前683年王政结束后实行执政官制度，人数由3人发展到9人，任期也由终身制变为10年一任。贵族院是最高审判和监督机关，它可以推选和制裁执政官。

（2）议事会的发展——四百人会议。在梭伦改革中，梭伦恢复了公民大会和建立了四百人会议。公民大会是国家最高权力机构，各级公民都有权参加，它有权选举重要官员，决定战争与媾和等国家大事，第一、二、三等级都可当选。四百人会议负责准备和审理公民大会的提案，因此代替了贵族会议的部分职能。

（3）议事会的完善——五百人会议。克利斯提尼于公元前509年当政后进行了改革，他以五百人会议取代了梭伦建立的四百人会议。五百人会议从10个新选区各选出50人组成。先由各村社按人口比例选出代表（资格是年满30岁的第三级和第四级以上的公民），再按每选区50人的名额从代表中抽签选出会议成员。五百人会议为公民大会准备议案，并执行大会决议，因而在一定意义上起着雅典政府的作用，公民大会则为国家最高权力机关。由500人来处理事务，人数十分庞大，需要将人数减少到适合工作的规模，于是设置了被称之为"主席团"的"五十人团"的常设机构，由各选区推选出的50名成员依次轮流执政，为期为1年的1/10。这50人主席团中，另有其余9个不当政的部落各派一名议事会成员参加。这个"五十人团"以"议事会"的名义掌握并处理事务。"五十人团"每日用抓阄决定任期一天的主席一职；如值五百人会议和公民大会开会，也由此人担任主席。为了防止危害国家

---

〔1〕　［古希腊］亚里士多德：《政治学》，吴寿彭译，商务印书馆1981年版，第167～168页。
〔2〕　［古希腊］亚里士多德：《政治学》，吴寿彭译，商务印书馆1981年版，第169页。

的可能性，克利斯提尼制定了著名的贝壳放逐法：每年公民会议举行投票一次，决定是否实行放逐；如果实行，即召集第二次会议，享有公民权的任何人可以在陶片上写下自己认为必须流放的分子，一人得 6 000 票者即被逐出国门 10 年，期满可归国，复得公民权利和财产。[1]

（4）议事会权力的萎缩时期。在伯利克里执政时期，作为国家权力机关的公民大会的作用，得到了较好的发挥，会议经常召开，与会者可以自由发言，决议采用公开投票和秘密投票的方式。由选举产生的官员，除 10 名司令官外，执政官和其他一些官员权力很小，又不得连任。

（5）议事会的终结。公元前 411 年由庇珊德尔、安提丰、塞拉煤涅斯等人领导推翻民主制建立的"四百人议会"，实行寡头制。

2."公民大会"与"议事会"的关系及"议事会"的行政功能。在古希腊，年满 20 岁的雅典公民集体构成"公民大会"，一年中定期举行 40 次会议，应"议事会"的召集举行特别会议。它对议事会提交的议案作出决定：通过、修正或否定。国家的法令、政策和一切重要问题，诸如宣战、媾和、结盟、征收直接税等都要大会公众的批准。"议事会"是公民大会的常设机构，其实际作用是雅典的真正重要的统治机构。各种议案，皆由它提出，公民大会作出决定后，又由它去执行。所以，它不但是立法机构，还是政府的中央行政机构。它具有巨大的多方面的权力。外国使节只有通过它才能接近人民。各级官员大都接受它的管辖。它可以监禁公民，甚至判处它们死刑；它又可以作为一个法院对犯人进行审判。它全权管理财政、处理公共财产和征税。雅典的舰队及其武器直接由它控制。议事会不过是执行公民大会意志的从属机构。最瞩目的重要官员——司令官由大会直接选举，并可连选连任。他们不只是军事长官，实际上在内政外交上拥有重要权力，所以他们的地位犹如现代政府的总理或首相。但是，他们的权力必须得到公民大会的同意或支持，否则，就会立即被赶下台。

三、法院对官员的控制与行政的司法审查

1. 古希腊平民法院的产生与发展。

（1）在梭伦改革中，梭伦建立了每个公民都有权参加的民众法庭，并可推举陪审员、参与审理案件。他规定，每个公民都有权向公民大会和民众法庭就自己切身利害问题提出申诉，而且任何人都有自愿替被害人要求赔偿的自由。

（2）在伯利克里执政时期，陪审法庭不但有司法职能，而且有立法职能，特别是公民参与不受限制。伯利克里凭借当时雅典雄厚的经济实力实行陪审员津贴制，并大大扩充陪审法庭的人数。他的办法是每年从全体公民中用抽签选出 6 000 名陪审员，宣誓后分配给 10 个陪审团，各有 500 人，剩下的 1 000 人作为后备遇缺即补，

---

〔1〕　应克复等：《西方民主史》，中国社会科学出版社 1997 年版，第 42、45、46 页。

以保证每个陪审团在执行审判时有足够的人数。遇有重大案件还可以由几个陪审团联合审理，究竟由哪个陪审团审理哪个案件临时由抽签决定。在进行审理时执政官亲临现场，把案件提交审判大会，由原告人和被告人分别陈词并由证人陈述意见，最后由陪审员投票表决。审理以后每个陪审员领取相当于一日生活费用的津贴。这种审判每月总有几次。所有公民不论贫富担任陪审员的机会不少。这样做的好处：①杜绝以往审判中的贿赂现象，因为原告和被告都不知道抽签的结果会由哪一审判团审理，而且陪审员又那么多不可能贿赂。②有门第和权势的人原来往往蔑视审判人员，审判员也因为人少经不起威胁；现在是浩浩荡荡一支审判队伍，那些人再也不敢放肆了。③促进了雅典公民参政能力的发展。当时作为一个陪审官要学会思考和判断，要懂得在法庭上辩驳的知识，不然会被人看不起，同时通过法庭锻炼，普通公民也增长了见识。[1] 人民皆可向法庭提出"不法申诉"，即使是五百人会议或公民大会的决议，如有违反现行宪法或不合立法程序者，普通公民亦可申诉，陪审法庭有审理之权。正如亚里士多德所说："人民使自己成为一切的主人，用命令，用人民当权的陪审法庭来处理任何事情，甚至议事会所审判的案件也落到了人民的受理了。"亚里士多德接着赞扬道："他们这样做显然是做得对，因为少数人总比多数人更容易受金钱或权势的影响而腐化。"[2]

（3）在古希腊，公民对官员和法律的实际控制权是通过法院来行使的。法院是属于全体公民的，雅典法院所具有的地位不是现代国家法院可以比拟的。他们除了在对民事和刑事案件作出司法上的判决外，还享有行政或立法的权力。法院的成员（或称为陪审员），是由各区提名的，任何年满30岁的雅典公民都可以被挑选担任这项职务。总共有6 000多名陪审员，每年由选举产生，然后经过抽签分派到各个法院行使职权。这样，每个法院是一个非常庞大的机构，通常都有500人以上。他们既是审判员，又是陪审员。审理案件中，首先对诉讼各方提出的案件就罪与非罪进行表决，如断定有罪，然后就确定量刑进行表决。法院作出的决定是最后决定。当时雅典法院的理论是：法院是以全体人民的名义行事和作出决定的。它同公民大会一样，两者都直接代表人民。亚里士多德说："在梭伦以后，这样的法庭权威日益增强。历任的执政官好像谄媚僭主那样谄媚平民，于是雅典的政体终于转成现世那种'极端民主'的形式。"[3]

2. 法院对官员的控制与行政的司法审查。

（1）法院对议事会的制约。《雅典政制》有这样的记载：有一次，议事会已经把吕锡马库斯交付给行使吏了，他正坐着等死的时候，阿罗珀刻村的优美里德斯却救了他。优美里德斯说，公民未经陪审法庭的判决不得处死；到了陪审法庭举行审

〔1〕　汪子嵩等：《希腊哲学史》，人民出版社 1992 年版，第 21～22 页。

〔2〕　[古希腊] 亚里士多德：《雅典政制》，日知、力野译，商务印书馆 1959 年版，第 46 页。

〔3〕　[古希腊] 亚里士多德：《政治学》，吴寿彭译，商务印书馆 1981 年版，第 104 页。

判的时候，吕锡马库斯却得以免罪。于是他得到了"鼓槌下人"（即免于刑杖之人）的绰号；人民因而剥夺了议事会判处死刑、监禁和罚金的权力，定出法律，凡议事会所通过的罪与罚的判决案必须由法院送交陪审法庭，而陪审官的任何投票都应当具有最高权力。对官吏的审判，开始一般由议事会来进行，但议事会的审判不是最后的，还可以向陪审法庭上诉。起初，议事会有权审查将于次年任职的议员资格以及执政官的资格，本来，议事会如果认为他们不合格，有加以拒绝的最高权力。后来，这种终判权也属于陪审法庭了。

（2）法院对官吏的控制。①所有通过抽签选举和举手选举的雅典官吏，"在任职前，其资格皆须先经审查"。[1] 如执政官先在议事会中审查，而后亦在陪审法庭中审查。其他官吏，则在陪审法庭中审查。如果某候选人不是一个适合于担任公职的人，可以提出起诉并由法院取消他的资格。这种官职的任用程序使得用抽签决定官员的办法不像人们所以为的那样完全是一个机会问题。②一个官员在任期结束时可以责成他对他的所作所为做一次检查，这种检查也是向法院做的。③每一个官员任期结束时，还要专门查对他的账目和检查他经手的公款。由此看来，雅典官员是受到严格的监督和限制的，他们"很少有独立行动之权"。[2] 这不但因为任期短，不得连任，而且在他们就任前和任满之后都要受到由 500 名以上和他同样的公民组成的法院的审查。只有那些居于高位的将军（即司令官），稍有例外。"但是他们在公民大会选出之后，在每一任期中都举行一次信任投票，看他们是否称职；如果这种投票反对其中任何一个官吏，他便应在陪审法庭中受审，如有罪，则决定他的刑罚或罚金，但是如果无罪，他即复职。"特别是贝壳放逐法是全体雅典公民对高级行政官吏进行控制的重要手段。在雅典人看来，在平等人民组成的城邦中，以一人高高凌驾于全邦人民之上是不合乎自然的。如果某行政官权势太大就可能危及国家，公民就可以在每年举行一次的秘密投票中把他逐出国门。贝壳放逐法就是现代对高级行政官的弹劾法。

（3）法院对法律的控制与行政的司法审查。法院不仅能审判一个人，而且能审判一项法律，因而使它具有真正的立法权。这样，"议事会"或"公民大会"的一项决议可能受到来自法院的一种特殊形式的令状的攻击，断定该决议违反宪法。也就是说，公民大会也受到来自法院的某种制约。[3]

---

〔1〕 ［古希腊］亚里士多德：《雅典政制》，日知、力野译，商务印书馆 1959 年版，第 58 页。
〔2〕 ［美］乔治·霍兰·萨拜因：《政治学说史》，盛葵阳、崔妙因译，商务印书馆 1985 年版，第 30 页。
〔3〕 应克等：《西方民主史》，中国社会科学出版社 1997 年版，第 52～54 页。

第二节 柏拉图以前的行政法思想

一、和谐理念与行政的有序性

1. 和谐理念的发展轨迹。

（1）在古希腊自然哲学家以前，人们的政治观念是在神话的形式下表达的，政治（行政）秩序被理解为出于神意的自然秩序的一部分，不是独立的领域。在宗教神学的影响下，政治秩序无法得到合理化的解释。在自然哲学家那里，对自然的探讨已经摆脱了神话的束缚。自然界开始具有合理的、世俗的性质。通过对自然的研究，自然哲学家们得到了许多独到的观念，比如，关于各种元素之间适当的比例产生自然界的均衡与和谐的观念，关于天体间适当的数的比例关系形成天体间和谐的观念等，都纯粹取自于自然。这种关于自然秩序的概念被自然哲学家们直接运用于社会政治领域。关于城邦的和谐观念就来源于此。乔治·萨拜因说："和谐的观念最初发展起于自然哲学，而这一发展又转过来对这一原则后来在道德和政治思想方面的运用产生了影响。"[1] 在自然哲学家的观念中，人类社会构成自然界的一部分，所以，整个自然的秩序和法则应是人类社会的最高法则和范本。这样通过对自然的研究，自然哲学家们就发现了自然与社会政治联系的中介，发现了用以规范、衡量城邦生活的一个权威尺度。自然哲学家们从自然界发现了均衡与和谐，而这种均衡与和谐就是自然正义的体现。

（2）公元前6世纪初米利都学派阿那克西曼德说："万物所由之产生的东西，万物又消灭而复归于它，这是命运所规定的，因为万物在时间的秩序中不公正，所以受到惩罚，并且彼此互相补足。"这也就是说，世界上的火、土和水应该有一定的比例，但是每种元素都永远在企图扩大自己的领土。然而有一种必然性或者自然律永远地校正着这种平衡；例如，只要是有了火，就会有灰烬，灰烬就是土，这种正义的观念——即不能逾越永恒固定的界限的观念——是一种最深刻的希腊信仰。[2]

（3）公元前6世纪末期的毕达哥拉斯及他创立的学派进一步发展了"和谐"的思想。毕达哥拉斯学派首次自觉地将宇宙看做是一个有内在秩序、内在规律的实际。他们使用"科斯摩斯"（cosmos）一词，原意为"秩序"，到公元前5世纪初便获得了"世界——宇宙"的含义，在这里，他们发现了自然的和谐。毕达哥拉斯有句名言："凡是美的东西都具有一个共同特征，这就是部分与部分之间以及整体之间固有的协调一致。"他提出"美是和谐与比例的合度"的观点。毕达哥拉斯学派认为，数是万物的本原，整个世界万物都具有数的比例关系，适当的数的比例关系就构成

---

〔1〕 ［美］乔治·霍兰·萨拜因：《政治学说史》，盛葵阳、崔妙因译，商务印书馆1985年版，第49页。
〔2〕 ［英］罗素：《西方哲学史》（上），何兆武、李约瑟译，商务印书馆1976年版，第52~53页。

和谐。"和谐"的原意是将不同的事物连接或调和在一起。毕达哥拉斯学派用它指一定数的比例关系。凡合乎这种比例就产生和谐。例如，各天体的大小以及相互之间距离的数的比例关系就构成整个天体的和谐；人体内湿和干、冷和热、苦和甜之间适当的比例使人健康；"4"就表示正义，因为"4"是第一个自乘数，即第一个偶数自乘，而正义的本性就在于酬报对等。音调的数的关系产生8度、5度、4度音程间的比例关系，构成音乐和谐的根源；"黄金分割段"作为一种数的比例关系产生和谐的美感。这种造就和谐的适当比例、尺度就是正义。[1]

（4）苏格拉底主张建立的和谐城邦首先是公民守法、公民团结的城邦。公民团结是公民守法的前提，公民守法是公民团结的目的。因此，要建立一个公民守法的城邦必须使公民同心协力。而要公民和睦相处、互利合作，必须培养公民的高尚品德。而自制是一切德行的基础。对政治家来说，"自制是做一个政治家的必备的资格"。一个即将成为城邦统治者的公民，必须有耐饥、耐渴、耐寒、耐热、限制睡眠、控制性欲和承担艰苦劳动的品质。只有这样，他才能克敌制胜。对于普通公民来说，自制是获得自由、快乐和理智的优良品质。人若被自身情欲支配，就难以实现真正的自由；人若不自制，就难以享受最大的快乐。不能自制就不能忍饥耐渴、克制情欲，而这一切正是吃、喝、性交、休息、睡眠之所以有快乐的原因；在经历一段期待和克制之后，这些事情才给人以最大的快乐。"人若不自制，就难以获得最优秀的推理能力和选择能力。"一个不能自制的人和最愚蠢的牲畜有什么分别呢？只有能自制的人才会重视实际生活中最美好的事情，对事物进行甄别，并通过语言和行为，选择好的、避免坏的。可见，建立公民守法、公民之间和睦相处、同心协力的和谐城邦，关键要培养公民"自制"的道德品质。

2. 和谐理念与行政的有序性。国家与政府应社会共同体对秩序的诉求而产生，它的使命自然应是既合规律又合目的地制定各种社会规范，建立法律的、道德的等各种社会控制制度，以保证社会秩序的实现。"国家之所以需要并且强大，是因为要建立社会的秩序，保卫人们的自由和平等。因为市民社会本身由于其利益的利己原则，凭其自身要达到均衡、建立秩序是要经过痛苦而漫长的过程的，并且要付出很大代价，甚至可能崩溃。所以，国家有维护和优化社会秩序的任务。"[2] 国家的产生作为人类社会由野蛮状态进入文明状态的一个重要标志，其意义是在社会的专门机构中确立了管理和使用人身强制的特许权力。公共权力强制力垄断的作用不仅在于减少社会生活中暴力事件的频繁发生，而且对于抑制社会成员间导致两败俱伤的冲突起到了有效作用，更重要的是，使得一定社会范围内建立统一行使强制力的程序和标准及形成普遍适用的法律秩序成为可能。法国大革命时期的罗伯斯庇尔曾说过："民主国家乃是这样的国家，在那里，主权的人民受自己制定的法律领导，自己

---

〔1〕　宝成关主编：《政治思想史》，湖南教育出版社2004年版，第13～15页。

〔2〕　詹世友：《道德教化与经济技术时代》，江西人民出版社2002年版，第459页。

去做所能做的一切事情，并借助自己的代表去做自己所不能做的一切事情。"[1] 因此，统治阶级、行政机关应当按照和谐理念来治理国家，这样才能达到行政的有序性，这样才能实现行政的目的，才能得到社会的和谐。

二、政府治理中的公道精神

在柏拉图之前古希腊的思想家对政府治理的公道精神的阐述主要是通过对人的美德的阐述来体现的。智者认为，美德是可以教的，只有具备美德和才能的统治者才能治理好国家。"美德即知识"，这是苏格拉底的道德哲学的一个基本命题。它表明美德的本性是知识。人的理智本性和道德本性是统一的。苏格拉底将人在生活行为中表现的所有善良的品质，如正义、自制、智慧、勇敢、友爱、虔诚等都称为人的美德。这些都是高尚的、善的，体现了人的道德本性。他认为，智慧或知识能力是神赋予人的灵魂的本性，灵魂能够实现自己的本性就有知识，也就有美德。他认为，只有具有这些美德的人才能把国家治理好。苏格拉底主张实行智慧治理城邦，认为城邦的统治权应该由懂得如何治理城邦的人掌管。君主和统治者并不是那些拥有大权的人，也不是那些由群众选举出来的人，也不是那些中了签的人，也不是那些用暴力或欺骗手法取得政权的人，而是那些懂得如何统治的人。"即统治者应具备管理城邦的专门知识。""一个统治者如果没有精确的知识，他就不可能对国家有好处，也不可能使自己有光荣。"可见，古希腊思想家认为只有那些具有美德、才能的人才能实行"善治"，才能治理好国家。

按照我们现在的话来说，只有在政府治理中实行公道，才能治理好国家。公道，简单说是指公正、公平、正义，这些词虽然不同，但表达的意思基本上是相同的，都是人类追求的一种理想状态。公道，西方人早期亦称公正、正义。治理是各种公共的或私人的个人和机构管理其共同事务的诸多方式的总和，它是使相互冲突的或不同的利益得以调和并且采取联合行动的持续的过程。它既包括有权迫使人们服从的正式制度和规则，也包括各种人们同意或认为符合其利益的非正式的制度安排。"政府治理"是在行政型政府基础上发展而成的一种新的政府管理模式，作为国家对社会实施治理的公共权力机构，政府由高居于社会之上的公共权力机构，转变为社会众多权力主体之中处于主导地位的协调者、引导者，政府组织结构也开始由等级制金字塔式的管理结构逐步向网络化扁平式的治理结构转变。在政府治理中实行公道，也就是我们现在所说的"善治"。

三、苏格拉底行政公职道德性的思想

苏格拉底（Socrates，公元前 469 ~ 前 400 年），是古希腊著名的哲学家。苏格拉底的行政公职道德性的思想主要体现在他的人道主义思想中，也就是体现在他的

---

〔1〕　〔法〕罗伯斯庇尔：《革命的法制和审判》，赵涵舆译，人民出版社 1986 年版，第 171 页。

"哲学就是发现德行"的思想中。苏格拉底对希腊人，特别是雅典人崇尚的理想生活、理想人格的核心——身心关系进行了深入的反思。他认为，在身心关系中，心的问题更为重要。苏格拉底所说的心主要是指人的灵魂。身心关系就是指灵魂和肉体的关系。苏格拉底认为，人生在世，最大的幸福不是身外之物，而是灵魂的善。灵魂的善是最高的，身体的善次之，外部世界的善再次之。[1] 他主张，灵魂具有认识和意志的功能，一方面去认识和理解事物的本来面目，特别是去认识善与恶的知识；另一方面以善与恶的知识促使自己趋善避恶，过幸福的生活。因此，灵魂，在苏格拉底那里，是指智慧和道德的东西，相当于我们的自我或人格。"它整个说来，或者几乎全部，都是较早时期的文学作品中所没有的。"[2] 苏格拉底认为我们首要的责任就是照顾自己的灵魂，就是认识自己的灵魂，并照顾好它，使自己的灵魂向善运动变化，使灵魂尽可能的善。也就是说，一方面是如实地去认识存在物的知识，特别是关于灵魂的知识；另一方面是按照知识行为，把自己的道德行为安置在知识特别是道德原则的知识基础之上。苏格拉底认为，灵魂是要追求知识，追求绝对的正义、绝对的善、绝对的美，也就是追求善、美、正义等一般的价值。而肉体对于这一般的价值的追求只有阻碍、蒙蔽的作用。"因为灵魂一旦与肉体结合，再思考任何事情，显然就会受肉体蒙蔽。"[3] 由此可见，哲学家追求的是肉体之死、灵魂之生，以便求得绝对的正义、绝对的美、绝对的善以及绝对的真。

苏格拉底的人道主义的思想相当于现代行政法的行政公职道德思想，所谓行政公职道德思想，又称为国家公务员道德，既是指国家公务员在其行使和履行公务的活动中形成和表现出来的道德原则和规则，同时也是指国家公务员在其特定职业实践中形成和表现出来的道德传统、道德心理意识和道德品质等。它是在国家公务员的行政实践中形成的，是行政这一特定职业的职业义务和职业责任的价值表达。它不仅与一般社会道德和其他行业的职业道德相联系，而且有其不同于一般社会道德和其他职业道德的内容要求和特点。它是表达公务员职业责任、体现公务员职业特征、调控公务员职业行为，具有善恶意义的原则规范、心理意识和行为活动的有机统一。[4] 国家公务员道德的基本原则或准则是为解决公务员道德的核心问题而确立的。公务员运用职权为谁服务，是为自己和小集团的利益服务，还是为人民利益服务的问题就是其核心问题。从伦理学的角度来看，这"为谁服务"的问题实际上就是道德的中心问题在公务员职业活动中的集中体现。[5]

---

〔1〕 雷永生主编：《人性的曙光——希腊人道主义探源》，华夏出版社2005年版，第226~228页。

〔2〕 ［英］泰勒：《苏格拉底传》，赵继铨、李真译，商务印书馆1999年版，第83页。

〔3〕 ［古希腊］柏拉图："费多篇"，载《古希腊散文选》，水建馥译，人民文学出版社2001年版，第89页。

〔4〕 张松业、杨桂安：《国家公务员道德概论》，国家行政学院出版社1999年版，第62页。

〔5〕 张淑芳主编：《公务员法教程》，中国政法大学出版社2004年版，第27~28页。

四、行政治理的自然秩序基础

行政治理的自然秩序基础的思想主要体现在德谟克利特的思想中。德谟克利特（约公元前460～前370年）的生活和创作是在古代城邦的繁荣时期度过的。他的行政治理的自然秩序基础主要表现在以下几个方面：

1. 城邦自由民的志同道合与道德——社会的一致，是完善国家最重要的、不可缺少的特征。城邦是全体自由民的"公共事务"。国家视自己为本国公民的"公共事务"的化身，并且是它的"支柱"。这个"公共事务"的利益和对它的关系，决定着公民的权利与义务的本质与界限。德谟克利特强调指出："国家的事务应当被看做是比其他一切更重要得多的事业。每个人都应努力使国家完善，不要试图获得高于自己应得的荣誉，也不要试图掌握超出于有益于公共事务的权力，因为沿着正确道路前进的国家是最强大的支柱。一切有赖于此；如果国家安宁，则一切都安宁；如果国家毁灭，则一切都毁灭。"德谟克利特指出国家的"公共事务"的利益高于公民的利益之处，在于每个城邦成员有关心"公共事务"的顺利完成的道德义务，而不在于公民对国家负有法律责任。他认为，公民与城邦的关系源于伦理原则，而不是源于法律原则。[1]

2. 公民道德之自愿服从。德谟克利特不仅把自愿服从国家政权和法律，而且把遵守应有的智力等级制度和城邦成员按智力高低规定的隶属关系，统统纳入公民的道德义务。他说："从法律、政权和贤者，是礼仪的要求。"德谟克利特上述论断的政治含义，是论证古希腊思想家广为流传的"优秀人统治"的观点。他毫不隐讳地强调："按照事物的本性，优秀的人理当统治。"在这里，"优秀的人"不是指富翁或旧贵族，而是指一切具有高度智慧和道德品质的人。[2]

第三节　柏拉图的行政法思想

柏拉图（Plato），苏格拉底最著名也是最有才华的弟子，古希腊伟大的哲学家和思想家。他的思想对其后西方哲学和政治学、法学以及其他思想领域产生了巨大影响。黑格尔称赞道："哲学之作为科学是从柏拉图开始而由亚里士多德完成的。他们比起所有别的哲学家来说，应该可以叫做人类的导师。"[3] 柏拉图的著作概用对话体，大都以苏格拉底为主角，假设他的老师的话来说明自己的主张。柏拉图的对话集可以分为三部，大致和他的生活的三个时期相当。最早的一部大概是于苏格拉底未死之时。这一部包括《小希庇阿斯篇》、《吕西斯篇》、《卡尔米德篇》、《拉凯

---

〔1〕　〔前苏联〕涅尔谢相茨：《古希腊政治学说》，蔡拓译，商务印书馆1991年版，第71～72页。
〔2〕　〔前苏联〕涅尔谢相茨：《古希腊政治学说》，蔡拓译，商务印书馆1991年版，第75页。
〔3〕　〔德〕黑格尔：《哲学史讲录》，贺麟、王太庆译，商务印书馆2004年版，第45页。

斯篇》、《欧绪弗洛篇》、《申辩篇》、《克里托篇》和《普罗泰戈拉篇》。《普罗泰戈拉篇》最长，思想最复杂、系统最完整。第二部对话集大概都是在柏拉图游历生活时期著作的。这一时期在苏格拉底的影响之外，又添了爱利亚学派的影响，这和他寄寓麦加拉的时期有关。在这一部的对话集里面，柏拉图便开始尝试建设他自己的特别的梯子。这一时期是他最伟大的创造时代。《高尔吉亚篇》和《泰阿泰德篇》大概是这一部的最早的两本。这两本没有得到很着实的结果，大致都是偏于消极的。在这两本里只是预备开场。《高尔吉亚篇》是驳斥智者学派的德和快乐合一说，并企图显示善必是客观的存在，而超乎个人的快乐之外，来反对它。和这个相同，《泰阿泰德篇》是说明真理绝非如智者们所设想，仅仅在于个人主观印象，而是本身具有客观的真实的东西。此外便是《智者篇》、《政治家篇》和《巴门尼德篇》。《智者篇》是讨论"存在和非存在"，及其对于观念论的关系。《巴门尼德篇》是探讨绝对的实在是否能依照爱利亚学派的样子，看做是绝对的"一"。第三部对话集是柏拉图成熟期的著作。这时他已经贯通了他的思想，无处而不自在，从而恢复了他第一时期的流丽典雅的风格。这一时期的对话集的最显著的特征是思想的深沉，它们都假定了观念论已经确立而为读者所熟知，只把来应用于死刑的各部分里面。如《会饮篇》，就是解释爱的哲理，企图把人的美的情感和智识上的观念的知识结合起来。《斐莱布篇》是把观念论应用于伦理上面。《理想国》是把它应用于政治上面。《斐多篇》是根据挂念论来建设灵魂不灭之说。[1] 虽然柏拉图的著作中直接涉及行政法方面的思想不多，但是他的很多著作中的哲学思想都渗透着行政法思想，对后世行政法思想的发展起到了不可忽视的指导作用。

一、《理想国》的行政法理想

《理想国》是第一部系统地论述政治哲学的著作，虽然柏拉图不是第一个乌托邦思想家，他的"理想国"也不是第一个乌托邦（在希腊之前几个世纪时，希伯来先知者就最早提出了乌托邦图样），但它却是第一部系统论述乌托邦思想的著作。

1. 行政法理想之婚姻行政法思想。柏拉图主张，在统治者内部废除一夫一妻制的家庭关系，代以之按照统治者的要求进行有节制的交配，其目的除了使统治者远离家庭的诱惑之外，还在于获得尽可能优秀的后代。国家要严格监督男女之间的生育事宜。最优秀的男女可以多生育，最劣的男女要少生育；儿童一生下来，要经过严格的体检，有缺陷的孩子被秘密地处理掉，优秀的孩子被送到托儿所去，由国家抚养，这就可以保证后代的品德超过前代，国家才不至于衰败。同时，家庭的废除可以使统治者免于受妻儿私情的困扰而损害城邦公共利益，统治者内部也不会因争私产而发生纠纷，城邦也就可以获得安宁和秩序。

2. 行政法理想之防止行政腐败思想。柏拉图主张，在统治阶级内部，任何人都

---

〔1〕　〔英〕斯塔斯：《批评的希腊哲学史》，庆泽彭译，华东师范大学出版社2006年版，第130~138页。

不得拥有私有财产，不得拥有私人住所、土地、金钱和贮藏室；他们要像士兵一样，住公共营房，在公共食堂就餐。通过禁欲式的生活方式，他们能拯救自己，也能拯救他们的国家。反之，"他们若是在任何时候获得一些土地、房屋或金钱，他们就要去搞农业，做买卖，就不能再搞政治做护卫者了，他们就从人民的盟友变成了人民的敌人和暴君了；他们恨人民，人民恨他们……结果就会是，他们和国家一起走上了灭亡之路，同归于尽。"[1]

3. 行政法理想之行政正义的思想。从柏拉图的《理想国》的行文上看，这部著作的主题是探讨正义的内涵。所以后人给它加一个副标题为"论正义"。《理想国》的逻辑结构是从探讨何为"正义"的概念入手，又以关于正义的报偿的话题结束。在柏拉图看来，生活于城邦中的个人与城邦似乎具有同质性和同构性特征。个人道德与政治没有实质性差别，正义的法则无论对个人生活还是对城邦来说，都是一样的。所以在《理想国》中，柏拉图把个人的灵魂的诸要素与城邦的各个组成部分的结构和关系相互印证，来论述正义的特征。并且，作为城邦有机体的一员，个人正义只有在城邦生活中才能充分体现出来。因此，他便很自然地由个人正义的探讨转向城邦正义的讨论，论证了合乎正义的城邦结构和城邦生活。柏拉图认为，城邦的正义就在于严格贯彻分工原则，使生产者等级、护国者或军人等级以及统治者等级这三个等级各司其职，互不僭越。他认为，一个人的美德包括四个部分，即智慧、勇敢、节制和正义，在城邦的各组成部分中，哲学家的美德是指挥，军人的美德是勇敢，而节制不专属某一阶级，它贯穿于全体公民，它是天生优秀和天生低劣的部分在谁应当被统治这个问题上所表现出来的一致性和协调。而这几个等级各安其位，各尽其责，城邦就实现了正义。[2]

4. 行政法理想之政体分类思想。在《理想国》中，柏拉图把他所设计的由哲学家执政的国家称为"贤人政治"，亦通常说所的"贵族政治"，不过柏拉图在这里显然不是指一般的贵族政治，因为哲学家既不以高贵门第为条件，也不是世袭的。贤人政治只是一种理想。在现实政体中，柏拉图区分为四种不同类型的政体，即荣誉政体、寡头政体、平民政体和僭主政体。贤人政治的内在原则或标准是智慧，其他几种政体分别是荣誉、财产、自由和专制。它们是依次下降的，一个比一个更差，僭主政体最坏。他指出，荣誉政体相当于斯巴达或克利特推行的政体，它虽然是不好的，但却是四种不完善政体中最好的，是现实政体中最好的。因此，这种政体有更多值得肯定的因素。他认为，这种政体是从贤人政体蜕变而来的。由于"金"质、"银"质、"铜铁"质，即统治者、军人和生产者三个等级相互混杂，彼此斗争，结果使一些善战好胜的人取得胜利，从而建立了荣誉政体。它同贤人政体相比较，相似的地方在于第一等级以荣誉为主，第二等级不同于第三等级，而更强调体

〔1〕 ［古希腊］柏拉图：《理想国》，郭斌和、张竹明译，商务印书馆 1986 年版，第 131 页。
〔2〕 宝成关主编：《政治学思想史》，湖南教育出版社 2004 年版，第 28 ~ 30 页。

育和军事训练。不同的地方则是，哲学王在国家政权中不再处于掌权者的地位，新的统治者只重视备战，热衷从战争中获得荣誉。在荣誉政体中，由于财富愈来愈集中在少数人手里。最终导致它的覆灭和寡头政体的产生。所谓寡头政体是指政权操纵在富人手中，穷人没有资格分享权力。在这种政体中，执政者不学无术，崇尚财富，美德遭到轻视，它促使阶级分裂和对立达到尖锐化的程度。伴随着富有和穷困的同步增长不可避免地要爆发革命，从而导致寡头政体解体并相应地产生民主政体。民主政体比寡头政体更差。它的最突出的缺点是"过度自由"和"事事讲平等"。前者的结果是引起社会分裂，政治道德的权威沦丧；后者的结果是奴隶要求和奴隶主讲平等，从而造成更为剧烈的社会纷争和穷人同富人之间的战争，并最终导致僭主政体的产生。僭主政体是四种政体中最坏的一种政体。它的基本特征为：它在本质上是一种个人统治的政体，僭主在政治上不能容忍与他相竞争的对手。为了维护僭主的个人统治，就需要不断发动对外战争，以转移群众对国内暴政的注意力。[1]

二、行政的服务理念

柏拉图的行政的服务理念主要体现在他的《国家篇》中。《国家篇》中体现出的行政的服务理念包括以下两点：

1. 城邦（国家）起源来自人民之间的相互需要。柏拉图从个人需求的多样性与能力的有限性之间的矛盾出发，将城邦（国家）的起源归结为人们之间的相互需要和社会分工，城邦国家是基于社会分工的基础上满足人们需求的社会协作组织。柏拉图认为，国家起源于人民之间的相互需要。一个人生活在社会上有许多需要，如衣、食、住、用及娱乐和受教育等。这些需要不能靠自己来满足，因此，每个人都需要从他人那里获得帮助。这样人们就需要结群而居，以一定的社会组织结合，彼此互相协作，互相服务。他说，"之所以要建立城邦，是因为我们每个人都不能依靠自己的力量达到自足，我们需要许多东西……"，"因此，我们每个人为了各种需要，招来各种各样的人，由于需要许多东西，我们邀请了许多人住在一起，作为伙伴和助手，这个公共住宅区，我们叫做城邦"。

2. 建立国家的目的是为了整个国家的幸福。柏拉图认为："我们所建立的这个国家丝毫不是为了某个阶层的某种特殊的幸福，恰恰相反，是为了整个国家的幸福……正如我们所认为的那样，按照我们的想像建立的国家是幸福的，但不是单个的局部的幸福，也不是某个人的幸福，而是所有人的整体的幸福。随后，我们将分析与它对立的国家。"他认为，在经济上，对于理想国的统治者和护卫者而言，彻底的"共产主义"是他们惟一的选择。他们一般不得蓄有任何的私有财产，金银更是被禁止拥有的。"至于金银我们一定要告诉他们，他们已经从神明处得到了金银藏于心灵深处，他们更不需要人间的金银了。"柏拉图认为，世俗的金银是罪恶之源，心

---

[1] 何汝璧、伊承哲：《西方政治思想史》，甘肃人民出版社1987年版，第21~22页。

灵深处的金银是纯洁无瑕的至宝。理想之国这颗共产之苗，我们不难在斯巴达城邦中发现它那孕育之土，只不过又经柏拉图优化培植而已。尽管理想国的统治者和护卫者置身于"清教徒"式的生活圈里，但他们是世上最幸福的人，"因为，我们建立这个国家的目标并不是为了某一个阶级的单独突出的幸福，而是为了全体公民的最大幸福。"至于理想国的供养者——农民和工商业者，他们可以拥有适量的私人财产，但国家须加以限制，以防止社会过分的贫富悬殊而两极分化，引发城邦的动荡和危机。这样的财产配置，使得理想国里有权者没有私人财产，有钱者又没有权力。

三、教育行政法

柏拉图的教育行政法主要包括以下几个方面：

（一）教化的内容

柏拉图认为教育的内容就是"术"。柏拉图时期的城邦教育，以智者的教育为主。智者教育的内容是五花八门的。体育、音乐、修辞学、医学、演讲术以及与"术"相关的林林总总，都是当时希腊城邦教育的宠儿。总体说来，教育内容大致上是三大类：音乐、体操和各种手艺。柏拉图认为，这些教育对于培养好公民还是有效的。因人的禀赋的不同，因而有的人适合做医生，有的人适合当战士，有的人适宜当工匠。因为人需要生活在城邦里，而城邦正常运作的内容之一就是满足人的日常需要，这些教人以术的教学内容，可以使一个城邦公民在一定程度上扮演好城邦公民的角色。柏拉图认为，城邦人掌握了"术"，能够在城邦中生活。具体来说，"术"的内容包括：

1. 体育教育。对于一个希腊公民来说，年轻时必须是战场上的斗士，因而接受体育训练对于他们来说是必不可少的。

2. 音乐。音乐和体育的目的都是通过习惯使之形成某种意见，而不是知识。音乐"以音调培养某种精神和谐（不是知识），以韵律培养优雅得体，还以故事（或纯系传说的或较为真实的）语言培养与此相近的品质。可是这些途径没有任何一个能通向你所正在寻求的那种善"。[1]

3. 数和数学。柏拉图认为，物件有大小、软硬、高矮、粗细等差异。这些差异无论有多大，最终是什么，最终都可归结为数。即事物的本质最终可以归结为数。如果我们把物体大小归结为数，那么1就是1，2就是2，是没有相对性的。它永远不会给感官不同的刺激。我们生活在可见世界，被千变万化的世界包围时，数和数学可以不至于使人的认识受到现象世界的迷惑。它可以引导人们直接认识事物的本质。数学是超现实的，而灵魂转向的目的也是使灵魂的眼睛离开可见世界进入可知世界，为此需要一种纯粹理性的、与现实无关的力量把灵魂拉上来，数和数学是这种力量的首选。柏拉图告诉人们，这门学问并不容易掌握，只有那些天赋最高的公

---

〔1〕〔古希腊〕柏拉图：《理想国》，郭斌和、张竹明译，商务印书馆1986年版，第283页。

民才能学会，因此，需要数学"来教育我们那些天赋最高的公民"，即哲学家和拥有哲学思维的统治者。

4. 几何学。几何学的对象乃是永恒的事物，而不是某种有时产生和灭亡的事物。

5. 天文学。人们在天文学中能够获得的还是纯数学的东西，数的和谐。而这一切依然"是仅能被理性和思考所把握，用眼睛是看不见的"[1] 而且其中蕴涵的数的和谐，不是用肉眼来看的，也不是用肉眼所能推出来的，而是诉诸理性思维。

6. 辩证法。柏拉图认为，辩证法是最好的方法，凭借它，人就"能够不用假设而一直上升到第一原理本身"，"每一个人企图靠辩证法通过推理而不管感官的知觉，以求达到每一事物的本质，并且一直坚持到靠思想本身理解到善者的本质时，他就达到了可知事物的顶峰了"[2] 在柏拉图设想的教育体系中，"辩证法像墙头石一样，被放在我们教育体制的最上头，再不能有任何别的学习科目放在它的上面是正确的了，而我们学习的课程到辩证法也就完成了"[3]

（二）教化的原因

在柏拉图的《国家篇》中，为了实现哲学王的理性统治，教育被当做一项根本的政治手段予以探讨，他认为，教育的原因在于教育的政治作用，教育的政治作用有以下几个方面：①从人治的角度理解政治统治的必然结果。他认为，有什么样的公民，就有什么样的城邦，只有通过教育使每个人都成为具有美德之人，城邦才能实现正义，并且，只有在完善的教育制度下，才能培养出真正的哲学王。②人并非生而正义的，通过教育能够使理性在灵魂中居于统治地位，从而使人具有美德。同时，教育是发掘人的"天性"的手段。柏拉图认为人的"天性"是不同的，而只有在完善的教育过程中，人的"天性"才会被发掘出来，人们因而进入不同的等级。所以，教育是使的"天性"合乎理性地外化为社会等级差异的手段。[4]

（三）教化的目的：灵魂的转向

柏拉图认为，灵魂转向最重要的手段是教化（教育 paideia），教化是人的启蒙。他认为，教育的目的不是教人以术，不是教你一个谋生的手段，养家糊口的技巧，或者让你获得入朝为将为相的本领，而是教化人民的灵魂的活动。所谓教化人民的灵魂，就是使人把追求最高的善——善的相作为人生的主要目标。因为人的灵魂只有追求善的相，才能在轮回中处于较好的层面。用我们现在的话来说，把灵魂的目光引向善的相，是维护人的最大利益。[5] 柏拉图认为，教育的首要目的是培养好

---

[1] ［古希腊］柏拉图：《理想国》，郭斌和、张竹明译，商务印书馆 1986 年版，第 294 页。

[2] ［古希腊］柏拉图：《理想国》，郭斌和、张竹明译，商务印书馆 1986 年版，第 298 页。

[3] ［古希腊］柏拉图：《理想国》，郭斌和、张竹明译，商务印书馆 1986 年版，第 301~302 页。

[4] 王彩波：《西方政治思想史——从柏拉图到约翰·密尔》，中国社会科学出版社 2004 年版，第 26 页。

[5] 雷永生主编：《人性的曙光——希腊人道主义探源》，华夏出版社 2005 年版，第 318 页。

人，一个好人的生活不是争夺名利，而是以追求至善为根本的生活目的。如果人人都做好人，那么城邦正义就实现了，好人与好公民是不同的。但是，好人应该是好公民的基础。人们拥有技艺并不是一件坏事，它毕竟是普罗米修斯所赐，没有这些技能，人是不能生存的。但是柏拉图说，人是城邦动物，拥有技艺只能使人作为动物活着。在自然界面前，人本身是弱小的，并不足以和世间的野兽抗衡。他们常常被野兽吃掉。为了生存他们必须聚集在城邦之中。但是，由于聚集在城邦里的人没有政治技艺，因而"他们住在一起后有彼此为害，重陷分散和被吞食的状态"。[1]宙斯为了使人不至于被毁灭，于是赐予人类政治技艺：虔诚和正义，以建立正常的城邦秩序。虔诚和正义的人不仅仅是一个好公民，更重要的是一个好人。培养好人是柏拉图式的教育的根本目的。每个人首先必须做个好人，在此基础上才能谈得上好人。[2]

总的来说，柏拉图的教育行政法思想的特点有：①以普及教育为基础的层层筛选的教育制度；②以认知为基础的品德教育；③相对全面的教育；④功利和理想并重的教育；⑤最初的适应和发展的教育思想。[3]

四、《法律篇》中的行政法思想

《法律篇》中的行政法思想主要有行政法治思想、政体思想这两个方面，我们下面分别予以阐述。

（一）行政法思想之行政法治思想

在《法律篇》中，法律的现实作用受到如此的重视以至于被柏拉图称作是用黄金制成的联结人们之间分工与合作的纽带："……有这样一种拉力，每个人都应当永远跟着它而绝不撒手，从而能够抵抗其他肌腱的拉力：它是深思熟虑得出的主要纽带，是金质的和神圣的纽带，而被称为国家的公法；其他的纽带都是坚硬的和铁制的，并有种种可能的形态和外貌，而这根纽带是柔韧和始终不变的，因为它是黄金制成的。有了这根卓越的法律的主要纽带，我们就必然需要经常合作。"[4]由此可见，在《法律篇》中，法律代替了德性而居于至高地位，而理性和智慧也凝结为具体的法律。他认为，虽然法治多少缺少一点人治的灵活变通，但是总的来说是"合理的"。以法律为纽带的二等理想国家虽然不是最好的，但绝不是最坏的，权力和智慧合于一身的哲学王在人世间是没有的，而人性又总有自私自利的一面。因此，法律的统治是必需的，如果没有法律，让人性听其自然，人就会成为最野蛮的动物。

〔1〕　[古希腊] 柏拉图："普罗泰戈拉篇"，载《柏拉图全集》第1卷，王晓朝译，人民出版社2002年版，第443页。

〔2〕　雷永生主编：《人性的曙光——希腊人道主义探源》，华夏出版社2005年版，第320页。

〔3〕　杨旭东："柏拉图教育思想述评"，载《唐山师专学报》1998年第1期。

〔4〕　[美] 乔治·霍兰·萨拜因：《政治学说史》，盛葵阳、崔妙因译，商务印书馆1985年版，第106页。

所以，在一个以法律为纽带的国家中，人们最大的美德不在于他是否正义或具有真知，而在于他是否能节制自我以遵守法律。

（二）行政法思想之政体思想

柏拉图在《法律篇》中提出的政体是混合政体。所谓混合政体，就是吸取君主政体和民主政体两者的优点混合而成的政体。

1. 对混合政体讨论的起点。柏拉图对混合政体的讨论是在对斯巴达政体发展的历史追述中展开的。他认为，斯巴达之所以能够是一个较为稳定的政体，是因为它采取了一种"权力划分"的政治原则，斯巴达的创立者利库古斯通过划分君主与长老院之间的统治权确立了这项原则，后来的民选长官制度又进一步充实了这一原则。柏拉图认为，从波斯和雅典历史中所获得的教训也表明：一个健全的政府，必须依据"统治权的划分"的基本原则，它必须把"平民"的成分跟"某种个人权威"结合起来，必须把"君主政体"与"自由"联结起来。在政府中必须有权威的席位，但是权威不应该堕落为独裁和专制，在政府中还必须有个人自由，但自由不能是无政府的自由。

2. 混合政体的设计。混合政体的设计完全是斯巴达的政体与柏拉图的个人想像力相结合的产物。这主要表现为如下的制度设施：①一个所有公民都可以参加的议事大会；②执政院，是一个品德和才智都经过审定的 37 人团体，由公民大会经过 3 次选举程序产生，成员年龄须在 50～70 岁之间，任期 20 年，职责是维护法律和审判罪案；③元老院，由来自城邦各个阶级（柏拉图依财产标准将公民划分为四个阶级）的 360 名代表组成，选举的方法是复杂的，任期 1 年，其中 1/12 的人组成每月行使主要统治职能的委员会。另外，还设有军事统帅 3 人，由执政官提名，由符合兵役年龄的公民选举产生。《法律篇》卷 12 中又增加了下述几个机关：①负责监察和处置官吏不良行径的监察官；②负责到国外作考察访问的访问使；③作为国家最高权力机关的太上贤哲院。

无论从哪个方面来看，混合政体都表现出与《国家篇》中的整体循环论的巨大差异。从其所含的原则看，所谓的"权力的划分"原则与《国家篇》中那种依据分工而将公民划分为三个等级的做法在目的上存在差异。前者的目的是通过各种力量的相互制约、势均力敌以获得政治上的稳定。后者则强调隐含于分工与等级背后的崇高价值目标——正义和理性。也就是说，《法律篇》的混合政体论试图说明一种使现存政府达成稳定与秩序的手段。就混合政体的影响而论，其作用是极其巨大的。美国学者萨拜因认为："这项原则就是若干世纪以后孟德斯鸠重新发现的那著名的三权分立原则的原型。"[1] 英国学者泰勒也认为：柏拉图在《法律篇》中明确而清楚

---

〔1〕〔美〕乔治·霍兰·萨拜因：《政治学说史》，盛葵阳、崔妙因译，商务印书馆 1985 年版，第 106 页。

地宣告了一个伟大的政治学原理，即"统治权的划分"原则。[1] 柏拉图的混合政体理论可以说是西方近代分权制衡学说的思想源头。[2]

五、行政主体的法律权威

柏拉图的行政主体的法律权威思想体现在官吏要遵守法律的思想里，他认为官吏（行政主体）只要遵守法律，一切按照法律办事，那么他就有法律权威。

柏拉图特别强调在一个国家中，法律要处于绝对统治地位，官吏也要遵守法律。他说："如果一个国家的法律处于从属地位，没有权威，我敢说这个国家一定要毁灭。然而我们认为一个国家的法律如果在官吏之上，而这些官吏服从法律，这个国家就会获得诸神的保佑和赐福。"这就是说，在一个国家中，法律应是最高的权威，任何人包括国家的官吏都必须守法，不得凌驾于法律之上，这样，国家才能正常存在和发展。否则，国家就难免趋于毁灭。因为在柏拉图看来，虽然一个人原则上懂得公利重于私利，但当他一旦拥有绝对的、对任何人都不负责任的权力时，他就绝不会坚持这个原则，即不能把公利放在首位。因此，必须用法律约束他们。柏拉图还根据他在西西里叙拉古狄俄尼索斯宫中的不幸遭遇，一再强调不应该服从君主而应服从法律的支配。绝对的权力对行使这种权力和服从这种权力的人都是不好的，绝对权力的结果是绝对的毁灭。由此可见，柏拉图早就认识到权力不受法律的制约会产生腐败，会导致毁灭。

第四节　亚里士多德的行政法思想

亚里士多德（公元前384～前322年）是继柏拉图之后世界古代史的另一位伟大思想家，同时他也是一位著名的科学家和教育家，是古希腊一切思维成就的总结者，马克思和恩格斯称他为"古代世界最伟大的百科全书，古希腊人的科学的基础代表和改革者，古代世界最博学的人"。他对哲学和政治思想史作出了巨大的贡献，他是政治学这门独立学科的创始人。亚里士多德出生于一个不大的城市——斯塔吉拉，因此在文献中也常常称他为斯塔吉里特。

亚里士多德是一位学识渊博的学者，他的著作涉及政治、哲学、逻辑、伦理、天文、物理、生物、语言、法律等各个领域，几乎古代可能有的所有学科，他都有过深入的研究。亚里士多德曾经与他的学生们一起，对于希腊150多个城邦的政治制度进行了调查研究，并写出了一系列著作，但其中只有《雅典政制》保留了下来。亚里士多德最主要的政治学论著是《政治学》，这部成书于公元前326年的著作

---

〔1〕　[英]泰勒：《柏拉图生平及其著作》，谢随知等译，山东人民出版社1991年版，第659～670页。

〔2〕　王彩波主编：《西方政治思想史——从柏拉图到约翰·密尔》，中国社会科学出版社2004年版，第30～34页。

在西方政治思想史上有着深远的影响。亚里士多德在对 100 多个城邦的政治制度进行深入分析的基础上，系统地阐述了国家的起源、国家的目的、国家的政体等政治学基本理论问题。[1] 他的《政治学》、《雅典政制》、《伦理学》、《修辞学》等传世著作阐述了政治法律问题。

一、政体理论与行政法选择

亚里士多德的政体理论是亚里士多德政治学体系的重要组成部分。他对政体理论进行了系统的阐述，这些阐述主要是围绕以下几部分进行的：

（一）政体的类型

1. 区分政体类型的两个标准：①政体的宗旨："是顾及全邦人民的共同利益而为之图谋优良生活"，[2] 还是仅仅顾及掌握最高统治权的个人、少数人还是多数人的利益？②掌握最高统治权的人数，为一人，为少数人还是为多数人？

2. 政体的类型。亚里士多德按照第一种标准，把政体分为正宗政体和变态政体。凡照顾到公共利益的各种政体就都是正当或正宗的政体。而那些只照顾统治者们的利益的政体就都是错误的政体或者正宗政体的变态（偏离）。[3] 他根据第二条标准，把政体分为君主政体、贵族政体和共和政体。由一人掌握最高权力的正宗政体就是君主政体，也称为王制，其变态政体为僭主政体：以一人为统治者，城邦的一切政策都以统治者一人的利益为依归；由少数人掌握最高权力的正宗政体是贵族政体，这种政体也可以称为贤能政体，其变态政体为寡头政体：以少数富人为统治者，城邦的一切政策都以少数富人的利益为依归；由多数人掌握最高权力的正宗政体是共和政体，其变态政体是平民政体：以穷人的利益为依归，只是照顾到穷人的利益不照顾城邦全体公民利益的政体。亚里士多德强调，寡头政体和平民政体的区分，主要不在统治者人数的多少，而是贫富的差别，因为这两种不同的政体分别代表了富人和穷人的统治。亚里士多德认为，正宗的政体与变态的政体之间存在着本质的差别，但是正宗的政体与变态的政体之间却存在着某种联系，僭主政体是君主政体的演变形态，寡头政体是贵族政体的变态，平民政体是共和政体的变态，而正宗的政体与变态的政体之间的联系又决定了每一种政体的善恶程度。在三种正宗的政体中，亚里士多德认为，最具善德的政体是君主政体，其次是贵族政体和共和政体，而"最优良而近乎神圣的正宗类型的变态一定是最恶劣的政体"。[4] 所以君主政体的变态僭主政体是最恶劣的政体，在这种政体下，城邦的统治者实际上是以专

---

〔1〕 王彩波主编：《西方政治思想史——从柏拉图到约翰·密尔》，中国社会科学出版社 2004 年版，第40 页。

〔2〕 ［古希腊］亚里士多德：《政治学》，吴寿彭译，商务印书馆 1981 年版，第 441～442 页。

〔3〕 ［古希腊］亚里士多德：《政治学》，吴寿彭译，商务印书馆 1981 年版，第 132 页。

〔4〕 ［古希腊］亚里士多德：《政治学》，吴寿彭译，商务印书馆 1981 年版，第 179 页。

制的手段统治城邦的公民。共和政体虽然是三种正宗的政体中善德最少的政体，这种政体的演变形态平民政体也是恶劣的品质较少的政体，相比较而言，平民政体是三种恶劣的政体之中最好的政体。

3. 三种变态政体的特点。对于僭主政体、寡头政体以及平民政体，亚里士多德分析了它们各自的特点。这三种政体之间的差别，不仅仅表现在执政者人数的多寡，更重要的是，掌握城邦治权的统治者往往代表着不同的社会阶层的利益，当城邦的统治者不是一人而是一些人的时候，统治者财产的多寡要比统治者的数量更能说明城邦的政体性质。如果无产的贫民掌握着城邦的最高治权，其政体就是平民政体，如果城邦的最高治权为有产者所掌握，这个城邦的政体就属于寡头政体，亚里士多德强调说："任何政体，其统治者无论人数多少，如以财富为凭，则一定是寡头（财阀）政体，同样的，如以穷人为主体，则一定是平民政体。"[1] 基于这样的理由，亚里士多德认为，在寡头政体与平民政体中政治权力的基础是各不相同的。在一个城邦中的社会组织中，所有的人都是自由的公民，而财富丰饶的只能是其中的少数人，这样，贫穷的自由公民与富有的公民便有着各不相同的政治要求。前者"以自由为标志"，后者则"以财富为依据"，平民政体和寡头政体也就是这两种不同的政治要求各自的产物。

4. 重视正宗政体，否定变态政体。亚里士多德认为，变态政体与正宗政体的本质差别在于，变态政体违背了"正义"的原则。亚里士多德认为，在不同的政体状态下，人们对于正义有着不同的理解，即每一种政体都有自己的"正义"。然而，问题是，各种变态政体状态下，执政者对于正义的理解都失之偏颇。他们"所持的正义都是不完全的，各人都只看到正义的某些方面"[2] 例如，在平民政体中，正义被理解为"分配政治职司的平等"，虽然平等地分配政治职司确实是平等，但是，这样的平等实际上只能是局限于"平等的人们之间的平等，不是普及全体的平等"[3] 反过来说，在寡头政体中，人们却以政治职司的不平等分配为"正义"，这样的正义却是相对于不平等的人们而言的，也不是普及于全体的"正义"。

在本质上，三种正宗的政体虽然都是符合城邦的正义的政体，但是，君主政体、贵族政体与共和政体也各有其利弊。例如，在君主政体下，虽然执政者是城邦中才德最为卓越的人，但是，一个人"实际上不能独理万机"[4] 个人的情感很容易受到某些因素的影响，因而导致君主个人的判断力的降低。共和政体虽然因为其统治者人数的众多而能够照顾到全体公民的利益，但是当统治者的人数增加到较多的人数时，一个城邦里很难找到这样众多的各方面品德都很完善的人。在这样的政体下，

〔1〕［古希腊］亚里士多德：《政治学》，吴寿彭译，商务印书馆1981年版，第135页。

〔2〕［古希腊］亚里士多德：《政治学》，吴寿彭译，商务印书馆1981年版，第136页。

〔3〕［古希腊］亚里士多德：《政治学》，吴寿彭译，商务印书馆1981年版，第136页。

〔4〕［古希腊］亚里士多德：《政治学》，吴寿彭译，商务印书馆1981年版，第170页。

"只有军事性质的品德可以期望于多数的人们,武德特别显著于群众。所以,在共和政体中,最高治权操于卫国战士手中"[1]

亚里士多德重视正宗政体,认为是优良政体,对变态政体执否定态度,认为是不良政体。不过,他指出:"我们不仅应该研究理想的最优良(模范)政体,也须研究可能实现的政体,而且由此设想到最适合一般城邦而又易于实行的政体。"[2]

(二)理想的政体

1. 共和政体的优点。在亚里士多德看来,最适合一般城邦而又易于实行的政体应该是以中产阶级为基础的共和政体。他认为:"共和政体,以中产阶级为基础,是我们这里所涉及的各种政体中最为稳定的类型。"[3] 他认为,在一切城邦中,所有公民可以分为三个部分(阶级)——极富、极贫和两者之间的中产阶级。与上述三个阶级占有财富的多少相适应,极富阶级主张寡头政体,极贫阶级主张平民政体,中产阶级则主张共和政体。这种共和政体的最大特点在于,它能够兼顾极贫、极富等阶级的不同利益,并把寡头政体和平民政体的合理因素结合起来,因而能够成为既有多数人掌握最高权力,又能照顾全邦的共同利益的共和政体。共和政体所以必须以中产阶级为基础,是由于它"比任何其他阶级都较为稳定"[4] 中产阶级既不像穷人那样希图他人的财产,自身的财产也不像富人那么多得足以引起穷人的觊觎。它既不对别人抱有任何阴谋,也不会自相残害,而是过着无所畏惧的平安生活。这个阶级还同极富、极贫阶级不同,它具有"中庸"这种最好的品德,"最能顺从理性",可以成为极富、极贫两个阶级的仲裁人。

2. 亚里士多德对共和政体的设想。亚里士多德根据自己的伦理和政治学说的基本原则来设计共和制。共和制是"中间"的政体,"中间"成分在其中的各个方面处于优势:如在道德方面,中庸处于优势;在财产方面,小康水平处于优势;在执政方面,中产阶级处于优势,"中产阶级组成的国家将是最好的国家制度"[5] 亚里士多德认为,公民拥有中等的但却够用的财产,是国家的最大幸福。亚里士多德认为,在共和制中,中间成分应比极端的双方或至少比其中任何一方更为强大。最高权力应由大多数人掌握,而不是由少数人执掌;在自由民的一般群众中,该制度的拥护者应多于它的反对者。亚里士多德认为,可能出现的最好国家体制的组织,取决于各种构成条件和三个基本因素(立法机关、行政官员和法官)的职司方式的适当配合。总的说来,亚里士多德主张立法机关与行政机关均衡。在这种均衡中,行政官员对许多重大问题,其中包括立法问题有表决权,而人民大会只是咨议机关。

---

[1] [古希腊]亚里士多德:《政治学》,吴寿彭译,商务印书馆1981年版,第134页。

[2] [古希腊]亚里士多德:《政治学》,吴寿彭译,商务印书馆1981年版,第117页。

[3] [古希腊]亚里士多德:《政治学》,吴寿彭译,商务印书馆1981年版,第235页。

[4] [古希腊]亚里士多德:《政治学》,吴寿彭译,商务印书馆1981年版,第206页。

[5] [古希腊]亚里士多德:《政治学》,吴寿彭译,商务印书馆1981年版,第278页。

在行政官员与法官的关系方面，提出他们应与本政体相适应的要求，而只有各个部分的构成和活动（担任公职、选举、抽签、薪金等的规定）配合良好和均衡时，才能保证达到这个要求。

归根结底，亚里士多德的全部社会政治工程和组成结构，旨在实现最稳定的和为当时的经验条件所可以接受的由占据优势的自由民阶层管理的政体。

3. 共和政体难以实现。共和制是实践中很难实现的政体，因为在大多数情况下，国家的中间成分往往不占有重要地位，通常不是大私有者处于优势，就是普通人民处于优势，因此国家制度的建立仅仅是为了胜利一方的利益：不是寡头一方的利益就是民主一方的利益。亚里士多德认为，建立共和制的困难还由于两个城邦（雅典和斯巴达）为了各自的利益，在依附于他们的其他希腊城邦推行民主制或寡头制以便称霸而加重。亚里士多德指出："由于上述原因，'中间的'国家制度不是永远不会出现，就是很罕见，而且只出现于少数几个国家。自古以来，在执掌政权的领袖中，只有一人曾经冒险实行过折中的'中间'政体。"[1] 通常认为，这个惟一的"领袖"是指梭伦。

亚里士多德已经看到了大奴隶主和下层自由民之间日益激化的斗争和频繁的奴隶起义对奴隶制城邦所起的破坏作用。他的"共和政体，以中产阶级为基础"的政治主张，正是企图缓和自由民内部的阶级矛盾，从而挽救奴隶制城邦的崩溃而提出来的。

（三）导致各种政体发生革命的原则

1. 在民主政体里，革命发生的原因是攻击有财产的人，富人们因此联合起来，从而造成寡头政体或暴君政体的出现，有时是深孚众望的军事领袖独揽大权，有时是一种极端民主制取代了温和的民主制。

2. 在寡头政体里，革命的起因是寡头的高压行为或富人寡头集团的内部矛盾，也就是为了排斥自认为有资格的人，集团内部有人想当僭主，或者是雇佣军的首领争夺权力等。

3. 在贵族政体里，革命的原因是那些失意者的妒忌、个人的野心、贫富差距过大等。在这样的政体和立宪政府（最为稳固的政体）里，革命的主要原因是财产、人数和品德三种标准的不协调造成的。立宪政体之所以稳固，在于人数这个标准占了很大的比重。

（四）保全政体的方法

亚里士多德认为，保全政体的方法有以下一些：[2]

1. 绝对禁止一切违反法规的举动。在政治秩序相对稳定，各种政治力量之间的

---

〔1〕 ［古希腊］亚里士多德：《政治学》，吴寿彭译，商务印书馆1981年版，第256页。

〔2〕 王彩波主编：《西方政治思想史——从柏拉图到约翰·密尔》，中国社会科学出版社2004年版，第71~73页。

平衡较好的政体中，必须绝对禁止一切违反法规的举动，统治者应该使自己的一举一动都符合法律的规范。

2. 统治者不能欺瞒群众。城邦的统治者在执政过程中，在任何时候都不能有欺瞒人民的举动，因为任何一种欺蒙人民的方法都不利于政体的稳定和城邦的政治秩序。

3. 统治者应当扩大自己的统治基础。为了实现城邦的长治久安，统治者应当着力于扩大自己的统治基础。亚里士多德认为，无论是实行贵族政体还是实行寡头政体的城邦，能够长治久安的一个重要条件，就是政府官员能够得到统治阶级和被统治阶级的一致拥护。为了扩大统治者的社会基础，亚里士多德特别赞同城邦官员轮流执政的方式。

4. 执政官员应该经常不断地制造警报。为了保持政体的稳定，执政官员应当经常不断地制造警报，动员民众，使民众常常处于戒备状态，这样，可以使城邦中的公民把注意力转移到城邦的外部，缓和城邦内部的矛盾。

5. 定期评估城邦公民的财产。在以财产资格确定任职官员的政体中（如寡头政体），城邦应该定期评估城邦公民的财产，调整担任城邦官员的财产资格，从而避免因为城邦公民财产状况的变化而导致城邦政体的变革。

6. 制定适当的法制。制定适当的法制，有效地约束城邦中每一个公民的权力和地位，使任何人都不能因为财产及其他原因获得特殊的权力。

7. 监督城邦公民的私人生活。在城邦中设立专门的职司，监察那些私人生活与城邦政体不相协调的人们。

8. 实行法治。一切政体都应该制定法律，实行法治，城邦的公职人员，不能凭借自己手中的权力谋求私利。为了防止城邦的公职人员以权谋私，城邦应该确定一个有关公民担任公职的原则。无论在什么样的政体下，公职都不能成为赚钱职业。

9. 尽可能地照顾被统治阶级的利益，以便缓和城邦中统治阶级与被统治阶级的矛盾。其具体方法是，在平民政体中，尽量保护国民，不仅不瓜分他们的产业，而且应当保证他们从产业中所获得的利益。在富民当政的寡头政体里，则要保护贫民的利益，严格禁止富民侵凌贫民。在政治上，除城邦的最高治权外，使政治权利较小的阶级获得一定的优先权。以此求得城邦中各个阶级之间的平衡。

10. 按照政体的精神实施公民教育。亚里士多德认为，公民教育是保全政体的最重要的措施，他指出，一个城邦即使建立了完善的法制，但是，如果城邦公民的情操和教化不符合政体的基本精神，城邦的政体终究无法保持下去。公民教育的宗旨，就是"按照政体的精神教育公民，并不是说要公民们学习寡头党人或平民党人的本领。应该培养公民的言行，使他们在其中生活的政体，不论是平民政体还是寡头政体，都能因为这类言行的普及全邦而收到长治久安的效果"[1]。通过公民教育，

<hr>

〔1〕〔古希腊〕亚里士多德：《政治学》，吴寿彭译，商务印书馆1981年版，第275页。

使城邦的公民能够自觉地遵守城邦的生活规则，自觉地约束自己的行为。

二、法律的统治与行政法治

亚里士多德关于法律的统治的观点主要有如下两个方面：

（一）主张法治，反对人治

法治的思想在亚里士多德政治思想中占有重要的地位。他主张法治，反对人治。亚里士多德认为，城邦虽然是由公务团体管理的，但是，城邦的最后裁决权却应该属于法律，即城邦治权的所有者必须按照法律的精神来治理城邦。法律虽然在处理某些它所涉及不到的政治事务时无能为力，但是，在任何一个统治者的心中实际上都是存在着通则的，城邦的统治者总是按照一定的通则治理国家的。在某些时候，那些凭感情因素治理城邦的统治者虽然可以处理一些偶然性的事件，但是，凡是不凭感情因素治事的统治者总比感情用事的人们较为优良。法律同人相比较，恰恰是"全没有感情的"，[1] 它毫无偏私，具有一种为人治所不能做到的"公正性质"，完全可以称作是"最优良的统治者"。[2] 他指出："公民们都应遵守一邦所定的生活规则，让各人的行为有所约束，法律不应该被看做奴役，法律毋宁是拯救。"[3]

虽然亚里士多德多次指出由贤良掌握城邦治权的重要性，但是，他的主导思想仍然是法治。亚里士多德极力反对个人的意志凌驾于法律之上。在他看来，即使国家的政治事务在某些时候需要个人的才智，但个人的才智只能是在应用法律的时候才能使用，个人的才智只能作为法律的一种补充，而且个人才智的运用在任何时候都不能违反法律的基本精神。对于某些事例，法律虽然规定得不周详，无法作出决断。但是，遇到这些事例的时候，个人的才智也未必能够作出正确的决断。统治者只有遵循法律的基本精神，才能对法律没有涉及的事例作出公正的处理和裁决。城邦最高统治者的权力应该成为法律的监护官的权力。

（二）法治的两层含义

在他看来，法治应包含立法、守法两个方面：①大家服从的法律应该是制定得良好的法律。②已成立的法律要获得人民普遍的服从。他说："邦国虽有良法，要是人民不能全部遵循，仍然不能实现法治。"[4] 需要指出的是，他所讲的"人民"是指自由民，即治者和被治者而言，奴隶是不包括在内的。自由民既享有法律上规定的权利，又负有遵守法律上规定的义务。所以，在亚里士多德的有关法治的论述中，含有统治者必须按照"城邦的法度"办事的思想。亚里士多德认为，法律只能制定一些通则，而不能把一切细节都规定得完备无遗，它有待人们去审议。不过，"这种

---

〔1〕［古希腊］亚里士多德：《政治学》，吴寿彭译，商务印书馆1981年版，第163页。

〔2〕［古希腊］亚里士多德：《政治学》，吴寿彭译，商务印书馆1981年版，第171页。

〔3〕［古希腊］亚里士多德：《政治学》，吴寿彭译，商务印书馆1981年版，第276页。

〔4〕［古希腊］亚里士多德：《政治学》，吴寿彭译，商务印书馆1981年版，第199页。

审议与其寄托一人，毋宁交给众人"〔1〕因为，在许多事例上，众人比任何一人有可能做较好的裁断。他说："参与公务的全体人们既然都受过法律的训练，都具有优良的判断，要是说仅仅有两眼、两耳、两足的一人，其视听、其行动一定胜过众人的多眼、多耳、多手足者，这未免荒谬。"〔2〕

我们可以从以下视角来看亚里士多德关于法治的论述：

1. 从法治的内涵的角度看，法治主要包括两个方面：①法治之法必须是良法，亚里士多德认为法律是正义的体现，是衡量是非曲直的权衡，遵从法律便是遵从正义，所以衡量法律的良恶与否的标准是看它是否符合正义。②法治的根本在于法律至上。亚里士多德说："政治机制的运行以法律为最高原则，并为法律所制约。"他又说："法律理应具有至高无上的权威，而各种官员只须对个别的特例进行裁决。"〔3〕亚里士多德充分肯定了"法律至上"的重要性，公民恪守法律，法律至上，才能实行法治。

2. 从实施法治的根据看，法治优于人治，其理由如下：①人是感情动物，易于感情用事，往往会导向偏见和腐化，而法律没有感情，具有一种人治不能为的"公正性质"，指出法治是免除一切情欲影响的理性之治。②法律是众人之治，众人的意见比一个人或者少数人更具正确性。他认为法律只能订立通则，而不可能把一切细节都规定得完备无缺，指出："这种审议与其寄托给一人，毋宁交给众人。"〔4〕即众人的智慧总是优于一人的智慧，众人的裁断总比任何个人的裁断要好些。他说："单独一人就容易因愤恨或其他任何相似的感情而失去平衡，终致损伤了他的判断力，但全体人民总不会同时发怒，同时错断。"〔5〕③法律具有稳定性和明确性。他指出法律一经制定不是随便可以改变的，轻率的变法不利于城邦的发展。④实行法治是制约权力的需要。他认为执政者实行合法统治，乃是法治的内在精神，如果把全城邦的权力寄托于任何一个人或者一个政治团体，都是不符合正义的，某个政治机构的权力过大也会有损于城邦生活。为了限制权力，亚里士多德认为应将权力适当分解为行政职能、审判职能和议事职能。他的这些思想为近代法治学说和三权分立学说奠定了基础。

3. 在法治的实践上，亚里士多德还回答了如何实施法治。这主要包括三个方面：①在立法方面，他认为法律的制定应该与政体相适应，立法权应由中产阶级掌握，具体由其议事会去负责制定法律。立法的目的是促进城邦的内部福利。所以立法者应当只关注两件事情即居民和国土，适当控制人口数量，财产分配公正，注意

〔1〕　[古希腊] 亚里士多德：《政治学》，吴寿彭译，商务印书馆1981年版，第171页。
〔2〕　[古希腊] 亚里士多德：《政治学》，吴寿彭译，商务印书馆1981年版，第171页。
〔3〕　苗力田：《亚里士多德全集》，中国人民大学出版社1994年版，第130页。
〔4〕　[古希腊] 亚里士多德：《政治学》，吴寿彭译，商务印书馆1981年版，第171页。
〔5〕　[古希腊] 亚里士多德：《政治学》，吴寿彭译，商务印书馆1981年版，第164页。

节制，使公民安居乐业等。关于变法，他认为法律一经制定，不是一成不变的，在某些情况下应当有所变化，但应极其慎重。他指出不断地变化会削弱法律的威力。另外，法的变与不变应取决于多数人的意见，这就是法治。②在司法方面，指出应健全司法机构、加强执法以维护各方的利益，稳定城邦秩序，保护公共利益：一是健全司法机构，设公审法庭、陪审法庭和终审法庭，陪审法庭由全体平民组成，陪审员享有津贴，终审法庭由若干长老组成，受理一切判决不合理的案件，类似于现在的最高法院。二是提出在法庭内部加强分工，确定八种形式的法庭，可以归纳为四类，有受理行政案件的法庭，受理刑事案件的法庭，受理民事案件的法庭和受理涉外案件的法庭等。三是加强执法，裁决纠纷，维护各方的合法利益，打击违法犯罪活动，稳定城邦秩序，保护公共利益。③在守法方面，他认为守法是法治的关键。他说："法律所以能见成效，全靠民众的服从。"[1]

三、行政权被制约的理论

亚里士多德的行政权被制约的理论主要包括以道德制约权力（行政权）和以公民参与政治的方式来制约行政权这两部分：

（一）以道德制约权力（行政权）

亚里士多德认为：国家应该为所有的公民在力所能及的范围内实现他的美德提供机会。亚里士多德把公民界定为能够加入协商、评议统治政策的人，这些人广泛地加入行政执法和立法工作。亚里士多德把他们的活动看做是统治活动的一种形式，即由统治者把国家职能分配给能胜任工作的公民，由此贯彻执行统治者的意图。这就意味着：践行美德的机会不仅属于少数统治者，而且也属于执行国家职能、担任各项工作的每一个公民。亚里士多德把政治划分为立法、执法和司法三个部分。从表面上看来，从事不同部门工作的人，显然有着不同的美德。司法机关执行司法公正，立法机关寻求实践智慧，行政机关寻求分配公正、适中，而军事领导者则需要勇敢。担任不同工作的公民，其需要的美德不同，而任何一个公民都没有也不会有全部的美德。但是作为完人的统治者则不同。

亚里士多德认为，统治者的美德是实践智慧，并且实践智慧是"专属于统治者的美德"；而被统治者的美德则不是实践智慧。之所以如此，这是因为公民的美德是在实践智慧的指导下产生出来的一种真实的"信从"。当然，虽然公民缺乏实践智慧，但他们可以通过参加政治活动而一定程度上具有"美德"，并在完成自己作为公民的工作任务中践行美德。因而只有国家的最高统治者才具有从实践智慧中产生的各种美德，这是一种真正的美德，善人的品德。正是这种美德才使统治者既成为一个"善民"的公民，也成为一个完人。

---

〔1〕　〔古希腊〕亚里士多德：《政治学》，吴寿彭译，商务印书馆1981年版，第81页。

（二）以公民参与政治的方式来制约行政权

亚里士多德认为，理想的城邦是公民参与政治的城邦。理想的城邦应该是依据公正的原则，让全体公民参与政治。由于城邦的公民拥有平等的政治地位，因此，公民在政治上应该拥有同等的机会。为了使公民能够参与政治，亚里士多德认为，城邦的执政官应当轮流退休，执政官退休以后应当和其他自由人处于同等的地位。这样，在某一时间里，城邦的一部分公民处于主治的地位，另一部分公民处于受治的地位，每隔一段时间，他们的地位又变换过来。

亚里士多德非常赞赏梭伦的一些做法，既把平民群众作为一个整体，并且给予这个集体两种权力，一是选举执政人员，二是在执政人员任期届满时，由他们审察执政官的业绩。亚里士多德针对当时公民是否能够承担起选举执政和审察执政的职责的争论，他鲜明地指出，就群众的单个人来说，他们的判断能力显然不如专家，"但当他们集合起来，就可能胜过或至少不比专家们有所逊色"。[1] 在某些技术中，创作者并不一定是最好的评判家，真正能够评判执政官业绩优劣的人们应该是城邦中的普通公民，而不应是那些所谓的专家，更不能是执政官自己。亚里士多德认为，在优良的城邦里，公民作为整体应该享有城邦的最高权力，城邦应该把最高治权交给公民团体，"把公民大会、议事会和法庭所由组成的平民群众的权力置于那些贤良所任的职司之上是适当的，也是合乎正义的（合法的）"。[2]

亚里士多德关于公民参与城邦政治的主张，有其明显的积极意义。他反对柏拉图的"专家治国"的观点，避免了把政治理论简化为只是讨论"谁应该统治"的问题；同时强调了普通公民整体的审察能力，并突出它在政治生活中的作用，从实践上看，能有效地防止极权主义政体的发生，并且也能充分地实现公民平等的政治权利。[3]

（三）以公民分配利益的方式制约行政权

亚里士多德认为，城邦的政治制度是"全城邦居民由以分配政治权利的体系"。[4] 人类之所以能够在社会团体中过着群体生活，最根本的原因是人们有着共同的利益。在自由的城邦中，利益分配应当遵循一个基本的原则，每个人在城邦中所获得的利益，应该以其为城邦所贡献的"美善行为"的多少为依据，如果一个人为城邦贡献的美善行为最多，他就应该比其他任何门第高贵或饶于财富的人们获得更多的利益。

亚里士多德认为，在自由的城邦里，"治理的职司主要是致力于被统治者的利益，所以这些义务应该由大众轮流分担，而统治者作为公民团体中的一员，也附带

---

〔1〕 ［古希腊］亚里士多德：《政治学》，吴寿彭译，商务印书馆1981年版，第146页。

〔2〕 ［古希腊］亚里士多德：《政治学》，吴寿彭译，商务印书馆1981年版，第147页。

〔3〕 王彩波主编：《西方政治思想史——从柏拉图到约翰·密尔》，中国社会科学出版社2004年版，第56～57页。

〔4〕 ［古希腊］亚里士多德：《政治学》，吴寿彭译，商务印书馆1981年版，第109页。

地获得共同的利益"。[1] 城邦的统治者之所以应该由公民轮流担任，一方面，是公平原则的体现，即社会大众轮流担负起管理城邦的义务，另一方面，也是为了实现社会大众之间利益分配的均衡。在这样的城邦里，人们都这样设想，"在我担任这种义务的时期，既然照顾到他人的利益，那么，轮着他人执政时期，也一定会照顾到我的利益。"[2] 亚里士多德认为，由公民轮流执政，统治者在统治期间主要致力于公民的利益的政治制度，是一种合乎自然的制度，他反对某些人以谋取私利、侵吞公共财物为目的，长期占据城邦的管理职司，并指责当时希腊城邦中出现的这些状况是一种病态的情况，显然，亚里士多德经过自己对古希腊各城邦的研究，发现了公共权力一旦为个人长期掌握便有可能被滥用的这一事实，也在某种程度上发现了权力所有者的意志对于社会生活中实际的利益分配的影响；因此他所设想的城邦公民轮流执政实际上是一种民主监督机制，是为了保证公共权力的行使以正义的原则，以公共利益为目的。[3]

四、行政权行使中人的因素

亚里士多德认为，权力（行政权）行使中人的因素十分重要，这里的"人的因素"主要是指"人的品德"。他在强调公民参政的同时，也主张城邦应当由贤良的人们来担任执政。亚里士多德认为公民之间存在着品德上的差异。对于公民来说，人与人之间存在着品德上的差异，之所以如此，就在于公民的品德并不同于善人的品德。为了说明这一点，亚里士多德以水手为喻，他说，在一艘船上，每一个水手都有不同的职司，而每一个好的水手的品德应当与他自己的职司相适应。但是，除了最精确地符合那些专门职司的品德以外，每一个水手的品德还应该符合全船水手的共同品德，而全船水手的共同品德明显不同于那些适应专门职司的品德。一个城邦的公民也和一个船的水手一样，"公民既为他所属政治体系中的一员，他的品德就应该符合这个政治体系"。[4] 但是这并不等于每一个公民都应该具备至善的品德，"作为一个好公民，不必人人具备一个善人所应有的品德"。[5]

亚里士多德认为，即使是从最良好的城邦着眼，也不可能完全是由善人组成的，而且由于城邦中公民的职分不同，公民为了各自恪尽职守，也应该具有各自不同的善德。城邦中的公民都具有好公民的品德，这样的城邦才能够成为最优良的城邦。但是，"所有的好公民总是不可能而且也无须全都具备善人的品德"。[6] 另外，城邦

〔1〕 ［古希腊］亚里士多德：《政治学》，吴寿彭译，商务印书馆 1981 年版，第 132 页。

〔2〕 ［古希腊］亚里士多德：《政治学》，吴寿彭译，商务印书馆 1981 年版，第 132 页。

〔3〕 王彩波主编：《西方政治思想史——从柏拉图到约翰·密尔》，中国社会科学出版社 2004 年版，第 59 ~ 60 页。

〔4〕 ［古希腊］亚里士多德：《政治学》，吴寿彭译，商务印书馆 1981 年版，第 120 ~ 121 页。

〔5〕 ［古希腊］亚里士多德：《政治学》，吴寿彭译，商务印书馆 1981 年版，第 121 页。

〔6〕 ［古希腊］亚里士多德：《政治学》，吴寿彭译，商务印书馆 1981 年版，第 121 页。

是由不同的分子组成的，全体公民的品德就不可能是单一的品德。这样，处于统治地位的执政者有执政者的品德，而处于被统治地位的公民有被统治的公民的品德。为了有效地治理城邦，亚里士多德认为，城邦的统治者必须具备至善的品德，"以统治者来说，其品德就相同于善人的品德，好公民和善人的品德虽不是所有的公民全然相同，在（作为统治者）这一部分特殊的公民，就的确相同"。[1] 如果说普通公民与统治者之间的品德方面有哪些显著不同的话，那就是在所有的善德中有一种专属于统治者的品德，即明哲，而被统治的自由公民应该具备的品德是信从。

毫无疑问把公共权力交给那些品德优良、才能出众的人，比起把公共权力交给道德败坏、无德无能的人，更可能获得优良的政治生活。亚里士多德不是在反复论证这么简单的一个道理，而实际上他是在强调最好的城邦应该以道德善作为统治原则（而不是财富、武功等其他原则），因此作为此城邦的统治者，他也必然应该具备这最高的品德。[2]

五、行政体制的道德基础

亚里士多德的行政体制的道德基础的思想是通过其对德性的论述体现的，他认为只有具备德性的行政体制才能称得上好的行政体制。亚里士多德对德性的论述主要表现在以下三个方面：

（一）公正是最完满的德性

亚里士多德通过继承、发展前人的观点，首次对公正的地位做出了明确、恰当的评估，他把公正视为"最完满的德性"，亚里士多德对"公正是最完满的德性"的论断并未做多少论述。从原文看，他是在论述了合法即公正之后做出的结论。他说公正表现了全体公民的共同利益，当然一切合法的事情在某种意义上都是公正的；如若任意行事而破坏法律，也就是损坏全体公民的共同利益，当然就是不公正的。于是他推论道："这样看来，公正自身是一种完满的德性，它不是笼统一般，而是相关他人的。"这个因果关系的确有些费解。但仔细思考可以断定，亚里士多德至少有两个理由：①他所谓的法律既包括实证法，也包括习惯法和伦理法，而法律规定了各种行为的准则。在这个意义上，如果说守法是公正，则公正就是整个德性。②法律规定了公民的角色，角色决定其承担者的职责；这些职责是否真正履行，关系到其他公民和城邦的利益。在这个层面上，如果说守法是公正，公正就是完满的德性。这两个理由不能缺少其中任何一个，没有前者，即如若法律只是规定部分行为的准则，即使守法是公正，公正也不过是残缺不全的德性；除去后者，即法律只维护立法者或立法集团的利益，则公正无非是残忍吝啬的德性。亚里士多德虽然是从守法

---

〔1〕［古希腊］亚里士多德：《政治学》，吴寿彭译，商务印书馆1981年版，第121页。
〔2〕王彩波主编：《西方政治思想史——从柏拉图到约翰·密尔》，中国社会科学出版社2004年版，第
　　57～59页。

的特殊角度演绎出上述结论，但其中隐藏的关于完满德性的两个因素，却为"公正是最完满德性"的更一般、更普遍论证，奠定了具有决定性意义的基础。

（二）德性是灵魂的公正秩序

德性是灵魂的实现活动，一切德性总汇于灵魂，灵魂的公正秩序决定了德性的适度标准，这就解释了为什么德性之人的行为总是相同的。这种相同就在于中道标准的把握，在于中道原理的实现能力，它是德性之人的独特功能及其优秀杰出的表征。亚里士多德认为，惟有德性寻求和选取中间，并且惟有德性才能命中中间。"无论在情欲中，还是在行为中，（过恶）就是违背了应有的东西，它要么过度，要么不足，只有德性（能够）找到和选择中道。"〔1〕所以我们说，灵魂的公正秩序产生的德性即是中道，中道即是公正，德性即是公正。凡是合乎中道标准的行为，都是应该的行为，都是道德高尚的行为，都是公正的行为。中道是最高的善和最高的美，它是独一无二的，过恶则多种多样。过恶之中不存在中间，过恶本身也与中道无缘，因为在恶人的灵魂中，理性和非理性相互冲突；这种各自为政的秩序导致的结果，不是不及就是过度。避免不及与过度的陷阱，造就德性并保持德性的优秀，就是要在社会生活中，正确摆好理性和非理性的位置，维护灵魂的良好秩序，从而养成行为公正和想做公正之事的习惯。

（三）公正是城邦的共同利益

城邦由有限数量的公民组成，公民之间是一种平等的关系，他们生活在同一个空间之内，有着追求优良生活的同一目的。这样的城邦就是古希腊人生活的理想共同体。对于城邦共同体来说，公正秩序具有首要的意义。像亚里士多德这样的法治主义者，法律就是城邦的公正秩序。这正是他把守法作为公正的基本意思，并把守法作为整体的公正的原因所在。公正是城邦的第一德性，这不仅是因为公正是最完满的德性，是造就德性的灵魂秩序，还因为不公正对公民和城邦的致命破坏。被武装起来的非正义对城邦的祸害是不可估量的，以至于城邦往往因不公正而遭遇覆灭。我们不说不公正的公民放荡和贪婪、邪恶和残暴，是狼心狗肺般的最恶劣的动物，而是说不公正导致公民之间的不平等关系，使一些公民无权参与政制，公共利益集中于少数公民手上。这正是私有制社会的本质，也是亚里士多德在当时不能料想的。如果一个城邦真如是，也就不再是一个城邦，而是一个疆域国家。正是基于对158个城邦的具体分析，亚里士多德深刻认识到了公正的重要性。他的使命就是论证公正是城邦政治的基准，从而为挽救日益衰败的希腊城邦做出贡献。所以，从城邦的角度评估公正，城邦的善就是公正，也就是全体公民的共同利益。公正与善并非相互分离，而是形式与内容、平等与自由的关系，共同服务于城邦共同体。〔2〕

---

〔1〕　[古希腊] 亚里士多德：《政治学》，吴寿彭译，商务印书馆1981年版，第131页。
〔2〕　黄显中："'公正是一切德性的总汇'——亚里士多德公正思想研究系列之二"，载《湘潭大学社会科学学报》2003年第6期。

第 3 章
古罗马的行政法思想

第一节　古罗马的法治理论与行政法

　　古罗马是亚平宁半岛北部的一个国家，建立于公元前 8 世纪。它在发展之初是典型的城邦国家，其国人的生活经验和法律传统与希腊城邦十分相近。公元前 4 世纪～前 3 世纪，古罗马的力量逐渐加强，并最终发展成为亚平宁半岛上处于强势地位的国家。与一般国家的发展模式所不同的是，它并不是完全依靠强大的军事力量进行征服的，它的壮大在很大程度上还依赖于在给予公民权问题上实行的慷慨政策，以及对权力的严格限制。到了公元前 2 世纪，它先后征服了希腊各城邦、马其顿帝国以及巴尔干半岛等地，并攫取了地中海地区的霸权，从而发展为一个典型的西欧奴隶占有制国家。应当指出，古罗马的思想文化深受古希腊的影响，正如罗素所说："古罗马人最初与希腊人相接触的时候，他们就察觉到自己是比较野蛮的、粗鲁的，希腊人在许多方面要比他们优越，在手工艺方面、在农业方面、在一个优秀的官吏所必须具备的知识方面、在谈话方面和享受生活的艺术方面、在艺术、文学和哲学的各个方面。罗马人惟一优越的东西就是军事技术和社会团结力。罗马人对于希腊人的各种关系，很有些像 1814 年和 1815 年的普鲁士人对于法国人的关系，但是后一个例子只是暂时的，而前面一种情形则延续了一个漫长的时期。"[1] 在有关政治法律的思想方面，古罗马的政治法律思想深受古希腊的影响，是古希腊柏拉图、亚里士多德、斯多葛学派自然法理论的继承和发展。本章中，笔者主要研究古罗马的行政法思想。

　　我们知道，古罗马的法律具有十分巨大的历史影响，德国著名法学家耶林在其著作《罗马法精神》一书中就曾这样论述到："罗马帝国曾三次征服世界，第一次以武力，第二次以宗教（指基督教），第三次以法律。武力因罗马帝国的灭亡而消灭，宗教随着人民思想觉悟的提高、科学的发展而缩小了影响，唯有法律征服世界是最为持久的征服。"[2] 一般来说，古罗马的法律分为公法和私法两个部分，学者

---

〔1〕　［英］罗素：《西方哲学史》（上），何兆武等译，商务印书馆 1982 年版，第 350～351 页。
〔2〕　转引自周枏：《罗马法原论》（上），商务印书馆 1994 年版，第 10～11 页。

们在对罗马法进行研究时，对罗马私法的重视程度较高，而相对忽视了对罗马公法的研究。正如有学者认为："罗马法是简单商品生产高度发达的产物，若剔除其反映奴隶主统治阶级意志的外壳，它在本质上就是对商品经济一般条件的完满反映。只要有商品经济存在，就肯定有罗马私法适用的余地……事实上，在罗马法中也只有私法部分是精华，其体制完备，对后世影响甚大，很值得我们批判地借鉴和继承，作为我们研究的对象。至于罗马法的公法部分，包括宗教祭祀及国家的组织、机构等方面的法律制度，是罗马奴隶主统治人民的工具，其阶级性很强，现在对我们当然没有多少研究价值。"[1] 我们认为，这种说法有失偏颇。我们并不否认古罗马私法具有十分重要的价值，但是古罗马公法（主要是古罗马行政法）所包含的很多法律思想对近现代社会法律思想的形成和发展都起到了积极作用，甚至目前很多法律思想和制度中仍然可以找到古罗马公法的影子。因此，研究古罗马行政法思想对于我们研究和了解各项行政法制度的沿革和发展、把握法律与社会之间的辩证关系、借鉴其行政法制经验，无疑具有十分重要的意义。

一、罗马共和国与法治

古罗马国家的政治发展大致经历了三个历史阶段，即王政时期、共和制时期、帝国时期，其中共和制时期是从公元前 510 年～公元 27 年这段时期。从王政时期向共和制时期的这一政体上的转变，首先体现在国家最高统治者的变化方面，即国家最高统治者由两位地位平等的限任制行政长官（后来称之为执政官）取代了终身制的伊达拉里亚王，这是罗马历史上最伟大的事变，它意味着罗马国家政治基础的本质转变；其次体现在罗马人的权利方面，罗马人从此成为了自由公民，这为古罗马的平民阶层进一步争取权利奠定了坚实的基础。此外，共和制也确立了贵族集体统治的权力框架，贵族以元老院为依托从而执掌了共和国的权柄。在随后的一段时期内，罗马共和政制逐渐发展完善，民主因素不断增强，法治思想不断发展，社会基础不断扩大，最终演变成贵族——平民共和制。

在西方的政治法律传统中，最早提出并阐述法治思想的思想家是古希腊的亚里士多德。在讨论人治和法治的问题时，他指出，"较之公民的统治，法律统治更为恰当。拥有最高权力的人只应当被任命为法律的护卫者和服务者，而那些关注最高权力的人应当相信最高权力操握在上帝和法律之手"，"谁说应该由法律实行统治，这就有如说，惟独神祇和理智可以行使统治。至于谁说应该由一个人来统治，这就在政治中混入了兽性的因素"[2] 同时他指明了法治一词的基本要素："我们应该注意到邦国虽有良法，要是人民不能全部遵循，仍不能实行法治。法治应该包括两重意义：已成立的法律获得普遍的服从，而大家所服从的法律又应该本身是制定得良好

---

〔1〕 周枏：《罗马法原论》（上），商务印书馆 1994 年版，第 6 页。

〔2〕 ［古希腊］亚里士多德：《政治学》，吴寿彭译，商务印书馆 1981 年版，第 168～169 页。

的法律。"〔1〕 在亚里士多德看来,法治的一个重要前提就是法律的普遍性。他认为,法律应当统管一切,行政官和全体公民只需要就细节问题做出决定,"法律所能做的只不过是一般化"。他的这种法治观念所强调的是法律在政治生活中的至上性,不仅对于普通公民而言如此,对于统治者来说更是如此,这是法治的真正意蕴。亚里士多德进一步指出:"公民们应遵守一邦所定的生活规则,让各人的行为有所约束,法律不应该被看做(和自由相对)奴役,法律毋宁是拯救。"〔2〕 同时,在亚里士多德看来,法治的另一个重要前提就是法律必须是制定得良好的法律,"虽最好的人们(贤良)也未免有热诚,这就往往在执政的时候引起偏向。法律恰恰正是免除一切情欲影响的神祇和理智的体现"〔3〕 英国学者维尔在评价亚里士多德的这一法治思想时指出:"这种对法律、对确立的规则之重要性的强调是古希腊人的思想精髓,因为他深深信服对国家应当如何运行的方式做出恰当安排的重要性。对他们来说,政制性规定在决定政府对公民的影响上具有实在的意义,而不是如同一些现代作者似乎认为的那样在决定政治情势的结果上没有什么重要性。"〔4〕 虽然亚里士多德的法治思想还不完善,但它却是古罗马乃至西方近代法治思想的最重要思想渊源。

古罗马是一个从思想上到行动上都崇尚法治的国家,古希腊人关于人治与法治的理论很快就被征服他们的罗马人所接受。从某种意义上来讲,古罗马的法治思想之所以会产生并得到不断发展和完善,其推动力来自于平民与贵族之间的不断的阶级斗争。公元前510年古罗马进入共和国时代,在古罗马进入共和制时期之初,并没有成文法,而对不成文的习惯法的解释权以及对司法的行使权完全属于贵族,法律知识也为贵族所垄断,这些权力都是贵族压迫平民的手段。而平民此时已经发展成为决定国家利益的重要力量,当然不甘心长期被排除在国家权力机构之外,他们不断要求改善自己不合理的社会地位,于是掀起了一波又一波的平民反对贵族专权的斗争,其斗争的焦点之一就是反对贵族的司法垄断,制定成文法律。由于平民是对外战争中的核心力量,因此为了消除国家内部矛盾,特别是自由民内部的利益冲突,保证对外战争的胜利,古罗马统治者被迫逐步调整社会政治关系,不断扩大平民对国家政治生活的参与,完善国家机构和各种法律。其中,颁行于公元前449年的《十二铜表法》正是斗争所取得的胜利成果之一,它的颁行标志着罗马进入了法治社会。《十二铜表法》的内容十分庞杂,包含民法、刑法和诉讼程序等,基本上是习惯法的汇编,正如科瓦略夫所说:《十二铜表法》"用语的古老风格,反映在其中的一般的生活条件的古老风格都说明了这一点,法律基本上是习惯法的记录"〔5〕

---

〔1〕 [古希腊] 亚里士多德:《政治学》,吴寿彭译,商务印书馆1981年版,第199页。

〔2〕 [古希腊] 亚里士多德:《政治学》,吴寿彭译,商务印书馆1981年版,第276页。

〔3〕 [古希腊] 亚里士多德:《政治学》,吴寿彭译,商务印书馆1981年版,第231页。

〔4〕 [英] M. J. C. 维尔:《宪政与分权》,苏力译,三联书店1997年版,第2页。

〔5〕 [前苏联] C. И. 科瓦略夫:《古代罗马史》,王以铸译,三联书店1957年版,第103页。

虽然该法还存在很多不利于平民的条款，如其规定禁止平民与贵族通婚，但是其有些法律条文为防止贵族滥用权力起到了积极作用，如其规定要按律量刑，贵族不能再任意解释法律。同时该法也多多少少反映了平民的一些要求，是后世罗马法的渊源，对于中世纪和近代欧洲法学也有重要影响。《十二铜表法》不仅是罗马法从习惯法演进为成文法的里程碑，而且是罗马法形成和发展的一个转折点。虽然《十二铜表法》有多处内容是刻意效法梭伦的法规，但是它却构成了罗马共和国自由和法治的基础。该法的第一部公法便规定："不能授予私人以特权或颁布偏利于某些私人的法规，而侵损其他人，因为这与适用于所有公民的法律背道而驰；这种适用于所有公民的法律，任何个人，不论其地位如何，都有权运用之。"[1] 根据此一规定，我们可以看出罗马共和国法治的基本含义就是遵守法律，反对特权，法律面前人人平等。

二、共和国之下的法治与行政法的宪政性

法治总是与宪政结合在一起的，没有无宪政的法治，也没有无法治的宪政。宪政以厉行法治为基本特征，其首要目标就是"限政"，即限制政府的权力。虽然古罗马并不存在现代意义上的"宪政"，但是古罗马的行政法在体现法治精神的过程中，更多地带有宪政性的特点。换句话说，古罗马的行政法十分注重建立国家权力的分立与制衡机制，注重对政府权力的限制。如果我们从元老院、[2] 执政官、保民官和民众大会[3]等方面对罗马共和国的宪制进行分析的话，我们就会发现罗马共和国所设计的权力格局是非常讲究权力之间的相互制衡的。在波利比乌斯看来，罗马帝国之所以能够迅速地进行前所未有的扩张，关键就在于罗马政体的混合特征，这一混合如此成功，"以致连本国人都不可能确切指出整个制度是贵族制、民主制还是君主制。如果眼睛只盯着执政官的权力，这一政体就是完全的君主制；如果只看元

---

〔1〕 ［英］M. J. C. 维尔：《宪政与分权》，苏力译，三联书店1997年版，第2页。

〔2〕 从元老院的职权范围来看，它实质上是罗马共和国的最高权力行使者，同时它拥有对国家社会生活的最高监督权。罗马共和国于公元前318年～前312年间通过的《奥维尼乌斯法》具有国家最高权力机关组织法的成文化意义，其规定监察官要宣誓把"各种高级官吏中最优秀的人物选入元老院"，从而扩大了罗马共和国统治阶层的社会基础，某种程度上实现了平民与贵族两个阶层的平等。

〔3〕 罗马共和国的民众大会包括以下三种：①库里亚会议，它在共和国时期以"大权法"的形式，即最高政权的名义，委托"百人团民会"和"特里布斯民会"选举执政官。后来它的权力逐渐减弱，其活动主要限于宗教方面。②百人团民会，它是国家最高层次的民众大会，享有十分重要的国家职权，根据公元前287年《荷尔田希法》的规定，一切宪法性法律必须由百人团民会通过。后来由百人团民会行使选举执政官、大法官、监察官、十人委员会成员和具有缔结和平协议权力的军团司令官等高级官员的权力。③特里布斯民会，它是最民主的民众大会，参加者不分等级和贫富情况，大会决议即成为法律。公元前287年以后，它成为罗马共和国的主要立法机关。

老院的权力，它似乎就是贵族制；而如果只注意大众的权力，它显然就是民主制"[1] 因此，罗马的政体属于一种集君主制、贵族制和民主制的优点于一身的"混合政体"，在这种政体下，每一种力量的恶的倾向会被其他两种力量所抑制甚至抵消，因此能保持长时间的均衡状态。波利比乌斯的论述揭示了罗马共和制的特质——制约与平衡。用西塞罗的话来说，罗马法表明了罗马共和国的政体是贵族与平民共同统治、并且结合了王政因素的"均衡政体"，他认为在诸种政体之中，均衡政体是最可取的："一种温和的并平衡了的政府形式（结合了这三种优良的简单政府形式）甚至比君主制更为可取。因为一个国家中必须有一种最高的和高贵的成分，某些权力应该授予上层公民，而某些事物[2]又应该留给民众来判断和欲求。这样一种宪制，首先提供了某种高度平等，而平等是自由人在任何比较长的时间内难以置之不顾的；其次，它具有稳定性。因为，前面提及的原初政府形式容易蜕化成相应的堕落的政府形式，君主为一个暴君所取代，贵族集团为一个寡头派别所取代，民众为暴民和无政府状态所取代。"[3] 可以说，罗马行政法的背景就是以上下阶层的相互承认为前提的均衡政体或者称为混合政体，从某种意义上来讲，没有这种礼法——宪制背景，罗马共和国的一切宪政、一切行政法思想均不可能存在，更不可能有发展的土壤和环境。

在罗马共和国的宪制安排中，属于行政法范畴的执政官制度和保民官制度则充分体现了罗马共和国法治思想的分权、限权精神。执政官是罗马共和国的最高行政长官，每年由百人团会议选举出 2 名，[4] 任期 1 年，一般 10 年内不得连任同一职位。两位执政官具有平等的权力，最初两人轮流执政，每人执政 1 个月，不执政的对执政的进行监督，并可以互相牵制。后来，随着国事的日益增多，两位执政官轮流执政已经无法满足需要，于是发展为两人同时执政，其中一个主内，一个主外，实行分工合作。当国家处于危急状态时，元老院可以任命其中一位执政官为独裁官（狄克维托）。执政官在离任时，需要主动向监察官询问自己在任期间的工作评价，并有可能被追究行政责任，同时有功绩的可被选入元老院。

随着罗马共和国的进一步强盛，执政官所要处理的国事日益增多，两人同时执政也难以满足需要，于是从公元前 449 年开始，先后增设了若干高级官吏，以便减轻执政官的工作负担。第一个增设的是财务官（亦称之为事务官），由地方特里布斯大会选派，少为 2 名，多至 20 名。分为城市财务官、地区财务官和行省财务官，协助执政官管理财库、军需、资源等事务，是执政官的助手。第二个增设的是监察

---

[1] ［美］列奥·施特劳斯、约瑟夫·克罗波西主编：《政治哲学史》（上），李天然等译，河北人民出版社 1998 年版，第 175 页。

[2] "事物"有时被译为"事务"、"事业"或"财产"。

[3] ［古罗马］西塞罗：《国家篇法律篇》，沈叔平、苏力译，商务印书馆 1999 年版，第 52 页。

[4] 罗马共和国之所以要选举出两名执政官，其主要目的是为了分散国家最高行政权力，并促使两位执政官互相监督彼此制约，从而保证国家不会有实施暴政的危险。

官，设有两名，按照惯例是从卸任的执政官中选出的，每5年选举一次，任期最长为18个月。负责调查与核准公民的财产资格；编制并审核元老的名单；监督公民（包括元老、执政官）的道德风俗，如有不当行为者，可将其人格减等，为元老者即逐出元老院；监督国家财产（公地、矿山）及公共工程的承包、税收等事项。后来，监察官必须有一人由平民担任。第三个增设的是市政官，由平民大会选出，共设有4名（其中2名为平民）。由其负责维持罗马城市的交通、公共卫生、建筑、市场交易、商品质量、度量衡、水、公共节日安排、粮食供应等，同时受理买卖奴隶、牲畜方面的诉讼。第四个增设的是大法官，在大法官被增设之前，罗马共和国的审判权主要由执政官掌握，后来需要审理的案件日益增多，便于公元前336年增设了大法官（即内务大法官）一职，他是负责诉讼、裁决的最高法官，负责处理罗马的民事纠纷。随着贸易的发展，外国人逐渐进入罗马，公元前242年又选出外务大法官，处理罗马市民同外国人之间以及外国人之间的案件。大法官任期均为1年，随着国事的日益繁琐，名额增至4至8名。罗马从某种程度上赋予了大法官"造法"权，具体表现为大法官有权解释法律，补充法律，甚至根据"公平、正义"的原则修改部分过时的法律，从而开创了"司法解释"之先河。

保民官是来自平民大会选举产生的制约执政官的一种职位，设于公元前494年。在此之前，法律完全由祭司团垄断，平民不仅分不到国有的土地，而且要在战争中出钱出力。后来平民通过与贵族的斗争，迫使贵族最终让步并允许平民选举自己的官员，即保民官。可以说，保民官是平民与贵族斗争的产物，具有全国性，是民主制的一个特殊的监督机制。保民官最初设有2名，后增至10名，任期1年，由平民大会选举产生。保民官在执行职务时，人身不受侵犯，元老院无权对保民官加以拘禁、判罪，对此，平民大会以誓言形式宣称："任何对保民官下毒手或恶毒的干涉其职责执行的人都将被咒骂或承受死亡的痛苦。"保民官的权力来自古老的"帮助权"，以个人干涉形式来帮助求助者反对某一官员，独裁官除外。保民官的家门永远是开着的，随时恭候求助者。同时，保民官有权否决、抵制执政官、监察官等采取的不利于平民的措施，以维护平民的利益。保民官的"否决权"是神圣的，属于每一个保民官，如果保民官不撤销自己的否决，则相应的命令或法令是不能生效的。需要指出的是，保民官并不是一个有组织机构的成员，不能作为一个群体决定公共政策。它的宪制功能在于反对行政至上权，保护普通公民免受武断的或过度的行政权力的侵害；不是决定公共政策和管理罗马政府，而是给罗马人提供保护自己的方法或法律援助。

三、平等主体之治与行政法之公平性

在古罗马，正义观念适用于法律，就是每个人在形式上都享有平等的待遇；在法律面前，一个法律上的人格与另外一个人格不应有区别，他们的地位一律平等。前面我们已经讲到，《十二铜表法》赋予了平民对国家政治生活的参与权，并确定

了法律面前人人平等、人人有权运用法律的原则，而《奥维尼乌斯法》又打破了只有贵族才有可能成为元老院成员的惯例，在某种程度上实现了平民与贵族两个阶层对社会的平等治理。这些都向我们展示了罗马法所倡导的平等理念，诚然，这种平等理念与我们现在所谈论的平等不可同日而语，但是在当时那种社会历史背景下，它已经具有了十分积极的意义。古罗马思想家们对平等理念有着十分深刻的认识。例如，西塞罗认为，自然在创造人类的同时，也赋予了每个人平等的权利，包括平等分配和享受法律的权利。而平等分配和享受法律必然意味着平等地参与社会生活、平等地治理国家。因此，"公民个人应该享有同其他公民公平、同等的权利生活，不屈从、不卑谦，也不骄傲自恃，在国家事务方面则希望事事都能和平、高尚"；[1]任何人都不应当伤害他人，并应"为了公共利益使用公共所有，为了个人利益使用个人所有……本来属公共所有的东西现在已成为个人所有，那就让每个人拥有已经分配给他的东西；如果有人企图从他人那里攫取什么，那他就会破坏人类社会的法权。但是因为我们，正如柏拉图出色的表述的那样，我们出生不只是为了自己，祖国对我们的出生有所期求，朋友们对我们的出生也有所期求；又如斯多葛派所认为的大地上生长的一切都是为了满足人类的需要，而人类是为了人类而出生，为了人们之间能互相帮助，由此我们应该遵从自然作为指导者，为公共利益服务，互相尽义务，给予和得到，或用技艺、或用劳动、或尽自己的能力使人们相互更紧密地联系起来"。[2] 不仅如此，人们还应该互相关心。同时西塞罗认为，制定法律是为了求得权利的平等，而国家"是许多人基于法的一致和利益的共同而结合起来的集合体"。[3] 为了能够享受到这种平等，人们需要选择道德高尚的人作为国王。可以说，"制定法律的原因与拥立国王的原因是一样的。要知道，人们一向追求的就是权利的平等，而且不可能存在另样的权利。如果他们从一个公正而高尚的人那里达到了这一点，他们便会心满意足了。既然未能达到这一点，因此便发明了法律，让它永远用同一个声音和所有的人说话"。[4]

另外，在《学说汇纂》第一编第十四章第3条中，讲述了一起在罗马共和制后期曾引起巨大社会轰动的事件，这个事件用事实向我们展示了罗马人对平等理念的追求。这个事件的内容大体是这样的：巴尔巴蒂·菲利浦是特里维·马克·安东的一个奴隶，从主人家逃跑后大约在公元39年被选为古罗马裁判官，成为古罗马负责司法的高级官员。此后不久，人们发现他原来是一个逃跑的奴隶，于是人们将他扔下了塔配伊山。为了使这一惩罚不失法律威严——按德奥·卡西乌斯所言——人们

---

〔1〕　〔古罗马〕西塞罗：《论义务》，王焕生译，中国政法大学出版社1999年版，第121~123页。
〔2〕　〔古罗马〕西塞罗：《论义务》，王焕生译，中国政法大学出版社1999年版，第21~23页。
〔3〕　〔古罗马〕西塞罗：《论义务》，王焕生译，中国政法大学出版社1999年版，第39页。
〔4〕　〔古罗马〕西塞罗：《论义务》，王焕生译，中国政法大学出版社1999年版，第195页。

在行刑前给予了他自由人的身份。[1] 我们知道，在古罗马共和国时期，奴隶是不具有市民权的，亦即他们不享有选举权和被选举权。这就随之引发了这样一个问题：如果一个不具备任职资格的人被授以国家官职，那他所从事的行政行为，诸如释放命令，权利转让以及诉讼任命等是否具有法律效力？在解答这个问题之前，先让我们看看西塞罗是怎样看待奴隶的权利和地位的。西塞罗认为，即使是奴隶也应该被赋予一定的权利。他说："甚至对处于最下层的人也应该保持公正。最下层的地位和命运是奴隶的地位和命运，有些人关于奴隶的提议是很对的，他们要求像使用雇工那样使用奴隶，即让他们劳动，同时提供应提供的东西。"[2] 西塞罗的观点至少代表了古罗马共和国时期人们对奴隶是否应当享有权利以及享有权利的范围的一种态度。对此，梅因评论道："罗马人讲的平等与希腊民主政治用以自夸的法律平等很少共同之处，希腊人只讲在公民中间平等实行民事法律，纵使公民这一阶级的人数非常有限，奴隶不是人；罗马人是把民事法律以外的一种法律适用于不一定要由公民组成的一个阶级，包括外国人，在某种情况下包括奴隶。"[3] 在此基础上，我们再来看上面所提出的问题，古罗马的法学家及大裁判官乌尔比安是这样分析这一问题的："巴尔巴里·菲利浦是个逃跑的奴隶，但他在罗马申请裁判官的职位并被选为裁判官。彭波尼认为，奴隶的身份并不对他构成妨碍，就仿佛他未成为裁判官一样。但事实上，他确实行使了裁判官的职权。尽管如此，我们还是应该仔细审察一下：如果一个奴隶隐瞒他的身份，行使了裁判官的职权，那么所产生的法律后果是什么呢？他发出的告示及作出的判决不具有法律效力吗？还是应出于在他面前按法律程序或其他基础做出法律行为的人的利益而具有法律效力？我认为，任何东西都不应宣布为无效；因为这样更人道，罗马人民也可将这样的职权授予一个奴隶，而且如果他们知道他是奴隶，应给予他自由人的身份。这一权利（因被授予公职而获得自由的权利）皇帝们更应重视。"[4] 乌尔比安的上述分析从某些程度上反映了罗马行政法思想中所蕴涵的平等理念不是一种仅仅局限于某些特定阶级的理念，而是一种较为普遍的平等理念。

此外，通过罗马法我们不难发现，罗马行政法始终贯穿着公平和正义的原则。从民事契约的角度来看，"公平就是指任何人不能通过使他人蒙受损失和受害而变得更富有"[5]。而从行政法的角度来看，公平则是指任何人不论其身份和地位如何，都应当平等地接受法律的约束，不允许有超越法律的特权。我们仍然可以通过一个

〔1〕　转引自［德］罗尔夫·克努特尔："古代罗马法与现代法律文明"，涂长风译，米健校，载《比较法研究》2002 年第 4 期。

〔2〕　［古罗马］西塞罗：《论义务》，王焕生译，中国政法大学出版社 1999 年版，第 45 页。

〔3〕　［英］梅因：《古代法》，沈景一译，商务印书馆 1984 年版，第 34 页。

〔4〕　转引自［德］罗尔夫·克努特尔："古代罗马法与现代法律文明"，涂长风译，米健校，载《比较法研究》2002 年第 4 期。

〔5〕　张乃根："论西方法的精神"，载《比较法研究》1996 年第 1 期。

例子来分析这个问题。公元前 340 年，罗马执政官托克瓦突斯下令处死自己的儿子，因为他无视父亲的命令，在自己阵形之外与敌军的首领单独挑战，虽然他获得了胜利，但却违背了不得在阵形之外与敌军作战的禁令。在此事件中，一个基本原则首次得到了运用。它后来用法谚表达出来，即：遵守你自己制定的法。此原则后来在考耐里亚法中以法律的形式确定下来，该法规定，裁判官们必须遵守他们自己在告示中作出的规定。它所反映出来的正是一种公平和正义的精神。此外，在《学说汇纂》中有一编是"为别人制定的法律，自己也必须遵守"。这一编对公元前 1 世纪一个相应的告示进行了评论，法学家乌尔比安对此作了如下评论："正义在这一告示中最大程度地得到了体现任何对此告示的忿恨不满都是毫无理由的。因为，谁会拒绝他自己为别人制定的法律或通过他人为别人规定的法律同样也适用于他自己呢？如果古罗马的高级官员或其他身居权位者针对别人制定了一项新法律，那他自己也必须遵守，只要他的对手提出这一要求。如果某人使高级官员或其他身居权位者制定一项新规定，那么这法律也适用于此人。这样，就可以使在他看来对别人而言公正的法律，也能适用于他本人。"〔1〕这一原则维护了法律的公平实施，禁止了执法的随意性。从今天一般公平原则的运用来看，该原则对我们今天所处的时代仍然有着根本性的意义。

四、自然法理论对行政法渊源的影响

古希腊罗马的自然法理论是西方最古老的法哲学理论，随着社会的不断发展，它对西方乃至世界的近现代法文化产生了深远的影响。《简明不列颠百科全书》将自然法解释为："就一般意义而言，它指全人类所共同维护的一整套权利或正义体系。作为普遍承认的正当行为的原则来说，它通常是'实在法'，即经国家正式颁布并以一定的制裁来强制执行的法规的对称。"〔2〕因此，自然法实质上是一套关于法的意义和作用的价值体系。正如有学者所说："在西方历史上，这套价值体系先是同自然的理性，继而与上帝——理性，最后与人——理性相合，它始终高于实在法，被看做实在法的证据。"〔3〕著名德国法学家古斯塔夫·拉德布鲁赫在谈到自然法理论时曾说，自然法理论是一个"迷思"，"一个所能够想像到的最有益处的迷思"〔4〕这一论述表明了自然法理论的重要价值，它对罗马法的发展和完善起着举

---

〔1〕 转引自［德］罗尔夫·克努特尔："古代罗马法与现代法律文明"，涂长风译，米健校，载《比较法研究》2002 年第 4 期。

〔2〕 《简明不列颠百科全书》编辑部译编：《简明不列颠百科全书》第 9 卷，中国大百科全书出版社1986 年版，第 569 页。

〔3〕 参见郝铁川："中国法制现代化与西方法律移植"，载张文显、李步云主编：《法理学论丛》第 1卷，法律出版社 1999 年版。

〔4〕 ［德］古斯塔夫·拉德布鲁赫：《法律智慧警句集》，舒国滢译，中国法制出版社 2001 年版，第 24页。

足轻重的作用。萨拜因称,"罗马法的发达(最高裁判官法和万民法的出现)和罗马法学的产生,则无疑是与接受斯多葛派的自然法思想相联系的。"[1] 马克斯·韦伯在《新教伦理与资本主义精神》一书中,提出并验证了一个影响深远的著名假说,即任何一项事业的背后都存在着某种决定该项事业发展方向和命运的精神力量,而这种社会精神气质为表现的时代精神与特定社会的文化背景有着某种内在的渊流关系。这种假说其实超过了韦伯宗教社会学的领域而具有某种普遍意义。梅因在谈到这一点时曾说:"我找不出任何理由,为什么罗马法律会优于印度法律,假使不是'自然法'的理论给了它一种与众不同的优秀典型。"[2] 罗马自然法理论对罗马法的贡献,"并不在于它们提供给罗马法的特殊论点的数量,在于它们给予它的单一的基本假设"。[3] 这个基本假设被后人冠之为"不言而喻的真理"——人生而平等,每个人都有追求生命、自由、财产和幸福的自然权利——法律的一切具体规定都必须以此为最高原则。可以说,罗马自然法对罗马法的发展起了"催化剂"的作用,"从整体上讲,罗马法在改进方面,当受到'自然法'理论的刺激时,就发生了惊人的进步"。[4]

在对古罗马行政法进行研究时,我们必须首先研究古罗马的自然法理论,因为包括法的渊源在内的许多古罗马行政法制度以及制度背后的价值诉求都来源于自然法理论的影响。在研究自然法理论对行政法渊源的影响之前,我们先来分析一下自然法理论的形成和发展过程。亚里士多德在研究大自然的实质或本原时说过:"自然乃是以它为基本属性的东西之所以被推动或处于静止的一个根源或原因,正是借着它,而不是借着一个附随的属性,该物才有运动和静止",[5] "凡是具有这样一种根源的东西,就是'具有一种自然'"。[6] 我们认为,希腊哲学家的这一论述就是"自然法"理论的萌芽。不过,他们并没有从法学角度更加深入地阐述这个问题,他们所说的"自然法",还主要停留在哲学意义,并把它与人类社会的法律问题联系起来,更没能将自然法与人定法之间的关系加以详细评论和研究。但是,他们所提出的"自然"、"自然法"、"神"、"理性"等哲学概念却为斯多葛学派伦理学意义上的自然法理论提供了扎实的理论基础。斯多葛派的主要代表人克里西普说:"因为我们个人的本性都是普遍本性的一部分,因此,主要的善就是以一种顺从自然的方式生活,这意思就是顺从一个人自己的本性和顺从普遍的本性,不作人类的共同法律惯常禁止的事情,那共同法律与普遍万物的正确理性是同一的,而这正确理性

---

〔1〕 〔美〕乔治·霍兰·萨拜因:《政治学说史》(上),盛葵阳、崔妙因译,商务印书馆1986年版,第196页。

〔2〕 〔英〕梅因:《古代法》,沈景一译,商务印书馆1984年版,第45页。

〔3〕 〔英〕梅因:《古代法》,沈景一译,商务印书馆1984年版,第33页。

〔4〕 〔英〕梅因:《古代法》,沈景一译,商务印书馆1984年版,第33页。

〔5〕 北京大学哲学系编:《古希腊罗马哲学》,商务印书馆1961年版,第246页。

〔6〕 北京大学哲学系编:《古希腊罗马哲学》,商务印书馆1961年版,第246页。

也就是宙斯，万物的主宰与主管。"〔1〕 克里西普这里所说的"人类的共同法律"，实际上指的就是适用于全人类的"自然法"。公元前146年，罗马征服马其顿，自然法理论随之在罗马广泛传播开来。后来由于平民与贵族长期不断的抗衡，罗马逐渐形成了一套宪政制度，包括立法、执法、司法等涉及国家权力的分立制约、平民进行自由选举等各种制度。随着大规模的对外扩张，罗马的民族数量不断增加，法律的多元化特点逐渐显现出来。公元前3世纪，罗马法学也开始从祭司垄断走向世俗化，法学教育开始出现，直接参与政治、执法、司法的官员和学者，更是为解释和探讨法律问题而纷纷著书立说。就在这个时候，古希腊自然法理论迎合了当时社会的需要在罗马生根、发芽了，为罗马法学的哲理化发展创造了一个契机，自然法观念逐渐深入人心。正是在这种自然法观念的驱使下，人们不断地去获取自然的自由、平等和人权而斗争。这样，一部适应各个民族的法律——万民法，应运而生了。可以说，万民法的产生是罗马自然法思想影响的产物。对此，梅因曾作过精辟的论述，他说："自从'自然'一语已成为罗马人口头上一个家喻户晓的名词以后，这样一种信念便逐渐在罗马法学家中间流行着，即旧的'万民法'实际上是已经失去的自然法典。"〔2〕

西塞罗把自然法的思想框架集中用于法学领域，专门用来谈论法律问题，以至于形成了系统的法学意义上的自然法理论体系。西塞罗认为自然法是最高正义和最高理性之所在，而大自然就是正义的来源，"正义的来源就应在法律中发现，因为法律是一种自然力；它是聪明人的理智和理性，是衡量正义和非正义的标准。但由于我们的全部讨论都必定与民众的推理有关，有时它就必须以民众的方式来谈论，并将成文形式颁布——命令或禁止——的任何其所希望的东西称之为法律。因为这就是老百姓对法律的界定。但是确定正义是什么的时候，让我们从最高的法律开始，这种法律的产生远远早于任何曾存在过的成文法和任何曾建立过的国家"〔3〕 也就是说，法律能够实现人们所追求的正义，能够提供衡量正义与否的标准。我们来到这个社会上就是为了寻求正义。西塞罗认为，"没有什么比完全理解我们为正义而生以及理解权利不基于人们看法而基于大自然更有价值"〔4〕 如果说实现正义是我们追求的目标，那么理性则是促使我们实现这个目标的前提。西塞罗说："我们称之为人的那种动物，被赋予了远见和敏锐的智力，他复杂、敏锐、具有记忆力、充满理性和谨慎，创造他的至高无上的神给了他某种突出的地位；因为在如此众多的不同种类的生物中，他是惟一分享理性和思想的……既然没有比理性更好的东西，而且它在人心和神心之中都存在，人和神的第一个共有就是理性。但那些共同拥有理性

〔1〕　北京大学哲学系编：《古希腊罗马哲学》，商务印书馆1961年版，第375页。

〔2〕　[英]梅因：《古代法》，沈景一译，商务印书馆1984年版，第36页。

〔3〕　[古罗马]西塞罗：《国家篇法律篇》，沈叔平、苏力译，商务印书馆1999年版，第152页。

〔4〕　[古罗马]西塞罗：《国家篇法律篇》，沈叔平、苏力译，商务印书馆1999年版，第156页。

的还必须共同拥有正确的理性。而且既然正确的理性就是法，我们就必须相信人也与神共同拥有法。进一步说，那些分享法的也一定分享正义；而所有分享这些的都应视为同一共同体的成员。"[1]　在西塞罗看来，相对于人类社会的法律，自然法是最高法；只有符合自然或自然法的法律才是真正的法律。"真正的法律是与本性相合的正确的理性；它是普遍适用的、不变的和永恒的；它以其指令提出义务，并以其禁令来避免做坏事。此外，它并不无效地将其指令或禁令加于善者，尽管对坏人也不会起任何作用。试图去改变这种法律是一种罪孽，也不许试图废除它的任何部分，并且也不可能完全废除它。我们不可以元老院和人民大会的决定而免除其义务，我们也不需要从我们之外来寻找其解说者或解释者。罗马和雅典将不会有不同的法律，也不会有现在与将来不同的法律，而只有一种永恒、不变并将对一切民族和一切时代有效的法律；对我们一切人来说，将只有一位主人或统治者，这就是上帝，因为他是这种法律的创造者、宣告者和执行法官。无论谁不遵从，逃避自身并否认自己的本性，那么仅仅根据这一事实本身，他就将受到最严厉的刑罚，即便是他逃脱了一般人所认为的那种惩罚。"[2]　换句话说，制定任何法律时，都必须遵循这个条件，即符合自然或自然法，只有这样的法律才是普适的、稳定的。因为如果正义只符合成文法和民族习惯，并将功利作为衡量正义与否的标准，那么法律就随时有可能被忽视甚至违反，而正义也就根本不会存在。

从研究罗马行政法渊源的角度来讲，它的发展与完善深受这个自然法理论体系的影响。我们知道，罗马国家的法制传统是在长期的历史过程中形成的，行政法在形式上可以表现为习惯法、法律、平民会议决议、元老院决议、长官的谕令、皇帝敕令、法学家的解答等几个类型，它们发生的渊源在罗马的不同时期有所不同。在罗马的王政时期，由于还没有出现成文法，因而法律（包括行政法）的渊源主要是习惯法，这一时期的法律受自然法理论的影响比较小。当罗马进入共和国时期后，其行政法渊源主要包括以下五个方面，即习惯法、《十二铜表法》、各种大会的立法、长官谕令和法学家的解答。[3]　笔者认为，在这五种行政法渊源中，受自然法理论影响最大的应当是长官谕令和法学家的解答。可以颁布谕令的主体包括执政官、大法官、监察官、市政官和总督等享有统治权的罗马高级官吏，颁布后的谕令在该长官的管辖范围内即成为法律，人人必须遵守。在不同长官所颁布的谕令中，只有大法官颁布的谕令具有私法性质，是罗马私法的重要渊源，因为大法官是国家司法民事部门的长官。其他长官特别是执政官颁布的谕令则大多是政治性的，因而构成了公法（主要是行政法）的渊源。由于长官的谕令都是根据当时的情况以及自然法理论所倡导的正义、理性的原则而颁布的，同时还经过了实践的考验和法学家的评

〔1〕　[古罗马] 西塞罗：《国家篇法律篇》，沈叔平、苏力译，商务印书馆 1999 年版，第 153～154 页。
〔2〕　[古罗马] 西塞罗：《国家篇法律篇》，沈叔平、苏力译，商务印书馆 1999 年版，第 101 页。
〔3〕　周枏：《罗马法原论》（上），商务印书馆 1994 年版，第 34～46 页。

论，因而其精华部分得以不断完善并世代相传。在《十二铜表法》公布后早期，法律知识是被贵族祭司团垄断的，虽然法律已经公布，但是一般人并不知道如何具体运用它，也不知道诉讼的程序，因此只能向法学家们请教。早期的法学家仅限于祭司，法律知识被垄断的局面打破以后，研究法律的人越来越多，解答、解释法律问题的法学家的范围也有所扩大。到了罗马帝政时期，行政法的渊源有了进一步的发展和完善，主要包括以下六个方面，即习惯法、法律、元老院的决议、敕令、长官的谕令、法学家的解答和活动。[1] 与前一时期有所不同的是，长官谕令不再是行政法渊源的主要组成部分，取而代之的是敕令以及法学家的解答和活动。由于敕令并不是皇帝亲手制定的，而是由皇帝设有的法律顾问会议制定的，这些精通法律的法律顾问一般都是元老院议员，他们比其他人掌握了更多法学和哲学知识，因而在制定敕令时，有更多的机会运用自然法理论。在帝政前期，一些有名望的法学家就被授予了"公开解答权"，从而他们的法律解释具有了法律效力。后来，罗马法学家分成了两大派别，即普罗库路斯派和萨比努斯派，他们都受到了自然法理论的影响，促进了自然法理论在罗马法中的运用。此外，两派在阐明各自观点的同时，也援引对方观点，互相促进，取长补短，从而大大促进了罗马法的发展。以后，罗马出现了以盖尤斯为代表的五大法学家，[2] 他们除了解答法律问题外，还撰写了许多著作，涉及法学解答、谕令诠释、论市民法、法学汇编、法学纲要等。在他们的促进下，自然法理论对行政法渊源有了更深的影响。

第二节　查士丁尼与乌尔比安的行政法思想

列宁指出："判断历史的功绩，不是根据历史活动家没有提供现代所要求的东西，而是根据他们比他们的前辈提供了新的东西。"[3] 查士丁尼为历史提供的新东西，就是他对法制建设作出的重大贡献。罗马法典的编纂工作早在公元 3 世纪就已经开始了，但是，系统的编纂工作是由查士丁尼完成的。查士丁尼（公元 483～565 年）是东罗马最著名的皇帝，他即位次年，即公元 528 年就任命了由当时著名的大法官特里波尼安和著名法学家提奥菲鲁斯、多尔蒂乌斯等人组成的委员会，对历代皇帝的敕令、元老院的决议、裁判官的告示以及古典法学家的著作进行审订和编纂。其中，528 年，根据历代罗马皇帝颁布的法令，编成《查士丁尼法典》12 卷，内容为整理之后的皇帝宪令；533 年，汇集历代罗马法学家的论文，编成《学说汇编》50 卷，内容为裁判规则，集中了著名法学家的注释与编纂法典的经验；同年另编成《查士丁尼法学总论》（又称《法学阶梯》）4 卷，为法学基本原理，作为学习罗马

---

[1]　周枏：《罗马法原论》（上），商务印书馆 1994 年版，第 50～60 页。
[2]　他们是：盖尤斯、帕比尼安、乌尔比安、保罗、莫迪斯蒂努斯。
[3]　《列宁全集》第 2 卷，人民出版社 1989 年版，第 150 页。

法的教科书；最后，把 534 年至 565 年查士丁尼颁布的法令汇集成册，称为《查士丁尼新律》，共 168 条。上述四部著作，统称为《查士丁尼民法大全》（又称《国法大全》），它是欧洲历史上第一部系统完备的法典，在世界法制史上占有突出的位置。一般说来它能够反映出罗马帝国全盛时期的罗马法，即"古典时代"的全貌。《查士丁尼民法大全》明确宣布皇权无限，维护教会利益，巩固奴隶主的统治地位；法典要求"人人都应安分守法"，否则，要依法给予严厉制裁；法典还特别强调奴隶必须听命他的主人的安排，不许有任何反抗，据此可见，查士丁尼编纂法典的出发点和归宿是完全一致的，他试图通过法律规范的系统化，达到巩固皇权的目的，并运用这个法典来为其挽救奴隶制的统治服务。从公法的角度来看，《查士丁尼民法大全》强调了基督教的思想统治，确立了君权神授的原则，并详细规定了基督教生活的各个方面，强调了对异教徒的强行改信基督教和镇压的政策，甚至规定了教堂和修道院的规模和生活规则，强化了对隶农的统治。

　　虽然查士丁尼在军事和宗教上也有不同凡响之处，但要不是其立法成就，他也会被湮没在东罗马帝国的历史长河之中。德国著名法学家耶林在其著作《罗马法精神》一书中就曾这样评价道："罗马帝国曾三次征服世界，第一次以武力，第二次以宗教（指基督教），第三次以法律。武力因罗马帝国的灭亡而消灭，宗教随着人民思想觉悟的提高、科学的发展而缩小了影响，唯有法律征服世界是最为持久的征服。"[1] 马克思和恩格斯也曾对罗马法有过许多高度科学的评价，称罗马法是"以私有制为基础的法律的最完备形式"，[2] 是"纯粹私有制占统治的社会的生活条件和冲突的十分经典性的法律表现，以至一切后来的法律都不能对它作任何实质性的修改"。[3] 查士丁尼对法律的深刻认识是其进行空前立法的强烈动机。他在《查士丁尼新律》中曾经反省道："罗马帝国的疆域曾经连接到两个大洋，由于不谨慎的原因，罗马人才丧失之。"[4] 在这种对过去教训的深刻反省中，他确立了用法律进行国家治理的方针。罗马人本来就"是世界上最懂得使法律为自己意图服务的民族"，[5] 而查士丁尼的法律思想更加独特。在行政法思想方面，他认为，皇帝不但能在战场上取得胜利，而且能采取法律手段排除违法分子的非法行径；皇帝的威严、光荣不仅要依靠武力，更加须用法律来巩固，这样才可以总是将国家治理得很好。

　　乌尔比安（约公元 170～228 年），在公元 426 年罗马东西两帝联合制定《学说引证法》时，被列为五大法学家之一。他是一个多产的作家，主要著作有《论萨比努斯派》51 卷、《市民法和谕令注释》81 卷、和《乌尔比安法学规范》。查士丁尼

〔1〕　转引自江平、米健：《罗马法基础》，中国政法大学出版社 1987 年版，第 43 页。
〔2〕　《马克思恩格斯选集》第 3 卷，人民出版社 1972 年版，第 143 页。
〔3〕　《马克思恩格斯全集》第 21 卷，人民出版社 1979 年版，第 454 页。
〔4〕　［前苏联］波梁斯基：《外国经济史》，郭吴新等译，三联书店 1958 年版，第 96 页。
〔5〕　［法］孟德斯鸠：《论法的精神》（下），张雁深译，商务印书馆 1982 年版，第 120 页。

的《学说汇编》中采用了他的大量言论，是罗马法学家中被引用言论最多的人，约占该书的 27%。[1] 他对罗马的贡献不仅仅局限在他的法学研究中，更在于他的行政法思想给罗马带来的重大影响。由于乌尔比安所处的时代正好是罗马帝国制度日渐成熟的时期，皇帝的权力不断增长，元老院的地位和权力日薄西山。而且，由于他本人实际上作为亚历山大皇帝的摄政的地位，因此他极力要求加强皇权，这个理念一直贯彻在他的法学研究中。他曾经有几句著名格言："君主的意愿具有法律效力"、"君主不受法律的约束"，可以表明他的立场，同时也表明他所处时代的特征。正如他努力工作所要达到的结果一样，罗马帝国的皇权在他之后得到了很大的加强。此外，他的这个观点受到了中世纪后期全体西方君主们的欢迎。他们可以借此理论强调"君权至上"、"君主在法律之上"等理念，先是以此对抗罗马教会的权力，后是以此理论对抗新兴的资产阶级。[2]

一、行政命令的法律性质

在讨论行政命令的法律性质之前，我们首先应当界定行政命令的概念和范畴。古罗马时期的行政命令显然与我们现时代所谈论的行政命令不具有同一性质，现时代我们所指的行政命令"体现国家的意志，是国家命令之一，但它由行政主体作出，不同于由其他国家机关作出的命令……实质上是科以相对人一定的义务，而不是赋予相对人一定的权利……行政命令一经作出，相对人便有了相关的义务，必须按行政命令要求进行一定的作为与不作为，否则须承受行政主体给予的处罚"。[3] 我们认为，古罗马的行政命令是指皇帝和执政官在行使权力时所发布的有关国家管理方面的命令的总称。其中，皇帝（即国家元首）所发布的行政命令称为敕令，高级官吏发布的行政命令称为长官的谕令。不论是皇帝的敕令还是长官的谕令，都具有法律效力，是法律的重要渊源。

查士丁尼在《法学阶梯》中明确肯定了皇帝敕令的法律属性，他说道："元首决定之事也有法律的效力，因为人民通过颁布关于其谕令权的王权法，把自己的一切谕令权和权力授予给他和其个人。因此，皇帝以书信规定的任何事情，或在审理中决定的任何事情，或以告示命令的任何事情，显然就是法律。这些就是叫作敕令的法律。显然，这些规定中的某些是针对人的具体情况的，也不被取作先例，因此元首无意如此。事实上，由于某人的功劳而容许他的东西、或如果裁决处某人刑罚、或如果不作为先例地救济某人，都不超出该人。然而，其他决定，在它们具有普遍性的情况下，毫无疑问，约束所有的人。"[4] 准确地说，皇帝的敕令成为法律渊源

---

[1] 周枬：《罗马法原论》（上），商务印书馆 1994 年版，第 57 页。

[2] 何勤华主编：《外国法律史研究》，中国政法大学出版社 2004 年版，第 250 页。

[3] 胡建淼：《行政法学》，法律出版社 2003 年版，第 259～260 页。

[4] [古罗马] 查士丁尼：《法学阶梯》，徐国栋译，中国政法大学出版社 2005 年版，第 18～19 页。

是在罗马帝政时期。在罗马，皇帝即位时按照惯例是由《皇权法》授予皇帝立法权，然而在帝政初期，皇帝们很少运用此项立法权，一般法律仍然由元老院等机构制定，不久后这种情况发生了转变，皇帝的敕令越来越多并成为该时期的重要法律渊源。皇帝的敕令共有四种形式，即敕谕、敕裁、敕答和敕训。敕谕是皇帝对全国范围内的居民发布的通令，具有普遍性的特点，不论何人均须遵守。敕谕具有十分长的法律效力，在发布该敕谕的皇帝任期内，敕谕一直有效，当皇帝死亡或让位后，继任的皇帝仍需要遵循该敕谕，除非明令对其加以废止。敕裁是皇帝对他受理的初审案件和上诉案件所进行的裁决。原则上仅仅适用于案件的当事人，但如果公布后的敕裁涉及新的法律上的原则性问题，则全国范围的法官今后在审理类似案件时，都应当以该敕裁作为裁判的依据。敕答是皇帝对居民和官吏提出的法律问题所进行的答复，该答复在经过公布后也具有法律效力。敕答一般以书面形式出现，因此又被称为敕函，在所有的皇帝敕令中，敕答的数量最多。敕训是皇帝对其下属个别官吏所作的训令，该训令一般是为官吏指明政治性的方针。敕训具有很鲜明的行政性质，与长官的谕令一样，在时间上和适用范围上都具有一定的普遍性，是一种非常重要的行政命令。可见，皇帝的敕令包含的内容十分丰富，其中有一部分属于行政命令的范畴，这部分行政命令作为敕令的组成部分，是罗马行政法的重要渊源之一。

长官的谕令包括执政官、大法官、监察官、市政官和总督等的谕令。其中除了大法官的谕令多为私法性质以外，其余大多为政治性、行政性的，因此也是行政命令的重要形式。长官的谕令也可以分为四种类型，即常续谕令、临时谕令、传袭谕令和新谕令。常续谕令是长官新上任时宣布的施政纲领，确认哪些权利是他将保护的，哪些权利是他所不保护的，在长官的任期（任期为1年）内均有效。一般来说，长官对他所发布的常续谕令必须严格遵守不得变更。临时谕令是长官就临时发生而常续谕令中没有规定的问题所发布的一种谕令，起到补充常续谕令的作用。传袭谕令是新上任的长官对前任长官所发布的、但是仍可以在现任执政期间适用的谕令的承袭和沿用。一般情况下，新上任的长官多尊重前任长官所发布的谕令，除非情势有很大变动，否则对于某一问题如果前任长官已经发布了谕令，则新上任的长官一般不另外作出规定，而是简单沿用或者作必要修改补充。新谕令是新上任的长官针对上任后的新情况而作出的谕令。从理论上来讲，长官谕令的效力不及各种会议制定的法律，因为法律是永久性的，而长官谕令是任期性的；法律适用于全国范围内，而长官谕令只适用于长官所管辖的地域范围内；法律可以改变谕令的内容，而谕令不可以改变法律的内容。但是在实践过程中情况并不是如此，因为"谕令虽然不能变更法律，但大法官可以根据实际需要和'公平'、'正义'的原则，对法律进行解释、补充和纠正。从这一方面讲，谕令的效力实际超过了法律"。[1]

---

[1]　周枏：《罗马法原论》（上），商务印书馆1994年版，第44页。

二、法律学说作为行政法的渊源

罗马共和国后期，法学研究活动开始兴起，有力地推动了罗马法的发展。在罗马法的发展过程中，法学家们是一支非常活跃的队伍。他们在法律理论上创立和概括了法的概念、定义、术语及原则，开创了罗马法学的先河；他们对已有的法律进行整理和分类，不断提高认识，从而推动罗马法的发展；他们广泛从事法律实践活动，解答法律的疑难问题、指导当事人诉讼，通过实践进行分析与总结，使罗马法不断成熟和升华；他们通过著书立说，传承罗马优秀的法制文明。由于罗马法学家独特的地位和作用，使罗马法的理论性、系统性、完整性及准确性等不断升华，成为古代社会最为发达、完备的法律制度。与此同时，"伴随着罗马帝国的全盛时期，罗马法的发展和罗马法学家的地位也达到了前所未有的程度"。[1] 美国学者约翰·麦·赞恩在《法律的故事》一书中讲道："罗马的法律机器得以完善地运行，得益于程序完备的罗马法庭和专业律师阶层的出现。罗马人还为人类文明的发展献上了最宝贵的礼物——《查士丁尼国法大全》。所有这些贡献为现代世界的法律制度构造了近于完善的框架。"[2] 更有学者认为，"法学家创造了罗马法"。[3] 由此，我们也可以看到罗马法学家对罗马法发展所作的巨大贡献。

在罗马法学家的所有上述活动中，解答法律问题和著书立说对罗马法的发展起到了最为显著的作用。公元前 3 世纪以前，法律问题的解答权掌握在少数僧侣（贵族）手中。公元前 254 年，平民出身的僧侣科伦卡纽斯将所有法律文献公开，并教授世俗青年学习法律，从而促进了法学研究的兴起，法学家的解答对法律发展的作用也日益显著。法学家对法律问题的解答起先并无法律约束力，仅供当事人及司法机关参考。到了奥古斯都（公元前 27 ~ 公元 14 年在位）时期，开始授予某些法学家以"公开解答权"，使法律解答具有了创法功能，法学家的解答成了独立的和直接的法律渊源。哈德良皇帝（117 ~ 138 年在位）时进一步规定，取得特许解答权的法学家之间，解答意见一致时，其意见即具有法律效力，同时明令各级司法官吏的审判活动必须受这些法学家法律解释的约束。与此同时，法学家也撰写了大量解释法律、阐述法理的著作，如盖尤斯的《法学阶梯》等。公元 426 年，前述东罗马皇帝狄奥多西二世和西罗马皇帝瓦连体尼安三世颁布《引证法》（亦称《学说法》）后，帕比尼安、乌尔比安、盖尤斯、保罗和莫迪斯蒂努斯五大法学家的解答和著述都被赋予了法律效力。《引证法》规定五大法学家的著作具有法律权威性，还规定如果他们所引用的任何法学家的著作，如果通过原文稿的比较而被认可的话，也可

---

〔1〕　张乃根：《西方法哲学史纲》，中国政法大学出版社 2002 年版，第 85 页。

〔2〕　转引自辛向阳等：《历史律令——影响人类社会的十大宪法和法典》，江西人民出版社 1998 年版，第 65 页。

〔3〕　周柟：《罗马法》，群众出版社 1983 年版，第 10 页。

被引证；如果在五人中意见有分歧的话，依多数人的意见；在持平的情况下，帕比尼安的观点优先、为准。这一制度一直持续到查士丁尼时代。[1] 自此，罗马法学家的特殊地位被以法律形式巩固下来，实现了皇权与法学的结合，法律学说成为罗马法的渊源之一，这样，虽然这些皇帝的规定的实质是为了加强皇权，限制法学家的活动，但它却使少数著名法学家的解答和著述成了具有普遍约束力的法律规范，成为罗马法的重要渊源之一。[2] 查士丁尼对法学家的解答曾这样评价道："有学问者的解答是被允许建构法的人的意见和观点。事实上，古代便作出规定，有公开解释法的人，他们被凯撒授予解答权，他们被称作法学家。所有这些人的意见和观点具有极大的权威，承审员像被命令似的，不许背离他们的解答。"[3] 由于罗马最高统治者的大力支持，彻底提升了法学家的地位，极大鼓舞了他们从事法学研究的信心，以致在罗马"习法成风，知法者甚众，学派林立，学术繁荣，人才辈出"，[4] "法学研究成为最受人敬重的职业，法学理论流派纷呈，互相争鸣，名家辈出，这种情况进一步促成了罗马法进入辉煌发展时期。"[5] 与此同时，我们需要认识到的一点是，罗马法学家的活动是与罗马统治者的统治结合在一起的，马克思、恩格斯曾有过如下论述："……在统治阶级……内部，一部分人是作为该阶级的思想家而出现的（他们是这一阶级积极的、有概括能力的思想家，他们把编造这一阶级关于自身的幻想当做谋生的主要泉源），而另一些人对于这些思想和幻想则采取比较消极的态度……"[6]显然，罗马法学家是立足于现实为统治阶级谋社稷的思想家。他们既为罗马统治者"制造幻想"——罗马法的"无比明确的规定"完全适合整个罗马奴隶制社会的要求，又为统治阶级的现实统治效劳。

除此以外，这时的其他法律渊源也包含着法学家的古典法律学说。由于一些伟大的法学家帕比尼安、乌尔比安、保罗担任帝国级别最高的长官——军政长官，代表皇帝行使司法权，因此在上诉或初审案件的裁决中可以充分反映他们的法学理论。同时，还有一些法学家是皇帝的常设法律咨询机构——"顾问会议"的成员，他们从事立法、司法和行政管理活动，制作令，因此敕令中也体现着法学家的古典法律学说。《国法大全》中的《学说汇编》和《法学阶梯》更是集罗马法学家的法学理论之大成，《学说汇纂》由2 000卷、300多万行的法学原著压缩而成，《法学阶梯》的许多段落是逐字逐句照抄盖尤斯的同名著述，在这里，更是包罗了法学家丰富的法律学说，而所有这些都是法律的重要渊源。

---

〔1〕　由嵘主编：《外国法制史》，北京大学出版社2003年版，第67~68页。
〔2〕　何勤华主编：《外国法制史》，法律出版社2006年版，第65~66页。
〔3〕　[古罗马] 查士丁尼：《法学阶梯》，徐国栋译，中国政法大学出版社2005年版，第19页。
〔4〕　谭建华："浅议罗马法学家在罗马法发展中的作用"，载《江西社会科学》2002年第7期。
〔5〕　董建萍："论罗马共和制中的权力制衡及罗马法传统"，载《中共浙江省委党校学报》2002年第1期。
〔6〕　《马克思恩格斯全集》第3卷，人民出版社1979年版，第53页。

三、市民社会的法律概念与行政法治

"市民社会"一词是由英文 civil society 翻译过来的，在中国常常又被译为"公民社会"和"民间社会"。这一术语的使用可以追溯到古希腊的亚里士多德和古罗马西塞罗的著作。在亚里士多德《政治学》中，civil society 指的是"城邦"，按照亚里士多德的观点，城邦是由自由和平等的公民构成的共同体，城邦的形成要晚于家庭和村落这两种共同体，但它在道德上却是最高的共同体，公民在这种共同体中，享有参加政治共同体各种活动的基本权利。在西塞罗那里，它不仅指单一国家，而且也指具有国家意义的城市的文明共同体的生活状况，它作为一种城市文明，有着自己的都市文化、都市特性和商业艺术等；其次，它作为一种政治文明，有着自己的法律和政府，这些都是人民的共同财产，共和国乃是"人民的事业"；最后，它是一个道德的集体，其目的在于实现公平和正义的原则，它用道德的纽带把人们联系起来。故而，自然状态下的社会和前城市文化所处的社会都不属于市民社会。总之，在古典市民社会理论家那里，在使用市民社会这一概念时，具有以下三个特征：

1. 他们对这一概念的使用具有强烈的道德判断意味。古典市民社会理论家往往有意无意地坚持文明状态或文明社会——自然社会的二分法。在他们看来，处于自然状态之中的人们，由于只有家庭、村落乃至部落这样的社会共同体而没有政治共同体，因此无法过上快乐而有道德的生活。只有当人们自愿组成政治共同体时才能过上最美好的生活。政治共同体的出现表明人类理性的发展进入了一个新阶段，是人类进入市民社会的首要标志。

2. 他们往往在政治社会的意义上使用市民社会的概念。古典市民社会理论家承认在市民社会中存在着家庭、私有财产、工商业生活等，但他们认为这不构成市民社会的主要特征，因为这些要素在自然社会或自然社会中也同样存在。市民社会的主要特征在于它拥有政府和法律这样一些政治文明因素，它也因此而被称为文明社会。

3. 他们所讲的政治社会乃是一种公民社会，这是建立在共和政体基础上的一种社会。如前所述，亚里士多德、西塞罗的政治社会概念是用来描述古希腊城邦或罗马共和国的生活状况的，这种城邦或共和国都是以共和政体为基础的。在共和政体中，政府的权威来自民众的同意，政府的目的是保障民众过上幸福的生活。在以共和政体为基础的社会中，个人只有作为公民而存在，只有参加到政治共同体的生活中去才有意义。在他们看来，公民角色在道德上要高于个人在家庭中所扮演的角色，个人所参加的政治生活也要高于个人的工商业生活，因为按照亚里士多德的观点，人首先是一种政治动物和社会动物。基于以上原因，古典市民社会理论家往往把政治社会与公民社会等同起来。可见，市民社会的前提之一是它必须依赖于社会成员的自愿和认可，它所强调的是社会成员的个人权利及自由，同时它为社会成员所形成的特定社会集团提供了存在的良好社会空间，并为他们的实践活动提供了宽松和

宽容的环境。因此，市民社会与专制统治是格格不入的，它需要在法治的条件下才可以存在和发展。

市民社会背景下的法律受到极大的重视，"在很长的时期内，法律被认为是神圣的。后来虽然承认人的力量，或民众的投票可以创立法律，但至少新法律仍须请示于神，并得到它的同意。在罗马，人们不相信民众的一致意见就足以制定法律：所制的法律尚须提请教主批准，再用占卜证明神也没有异议……由此可见古人对他们的法律是何等的尊敬和拥护。他们不视法律作人类的产品，而认为它出自神……在王权时代，法律是君主的王后，在共和时代，它是民众的王后。违反它就是违反神"。[1] 从这一论述中，我们可以看到市民社会中法律来源于神的意志，同时，法律也是保护民众自身权利的有力武器。对于法律的理想模式，查士丁尼在《学说汇编》的开篇就记载了乌尔比安的描述，即法律是"关于善良与公正的艺术"。[2] 对于正义以及法律的基本原则，乌尔比安认为正义是"给予每个人他法律上应得部分的坚定而恒久的意愿"；法律的基本原则是"体面生活，不损害他人，给予每个人他应得的部分"。[3] 此外，在罗马法中，存在着一系列的法律概念，而公法和私法这对概念正是这一系列法律概念中的重要组成部分。法学家乌尔比安是第一个提出这种法律分类的人，他指出："公法是有关罗马国家稳定的法，私法是涉及个人利益的法。事实上，它们有的造福于公共利益，有的则造福于私人。"[4] 查士丁尼《法学阶梯》肯定了该理论："这一研究有公法和私法两个领域。公法是关系到罗马人的公共事务之状况的法律；私法是关系个人的法律。"[5] 由此我们得知，罗马法中，公法规定国家政权活动、宗教仪式、神职人员和地方长官任命、权限等，保护整个国家和社会利益，是调整国家机关活动的原则和宗教祭祀活动的规范：这是古代社会的法律基础；私法保护一切私人利益，是调整所有权、债权、家庭婚姻和继承关系的法律规范：这是古代罗马关于个人利益的法律保障。罗马法学家一贯注重对私法领域的研究，而相对忽略对公法领域的研究。但这并不能说明罗马公法是不存在的，它不仅存在，而且确确实实发挥着无可替代的作用。公法学的任务在当时主要是由罗马历史学和政治学完成相关的研究。以罗马共和国"混合宪法"为代表的罗马公法制度和宪政、政制理论对后世有着巨大影响，比如，17世纪至18世纪英国人的社会与政治思想无疑是扎根于英国历史与社会的，但他们的表达方式受到了新斯

---

〔1〕 ［法］库郎热：《古代城邦——古希腊罗马祭祀、权利和政制研究》，谭立铸等译，华东师范大学出版社2006年版，第176～177页。
〔2〕 ［爱尔兰］J. M. 凯利：《西方法律思想简史》，王笑红译，法律出版社2002年版，第64页。
〔3〕 ［爱尔兰］J. M. 凯利：《西方法律思想简史》，王笑红译，法律出版社2002年版，第64页。
〔4〕 ［意］桑德罗·斯奇巴尼选编：《正义与法》，黄风译，中国政法大学出版社1992年版，第33页。
〔5〕 ［古罗马］查士丁尼：《法学阶梯》，徐国栋译，中国政法大学出版社1999年版，第11页。

多葛学派或者西塞罗哲学的影响。[1]

此外，自然法和市民法这对概念也是这一系列法律概念中的重要组成部分。法学家盖尤斯在其《法学纲要》中将罗马法分为自然法和市民法，彼德罗·彭梵特在他的《罗马法教科书》中说："自然法是指'不是为体现立法者意志而产生的法'，而市民法却是'至少部分表现为立法者的任意创制的法'。法是意识和社会需要的产物，它本应总是同它们相符合。许多规范和法律制度准确地符合其目的并同它相融合，因为它们只不过是这一目的的法律确认；但是，也有许多规范和制度并不如此，或者是因为它们已陈旧过时，或者是因为立法者所掌握的手段不完善。前一类规范由于立法者未施加任何主动作用，因而确实像是自然的产物，并且被称为自然法；而第二种规范则为市民法。前者同'正义'和'公正'永远相符合；后者则并非总是这样。"[2] 后来，乌尔比安则采取了三分法，将罗马法分为自然法、万民法和市民法。"自然法是自然教授给所有动物的法律。事实上，这一法律不是人类专有的，而是所有诞生在天空、陆地或海洋的动物的。由它产生了我们叫作婚姻的男女的结合，由它产生了生殖和养育子女。的确，我们看到其他动物也被评价为这种法的内行。然而，人们这样地区分市民法和万民法：所有由法律和习俗统治的人民，部分地使用他们自己的法；部分地使用为所有的人共有的法。事实上，每个人民为自己制定的法，是他们的城邦专有的，并被称作市民法，与他们自己城邦的法同义。但自然理性在所有的人中制定的法，它被完全一致地保留在所有的人民中，并被称作万民法，与由所有的民族使用的法同义。因此，罗马人民也部分地使用他们特有的法；部分地使用由所有的人共有的法……万民法是由全人类所共有的。事实上，由于实践的要求并为了人的需要，各个民族为自己作了某些规定。确实，战争发生，俘虏和违背自然法的奴隶制就随之而来。事实上，根据自然法，一切人自始都是生来自由人。"[3]

需要指出的一点是，即使罗马市民社会中法律被赋予了至高无上的神圣地位，但是，这并不意味着罗马的法治已经完善起来，因为法治的实现除了有一套良好的法律以外，还必须依赖于人们对这套法律的遵守。但是从罗马的行政法治理念中，我们发现，"国家按照约束统治者和被统治者的已知规则进行治理的观念在罗马著作家那里的体现远较希腊为弱。直到帝国独裁统治建立以前，这只是一个偶尔有人涉足的主题"。[4] 乌尔比安曾经作出了这样一个著名的断语："国王不受制于法律。"与他同时代的历史学家卡西乌这样解释这句话："它坦率而毫无保留地赋予罗马皇帝

〔1〕 ［英］理查德·詹金斯编：《罗马的遗产》，晏绍祥、吴舒屏译，上海人民出版社 2002 年版，第 3 页。

〔2〕 ［意］彼德罗·彭梵特：《罗马法教科书》，黄风译，中国政法大学出版社 1992 年版，第 13～14 页。

〔3〕 ［古罗马］查士丁尼：《法学阶梯》，徐国栋译，中国政法大学出版社 2005 年版，第 13～15 页。

〔4〕 ［爱尔兰］J. M. 凯利：《西方法律思想简史》，王笑红译，法律出版社 2002 年版，第 67 页。

古代从未有的特权，仅仅是这一特权就能够使他们行使（所有的正式职能）和其他特权。因为，从这句话的拉丁文原文来看，其含义就是皇帝不受法律管辖；也就是说，他们免于承担任何法律义务，不受制于任何成文法和法令。"[1] 可见，在罗马发展到帝政时期以后，罗马的行政法治理念只片面强调了民众的守法义务，而并不要求统治者承担守法义务。

四、皇帝造法论

公元前27年，在罗马元老院会议上发生了向宪制正常化转变的重要事件，在新统治制度形成的过程中，它可能是一种开端性标志，屋大维辞去了非常权力，将国家权力交还给元老院和民众。[2] 使得国家事务交由国家的宪政机构主持。在本章的第一部分笔者已经指出，皇帝的敕令成为法律渊源是在罗马帝政时期。其实，在罗马帝政时期，法的渊源有了重大的转变：法律成了皇帝及高级长官（特别是皇帝）意志的体现，查士丁尼的《法学总论》承认，根据赋予皇帝权力的王权法，人民把他们的全部权威和权力转移给他。[3] 为了更好地使法律反映其自身的意志，皇帝所颁布的敕令就越来越多，敕令作为法律的渊源之一，在法律中所占的比重也就随之增多。有一点我们必须注意，皇帝有权发布敕令一开始并不意味着是在行使立法权，"所谓'有权'并不是直接的和特定的指一种抽象的立法权，而仅仅是指君主的直接活动，这种活动首先表现为管理行为并且对它只作一般性理解，后来，这种活动逐渐涉及各种与法有关的表现形式，因而牵扯到新规范的地位"。[4] 此外，查士丁尼非常注重法制的建设，如前所述，在他执政期间，由共和时期和早期帝制时期传承下来的法律体系中，有些原则和内容已经过时，突出表现为古代异教与基督教文化的冲突，共和传统与帝国体制的对立，以及奴隶制经济与新兴的隶农、中小租佃者为主的生产形式的相互排斥。为了彰显帝国的法律秩序，查士丁尼召集著名法学家编纂法典，将以往文献中重复与矛盾之处删除，添加适时的内容，重新编排次序，最终著成《查士丁尼民法大全》。此举在罗马法律与法学理论的历史中占据着里程碑式的地位，就后者而言，可以说此前法学家的理论精华几乎全部收纳进来。[5] 这两者构成了皇帝造法的主要途径。特别是法学著作的地位在皇帝造法的过程中表现得非常突出，可以说，罗马法大多以法典形式出现，这些法典是一个从法学家们的著作和法律中筛选的片段组成的崭新体系。

查士丁尼在《法学阶梯》的敕令中写道："皇帝的伟大不仅要以武器来装饰，

---

〔1〕 ［爱尔兰］J. M. 凯利：《西方法律思想简史》，王笑红译，法律出版社2002年版，第68页。

〔2〕 ［意］朱塞佩·格罗索：《罗马法史》，黄风译，中国政法大学出版社1994年版，第313页。

〔3〕 ［古罗马］查士丁尼：《法学总论——法学阶梯》，张企泰译，商务印书馆1989年版，第8页。

〔4〕 ［古罗马］查士丁尼：《法学阶梯》，徐国栋译，中国政法大学出版社2005年版，第346页。

〔5〕 ［意］朱塞佩·格罗索：《罗马法史》，黄风译，中国政法大学出版社1994年版，第439页。

而且必须以法律来武装，以便不论是战时还是平时，都可得到正当的治理，罗马的元首们，不仅对敌人表现为战斗中的胜利者，而且通过法律的途径消除狡诈者的不公正，像成为被打败的敌人的凯旋者一样，成为法的最虔诚的凯旋者。①在上帝的帮助下，朕以最大的警醒和最大的审慎，重建了这两条道路。确实，通过在战争中朕以朕的汗水使野蛮民族归服于朕的轭下，他们知道，不论是阿非利加还是其他无数的行省，在经过如此长的时间间隔之后，由于朕的由上天之神意赋予的胜利，再次被加上了罗马人的和朕之帝国的霸权，他们受着这样的霸权的保护。而所有的民族，已受着朕颁布或编纂的法律的统治。②由于朕已把从前是混乱的最神圣的敕令建立在美妙的和谐中，于是，朕将朕的关怀扩展到古人学识的无尽卷帙，如同在深渊中行走，靠着上天的眷顾，朕已完成了这一令人绝望的工作。"〔1〕可以想见，皇帝之所以要重视法律，是因为皇权与法律存在着相辅相成的关系。在罗马帝国时代，一些皇帝能够明察到这层关系的重要，于是他们非常注重法制建设，其中以查士丁尼最为典型，虽然罗马法曾随着罗马帝国的灭亡而衰落，但是继承皇位的查士丁尼远见卓识，他在位期间，组织人力对近一千年罗马法和罗马法学家著作进行整理、总结，诞生了3部著名的法律汇编——《学说汇编》、《法学阶梯》和《查士丁尼法典》。在这些法典中，法学和法律按照其内在规律并且在更深的层面上融会在一起，形成了一个有机的整体，从而使罗马法律文化得以完整地传至后世，影响了整个世界法制乃至法学发展的历史进程。"他使罗马法以一种他自己所未能预见到的方式永存。"〔2〕需要指出的是，皇帝是赋予了这些法律著作以法律效力的，这也体现了罗马皇帝对法律的重视。查士丁尼指出，《法学阶梯》4卷"根据全部古代法学家的《法学阶梯》，特别是根据朕的盖尤斯的《法学阶梯》和《日常事物》以及其他许多评注编写而成，上述三个博学的人将它们呈交于朕，朕阅读之，审查之，朕赋予它们以朕之敕令的最完全的效力。"〔3〕

需要指出的是，在《查士丁尼民法大全》里，无论是面对罗马国家的法律体系，还是法学家的理论成果，学者公认它们的价值均在私法方面。当代罗马法专家A. 贝杜奇曾经讲过：私法规范在《民法大全》里占据首要位置，这一点特别体现在《法学总论》和《学说汇编》中。但是后两部著作，特别是《查士丁尼法典》，含有大量关于宪政、税收、军事、城市管理和教会等方面的法律规范。〔4〕一般而言，在《查士丁尼民法大全》的公法部分，包括对帝国官制的规定，例如，规定城市执政官的职责：镇压犯罪行为、监控价格、监督监护人和保佐人、与钱庄主进行金钱诉讼。再如，行省总督的职能包括民事与刑事两方面，等等。从中还可以看

〔1〕 ［古罗马］查士丁尼：《法学阶梯》，徐国栋译，中国政法大学出版社2005年版，第3～5页。
〔2〕 ［英］巴里·尼古拉斯：《罗马法概论》，黄风译，法律出版社2000年版，第13页。
〔3〕 ［古罗马］查士丁尼：《法学阶梯》，徐国栋译，中国政法大学出版社2005年版，第7页。
〔4〕 ［意］斯奇巴尼选编：《公法》，张礼洪译，中国政法大学出版社1999年版，"出版说明"第2页。

到，公职人员的任职资格是有财产限制的，例如，规定城市官员和城市议会议员应该拥有充分的财产，认为将官职委任给贫穷的人是不合适的和不光彩的。[1]

第三节 西塞罗的行政法思想

西塞罗（公元前 106 年～前 43 年）是一个既具有希腊哲学素养又具有罗马政治、法律经验的政治家、思想家，他先后担任了罗马的财政官、市政官、裁判官、执政官、行省执政官及总督等职务，罗马政治权力的角逐使他拥有了很多其他法学家不曾拥有的政治观察力和务实精神。西塞罗的政治著作包容了希腊思想家各种政治学说，汇集了他们种种政治思想原则和观点，这些著作留传下来，经中世纪到文艺复兴乃至近代，对后世的政治法律思想理论发展起到了重大的影响和作用。他在西方思想史中也处于了举足轻重的地位，"他几乎是从古希腊时期到欧洲中世纪这一历史时期惟一具有代表性的政治思想人物。他并不是一位非常深刻的思想家，但由于他继承了古希腊的理性主义的思想传统，对当时的各派希腊哲学学说作了详细解释，因此是希腊文化的传承人；他将斯多葛学派的自然法思想发扬光大，就其目的而言是为当时的罗马共和制服务，但这种思想经过他以及受其影响的罗马法学家的发展，客观上却是为他身后即将出现的罗马帝国奠定了一种政治法律哲学基础……"[2] 从他的《论共和国》、《论法律》、《论义务》等著作中，我们可以发掘出他的很多行政法思想。

西塞罗代表了罗马法治思想的典型，由于他曾是罗马共和国历史上的一位执政官，因而在法学思想上能够达到一种务实的理解，对于理性的认识，西塞罗承袭了斯多葛学派的自然与理性的观点，"依自然生活就是善，人类是自然的一部分，因而必须服从自然的法则，人类这种认识和行动能力就是理性"[3] 西塞罗将这种观点吸收到他对罗马社会的思考中，他试图寻找某种保持和完善罗马共和传统的途径，为此提出了自然法与人定法的建设问题。西塞罗关注的是人定法，他对以人定法维持共和传统寄予高度期望，他把哲学上的自然观变成了法律上的自然法，将之服务于世俗法治。他明确说出了法治思想："行政官的义务就是根据法律，监督和规定所有正当和有利的事。法律的地位高于行政官，尽管行政官在人民之上。完全可以这样说，'行政官是说话的法律，法律是无声的行政官!"[4] 显而易见，对西塞罗来说，最重要的还不只是自然法理论，而是人类（罗马社会）如何运用正确理性来制

---

〔1〕［意］斯奇巴尼选编：《公法》，张礼洪译，中国政法大学出版社 1999 年版，第 98～100、106～107、122 页。

〔2〕［古罗马］西塞罗：《国家篇法律篇》，沈叔平、苏力译，商务印书馆 1999 年版，译者前言第 1 页。

〔3〕张乃根：《西方法哲学史纲》，中国政法大学出版社 1998 年版，第 51～52 页。

〔4〕张乃根：《西方法哲学史纲》，中国政法大学出版社 1998 年版，第 461～462 页。

定和推行人定法——即在世俗社会实现法治。换句话说，尽管自然法思想深刻影响着罗马法，但是自然法理论试图产生实际效应——树立实定法的权威。[1]

西塞罗的法律思想是古罗马法律思想中最有代表性的、最有影响力的一部分，对后世的法学家、政治家以及相应的法律思想与政治制度产生了深远的影响。因此，我们在研究古罗马的行政法思想时，必然不能忽视对西塞罗法律思想的研究。

一、法律至上原则下的行政法地位

在本章的前一节中我们已经分析了古罗马的行政法治，并指出著名罗马法学家乌尔比安的"国王不受制于法律"的论述是用于维护罗马统治特权并证成君主绝对权力的。西塞罗反对这种观点，他认为对于掌权者或人民而言，"在一个以法律为根基的国度，弃法律于不顾的行径将会是更大的耻辱。因为法律是维系个人在共同体中的利益的纽带，是我们得享自由的基础，是正义的源头……没有法律的国家犹如缺失头脑的人体……执政官司掌法律之执行，法官照看法律的解释。总而言之，我们遵守法律，是因为法律赋予我们自由"。[2] 在他看来，在一个国家里，联系人民的纽带是法和共同的利益，"既然法律是团结市民联合体的纽带，既然由法律强化的正义对所有人都相同，那么当公民之中没有平等时，又能有什么正义使一个公民联合体被拢在一起？如果我们不能同意平分人们的财富，并且人们固有能力的平等又不可能的话，那么至少同一国家的公民的法律权利应当同等"。[3] 实际上，在西塞罗看来，"法是国家的灵魂"[4]，法律是至高无上的，任何人或机构都无权超越法律，君主也不例外。他认为，"最博学的人们决定从法律开始，而且如果根据他们的界定——法律是植根于自然的、指挥应然行为并禁止相反行为的最高理性，那么他们看来是正确的。这一理性，当它在人类的意识中牢固确定并完全展开后，就是法律"。[5] 而且，国家以法律为纽带，否则就不存在国家。他认为在上帝的最高法律管辖下的"共和政府"是依照正义和自然法而组织的，这样的国家是自由的，但是要有严格的法律制度为其根本保障。在这样的政府管理下，人们并不是服从某一个人，而是服从法律。在这样的国家中，无论是统治者与被统治者都以"服从法律为美德"，因为法律统治执政官，所以执政官统治人民。所有公民，当然包括执政官，在法律面前一律平等，不允许任何人享有法律之外的特权。对此，西塞罗写道，《十二铜表法》"一条是禁止个人例外的法律，另一条是除了在最大集会上，禁止在其

---

〔1〕《民法大全》有一处暗示，实定法与自然法冲突时，应维护实定法，即"1.2.2"说明奴役违背了自然法，但罗马法中却维护了奴役制度。

〔2〕［爱尔兰］J. M. 凯利：《西方法律思想简史》，王笑红译，法律出版社2002年版，第67页。

〔3〕［古罗马］西塞罗：《国家篇法律篇》，沈叔平、苏力译，商务印书馆1999年版，第39页。

〔4〕Heal Wood：*Cicero's Social and Political Thought*，University of California Press Oxford England，1988，p. 127.

〔5〕［古罗马］西塞罗：《国家篇法律篇》，沈叔平、苏力译，商务印书馆1999年版，第151页。

他地点审判其刑罚为死刑或剥夺公民权的案件。在出现甚或想到令人烦恼的平民保民官之前，我们的祖先为保护后代人就规定了何等令人钦佩的措施！他们要求不应提出任何专门惩罚个别人的法律，因为那就是个人例外的法律。没有什么能比这样的法律更不公正的，因为'法律'这个词本身就意味着一种约束所有人的法令或指令"[1]可以说，西塞罗的法律至上观是西方行政法治思想的精髓所在。

在法律至上原则下，西塞罗强调一种平等的法律观。他认为："制定宪法与拥立德高望重者为王的理由是相同的。因为人们始终在求索的就是在法律面前享有平等的权利……如果人们都能通过某个公正善良者之手达到自己的目的，他们就心满意足了；但是要是他们没有这样的好运，那就只好制定法律，在任何时候对任何人都一视同仁。"[2]需要指出的是，西塞罗所处的时代的制度是承认法律依级别不同而存在诸多形式的差异的，因此，与其他罗马法学家一样，他的法律面前人人平等的思想，实际上指的是法律面前全体公民是平等的。他的这种平等的法律观首先表现为人类自然平等的观念，这一概念是从人类具有共同本性而推导出来的。他认为，"理性，惟一使我们超越野兽并使我们能够推断、证明与反证、讨论和解决问题并获得结论的理性，对我们肯定是共同的，并且，尽管人的所学有不同，但至少在具有学习能力这点上没有区别"[3]在西塞罗看来，尽管人们之间具有不同的知识和财产，然而他却具有共同"理性"和"相同的心理状态"，以及判断善恶的一致标准，都以共同的理性为基础。亦即共享法律的人们是同一国家的成员，都是"与上帝共同享有理性"的公民，任何人都具有人类一分子的尊严，即使是奴隶也不例外。所以，人的定义应当适用于所有人。在自然法面前，人们彼此要相互尊重各自人格，尊重"人的友谊及其与同胞联合"的自然美德。西塞罗从人类自然平等理论出发，进而提出"奴隶解放"的主张，认为奴隶也是国家的一分子，要把奴隶当人看待，还主张应平等地对待被征服地区各民族的人，他们应该享有罗马公民权。此外，西塞罗提出了全体公民在法律面前平等的观念。他认为：一切都应处于法律的作用之下，法律是公民联盟的纽带，由法律确定的权利是平等的。出于这样的关于国家和法治的观念，西塞罗认为，为了维系国家的存在，官吏是必不可少的，同时，根据一个国家对吏制的安排和设计，可以判断出这个国家的特点。对于这个观点，他作了如下阐释："我们必须有官吏，因为没有他们的深谋远虑和细心照看，一个国家就不能存在。事实上，一个共和国的全部特点都是由其对官吏的安排所决定的。"[4]既然法律在国家生活中处于至上的地位，那么，行政官员在治理社会过程中就应当以法律为准绳，尊重民众的权利。西塞罗指出，"一个执政官的职责就是依照法律对

---

[1]　[古罗马] 西塞罗：《国家篇法律篇》，沈叔平、苏力译，商务印书馆1999年版，第237页。
[2]　转引自王太贤：《西方法治主义的源与流》，法律出版社2001年版，第76~77页。
[3]　[古罗马] 西塞罗：《国家篇法律篇》，沈叔平、苏力译，商务印书馆1999年版，第157页。
[4]　[古罗马] 西塞罗：《国家篇法律篇》，沈叔平、苏力译，商务印书馆1999年版，第215页。

人民进行统治，并给予正当的和有益的指导"[1] 他认为，如果官员不尊重甚至是
蔑视民众权利的话，那么法治将会被暴力所取代，并且"我们将不得不依靠恐惧来
维持我们对那些到目前为止一直主动服从我们的人的统治"[2] 此外，为了防止并
打击官员的腐败行为，任何官吏无论在候选期间、任期内还是卸任后，都不得给予
或接受礼物。对任何违反这些法律的罪行的惩罚都应与该罪行相当。

二、执法平等中的行政执法

古希腊著名思想家亚里士多德在《政治学》一书中，提出"一切政权都有三个
要素"，[3] 即议事机能、行政机能和审判机能，从而开创了分权论的先河。西塞
罗把这一思想传统与罗马国家政治法律制度的丰富内容结合起来，从新的视角出发发
展了亚里士多德的思想。西塞罗在总结罗马现实社会的政治斗争经验，设计理想中
的共和政体时，一方面，继续强调分权，把执政官视为最高的行政首脑，元老院和
民众大会则分享立法权，让司法执政官充任民法的监护；另一方面，又提出了约束
执政官和均衡制约两个新概念，约束执政官，防止军事独裁的出现。西塞罗认为，
"执政官的权力，当它独自突出时，这在人民看来是太傲慢也太暴虐了，这难道不是
不可避免的吗？但一种适度并明智的权力限制从那时起就产生了"[4]

为了达到约束、限制执政官的目的，西塞罗提出了四项措施：①在罗马已有的
行政体系中，注重保民官对执政官所起到的监督和制约作用。对此，他指出："在我
们之中建立与执政官相对立的保民官，这并非没有好的理由。因为执政官拥有让除
保民官外的所有其他官员服从的法定权力，而保民官是在执政官之后建立的，为的
是防止先前发生过的事再度发生。因为存在一个不隶属于执政官命令的官员是削弱
执政官权力的第一步，而第二步则是，这同一官吏还支持其他人——公民个人和官
吏——不服从执政官。"[5] ②限定执政官的任期为 1 年，并规定不准连任。西塞罗
强调："不得有人再次担任同一职务，除了间隔 10 年之后。他们应遵守由界定年龄
的法律所确定的年龄限制。"[6] ③规定执政官掌握兵权的期限为 6 个月，逾期交还
兵权，并禁止在民众大会和元老会议上使用暴力。西塞罗认为："当重大战争或内战
发生时，如果元老院作出决定，一个人将在不超过 6 个月的时间内掌握通常属于两
位执政官的权力。在根据吉兆任命之后，他就将是该民族的主官。"[7] ④允许公民

---

〔1〕　参见法学教材编辑部西方法律思想史编写组编：《西方法律思想史资料选编》，北京大学出版社
　　　　1983 年版，第 79 页。
〔2〕　[古罗马] 西塞罗：《国家篇法律篇》，沈叔平、苏力译，商务印书馆 1999 年版，第 125 页。
〔3〕　[古希腊] 亚里士多德：《政治学》，吴寿彭译，商务印书馆 1965 年版，第 214 页。
〔4〕　[古罗马] 西塞罗：《国家篇法律篇》，沈叔平、苏力译，商务印书馆 1999 年版，第 157 页。
〔5〕　[古罗马] 西塞罗：《国家篇法律篇》，沈叔平、苏力译，商务印书馆 1999 年版，第 222 页。
〔6〕　[古罗马] 西塞罗：《国家篇法律篇》，沈叔平、苏力译，商务印书馆 1999 年版，第 217 ~218 页。
〔7〕　[古罗马] 西塞罗：《国家篇法律篇》，沈叔平、苏力译，商务印书馆 1999 年版，第 218 页。

向元老院和公民大会控告执政官。虽然执政官拥有很大的权力，但他们的权力同样受到元老院和平民大会约束。如"对于不服从的或有罪过的公民，官吏应使用强制手段，处以罚金、监禁或鞭挞，除非是同等的或更高的权力机关，或者是人民，禁止采用这种强制手段；该公民应有权向它们申诉。官吏宣布决定后，无论是死刑或罚金，都应当在人民面前举行审判，最终决定罚金或其他惩罚"。[1] 人民在任何时候都有权向元老院和平民大会控告违法的执政官。执政官在届满卸任时，应接受监察官查询自已任期内的公务行为有无违法情况，且不能免除对其违法行为所应承担的法律责任。

为了实现权力均衡、相互制约，西塞罗又提出三条具体办法：①设立护民官，作为削弱执政官权力的第一步，同时确保了平民与贵族之间的权力均衡。西塞罗认为，共和国设立保民官是为了防止执政官滥用职权无视人民的利益，是对执政官权力的重大制约。"由平民选举的、保护平民不遭受暴力的十位官吏是平民的保民官。他们的禁令和在他们主持下由平民通过的决定具有约束力。他们的人身不可侵犯。他们不得使平民得不到保民官的保护。"[2] ②设立监察官，监督各级官吏。监察官制定公民名册，负责公共财政和税收，规范人民的道德，对公民实行监督。此外，他们还要掌握官方法律，负责清除元老院中的犯罪成员，接受执政官的查询，裁断官员的违法行为。[3] ③保持不同国家权力之间的相互配合。"执政官、大法官、人民主官、骑兵主官，以及由元老院任命的进行执政选举的官员有权主持人民集会和元老院。"[4] 西塞罗在阐明法律和执政官的关系时认为，正确而合法地行使政治权力，才是真正的人民的共同权力。行使此权力的执政官，依靠法律办事，所以执政官是法律的产物。他说："官吏的职能是治理，并发布正义、有益且符合法律的指令。由于法律治理着官吏，因此官吏治理着人民，而且可以确切地说，官吏是会说话的法律，而法律是沉默的官吏。"[5] 我们认为，西塞罗在这里所说的官吏主要指的是执政官。通过他对执政官与法律之间关系的这段论述，我们可以看出，西塞罗十分崇尚行政执法过程中的依法治理，由于法律本身对全体公民来说是平等的，因此，执政官的执法行为对所有公民来说自然也应当是平等的。

在西塞罗看来，"国家是一个民族的财产。但是一个民族并不是随随便便一群人，不管以什么方式聚集起来的集合体，而是很多人依据一项关于正义的协议和一个为了共同利益的伙伴关系而联合起来的一个集合体。这种联合的第一原因并非出自个体的软弱，更多的是出自自然植于人的某种社会精神。因为人并非一种独居的

---

〔1〕　[古罗马] 西塞罗：《国家篇法律篇》，沈叔平、苏力译，商务印书馆1999年版，第216页。

〔2〕　[古罗马] 西塞罗：《国家篇法律篇》，沈叔平、苏力译，商务印书馆1999年版，第218页。

〔3〕　参见法学教材编辑部西方法律思想史编写组编：《西方法律思想史资料选编》，北京大学出版社1983年版，第83页。

〔4〕　[古罗马] 西塞罗：《国家篇法律篇》，沈叔平、苏力译，商务印书馆1999年版，第219页。

〔5〕　[古罗马] 西塞罗：《国家篇法律篇》，沈叔平、苏力译，商务印书馆1999年版，第214~215页。

或不合群的造物，他生来便有这样一种天性，即使在任何一种富足繁荣的条件下，他也不愿孤立于他的同胞"。〔1〕既然国家是民族的财产，那么其必然属于这个民族中所有的人，要确保该民族中所有成员的权利和利益，必须依靠法律的力量。换句话说，法是国家这个共同体的基础和维系的纽带，也正是因为法律是国家共同体（即公民联盟）的纽带，由法律确定的权利才是平等的，这便从某种意义上赋予了法治国家以终极的应然性和正当性。对此，西塞罗有这样的论述："如果人民维护他们的权利，他们就会说没有任何政府形式在自由或幸福上更高一等，因为他们才是法律和法庭的主人，战争与和平的主人，国与国之间协议的主人，每个公民的生命和财产的主人；他们认为，只有这种政府才能被正确地称之为国家，即'人民的财产'。"〔2〕国家既然是"人民的财产"，就必须采取与之相适应的治理形式，这就涉及了政体的问题。

西塞罗认为君主制和贵族制政体都不是最理想的政体，"当自由的人民不寻求君主、不寻求贵族权力和财富时，'人民的财产'就经常从君主们或元老们的统治中解放出来。的确，他们声称，不应当由于一些肆无忌惮的暴民行为过度而完全拒绝这种自由的民众政府，因为，在他们看来，当握有最高权力的人民充满了一种和谐精神，并依据他们自身的安全与自由来检验每种措施时，没有其他政府形式会比它更少变化或更为稳定。他们坚持认为，在所有人的利益都相同时，和谐是非常容易获得的，因为利益冲突产生不和，这时不同措施有利于不同的公民。因此，他们主张，当元老院至上时，这个国家就绝不会有一个稳定的政府，并认为君主国更不可能达到这种稳定。"〔3〕西塞罗根据罗马人民在长期的社会政治实践中创造的宪政制度深刻地论证了法的统治的合理性及其体制基础，认为只有混合政体是最优异的。〔4〕西塞罗把以罗马执政官为代表的君主制，以元老院议会为代表的贵族制和以民众大会及保民官为代表的民主制均衡地结合起来，认为"它由三种良好的国家体制均衡地混合而成"，包含了"卓越的王政因素"、"显贵们的权威"以及"民众们协商和决定"的多种要素，因此，混合政体可以避免每一单纯政体所固有的缺点。它可以防止权力过分集中，也能提供一套制衡体制，在这个政体中，"行政长官有足够的权威，显要公民的意见有足够的影响，人民有最足够的自由"。〔5〕因此，它是一种可以充分体现"权力、义务和职能的平衡"〔6〕的政体。

---

〔1〕　[古罗马] 西塞罗：《国家篇法律篇》，沈叔平、苏力译，商务印书馆1999年版，第34页。

〔2〕　[古罗马] 西塞罗：《国家篇法律篇》，沈叔平、苏力译，商务印书馆1999年版，第38页。

〔3〕　[古罗马] 西塞罗：《国家篇法律篇》，沈叔平、苏力译，商务印书馆1999年版，第38页。

〔4〕　按照西塞罗的观点，将三种简单的政体——君主制、贵族制、民主制——均衡地混合在一起的新体制，即为混合政体。

〔5〕　施治生："西塞罗的共和国政治理论"，载《史学理论研究》，1998年第1期。

〔6〕　[美] 列奥·施特劳斯、约瑟夫·克罗波西主编：《政治哲学史》（上），李天然等译，河北人民出版社1998年版，第175页。

在实行混合政体的国家中，既存在最高的王权因素，又将某些重要的事务留给人民来审议和监督，其优点包括以下几个方面：①保证了国家的稳定。"一个理想的国家从不从事战争，除非是维护自己的荣誉或安全。"[1] 换句话说，在这种政体之下的国家里，不存在产生动乱的根源，每个公民都有自己确定了的地位。②在最大限度上实现了权利平等。西塞罗自豪地宣称，没有任何其他一个国家形式可以同我们祖先一代代传下来的国家形式相比拟。我们的政治制度优于任何国家。这是因为，几乎所有其他国家的法律和制度皆为一个立法家所创立……我们的国家并非由一个人的才智，而是由众人的才智创建的。它也不是通过一个世代，而是经过许多世代和几百年的历史才建立起来的。完备的混合政体不是人们的虚构，而是既成的历史事实。值得指出的是，西塞罗所讲的平等是一种等级平等，但西塞罗在强调等级区分的同时，又提倡等级和睦、等级和谐。他认为，只有通过正义原则促进各等级之间的和谐，才能实现国家的稳定与统一。他以音乐的和谐作为例子来论证他的观点，他说道："正如同在竖琴和长笛的音乐中或者在一些歌手的歌声中，必须保持不同音的某种和谐，对于训练有素的耳朵来说，打破或违反和谐是不能容忍的，而且这种完美的一致与和谐出自不同音的恰当混合。因此，与此相似，一个国家是通过不同因素之间协调而获得和谐的，其方法是把上、中、下三层阶级（似乎他们就是音乐中的音调）公正且合乎情理的混合在一起。音乐家所说的歌曲和谐就是一个国家的一致，这是任何共和国中永久联盟的最强有力和最佳的纽带；而没有正义来帮助，这种一致是永远不会出现的。"[2]

三、司法裁量与行政裁量

在罗马，司法管理者被称为大法官，行使司法权，干预民间的各种私人纠纷。从设立司法权力的目的来看，其主要是为了维护社会正常有序的秩序，而并非为了主持正义。但从这一权力运行的效果来看，它确实从某种意义上实现了公平。意大利学者朱塞佩·格罗索对此有过这样一段经典的论述："司法权的行使促进了'法'与城邦的结合……城邦执法官干预私人纠纷不是因为认为国家的职能是支持正义，而是为了维护公共安宁，阻止各行其是；这种各行其是，在发生冲突时，在初期意味着群体之间的暴力斗争，意味着依靠武力来确立自己的法……诉讼程序，作为城邦为领导和调整法的实施进程而进行的干预，恰恰是立法调整的合适对象，这同立法调整活动相对于法的自然渗透而表现出的特点有关。诉讼的起点产生于各行其是，产生于强力行为和随后导致的斗争，在最初阶段，权利享有者正是通过这种方式来实现自己的权利。这种斗争受到限制，执法官把私人行动引导到以和平方式解决问

---

[1] ［古罗马］西塞罗：《国家篇法律篇》，沈叔平、苏力译，商务印书馆1999年版，第101页。
[2] ［古罗马］西塞罗：《国家篇法律篇》，沈叔平、苏力译，商务印书馆1999年版，第87页。

题的道路上来。"[1] 罗马的司法模式与现代司法模式有着鲜明的区别，法官和行政官在裁量过程中扮演着不同的角色。"首先，在民事案件中，各种司法管辖并不严格区分，是重叠的，对他们的共存不能从理论上解释，而只能参照它们的起源及其运作的典型情境。其次，无论民事还是刑事的法官都不是永久任期的领薪官员，而是有产阶级的荣誉职务。法官依案件经由专门选举产生；而且，在私人诉讼中，法官的任命必须获得双方当事人的同意，因此，以审理契约诉讼的独任法官为例，他更类似现代的仲裁员而非法官。尽管罗马行政官在罗马法的发展上起着首要的作用，但他们的作用是变革性的、规制性的和监督性的而非司法的。"[2] 法官和行政官也有着明确具体的分工与合作，在这个分工与合作的过程中，行政官发挥了举足轻重的作用，他的司法监督职能得到了明显的放大，因而使得法官的职权受到了很大限制。"行政官本人不是审判员，他是想获得司法审理和判决的人必跨的门槛；他对当事人的问题进行分类，将这些问题归为判决程式，然后由审判员发布命令：这取决于审判员认为哪一方当事人的主张是正当的，他或作出不利被告的适当判决或免除他的责任——即驳回原告的诉讼。"[3]

然而，在现代的司法制度中，由于立法、行政和司法的功能已经有了比较明确的划分，因此行政官的这项司法监督职能已不再存在，进而也就不再存在与此相对应的制度。值得一提的是，西塞罗在谈到司法裁量时，强调了公开、公正判决的必要性，他指出，"对于不服从的或有罪过的公民，官吏应使用强制手段，处以罚金、监禁或鞭挞，除非是同等的或更高的权力机关，或者是人民，禁止采用这种强制手段；该公民应有权向它们申诉。官吏宣布决定后，无论是死刑或罚金，都应当在人民面前举行审判，最终决定罚金或其他惩罚"[4] 这番论述也再次践行了《十二铜表法》的规定，该法第 9 表第 1~2 条规定："特权（即为自身的利益而违反法律）不得请求。除非在森图里亚会议里，不得对罗马公民作死刑之判决……"[5] 此外，为了实现公正的原则，西塞罗主张"其刑罚是死刑或剥夺公民权的案件只能在最大集会上由监察官从公民之中吸收的人来进行审判"[6]。

众所周知，不论是司法裁量还是行政裁量，都必须按照法律的规定来进行，由于法律的条文有时比较抽象而不够具体、不够明确，有时甚至因为立法疏漏而不完整，因此在适用这些法律时，必须对其进行法律解释。西塞罗首创了关于法律解释的三个方面的理论：

1. 严格的字面解释，即根据法律的文字结构，将字面含义解释清楚。这种解释

---

〔1〕［意］朱塞佩·格罗索：《罗马法史》，黄风译，中国政法大学出版社 1994 年版，第 121~122 页。
〔2〕［爱尔兰］J. M. 凯利：《西方法律思想简史》，王笑红译，法律出版社 2002 年版，第 41 页。
〔3〕［爱尔兰］J. M. 凯利：《西方法律思想简史》，王笑红译，法律出版社 2002 年版，第 52~53 页。
〔4〕［古罗马］西塞罗：《国家篇法律篇》，沈叔平、苏力译，商务印书馆 1999 年版，第 216 页。
〔5〕萧榕主编：《世界著名法典选编（民法卷）》，中国民主法制出版社 1998 年版，第 18 页。
〔6〕［古罗马］西塞罗：《国家篇法律篇》，沈叔平、苏力译，商务印书馆 1999 年版，第 219~220 页。

方法更多地适用于对原始文件发生争议的情况。西塞罗通过罗马著名的柯瑞阿斯诉考波阿斯遗嘱继承案来说明这种解释方法。案情如下：一个人在遗嘱上说，他死后将其全部遗产留给其遗腹子，但如果这个孩子到 14 岁死亡的话，则将这些财产作为赠品过渡到柯瑞阿斯手里。而事实是遗腹子没有出生，所以在立遗嘱人死亡 10 个月后，柯瑞阿斯根据市民法中有关遗嘱继承的规定向当局申诉他的财产权，当即遭到立遗嘱人第二顺序法定继承人考波阿斯的反对。西塞罗指出这是由法律文件所引起的自愿参与者案件，涉及法律解释问题。裁判官马库斯·斯凯渥拉直接按遗嘱字面词的含义作了严格的解释："除非有一个孩子出生了，而且在达到青年期以前时死亡了，否则柯瑞阿斯继承遗产的企图是永远不能实现的。"[1] 西塞罗认为这种解释十分正确，而且是非常重要的，因而他把该解释方法放在首要位置。

2. 论理解释，即为了维护法律的权威和效力，必须弄清法律起草者的立法意图和目的，利用"衡平原则"进行解释。拉丁格言道："衡平是借助普遍的理性以纠正法律中那些特殊规定的不足。"西塞罗认为，在对法律的规定或原始法律文件、起草者的立法思想不能接受，或怀疑其是否为本意时，首先要进行直接的字面解释，当仅凭字面解释不够时，则必须适用论理解释。

3. 发生法律冲突时的法律解释，西塞罗认为当两个或两个以上的法律规定彼此矛盾时，应当创制一种新的规则以便解决案件，但这种创制不能是任意的创制，而是必须满足下列条件：其一，将彼此矛盾的法律规定进行比较，确定对案件的处理更重要、更有价值的法律；其二，在选择法律的过程中，一般以最近颁布的为更重要的；其三，要考虑不同的法律规定在处刑方面的轻重，并慎重考虑当事人的情况和利益；其四，当互相矛盾的法律中既存在成文法又存在不成文法时，一般选择成文法，因为一般而言与不成文法相比，成文法是重要的。西塞罗的法律解释理论促进了法律与社会的有机结合，有效维护了统治阶级的法律统治，同时也大大有助于罗马法的发展和完善。罗马法的不朽声誉，及后来罗马法的几次复兴，都与西塞罗对于法律解释理论的贡献分不开。此外，他的法律解释理论对以后大陆法系和英美法系的形成、发展也产生了十分重大的影响，因为法律解释对无论成文法或是判例法的法律研究和法律实践，都具有极为重要的意义。

四、行政法高级法渊源的理论

对于法律，西塞罗有着这样的看法："法律并非人的思想的产物，也不是各民族的任何立法，而是一些永恒的东西，以其在指令和禁令中的智慧统治整个宇宙。因此，这些智慧者一直习惯说，法律是神的首要的和最终的心灵，其理性以强迫或制约而指导万物；为此，众神给予人类的法律一直受到正当的赞美；因为法律是适用

---

〔1〕 转引自吕世伦主编：《西方法律思想史论》，商务印书馆 2006 年版，第 53 页。

于指令和禁令的聪明的立法者的理性和心灵。"〔1〕西塞罗对法律的这种看法渗透着十分鲜明的自然法思想。爱尔兰学者 J. M. 凯利在他的《西方法律思想简史》中，对西塞罗的自然法思想和西塞罗之后的罗马法学家的自然法思想进行过比较，这种比较可能会有助于我们更好地理解西塞罗的自然法思想："他们（指其他罗马法学家）言说的'自然'的意涵几乎全都与西塞罗的原初高级法的观念大不相同。当他们谈到某一规则或制度背后的自然法或自然理性时，他们讨论的不是天上之神的律法或理性，而是地上之人的自然本性，即：人的境遇，人的常识，生命的事实，商业关系的特征，等等；而'自然'在他们那里，就是合宜的法律处理……或许如下比较并不算是冒昧的，西塞罗的永恒、神圣而高贵的自然法之于罗马法学家的实践性的自然法的关系，在某种程度上犹如后来的岁月中，在现代的开端之时出现的阿奎那和天主教会的神圣的自然法之于格老秀斯世俗的、理性主义的自然法的关系。"〔2〕我们或许可以这样说，在西塞罗看来，人类世俗社会中所有法律（包括行政法）的高级法渊源都是自然法。

　　关于自然法的理论是在罗马共和国后期才引入罗马法中的。在这段时期里，随着世界性国家的逐步建立，原有的市民法无法适应多民族的法律生活，需要一种普遍适用的法律原则。西塞罗适应了时代的需要，创造性地把源于古希腊的自然法思想引入罗马法，因而极大地推动了罗马法的发展。正如英国著名法史学家梅因所言："我找不出任何理由，为什么罗马法律会优于印度法律，假使不是'自然法'理论给了它一种与众不同的优秀典型。"〔3〕可以说，如果没有西塞罗在罗马大力推介自然法思想，罗马法就不可能达到后来如此辉煌的地步。在《法律篇》中，西塞罗多次提到了自然法和人定法之间的关系，他认为自然法具有高于一切人类社会立法的权威，是衡量正义和非正义的标准，是永恒的、永远不会被废除的，自然法具有最高法的地位，是人定法的高级法；人定法（人类社会所制定的法律）则有不同的层次。西塞罗认为法律源于人和神的共同理性，人们之所以遵守法律，一方面，是因为法律的权威以及对它的信赖来源于法律本身的良好并赢得了一定程度的赞同，另一方面，法律要成为人类普遍有效的行为准则，对法律自身是有条件的——公正和最大的善。在《国家篇》中，他提到自然法的本质即理性，并指出自然法的特点是永恒的，适用于一切国家、民族和一切时代："事实上有一种真正的法律——即正确的理性——与自然相适，它适用于所有的人并且是不变而永恒的。通过它的命令，这一法律号召人们履行自己的义务；通过它的禁令，它使人们不去做不正当的事情。它的命令和禁止永远在影响着善良的人们，但是对坏人却不起作用。用人类的立法来抵消这一法律的做法在道义上绝不是正当的，限制这一法律的作用在任何时候都

〔1〕　［古罗马］西塞罗：《国家篇法律篇》，沈叔平、苏力译，商务印书馆1999年版，第179~180页。
〔2〕　［爱尔兰］J. M. 凯利：《西方法律思想简史》，王笑红译，法律出版社2002年版，第58页。
〔3〕　［英］梅因：《古代法》，沈景一译，商务印书馆1997年版，第69页。

是不能容许的，而要想完全消灭它则是不可能的……它不会在罗马立一项规则，而在雅典另立一项规则，也不会今天是一种规则而明天又是另一种规则。有的将是一种法律，永恒不变的法律，任何时候任何民族都必须遵守的法律，而且看来人类也只有一个共同的主人和统治者，这就是上帝，他是这一法律的起草人、解释者和监护人。"[1]

西塞罗在讨论普通法律时并没有涉及对高级法的讨论，但是在讨论人定法与自然法的关系时，他将二元法律观为特点的自然法传统和对现实法律（即人定法）的批判很好地结合了起来。他指出，自然法是人定法的基础和衡量其好坏的标准："如果正义的原则只是建立在各民族的法令、君王的敕令或法官的决定之上，那么正义就会支持抢劫、通奸和伪造遗嘱，只要这些行为得到大众投票和法令的赞同。如果这样重要的权力只附属于傻瓜的决定和法令，大自然的法律可以为他们的投票所改变，那么他们为什么不颁布法令规定那些恶害应当是为善益呢？或者，如果法律能让不正义变成正义，难道它不能让恶变成善吗？而事实上，我们只要按照大自然的标准就可以感受到善法和恶法的差异；不仅正义和非正义，而且光荣和耻辱的事物也毫无例外的由大自然区分开来了。"[2]由此可以看出，西塞罗认为完全不正义的法律不具有法律的性质，它即使具有法律形式，也是无效的。在实践中，如果某个人定法不具有法律的性质就表明它没有法律效力，从而就免除了人们遵守这种法律的义务，进而人们就有权不遵守它。这种观念与西塞罗当时所处的共和国时代是相适应的，是西塞罗不满当时的立法状况的一种思想反映。他批评"那些为了指导各民族而以多种形式和适当时急需制定的规则，之所以称为法律，主要因为立法者们的偏好而不是由于它们真是法律"[3]因为一个真正的法律必须符合这样的条件："创造法律是为了公民的安全、国家的长存以及人们生活的安宁和幸福"；或者人们"将这类规则形成文字并加以执行的目的是，一旦接受和采纳了这些规则，就使他们可能获得光荣且幸福的生活"[4]否则就不能被称为真正的法律。

可见，在西塞罗那里，人定法是自然法的表现和适用，离开自然法的人定法，虽然形式上是法，实质上却不是法。真正的法律必然符合"理性"和"正义"的自然原则。只有符合自然法的人定法，才算做真正的法律，否则只不过是一帮匪徒在其集团内部所可能制定的规则而已。制定人定法必须依据自然法，否则没有法的性质。在西塞罗的法律概念中，正义不是建立在国家的法律之上，而是源于自然和理性。一个国家之所以有恶法的存在，是因为人定法没有接受自然法的指导从而丧失

〔1〕　转引自〔美〕乔治·霍兰·萨拜因：《政治学说史》（上），盛葵阳、崔妙因译，商务印书馆1986年版，第204～205页。

〔2〕　〔古罗马〕西塞罗：《国家篇法律篇》，沈叔平、苏力译，商务印书馆1999年版，第164页。

〔3〕　〔古罗马〕西塞罗：《国家篇法律篇》，沈叔平、苏力译，商务印书馆1999年版，第181页。

〔4〕　〔古罗马〕西塞罗：《国家篇法律篇》，沈叔平、苏力译，商务印书馆1999年版，第181页。

了理性。那些恶法不能因为它利用了法律的形式就能掩盖邪恶的实质而变成良法。在他看来，只要按大自然的标准就可以感受到善法与恶法的差异。正是由于从大自然那里法律获得了善和正义的品质，法律才成为治理国家的规则，由各民族集合而成的国家的基础是正义，但这种正义精神只能凭借法律来体现。按西塞罗的逻辑，一个国家实行法律统治，不仅是法律被普遍服从，而且被遵从的法律必须是良好的，即符合道德意义上的正义和善。这一点与亚里士多德的"良法之治"有着同样的含义，只是西塞罗的良法标准是符合自然理性，即正义和最大的善，因此是一种道德意义上的评判，在现实生活中很难具体把握和判断。

我们认为，西塞罗所强调的自然法作为人定法的高级法，其所具有的终极效力必须通过人类社会的道德力量才能实现。如果没有道德的约束和引导，自然法必然无法发挥起作用。自然法之所以得到如此重视和尊崇，主要是因为在古代社会，借助神、自然的这种道德力量是无比强大的。同时，这种包含宗教意识的观念在西方已经深入人心，并与西方源远流长的宗教传统息息相关。诚然，西塞罗也明确认识到，纯粹的自然法不可能会实现于我们所知的世俗社会中，因为它可能不适用于一般的人类状况。因此，人和国家的活动一般要涉及的自然法必然是这一真正法律的淡化了的形式，即低标准的自然法。毕竟人的能力和见识有限，因而"智慧的立法者和政治家因而将降低纯粹正义和纯粹理性的要求。尽管这样，政府正义和理性的标准依然存在，它仍应充当人类行为的指南，而人应该总是力求尽可能地接近它们"。[1]

第四节　罗马的法律义务论与行政法

"义务"一词来源于拉丁语的"债务"或法语的"责任"一词，它存在于人类社会生活的方方面面。古罗马著名政治学家和思想家西塞罗在他的关于义务研究的著作——《论义务》里，讲述了丰富的历史事件，尤其是罗马的历史；并探讨了传统理念，特别是希腊哲学以及罗马的法律制度。他认为："事实上，生活的任何一个方面，无论是公共的还是私人的，无论是法庭事务还是家庭事务，无论是你对自己提出什么要求还是与他人订立什么协议，都不可能不涉及义务，生活的全部高尚寓于对义务的重视，生活的耻辱在于对义务的疏忽。正是这个问题是所有哲学家共同关心的问题：有谁不讲授任何有关义务的规则，却敢妄称自己是哲学家？"[2] 对于义务的概念究竟如何界定，西塞罗并没有给出一个明确的表述。西塞罗只是对义务的研究所包括的方面进行了界定，他认为："任何关于义务的研究都包括两个方面：

---

〔1〕 ［美］列奥·施特劳斯、约瑟夫·克罗波西主编：《政治哲学史》（上），李天然等译，河北人民出版社1998年版，第186页。

〔2〕 ［古罗马］西塞罗：《论义务》，王焕生译，中国政法大学出版社1999年版，第9页。

其一涉及善的界限，其二包括可运用于生活各个方面的实践规则。"[1] 尽管西塞罗在《论义务》中也没有提到法律义务的概念，[2] 但是从他对义务的分类来看，他的义务观在很大程度上是一种法律义务观。他认为，"在人们共同关系本身存在着义务等级，从那些等级中可以理解，什么义务重于其他义务，即第一类义务应是对永生的天神的义务，第二类义务应是对国家的义务，第三类义务应是对父母的义务，然后是逐步对其他人应尽的义务"。[3] 从以上的这个分类中不难看出西塞罗的义务观具有十分浓厚的斯多葛派倾向。如果说他的第一种义务分类是宗教层面的义务观，第三种义务分类是道德层面的义务观的话，那么，第二种义务分类就是法律层面的义务观。从西塞罗的三部代表性著作来看，《论共和国》和《论法律》主要涉及的是政治、特别是法律的领域，而《论义务》则是有关道德的，但是，这三部著作却是有着本质的联系，因为我们无法否认，"如同罗马社会自本身一样，这些代表法律和道德特征的主题几乎不分彼此地融合在一起。在罗马社会最辉煌的时期，罗马人民崇拜自己的神朱比特，用法律规范罗马人与神、罗马人与其他民族的和约。实际上，朱比特也是全人类的神；法律也同样是调整所有人之间的关系的，既包括组成罗马人的民族，也包括所有那些已经为罗马人知晓的民族和逐渐被罗马人认识的民族。以正义为出发点，宗教、道德和法律在人间建立起一个面向所有人民和种族的大同社会"。[4]

从另一个角度来看，如果说在罗马法的私法部分中，"义务"主要是与"权利"的概念相对应的，强调义务与"权利"的相互依存，那么，在罗马法的公法部分中，义务则不仅与"权利"的概念相互关联，也与"权力"的概念相互对应。换句话来说，"义务"的对应物不仅仅是"权利"，还包括"权力"。此外，由于"权力"与"责任"、"公正"、"法律"等是密不可分的，因此我们可以这样说，在罗马法的公法部分中，"义务"是同"正义"、"法律"的概念联系在一起的。由于法律义务一直是传统法学中的核心范畴，同时"义务"在行政治理过程中是规制权力、维护正义的重要方式和手段，因此，在研究古罗马的行政法思想时，我们有必要对法律义务论进行探析，以便更好地了解罗马行政法的全貌。据此，可以将这种法律义务划分为四种不同的表现形态，即：权利对权利的义务、权利对权力的义务、权力对权利的义务、权力对权力的义务。针对这四种表现形态，我们又可以把对古罗马法律义务观的研究分解为几个领域，主要是"王权法"中的行政法内涵、义务

---

[1]　[古罗马] 西塞罗：《论义务》，王焕生译，中国政法大学出版社1999年版，第11页。

[2]　现代意义的法律义务指的是法律对相关主体必须作出一定行为或不得作出一定行为的约束。"法律义务是与法律权利相对称的概念，是指法律关系主体依法承担的某种必须履行的责任，它表现为必须作出或不作出一定的行为。"参见沈宗灵：《法学基础理论》，北京大学出版社1988年版，第414页。

[3]　[古罗马] 西塞罗：《论义务》，王焕生译，中国政法大学出版社1999年版，第153～155页。

[4]　[古罗马] 西塞罗：《论义务》，王焕生译，中国政法大学出版社1999年版，序言第1页。

论与行政法关系、义务论与法律忠诚、义务论与行政权忠诚。

一、"王权法"中的行政法内涵

爱尔兰学者 J. M. 凯利在《西方法律思想简史》一书中介绍古罗马"法律义务的渊源"时有这样一段论述:"乌尔比安如是说:'皇帝的决定具有法律的效力';这被收入优士丁尼《学说汇纂》。另一方面,《学说汇纂》的同一段引用了乌尔比安对这一专制主义原则合理化论述,他的解释本质上是民主主义的;他接着说:'因为根据赋予他权力的王权法,人民把他们的全部权威和权力移转给他。'这里所说的'王权法'被认为是原来的公民议会为第一位皇帝奥古斯都制定的,后世视为是对既成事实的王权溯及既往的合法化;但它仍然表明了官方感到有必要以人民意志来解释自己权力的心理,于是如此粗糙的一种理论在后来的罗马思想家那里继续被言说(因为优士丁尼《学说汇纂》提升了它的地位)。"[1] 根据这一论述,我们可以概括出"王权法"的概念,即"王权法"是原来的公民议会为第一位皇帝奥古斯都制定的,后世视为是对既成事实的王权溯及既往的合法化的法。我们可以这样理解,即王权法就是公众为了赋予"王"以权力而制定的相关的法。

西塞罗在《论共和国》一书中从自然法理论出发,认为人民联合或国家形成的根本原因在于人具有某种天生的聚合性,国家是全体人民的事业,是整个民族的共同财产。人民并不是通过随意集合就组成了国家,而是基于法的一致和利益的共同而组成的集合体。也就是说,法和利益共同构成了维系国家这个共同体的基础和纽带。在西塞罗看来,"没有什么比按照法结合起来,被称之为公民社会的人们的会聚和联合更能使那位最高主神满意的了"。同时,他认为,任何一种联合起来的公民社会为了能长久地存在下去,都需要某种机构进行管理,这里管理职能或者授予一个人,或者授予选举出来的一些人,或者由许多人,即由所有的人来承担。但不论采取哪种国家体制,都需要有一个主权的体现者,代表国民的总意志,我们权且把这个主权的体现者称之为"王"。为了使"王"能够真正公正地行使权力,必然要通过制定一系列法律对其权力进行确认,并对其行为进行约束,这样一系列法律就是我们所理解的"王权法"。

在当代,人们一般认为行政法是调整行政主体取得以及行使职权而发生的各种社会关系的法律规范的总和。[2] 其中,调整行政主体取得职权的社会关系偏重于调整对权力的确认和授予,而调整行政主体行使职权的社会关系则偏重于调整对权力的约束。具体包括:行政权配置过程中的社会关系、行政活动过程中的社会关系、对行政活动监督过程中的社会关系以及行政救济过程中的社会关系。关于行政法的目的,有的理论认为行政法的目的是为了保障国家行政机关对大众和公共事务的管

---

〔1〕 [爱尔兰] J. M. 凯利:《西方法律思想简史》,王笑红译,法律出版社 2002 年版,第 65~66 页。

〔2〕 罗豪才主编:《行政法学》,北京大学出版社 1996 年版,第 7 页。

理，从而保障国家和社会的公共利益；有的理论则认为行政法的目的在于控制国家的行政权力，从而保护公民的权利不受侵犯；还有的理论认为，行政法的目的在于使政府能够更有效地为整个社会提供最好的服务和最大的福利。与当代关于行政法的概念和内容相比较，古罗马时期的"王权法"中已经包含了行政法的一小部分内涵，即它在某种程度上也强调对权力的监督，如西塞罗对官员的住宅建筑标准就提出了一定的要求："由于我们正在对义务的各个方面进行探讨，起码我们确实这样希望，因此我们也应该说说一个身居要职、身份显要的人的住宅应该是怎么样的。住宅的目的在于使用，因此建筑方案应与此相适应，不过也应该注意舒适和声望……不过应该注意，特别是如果你自己建造住宅时，不可过分耗费，过分豪华，在这方面有许多恶果可以为例。"[1] 同时也强调执政者应当履行的义务。如西塞罗在谈到官员的义务时说到："官员的特有职责在于认识到他代表国家，应该保持国家的尊严和荣耀，维护法律，确定法权，铭记这些是委托给他们的责任。"[2]

二、义务论与行政法关系

按亚里士多德的观点，法律必须以人们所期待的价值原则为基础，否则它就无法获得社会的普遍认同。在一般意义上，这个价值原则就是一个社会所普遍认同的正义观念。而我们认为，这种正义观念主要是在道德层面表现出来的。正如美国伦理学家彼彻姆说的那样："当我们发现法律和政治结构的道德缺陷和道德上不完善时。我们就修改、订正和推翻法律和政治结构。在重新制定某些法律之前，我们常常指责旧的法律是'不公正的'、道德上是贫乏的。"[3] 可见，道德构成法治的精神支柱和基础。而自从亚里士多德在他的《政治学》一书中明确提出"法律的统治，而非人的统治"这一法治理念以来，法治已经成为西方社会公共生活中的一个基本信念和制度基础。人们普遍相信在一个法治社会中，个体受且只受事先公布的法律规则和原则的支配，而公共权力必须受到事先制定和公布的法律规则的约束，只有这样才能更好地实现个人自由。可以说，法治原则是对一切行政活动的总括性要求，它承认法律至上，任何人或机构都必须且只能服从法律的统治，强调严格的法律统治理念，正所谓"无法律则无行政"，法治是行政法的重要价值。从这个意义上讲，义务论与行政法的关系最主要体现在道德与法治的关系上。

在西塞罗看来，存在可以形成道德高尚的四个源泉，或四种德性，这就是：认识真理、对人类社会的维护——公正和善行、心灵的伟大和坚强、行为的合适。由上述这四种德性产生相应的实践义务，亦即通过追求而达至善的义务。西塞罗认为，

---

〔1〕［古罗马］西塞罗：《论义务》，王焕生译，中国政法大学出版社1999年版，第133～135页。

〔2〕［古罗马］西塞罗：《论义务》，王焕生译，中国政法大学出版社1999年版，第121页。

〔3〕［美］T．L．彼彻姆：《哲学的伦理学》，雷克勤、郭夏娟等译，中国社会科学出版社1990年版，第8页。

可以形成高尚德性的第二个源泉涉及最广泛。他在论述这一德性时，始终强调这一德性及由其而产生的各种义务的社会性。他援引柏拉图的话为证：我们出生不只是为了自己，祖国对我们的出生有所期求，朋友们对我们的出生也有所期求。又援引斯多葛派的话说，人类是为了人类而出生，由此人们应该互相帮助，为公共利益服务。并且认为，源自这一德性的义务甚至比源自认识真理的义务更符合自然，更符合人的本性。西塞罗提出了保持公正的两个重要方面，其一是任何人都不要在自己未受到不公正对待的情况下伤害他人，作不公正行为的主要原因在于贪婪；其二是为了公共利益使用公共所有，为了个人利益使用个人所有。至于法治，亚里士多德根据"中庸"标准的正义，提出了著名的法治三原则：①法治就是国家"由法律遂行其统治"，而不是让"一个人来统治"；②法治是"轮番为治"，应让多数人轮流执政；③法治要求执法与守法并重。他说："法治应包含两重意义：已成立的法律获得普遍的服从，而大家所服从的法律又应该本身是制定良好的法律。"[1]

质而言之，要研究义务论与行政法的关系，可以通过分析道德对法治的作用和影响来判断。①道德观决定法治的形式。道德观使法律原则和法律规范表现为该民族的特有形式，决定了该法律原则或法律规范及其体系是这样而不是那样。从历史的角度来看，现存的法律中最基本的、最重要的部分都是道德原则和道德规范长期积淀的结果，真正有计划、自觉地制定的成文法也是在传统的道德原则和道德规范的基础上进行的。如果社会需要的话，就可能通过国家以特定的形式将道德原则和道德规范确认为法律原则和法律规范，将重要的道德规范直接赋予法律的效力。②道德是法律产生的基础之一，法律始终以正义和善为价值依托和最终归宿。不体现道德，甚至背叛道德的不义之法，也许可以称为法制，却永远不能称为法治，更不可能得到有效的贯彻施行。它可能成为秩序的保障，也可能为无法无天开路；它可能带来自由，也可能成为专制与奴役的工具。没有道德的引导，"法治"是不可能长久的。③在法治社会中，政治活动本质上是一种道德活动，政治决策最终是道德决策。我们还应该认识到，"道德必然带上它所无力改变的弊端，因为尽管最优秀的榜样有其作用，但道德毕竟不具备法律的力量。这种榜样不知不觉地改变了民族的信仰，而没有改其政治制度，也没有改变它们的习俗"[2]。当我们用某种道德规范不足以规范社会的时候，我们应当及时地通过特定的形式使之成为法律原则或法律规范，通过法律的强制性来规范社会生活。因此可以说，义务论影响并在某种程度上决定行政法的产生与形式，同时也影响着行政法规范的内容。正如西塞罗在谈到法律产生的原因时所指出的，当人们得不到公正时，于是便发明了法律这一手段。"制定法律的原因与拥立国王的原因是一样的。要知道，人们一向追求的就是权利的平等，而且不可能存在另样的权利。如果他们从一个公正而高尚的人那里达到了这

---

〔1〕　〔古希腊〕亚里士多德：《政治学》，吴寿彭译，商务印书馆1981年版，第199页。

〔2〕　〔法〕摩莱里：《自然法典》，黄建安、姜亚洲译，商务印书馆2000年版，第56页。

一点，他们便会心满意足了。既然未能达到这一点，因此便发明了法律，让它永远用同一个声音和所有的人说话。"[1] 他并由此推论说，只有具备高度公正性的人才有可能被推举出来掌管权力，维护和保持公正不仅是为了公正本身，同时也是为了增加尊贵和荣誉。

西塞罗重复了古希腊政治学说中关于国家的形成的典型看法，即国家起源于家庭。家庭关系、亲属关系的扩展和后代的绵延成为国家的开始。"由于自然赋予生物的共同特性是具有繁衍后代的欲望，因此人类的最初联系是夫妻关系，然后是和子女的关系，再后来是组成一个家庭，一切都共有。这便是城邦的开始，并且可以说是国家的起源。"[2] 西塞罗认为，在人们之间的相互联系中，没有什么比习性相似的高尚的人们之间以亲密的友谊建立起来的联系更美好、更牢固；在人们的所有社会关系中，没有哪一种比我们每个人同国家的关系更重要、更亲切。由此，如果需要对义务进行等级划分，那么首要的便是对祖国的义务。综上所述，促使个人与他人彼此约定和履行法律义务，并赋予共同体以权力，社会合作与分工得以进行，社会共同体也因此获得合法性和超越个人的力量的根本原因，都在于个人对社会合作与分工的预期利益！从这个意义上说，义务既是一种意志行为，其道德性基于自觉、自愿的本能；又是一种交易行为，其道德性基于公平交易中的预期利益。义务所具有的这种意志行为与交易行为的性质所产生的结果就是使他们都自愿认同主权者在国家治理中的权力，并且都积极参与到对这种权力的设计、约束以及服从之中。

三、义务论与法律忠诚

在本节一开始，笔者就指出可以将法律义务划分为四种不同的表现形态，即：权利对权利的义务、权利对权力的义务、权力对权利的义务、权力对权力的义务。笔者认为，前两种义务主要涉及的是社会公众（行政相对人）对他人以及对权力行使者（行政主体）的义务，因而更多强调的是一种法律忠诚，而后两种义务则主要涉及的是权力行使者（行政主体）对社会公众（行政相对人）以及对自身职务的义务，因而更多强调的是一种行政权忠诚。在这一部分中，我们将主要讨论的是作为"行政相对人"的社会公众的义务，即权利对权利的义务、权利对权力的义务。其中，权利对权利的义务指的是义务本身是权利的一个要素。它具体包括如下情形：①对应义务，也就是建立在直接的互惠基础上的义务。即一方的权利和义务与另一方的义务和权利相互对应，两者相互依赖，缺一不可。②对世义务，即权利的行使不得侵犯他人的权利和社会公益。这也就是米尔恩所说的："至少有一项义务与各项

〔1〕 ［古罗马］西塞罗：《论义务》，王焕生译，中国政法大学出版社1999年版，第195页。
〔2〕 ［古罗马］西塞罗：《论义务》，王焕生译，中国政法大学出版社1999年版，第55页。

权利都有关，这就是要求每个人都不得作任何侵权之事的义务。"[1] ③对己义务，即权利的行使必须不至于严重影响权利主体自身的身心健康，不至于使自身丧失重大利益。这类义务隐含的依据是：一个人自愿的行为有时并不是自由、自利的行为，因为该行为人可能没有意识到自己行为的不可逆转的危害结果。这实际上也是为了防止权利的滥用。权利对权力的义务，是一种服从义务。即权利主体出于某种目的，以明示或默认方式让渡一部分权利而汇集成公共权力之后，权利主体因此承担着服从公共权力的合理支配的义务，以换取通过公共权力才能有效获得的某些权利或资源。[2]

乌尔比安对于公民的义务，曾经归纳出了三个古典公式，它们分别是："正直地生活"；"不侵犯任何人"；"把个人自己的东西归还给他自己"。其中，关于第一个公式"正直地生活"，是指一个人应该在一定的道德准则的约束下生活。这应该被视为一种自我的责任，是一个理性的人所必须做到的。这个公式包含着这样一种要求，即一个人不仅要为自己而生活，同时还要为他人、为国家而生活。关于这一点，西塞罗有这样的表述："公民个人应该享有同其他公民公平、同等的权利生活，不屈从、不卑谦，也不骄傲自恃，在国家事务方面则希望事事都能和平、高尚。"[3] 此外，西塞罗还谈到了外邦人和移民的义务，他认为外邦人和移民因为不享有公民权，因此不能干涉他人或他人国家的事情。"外邦人指暂时前来的其他城邦的人，移民指有固定居处的外邦人，他们成为该城邦居民的一个组成部分，但不享有公民权。""他们除了从事自己的事情外，不要干涉他人的任何事情，特别是不要关心他人国家的事情。"关于第二个公式"不侵犯任何人"，完全表述的是人与人之间的关系。这一义务既是一种道德（伦理）义务，又是与一定的权利相联系的法律义务。关于这一点，西塞罗认为，"公正的首要责任在于任何人都不要伤害他人，如果自己并未受到不公正对待。"[4] 关于第三个公式"把各人自己的东西归还给他自己"，则非常标准地区分出人与人之间的界限，并表明了一个人的自由空间不能随便逾越这一理念。这显然是一种建立在法律权利基础上的法律义务。关于这一点，西塞罗认为，"为了公共利益使用公共所有，为了个人利益使用个人所有……本来属公共所有的东西现在已成为个人所有，那就让每个人拥有已经分配给他的东西；如果有人企图从他人那里攫取什么，那他就会破坏人类社会的法权。"[5] 因此，西塞罗认为应当由国家以及国家的官吏们对公民的所有权进行保护。

---

[1]　[英] A. J. M. 米尔恩：《人的权利与人的多样性——人权哲学》，王先恒、施青林等译，东方出版社1991年版，第190页。

[2]　参见胡平仁："法律义务新论——兼评张恒山教授《义务先定论》中的义务观"，载《法制与社会发展》2004年第6期。

[3]　[古罗马] 西塞罗：《论义务》，王焕生译，中国政法大学出版社1999年版，第121～123页。

[4]　[古罗马] 西塞罗：《论义务》，王焕生译，中国政法大学出版社1999年版，第21页。

[5]　[古罗马] 西塞罗：《论义务》，王焕生译，中国政法大学出版社1999年版，第21～23页。

如果说上述是关于权利对权利的义务的话，那么下面我们将探讨一下权利对权力的义务。西塞罗认为，国家中的每个人都有义务维护国家的利益，这也是为个人获得尊严的方式。"凡是希望维护国家利益的人都会避免夺取一些人的财产赠给另一些人这种慷慨，并且首先努力争取做到让每个人能够根据公平的法权和公平的审判拥有自己的财产，让较为贫穷的人不会由于自己地位低下而受欺诈，让嫉妒之心不会阻碍富人拥有或重新获得自己的财产，此外无论在战时或平时，任何人都应该尽自己的可能增加国家的威力、领土和收入。"[1]　在西塞罗看来，这些都应当是一个合格公民应对国家所尽的责任和义务。

四、义务论与行政权忠诚

在上一部分中，我们讲到权力对权利的义务、权力对权力的义务主要涉及的是权力行使者（行政主体）对社会公众（行政相对人）以及对自身职务的义务，因而更多强调的是一种行政权忠诚。在这一部分中，我们将主要讨论的是作为"行政主体"的权力行使者的义务，即权力对权利的义务、权力对权力的义务。其中，权力对权利的义务，其实是一种职责义务。即由权利派生出来的公共权力肩负着保障权利、维护公益的责任。任何公共权力的行使，都不能与权力设定的这一初衷相背离。权力对权力的义务，分为两种情况。①派生义务，即基于权力的内部分工而派生出来的低层级权力对高层级权力的服从义务，或同层级权力相互间的配合与制衡义务。权力的这种派生义务是为了防止权力的乱用与滥用。②内含义务，即权力必须行使，而且必须依法行使。权力的这种内含义务是为了防止权力的怠用。[2]

西塞罗在谈到可以形成道德高尚的几个方面时，着重谈到了处于国家领导地位的人应具有的义务感。西塞罗认为，"将要担任国家领导职务的人应该遵循柏拉图的两点教导：第一，他们应这样维护公民的利益，即不论他们作什么事情，都要使之符合公民的利益，忘记个人的利益；第二，他们应该维护国家整体，而不要为维护某个部分，忽略其他的部分。要知道，管理国家有如信托，应该维护被托付者的利益，而不是受托者的利益。谁关心一部分公民的利益，忽略另一部分公民的利益，他便会给国家带来极大的危害——动乱和不和"。[3]　在这里，西塞罗强调，权力行使者作为国家权力的受托者，应当公正地维护全体公民——被托付者的利益，如果过分注重一部分人的利益而忽视另一部分人的利益，则必然会使国家产生不和谐的因素。为了达到这个要求，西塞罗对权力行使者提出了诸多要求，其中最重要的要求就是把自己完全奉献给国家、严格地保持公正和高尚，这些都是权力行使者应尽

---

〔1〕　〔古罗马〕西塞罗：《论义务》，王焕生译，中国政法大学出版社1999年版，第241～243页。

〔2〕　参见胡平仁："法律义务新论——兼评张恒山教授《义务先定论》中的义务观"，载《法制与社会发展》2004年第6期。

〔3〕　〔古罗马〕西塞罗：《论义务》，王焕生译，中国政法大学出版社1999年版，第85页。

的义务。同时，西塞罗还特别强调了权力行使者保持公正感的重要性，他指出，如果一个人有凌驾于他人之上的强烈的欲望时，他就很难保持公正。在这种情况下，这种人不会容忍别人在法律权利等方面超过自己，因此他会不择手段地攫取权力，从而导致公正不复存在。因此，公正感对于权力行使者具有重要意义。

此外，财产权是公民的一项重要权利，因此西塞罗特别强调了权力行使者对公民财产权的保护。在他看来，管理国家事务的人最应该关心的是使每个公民都能拥有自己的财产，并且确保这些私人财产不会因为国家的原因而遭受损失。因为正是"为了维护私有财产，才建立了国家和公民社会。事实上，人们尽管由天性引导而聚合起来，但是他们正是希望保护自己的财产而寻求城市作为保障。甚至还应该注意不要像我们祖辈时代曾经发生过的那样，由于国库空虚和连绵战争而需要征税，对此应及早预防，以免发生。如果有哪个国家不得不采取这种措施——我宁愿预示某个国家，而不是我们的国家，我现在是就所有的国家而言——那就应该努力让所有的人都明白，如果他们希望自己平安无恙，就应该服从这种需要。所有将要掌握国家之舵的人甚至还应该关心使生活品保持充足"。[1] 如果从国家的角度来看，这种义务就是"使每个人能自由地、无忧无虑地保持自己的财产，这是国家和城市的责任"。[2] 同时，西塞罗十分赞同温和与仁慈的执政风格，他强调谴责和惩罚都是为了维护国家利益，因此要不带侮辱，不可过分，不可动怒地行使权力。他指出，"惩罚时切不可动怒，因为发怒时进行惩罚，绝不可能保持适中，不至过重和过轻，这是逍遥学派的主张，并且是正确的主张，只要他们能够不称赞愤怒，不认为愤怒是自然的有益赐予。在任何事情上都应该摒弃愤怒，而且应该希望领导国家的人们应该像法律一样，引导法律进行惩罚的不是愤怒，而是公正"。[3]

〔1〕 ［古罗马］西塞罗：《论义务》，王焕生译，中国政法大学出版社 1999 年版，第 230～231 页。

〔2〕 ［古罗马］西塞罗：《论义务》，王焕生译，中国政法大学出版社 1999 年版，第 235 页。

〔3〕 ［古罗马］西塞罗：《论义务》，王焕生译，中国政法大学出版社 1999 年版，第 87 页。

第4章
欧洲中世纪的行政法思想

　　欧洲中世纪的历史在人们的印象中无疑是灰色的。在这段漫长的时期里，政治上分封割据、混乱无序，经济上封闭自足，思想文化上基督教神学统治一切。乍看来，它既无法与辉煌的古罗马时代相提并论，更与现代文明格格不入。然而，历史具有不可割断的传承性。中世纪的文明也是人类文明的重要组成部分。以法学而言，尽管我们今天所追寻的法治源头公推古希腊古罗马，而在中世纪这些古代的理论曾一度湮没于世，但是如果将中世纪看做法治思想荒芜，或者将其法律理论说成一无是处，而将罪名完全归于教会则是不公正的。中世纪法律文明发展的曲折性有其历史根源，有其历史的必然性。我们必须承认除了黑暗的历史外，中世纪也有光明的一面。教会法学家们在阐释其神学思想的同时也自然或自觉地发展了法律思想。这其中，奥古斯丁与托马斯·阿奎那便是代表人物。历史总是在斗争与妥协中前进，神学政治法律思想的发展也伴随着与之对抗或者修正的思想的发展。中世纪世俗社会与宗教社会的交融状态也孕育着诸多近代法治思想，现代的权力制约、尊重个人权利等观念在中世纪的封建管理机制以及教会管理机制中可以看到清楚的痕迹。

第一节　政治的二元性与行政法思想

一、行政权的次属地位

　　古代的国家与宗教一般有着密不可分的联系。国家需要借助于宗教来巩固其世俗的统治，而宗教则需要依靠国家的力量来建立其神性权威。在一些国家中，世俗权力与宗教权力之间的关系十分复杂，它们相互独立又相互渗透，形成了一种独特的二元政体。中世纪的西欧各国便是如此。中世纪的欧洲，当从古代奴隶制进入中世纪封建社会的时候，政治与宗教便进一步融为一体，政治由世俗政治走向神权政治。教权同时具有世俗政权的性质，并独立于世俗政权之外。形式上世俗政权与教会是分别设立的，实际上世俗政权受控于教会，并只能完全依照神权政治的原则进行活动。[1] 在这样的政治下，我们可以发现，作为今时国家权力最为显赫的行政

――――――――

[1]　马啸原：《西方政治思想史纲》，高等教育出版社1997年版，第137页。

权，没有建立起其在国家权力体系中的应有地位，同神性的教权相比，它处于一种从属的地位。

行政权的从属地位在中世纪欧洲社会表现在如下方面：①从权力的价值来看，中世纪欧洲是一个严格的宗教社会，当时的理念是一切权力都是由上帝所赐予的。上帝将权力分为两类，将管理人间精神事务、引导人类走向天国的权力授予彼得及其继承人教皇，而将管理世俗事务、谋求物质利益的权力授予世俗君主。但是人类的最终目标是天堂里的幸福，在人间的一切努力只不过是为了实现救赎，能够在死后成为上帝的选民。这样，负责人类精神事务的教会是天堂之门钥匙的守护者，他们的权力就在价值上高于了世俗的权力。到中世纪中期，教会势力极盛之时，世俗权力甚至被宣称为不是由上帝所直接赋予的，而是由教会所赋予的，这样，世俗的行政权在地位上就更加逊于神性的教权。②从权力作用范围上来看，世俗的权力和教会的权力虽然有大体的划分，各有各自的管辖范围。但是在那些相互交叉的领域，教会的权力要高于世俗的权力。凡是涉及宗教事务的事项中，要由教会来作最终裁决。而教会人员则不受世俗司法的裁判。③从权力享有者之间的关系来看，尽管教会高级人员的选拔无不受到世俗王权的干预，在中世纪早期世俗的王权也通过人事的安排控制教会，但是随着教会力量的上升，教会拥有了世俗权力不可能达到的影响力。世俗国王取得合法权力需要由教皇为其加冕，世俗王国的事务被教皇安排的大主教所把持。教皇甚至可以干预国王们的婚姻继承，乃至操纵国王的废立。对于教皇所制定的对外计划，各国君主都要积极地响应参加，这些显然都是世俗权力所望尘莫及的。④从权力的行使依据来看，世俗的权力要依据世俗的法律、国王的敕令等进行，同时它也受到教会法的约束，它不能违背教会教义的原则，不然就失去了正当性依据。当世俗的法律与教会的法律相冲突时，它应当遵从是更高层次的教会之法。

行政权处于次属地位，教权处于优势地位这种现象有着深刻的历史原因。

1. 在中世纪，现代意义上的主权国家还没有形成，封建割据的若干王朝与统一的教会并存。人民既是世俗王国的子民，又是教会的信徒。王权与教权同时具有统治管理的职能。而教会同世俗的政权相比，在组织上更统一、更具备集权国家的属性。正如美国学者汤普逊所描述的："中世纪教会，与近代教会无论旧教或是新教教会，是大不相同的。它到处行使的不仅限于宗教的统治，而且行使政治、行政、经济和社会的权力。它的管辖权推及'基督教国家'中的每个王国；它不仅是每个国家中的一个国家，而也是一个'超国家'。""教会的行政组织，是和国家的行政组织相同的；但它比封建王国的组织更加巩固并更加统一。它的统治者是教皇，它的省长是大主教和主教；它是以宗教大会和会议作为自己的立法会议；它制定自己的法律，设立自己的法院和自己的监狱。"[1] 这种组织上的优势性使得教会能够有力

---

〔1〕 ［美］汤普逊：《中世纪经济社会史》（下），耿淡如译，商务印书馆1963年版，第262页。

地介入国家事务，能够比世俗的行政权更有力地推行其政策。相比之下，分封割据的王国政权，因为组织机构非集中性，加之不同权力主体之间的矛盾冲突，无法有效地发挥作用。

2. 我们习惯上称中世纪为蒙昧的时代，将中世纪的缔造者——入侵古罗马的日耳曼人称为野蛮人。这反映了一个历史事实，就是作为征服者的日耳曼人在文化上无疑处于原始的状态，缺少可以管理国家的文化力量。而基督教会，在中世纪成为文化知识的垄断者。僧侣阶层在社会中是惟一有知识的阶层，封建贵族，尤其在中世纪早期，如识字之类能力都不具备，因此国王与诸侯们只能从教会里招聘他们行使职权所必需的一切有文化的成员。从 9 世纪到 11 世纪，政府的全部事务都掌握在教会手里，在政府事务中，正如在艺术方面一样，教会占有优势。[1]

3. 教权的优势地位不是自然产生的，也是教权与王权斗争与合作的结果。历史上，基督教起初是被压迫者的宗教，信教者大都为社会底层人民。后来随着罗马贵族的加入，基督教在组织上逐渐为贵族所掌握，才成为维护政权的重要力量。自查士丁尼 313 年颁布米兰敕令承认基督教的合法地位后，基督教发展极为迅速。罗马帝国随着野蛮人的入侵而分崩离析，但是基督教会却能保存继续发展。而且野蛮人进入罗马境内后，"政权和教权之间的关系一直是相互利用。法兰克诸王依靠教会的支持，迅速征服高卢、日耳曼和北意大利；教会则从法兰克国王手里得到大量土地，成为欧洲最大的封建主"。[2] 这样，通过中世纪前期在经济政治上的积累，教会获得了与世俗政权抗衡的实力。同时在谋求教会事务独立的斗争中，教会也发展了神权政治的理论。教会提出了"两把剑"的理论，[3] 主张代表世俗权力的世俗之剑与象征精神权力的宗教之剑本来都是属于上帝的代理人教会的，只是教会处于管理世俗事务的需要而将世俗之剑授予世俗政权行使。因此，在权力位阶上，世俗的行政

---

〔1〕 [比] 亨利·皮朗：《中世纪欧洲经济社会史》，乐文译，上海人民出版社 1986 年版，第 11～12 页。

〔2〕 朱寰主编：《世界上古中世纪史》，北京大学出版社 1990 年版，第 309 页。

〔3〕 "双剑论"是中世纪西欧教会和国家关系学说里常用的一个比喻。它源自于《路加福音》第 22 章第 38 节："他们说：'主啊，请看！这里有两把剑。'耶稣说：'够了。'""双剑论"首先由教皇吉莱希厄斯一世作权威性阐述。他将"双剑"阐述为代表世俗权力的"物质之剑"和代表教会权力的"精神之剑"，两把剑应当由不同的人加以掌握。"物质之剑"的行使者为世俗政权，而"精神之剑"则专属于教会。他的目的在于反对世俗当局对教会事务的干涉，为教会的独立创立理论上的依据。而到后来，随着教会势力的增强，教会与世俗政权间的权力争斗加深。教会"双剑论"成为教会与世俗政权双方为自己权威辩护的工具。德皇亨利四世在同教皇格里高利七世的冲突中就曾经运用这段话，来论证王权和神权应当分别由世俗当局和教会掌管，教会不应当干预世俗当局的事务。与教皇吉莱希厄斯一世同时代的约翰·索尔兹伯里和伯纳德·克莱沃则都提出世俗君王从教会那里接受"物质之剑"，即"双剑"本来都由教会掌管。到 14 世纪，教皇卜尼法斯八世发表教令，重申"双剑"都由上帝授予教会，"物质之剑"则由教会交给君主和骑士们使用。他不仅强调使用"物质之剑"的世俗统治者地位低于使用"精神之剑"的神职人员，而且强调前者必须接受后者的指导和监督。这就为教权高于世俗政权建立了理论上的支撑。

权必然要低于神性的教权。世俗的行政权必须按照基督教的教义理念行使才会具有其合理性，才被视为是正义的。如果以封建君主为代表的行政主体恣意妄为，那么尽管倡导服从世俗的权力为教会的一大理论，但到达一定程度，教皇仍可以开除教籍等方式来惩罚他们。

二、行政法形式的二元性

中世纪的欧洲，存在着教会与世俗国家在管辖权上的重叠与冲突，教会与世俗政权同为社会的管理者。而法律作为统治者建立秩序维护统治的工具，因此也同样出现了二元性的特征。在基督教世界中，不仅存在针对一国或者一定封土范围内适用的世俗之法，也存在着超越封建王国范围适用的教会法。这种世俗之法与教会法并行的格局使得各个部门法的形式也必然具有二元性的特征。在行政法领域，我们可以看到，不仅世俗的法律中存在大量的行政法，在教会法中也有众多的行政法规范。它们由不同的主体颁布，由不同的力量实施，但是它们所具有的法律属性却是相同的，依现代的行政法学观点，它们同属于规范行政主体与行政相对人之间权利义务责任以及冲突关系之法。

世俗法与教会法是对应而言的。在中世纪以前古希腊古罗马都存在着法律，以其颁布制定的主体、使用和适用的范围来看它们也属"世俗"法的范畴。但是，我们并不将那些时代的法律称之为世俗法——在当时并没有出现如中世纪般的教会法。所以世俗法、教会法都是中世纪欧洲特定的法律概念。世俗法是指"在 11 世纪晚期和 12 世纪发展起来的概念，是一种有关各种正在出现的法律体系的概念。每一种法律体系在范围上都限于特定种类的现世事务，它产生于习惯，虽不完美，却为神所指导，并按照理性和良心获得纠正"[1]　具体而言，它就是指由非教会的政治实体，例如帝国、王室、领地、庄园、城市等所制定的仅在辖区范围内针对世俗事务适用的那些法律。而"教会法，通常认为《圣经》本身就是法律性的文献，如《旧约》中'摩西十诫'；《新约》，'尤其是圣保罗的书信和《使徒行传》所提供的证据表明，在基督教共同体的内部，存在着依照法律确立的权威当局，它们宣告和实施有关教义、崇拜、道德、纪律以及教会结构等方面的事务的规则'。除此之外，'教会法'还指地方宗教会议、全体宗教会议或某位主教个人颁布的法令。所以教会法实质上是一个内容庞杂的法律体系，以经典的法令汇编为代表。在内容上，教会法包括如下几方面的内容：教会财政与财产、教会的权限、教会当局与世俗当局的关系、犯罪和婚姻与家庭关系"[2]

同一个社会里存在两种不同形式的法律，那么它们的关系是什么样的？从同为法律且调整范围具有很大的重合性来说，它们之间必然是一种既需互补合作，又必

---

〔1〕　[美]伯尔曼：《法律与革命》，贺卫方等译，中国大百科全书出版社 1993 年版，第 339 页。
〔2〕　丛日云主编：《西方政治思想史》第 2 卷，天津人民出版社 2005 年版，第 235 页。

然存在矛盾冲突需要不断协调妥协的关系。

首先在两者的互补关系上，教会法虽然自成一体，然而也并非完整到不需要借助于世俗法。但是这种借助却始终保持着一种限度，"在处理许多与世俗社会有关的具体事务时必然会应用到罗马法，罗马社会的观念和精神必然会渗透到基督徒中间，然而教会法从来没有系统地接受罗马法，教会法的主体内容一贯是宗教会议法令、教父著作片段以及教皇的教令"。而对于世俗法来说，也不是就能撇开基督教和教会法来独立地发展。正如有学者所说，"西欧大陆法传统不仅包含罗马因素，也受到基督教和教会法直接和间接的影响。为国王编撰律法的教士有意无意地将教会的观点掺入，甚至在编排国王敕令时提及相关的教会法条文……从基督教的立场看，人间的法律是人理解和执行神法的形式。中世纪的立法者认为自己的工作是在教会的指引下表达神法，以此引导所有的人们完美实践自己作为社会成员的属性，走向至善。封君封臣制度下的封建法和骑士制度是被彻底基督教化的。综观西方法制史，在宪法、刑法、民法和程序法等世俗法的各个领域，教会法的精神和条文都渗透其中。"〔1〕这样无论是教会法还是世俗法其实都是在从并立的另一方汲取营养，他们的发展需要另一方在一定程度上的支撑。然而，当一个社会存在两种法律制度之时，这两种法律制度的运作就无法避免冲突。而且，随着王权脱离教会控制的斗争，反映国家世俗化程度的世俗法律也大量地发展起来，它们的兴盛也在极大地削弱教会法的权威。它们之间的矛盾关系，在最初，因为教会力量的强大和教会法的强势地位，必然是世俗法让位于教会法，但到后来，教皇势力衰微，独立的世俗国家开始兴起之时，教会法逐渐失去赖以发挥效力的政治力量支持时，它们的影响也就逐渐减弱，最终完全让位于世俗法。

中世纪行政法的形式的二元化不仅对当时的社会法制境况产生了广泛的影响，也对法律的发展产生了深远的影响。尽管现代大部分国家都实行政教分离，宗教的教规教义已经不具有法律意义，法律也不再依附于宗教，但是宗教的一些积极因素却融入了现代法律。教会法所贯穿的上帝面前人人平等的思想，教会法对人的生命财产的尊重等，这些法律精神从中世纪时起就被世俗的法律所吸收，至今天它们仍是我们在立法执法过程中所应坚持的精神。

三、行政治理的方式从上帝推演

中世纪的历史无疑是伴随着基督教的历史而展开的。正如恩格斯所言："中世纪是从粗野的原始状态发展而来的。它把古代文明、古代哲学、政治和法律一扫而光，以便一切都从头做起。它从没落了的古代世界承受下来的惟一的事物就是基督教和一些残破不全而且失掉文明的城市。"〔2〕这样的历史条件下，罗马天主教会在当时

---

〔1〕　彭小瑜：《教会法研究》，商务印书馆2003年版，第38～40页。
〔2〕　恩格斯："德国农民战争"，载《马克斯恩格斯全集》第7卷，第400页。

封建制度里自然的处于万流归宗的地位。统治阶级对社会的行政治理不得不从基督教会那里汲取营养，获得支持。

1. 在理念上的显现。

（1）行政治理的思想首先是"君权神授"，即行政权力是上帝所授予的，具有神圣的合理性、权威性。因此作为被统治者必须服从世俗当局的管理，不得对抗、更不得以暴力的方式拒绝管理，否则就是对上帝旨意的违背。这种思想来源于被视为神的恩赐的《圣经》中，教父们经常引用以下这段经文为世俗的政权辩护，以证明他们统治的合理性。"在上有权柄的，人人当服从他。因为没有权柄不是出于神的。凡掌权的都是神所命的。所以抗拒掌权的，就是抗拒神的命。抗拒的必自取刑法。做官的原不是叫行善的惧怕，乃是叫作恶的惧怕。你愿意不惧怕掌权的么？你只要行善，就可得他的称赞。因为他是神的用人，是与你有益的。你若作恶，却当惧怕。因为他不是空空的佩剑。他是神的用人，是伸冤的，刑罚那作恶的。所以你们必须服从，不但是因为刑罚，也是因为良心。你们纳粮，也为这缘故。因为他们是神的差役，常常特管这事。凡人所当得的，就给他。当得粮的，给他纳粮。当得税的，给他上税。当惧怕的，惧怕他。当恭敬的，恭敬他。"[1] 在君权神授理论中，世俗的政权以及其代表者封建君主被视为是上帝的仆人，他们既然是在代表上帝行使人间的权力，对上帝的子民进行管理，那么本身是合理的，他们可能滥用权力，对被管理者带来损害与痛苦，但是这只不过是人类所犯之罪的现世折射，因此受管理的人应当遵从上帝的旨意，顺从世俗当局。

（2）行政治理应当区分世俗的与宗教的事务。尽管在中世纪教权与世俗权力存在着交叉重叠乃至冲突，但是区分世俗的事务与宗教的事务却是始终为社会所坚持的理论。"凯撒的归凯撒，罗马的归罗马"是基督教与世俗政权所应共同遵守的规则。在中世纪的政治观点中，"宗教的和世俗的权力结合在同样一些人的手里，这是典型的异教制度，也许在基督到来之前这是合法的，但是现在却肯定是魔鬼的诡计。由于人类的弱点并且为了约束人们天生的自命不凡和傲气，基督规定把两种权力分开；因此基督是最后一个能够合法的行使王权和僧权的人。在基督教的体制下，同一个人既是国王又是牧师，这是非法的"[2] 所以，世俗的当局也不得干预宗教的事务。凡是涉及精神上的事务或者与基督教实体及人员有关的事务应当交由教会处理。同样，对于教会来讲，也不得逾越其天堂的守门人这一角色，插手世俗的事务。当然，这种权限上的区分并不是泾渭分明，何为世俗事务何为精神事务往往难以厘清。两者会随着王权与教权的此消彼长相互交织。比如在中世纪初期，封建国王有权任命主教，在涉及教会的财产等问题上也有相当的管辖权，而自教会谋求自身独

---

[1]《罗马书》，第13章，第1~7节。

[2]［美］乔治·霍兰·萨拜因：《政治学说史》（上），盛葵阳、崔妙因译，商务印书馆1986年版，第238页。

立后，教会对于一国的世俗事务却时时插手，居民的婚姻、国王的罢黜都受教会的影响乃至掌控。然而，即使一方权力发挥极至，大大侵犯对方领域的时候，二元划分的理念仍旧存在，甚至会因为弱势一方的对抗而更加发展。

2. 在实践中，行政治理也是以基督教为参照系的，可以说是基督教会确立了中世纪的治理模式。①古罗马帝国崩溃后，日耳曼各族建立封建王国的过程中，基督教成为他们重要的政治支柱，他们直接参与了创建的过程。西罗马帝国灭亡后，基督教会不断宣扬"举凡权利皆为神授"。教会用"神总是把克罗维的敌人送到他的手中"来颂扬法兰克人的政府。在客观上就在被征服者和日耳曼人的心目中把法兰克王权神圣化，加速了法兰克首领克罗维从一个军事首长成为国王的过程。而日耳曼人入侵罗马帝国之初仍处于原始的状态，组织上是一种氏族的军事管理体制。这根本无法适应对新征服领域的管理需要。而教会在西罗马帝国的废墟上，保持着以主教区为基本单位的组织系统，这为日耳曼诸王国汲取罗马行政区划体制提供了蓝图。并且，在当时日耳曼民族本没有成文的法律，这样，尽管很多日耳曼国家仍愿意遵从原始的习俗之法，但是这无法适应新的社会构成的需要，从而罗马教会所制定的教会法成为封建国家的法律依据。例如，长时期以来，对奴隶和农奴采用"审议裁判法"，宣扬凭上帝旨意来判定有罪无罪。在西哥特国家，主教直接参与立法和草拟敕令工作。有的主教不仅主持审判宗教方面的案件，还有权监督法官。②基督教会的教阶制为世俗封建等级制度的形成提供了理论依据和规范。自罗马帝国后期开始，基督教会参照帝国官阶体制形成了教会体制。教阶制分主教、神父、助祭三个品位。主教品位又分作教皇、枢机主教、大主教和一般主教等级别。依照这些登记层次，自教皇起逐级对下级行使管理权。这种按照等级制度组成的教职体系和教会管理体制，进入中世纪后逐渐扩展定型。教会指导君主们像瓜分战利品那样，把他们的土地分封臣下。这种分封，与"蛮族"的亲兵制结合，促进了封建土地等级所有制的形成。③在封建土地的经营上，教会亦有它的一定影响。例如6世纪末，教皇格利哥里一世的《通信登录簿》，就留下了他对各庄园管家应该如何经营庄园、控制农民的详细指示。对那些刚刚得到大片土地的日耳曼贵族们来说，这无疑起了某种示范作用。[1]

四、行政主体人格的相对性

同为封建社会，但中世纪西欧的封建制度比较特殊，它与"普天之下，莫非王土；率土之滨，莫非王臣"的专制集权的中国古代封建社会不同，是建立在采邑分封制基础之上的。而"中世纪的政治概念是：财产和社会势力授给人们统治的权利。行政服务和占有土地之间有着密切的联系。土地财产决定了政治"[2]　因此，采邑

---

[1]　参见《世界通史（中世纪卷）》，人民出版社1997年版，第111~112页。
[2]　[美]汤普逊：《中世纪经济社会史》（下），耿淡如译，商务印书馆1963年版，第329页。

制度导致了西欧国家管理制度中的一大特色就是行政主体人格的相对性。简单说来，表现在"陪臣的陪臣不是陪臣"这一现象上。

在这里，我们有必要了解一下采邑制度，它是导致行政主体人格相对性的最根本的原因。所谓采邑，"原意为恩惠、恩赏，由封君恩赏一块土地给封臣使用，'恩惠'便与土地联系起来，逐渐转化为采邑的称呼"[1]。采邑的封受，以受封者服役以及封君和封臣的存在为前提。如果受封者不肯服役，不履行其封臣的职责，那么采邑就会被收回。如果封君或封臣任何一方死亡，采邑也将被领主收回。采邑的分封加强了封建地主阶级内部的联系，领主有责任保护附庸，附庸也必须效忠领主，随时应召为领主作战。实行土地分封，建立领主与附庸关系，便形成了西欧的封建等级制度。然而采邑制度却不止此，因为西欧中世纪土地所有权的重要特点之一，即所有权与统治权的结合，私权与公权的结合。土地和城市的经济上的所有者，同时也就是政治上的统治者、司法上的审判者[2]。当封建国王把领地授予贵族时，同时也就把在领地上的行政、司法、军事和财政等权力授予了他们。而且这些权力可以不受国王的干预，从而在实际上一个独立的封建庄园就是一个比较独立完整的政治实体。这种生产关系与统治格局下，我们可以看出，领主和封臣的封建关系同人们认为在现代国家中君主和臣民之间的那种关系是根本不同的，封建国王通常是无法直接对臣民进行行政管理的，只是通过第二道或第三道手来同自己的大量臣民打交道。并且按照"陪臣的陪臣不是陪臣"的原则，尽管政治上，下层的行政主体仍旧从属于任何上层的行政主体，然而国王——大封建主——中等封建主——小封建主领主这样的行政主体阶层里，作为上层行政主体属从的行政主体的忠诚却更倾向于同自己更接近的行政主体。

行政主体人格的相对性还有另一层的含义，就是上下级行政主体之间存在的是契约型关系。这种关系不是简单的管理与被管理的关系，也不是单纯的类似于地主与佃户的关系。它是一种尽管不对等但暗含彼此存在权利与义务的契约关系。当国王或上层领主将土地分封给下级臣民时，下级臣民需要向其宣誓效忠，随时应召为他们作战。而同时，分封者也具有了给他的封臣帮助与保护的义务，并且也需要尊重其授予封臣在封地上的权力。如果一方违反了义务，另一方也就不必再向相对方履行义务。

中世纪基于采邑制度而形成的行政主体人格存在相对性这一现象具有深远的历史意义。①它引导了一种正确的权利义务观念。享有权利的同时也必须履行相应的义务，要想获得对方对自己权利的尊重，己方也必须尊重他方的权利。它在本质上否定了只享受权利而不履行义务的不合理现象。不管是封主也好还是封臣也好，都

---

〔1〕　朱寰主编：《世界上古中世纪史》，北京大学出版社1990年版，第239页。

〔2〕　［美］乔治·霍兰·萨拜因：《政治学说史》（上），盛葵阳、崔妙因译，商务印书馆1986年版，第260页。

不能无视相对一方的权利存在，也都不能抛弃己方的义务。这种观念对于任何一个法治国家都是必须具备的。②它促进了西方自治观念的发展。在封臣辖区内，有较为完善的治理机构，有相对独立的管理权力，这些自治的实践至今仍是很多国家的管理模式。例如在美国，每一个州的州长都是该州最高的行政长官，在州权的范围内他完全可以拒绝总统的干预。③行政主体人格的相对性削弱了权威概念。集权的统治容易导致人们畏惧权威、依靠权威，而自治则注重权利。因为行政主体的人格都是相对的，都不是绝对的权威，所以，长期处在这种环境中的人们就不容易接受极权的存在，当极权存在时也必然会受到社会心理的普遍抵制。

第二节　奥古斯丁的行政法思想

圣·奥古斯丁（St Augustine，354～430年）是中世纪初始阶段的伟大教父。早年他信奉摩尼教，接受摩尼教善恶二元论，这对于其以后的学术研究有直接影响。在结识米兰的基督主教圣·安布洛斯后，他改信了基督教，并于公元386年接受洗礼。此后他终生献身于教会事业，并成为著名的希波城主教。奥古斯丁一生著述颇丰，最为世人所熟知的莫过于《忏悔录》与《上帝之城》。这些著述为基督教的教义奠定了基础。可以说，基督教神学政治理论正是从奥古斯丁时起系统化起来。

一、"双国论"与行政法的两个存在空间

410年，罗马被西哥特军队攻陷并遭到残酷的洗劫。蛮族人抢劫、屠杀、奸淫、放火，使这个古老的文明城市毁于一旦。异教徒们认为这是由于罗马人背叛古代的宗教而改信基督教所造成的，基督教应当对罗马的衰落负责。为了反击异教徒的指控，维护基督教，奥古斯丁用了13年的时间完成了《上帝之城》一书。这本书引述大量的史实来批驳异教徒的观点，证明罗马的灾难是罗马人的罪孽造成的，罗马的宗教并没有给罗马人带来福音，而基督教却给罗马人带来了福音，并由此进一步引申出了上帝之城与地上之城的"双国论"。这种"双国论"对基督教自身以及基督教社会的发展产生了深远的影响，构成了中世纪基督教政治哲学的基础。

"双国论"中的"上帝之城"的概念并非奥古斯丁所首创。"在他之前，柏拉图就曾经使用过'上帝之城'的概念。他有时把与现实城邦相对立的理想城邦称为'天上的城市'或'上帝的城邦'。斯多葛派也区分了两个城市，一个是人们出生的城市，一个是上帝之城。马可·奥勒留就赞扬过'可爱的宙斯之城'。斯多葛派还向往'智者之城'，即由像斯多葛派哲学家那样的智者组成的世界，类似于后来基督教神学家所说的'无形教会'。"[1] 所以奥古斯丁实际上是继承并发挥了前人的思想，他所开创的乃是站在基督教的立场上，对"上帝之城"的重新阐释。

---

〔1〕　丛日云主编：《西方政治思想史》第2卷，天津人民出版社2005年版，第235页。

奥古斯丁认为，"两种爱创造了两座城，由只爱自己甚至连上帝也轻蔑的爱，造成了地上之城，由爱上帝发展到连自己也轻蔑的爱，造就了上帝之城"。这两个城，一方面是人间的城市，这个社会是建立在人的低级本质的世俗的、饮食的和占有的冲动之上的；另一方面是"上帝城"，这个社会是建立在对上天的和平与精神上得救的希望之上的。前者是撒旦的王国，它的历史起源于天使们不服从，这一王国特别在亚述和罗马这两个异教帝国得到体现。另一个则是基督王国，它最初体现在希伯来民族的身上，后来则体现于教会和基督化的王国。历史乃是这个社会之间的斗争和上帝城必然取得胜利的动人故事。只有在上帝城才可能有和平；只有宗教的王国才是永恒的。[1]

而与"双国论"理论相一致，奥古斯丁把法律分为神法和人法。神法包括永恒法和自然法。人法是指人本性败坏后，为建立和维护人间的秩序所制定的世俗法律。奥古斯丁坚信："在人类的黄金时代，亦即在人类堕落之前，'自然法'的绝对理想已然实现。人们生活在神圣的、纯洁的，正义的状态之中；人人平等和自由，他们根本不知道什么是奴隶制度或任何其他人统治人的形式。所有的人都享有共同的财富，并在理性的指引下像亲兄弟一样生活在一起。这个时期，甚至连死亡都不会光顾他们。"此外，奥古斯丁还说："政府、法律、财产和国家等都是罪恶的产物。教会作为上帝永恒法的保护者，可以随意干预上述罪恶的制度。教会对国家有绝对的权威，国家只有作为维护人间和平的工具才是正当的。国家必须保护教会，执行教会的命令，用世俗法律维护人与人之间的秩序。"[2] 根据奥古斯丁的观点，世俗法律必须努力满足永恒法的要求。如果世俗的某些规定明显同上帝之法相悖，那么这些规定就不具有任何效力，并应当被摒弃。既然那时已毫无正义可言，那么除了抢劫以外，何为天国的问题还有什么可谈呢？即使世俗法律试图遵循永恒法的要求，并在人际关系中实现正义，它也永远无法达至永恒法的那种完美。奥古斯丁希望，在遥远将来的某个时候，地国以及世俗国家，将被天国，即上帝的国家所替代。在那个被想像为人人忠实、虔诚的国家中，上帝的永恒法将永远统治下去，而被亚当罪恶所玷污了的人类的原始本性，也将恢复到至善至美至诚的境界。关于自然法与人定法的关系，他认为，尘世或地国中虽然没有天国中的绝对和平，但是仍有一定的秩序，这种秩序的结果将导致和平。但是他又认为，在尘世或地国中的秩序要依靠法律来维持，法律又是以实现正义为目的的，所以尘世间只有相对的和平和秩序。和平既然为天上和人间的共同基础，那么正义就是人与神的各得其所了。奥古斯丁说，在这种国家与法律之上还存在一种神所制定的自然法，这种自然法又是刻画在

---

〔1〕　［美］乔治·霍兰·萨拜因：《政治学说史》（上），盛葵阳、崔妙因译，商务印书馆1986年版，第233页。

〔2〕　［美］博登海默：《法理学：法哲学与法律方法》，邓正来译，中国政法大学出版社1999年版，第27～28页。

人类的心坎上的，所以，自然法也就是自然的道德规律，人类自然了解其原理，并可以付诸实施。[1]

从上面的叙述中我们可以看出奥古斯丁的法律思想，他认为世间并存着神法和人法，而且人法最终会被永恒的神法所代替。行政法作为一类规范现世秩序而由人制定的法，它的目标在于人间而非天堂，因此，当人类实现救赎恢复了完美的本性后，也必然失去其存在的必要。但是，这并不是说行政法就只存在奥古斯丁的"地上之城"中，奥古斯丁将"上帝之城"与"地上之城"相区别，"上帝之城"在各方面都要优于"地上之城"，这只是理论上的一种区分，他同时又承认"上帝之城"与"地上之城"是不可分的、相互联系的，它们在末日审判前并没有完全分开。因此，作为维持人间秩序的世俗之法也必然存在于上帝之城中。上帝的选民同样需要一种在神法的指引下能够保佑现世之法。这类法律能够为地上之城的居民进行自我救赎提供秩序保障。所以，它将一直存在下去。

二、权力的两个作用范畴

中世纪里教权与王权并存。教会的事务与世俗的事务相区别乃是基督教义的精髓。根据奥古斯丁的理论，"人的本质是双重的：他既是精神又是肉体，因此他既是这个世界的公民，又是天城的公民。人的一生基本事实就是人的利益的区分：以肉体为中心的世俗利益和专门属于灵魂的另一世界的利益"，"这个区分乃是全部基督教关于伦理和政治思想的基础"[2] 据此，我们可以将权力作用范畴划为两类。①以拯救人类灵魂为目标的精神生活范畴。②以维护秩序为目标的世俗生活范畴。这两大范畴相互区别又相互交织。

权力为何要作用于人类的灵魂？我们知道"原罪论"是基督教的基础理论。人类始祖亚当夏娃最初生活在美好的伊甸园中。然而由于受到魔鬼的诱惑而违背上帝旨意偷吃了禁果，从而种下了罪孽。人类从其祖先那里继承了一种堕落的本性，因而生来就是有罪的。这种与生俱来的罪过即"原罪"。人类无法自我救赎，但是，仁慈的上帝派遣耶稣到世间牺牲自我而代人类赎罪。自基督教产生后，基督教会便成为上帝在人间的惟一代表，接受洗礼和皈依基督教会是得救的惟一途径。依据上帝的恩典，一部分人，信仰上帝，皈依基督教，过有德行的生活而成为上帝的选民，在死后升入上帝之城，另一部分人，追求肉体的享乐，而不信仰上帝，成为上帝的弃民，将堕入罪恶深渊。可见，原罪是需要权力介入人类精神生活的根源。人的本性中充满了恶的意志，贪婪，放纵，奢靡，如果没有有效的引导，人们的生活将会败坏。人类将一步步走向罪恶深渊而得不到救赎。所以，必须有一种权力来驱除人

---

〔1〕 严存生主编：《西方法律思想史》，法律出版社 2004 年版，第 87～88 页。

〔2〕 [美] 乔治·霍兰·萨拜因：《政治学说史》（上），盛葵阳、崔妙因译，商务印书馆 1986 年版，第 232 页。

的恶念，督导人们过有德行的生活。教会的权力正是为此而设。

而人既是精神又是肉体，以肉体为中心的世俗利益是人类得以延续的物质基础。人间的城市是建立在低俗的、饮食的和占有冲动之上的，人类自私的本性使得人类的世俗生活中不可避免地充满了纷争。如果，让人们按照个人的本性，过一种无拘无束的生活，那么人与人之间的战争与流血将是社会的主题。所以一个社会作为一个整体能够延续下去，就必须存在一种权力对社会的事务进行管理。由王权为代表的世俗之权来介入人类的世俗生活，建立并维持一种较为稳定的秩序，是人们进入天上之城的现世保证。

奥古斯丁将权力分为两个作用范畴，这与后来的"双剑论"有相同的目的。它其实是为建立一种与世俗权力并行的教会权力创造理论上的依据。奥古斯丁时代教会的势力仍十分薄弱，世俗的王权对于教会事务的干涉乃是常事。教会有必要寻找一个领域确立自己的权威，无疑精神领域是最为适合的领域。而在教会取得社会的主导权后，这种权力范畴相区分的观点又被为世俗王权辩护的理论家们拾起。他们力图将这种区分明确化，从而划分出世俗权力与教会权力的范围。

三、两个范畴的管理逻辑

奥古斯丁提出了"天上之城"和"地上之城"的概念。但是他并不认为这两个城市是明显分开的。人间之城是魔鬼和一切恶人的王国，上帝之城是今世和来世的赎了罪的人们共有的。在整个世俗生活中，两个社会是混在一起的，只有在最后审判时才分开。他在谈到两种国家、两种和平时还谈到了两种组织，一种是世俗的政权组织，另一种组织是教会，它是上帝在人世的代表机构。他认为教会代表着上帝之城，尽管后者不能同教会组织等同。他思想中最有影响的一个方面乃是他赋予作为组织机构的教会这一概念的现实性和力量。他的拯救人类和实现上天生活的计划绝对依赖于现实存在的教会，把它看做是所有真正信徒的一个社会联合体。上帝的恩典一定要通过教会才能在人类的历史上起作用。[1]

同时，奥古斯丁虽然贬抑地上之城，但他并没有把世俗政权等同于魔鬼的统治。他同样认为现存的世俗权力是上帝赋予的，是维持世俗社会秩序所必需的，它也体现着保卫和平、维护正义的善的愿望，只是它不能给人们带来永久的和平和永恒的幸福。而教会则是负责拯救人们的灵魂，为人们今后能够进入天国享受永恒幸福创造条件的组织，上帝的恩惠要通过教会才能领收。由于灵魂优于肉体，永恒优于短暂，从而教会也便高于国家。他说"现世的教会就是基督的统治，也即天上的国度"，因为基督曾经对使徒说过："我与你们同在，直至世界末日。"

可以看出，奥古斯丁对于权力作用的两个范畴的管理逻辑是由教会来管理人类

---

〔1〕 ［美］乔治·霍兰·萨拜因：《政治学说史》（上），盛葵阳、崔妙因译，商务印书馆 1986 年版，第234 页。

的精神事务，负责拯救人们的灵魂，而由世俗政权管理世俗事务维护世俗社会秩序。这种二元划分的管理逻辑始终是基督教政治哲学的一大特色。但是，它却回避不了一个现实的问题。即权力作用的领域虽然可以大体区分，但是作用的对象却是相同的。人类的精神生活必然与世俗的生活交织在一起，两种权力必然会时常发生冲突。怎样协调这两种权力？奥古斯丁认为，人类的最后归宿是在天上而非人间。因此他在逻辑上暗含教会的权力必然要高于世俗的权力。国家政权只不过是为了教会的领导服务。但是，当时的情况不容许他作这样的推论，他只能明确地提出这样一个设想："即在新的体制下，国家必然会是一个基督教的国家，它服务于一个因有共同的基督教信仰而组成的社会，并有助于把宗教的利益明显地置于所有其他利益之上的生活，它还由于保存了信仰的纯洁性而对人类的得救做出贡献。"[1]

四、行政罚的理论基础

基督教的理论中人人在上帝面前是平等的，包括奴隶在内的最卑贱的人，与在他们之上的人具有同样的价值。可是现存的事实却与此截然相反。中世纪初期残留的奴隶制度，中世纪存在的封建奴役与压迫都与之相违背。而且，除此之外，在封建统治阶级对国家管理的过程中，也会对违反对抗国家管理的臣民进行惩罚。根据平等的人之间无管辖的原则，在平等的人间又为何会出现罪与罚？

奥古斯丁认为人与人之间的确是平等的，人最初也的确是不受他人支配的。但后来因为人的罪恶以及对上帝所立秩序的违反而产生了奴役与服从。在《上帝之城》一书中他写道："（上帝）把人造成理性的东西，让人支配没有理性的东西，即不支配人而是支配禽兽。所以，第一批圣洁的人只是牧羊人而不是国王。上帝只指示了他所要求的秩序和罪的标准。""罪是奴役制度之母，是人服从人的最初原因。它的出现不是越过最高的上帝的指导，而是依照最高的上帝的指导，在最高的上帝那里是没有不公正的事的。"而"惩罚的奴役制度却不是这样，它作为制度是根据于保存原则和禁止扰乱自然秩序的命令所订的法律，如果这法律在最初不曾被人违反，那么，惩罚的奴役制度也决不会出现"[2]。可以看出，奥古斯丁的理论以罪为服从与惩罚的逻辑起点，而以上帝的秩序为惩罚的目的归宿。他认识到这样一个事实，"即一般实在法（lex temporalis）并不惩罚罪孽，而只是惩治对一种具体的规则所确定的和平秩序的违犯"[3]。既然这种秩序是上帝为人类建立的，是人类有序生存的保障，那么"如果任何人不遵守并违反这种公正的和平，他要受到灾祸或者其

〔1〕　［美］乔治·霍兰·萨拜因：《政治学说史》（上），盛葵阳、崔妙因译，商务印书馆1986年版，第234页。

〔2〕　西方法律思想史编写组编：《西方法律思想史资料选编》，北京大学出版1983年版，第94页。

〔3〕　［美］卡尔·J.弗里德里希：《超验正义——宪政的宗教之维》，周勇、王丽芝译，生活·读书·新知三联书店1997年版，第12页。

他恰当的惩罚去改正他的错误，这样他便可以改好，回到和平的家族之中"。[1]

作为惩罚的归宿，奥古斯丁对秩序的重要性做了充分的论证。他写道："一个人的身体的和平是有秩序地伸展和活动他的身体各部位。一个没有理性的人，他的灵魂的和平是要别人用命令来控制他的各种欲望；一个有理性的人的灵魂的和平是期望知识与行为的一种真正的和谐，身体与灵魂是相似的，在整个生物界都有一种有节制的健全的自然习惯……在上帝之城的和平是上帝和上帝创造物之间达到最高度的有秩序的一致；万物的和平是一种被安排得很好的秩序。秩序就是有差异的各个部分得到最恰当的安排，每一部分都安置在最合适的地方；灾难的原因是失去秩序。"[2] 将恢复秩序作为惩罚的基础不仅在奥古斯丁的时代具有积极的意义，对于现代同样是值得推崇的。以行政法领域而言，我们的法律在设定行政处罚时，根本的目标不应是惩罚本身，而是要为了保证正常的社会秩序。行政罚的设定范围、行政罚的种类、行政罚的程序都应当从秩序的破坏程度以及恢复秩序、保证秩序的实际需要出发，不能矫枉过正，也不能偏离正确的目标，追求行政主体自身的利益，否则行政罚就失去了其设定的正当性。

五、公民的精神与肉体存在对行政法功能的厘清

法律与宗教不同，宗教同时对人的思想和行为进行约束，而法律则只作用于人的行为。一个人如果仅仅是思想上产生了恶念，却没有付诸实际的行动，那么在道德上无疑它是要受谴责的，在宗教的理论中构成罪，将得到神灵的惩罚。而在现代的法治社会中，现实的法律却并不认为这是罪，也就不能对其进行惩罚。这种法律观念在今天我们看来是很自然。那么，这种观念从何而来，在一个宗教社会里会是怎样的情况？中世纪的欧洲是教权与王权并行，教会法与世俗法并存的时代，世俗之事与精神之事有时也很难分清。法律是否会同时作用于精神与行为？行政法有哪些功能？这些内容从奥古斯丁的理论中我们可以找到相应的答案。

在奥古斯丁的理论中人的本质是双重的，既是精神又是肉体这个区分乃是全部基督教关于伦理和政治思想的基础。当然也是基督教法律思想的基础。既然人的本质是双重的，既是精神又是肉体，而人的利益因此分为以肉体为中心的世俗利益和专属灵魂的利益，那么法的功能必然也要适应此区分。必然要有一类法律用来调整人的肉体的利益，而另一类法律则作用于人的精神。

行政法显然属于前者。行政法是规范行政主体与其他社会主体之间的关系的法，它的作用对象是有形的实体和行为。在"地上之城"的世俗法中，行政法乃是规范封建统治阶级与其臣民之间权力与义务的法律，它所涉及的无非是税收、兵役、地产、婚姻等世俗生活的管理事务，而行政主体，本身也是世俗的，他们不掌管天国

的钥匙，他们作为上帝的仆人授命的是维护人间的秩序，因此，世俗行政法的功能与精神无直接关系，它当追求肉体为中心的利益。对于神性的教会法中存在的行政法，尽管教会对人的灵魂负责，它所应当管理的事务乃是精神领域的事务，但是，正如奥古斯丁所认为的，两个城市并非完全分开的，教会作为拯救人类灵魂的机构也存在于世俗之城中，要与世俗之城发生这样那样的联系，因此这一类的行政法，其实仍是以肉体利益为中心的，它所调整规范的也不是人的精神事务，而只不过是宗教事务里的现世俗务。它旨在追求一种人的世俗生活与教会生活的和谐秩序，旨在维护教会的现实利益。

　　行政法的功能当以现实的社会利益为中心，有其根本的原因。在奥古斯丁的理论中，"那些不依据基督教信义生活的人，他们所有的和平都是无穷的现世享乐。正直的人，生活在充满辉煌的将要到来的天国的希望之中，他们作为天国之民的过客，利用这个世界上出现的一切，不要由于尘世的一切而离开朝向上帝之路，要在克服易于腐朽的肉体的疾病中，使自己更能经受得起劳累和烦扰。因此，无论是虔诚的基督徒和异教徒以及两者的家人，都同样需要这种尘世的生活"[1] 我们可以看到世俗的人是肉体与精神的合体，人的肉体追求物质利益，人的灵魂则希望和平和精神上的得救，但精神上的拯救只有在天堂里方能实现。并且在末日审判前，那些有道德的人和作恶的人也同为世俗之城的公民，他们都要过世俗的生活，并不区分。正因为如此，"异教徒和世上的国家追求尘世的和平，希望对于仅属于人类的事情取得公民一致的决定。天上之国，或者毋宁说作为过客仍然在尘世居住的一部分人，坚守信义地活着，也同样应该享受这种和平，一直到他们脱离这种人间生活，在这种生活中需要这样的和平。"[2] 一种有秩序的和平乃是天上和人间的共同基础。所以，尘世间需要一种管理人间事务的法律，行政法正是作为这种法律出现和存在的。它必然专注于现实的秩序，作用于人的实在利益，哪怕偶有涉及精神也不过是一种理念上的追求。

　　行政法功能的厘清对于行政法的发展具有重大意义。这从根本上明确了行政法的作用范围和调整方式。行政法不应当去直接干预人的精神生活，这些道德精神领域的事项应该由别的途径加以引导管理。哪怕需要行政法的法律保证，这种保证也不过是一种外部的引导和物质化的条件。行政法的功能在于保证世俗生活的秩序，促进社会发展的效率和质量。它以调整的主体的行为方式为调整对象，以权力——权利、责任——义务为主要内容。它的作用力仅止于"肉体"即主体的外在形式，不必要也不可能以强制介入的方式来规制人们的精神活动。

---

〔1〕　西方法律思想史编写组编：《西方法律思想史资料选编》，北京大学出版 1983 年版，第 95 页。
〔2〕　西方法律思想史编写组编：《西方法律思想史资料选编》，北京大学出版 1983 年版，第 95 页。

第三节　托马斯·阿奎那的行政法思想

在中世纪的文明史中，托马斯·阿奎那（Thomas Aquinas，1225～1274年）是一位足以与柏拉图、亚里士多德等先贤比肩的人物。他是经院哲学的集大成者，是中世纪最重要的神学政治思想家、神学法律思想家。较为短暂的一生中，他留下了浩繁的作品，比如我们所熟知的《神学大全》、《哲学大全》、《反异教徒大全》、《论君主政治》，等等。他的理论乃是中世纪最为系统的神学理论和政治理论。

一、国家起源与行政法的基础

在国家起源问题上，阿奎那与亚里士多德一脉相承。他认为国家起源于人的自然本性以及由此而产生的社会性。同其他动物相比较，其他动物具有自卫的牙齿、角爪或逃跑的速度，大自然为它们准备了食物和皮毛，而且它们具有天然的本能，能够识别什么是对它们有用的，什么是对它们有害的，从而可以单独地生存下去。但人类却不具有这些能力。人类只能笼统地知道哪些是人生的必需品。所以人们只能依靠自己的理性，制造自己生存所需要的东西。他写道：“如果人宜于按照其他许多动物的方式过一种孤独的生活，他就不需要别的指导者，而是每一个人在上帝、即万王之王的管辖下，将成为他自己的君主，并且对于自己的行动，有依靠上帝所赋予的理性的启发而充分加以指挥的自由。然而，当我们考虑到人生的一切必不可少的事项时，我们就显然看出，人天然是个社会的和政治的动物，注定比其他一切动物要过更多的合群生活。”[1]而群体生活需要有分工，每个人从事专门的事项，存在一种合理的秩序，才能维持群体发展。所以“既然朋辈共处对人来说是十分自然的和必需的，那么同样必然可以推断的是，在社会之中必须要有某种治理的原则。因为，如果很多人都想生存，而各人都一心一意专顾自己的利益，那么，除非其中有一个人愿意尊重公共幸福，这种社会就非解体不可；正如一个人或任何其他动物的身体，如果本身缺乏单一的控制力量来支持各部分的一般活力，就会解体一样。所罗门告诉我们（《箴言》，第11章，第14节）：‘无长官，民就败落。’这个论断是很合理的；因为私人利益和公共幸福并不是同一回事。我们的私人利益各有不同，把社会团结在一起的是公共幸福”。[2]

国家的起源问题是阿奎那政治哲学的基础问题。这个问题的重要性在于它从根本上赋予国家和政权以存在目的——公共幸福。它说明国家和政权不是凭空出现的，也不是根据那些贵族的意志出现的，它的出现并维持和发展乃是人类社会存在的需要，是人的本性所导致的。如果国家政权的存在背离了其起源之初的出发点，那么

〔1〕 ［意］托马斯·阿奎那：《阿奎那政治著作选》，马清槐译，商务印书馆1963年版，第43～44页。
〔2〕 ［意］托马斯·阿奎那：《阿奎那政治著作选》，马清槐译，商务印书馆1963年版，第45页。

自然就是违背上帝的旨意的。这种观念在阿奎那时代对于统治者而言有一种积极的引导意义，它告诫统治者们用好自己的权力，致力于社会的福利。而对于被统治者而言，它宣称国家政权是必然存在的，统治者对社会的管理是上帝所安排的，也是社会所必需的，因此人们应当服从政权的管理。不然将带来社会的败落、生活的窘迫。而到后来，这种思想为资产阶级所吸收改进，成为反对封建专制王权的理论依据。既然封建君主将国家政权当做维护自身利益的工具，那么这个政权就不再具有合理性，推翻它们而建立一种新的为人民福利的政权就是理所当然的了。时至今日，法学法治理论已经高度发达的社会，我们仍然把人民的利益和社会的发展作为国家的目标。这仍与阿奎那的国家观是一致的。

阿奎那将国家与政权看做是为了公共幸福而出现和存在的。国家对社会的有效控制是维护国家秩序的必要条件。而国家生活纷繁复杂，人与人之间有着不同的社会层次，不同的社会分工，因此秩序的建立必然需要一定的规则。法律便是这些规则当中最具效力的一种。它的基础就在于社会生活的秩序性需求，在于社会的公共幸福。以此推论，行政法作为法律的一大门类，其基础自然也是国家的秩序以及社会的福利。而且作为调控行政主体与其他社会主体之间关系的控制性规范，行政法是一类最广泛的社会调整规范，也是与社会成员联系最为紧密的法律，它所调整的事项涉及社会方方面面，每一个领域都离不开行政权力的规制，每一社会成员从出生到死亡都会与行政权发生关系。所以，行政法更需要建立在社会秩序与社会利益的基础之上。不然，在行政权运作过程中，因为有"长官"有"民"，"长官"执行着组织、管理"民"的职责，他们之间就发生各种各样的矛盾与冲突。缺乏行政法正确的目标指引，恰当的规则约束，"长官"滥用个人意志，贪求个人私利，置"民"之利益于不顾，或恣意行使权力，则必然成为"暴君"、"暴吏"。而"民"不依法而行，或任人鱼肉，或起来暴动，于是整个国家还是无法正常延续下去。所以，从其存在的基础出发，行政法必须本着社会利益为本的目标，合理地确定权利义务关系，保证行政权的有效行使，同时又能限制行政权力的滥用。

二、法律对治者的约束

在献给塞浦路斯国王的小册子《论君主政治》中，阿奎那为君主政体做了大量的辩护，称君主制是最好的政体，具有诸多优点，君主制度是防止暴政的上策。但这并不意味着阿奎那就认为君主制下不会出现暴君。他对暴君的痛恨绝不亚于后世的激进派。他同样认为需要对统治者进行法律约束。

在阿奎那的观点中，国家是为了公共幸福而产生存在的。统治者是为了一个国家或一个城市的人民的共同幸福而治理他们的。但是，"当一个力求靠他的地位获得私利而置其所管辖的社会的幸福于不顾的人暗无天日地施政时，这样的统治者就叫暴君"[1] 尽管阿奎那反对暴力推翻暴君的统治，认为杀死暴君并不符合使徒的教义，但他也认为，"在一个社会有权为自身推选统治者的情况下，如果那个社会废黜它所选出的国王，或因他滥用权力行使暴政而限制他的权力，那就不能算是违反正义。这个社会也不应为了这样地废黜一个暴君而被指责为不忠不义，即使以前对他有过誓效忠诚的表示也是如此；因为这个暴君既然不能尽到社会统治者的职责，那就是咎由自取，因而他的臣民就不再受他们对他所作的誓约的约束"[2] 阿奎那重视法律的作用，认为其是尘世生活的必需规则，并且法律也是以整个社会的福利为其真正的目标的。因此，君主既然有责任促进社会的福利，那就必然要重视律法的作用。阿奎那向国王建言，"通向真正幸福的道路和沿途可能遇到的障碍是通过神的律法来了解的，而教导神的律法则是神父们的责任，像我们在《玛拉基书》（第2章，第7节）中所读到的：'祭司的嘴里常存知识，人也当由他口中寻求律法。'所以神命令道（《申命记》，第17章，第18节）：'他登了王位，就应将利未人的祭司面前的这本律法书，为自己抄录一本，存在他那里，要终生诵读，好学习敬畏耶和华他的神，谨守遵行这部律法书上的一切言语和这些律例。'因此，一个君主既然从神的律法方面受到教诲，就必须特别专心致力地领导他所支配的社会走向幸福生活"[3]

阿奎那的法律约束治者的理论一方面源自于西方流传已久的法治主义思想，而另一方面又促进了这种思想的深化。它阐述了治者权力当受法律约束的根本理由，也提出了如果治者不受法律约束的后果。对于社会的治者而言，唯有遵从法律，沿着法律的目的出发，自觉地按照法律的行为模式施政才是符合神的要求的，也才能正确地履行神所赋予的职责，不然，治者将败坏成为暴君，失去合法存在的基石。这时，人民奋起反抗，废黜他或限制他的权力就是符合法的精神的，是一种合法的行为。

三、法律的性质与行政法的规范形式

作为中世纪最为出色的法学家，阿奎那对法的认识与阐释极为深刻。他认为"法是人们赖以导致某些行动和不作其他一些行动的行动准则或尺度。'法'这个名词（在语源上）由'拘束'一词而来，因为人民受法的拘束而不得不采取某种行径。但人类行动的准则和尺度是理性，因为理性是人类行动的第一原理；这一点根据我们在别处的阐述可以看得很清楚。正是理性在指导着行动以达到它的适当的目的；而按照亚里士多德的说法，这就是一切活动的第一原理"[4]

---

〔1〕 ［意］托马斯·阿奎那：《阿奎那政治著作选》，马清槐译，商务印书馆1963年版，第46页。

〔2〕 ［意］托马斯·阿奎那：《阿奎那政治著作选》，马清槐译，商务印书馆1963年版，第59～60页。

〔3〕 ［意］托马斯·阿奎那：《阿奎那政治著作选》，马清槐译，商务印书馆1963年版，第87页。

〔4〕 ［意］托马斯·阿奎那：《阿奎那政治著作选》，马清槐译，商务印书馆1963年版，第104页。

他将法律分为四种类型，即永恒法、自然法、人法和神法。永恒法是"上帝对于创造物的合理领导，就像宇宙的君王那样具有法律的性质"，其含义是上帝的理性和意志支配着整个宇宙。永恒法是神的智慧，是宇宙万物的根本之法。而自然法是理性的动物参与永恒法所产生的，上帝赋予人以理性，他们不仅自己支配自己的行动和其他动物的行动，同时也在以特殊的方式受着神的意志的支配，本身也是神意的参与者。除了参与神的意志之外，基于上帝所赋予的理性，人也学会如何推理。"在推理时，我们从天然懂得的不言自明的原理出发，达到各种科学的结论，这类结论不是固有的，是运用推理的功夫得出的；同样地，人类的推理也必须从自然法的箴规出发，仿佛从某些普通的，不言自明的原理出发似的，达到其他比较特殊的安排。这种靠推理的力量得出的特殊的安排就叫做人法。"可见，人法是依附于永恒法和自然法的，是人们对自我生活的特殊安排，是人定之法。此外，"除自然法和人法以外，还必须有一项神法来指导人类的生活。"[1] 在阿奎那心中，神法无疑就是教会法，以《圣经》为代表的神圣之法。他们高于人定之法，用来弥补人类理性的不足，使人们可以达到永恒的福祉。

永恒法、自然法、神法和人法的划分，最主要的意义在于它将一切法律置于了上帝的永恒法之下，从法的神性角度论证了世俗之法的地位低于其他法。这样就能够使法律很好地服务于教会至上的神权政治统治。而以今天的法学视角来看，他则贡献了一种法律体系的划分方法、法律规范的分类方法。这四类法律，都是调整人类生活的法律，但却依神的理性作用程度以及其存在范围的不同而导致了他们的形式不同、位阶不同。永恒法是上帝的智慧，因此为万法之法；自然法是永恒法的递延，也高于参与者人类单纯依据自己的理性所制定的人类之法；神法是因为人的理性的不足而存在的，是人通往更高生活的导引规则，因此自然也高于人法。根据阿奎那的法律分类，行政法从作为法律的属性上讲，永恒法、自然法和神法中必然有其规则，但是永恒法、自然法和神法，尽管都提供了行为准则，然而这些准则却不仅仅是人类的行为准则和尺度，他们也不是凭借理性可以清晰掌握的。而行政法，作为调整世俗生活中行政主体与行政主体所管辖之臣民关系的法律，并不涉及人与自然及其他外物的关系。四种法律中，唯有人法"只调节单独一类生物的生活"，[2] 是人类特殊的安排，因此，行政法的规范形式为人法。

四、国王与法的关系与其道德义务

在古代，统治者与法的关系十分微妙。中国古代尽管有"天子犯法与庶民同罪"的戏文，但那也仅仅是戏文。中国传统的法律观念乃是君主口含天宪，言出法

---

〔1〕 ［意］托马斯·阿奎那：《阿奎那政治著作选》，马清槐译，商务印书馆1963年版，第106～108页。

〔2〕 ［美］乔治·霍兰·萨拜因：《政治学说史》（上），盛葵阳、崔妙因译，商务印书馆1986年版，第302页。

随。君主的言论即具有法律效力，君主拥有最高的立法权。君主虽然也要受法律的一定制约，但是君主突破法律，乃至变更法律却是十分简单。而在西方，君主与法的关系则与中国有所不同。中世纪西方的政治理论中始终或多或少含有"王在法下"的因素。这时期"在宪政理论的民主张力以外，接近现代'法治国'或'法治'的理论此时凸显的形态已经比过去清晰。同时，关于统治者为何应遵守他们施加于别人的法律的道德主张也出现了；在这一时期，也有法律人主张统治者应绝对服从本国法律"。[1]

　　阿奎那对国王与法的关系有其独到的见解。他认为国王的地位超过法律的，但是国王应当自愿地服从法律，接受法律的约束。他说，"就法律的拘束力而言，一个君主的地位是超过法律的。这是因为谁也不能为其自身所拘束，并且法律的拘束力只能起源于君主的权力……但是，就法律的支配能力来说，一个君主的自愿服从法律，是与规定相符合的……按照上帝的判断，一个君王不能不受法律的指导力量的约束，应当自愿地、毫不勉强地满足法律的要求。所谓君王的地位高于法律，也可以从这样的意义来理解：如果必要的话他可以变更法律，或者根据时间和地点免于实施法律的某些规定"。[2]虽然阿奎那认为国王应当接受法律的约束，但是这种约束并不应当是绝对的。事实上，阿奎那并不主张君主只能严格地恪守法律，不能违反或拒绝法律。他的理论中，君主是为了社会的幸福而存在的，是一个社会的领航者、保护者。因此，为了公共福利，君主有权决定执行法律与否。"我们必须记住，如果对于法律条文的判断并不是一个关于需要立即采取行动的迫在眉睫的危险的问题，那么，什么事情与公众有利，什么事情与公众不利，就不是任何人有权解释的了。这种判断理应属于统治者，他们正是为了应付这样的情况才有权不去执行法律的。"[3]当然，我们可以看到，他对君主不执行法律加了诸多条件，除了为了公众利益外，还要在特殊的场合之下。如果不是必须突破法律，则君主还是应当按照法律的规定采取措施的。

　　君主除了应当接受法律的约束外，阿奎那认为他们也应该过一种有德行的生活。他们在道德上应当坚持正确的理念，这是他们应当履行的道德义务。阿奎那和其他学者一样，认识到君主也是人，具有各种人性的恶。一个不具有高尚道德的君主将变得贪婪残暴，把他所统治的国家带入地狱。而一个兢兢业业，为国家谋求幸福的君主，作为报酬他将得到天堂里的幸福。他认为，在道德上，君主追求荣耀与追求物质享受相比，追求荣耀要好。"如果统治者追求欢乐和财富作为他的报酬，从而变得贪婪和傲慢，这对社会是危险的；与此相同，如果他一味崇尚浮华，从而趾高气扬，自欺欺人，那也是危险的……贪图荣耀固然也是一种恶习，但还比较接近贤德；

---

〔1〕［爱尔兰］J. M. 凯利：《西方法律思想简史》，王笑红译，法律出版社 2002 年版，第 123 页。
〔2〕［意］托马斯·阿奎那：《阿奎那政治著作选》，马清槐译，商务印书馆 1963 年版，第 122～123 页。
〔3〕［意］托马斯·阿奎那：《阿奎那政治著作选》，马清槐译，商务印书馆 1963 年版，第 124 页。

因为，正像奥古斯丁所说的那样，人们所追求的荣耀无非是社会对那些能够尊敬同胞的人作出的评价。所以追求荣耀的欲念带有几分德性，因为它至少是在力求获得善良人士的赞许，并避免使他们生气。"[1] 但是，荣耀并不应当成为君主们最高的追求，君主们最高的追求是天堂里的最高幸福。这是上帝给予有德行的君主的最大报酬。为了这，他们当为履行职责殚精竭虑，保护弱者，消除罪恶，克制自己的私欲，为臣民树立榜样。

阿奎那关于国王与法的关系在今天看来似乎不合时宜，因为哪怕是在存在君主的国家，君主的地位、权力、行为方式等都与阿奎那时代有着差异。然而，我们却可以从别的方面来发现它的价值。阿奎那已经论证过社会的发展需要有国家政权的存在，这是一个至今仍十分正确的客观真理。而国家政权并非就是一个抽象的实体，它的运作需要一个个具体的人。这些人和其他的人既是一种平等的关系，又因为管理权力的行使而具有和其他人不平等的一面。他们作为法律的制定者和执行者，本身要遵守法律，按照法律的规定行事。超越法律将承担相应的法律后果。但是，如果完全限制在既定的法律范围内，不加区分地照搬法律规定，则不可能适应现代生活复杂多变的现实，即使是完全守法，也不会有利于社会公益的增加。所以，法律也必须赋予管理主体以自由裁量权。这种裁量权建立在社会公益基础上，其目标只能是公益，而且也必须是在比较紧急的情况下才能行使，这些，从本质上说这正是阿奎那理论的精神实质。另一个方面，在阿奎那时代，他要考虑什么是对国王的恰当报酬。论证后，他将其归结为天堂的幸福。这在那个时代就不可能有多大的影响力，至于现代更不会是人们的当然选择。可是，这个问题却是实实在在的。毕竟，管理者也是人，不是神圣，也必然会有利益的追求。身份、地位、金钱、荣誉，人所向往的东西在社会管理者的心中同样存在。什么样的报酬才是恰当的在现在仍是一个难题。管理者一味地追求物质利益自然将导致腐败横生，民不聊生，但是如果管理者得不到相应的报酬，一则导致社会的精英不会投入到社会的管理中来，二则会迫使管理者放弃道德，不情愿地去违反法律，追求物质。因此，对于一个国家来说，必须合理地确定国家管理者的物质利益，这种报酬要能够保证他们的处境处在一个比较高的位置，这样才能促进他们的积极性。同时报酬的合理性对于国家管理者来说也是一种违法成本的科学设置，如果违法将必然失去这种可靠的报酬，从而使得管理者必然在思想中有所衡量和顾忌。最后，阿奎那主张国王的道德义务，这也是现代政府管理中值得借鉴和发展的。作为国家的管理者，应当为社会提供一个表率。例如诚信，例如节约，政府及其人员都应当具有此类的精神并贯穿于施政活动中。如果没有道德的约束，法律的作用将大打折扣，同样不能避免权力的滥用。

---

[1] [意] 托马斯·阿奎那：《阿奎那政治著作选》，马清槐译，商务印书馆1963年版，第64页。

五、行政法的道德维度

道德是人们关于善和恶、荣誉和耻辱、正义和非正义等问题上的观念、原则以及根据这些观念、原则而形成的人们相互行为的某种准则、规范。尽管它的作用方式以及调整领域等不同于法律，但它同法律一样都是调整社会生活的重要因素。而且法律与道德也不是截然分开，道德所摒弃的，往往为法律所禁止，法律上所禁止的通常也为道德所不允许。然而，法律毕竟不同于道德，法律与道德在何种程度上相一致，与当时的社会发展程度有直接关系。阿奎那在当时的社会基础下对法律与道德的关系做了详细的分析，从中我们可以发现当时法学理论中行政法的道德维度。

首先，在法的物质实践层面，阿奎那指出，"人法是为了广大的群众制定的，而其中大多数人的德行离完美的程度尚远。由于这个缘故，人法并不禁止有德之士所戒绝的每一种恶习，而只是禁止大多数人所能慎戒不犯的较为严重的恶行，特别是那些损害别人的不道德的行为，因为，如果这些行为不加禁止，就会使人类社会不能继续存在"。[1] 可见，在阿奎那的观点中，也是将法律的调整范围限定于那些极度不道德的行为，并非一切不道德的行为都需要通过法律来禁止，并且这些行为只能是少数人会实行的，不具有普遍性。之所以如此，则是因为人的本性使然。大多数人距离道德上的完美尚远。而另一方面，某些行为尽管在道德上不允许，但是却具有现实的必然性和必要性。例如从道德上讲，在阿奎那看来高利贷是决不可以允许的。但是"人类的不完备的状况往往产生这样的结果，那就是如果一切罪恶都根据明文规定的刑罚分别加以惩处，则很多有益的事情也会受到阻碍；由于这个缘故，人法宽宥某些罪恶而不予惩罚。所以，人法容许高利贷，并非因为它仿佛认为这种行为是正当的，而是为了避免干预许多人的有益活动"。[2]

阿奎那的理论中在物质层面的法律显然其道德维度是相当低层的。法律不可能达到道德上的至善至美，然而，作为一名基督教的虔诚信徒，作为一名笃信天国学说，追求精神上超凡脱俗的学者，阿奎那认为，"法律还具有纯粹物质意义之外的道德维度，因为'法律的真正目标在于引导服从它的人追寻美德。而且因为美德是使拥有者向善的东西，从而可以理解，法律的正当效果是共同体的福利：这一福利或是绝对，或是仅限于某一片面'。"[3]

阿奎那关于法的道德维度的论述是一种看似矛盾但实质上却是统一的理论。首先是法的发展状况是由社会物质条件决定的，当社会还没有发展到相应的高度时，即使当时的道德追求已经相当高，那也不可能完全贯彻于法律当中，否则就必然是

---

〔1〕［意］托马斯·阿奎那：《阿奎那政治著作选》，马清槐译，商务印书馆 1963 年版，第 119 页。

〔2〕［意］托马斯·阿奎那：《阿奎那政治著作选》，马清槐译，商务印书馆 1963 年版，第 145～146 页。

〔3〕［爱尔兰］J. M. 凯利：《西方法律思想简史》，王笑红译，法律出版社 2002 年版，第 127～128 页。

一种脱离实际的空想，违法的人普遍化而守法的人反倒寥寥无几了。但是法律又不能离开道德的指引，如果没有理念上的道德诉求，那么法律就不可能发展完善，也很快堕落为不正义的统治规则。同时，他在物质层面和非物质层面区别法的道德维度，也有另一层寓意，这就是，在物质层面，要将法律与道德相区别，例如，行政法是人法的一类规范形式。阿奎那认为"人作为人法的制定者，只能对外在的行动作出判断，因为，正如我们在《列王记上》中读到的，'人看见显现的事'。只有作为神法制定者的上帝才能判断意志的内在活动"。"从这一点上看，我们必须得出这样的结论：德行的砥砺一方面既受人法又受神法的支配，另一方面却不受人法而只受神法的支配。""人法并不惩罚那个意图谋杀而没有实行的人，虽然神法是要惩罚他的"，[1] 所以，行政法显然也只能以人的外在行为为限，哪怕是在一个纯正的宗教社会里，也不应该对人的精神活动加以法律上的评判。而在非物质层面，行政法需要与道德追求相一致，这就要求行政法的设定运行不能引导人们单纯追求物质利益而抛弃道德。

第四节　但丁的行政法思想

意大利文艺复兴的先驱者——但丁，对于喜欢文学的人并不陌生，他的不朽名篇《神曲》为后世广泛传颂。恩格斯称赞他为"中世纪的最后一位诗人，同时又是新时代的第一位诗人"。然而，知识渊博的他却不仅仅是一位诗人，也是一位思想家和政治家。他的《论世界帝国》一书集中反映了他的政治理想，在西方政治思想史上占有重要地位。

一、法治的世俗化与国家行政法

但丁的法律思想与他的经历有着密切的关系。在青年时代他参与了意大利佛罗伦萨城邦内的政治斗争，并一度被任命为最高行政会议的行政官。在《论世界帝国》这本书中他强烈地主张政教平等与政教分离。我们知道，中世纪的欧洲是一个教会世界。经历数百年的王权与教权的斗争，教权发展到极致，已经成为那个世界的主宰。教会恣意干预世俗事务，导致很多弊病。当时的世俗政权方面，则是城邦割据，各种封建势力相互斗争，争取政治权力，带来了社会生活的动荡，制约了经济发展和社会进步。但丁希冀建立一个统一的世俗王国来实现国家的富强，公民的幸福，因此就必然站在了教皇教会的对立面上。针对当时教权至上，世俗政权来自于教皇的理论，他从历史与理论的角度进行了反驳。他提出教皇与帝王的权力是两种不同性质的权力，所以不能由一人来体现。"教皇之所以为教皇和帝王之所以为帝王，都凭借其特殊的关系，即凭借教皇制与帝制，这些关系本身又与其他关系相关

---

〔1〕　〔意〕托马斯·阿奎那：《阿奎那政治著作选》，马清槐译，商务印书馆1963年版，第127～128页。

联，如教皇制与父权相关联，帝制与领主权相关联。由此可见，教皇和帝王这二者显然是属于两个不同的类属，各自可分解出本类的典范。"[1] 而针对有些人认为君主的权力来自于教会，是由教皇授予的，他论证道，上帝作为教会事务与世俗事务的主宰，他的权力并不能由教皇来代理。"教会并未从自然法则中获得这种权力，因为自然法则只能管自然现象；同时，无所不有的上帝在他无须使用辅助力量的时候也不会造出有缺陷的东西。既然教会不是自然界的产物而是凭上帝之命诞生的，所以自然界显然不会向教会颁布法则……很显然，教会原先并不具有那一权力，如果教会给予自己那一权力，那就等于他给予自己他本身并不具有的东西，这当然是讲不通的。"[2] 所以，教会没有权力授予尘世政权权力。而且从历史上说，罗马帝国不仅先于教会，而且也不受教会的约束。这些都足以证明尘世的君主统治权是直接由上帝所赋予的而非来自罗马教皇。

但丁的种种理论上的努力在于他试图将世俗政权从教会的统辖中释放出来，建立一个独立的世俗的王国。在他的"世俗王国"中，世俗的权力完全由世俗的政权掌控，君主具有上帝之下最高的权力。司法权力作为君主维护人间统治的重要权力，也必然要与教会的权力厘清。但丁认为，上帝只是把人与上帝之间联系的大权授予了教皇，但是人间司法的权力却并没有授予。教皇仅仅是天堂之门钥匙的掌管人，却不能是世俗权力之剑的掌管人。他写道："基督把联结和解除之权授予彼得，但在尘世的司法方面这个权并不适应。""我坚决地认为，虽然彼得的继承人在履行当初委托给彼得的职守时可以联结或解除，但不应得出结论说：他因此就像他们断言的那样能够解除或制定帝国的法律与法令，除非能证明那样做跟掌管天国钥匙的权力有关；而我将在下面（第14章）证明结论恰恰与此相反。""体现世俗权力和神圣权力的'两把刀'并不掌握在教会之手。"[3]

但丁的法律思想除了法治的世俗化之外，另一个引人注目的方面就是他也主张法律的统一性，从他的论述中我们可以看出现代的国家行政法的端倪。但丁所处的时代是城邦分立的时代。不同的城邦有不同的法律规则，城邦之间却没有一种统一的法律来加以调整。这种政令法律的不统一导致政治上的冲突纠纷无法通过法律的途径解决，导致经济上的交易障碍。于是但丁认为，在统一的世俗王国中也必须制定引导全人类走向和平的法律。只有这样世界帝国才能能有效地领导各个地方政体。他写道，"我们在这方面应该很清楚，并不是每一城市的每一细微的规章都直接来自世界政体，因为城市的规章往往并不完善，须要修改，先哲亚里士多德在《伦理学》一书中赞美衡平法时就加以阐明。民族、国家和城市都各有其内部事务需要制

---

[1]　[意] 但丁：《论世界帝国》，朱虹译，商务印书馆1985年版，第79页。

[2]　[意] 但丁：《论世界帝国》，朱虹译，商务印书馆1985年版，第82～83页。

[3]　[美] 乔治·霍兰·萨拜因：《政治学说史》（上），盛葵阳、崔妙因译，商务印书馆1986年版，第69～71页。

定专门法令。法律无非是指导我们生活的规则……世界政体是在人类共性的基础上统治人类并依据一种共同的法律引导全人类走向和平的,我们必须根据这一意义来理解它。地方政体应该接受这种共同的准则或法律,如同在运用中的实际智力从思辨智力接受它的大前提一样……这些基本准则不仅可能来自惟一的源泉,而且必须如此,才能避免在普遍原则方面产生混乱。"[1]

二、行政机构的行动目的论

与众多浪漫诗人天马行空的思维不同,但丁在《论世界帝国》这本书中显现了他较强的逻辑思维能力。这本书开篇就开明宗义,提出了一种理论推演的目的论。这构成了但丁之后论述所围绕的核心。但丁认为政治理论本身是一门致用之学,它最重要的原理就是人类文明的目的。他强调在人类不仅可以推论而且可以实践的事情上,行动不是为了思想,而思想却是为了行动,行动本身就是目的。而本书讨论的是政治,是维护正义的源泉和原理,一切政治事务都在人类的控制之下,所以,要讨论行动。而"在行动方面,最终目的是一切行动的原理和动因——这是因为行为者首先是由最终目的所推动的,所以为了达到这一目的而行动的任何理由都必须来源于这一目的……不管人类文明的普遍目的是什么,只要存在这样一个目的,它就是最重要的原理,并能充分说明由之引申出来的一切命题"。"因此我们现在必须认清整个人类文明的目的是什么。"[2]

他论证道:"正如大自然创造大拇指有一目的,创造手掌则有另一目的,创造手臂又有一目的,而创造整个人体又有与以上部分不同的目的;同样,一个人有一目的,一个家庭、一个地区、一个城市、一个国家,也各有其目的;最后还有一个适合于全人类的目的,那是出自永恒的上帝之手,亦即是由大自然所创立。"人类区别于其他物种的能力在于人具有智力,且显然是具有发展智力的潜力或能力。这是上帝创造人类之出发点。因此人类作为一个整体,其首要工作就是从理论和实践两个方面不断行使其智力发展的全部能力。

实现人类发展智力的能力是人类文明的最终目的,而实现这一最终目标则是一个无限漫长的过程。所以,现实的幸福则无疑是社会行动的最直接目标。而统一的世界政体其存在理由也就在于它能够带来和平,使人民安居乐业,生活舒适,生产发展,为人类智力的发展提供可靠的保障。所以,但丁在论述建立世界政体时首先便提出世界政体是为了造就普天下的幸福。对于尘世政体的施政,他反复申明了在我们今天看来是顺理成章,但在当时却少有认同的道理,即政府的行动只能是为了公民的利益,政府为公民而存在而非公民为政府和官吏而存在。他的这段文字可以看做是那个时代最伟大的宣言:"正是这样,顺乎民情的政体以自由为目的,也就是

〔1〕 〔意〕但丁:《论世界帝国》,朱虹译,商务印书馆1985年版,第21~22页。
〔2〕 〔意〕但丁:《论世界帝国》,朱虹译,商务印书馆1985年版,第3页。

说，人们是为了自己才存在的。公民不为他们的代表而存在，百姓也不为他们的国王而存在；相反，代表倒是为公民而存在，国王也是为百姓而存在的。正如建立社会秩序不是为了制定法律，而制定法律则是为了建立社会秩序，同样，人们遵守法令，不是为了立法者，而是立法者为了他们。""我们都很清楚，虽然从施政方面来说，公民的代表和国王都是人民的统治者，但从最终目的这方面来说，他们却是人民的公仆，而世界君主尤其如此，他应该被看做是全人类的公仆。"[1] 但丁的这些宣言在现代可用"全心全意为人民服务"来表述，一切为了人民，是对任何行政机构行动的最根本要求。行政机构不应该为了行政而行政，不应该为了行政机构的利益以及其成员的利益而追求政绩。行政机构在制定其施政计划时务必以是否有利于人民的利益为惟一出发点。但丁的时代尽管尚缺乏实现这一理想的历史条件，然而这些政治诉求却影响了后世的民主进程。同时，但丁也注意到了法律对于行政机构行动的约束作用。他认识到法律本身的正义性是保证行政机构正确行动的前提。因此他提醒世人"我们必须充分认识到，世界政体在制定法律时，它本身就受制于预先确定的目的"。这一预先确定的目的当然即为人民的幸福。

三、行政的统一性

建立一个一统天下的尘世的政体是但丁的政治理想。这个政体囊括四海一统天下。它"统治着生存在有恒之中的一切人，亦即统治着或寓形于一切可用时间加以衡量的事物中"[2] 他强烈地认为"作为国家的某些部分的社会组织以及国家本身，应该组成一个结构，这个结构应由一个统治者或政府来统一"[3]

但丁强调行政的统一性有其充分的理由。

1. 从目的上讲，他认为是为了造就普天下的幸福才需要建立统一的世界政体。统一的行政是社会生活的需要。他从社会的最基本单位家庭到最大的集合国家为达到目的所需要的条件出发，论证了只有统一的政体才能实现国家的目的。他写道："一个家庭的目的是让家庭生活舒适；其中必须有个相当于家长的人。先哲亚里士多德说：'每个家庭以最年长者为主'……同样，一个城市的目的是安居乐业，自给自足；那么，不管这个城市的市政是健全还是腐败，这个城市必须有一个一统的政体。否则，不仅公民的生活达不到其目标，连城市也不成其为城市了。最后，不妨以一个国家或王国为例，它的目的与城市相同，只是维护和平的责任更重。它必须有一个单一的政府实行统治和执政，否则国家的目的就难以达到，甚至国家本身也会解体……上述已经证明整个人类注定只有一个目的，因而人类就应该实行独一无二的统治和建立独一无二的政府，而且这种权力应称为君主或帝王。由此可见，为

---

〔1〕 〔意〕但丁：《论世界帝国》，朱虹译，商务印书馆 1985 年版，第 18 页。

〔2〕 〔意〕但丁：《论世界帝国》，朱虹译，商务印书馆 1985 年版，第 2 页。

〔3〕 〔意〕但丁：《论世界帝国》，朱虹译，商务印书馆 1985 年版，第 8~9 页。

了给尘世带来幸福，一统的政体或帝国是必要的。""作为国家的某些部分的社会组织以及国家本身，应该组成一个结构，这个结构应由一个统治者或政府来统一，因此这就必然要有一个单一的世界君主或世界统治机构。""人类社会自身也必须根据一统的原则才得以秩序井然，即得力于它的统治者——起绝对一统天下作用的上帝。因此，我们的结论是：为了给尘世带来幸福，一个一统的世界政体是必要的。"[1]

2. 从逻辑上讲，但丁认为无论任何机构都需要统一治理，因此从整体的角度看，人类必然也需要统一治理。他以整体和部分之间的关系来说明整体的重要性。"部分与整体之间的关系，亦即该部分的结构与整体结构之间的关系。但是部分与整体之间的关系也就是该部分与其目的或最大利益之间的关系。因此，我们必然要得出这样的结论：部分结构的利益不能超过整体结构的利益，而是后者超过前者。"在这里部分指的是社会中的各个组织，而整体指的是统一的整体。统一的整体所带来的利益将远远大于分散的各个组织所带来的利益，所以，从追求人类利益最大化的要求出发，也必须实现行政上的统一。

3. 行政的统一性是社会管理的需要。但丁认为尘世的生活必然出现纠纷。必然要有相应的机构进行管辖处理。否则，没有进行调整或惩治的手段，事物就不会日益完善。而如果没有统一的管辖，则"在两个彼此不相隶属的政体之间，可能由于本身的或其臣民的过错而发生争执。这是很显然的。因此在它们之间就需要进行裁判。它们互不隶属（因为大家都处在同等的地位也就不存在权威），互不了解，所以必须有一个第三者，必须有一种更广泛的权力，能在其司法权限内管辖这二者……这样，我们就必然需要有一个最高的首席法官，他可以直接地或间接地裁判一切争执，这就是我们的世界统治者，即帝王。因此，就有必要在这世界上建立一个世界政体"[2]。可见，从社会管理的实践角度也必须存在行政上的统一。

第五节　中世纪的教会政府理论与行政法

中世纪的教会是一个独特的政治实体。它不同于任何封建王国，却又在实际上构成了一个超级政府。它有着自己的政府首脑——教皇，有着自己的政权机构——教廷以及各级教会组织，有着自己的规则——以圣经、教皇敕令等构成的教会法，并在欧洲的版图上按教区划分了自己的统治范围。然而，这个教会政府的存在和运行与封建世俗政府相似却始终有很大的不同。它有着自己特定的组织规则，有着自己的管理模式。它所具有的独特性对于当时以及随后欧洲社会的发展都有着深刻的影响，客观上，教会政府正是近代宪政的孕育之所。我们所熟知的一些机制、理念都能在教会政府理论中发现踪迹。而政府的存在形式必然对于法律的存在产生巨大

的影响。中世纪的行政法无论在精神上还是在模式上都反映出了教会政府的影子。

一、教会中的个体权利对行政法精神的影响

自由平等博爱是资产阶级大革命时代的口号。但是这些观念并非是在当时就直接凭空出现的，这些精神有着深厚的宗教基础。基督教产生之初是被压迫者的宗教，所以它的教义特别主张人与人之间的平等与友爱。彼得提醒人们不要拘泥于身份，世间的人类"并不分犹太人、希腊人、做主的、为奴的、或男或女，因为你们在基督耶稣那里都成为一体了"。[1]

基督教会发展后，为了适应阶级统治的需要，基督教的理论家们开始为人与人之间的不平等作辩护。基督教会也成为最大的封建主，通过各种手段剥削压迫各国人民。但是有一点基督教会却始终没有摒弃，那就是不管在现实中如何，在基督信徒的信仰中，基督面前人始终是平等的。基督教会始终不同于当时的封建王国。①在教会本身的组织机构中，从教皇至主教各个层次的圣职一般是通过选举而非世袭方式任命的。这种选举制度使得教会不至于完全封建化世俗化，保证了教会中各个主体之间的平等性。尽管在最初的阶段，教会人员的任命受制于世俗的政权，大部分高级职位都是出自当时的贵族阶层，在教会内部也形成了上层等级和下层等级以及依附等级。然而，下层次的信徒却始终有机会担任教会中的那些高级职位，甚至于教皇。到中世纪后期，贵族出身担任教会要职的独占性则被彻底打破，附属的和不自由的阶层的人员都被允许担任高级教职。②教会虽然成为封建主，教会寺院都拥有大量的地产，然而教会却始终要以救世主的代言人身份行事，它必然地要致力于社会的福利事业等。在《基督教在中古欧洲的贡献》一书中，作者详细从各个领域各个层面介绍了基督教会对于中古欧洲的贡献。从中我们可以看到，教会对于信徒的生命权利的尊重，对于信徒财产权利的尊重。教会在其影响范围内广济穷人，个人的生老病死婚姻财产都受到教会的干预，而这种干预大多是基于基督教义，本着一种仁爱的精神进行的。当人生病得不到救治或穷困到无以为生时，教会往往就成为他们惟一的希望。尽管教会中，确实存在过一些贪婪暴横的教职人员，但是总体上来讲，"中世纪教会的大人物：如教皇、主教、主持、修道士，凡在基督教会里面有影响的，无论男女，差不多都喜欢参加慈善事业；他们不但给穷人钱，而且给他们亲爱的精神：为他们洗脚，为他们做饭，为他们负担，为他们牺牲社会之庄严；这种精神即使他们未与政界中人来往，也必能影响政界中人，何况他们中许多人是出身贵族"。[2]

教会中个体权利的意识对于整个社会的发展有着极大的影响。这种平等的精神，为社会服务的精神于今天而言也是必须秉承的。行政法是众法律部门中规范最为广

---

〔1〕 《加拉太书》，第3章，第28节。
〔2〕 杨昌栋：《基督教在中古欧洲的贡献》，社会科学文献出版社2000年版，第20~21页。

泛的法律部门，也是与公民生活生产联系最为密切的法律部门。行政立法如果缺少了平等的精神，带来的直接后果将是特权阶层的利益暴涨而普通民众的利益受损。中国的传统中讲究的是尊卑有序，缺少的正是一种人人平等的内在观念。而另一方面，行政法固然是一种管理法，同样也是一种服务法。行政立法与行政执法过程中有必要贯彻这样一种服务的精神。在立法中从有利于行政相对人的利益出发，简化行政程序，减少行政成本与相对人的支出成本。在行政执法中，应当从行政相对人的实际情况出发，不能只追求政绩，追求数字效益，而忽视了最为根本的人民的便利。

二、教会机构的和谐关系与行政法模式

在中世纪，教会是一个比世俗的国家政权更为严密的组织机构。它有着庞大的组织体系。从位于权力体系最高的罗马教廷到最为普遍普通的教堂修道院，教会的组织实际上是构成了一个以罗马教皇为中心的神性王国。这么庞大的机构要能有秩序地运转并非易事。要形成一种各个组织机构之间的和谐局面必然有着类似于今天的某种机构模式，从上至下地进行合理的权力与职能的划分。

我们知道，在中世纪，罗马教皇的地位经过长时间的争斗已经达到了顶峰，成为西欧社会的精神主宰。教皇权威是不容置疑和侵犯的。教皇的敕令是教会与世俗社会都要遵循的法律。但这并不意味着教皇就真如他自己所标榜的那样是最高的智者。他自己就可以操控一切事务。实际上，教皇在教会组织机构中只是处于领导者的地位，而具体的教会运作则依靠于他周围建立起来的种种教会机构。这些机构一方面惟教皇的命令是从，另一方面则其实又是对教皇权威的制约。同样，这些教会机构之间也不是各行其是，他们之间也存着相互的合作与制约。伯尔曼在《法律与革命》一书中对于教会机构的和谐模式进行了详细的论述。书中写道，首先在罗马教廷层次上，教廷发展除了由各个领域专家组成的具有高度效率的官僚体系。"教皇文秘署负责起草和发布文件，包括开始司法程序的令状，还负责保存对教皇政府的命令、法规以及判决的记录；文秘署署长是教皇之玺的保存者。称为使徒厅的教皇财政署的功能既是教皇岁入的金库，又是财政部；此外，该厅还有自己的法庭，用来处理与税收以及其他财政事务有关的民事和刑事案件。"[1] 根据伯尔曼的描述我们可以看出教会机构运作的和谐在于以下几点：①职能上的明确划分。纵向按照教皇—大主教—主教—教士所构成的统治层次进行划分，使他们尤其是下层次的机构不至于越权行事或怠于职守。而横向上，每一个层次中，都有围绕该层核心所建立的组织机构，例如主管税收部门，负责司法裁判部门等。它们各司其职，形成了一种有序的管理机构。②权力上的独立性与制约性。在教会机构中，每一层次的权力都具有独立的性质。他们在各级别上都可以说是最高的，因此他们对于辖区事务的

---

〔1〕　〔美〕伯尔曼：《法律与革命》，贺卫方等译，中国大百科全书出版社1993年版，第258页。

处理能够有效而且及时。而另一方面，他们的权威除了教皇外又是不完备的。他们的权力要受到上层次权力的制约，从目标上要对上级别的权威负责。如果他们所处理的事项出现纷争，则可以通过上级的复核加以最后解决。而教皇的权威也不是不受限制的。"尽管教会内所有的政府权力最终都集于教皇手中，但是，教皇的专制统治却受到了处于顶端的官僚体系的职能划分以及整个教会政府的等级制的，或曰金字塔式的特征限制。这种限制自然比不上三权分立和联邦主义的近代概念；但是它们却构成了对于专制主义的重要制约，至少培育了教皇在大多数情况下不愿意破坏的政府习惯与传统。"[1] 这样，在教会机构内部就形成了一种稳定的权力结构，可以保证权力之间不至混乱，也不会被肆意滥用。

教会机构之间的这种和谐关系对于法律的模式尤其是行政法的模式产生了相应的影响。在一个宗教社会里，行政法所处理的关系不仅及于世俗群体也及于教会群体。行政法必须协调好各个组织成员之间的关系。它不能过分地倾向于一方而忽视其他各方的存在。社会成员利益复杂性要求行政法合理地设定相关各方的权利义务。因此，行政立法必须具备一种高层次的统一性。而在行政法的运作中，由于教会与政府的并立，教会中各个主体的并立，行政权能之间的协调是一个现实的问题。在中世纪，由于教会是主导的力量，所以行政法的运行就依据教会政府的运转规则，它是一种比较均衡的模式。不同层次的行政法主体间，相同层次不同领域、类型的行政法主体间都要尊重相互的行政权能，都要寻求一种法律管辖的和谐而尽量避免法律操作上的冲突。在行政程序问题上，教会政府比较注重专家参与，比较注重程序的完备性。这些无疑也影响到行政法的程序设计，使得它的执行方式、执行期限以及对于执行过程中的对抗与救济都十分明确。

三、宗教大会的权力制约与约束行政权

"权力导致腐败，绝对的权力导致绝对的腐败。""凡是有权力的人都容易滥用权力，要限制权力的最好的办法就是以权力来限制权力。"这些传世名言为后人奉为真理。尽管这些言论在中世纪尚未成形，但是中世纪却也存在着权力制约的理论与实践。

在中世纪，随着教会社会地位的上升，教会人员也复杂化起来。上至王公贵族，下至平民农奴，用中国的传统言论来说就是三教九流的人充斥其中。教会中形成了以教皇为首的贵族阶层。他们在教会中身居高职，操控教会所具有的权力，占据教会的财产。而教会的权力结构是一种金字塔式的集权制。教皇的权威比之世俗的封建君主有过之而无不及。教皇的权力包括：控制薪俸金的发放，把教会的案件转入教皇的法庭，将大批款项转为教皇的收入以及提出征税，等等。面对教皇如此强大的权力，必须要对其进行限制。而谈到如何限制教皇专制的问题时，在中世纪的理

---

[1]　[美] 伯尔曼：《法律与革命》，贺卫方等译，中国大百科全书出版社1993年版，第258～259页。

论家中我们必须提及马西略和奥康的威廉两人。马西略（1289～1342 年）出生于意大利的帕多瓦城，他曾担任过巴黎大学的校长。尽管他的专业为医学，但是他热衷于政治。他一生的大部分时间都与德国国王路德维希四世王室有密切的关系。他的著作《和平的保卫者》是中世纪晚期最有影响力的一部著作。威廉·奥卡姆（1285～1349 年），是中世纪继阿奎那之后的最重要的经院哲学家和政治思想家。他出生于英国萨里郡的奥康村，因此被称为奥康的威廉。

马西略和奥康的威廉两个人尽管思想自成一家，但是他们的思想中却具有某些共同的东西。他们都为世俗政权的合法性辩护，反对教皇干预世俗政权。而在教会问题上，他们则都反对教皇专制，力主教会改革，以宗教大会的形式来革除教会中教皇专制腐化等弊端。马西略主张在教会改革中将人民主权思想引入基督教生活中，并为教会设计一种全新的民主生活的理想模式。他认为，教会是一种社会组织，教会是一个包括牧师等神职人员和整个信众团体的社会实体。作为一种社会实体，和其他由个人组成的团体一样，其最高权力不应存在于整体的某一部分中，而应存在于作为整体的全体信众之中。因此，他主张成立宗教大会作为体现这种最高权力的机构，宗教大会由全体基督教徒或由他们的代表组成，作为教会这一整体的代表机构。他建议："基督教世界的主要地域都按照其统治者的命令，并与他们的基督教居民的数目和身份成正比地选出代表。无论是俗众还是牧师都应该在宗教大会中有自己的席位，牧师由于受过有关神法方面的专业训练，在宗教大会中更是必不可少的。宗教大会采取少数服从多数的投票表决制，其权力包括确定对圣经内容的理解，通过宣判对基督教礼拜仪式进行管理，以及任命神职人员。精神生活中一切与世俗生活相关的立法都在这一最高会议的权限范围内。教阶制中所有的官员，从位居教会巅峰的教皇到听牧师差遣的助手，都必须服从宗教大会的决定。"[1]

奥康的威廉在限制教皇权威的斗争中，走得更为靠前。他提出的教会民主思想主要是为了解决教皇的产生以及教义的争论问题，而该思想的贯彻主要也是采取宗教大会的形式。他希望能够通过宗教大会的形式，将神职人员和俗人联合起来，从而制定出公正的限度和规则，以便对教皇的专制主义倾向进行限制，从而恢复教皇与基督教徒之间的和平。威廉建议召开的宗教大会有广泛的代表性。萨拜因对此评论道："他明确表示大会必须包括神职人员和俗人，他甚至不反对把妇女也包括进来。代表的基础应当是大批的社团，诸如教区、修道院或大教堂的牧师会等，他们是教会代表单位。威廉却是没想到基督教的个人代表，比如许多互不相关的个人；或者地区的代表，比如某某地区的居民。他说，一个社团能作为一个政体进行活动，也可以通过它选出的代表进行活动。因此，他所建议的是可称之为间接代表制的粗略计划：某一适当地区的宗教社团，比如一个教区或王国，应当把代表选入省的宗

---

〔1〕　丛日云主编：《西方政治思想史》第 2 卷，天津人民出版社 2005 年版，第 409～410 页。

教会议，省的宗教会议再把代表选入宗教大会。"[1] 而他所设计的宗教大会的职能之一则是选举教皇。他论证了根据神法和人法，在教皇变成异端之后，人民有权选举新的教皇。

马西略和奥康的威廉限制教皇专制权威，召开宗教大会以解决教会问题的理论在当时就引起了巨大的反响，而在"奥康的威廉写作之后的一个世纪里，关于教会内部教皇专制权力的论争在欧洲广泛展开，以至成为一次民众大辩论的主题"[2] 产生了一个人数众多的宗教大会派。这些人精通前人如马西略和威廉的著作，并积极推动这一理论向实践的转变。宗教大会派的目的"是想把大会变成教会政府的不可缺少的部分，它要能纠正弊端制止他们认为是教皇的专制权力的行为。他们的实际目的则是矫正和防止因教皇滥用权力而造成的各种灾祸（比如分裂）"[3] 1387年教会的大分裂为宗教大会由理论向实践提供了机会。为了解决数个教皇并存的分裂局面，康士坦茨宗教会议（1414～1418 年）和巴塞尔宗教会议（1431～1449 年）相继召开。这两次会议尽管是各国封建势力相互争斗角力的场合，也并未在制度上改变教会的管理模式，但它却至少结束了教会分裂的局面，而且他们所批准的措施也反映了宗教大会派的理论。

宗教大会是为了限制教皇专权与结束分裂而为的。它发源于当时欧洲社会所存在的一种信仰——"在 15 世纪便早已十分出名的一种根深蒂固的信仰，即一个民族或一个社会有一种固有的权力来制定自己的法律并树立自己的统治者，而合法的政府不同于暴政之处正是在于这种同意或承认。一个宗教大会或其他代表机构的权利依靠这样一个事实：它代表一个社会并为它讲话，它要能证明一项规定确实取得给了它以约束力的同意。"[4] 这种理论的实质在于：整个教会组织（全体基督教徒）是它自身法律的源泉，而教皇和各级神职人员则是它的机构。教会统治者要受制于自然法，也受制于教会本身所制定的法律。其主要原则也和中世纪王国的主要原则一样，即强调教会、社会或人民的自治，强调权力存在于全体之中。

这场政治运动在解决了教会分裂局面后不久便沉寂下去，但是它所形成的思想精神却保存并传递下去。它是法制派反对专制的第一场大辩论。后来的资产阶级大革命的思想家大多受其启迪。而于今世，我们仍需认真体会其中所孕育的权力精华。

当今社会是行政权急剧膨胀的社会，即便是在严格奉行三权分立体制的国家中，

---

[1]〔美〕乔治·霍兰·萨拜因：《政治学说史》（上），盛葵阳、崔妙因译，商务印书馆 1986 年版，第363 页。

[2]〔美〕乔治·霍兰·萨拜因：《政治学说史》（上），盛葵阳、崔妙因译，商务印书馆 1986 年版，第376 页。

[3]〔美〕乔治·霍兰·萨拜因：《政治学说史》（上），盛葵阳、崔妙因译，商务印书馆 1986 年版，第377～378 页。

[4]〔美〕乔治·霍兰·萨拜因：《政治学说史》（上），盛葵阳、崔妙因译，商务印书馆 1986 年版，第372 页。

行政权一枝独秀的局面也日益明显。行政权的扩张使得社会生活方方面面都受到了约束。行政权的广泛介入、深入介入固然有其合理有利的一面，是社会发展的必然选择，但同时也就增加了行政权侵害公民权益的机会。如果不对行政权进行充分的约束，那么它的滥用就在所难免。行政权如何在法定的范围内行使，如何不偏离其设立的目标是一个历史课题。从宗教大会理论中我们可以提取如下几点：①权力的源泉在于人民。行政权作为权力的一种是人民所赋予的，其行使也只能为了人民。当某些行政权力在行使过程中背离了它所存在的基石后就失去了正当的理由，也就没有了法理上的依据，丧失了再存在下去的条件，必须加以革除。②行政权力的行使当有人民的参与。这能够保证行政权力始终在人民的监督掌控下运行，不至于人民因为不了解事情而无法有效地监督行政。③行政权力的约束需要机制化。正如宗教大会制约教皇权利一样，如果没有机制化的约束，那么这种约束将软弱无力，如果没有实在权力的支持，约束也将是一种空谈。④法律是行政权行使的最直接约束。无论何种机构的约束都必须法制化。作为行政权行使的标准，以是否违反法律来衡量行政权是否正确运作最为客观，也最为合理。

四、宗教大会中的宪政机制

宪政是在斗争与妥协中产生与发展的。从历史的经验来看，任何单纯的暴力运动或者单纯理论上的构架都无法实现宪政的目标。单纯的暴力运动必然引发社会的动乱，不仅破坏了业已存在的物质上的架构，也导致了民众的暴虐情绪。非理性化地否定过去并不就是在建设的道路上走得更远。因此，可以说暴力运动的最大作用乃是为宪政创造一个契机，以待时机缓和后能够在一个崭新的平台上推进宪政建设。而相反，单纯的理论上的架构也不会对宪政产生实质的影响，如果没有政治力量的实际推动，理论上的宪政永远也不可能变成现实。所以，宪政如果想要存在并发展，须存在一种各种力量可以进行斗争与妥协的机制，这种机制可以缓冲激进力量的破坏性，也可以保证保守力量在社会发展的让步。它为各种力量实现自己的政治目标提供了一个和平进行的机会。宗教大会对于宪政发展的贡献就在于它在宪政机制上为宪政发展提供了历史经验。

根据伯尔曼的介绍，"教会政府的宪政首先是由对教会权威的范围本身的限制加以推进的。这类限制部分地来自于宗教权威和世俗权威二元主义的理论，部分地来自于世俗权威抗拒教会滥用权力以及越权的实践。此外，在教会自身内部，作为与各种世俗政治体相分离的一种政治体，无论是教皇还是主教，其独断权力都受到来自理论与实践两方面的限制……教会是一个'法治国'，一个以法律为基础的国家。与此同时，对于教会权威所进行的限制，尤其是来自世俗政权的限制，以及教会内部尤其是教会政府的特殊结构对于教皇权威的限制，培育出了某种超过法治国意义上依法而治的东西，这些东西更接近后来英国人所称的'法的统治'。"〔1〕这段引述我们可以将之视为中世纪宪政产生与发展历程的一种概述，也可以将其看做中世纪宪政发展中的一种理论指引。它的落实则有赖于以下几个方面：一是选举与罢黜制度。宪政的精髓在于限制权力保证权利。而权力与权利之间最本源的关系就在于权力来自于权利，权力当受制于权利。当权力异化，变成权力使用者为己谋利的工具时，权利的行使者可以剥夺滥用权力者的权力。在中世纪，教皇的权力是最高的权力，而在召开宗教大会之前，这种权力基本没有法律上的硬性约束，对它的滥用者教皇也无法进行罢黜。除了通过选举更多的主教，教士在教会运作中微弱地限制教皇权力外，人们看不到其他的办法。而宗教大会则不同，它开创了罢黜教皇的先例，尽管后来这种方式并没有继续运用，但是通过会议行使选举与罢黜教职人员的机制却形成下来。它从根本上为权力的行使设定了红灯，否定了专制权威不受约束的观念。二是自治机制。自治机制是限制集权，推动权利发展的必要条件。它培育了一种主体间平等精神，一种拒绝非法权力干预的精神。教会内大大小小的自治体在辖区范围内享有对自身事务的管理权，它在相当大的程度上不受上层权威的干涉，这种独立性使得人们对权利更加珍视，对权力的干预更加警惕，不平则鸣。从而，宪政的历史也就在自治体与集权权威的斗争之间不断展开。三是法律约束机制。宗教大会以通过法令的形式将对教皇权力的制约法制化，这本身是欧洲法治信仰的结果，而反过来又极大增强了人民的法治信仰。作为宪政的一个重要目标和保障，法治使得权力与权利都在法律的框架内运作，它们有各自的限定标准，超过标准则可以通过已经设定好的程序加以纠正，这避免了他们的肆意滥用，也能够缓解他们之间的矛盾关系，从而保证宪政的平稳发展。

---

〔1〕 ［美］伯尔曼：《法律与革命》，贺卫方等译，中国大百科全书出版社1993年版，第264～265页。

第5章

欧洲文艺复兴时期的行政法思想

欧洲的文艺复兴运动发端于公元 14 世纪~16 世纪。"文艺复兴"一词，原意系指"希腊、罗马古典文化的再生"，源自人们对古希腊和古罗马时期哲学、政治学、法学的重新认识和发掘，实质上文艺复兴并不单单是为了恢复古希腊文化，而是借此反对封建观念，摆脱中世纪基督教文化和腐朽的封建思想的束缚，建立适应资本主义发展和资产阶级需要的新思想和新文化。文艺复兴在欧洲历史发展中占有重要地位。首先是人的发现，与中世纪对比，文艺复兴在意识形态领域内带来了一系列巨大的变化。最突出的变化是关于人价值观念的转变。在中世纪，理想的人应该是自卑、消极、无所作为的，人在世界上的意义不足称道，正是文艺复兴发现了人和人的伟大，肯定了人的价值和创造力，提出人要获得解放，个性应该自由，应该重视人的价值，要求发挥人的聪明才智及创造性潜力，反对消极的无所作为的人生态度，提倡积极冒险精神，它重视现世生活，藐视关于来世或天堂的虚无缥缈的神话，因而追求物质幸福及肉欲上的满足，反对宗教禁欲主义。这一时期的行政法学家也大胆地脱离宗教的信条，高举人文主义的旗帜去关注人、尊重人和赞美人的价值，并用人的眼光去审视和思考整个世俗的世界。文艺复兴的法学观念所折射出来的时代意义在于它促使欧洲行政国家的治国理念从以神为中心过渡到以人为中心，引导政府把重点从来世转移到现世。它唤醒了行政主体积极进取的精神、创造精神以及科学实验的精神，从而在精神方面为资本主义制度的胜利和确立开辟了道路。这一时期产生了许多法学流派和经典法学思想理论，在人类史上具有重要的意义，恩格斯曾高度评价"文艺复兴"的法律思想家在历史上的进步作用，他写道："这是一次人类从来没有经历过的最伟大的、进步的变革，是一个需要巨人而且产生了巨人——在思维能力、热情和性格方面，在多才多艺和学识渊博方面的巨人的时代。"[1]

---

[1]　《马克思恩格斯选集》第 3 卷，人民出版社 1995 年版，第 445 页。

第一节　文艺复兴时期的文化背景与行政法思想

一、文艺复兴时期的文化背景

西欧各国新兴资产阶级发动的文艺复兴运动包括一系列重大的文化革命运动，其中主要的是："人文主义"的兴起；对经院哲学和僧侣主义的否定；艺术风格的更新；方言文学的产生；空想社会主义的出现；近代自然科学的开始发展；法学流派的勃兴；印刷术的应用和科学文化知识的传播等。这一系列的重大事件，与其说是"古典文化的再生"，不如说是"近代文化的开端"；与其说是"复兴"，不如说是"创新"。文艺复兴运动作为早期欧洲资产阶级和封建贵族阶级、基督教会在思想文化领域里进行的第一次大较量，猛烈地冲击了封建制度和基督教会的统治基础，推动了欧洲政治、经济、文化的巨大变革，在法学、文学、艺术、哲学、自然科学等方面取得杰出的成就，特别是文艺复兴时期的行政法理论为近代资产阶级政府行政理论奠定了基础，为近代资产阶级革命做了思想舆论上的准备。

文艺复兴时代是"一个需要巨人而且产生了巨人"的时代，封建社会末期代表资产阶级利益的伟大思想家马基亚弗利、波丹和格劳秀斯等人正是这一时期的杰出代表，他们用人的眼光去观察行政国家和法律制度，他们的法律思想和政治观念深深影响着人类的历史进程。文艺复兴时期法学家思想中的行政法理念，虽然有别于近现代三权分立意义上的行政法和行政权，但是并不能认为这一时期没有行政法制度和行政法思想的存在，至少行政权作为社会管理权和政府统治权是客观存在的。在文艺复兴时期的封建专制体制下，君主掌握全部国家权力，行政权属于君主权的一部分，君主集行政、立法和司法权于一身。这一时期的行政法思想关注更多的是何种君主形式和政府形式对一行政国更为先进和合理，封建行政系统如何构建更能强调对君主、统治阶级利益的保护和对行政权威的服从，因而文艺复兴时期的行政权探讨范围主要集中表现在外交权、经济权、征税权、军事权等领域，政府的主要任务是国家的安全保障事务，行政主体的主要职责是对外抵御外敌入侵、行使国家主权，参与国家政治；对内则是如何在体制上保证一个统一的国家的存在，防止国家分裂，确保人民的人身和财产安全，维护国家的社会生活秩序。文艺复兴时期行政法思想正是受这一文化大背景的影响，充分体现出了时代特色。

二、自然正义下的行政法治

从中世纪开始，行政法律理论的主要角色就是确定行政权力的合法性，统治权问题是处于核心的主要问题，整个法律理论围绕着它组织起来。自然正义的行政法原则的科学性在于它脱离了纯粹的上帝神学观，将君主统治和政府治理的关注点集中于人类与大自然的普遍规则中，认为天地万物均遵循一定的自然法则，行政主体制定法律和制度的出发点必须与自然正义、理性、平等和公平的理念相契合。在以自然正义为基础的行政法理论定格之前的相当一段时期内，中世纪欧洲社会长期处于神本主义的法制秩序的统治之下。这一时期的"行政法治"是"上帝之治"，是"神治"，是一种神本主义的行政法治。这种神本主义的行政法治的特点是：行政法被认为是确定不变的神启社会行为模式，它可以由人来适用和解释，但不能由人来改变。就行政"立法"来说，它们实际只是暴力司法程序的组成部分，政府只有一种职能，即暴力司法职能，国王本质上是一个解释不变宗教法律的代言法官。任何行政统治者确实没有权力制定法律，法律是习俗或上帝的意志的产物。国王、贵族和行政系统的权威只限于颁布所谓的行政命令使宗教法律付诸实施。行政国家本身不能创制真正意义上的法律，当然也不能废止法律或违反法律，因为这种行为意味着对"正义"本身的否定，而且这是一种荒谬之举，是对惟一能够创造法律的上帝的背叛。

　　文艺复兴时期，神本行政法理论逐渐被自然正义的行政法治观所打破。人们开始重新认识世俗的社会，政府治理开始关注以自然正义原则为核心的人本主义法治。此时期提到的自然正义的行政法思想源于自然法，政治学家亚里士多德最早提出了自然正义的概念，他认为"在正义之中，一部分是自然的，一部分是法律的，自然的是指在每个地方都具有相同的效力，它并不依赖于人们这样或那样的想法而存在；而法律的则意味着起初是这样，又可以是那样"。[1] 自然正义原则作为一种普遍的正义观指引着文艺复兴时期行政法治的发展方向，作为行政统治工具的行政法必须意味着"自然、正义"，行政法律被认为是人本"理性"，其原因正如亚里士多德所认为的那样，法律的形式特征是执政者凭它来掌握他们的权力，并借以监察和处理一切违法失律的人，它是以行政主体的需要为出发点的，但是法律是人类智慧的体现，必须是与正义相辅相成的。在14世纪~16世纪的欧洲，随着罗马教皇统治秩序的逐渐崩溃，行政国家的独立和独立后的政府治理亟须找到一条与神圣教皇理论完全相悖的行政法理依据，自然法作为君主和政府维护自身统治的正当依据，在这一刻正好切合了政府统治的需要，这一时期自然正义理论迅速成为贯通行政法治的核心，自然正义法则成为政府行政法治合法化的理论支撑和基点，成为世俗法律中的高级法，由于自然法学说最为盛行，当时先验的法学家和思想家极力倡导行政法治中自然法的自然、正义理念，在许多思想家和法学家关于行政国家形式和政府治理的论述中，正义、理性和公平等词汇甚至是可以混用，荷兰的格劳秀斯和斯宾诺莎、英国的霍布斯都是这一时期的典型代表人物，在这些自然法学家们看来，渊源于自然的正义是制定政府法律的指导原则，也是一种高于实在法的更高原则，自然正义原则并非只是指导行政法治的抽象学理，必须运用和落实到具体的行政实践中，在当时欧洲许多行政国家的法治实践中大都强调这样的行政理念："即在任何一种政权

---

[1]　凯切江：《政治学说史》，法律出版社1959年版，第183页。

体制下，如果政府不顾老百姓的利益而只顾统治者的利益，是不符合正义要求的，也违反了民众与国家之间平等的原则。城邦是为了公民的利益，而非某一阶级的利益而设立的，城邦以正义为基础，并由这种正义衍生出政府法律，以判断人间的是非曲直。"自然正义指导下的行政法思想尤其主张行政实践应多关注自然法原则中人之自由和平等理念，行政法学家们纷纷从人类的原始状态和自然权利中，演化出人类的社会法律权利，从自然正义的角度阐述社会正义的主题，他们认为在自然状态中每个人都享有自由和平等，自由权和平等权是一种与人的自然本性联系在一起的天赋权利，自然状态中的个人自由与平等符合正义的理念，政府和行政法律应当予以认可，对公民的基本权利和财产权利行政国家应当给予尊重和保护，政府的社会统治应当具有理性和符合正义，不能肆意地剥夺人的生命，不能肆无忌惮地侵占公民的私有财产，政府和君主的权力应当受到法律和法律之上的自然法的约束，从"自然状态"到"社会状态"，自然正义的自由和平等，不仅不能消失，而且应该广泛地推广和发扬，并且获得政府的保障。

　　总结文艺复兴时期自然正义下的行政法治，可以得出这样的结论，文艺复兴时期的行政法治的最根本特征就在于它的理性主义，他们立足于自然法则，断定了城邦治理的法律现象不是根植于神，而是根植于人本身，即根植于人的理性意识，按照他们的解释，政府治理所遵循的自然法中的"自然"就是人类共同具有的理性精神，政府之所以能够认识和利用自然法，是因为统治者有理性，反之，丧失理性的统治者必然干出违背自然法规则的事。自然法指导下的行政法治的政治意义在于，它能提供一种用于评价国家法和限制政府权力的规则。在自然正义的背景下，政府制定的法律与正义同出一个地方，维护行政法律就是维护正义。如果说古希腊、罗马时代的自然正义理念还是抽象、原则和学理性的，那么到文艺复兴时期的价值观念体系中自然正义是行政法治的伦理导向，引导着行政法治的方向，是法治可持续发展的动力。政府清醒地认识到行政法追求的正义应该是具体的、客观的、现实的，它应该能规范着人们的言行和法治的品格。自然正义作为一种政府治理社会的观念和准则，不仅应存在于人们的意识里，还应直接体现在实在法的制度中，影响着行政法的制定、执行和遵守状况，制约着法的发展演进。一定的自然正义观是一定时代的基本的思想基础和精神内核，在一定程度上决定并主导着政府法治的状况，文艺复兴时期的自然正义行政法治正是这一时代人文精神的体现。

三、人文主义与行政法的社会化

(一) 人文主义思想的兴起

文艺复兴时期的系统思想体系称之为人文主义（humanism），人文主义思想的核心是肯定和注重人与人性，反对宗教神学理论。它的口号是："我是人，人的一切特征我无所不有。"在中世纪，行政国家和君主被说成是上帝所赐，为的是拯救堕落的人类，君主是上帝的代表，对君主的服从是一种宗教义务。但人文主义法学家却把行政国家看做世俗幸福的工具，认为行政国家的基本任务是维护社会安全与和平。他们相信，君主如果成为暴君，必为人民所推翻，这是历史规律。人文主义者反对专制，提出自由和平等的口号，这里的自由的概念不同于古代，具有了鲜明的行政法内容。人文主义者布鲁尼把每个市民有同等机会参加政府管理和批评自由称为"真正的自由"，因而平等也不再是早期基督教那种在上帝面前的平等，而是在法律面前的平等。人文主义思想概括地说就是："推崇人的价值和尊严，反对抬高神、贬低人的观点；强调享受人世现实生活的欢乐，反对禁欲主义和来世观；提倡认识自然、重视人和自然的统一。"这一时期人文主义者的代表有比特拉克、薄伽丘、彭波那齐、伊拉斯莫和蒙台涅等。他们以各种文学艺术和科学的研究形式赞美人生和世俗生活，主张放弃追求虚幻的上帝，蔑视来世主义和禁欲主义世界观。受人文主义的影响，这一时期的行政法思想认为行政法要多关注现实社会生活，行政法律要立足人性的需要而反对宗教神学，人文主义法学家公开否定封建贵族特权阶级，讥讽和批判教会僧侣的愚昧无知，提倡科学的追求真理的精神。他们反对国家分裂、主张国家的独立统一，主张人是生活的主人和创造者，提倡人的社会性，提倡行政法的社会化。

（二）行政法的社会化

"社会不是以法律为基础的，那是法学家们的幻想。相反地，法律应该以社会为基础"，[1] 但在中世纪天主教会的教阶体制中，教皇在欧洲的基督世界享有最高的行政权、立法权和司法权，行政法具有宗教的神秘色彩，这一时期的行政法所呈现出的特点是：行政法律和行政命令严重脱离世俗的社会，不为民众所知晓，不具有社会性，法律是上帝的意志，国王必须服从上帝的法律，教皇是作为上帝在人间的惟一合法代表，行政立法完全掌握在经院僧侣手中，行政法与世俗社会无关，行政权具有绝对神学权威，教皇能制定或废除管理整个欧洲社会的教会法规，依教会法指定人员组成教廷行政大系统，创立教区，任命主教甚至加冕皇帝，依靠的力量来源于绝对的精神控制和庞大而又严密的教会组织。这个时期欧洲各国的行政法治基本上是遵循上帝的教义，坚信行政法治遵循上帝意旨是"伦理和信仰上永无谬误"，各国的行政首脑依据"君权神授"的理论来传达教皇的旨意，在罗马教廷的领导下对国家和民众进行行政管理，君主随意借助上帝的名义来残害社会民众，侵犯人民的人身自由和财产权利，民众成为宗教压迫的对象，行政法作为教会统治和钳制人们思想的工具基本上完全远离世俗尘世，政府管理规则的制定基本上和宗教信条融合在一起。

到了文艺复兴时期，随着人们思想的大解放，受人文主义思想的影响，君主统治和政府行政的视野开始逐渐地从神圣的、束之高阁的罗马教廷规则和神学教义转向了世俗的人间社会，如何建国、如何管理社会生活、如何加强国家实力、如何创

---

〔1〕《马克思恩格斯全集》第 6 卷，人民出版社 1995 年版，第 891 页。

造国家财富和社会福祉成为文艺复兴时期各国政府行政所关心的问题，行政法的落脚点从神学的教会信条回归到现实的社会中，行政法的制定和实施注重建立在实实在在的社会价值基础上，在欧洲文艺复兴时期的许多城市中，很明显地表现出了行政法的社会化，社会现实样态成为了行政立法的基础，呈现出了公元 1000 年之后在欧洲各地随处可见的社会法学复苏景象，产生了维护社会生活和治安的行政司法和政治组织的新形式，在世俗权力与精神权力发生冲突的过程中，城市中出现了与天主教堂相对峙的另一种社会管理机构——市政厅，即政府管理社会的机关。在意大利的佛罗伦萨那里，市政府成为了政治和行政的中心，市政府的行政职员使用规范的法律的语言来管理社会，建立在市民社会需要基础上的行政机构根据社会的经济、文化、教育、卫生、赋税的需要而具体地组织和设立，并通过司法术语的形式来实施对社会的科学管理。由于行政法的社会化，这一时期行政长官的宫殿很明显地代表了政治行政功能，而不再是只能由神学僧侣和封建贵族出入的神秘场所，在政府宫廷内使用的法律法规也开始注意吸收和采纳世俗法学家们所起草的法律条文和法学理论，而再不是僵化地照搬宗教信条。人们开始关注和讨论政府制定法的性质，甚至是歌颂社会化了的世俗法，人文主义法学家认为，在人类社会中居统治地位的不是神，而是政府为管理社会而制定的世俗法律，行政法本身就是应该来自于生活，行政法律关注社会生活，是道德生活的准则，是人类社会和共同生活的灵魂，它们是构成丰富多彩的人类交往的基础。人文主义行政法学家认为，构成家庭、地区、城市、民族、王国、帝国的这些人类社会靠什么维持？它们是靠社会化的政府法律支撑、靠法律统治和法律维持。人类社会生机勃勃的肌体不是依靠医药，而是依靠社会法律精神上的一致，正是世俗的行政法由于具有了所公布条文的确定性和规范性，所以它包含了任何一个正常人的头脑都能理解的，或是经过思考和讨论就能理解的智慧。

建立在社会基础之上的法在人与人之间的关系中是非常有用的，因为它的目的是指导人们达到"共同的善"。这一时期社会化的行政法产生和发展出许多互相协调和补充的行政立法类型，包括王室法、封建法、庄园法、商法等，同时从最早的一部城市法——《比萨习惯与法律汇编》颁布开始，[1] 各城市都纷纷制定了自己的社会化行政法典，其中较重要的有 1242 年《威尼斯城市法》、1250 年《波伦那城市法》、1308 年《卢卡城市法》、1330 年《米兰城市法》和 1335 年《佛罗伦萨城市法》等。这些社会化的行政法律依其特殊渊源和独立地位，共同调整着当时世俗社会生活的各个方面，共同构成一幅完整的社会法律图景：公民生活在行政国家的统一社会化司法管辖权和一整套社会法律制度之下，政府由一种宗教的神秘法律观转向了集体主义社会化法律观。这样一种法律的社会化格局的确立对西方历史上行政法的发展有着极其深刻的影响，逐渐教会法已经不再是脱离社会化的有效权威制衡

---

〔1〕《比萨习惯与法律汇编》是现在已知的最早的一部城市法，于 1160 年 12 月 31 日颁布。

力量，可以这样认为行政法对社会的关注和以社会为基础的世俗理念正好是回应了人文主义的精神内涵。

四、新宇宙观与行政法新视野

（一）新宇宙观的内涵

宇宙观我们通常又称为世界观，是关于宇宙的整个图景及其一般性质的观点。宇宙观是一种哲学，即最一般的哲学，它反映了一个时代的制度背景。在科学发展的初期，科学是和宇宙论紧紧纠缠在一起的，不同的宇宙观导致了完全不同的科学研究，在中世纪，教会支持古罗马天文学家托勒密建立的天体理论，这一理论认为地球静止在宇宙的中央，日月星辰围绕地球转动。按照中世纪的宇宙观，地球是按等级排列的宇宙的中心，宇宙延伸到天堂，延伸到上帝的住所。因为物质的宇宙是人类产生的本原，在那里进行着人类的创造、衰落和赎救，所以人类居住的地球只有位于宇宙的中心才说得过去，而且这样也符合一般人认为的天堂环绕静止地球的看法。由于教会的支持，托勒密体系成为神圣不可侵犯的信条。但是，这一体系无法圆满地解释和计算行星运行的轨道。哥白尼抓住这一漏洞，用 40 年的时间进行天象观测，在《天体运行论》中建立了"太阳中心说"，认为：太阳处于宇宙的中央，地球则进行双重运动，一方面围绕太阳公转，一方面自转。恩格斯说："他用这本书……来向自然事物方面的教会权威挑战。从此自然科学便从神学中解放出来。"[1]科学宇宙观让世人从宗教的神学观中醒悟过来，实证的科学实验和数据让人不得不重新确立新的思维和视野，人们坚信自己的眼睛和自己的头脑，相信实验和经验才是可靠的知识来源。这种科学的实证精神也奠定了行政法实事求是的世俗精神，开拓了行政法的新视野。

（二）新宇宙观对行政法的影响

正是近代自然科学的产生，改变了人们的思维方式，并促进了近代世俗行政法律的发展，近代行政国家本位下的行政法思想便是对经院哲学的反对和对新世界的探索。在这一时期中，世俗行政法的探索是一个紧张急促的进程，一个向未知领域的尝试性探索。新宇宙观对行政法的意义在于它引导行政国家以科学的人本意识向神学愚昧发出挑战，行政统治者重新构建自己的思维观念和社会生活，这种冲击影响到国家行政体对人类自我、社会、政治、经济、文化的看法，行政统治者开始重新梳理自己的行政意识和管理观念，开始引导行政权的统治摆脱宗教神学和拜占庭的命令，开始基于世俗行政权和国家概念来管理社会和国家，在这一过程中，政府不仅具有了直接经济管理的职能，行政权还日益大胆地向社会多领域渗透，从一种中世纪人们梦想的上帝之国，逐渐发展成为一种世俗治理型国家。在行政法的新视野中，国家肩负起了全民的福利、健康与安全的职责，政府体制、政府的经济、外

---

〔1〕《马克思恩格斯选集》第 4 卷，人民出版社 1995 年版，第 263 页。

交政策都基于世俗的国家需要而进行，从此皇帝成为了欧洲中世纪世俗国家的代表。在新宇宙观的大背景下，行政法的新视野集中表现在，政府通过行政立法将统辖下的所有的城市设定为社会生活的单位，这些行政单位都有着自己的市政机构，进行着统一行政管理，并由各级行政官吏进行市镇管理：

1. 对城市内部的管理。为维持城市的经济秩序，政府专门设有市镇行政官员监督着市场交易的运行，监督买卖是否公平，产品质量是否合格；为维持城市的社会秩序，设有行政官员组织好治安防火的工作，清除盗贼，驱逐或接济乞丐和流浪者，维护清洁，不准乱倒垃圾；为开展城市的司法工作，由政府组建城市法院及法官处理各种纠纷案件。此时的行政思想开拓的科学性最为突出的表现在各个城市都设有自己的政府财政机构，并通过行政立法规定了财政收入的范围：城市公共土地出租的租金；属于城市所有的店铺、商栈、货栈等的出租费用；对出入城市的商品的征税；对城市居民的财产的征税。规定了政府财政开支最主要是两个方面：①城防开支：建筑城墙、购置武器、供养或雇佣军队等。②城市管理的行政开支，市镇建设和上交贵族领主或国王的金额等。

2. 处理国家的对外事务。每个政府都需要和其他城市的工商业者打交道，但是为了自己国家的利益，当和其他国家为争夺市场或道路发生冲突的时候，政府会行使行政权力对外来商人进行约束限制；政府会在外敌入侵时组织市民们进行抵抗，维修城墙、挖掘壕沟，并代表国家和其他领主和国王交涉谈判维护国家的权利和自由。

3. 政府公职人员制度改革。此阶段政府公职人员制度改革大胆地脱离宗教神学的理论和制度，逐渐趋向务实的本地化和民族化改革，文艺复兴之前城市的行政公务人员是由各种教士担任，教士书记员负责起草公共生活所必需的各种法令，并负责城市的通信和会计工作，教士只隶属于教会，不受城市的管辖，所以他们使用的语言是拉丁语（即教会通用的语言）。受科学力量对行政思维的冲击，政府尝试让城市的书记逐渐转向使用本地市民和使用本国方言。"在行政事务中首先采用本国方言，这种首创精神完全符合于在中世纪文明中以城市为其杰出代表的那种世俗精神"。[1] 改革后，虽然在大多数城市，政府公职人员是由在经济上有势力的富商担任，但一般的普通市民，在城市政治中有着不同程度的参与。

4. 政府的行政计划管理手段确立。为了推进政府行政计划，如果城市非常需要劳动力，政府就会尽量多地从农村中招进农民，比如意大利政府在一些商品经济比较发达的城市，就宣扬释放隶农，甚至和一些隶农联系，供给他们金钱去向领主赎买自由；但如果城市不需要劳动力，政府就不让乡村居民轻易成为自己城市中的一个成员。

当然，对于那些尚未实现民族独立的国家来说，行政法的视野必须首先确立在

---

〔1〕　〔比利时〕亨利·皮雷纳：《中世纪的城市》，陈国樑译，商务印书馆 2006 年版，142 页。

为实现民族国家统一和维护行政统治而进行的"行政集权运动"上，中世纪欧洲的政治结构中"行政国家"并不是个政治实体，君主把国土分封给贵族和教会，贵族们对自己的领地再行分封，国家被分割成碎片，各级封地的领主享有接近完全的行政权和司法权，行政国家只剩下一个名义上的政治代表。"中世纪的封建国家的第一个显著特征就是没有中央权力，甚至连中央权力机构都没有，也没有中央权力机构所在的首都。"[1] 由于科学的宇宙观所造就的世俗抵抗氛围，加上政府和城市资产阶级两者在世俗利益上的一拍即合，迅速推动着行政权力的集中化过程，国王在这个阶段成为统一的行政国家的推动力量。行政首脑通过工商阶层的支持，不断扩充自己的财政力量，扩大军队，向贵族领主征税，没收教会的财产，确立行政国家的权威。国王得以行政国家代表的身份采取行动，限制贵族的权力，逐步剥夺领主在自己封地上的行政权、征税权和司法权，同时确立起国王在立法和司法以及行政方面的最高权威。为了达到这一目的，行政战争权被誉为是这一时期强化君主权力的一项必不可少重要内容，欧洲各国在这个过程中不可避免地经历了百余年的相互征战，这些相互战争从中世纪领主之间，甚至骑士之间的战争逐步变为王朝间的战争，由于战争需要在国内进行全民动员，反过来促进了行政国家的统一和民族的形成，更为重要的是由于战争需要统一的指挥，更强化了君主的权力，开拓行政法的新视野。在王权重新振兴的过程中，"行政国家"概念诞生，超越各个城市，超越各个封地，但又与这些城市和封地有着共同的不可分割的联系的国家利益出现，君主或国王是当时惟一可以作为国家利益的代表的人。在此时期的欧洲大陆，"权威分散于不同社会等级的中世纪状况迅速被权威集中于君主的状况所取代。"[2] 不仅封建领主的权力被大大削弱，已经无力与王朝相抗衡，而且起初曾赋予市民阶层的一些权利，比如参政权也已经名存实亡。到了文艺复兴末期，传统的分权现象实际上已从欧洲大陆完全消失，当时的权力结构横向没有权力分工，纵向没有权力分层，君主集行政、立法、司法诸权力于一身，并把原来分散在贵族领地的权力也集中到中央，这种高度集权在缺乏民间监督的情况下，实际上是演化成了一种行政独裁统治，刺激着行政统治者的冒险精神。政府行政的新视野具有建立现世的或世俗的行政目标的独立价值，新行政观不仅仅在制度意义上独立于直接的教会权威，而且它们所担负的社会管理和维持和平正义的任务也独立于教会维持基督教信仰的使命，具有时代进步性。

五、冒险精神与行政法思想漠视

文艺复兴运动唤醒了人们愚昧的思想，上帝和神学受到巨大的挑战，良好的人文精神氛围引领人们大胆地去探索和发掘自己的现实生活，提出人要获得解放，反

---

〔1〕　钱乘旦：《现代文明的起源和演进》，南京大学出版社1990年版，第97页。
〔2〕　［美］亨廷顿：《变革社会中的政治秩序》，李盛平等译，华夏出版社1989年版。

对消极的无所作为的人生态度，要求发挥人的聪明才智及创造性潜力去探索发现已知和未知世界，提倡积极的冒险精神，冒险精神成为这个时代的一个明显特征，人们执着地将冒险精神引入了政治、商业、海外探险、战争等诸领域。1500 年前后的地理大发现，就是冒险精神的外在表现，如果说文艺复兴是人类向愚昧无知的精神世界进军的话，那么可以认为地理大发现则是人类向未知的物质世界进军，"地理大发现"作为文艺复兴运动的副产品，主要是指欧洲一些国家的航海家和探险家在 15世纪～17 世纪为了另辟直达东方的新航路，探察当时欧洲人不曾到过的海域和陆地的一系列航海活动，它是地理学发展史中的重大事件。在这些航海家和探险家中，最著名的当属绕过好望角到达印度的瓦斯科·达伽马，发现美洲的克里斯托弗·哥伦布和进行首次环球旅行的费迪南德·麦哲伦。

文艺复兴时期冒险精神的大背景造就了政治领域中政府统治者对绝对权力的狂热追求和对行政法思想的漠视，国与国之间的谈判转折都是靠那些政府统治者——他们都是一些冒险家，他们的作用非常重大，因为他们的成功既靠高明的赌博也靠着非常的实力。政治手段和军事措施几乎是他们关心的惟一课题，而且他们几乎将这种统治手段和措施同法律、道德和社会考虑完全分隔开来。中世纪的西欧，无论是贵族、知识界还是普通民众，都没有显著的行政国家观念，当时的知识分子更多的是从冒险的角度来考虑政府权力问题。即使像英国这样有着很丰厚的"法治"观念基础的国家，由于当权者对"法律至上"的漠视，对绝对权力的狂热追求，使得中世纪后期成了政府追逐专制王权咄咄逼人的冒险时代。中世纪封建经济规模很小，君主没有财力和物力维持常备军和官僚机构，贵族在其封地行使行政、司法和守土等各项职能，是封建等级制度的强大中坚，对政府行政权威构成了巨大的挑战，这迫使欧洲大陆君主靠着自身的冒险精神和对法律的漠视，迅速去占有税收的绝大部分，去建立坚实的财力基础，方能履行国务活动。这些君主的权能与其中世纪的先辈相比，已经由相对被限制的范畴转变为不受任何行政法律约束的绝对行政权威。随着这种政治冒险趋势的发展和漠视行政法律之治国艺术的日受青睐，导致各个行政等级特殊性的职能、权力和义务逐渐减少，乃至取消，在这种体制中，最高统治者行使行政权力无须经其他机构和集团的同意，并且有监督所有臣民的权力。

此种行政法思想漠视下的权力绝对主义追求在德意志表现得较为典型，比较普遍，在德意志大多数的邦国内，君主们无视行政法律的约束而极力扩展自己的权力，限制贵族等级的政治权力，冒险的绝对主义君权很快成为独占性的最高权力，与其前历史上的君权不同，德意志绝对主义君主制创造了契合政治冒险时代的国家权威理念与机构，统治者通过自身的政治冒险活动创设了维系国家统一与团结的政府体系，使其自身成为国家权威的载体。由于对政治欲望的冒险追求和为达到目的而不顾法律的执著，那个时代的政府甚至宣扬，世界上并没有完全恰当的政府形式，人民用诸如"暴政"或"寡头政治"之类的术语归咎于邪恶的政府，这只是因为他们不喜欢某种权力的具体运用，正如他们用像"君主制"和"民主制"等表示赞成的术语一样，在每一个政府的某处总存在着最高权力，这是确定不移的，而问题仅仅在于由谁拥有这一权力。基于同样理由，并不存在什么混合式（即无主权）的政府，也不存在受限制的政府，因为最高权力是不可分割的，总得由某个人来作出最后决定，而谁能作出并善于作出最后决定，谁就拥有最高权力，至于是否有行政法律并不重要，重要的是实现政治权力的目的，一切政府形式中的权力，只要完整到足以保障臣民的安全与福祉，价值全都是一样的。那些狂热追求权力和漠视法律的政府极端地认为，人类的事情绝不可能没有一点毛病，但任何政府形式可能对全体人民普遍发生的最大不利，如果与伴随内战而来的惨状和可怕的灾难比，或者与那种无人统治，没有服从强制力量以约束其人民间的掠夺与复仇之手的紊乱状态比，简直就是小巫见大巫，对权力的追求就要富于个人的冒险精神。

第二节　马基亚弗利的行政法思想

尼科诺·马基亚弗利（1469～1527年），意大利法学家、政治家、思想家。出身于意大利佛罗伦萨没落贵族家庭。1498年开始任佛罗伦萨共和国十人委员会秘书，后曾出使各国。1512年共和国被推翻，美第奇家族复辟后，曾一度被监禁，获释后从事写作；晚年又出任美第奇政府官职，1527年该政府被推翻后被逐，同年病死。马基亚弗利有关政治法律思想的主要著作有《论提图斯·李维乌斯的前十卷》和《君主论》（一译《霸术》）。他很少直接论述法律，但作为近代资产阶级政治学说的奠基人之一，他的法律思想对后世西方法律思想具有重要影响。马基亚弗利提出了被后世通称为"马基亚弗利主义"的法律无道德论。他主张，为了巩固自己的统治，君主应当"为达目的不择手段"，即可以采取各种残暴、奸诈、背信弃义、不顾道德的手段；他认为法律和武力是两种斗争手段，前者属于人，后者属于野兽，前者常有所不足，必须诉诸后者。他的政治、行政法律思想代表中世纪后期意大利新兴资产阶级利益，在要求民族统一和反对神学方面有历史进步意义。

一、行政立法的社会价值

行政立法的社会价值是指马基亚弗利行政法律思想中所体现的政府行政立法对社会的影响和作用。马基亚弗利在《李维史论》的卷首，就提出了这样的问题思路：如果我们想知道罗马为什么能"历经数百年"还保持"如此多的美德"，就需要通过考察罗马早期历史去发现在罗马的政治制度中，有两种因素是至关重要的，即宗教与法律。马基亚弗利认为，在罗马的政治制度中最有利于维护公民品德的是政府立法，因为行政法律可以通过其强制力量迫使公民们把公共利益置于个人利益之上。公民的美德起源于良好的教育，而良好的教育又起源于"良好的法律"。他认为，在一些地方之所以在一个特别长的时期能够保持公民的美德，是因为"法律使他们变得善良"。[1] 马基亚弗利之所以论及并重视政府世俗立法对国家和社会的价值，有着它深刻的时代背景，马基亚弗利所处的时代正值意大利处于政治分裂、经济衰落、列强争逐的历史时代，特别是当时罗马教皇从中分而治之，不断挑起纠纷。法国、德国、西班牙乘虚而入，于 1494～1559 年在意大利领土上发动了惨无人道的战争，使整个意大利陷入混乱、分裂和灾难中。马基亚弗利敏锐地看到了意大利长期分裂割据和连绵不断的战争所带来的内忧外患的局面，并从根源上指出教会统治是造成意大利分裂的主要政治根源。他指出，教会过去使我们四分五裂，现在仍然使它四分五裂……意大利之所以既没有共和国也没有由一个君主政府统治，其原因就在于教会。

他批判君权神授理论，主张政府与教会脱离，政府通过自身立法来治理行政国家。对于行政立法的社会价值，马基亚弗利论及了行政法律及其立法者对社会的重要性，马基亚弗利认为，社会道德概念和公民美德概念产生于政府法律，社会一旦腐化，其本身是无法改造自己，而必须由一名法律制定者来解决问题，因而良好的行政立法对社会具有极端重要性，可以这样认为，在马基亚弗利那里将政府与社会紧密地联系在一起，将整个世俗社会的繁荣和国家的统一托付给政府的法律和行政管理。在马基亚弗利看来，政府法律可以使社会恢复到它的创建人最初所确立的健全原则上来，更为重要的是马基亚弗利在探讨行政立法的社会价值时想到的不仅仅是甚至主要不是政治组织，而是一国公民的整个道德品质和社会结构，他认为这些都出自法律制度的智慧和远见。他认为对于一个行政统治者来说，只要他懂得依靠法律的治国之道，明白政府立法的社会价值，他能做的事情实际上是无限的，他可以摧毁旧的国家并建立新的国家，改变政府的形式，迁移居民，并在他臣民的心中建立起美德。

为了实现行政立法的社会价值，他将这样的立法任务交给了万能的立法者。马基亚弗利讨论了在一个国家或城邦成立之初那些伟大的创建者即万能的行政立法者的作用。他最喜欢的行政立法者是古希腊斯巴达的创建者莱库古斯（Lycurgus）和罗马最初的国王罗慕洛（Romulus）与努马（Numas），他认为这些伟大的立法者，不仅个人有着崇高的品德，可以影响他的人民保持良好的品行，更为重要的是他们是伟大的行政立法者。他们创建了优良的制度，使其人民能够历数代人而仍然保持良好的美德。马基亚弗利用赞美的口吻说："莱库古斯制度是如此完美的法律，使其城邦达 800 多年而不朽，并且丝毫没有丧失其政治自由。罗马的国王也是靠完备健全的法律，使城邦充满那种使一切城邦或共和国出类拔萃的崇高品德，与帝国共存了许多世纪。"[2]

关于行政法律制定者在实现法律的社会价值中的极端重要性，马基亚弗利说，

---

〔1〕 Machiavelli, *The chief Works and others*, Trans. by Allan Gilbert, p. 203.

〔2〕 Machiavelli, *The chief Works and others*, Trans. by Allan Gilbert, p. 199.

法律制定者不仅是国家而且是社会的建筑师，包括道德、宗教和经济体制，他认为，作为一项普遍规则，我们必须假定，要很好地建立一个共和国或君主国或对其旧制度进行改造，这时不可能或很少有可能的，除非由一个人来单独地进行这种工作，其实这个人就是立法者，在他有了这样一种依法治国体制设想之后，应当让他付诸实施，这甚至是必要的。在马基亚弗利的心中，这个立法者通过其优良的军队，更是借助于良好的立法和施行。显而易见，马基亚弗利在深入探讨政府行政立法的社会作用时推崇政府统治者与人民应有不一般的角色模式，他希望君主能成为万能的立法者而为整个社会和国家服务，为了推崇这样的一个立法者，马基亚弗利甚至认为，行政首脑作为和平统一的意大利之国家的缔造者不仅置身于法律之外，而且由于道德是法律制定的，他也就不受道德的约束。观察马基亚弗利的思想可以看出他对革命有一套理论，对立国后的治国则有另一套理论，一是在建国之初为改造腐败不堪的国家，国家的惟一目的就是如何使用各种权术和手段建国；国家一旦建成之后，政府为管理和发展社会必须重视行政立法的社会价值，行政立法就应为社会服务，政府应该实行法治，行政主体在处理国家的日常事务时必须以法律为依据并适当尊重臣民的财产权和其他权利，只有这样国家才能长治久安。

实际上，虽然马基亚弗利的行政管理思想定位于行政立法对社会价值的探讨基础之上，具有时代的进步性，但是他将这样的行政立法任务交给了万能的立法者。综观人类社会史，"如此万能的立法者是少之又少，因为时至教育普及而民众自主意识普遍苏醒之今日各国，除了多元民意之协调之民主立法外，通过一个立法者来制定出塑造新公民、新社会和新国家的良好法律只是妄语。"[1] 但对于身处 16 世纪意大利的腐败环境的马基亚弗利来说，他的期待又是可以理解的。

二、利己主义作为行政法的理论基础

（一）马基亚弗利利己主义理论

马基亚弗利之所以是一个颇受争议的人物，是因为许多人认为他是一个不折不扣的功利主义者，甚至是背信弃义的代名词，他提倡行政国家为了实现统治就应当狡猾奸诈、残忍、玩弄权术。他关于行政法的理论基础亦奠定于他的功利主义思想，在他看来行政法作为政府管理社会的工具应当将如何治理成功作为惟一的目的，为了达到成功，统治者和政府机构可以不择手段，不顾一切的社会利益和道德非难，行政法作为君主和政府管制国家的法律，就是应该成为君主实现统治的工具。在《君主论》中，马基亚弗利把政治学和伦理学割断，尽管他一般不反对宗教，但他也认为宗教也只不过是政治的工具，政府法律应该同伦理道德分开，用伦理道德的手段难以实现意大利的统一，政府要实现意大利的统一要完全靠暴力，要用残忍的法律手段进行欺骗甚至是背信弃义。君主靠什么维持自己的权力呢？一是靠法律，

〔1〕　黄基泉：《西方宪政思想史略》，山东人民出版社 2002 年版，第 89 页。

二是靠军队。马基亚弗利说过："世界上有两种斗争方法：一种方法是运用法律，另一种是运用武力。第一种是属人类特有的，而第二种则是属于野兽的。"[1] 马基亚弗利在《君主论》中认为政府主要是靠实力和权术进行统治的，为实现统治利益，残忍的手段和谋杀行为已成为政府采取的正常措施，武力和奸诈是君主成功的诀窍，赤裸裸地图谋私利，不需要掩盖和伪装，政府只需要成功一切就都有理了。马基亚弗利的行政法的功利主义理论是以"人性恶"为出发点，他认为"因为关于人类，一般可以这样认为：他们是忘恩负义的，容易变心的，是伪装者，冒牌货，是逃避危难，追逐利益的"[2] 因此人的本性在本质上是恶的，政府立法实际上就是要建立在单个人的软弱无能的基础之上，只有国家的权力才能保护个人免受别人的侵犯，这样马基亚弗利完全以人的自私本性作为立国和行政立法的出发点。他认为，对于政府立法来说，不仅不必具备各种美德，而且还要保留那些不会使自己亡国的恶行。行政首脑的惟一专业就是思考战争、军事制度和武装训练问题。当君主的信仰对人们失去约束力量的时候，必须动用武力和为统治服务的法律来说话，防止人们再犯，为了达到治世的目的，甚至可以不择手段。马基亚弗利还告诫君主必须把武力和诈术配合使用，政治成功的背后总是伪善和诡计，君主不必重视自己的诺言，也不必顾及道德的约束，欺骗是君主政治第一等重要的事情。他认为，统治者利用行政法等诸手段进行统治，要把一切功劳归于自己，把一切错误归于他人，君主应当把受责难的地方推诿于别人的治理不善；把诸美德控制在自己的手中，对于国内不稳定的地方，要派严酷的官吏去镇压人民的反抗，在引起民怨后即把执行严法的官吏治罪，装作为民除害，以收买民心。在《君主论》中，他为行政首脑提出了一套较为完整的统治术，甚至是在《君主论》的第 15 章中指出，贤明的君主"对于残酷这个罪名不应有所介意"，"不重视守信，而是懂得怎样运用诡计"，"诡辩地树立某些仇敌，以便把他制服，从而使自己变得更加伟大"，君主"必须同时效法狐狸和狮子……必须是一条狐狸以便认识到陷阱，同时又必须是一头狮子以便使豺狼惊骇"。

　　（二）对其理论的评价

　　对于马基亚弗利在其所处时代所提出的行政立法的功利主义背景，应辩证地评价，他的观点具有时代的爱国背景，马基亚弗利具有强烈的爱国主义情怀，他看到了意大利的长期分裂和战争，他希望意大利各城邦能停止一切内部纠纷，一致对外。对于意大利来说，惟一的出路就是建立一个君主制的政府，在《论图斯·李维著〈罗马史〉前十卷》中，马基亚弗利甚至主张，用强制手段实现国家的统一，"由一位皇族去建立具有完全的与绝对的某种最高权力，这个最高权力像给野马口中带上了一个'嚼子'，才可以勒住它那过分的野心和严重的道德败坏。"[3] 马基亚弗利

---

〔1〕　黄基泉：《西方宪政思想史略》，山东人民出版社 2002 年版，第 89 页。
〔2〕　《马克思恩格斯全集》第 3 卷，人民出版社 1995 年版，第 368 页。
〔3〕　黄基泉：《西方宪政思想史略》，山东人民出版社 2002 年版，第 89 页。

认为当时的意大利成为极端的政治腐败和道德腐败的牺牲品。旧的城市制度已消亡，在但丁时代已被唤醒的教会和帝国等概念已被人们所淡忘。政府和行政法律要统治成功，要改变四分五裂的局面，就不能顾虑得太多，由于他憎恨当时的腐败政权和教权，由于他对人性抱有悲观的看法，认为只有饥饿才能使人勤奋，只有法律才能使人为善，由于他希望看到一个合理的共和国，除了将治国理念和行政法思想建立在以武力对武力，以欺诈对欺诈的利己主义思想上以外，马基亚弗利看不到什么更好的办法来解决那个时代的政治紊乱和腐败。应该说，马基亚弗利行政统治的功利主义思想，在那个时代是一种合理的功利主义观念。从某种意义上说，马基亚弗利提出的是"人各为己"的法律理论，在他所处的社会中，也是符合时代要求的，不能认为除了他的极端个人主义的目的和利益外，其他一切都毫无意义，至少对于水深火热中的意大利来说也是有其合理性。

三、行政依法

马基亚弗利要求国家权力服从法律，政府要依法行事，以确保其来源和运行的合法性，使"国王和人民都受为人所知的法律的管制"。马基亚弗利的心目中存在两套治国理论，即对于立国有一套理论和对于立国后的政府治国又有另一套理论，主张建国后的行政管理必须依法行政。他分析到，任何一个共和国中，都存在贵族与平民两个矛盾的利益集团，在单一政体的制度下，不管是贵族政体还是民主的政体，掌握权力的一方都会维护自己的利益，在这种情况下，公共利益就会降低到从属集团利益的地位，正因为如此，只有符合法律和公共利益制度主张才能通过，法律不允许偏袒任何一方利益的主张得以通过。他坚持认为，国王应当服从法律，国王服从法律被认为是理所当然的，"法律至上"这一观念就是指国王本身受法律的约束，如果国王的命令是错误的，国王的臣民有权在某种情况下拒绝服从他。同时，在政府治理中为了防止非暴力事件的发生，必须使用法律手段制裁行政官员们的权力滥用行为，并指出政府目无法纪的行为和荒唐的扰民政策会引起政治危机。在马基亚弗利看来，国家和政府的生存取决于法律的完善，因为完善的法律是产生公民权和爱国美德的源泉，法律能对政府起很好的作用，政府必须有法律的约束和指导，这样可以获得良好的品德，使人性中善的一面得到发挥，君主国政府保持稳定的首要条件在于依法而治。

马基亚弗利认为，法律是人类独有的统治方法，任何市民，如未经其同级政府之依法裁判，或经国法判决，皆不得被逮捕，监禁，没收财产，剥夺法律保护权，流放，或加以任何其他损害。因此在共和制下，由于政府和君主不受法律的约束，变得反复无常和轻率。他说："一个君主如果受到法律得当的约束，他就会变得坚定、精明、文雅，政府和人民都需要法律，依照法律生活。"[1] 因此他曾提出要创

---

〔1〕　谷春德：《西方法律思想史》，中国人民大学出版社2000年版，第106页。

建新的法律制度，他认为，意大利政府以前的多次革命和运动之所以不成功，主要原因在于旧的政府规章制度不良，没有人知道政府行政应该如何改革。但是，如果能够创制新的法律制度，并使这一制度得到巩固和普遍遵守，政府就会受到人们的尊敬和赞扬，国家的基础就会稳定。因此他认为只在两种情况下采用专制的政府，即立国之初和改造腐败不堪的国家，除此之外的一切政府治理形式均应该贯彻行政依法，政府在处理国家的日常事务时必须以法律为依据并适当地尊重臣民的财产权和其他权利，只有这样政府才能长治久安，并建设性地提出，专制政府的强制力量是一副强烈的政治药剂，对腐败的国家和所有遇到特殊紧急情况时的国家，这服药剂是有用的，但毕竟是服毒药，用的时候必须小心谨慎，必须严格贯彻法律的原则，即专制政府也要受法律制约。精明的统治者和政府机构尤其不要目无法纪地占有臣民的财产和妇女，因为这种事情容易激起人民的反抗，他赞成政府依法实行仁政，控制严刑，主张以继承作为挑选统治者的方式。他又认为，只有"既有好的法律作基础，又有好的规章实施法律"[1] 的政府，才是最值得推崇的，因而在马基亚弗利看来，一个君主要夺取政权并巩固统治，首先要重视法治，制定并用法律来约束人，将人的天性由恶变善，从而建立一个比较合乎理性的政府。他站在资产阶级的立场上极端地蔑视不受法律约束的王公贵族，认为贵族的利益是同君主和资产阶级的利益相矛盾的，政府要治理有方，就必须依法对贵族进行镇压甚至是加以消灭，这些人对社会毫无贡献，他们是文明政府的敌人。现在看来，马基亚弗利的行政依法观念也存在着极端的阶级色彩。

四、行政法工具论

现代政治法学的鼻祖马基亚弗利在论述君主的统治术时，就极力主张君主不受道德准则约束，可以采取任何手段去实现自己的目的，统治者应把行政法当做维护本阶级或个人利益的工具，只要有利于控制他人，使个人的意志畅通无阻，一切卑劣手段都是合法的，都是可以实行的。马基亚弗利明确主张，"目的总是证明手段正确"，因此只要有利于政治目的的实现，任何法律手段就是正确的。他告诫君主：凡是阻碍其目的实现的人都应该依据法律立即予以镇压，一个君主不能希望人民爱他，而应该使人民对他感到恐惧；为了使人民效忠，一个君主不应该顾虑对自己残暴的谴责。尽管马基亚弗利主要目的是为了实现祖国的统一与强大，但是他的理论却产生了不受法律和道德约束的君主，最终只能使行政法成为君主维护统治的工具。马基亚弗利的政治法律思想给行政国家提供了明确的世俗内容，把强大的物质力量看做统治者赖以生存的工具，他眼中的行政法就属于这种强大物质力量工具之一，他认为政府法律完全是为君主实现国家统一和阶级统治服务的，即他认为行政法应当属于工具主义范畴。马基亚弗利认为行政法律的工具主义是自古有之的一种政府哲

---

〔1〕 ［意］尼科诺·马基亚弗利：《君主论》，潘汉典译，商务印书馆1986年版，第7页。

学，即法律的适用主体——君主把制定法仅仅当成是为了达到某种目的的手段与工具，"他预见到了他关于统治工具论的观点会招致世人的反对，但是他仍然相信他在为人们提供一种新道德、新模式，他是在走一条前人没有走过的路。然而他始料不及的是，他去世后20多年，美弟奇家族的凯瑟琳·德·美弟奇嫁到法国成为亨利二世的皇后，她在法国搞了许多残暴、下作的手段，激起了法国人民的愤怒并将其归罪于马基亚弗利。从此时起，'以目的说明手段正当'的行政工具主义论，便被称之为'马基亚弗利主义'，这为他招来了不绝如缕的批评"〔1〕英国学者 G. R. 埃尔顿《新编剑桥近代史》中，对马基亚弗利的行政法工具主义所受到的指责作如下的解释："他打算传授学术，他要按照他从经验与研究中所看到的它的本来面目去传授，而不受那种在书之外再也找不到的道德箴言的影响。他不成料到他所描述的这些策略在发表后不曾用于为善——他极力把他的理论公正地建立在事实确凿的基础上：他常说，这些事情确曾发生，发生的情况就是这样，他们提供的教训就是这些……马基亚弗利发生的问题永远是：它是否可以达到预期的目的？而从来不是他是否正当？自然这就为他的工具主义论带来了恶名。"〔2〕

　　在行政法的目的与手段的关系上，马基亚弗利的《李维史论》与《君主论》表现出了相同的功利主义态度和立场，认为当涉及国家安全时，每个统治者都"必须对公正或者不公正，仁慈或是残忍，值得称赞或是可耻不予考虑；他要把此类考虑抛在一旁，尽力遵循那将拯救他的生命和保持他的自由的任何计划"。马基亚弗利理论中的行政法工具主义主要表现为：①行政法律是维护君主统治的工具，认为法律是君主实现意大利民族统一和阶级统治的工具，是意大利政府实现各种政治手段的"刀把子"，法律的价值首先和主要的是维护政府统治和镇压民众的反抗。②行政法律是经济管理工具，法律对意大利工商业、对外贸易、手工业、造船业和经济赋税具有强制规范作用，行政法律能够保证国家赋税收入。因此在马基亚弗利那里，它从不把法律当做最高权威来尊重，而只是把法律当做阶级统治工具来重视，而且重视的程度又完全取决于法律对政府目的的实现有何助益，哪怕这种行政法律属于功利主义的恶法范畴。这种法律工具主义与人治传统是互为表里的，马基亚弗利强调法律必须为实现政府当下的目的服务，甚至认为如果法律妨碍了政府当下目的的实现，有时必须由治国者动用其广泛的自由裁量权力来采用一种特殊的判断标准取代法律的标准。对于行政法的工具性，他曾这样说道："一切国家，无论是新的国家、旧的国家或者混合国，其主要的基础乃是良好的法律和良好的军队。"又认为，只有"既有好的法律作基础，又有好的规章实施法律"的政府才是最值得推崇的，因而在马基亚弗利看来，无论法律手段是否是正当的，保证事业成功才是君主的头等

〔1〕　参见［美］利奥·施特劳斯：《关于马基亚维里的思考》，申彤译，译林出版社2003年版，第115页。
〔2〕　参见［意］马基亚弗利：《佛罗伦萨史》，李活译，商务印书馆1982年版，中译本序言第10页。

大事。

马基亚弗利的著作《君主论》中体现的行政法工具主义也被称为马基亚弗利主义，概括起来就是为达到目的不择手段，强权至上主义。马基亚弗利的行政法工具主义对后世产生了巨大影响，一方面，在政治实践领域，不少反动、卑劣的政客一直把马基亚弗利主义当做他们争夺权力、压制敌手和人民的行为准则，他们背信弃义、崇尚武力、虚假伪善、不择手段等；[1]另一方面，马氏的行政法工具主义思想对后世的行政法思想也产生了巨大的影响。总之，马基亚弗利的行政法工具论在行政法思想史上留下了持久而重要的痕迹。

第三节　让·波丹的行政法思想

让·波丹（Jean Bodin，1530～1596 年）是法国著名的早期资产阶级政治思想家和法学家，近代主权学说的创始人。出生于法国安吉乐的一个富翁家庭，大学毕业后，留校做过法学讲师。以后，一边在巴黎当开业律师，一边埋头写作。1576 年担当亨利第三宫廷辩论官，1575～1577 年还当选过省议会议员和全国三级会议的第三等级议员。与亨利三世的兄弟关系密切，并在皇家政府的司法部门任职。波丹知识渊博，掌握了占星术、天文学、地理学、物理学和医学，精通希伯来语、希腊语、德语和意大利语在内的多种语言，同时他在政府立法部门和司法部门的任职经历使他积累了丰富的政治经验，这些都为他的政治学说的提出奠定了基础。1576 年 8 月 2 日，他发表了《国家论六卷》，在该书中波丹为发展近代政治学而给自己提出了任务，其雄心不亚于亚里士多德的古代政治学。除了著名的《国家论六卷》以外，波丹还出版了另一部研究反映其法律思想的重要著作《简明历史认识方法》，这本书于 1566 年问世，表述了作者的行政国家观和法律哲学思想。波丹肯定了国家和行政法律中的道德因素，并开创了历史法学和比较法学的研究方法，主张必须对各国的法律体系的起源和发展进行比较考察，从其不完整的发展过程中找到真正的法律。波丹还是法国地理环境论的首创者，认为气候制约着人的思想、性情、生活和文化。波丹继承了马基亚弗利的思想，在政治法律思想的研究方法上认为人文主义思想家忽视了法学方法。在他看来，真正的法律政治学科有两个重要方面的问题：一是既要研究古罗马的法律制度，也要对每一个法律制度进行研究，并把所有国家的法律体系汇集到一起，加以比较；二是对所有国家的产生、成长、变化和衰落进行比较研究。波丹批判了马基亚弗利的政治学研究方法，认为他的政治学只是教君主如何成为暴君，而对政治学并没有深入研究；而更重要的是，由于他"不懂法律和公法"，不配谈"国家事务"。在波丹看来，要研究具有政治功能的国家机构，就要采

---

〔1〕 〔美〕乔治·霍兰·萨拜因：《政治学说史》，刘因等译，商务印书馆 1986 年版，第 397～399 页。

用法学方法。

一、行政法的家庭基础

（一）行政国家起源于家庭

波丹的行政国家起源理论深受亚里士多德的影响，主张行政国家起源于家庭。所谓家庭，首先是一种血缘的结合，它产生于人类的自然本性，子女和父母之间形成的一种血缘关系是不可选择的。不仅如此，家庭也是人类组织的基本形式，它带有法学的性质。波丹借助于罗马法的观点，把家庭解释为"一群生活在一起的人们的利益的合法安排，这些人服从于家庭首领，家庭首领也关心着这些人的利益"。[1]他认为家庭有两个特点：①以私有财产为基础。没财产家庭就不能维持，财产像家庭一样是很自然的制度。②家庭体现了合法的权威和政府完美原型。在家庭权中，男人是统治女人和儿童的天然主人，这不是因为男人具有强健的体力，而是因为男人比女人和儿童更具有强大的理性，因而女人和儿童必须接受父权的统治，这是天经地义的。随着时间的流逝，许多家庭为了共同的利益联合起来，产生了松散的联合体，最后这些松散的联合体统一成了行政国家。波丹的行政法家庭理论是他的著作中最具有特色的部分，波丹从人类的历史经验出发，解释国家的起源问题。波丹首先考虑的是政府的目的，他把政府的目的说成是，"行政国家是以主权力量对于无数家庭及共同事务的正当处理"。[2]家庭和婚姻、父亲同子女的关系、私有财产、奴隶制，他认为所有这一切乃是家庭的诸方面，也是社会存在和政府法治的基础。他给国家及政府下了一个定义：国家是"由许多家庭及其共同财产所组成的，具有最高主权的合法政府"。[3]所谓"合法"是指合乎正义和自然法，违反正义和自然法的可以是一伙强盗，而不能是一个行政国家。他提出，行政国家既然是家庭的汇集，那么行政国家离不开家庭，只有家庭的和睦才能有行政国家的安定，如果每个家庭都能有良好的治理，整个社会便能获得稳定，人民就能安居乐业。国家是各家各户的政府；家长一走出家庭并同其他家长一致行政便成为公民。许多家庭的联合组织，诸如：村庄、城市和各式各样的团体，为着共同的方位和防卫和追求相互的利益而产生，当最高权威把这些由家庭构成的基本单位统一起来时，一个行政国家，一个政府便形成了。他的很明确的论点就是：除非在最高权力得到承认以及组成这一权力的单位是家庭时，一个有良好秩序的国家才能存在。他承袭了亚里士多德的观点，认为行政国家的巩固有赖于家庭的巩固。如果每个家庭都治理很好而且和睦，整个国家也就能国泰民安。

概言之，在他看来，法律规定至少三个人组成一个社团，一个家庭也需要同样

〔1〕 J. C. Laire, *Six Books of Commonwealth*, City of Oxford the Alaen Press, 1775, p. 5.
〔2〕 ［法］波丹：《国家论六卷》第 1 卷，1964 年都灵版，第 1 章。
〔3〕 ［法］波丹：《国家论六卷》第 1 卷，1964 年都灵版，第 1 章。

的数量，有家长、妻子、儿女、奴隶和自由人等。他坚持认为行政国家是人类联合体的最终形式，由一个至高无上的权力把许多更小的组织联合到一起，在更小的组织形式中，最基本的单位是家庭。家庭由天然的纽带联系在一起，是一个自然的组织，此后家庭发展成为社团、社区等，波丹把它们称之为公民的组织，最后的发展阶段是行政国家，行政国家属于政治组织。因此，波丹把人类社会看做是一系列的组织，家庭处于底部，而国家则处于最高处。从论证方法上看，波丹在他的《国家论六卷》中是采用类比论证的法学方法推导行政法的家庭基础理论，即他首先分析了家庭的特点，然后比较出家庭与行政国家的相似性，波丹并没有明确说明由松散联合体转变到国家的动力和原因，但是他从家庭理论和权力等级中演化出了政府统治的模型。首先，在家庭中，一切成员是不平等的，女人和儿童一直处于家长权的统治之下，同样在行政国家中所有的人也是不平等的，行政法应当确认这种不平等，在行政国家中强行推行人人平等是企图违反人的本性，因此政府必须以人人不平等作为基础。其次，像家庭依私有财产而繁荣一样，如果行政法律不承认和尊重私有财产权利，政府就很难维持其存在。最后，家庭按照家长的权威至上才能进行生产活动，同样，波丹认为法律只有确立行政国家主权的绝对性，政府权威才能得到尊重，行政权才能平稳地运行。

（二）家庭与行政国家的区别

波丹虽然认为行政国家是家庭的汇合体，但行政国家并不是扩大了的家庭，他力图区分家庭与行政国家，即波丹在详细论述行政法的家庭基础后，进一步区分了家庭和行政国家的权限关系，提出家庭是自然的社会单位，私有财产的权利与家庭具有，是家庭的特征，家庭是私有的范围，而行政国家是共有或共有的范围。家庭是政治社会必不可缺少的单位，私有制与家庭是紧密联系在一起的，摧毁家庭财产所有权就是摧毁政府，既然家庭是政府的本质要求，行政国家就应该捍卫家庭所有权，也就是说在主权理论的背后，掩饰着这样一种政治社会建议，即主张建立一个维护私有制的以家庭为价值要素的政府。因此波丹的行政国家包含两个绝对物：家庭的不可取消的权利和行政主体的无限行政权。在王权君主制政府中，行政主体必须尊重臣民的财产所有权，这一主张的根本点归于行政权与家庭的基础关系。

二、主权与行政权的关系

（一）主权是行政权的基础

在西方法律思想史上，波丹是第一个系统地提出和论述主权学说的人。当时民族国家刚刚在法国建立，尽管还存在种种的制度限制，但各种行政、立法和司法机构已经出现，处在这种条件下，波丹对阐述国家行政权的权威基础产生了浓厚的兴趣，波丹认为主权是行政权的基础，没有主权，一个政体很难称之为国家。在此之前的希腊、罗马和中世纪的政治思想家都对"最高权力"的性质进行过分析和论述，但总体上都把它理解为统治者享有，掌握此至高无上的权力。近代，随着马基亚弗利对"国家（State）"一词的使用，波丹首次把主权和行政国家联系在一起，波丹把主权定义为"在一个国家中进行指挥的一种绝对的、永恒的权力"，它是"超乎公民和臣民之上，不受法律限制的最高权力"，[1] 波丹用主权概念捍卫了行政国家的权力，并大胆地将主权概念与行政权联系在一起，希望通过让人遵守行政法律来解决政治和宗教冲突。波丹以政治学的名义指出，马基亚弗利在向君主传授统治之术时，实际上是使他们变成暴君，认为政治学的起点不是君主，也不是公民，而是"*res publia*"，即拥有最高权，不从属于其他权力的主权。行政国家的根本特征就是主权，即拉丁语的"*summa potestas*"。这种权力是行政国家最明显的特征，没有它，国家将不能称之为国家。在此基础上，波丹论述了行政国家主权的几个特征：①行政国家的主权是永恒的。一个人在一段时间中可以对另一个或一群人下达命令，而期限结束时，他就变成了臣民，那么，这就不是永恒的权力。同样，即使他们享有权力，也不能被当做至上的统治者，而只能是至上的统治者或官员。因为真正的主权是可以剥夺这种权力的。因此，主权永恒性也就意味着它在时间上的无限性，主权者的生命是有限的，而主权是无限的。②主权的绝对性。也就是说主权具有至高无上性，不受限制和超越法律。如果主权受到同时代的、此前时代的以及政治团体的限制，那么主权也就不能成为主权。从空间上说，主权可以在自己的统治范围内绝对的支配自己的国家和臣民。波丹主张主权的目的就是为君主专制作论证，但并不意味着他把主权归结为就是统治者，相反，主权永远属于行政国家，君主不过是代行政国家行使主权。③主权是无限制的，这只是就主权的定义来论述的，但波丹也认识到，这种权力在具体运用时并不是没有限制的，主权也要受上帝的法律和自然法的限制，违反它们就是反叛上帝的意志。[2] 波丹认为掌握行政国家主权的人叫主权者，主权由谁掌握决定着行政国家的性质，决定着行政国家的命运。

　　关于主权应该包括的内容，波丹列为以下几项：①立法权。他认为主权是一切法律的惟一渊源，法律是主权者的命令，主权者就是立法者，一切臣民都不能参与立法。②宣布战争、缔结和约的权力。③任命官吏权。主权者可凭借其最高权力，任命各级官吏，被委托人不能称主权者，因为托付人仍有权收回这部分权力。④最高裁判权。主权者是国内最高裁判官。⑤赦免权。属于最高裁判权的一部分。⑥有关忠节、服从的权力。臣民有效忠、服从主权者的义务，没有主权者的同意，臣民绝对不能解除这种义务。此外，铸币权、度量衡的选定权、课税权也被波丹列为主权的内容。[3] 波丹认为主权之所以是不受任何限制而成为行政权基础的权力，是因为主权者可以"绝对的和完全的"掌握着指挥整个行政国家和民族的权力，可以不经任何人的同意制定法律、宣战或媾和以及最后的审判权力，而不受任何限制，不

〔1〕　J. C. Laire, *Six Books of Commonwealth*, City of Oxford the Alaen Press, 1775，p. 25.

〔2〕　高建：《西方政治思想史》第 3 卷，天津人民出版社 2005 年版，第 74 页。

〔3〕　徐大同：《西方政治思想史》，天津教育出版社 2005 年版，第 145 页。

附加任何条件。

（二）主权与行政权的区分

在论述了主权作为行政权的基础之后，波丹继续将论述引向深入，他对"主权"与行政权的关系进行了进一步地区分界定，认为这种主权本质上属于行政国家而不属于政府，行政统治职能的实施能从一个政府转移到另一个政府，即行政权虽然可以更替，但是主权本身却是国家永恒的属性，无论政府的形式怎样变化，只要行政国家存在主权就存在。在《国家论六卷》中，波丹认为主权是保障行政国家内聚力和国家独立的前提，但是必须把作为主权的"国家"同具体实施这一权利的"政府"区别开来。换句话说，波丹虽然接受了马基亚弗利在对行政国家所作关于君主制、贵族制和民主制的分类，但是他认为，在每一种行政国家主权形式当中又可以有不同的政府行政权类型。关于这一点，《国家论六卷》讲得很明白："我们有三种国家形式，即君主制、贵族制和民主制。主权掌握在一人手中，整个人民被排除在主权之外的国家是君主制；主权掌握在全体人民或多数人手中的国家是民主制；主权掌握在联合成集团的少数人手中，并由这个少数人向人民中的其余部分发号施令的国家是贵族制。"[1] 即波丹赞同将各主权形式下的行政国家具体的界定为君主制国家、民主制国家和贵族制国家，但波丹进一步详细论述了即便是在相同的国家主权形式下也可能出现不同的政府行政权体制，这在他严密例证中得到印证，按他的观点如果君主不分贵族与否，不分财富多寡，不分功劳大小允许所有人都参加等级大会，进入司法界，出入公职，并同样得到报酬的话，那么这个国家虽然是君主制国家，但是在行政权特征上却是民主制政府系统。

通过对主权与行政权关系的分析，波丹认为在确保了主权最高权威的情况下，君主制政府是最合时宜的行政权形式，他具体将君主制区分为三种不同的行政权模式，即"领主的"君主制政府、"暴君的"君主制政府、"王权的"的君主制政府，但波丹最为推崇的是王权的君主制政府，在王权的或是合法的君主制中，臣民服从于国王的法律，国王服从于自然法，臣民享有天然的自由和对自己财产的所有权。王权君主制是一种权力得到良好实施的、行政管理有条不紊的"国家"。在王权君主制下的行政体制中，君主和政府机构不是占有财产和农奴的霸主，也不是专制性的将意志强加于人的主体，而是按照宗教、传统和公正的准则进行统治的人主。王权君主制政府为保证维护公共利益，允许臣民保留自身的自由和财产的所有，这样王权政府就成为了主权不可分割的得到充分实施的政治机构，在波丹看来，政府管理良好的主权国家是这样的一种国家，在统一主权之下，三个等级即教士、贵族和第三等级在一位最高行政首脑的领导下组成一个和谐的整体，不过这个国家的行政管理掌握在国王及其行政官吏的手中，无论是民事法令还是经济法令都由他们来实施。

---

〔1〕 〔法〕波丹：《国家论六卷》第1卷，1964年都灵版，第544页。

三、行政法的气候条件

（一）行政法的气候条件

波丹在《国家论六卷》第4卷和第5卷中考虑了行政国家的兴起，繁荣和衰落的所有自然和超自然的原因，其目的是使每一个敏锐的行政立法者，都能感受到那些特别的对其行动起制约作用的抑制因素，从而使其能为自己的国家制定出最合适的法律，其结果就是对大自然的研究。他试图解释星体和某些神秘数字对国家命运的影响，波丹认为，每个国家、每个民族都有独特的性质，一切政体都必须适应这种独特的民族性，而民族性受地理环境的影响最大。波丹所谓的地理环境包括地理位置、气候、地形及物产等，这些因素直接影响到人民的思想、文化、心理、体形及生活方式，其中最精彩的是他对气候的研究，即把气候作为习惯和社会结构发生变化的原因。早在古希腊时期，地理环境决定社会政治现象的思想就已萌生。在中世纪，阿拉伯思想家和历史学家伊本·哈尔顿也力图证明地理环境对社会生活的作用。在资本主义形成和发展时期，资产阶级学者进一步发展了地理环境决定社会发展的思想，以反对宗教关于社会生活规律具有神创性质的观点，论证社会制度的世俗起源和正在巩固中的资本主义生产关系的自然性。在波丹之前的马基亚弗利曾认为，法律和政治不仅必须从历史角度而且必须从人们的自然环境、气候、地形和种族的角度来研究，这一信念认为，环境包括星辰的影响，通过占星学的研究可以理解环境同政府形态的历史关系。波丹继承前人通过对自然环境的探讨引出了政府治理对民族特性关系的研究，波丹从亚里士多德的观点出发，认为因地形差异而产生的民性差异也十分显著，政府对人的治理方式要注意居民特性的差异，因为生活环境和民族居民特性又直接影响着各国行政制度上的差异，行政法的发达程度与地理环境有着密切的联系，气候条件优越的地方往往能产生先进的行政制度，

在波丹看来，因纬度不同产生的差别是最基本的。他把北半球分为北部、中部、南部。他认为：南方地区的居民体质较弱而智力发达，明敏善思、笃信宗教，以哲学、神学、数学见长，因此南方地区的行政体制盛行神权政治；北方地区的居民体魄健壮、骁勇善战，狂热好动而机智不足，他们不断地南下袭击，是历史上有名的入侵者，所以北方地区的政府行政权崇尚武力统治形式；中部地区（地中海地区）的居民则兼备南北居民之长，因而中部地区政府奉行平等、正义的原则，流行共和制度，能够建立起有效的统治秩序，并在历史上创建伟大而成就卓著的帝国。3个地区犹如人体的3个部位，各有长短、取长补短、相辅相成，由此组成了一个完整的世界，每个部分都是不可或缺的。但为了达到政治目的，这两种素质混合起来的中部地区比较优越，伟大的政府和政治科学都发源于这一地区的事实就是证明。正是由于地理条件和气候条件的差异，才导致了这3个地区从民族特性的不同到历史发展道路的分歧，他认为山岳地区的国民向往自由，大多建立民主国家。沿海地区的国民历来经商，所以政府往往施行重商主义政策。生活在土壤肥沃的平原上的国

民因幸福来得容易，往往趋于安逸，不思进取，政府形式比较保守稳定；相反，贫瘠地区国家的政权形式虽然相对比较落后，但是人们能辛勤劳作，高度发挥人主观能动性，以弥补自然资源的不足。

相比之下，波丹认为由经度的不同而产生的社会差异并不十分确定。波丹认为，大体上东方人的特性与南方人的特性相似，西方人的特性与北方人相近。但是东西方差异不如南北方之间的差异显著。

（二）该理论的评价

相比较而言，波丹比亚里士多德更为彻底地认为，气候、水量、雨量、土壤、财产、星宿等同行政法治具有紧密的联系，地理环境对行政的重大影响具有重要的历史价值，甚至提出地理环境是政治制度的母胎这种机械论观点，他说，气候可以制约人们的思想、心理性情、生活和文化，还说，如果政府行政管理不注意地理环境的差别，用统治意大利人或法兰西人（中部地区的人）方法来统治非洲人（南部地区）或瑞典人（北部地区的人）势必引起混乱，同时波丹提醒政府，从自然环境的影响中找不出奴隶制度、婚姻不准离异等制度，所以行政法中不应有此内容。我们看到，孟德斯鸠（Montesquieu）借以享有盛名的地理环境决定论，即认为地理环境对于一个民族的性格、风俗、道德、精神面貌、法律及其政治制度具有决定性的作用。例如，他指出，"土地贫瘠，使人勤奋、俭朴、耐劳、勇敢和适宜于战争；土地膏腴使人因生活宽裕而柔弱、怠惰、贪生怕死"的观点，其实早在波丹那里就有详尽的阐述，无疑，孟德斯鸠是受波丹行政法气候条件理论的影响。波丹的地理环境决定论对于行政权摆脱宗教神学的影响和探索社会历史发展的客观性，起到了一定的积极作用。但它把自然界与行政权的相互关系完全归因于自然条件的决定性作用，把社会发展及政府的活动单纯地看做是对自然界的适应，把社会发展的动力归因于社会之外的自然界，认为政府的强弱、人的体质、心理状态、国家人口和民族分布、智力的高低、经济的盛衰、社会的发展，乃至社会问题的多寡和种类、宗教信仰、婚姻家庭形态都受地理环境的控制和支配，这就完全抹煞了行政主体的主观能动性。虽然他的这种行政法气候理论中有不少见解是缺乏科学根据的，带有极大的推测性和神秘主义的成分，而且体系不整、不乏自我矛盾之处。但是从整体来看，波丹试图对全部社会的行政地理知识进行逻辑化和系统化的整理、以地理学、占卜学为核心建立一门关于政府治理优良模式的行政气候学科。他的这些所作所为，反映了当时新一代法学家要求挣脱古典史学和神学史观的枷锁、走向自然主义的近代化倾向，这一点甚至超越了人文主义史学时代的一般视野和发展水平。

四、宗教信仰自由的行政法意义

从西方的历史看，宗教信仰自由的提出，首先是为了反抗中世纪黑暗的宗教统治，它与当时的自然神论、不可知论（怀疑论）、无神论以及人本主义等思潮一起，要求从严酷的宗教思想枷锁中解放出来，给科学、理性和教育独立以至政治民主、社会进步等开辟道路，也为每个人的健康和全面发展创造条件。因此，从本原上说，宗教信仰自由是争取摆脱宗教钳制的自由，它是西方资产阶级民主革命的原因之一，也是成果之一。波丹顺应历史潮流在《国家论六卷》中从政治学角度出发，提倡宗教信仰自由政策，允许各教派在法国同时存在，目的是反对党派斗争，避免宗教战争给行政秩序造成严重的破坏，最大限度地维护政府王权。在当时，法国国内的宗教领域兴起了体现新时代精神的宗教革命浪潮，占统治地位的天主教，由于它的宗教教义、教阶制度和各种繁杂的宗教礼仪都严重阻碍着法国资本主义的发展，因而出现了代表资产阶级利益的路德教和加尔文教，但是新教一直被作为异端而处于地下或半地下状态。自法兰西斯一世起，历代国王都对新教采取镇压政策，尤其从16世纪30年代起，这种迫害愈加残酷。1547年亨利二世时期，在巴黎高等法院专门设立一个法庭，用以迫害新教徒，称为"火焰法庭"。围绕着天主教与新教的斗争，到16世纪中叶法国国内已经形成三大权力营垒：以大贵族吉斯公爵等人为首的天主教阵营，主要集中于北部、东部；以波旁家族、孔代家族和将军克里尼等人为首的新教阵营，其主要力量集中于西部、西南部；以宫廷首相洛比塔尔为首的一些宫廷贵族和不满于吉斯家族的天主教贵族，被称为"政治家派别"。天主教与新教的斗争此时已蜕变为封建贵族争夺行政权力的宗教战争，长期的宗教战争给法国带来了巨大的灾难。

　　宗教战争后，人民对旷日持久的战争越来越厌倦。而一些有知识的人们在思考，到底什么才是真正意义上的现代国家？这在法兰西民族的大国之路上是一个重要的问题。作为亨利四世时期的著名法学家波丹对此有了深入的看法，波丹之所以在《国家论六卷》中主张宗教信仰自由和开明政府，是因为在经历了30多年的宗教战争后，波丹深深目睹了宗教战争造成法国经济上的破坏和政治上的分裂。他明确指出，要实现法国的安宁和统一，政府要重整经济和政治秩序，关键在于正确地解决宗教问题。因为当时基督教的分裂已无法挽回，任何一个教派都无法说服或强迫别的教派，只能走和平共存的道路，政府施行在一个行政国家内容许若干宗教和平共存的政策，是为了调解宗教内部的矛盾。波丹谴责宗教战争和迫害，主张政府顺应历史潮流，允许宗教分歧的存在，世俗的行政国家应对异端实行宽容，尽管这样会失去宗教的统一，但却有利于整个法国民族的团结，这也是为了维护政府的集权，维护国家的统一和安定，受波丹宗教信仰自由理论的影响，我们看到在当时即使还存在对宗教的不同信仰，但是许多政治家和法学家已坚持认为必须让所有信仰不同宗教的民众赞同君主是维持行政国家权力和保障社会稳定的强有力基石，必须极大地维护政府的行政权威。波丹在分析了宗教革命和动乱发生的原因后，讨论了各种防止宗教革命使主权易手的具体措施，他认为不可轻易变更法律，特别强调要正确处理人民的宗教信仰问题，而信仰的混乱和冲突是造成法国动乱的最大原因。波丹本是天主教徒，自然不否认单一宗教、单一真理和单一神法的存在，但是考虑到法国新教已经发展壮大的事实，他认为行政国家对不同教派和异教应采取宽容态度，容许宗教信仰自由。"完全坚信真正的宗教、并希望以此来来吸引分裂为不同教派的臣民的君主，不应当武力行事，因为人的意志越是受强迫，它就反而越顽固。另一方面，如果君主不是靠欺骗或强迫信仰来遵从真正的宗教，那他也不必诉诸暴力或惩罚。因此，他就可避免强制性的情感、麻烦和内战，将他的误入迷途的臣民引入救赎的港湾。"[1] 因此，波丹这种宗教信仰自由的思想最终仍然是为了拯救法国的统一，整合法兰西民族，同时也提醒世俗的王权承认宗教改革的现实，在统治者这方面为开明宗教政策打开了大门。1598 年法国国王亨利四世在南特城颁布的宗教宽容行政法即《南特赦令》，即是受了波丹的宗教信仰理论的影响。他的著作《国家论六卷》中提到的宗教信仰自由政策不只是人文主义的空想，而是一位历史学家对古今政府的研究，其目的在于确定一个能有效应对现状的政府统治形式。有人比喻说，马基亚弗利放弃了道德，而波丹放弃了宗教。波丹认为宗教信仰自由的政治意蕴主要表现在，对于刚刚建立的法兰西王国来说，政府的宗教信仰自由政策最能有效地进行社会控制，宗教信仰政策是政府稳定社会秩序的调节器，它是凝聚法兰西民族力量的强力粘合剂。

第四节　格劳秀斯的行政法思想

雨果·格劳秀斯（Hugo Grotius，1583～1645 年），是荷兰资产阶级政治法律思想家，是近代资产阶级自然权利和自然学说的创始人，资产阶级万国法理论的奠基者。他出生于荷兰德弗特城的一个富裕的律师、议员家庭。他的家庭与当时荷兰统治者奥登巴恩维尔德关系密切。格劳秀斯 11 岁时进入莱登大学文学院学习，15 岁时获法国奥尔良大学法学博士学位，16 岁在海牙从事律师之职。1601 年他受荷兰共和国的指派，担任拉丁文编年史官，着重编写荷兰反对西班牙的战争史。1604 年，由于荷兰和西班牙、葡萄牙发生海上冲突，他应荷兰东印度公司的请求，写了一篇关于海上冲突的法学论文。1906 年，他发表了论文中的一章，题为《论海上自由》。1613 年，他卷入国内宗教政治论争，按照荷兰议会的命令，著文呼吁新的基督教政策。他支持议会中的资产阶级温和派，反对新贵族奥伦治家族的宗教政治政策。1618 年，奥伦治家族执政时，下令逮捕奥登巴恩维尔德等反对派领导人，格劳秀斯也于 1619 年被判终身监禁。3 年后，他逃到法国巴黎，受到法国国王路易十三的厚待。1631 年，格劳秀斯又返回荷兰，再度参加了议会中的激烈辩论，又受到逮捕的威胁。1634 年，他被瑞典大法官委任为驻法大使，在任职期间，他编写了有关文学和历史的著作。1644 年，他被任命为瑞典国务会议成员，但他拒绝定居瑞典。次年8 月，他在返回巴黎途中因沉船逝世。

---

[1]　Willian Ebenstein, *Great Political Thinker*: *from Plato to Present*, 4th, New York: Holit, Rinehart and Winston, 1969, p. 359.

格劳秀斯一身中撰写了大量的法学著作，他的这些法律学说体现了新兴资产阶级的利益，具有一定的历史进步作用。在万国法理论中，他的学说被认为是介乎实证主义法学派和自然法学派之间的派别。他著有《战争与和平法》、《捕获法》、《海上自由论》和《荷兰法律导论》（在被监禁时期所写）。他奠定了近代万国法的基础，在历史上第一次系统阐述了近代万国法的基本原理，并对法律的性质作了与神学观点完全相悖的论述，鼓吹以人类意志和理性为基础的自然法，

一、主权的特殊主体

（一）格劳秀斯的主权思想

格劳秀斯认为，人们通过社会契约建立国家，国家是"一群自由人为着享受公共的权利和利益而结合起来的完善的团体"。而国家的主要特征就是拥有主权。那么什么是主权呢？他写道："所谓主权，就是说它的行为不受另一种权力的限制，所以它的行为不是其他任何人类意志可以任意视为无效的"[1]，"凡行为不受别人意志或法律支配的权力叫主权"。格劳秀斯又把主权称作"政治权力"，国家的其他职能都在主权之下，主权包括颁布法律、司法，任命公职人员，征收捐税，决定战争与和平问题，缔结国际条约等权力。与波丹相比，格劳秀斯较早地划分了对内主权和对外主权。他认为，主权属于行政国家者，称之为对外主权，在格劳秀斯以前，波丹只是从加强君主专制出发，提出主权最高、永久、不可分割等性质。格劳秀斯这种关于主权国家对外独立的性质，是对波丹主权理论的发展和补充。主权属于一个人或者多数人者，则称之为对内主权。他说："主权的所有人有广狭之分，从广义看，主权属于社会全体，亦即属于行政国家；从狭义看，则要看各国的法律和习惯，主权或者属于一个人，或者属于多数人。"但是，格劳秀斯是主张国家主权属于一个人的，他和波丹一样，是一个君主主权论者，他认为人们无力用个人的行为和力量来保护自己，而必须由主权的体现者来保护自己，主权的体现者必须是君主或少数人，不能是多数人，如果多数人即人民掌握主权，必然引起祸患。

格劳秀斯反对人民主权的思想，他说："有些人认为，最高权力永无例外地属于人民，所以只要君主滥用用权力，人民便可以限制他，惩罚他。我们都不能不反对这种意见。这种意见过去已经招致了什么祸患，如果人民一旦全部保持这种见解的话，将来还会继续发生什么祸患，每个明智的人都是看得出来的。"只是在极端的情况下，格劳秀斯才承认人民对君主的反抗权，即当君主"违反了法律和国家利益，人民不但可以用武力反抗他们，而且在必要时还可以处他们的死刑"。"如果君主把他的王国让给他国，或使他的国家变成另一个国家的附庸国，他就丧失了他的王权。"显然，这表明了格劳秀斯思想上的保守性。格劳秀斯的大部分法律政治学说中，主权问题占有重要位置，格劳秀斯认为，万国法存在的前提是国家主权，主权

---

〔1〕　叶立煊：《西方政治思想史》，福建人民出版社 1992 年版，第 173 页。

是一个国家的统一的道德能力，它的最初来源是基于社会契约，但当人们订立社会契约以后就应该绝对地服从主权者。

（二）格劳秀斯的行政国家主权内涵

格劳秀斯对行政国家主权的内涵也进行了具体的阐述。他认为，就和夫妻关系一样，缔结夫妻关系的契约是任意的，但是契约一旦成立，妻子就有服从丈夫的义务了，同样主权应当掌握在被人民的法律或习惯所公认的一个人或一个集团手中，因为在格劳秀斯看来，当初人民是自由并享有自然权利，而契约成立以后便产生了永久性的人民服从主权者的关系。所以君主不必永远服从人民的意志，因为道理是相同的，君臣是系当初任意契约形成的，契约成立以后，臣民就必须承担服从君主的义务。格劳秀斯接下去考察了主权权力的载体是什么，他认为既然载体一方面是共同的，而另一方面是载体本身（proper），比如视力，就广义而言，属于身体；就狭义而言，属于眼睛，那么主权权力的共同载体就是行政国家，行政国家已经被说成是由个人组成的完美社会。他在论及主权的特殊主体时还敏锐地观察到，由于一些民族处于臣属于另一个权力当局的状况，鉴于对"主权国家"一词的这种理解，这些民族本身不是主权国家，就好像是罗马的行省一样，因而它们应该被排除在主权之外，那么可能发生的是，许多国家本身各自是一个独立的实体，但却有一个共同的政府首脑，虽然它们是一个政治性的实体但却不是一个自然实体，一个人可以对许多不同的实体行使政府首领的职责。正如那些证据表明的，当做为政治首领的王室成员全部死亡的时候，国家的主权权力就会回归到各个国家的手里。由此可能发生的是，许多国家可能通过最紧密的联邦结合在一起。斯特拉波在不止一个地方把它称作"一种国家体制"，然而，从已经阐述的意义来理解，主权的共同载体仍然是国家。至于载体本身是一个或者多个人，这就要由每一个国家的法律或习惯来决定。

二、国际行政法

（一）格劳秀斯的万国法思想

整个中世纪晚期之法制不统一且王国彼此混战的景况，倒类似于罗马共和国时期的欧洲格局，因而在政治学或法学界深感恢复万民法本意之必要。于是格劳秀斯通过自然法推论"国际社会"，并改造个人为主体的国际行政管理性质的万民法，使之成为主权国家为权利义务主体的万国法。这样一来，公民个人在发生冲突的情况下会求助于法庭，法庭会根据已经确定的准则作出判决；主权国家同样应该把自己置于国际司法之下，以便维护一国和另一国公民的利益。应当承认，斯多葛学派倡导的普世主义自然法理念，被罗马人承受的实践性表象就是把公民权资格平等地赋予给帝国属地的居民，由此可谓一国内部的各组成部分之间构成了一个体现国际规则性为主导的法律共同体。然而，及至十六七世纪，随着西欧民族国家体系在空前惨烈的宗教或殖民战争中的凸显，由各行政国组成一个有约束力的法律共同体的期待逐渐为近代的法律思想家所关涉。格劳秀斯在《战争与和平法》（1625年）中，首先提出将各国的相互关系置设于万民法的基底这一国际性的宪政主题。格劳秀斯写道："正如每个国家的法律被视为是有利于那个国家的样，因此，经由相互同意，规制任何两国或很多国家的某些法律是可能创设出来的；显然，这样的法律考虑的不是个别国家的利益，而是各国组成的大社会的利益。这就是被称为万民法的法律，无论何时，我们要将这一术语同自然法区别开来。"而格劳秀斯论述的万民法不仅要求它的效力源于各国的一致同意，而且还必须尊重自然法的基本规定性。尽管当时尚未涉及万民法效力的保障问题，却亦无疑开启了国际社会行政秩序化（主要包括民族国家的"对外主权"应当受到"法律制约"）的学理维度。对于如何维护和管理好国际法律秩序的研究是格劳秀斯对政治法律史最具有独创性的贡献，而作为具体法律理论的国际管理规则尤其引人注目。在中世纪教会那点道义牵制力消灭之后，相继建成的君主专制国家多少接受了马基亚弗利的思想，都用武力来处理国与国之间的冲突，导致一片混乱。在政治势力范围内，冲突背后还有扩张殖民地、扩大商业贸易、开拓新领地的经济利益的刺激。面对这种国际冲突的现状，当时人们还没有比较详尽的国际管理理论。关于国际管理理论当中一些问题的研究，早在古罗马时代，就有人研究和讨论有关战争和条约问题，不过，当时人们并没有严格的万国法概念。中世纪时期，从奥古斯丁、阿奎那到波丹，也都讨论过有关宣战、休战及对敌人维持信义、实行人道主义等问题。但是，真正将国际管理法律作为一门独立学科进行完整系统的理论论述，则是从格劳秀斯开始的。正如格劳秀斯所说："对于国际法，只有少数人过问，而且还没有一个人把它作为一个整体，全面地和系统地进行研究过。"[1]

（二）由万国法引申出的国际行政法思想

格劳秀斯认为为管理和维护国际社会秩序，应当建立一套由各国政府所共同认可和遵守的管理规则。他所称的这种规则具有明显的国际性，同时对处于国际大系统中的各个小成员单位来说它又具有法律约束性和管理性的特点，从国际管理的意义上来说我们可以称之为国际行政法，有人称之为世界法或万国法。国际法学的鼻祖格劳秀斯在巨著《战争与和平法》中写道："正如每个国家的法律目的在于实现国家的善和国家之间的善。在它们之间，法律是依据契约而发展的，法律并不是为某一国家的利益而发展，而是为了所有国家的利益，这种法叫做万国法，以区别于自然法。"格劳秀斯认为国际之间，必有一共同之法律，格劳秀斯对管理国际社会之共同法律的贡献在于两个方面：①论证了国际规则存在的必要性和可能性；②阐述了国际管理规则的内容。在格劳秀斯看来，这种国际间的共同规则是处理国与国之间交往的准则，这些准则不过是国与国之间的契约，而契约的遵守来自自然法。认

---

〔1〕〔荷〕格劳秀斯："战争与和平法"，参见《西方法律思想史资料选编》，北京大学出版社1983年版，第137页。

为"凡国民只顾目前利益而违反自然法及万国法者，亦属于自绝于天，永无安宁之望"。[1]对法律的遵守，即使在战争中也不例外，因为"战争之事宜以合于法律及诚意为限"。[2]国际管理理论在格劳秀斯的法律思想当中占有重要地位，格劳秀斯的国际行政法理论规范的内容包括对世界系统中个体单位的权利、义务、战争、惩罚、国际法院活动，使节权等的管理。关于万国法的定义和内容，格劳秀斯认为，万国法是"支配国与国相互交际的法律"，是维护各个国家的共同利益的法律，它的目的在于保障国际社会的集体安全。也就是说，万国法依然是建立在自然法之上而处理国家之间关系的规范，国际社会之所以必须要尊重这一法则，同样根源于人类理性以及追求更大范围之社会生活的天然欲望。一旦确立起国际法，那么享有主权的君主，在格劳秀斯看来，就必须尊重自然法和万国法的要求而使其"主权行为"受到双重限制。格劳秀斯说，有人认为战争期间，一切法律都终止实施，这是完全错误的，若没有正当理由，发动战争是不能容许的。在战争期间也要遵循法律讲信用，这就是说在国家之间有一种关于暴力和战争的公共法，在基督教国度里，各个国家都在为利益而准备战争，人们甚至为了轻微的问题，甚至没有任何理由就发动战争，一旦战争爆发，就置一切由神和人制定的法律于不顾。正是由于无政府状态或客观上不可能有一个世界政府来维持国际秩序，因而各国要求维持国际秩序这一问题变得更尖锐了，这要求在国际关系中减少冲突事件的发生或避免战争，要求订立使用武力的战争规则，以及订立作为预防性的国际行政法，建立一种统治和管理世界的法律秩序。为了保证国际关系中有限的秩序和可预见性，各国在相互间进行了约束并愿意接受这些约束，这种相互性之所以必需，是因为无政府状态的存在，缺乏超国家权威使得国家间的法律平等更显重要，所以需要在主权基础上通过契约构建国际管理中的普遍和一致规则，即在世界的范畴中建立涵盖所有个体国家在内的国际管理法规。他甚至对国际海洋的管理提出了自己的看法，在《海上自由论》一书中格劳秀斯抨击了葡萄牙对东印度洋群岛航线和贸易的垄断；他认为，"海洋是取之不尽，用之不竭的，是不可占领的；应向所有国家和所有国家的人民开放，供他们自由使用"。

时至今日，格劳秀斯的"公海自由"已作为一项万国法原则，为全世界人民所接受，对于世界人民的交往和经济的交流有着积极的意义。诚如萨拜因所言，"格劳秀斯在法学史上的重要地位并非建立在国家论或任何他要论及的宪法问题上，而是建立在他对调整主权国家之间关系的观念上"。这是指格劳秀斯在重新释读自然法而使之应用于正在兴起的主权国之间的惨烈争斗中，提出了国家间相互信守权利与义务的国际行政法以整合平等的国际关系。

---

〔1〕　〔荷〕格劳秀斯：《国际法典》，岑德彰译，商务印书馆1930年版，第12页。
〔2〕　〔荷〕格劳秀斯：《国际法典》，岑德彰译，商务印书馆1930年版，第13页。

三、行政的自然秩序

(一) 自然法之中的自然秩序

文艺复兴时期欧洲大陆出现的各种变化都要求给予自然法以新的解释，格劳秀斯是近代第一个比较系统地论述自然法问题的思想家，其理论贡献之一在于他把法学从神学中分离出来，使法学摆脱了中世纪神学的桎梏而获得了独立的地位，格劳秀斯的万国法思想是以自然法理论作为基础的，格劳秀斯在批判继承古代和中世纪自然法学说的基础上，接受了人文主义思潮的影响，他把自然法建立在人性和理性的基础上，把自然法和自然权利结合起来，建立起近代人文主义的新自然法学说。自然法在他看来则源自人的理性，这表明了他对人性的看法是持乐观态度的，格劳秀斯认为，人与动物是有根本区别的，这种区别表现在人是有理性的动物，人是社会的动物，人类的特性需要社会交往，并且需要过和平而理性的生活，所以"一切动物生来只求自己的利益"这句话是适用于人类的。他写道："自然法是正确的理性准则，它指明任何与我们理性和社会本性相合的行为就是道义上公正的行为，反之，就是道义上罪恶的行为。"人们"都是为着社会而生存的。这社会的每部分，若不为互相容忍与善意包围，则社会是不能存在的"。"自然法之母就是人性，社会交往的感情就产生于此，并非由于其他的缘故。"

格劳秀斯假定在行政国家产生之前曾经存在过某种"自然状态"，当时人们的生活是自由、平等的，但是，这种生活却缺少安全的保障。于是在人的理性的启示下，人们为了共同的利益而联合起来，组成行政国家。而组成行政国家的目的"就是通过整个社团的帮助和利用联合的力量来保卫每个成员，使他平安地享受他自己应得的那一份"。"仅为着自身的利益而剥夺他人之所有，便和自然法相冲突。"从"自然状态"和"自然权利"的假定出发，格劳秀斯提出了他的自然法理论。他认为，世界上存在两种法，一是自然法，二是意志法。意志法起源于人的意志或上帝的命令，可划分为"神命法"和"人类法"。神命法是上帝在创造人类以后、洪水以后和耶稣之后给予人类的；人类法包括家庭法、国内法和万国法，是一种实在法。而自然法是导源于人的理性的，是神圣的，是其他一切法律的基础，神命法也不例外。上帝也不能改变自然法，自然法是永恒不变的，也是普遍适用于人类社会的。"因为事物的本质，其本性和存在，是只依靠自身，而不依靠任何物的……所以神自身也要忍受他的行动受这一规则所判断。"格劳秀斯还把不得侵犯他人的财产、应当赔偿自己过错引起的损失、应当履行自己的诺言，遵守契约、把不属于自己的东西及其所产生的收益归还他人、违法犯罪要接受惩罚等规定为自然法的基本原则，要求所有的人都必须严格地遵守。

(二) 行政自然秩序的内涵

格劳秀斯用"人的眼光"，从人的理性出发来重新考察作为行政国家与行政法律基础的自然法。格劳秀斯提出，为了维护各国的行政秩序，惟一可行的办法，就是依照古代自然法和国内法原则，为整个人类构建一个万国法体系，以便使国际生活成为可能。所有的行政团体以及民间社会都必须无条件承认主宰和平和战争时期的自然法则的永久性道德原则——自然的神圣理性和正义。他的那句"上帝不存在，自然法仍将存在"的名言，廓清了笼罩在自然法问题上的神学迷雾，否定了上帝之永恒法高于自然法的神学法观念。他认为"自然法是真正理性的命令，是一切政府行为善恶的指示"，这种理性是人的理性而非上帝的理性。他把人的理性视为自然法之母，这就开启了理性自然法论的先河，自然法是永恒的、普遍的和绝对的，它是行政国家和行政法律产生的基础。他主张政府行政应遵循自然的法则，政府行为要遵守自然法规定，不得侵犯他人的财产，应当归还不属于自己的财物，政府要履行诺言，赔偿因过错造成的损害以及惩罚应予惩罚的人。[1]

格劳秀斯认为，万国法代表一切或许多国家的意志，也来自自然法并服从自然法的一般原则，尤其是信守诺言的原则，因此政府发动的战争应遵守自然法则所规定的权利和义务，政府发动的战争要讲究正义和非正义之分，正义战争的理由是政府为了自卫、恢复财产和惩罚过错，但是即便是有权发动战争，政府在战时也应实行人道主义，避免野蛮行为；战后政府则应遵守与交战国家签订的和平条约。格劳秀斯认为，如果是为了自然秩序，即为了人类的和平，一个君主只要认为是恰当的，政府就有权发动战争。格劳秀斯研究自然法的目的在于运用，《战争与和平法》一书的原意就是根据自然法来阐述政府战争的动机、方式和结局等关系以便规制各行政国家的行为，同时对于实际战争中的各种复杂情形，他给各国政府提出了许多合乎自然法的人道主义的看法。为了强有力地说明行政法遵循自然法原则的科学性，格劳秀斯说："上帝的力量尽管大得无法衡量，我们仍然可以说有些东西不是他的力量所能左右的，正如即使上帝，也不能使二加二不等于四，他也不能使本来是恶的东西成为不是恶的。"格劳秀斯在行政的自然秩序的论述中向各国政府提出了"自然秩序"、"自然权利"、"自然法"、"社会契约"等命题，认为契约关系就是自然关系，从而扩大了自然法理论的范围。

四、行政体及其运作的个人同意

排斥人民主权而遵循行政体及其运作的君主个人同意是格劳秀斯主权学说的突出特点。他公开宣称"最高权力永无例外地属于人民"是不对的；君主与人民之间的相互依赖关系，并不意味着人民强迫或命令君主的权力。他认为，人们本来都具有天赋权利抵抗侵害行为，以便保护自己，但自从为了维护和平的文明社会成立以后，行政国家就产生了一个超过个人以及比个人权力更高的权力，为了维护公共和平和良好秩序，行政国家有权制止人们彼此之间无限制地应用天赋权利，如果行政国家允许人们滥用抵抗的权利，国家将无法生存，而变成一盘散沙式的人群。格劳

---

〔1〕 王哲：《西方政治法律学说史》，北京大学出版社1988年版，第132页。

秀斯虽然反对人民主权，但他又认为在某些极端的情况下，比如君主违反法律和国家的利益时，君主将国家转让给他国，或使国家变成另一个国家的附属国时，人民可以反抗君主，这里显然包含有他为尼德兰反对西班牙王国统治辩护的意思。格劳秀斯认为，主权属于行政国家，具体来说，属于某个人或某一群人，却并不属于人民，行政体及其运作均由君主个人决定和同意，人民不能因君主滥用权力而加以反抗。格劳秀斯主张主权在君，反对民权高于君权论。认为君臣的分位最初固然是由任意的契约成立的。但是一经成立之后，人民便发生永久服从君主的关系，因此，君主不必永久服从于人民的意志，后来甚至成为强制的服从，人民和土地都是君主的私有财产，君主可以任意处理，自由转让，君主不是单为人民的福利而存在的，有许多政府是以统治者的利益为目的存在的。格劳秀斯设想，人类通过签订契约从自然状态步入文明社会，也即主张国家起源于契约。他认为，当人们订立契约成立行政国家之时，就把权力交给了君主，并对君主负有服从的义务。他说："有些人认为，最高权力永无例外地属于人民，所以只要君主滥用用权力，人民便可以限制他，惩罚他。"我们都不能不反对这种意见，格劳秀斯基于以下理由进行了反驳，他认为"不仅罗马法，而且犹太人的法律，都似乎规定任何人都可以使自己从事其乐意的私人劳役（private servitude）。如果个人可以如此行为，那么全体人民为何不可以为更良好的政府和更可靠的保护起见而完全将他们的主权权力转让于一个或多个人，而自己不保留任何部分呢？不能说这种事情是不可能设想的，因为问题不在于在一个难以预料的情形下所作推测的内容。当然，人民如此让渡他们的权利可能会并且确实会导致一些不自由，但如果以此为由来反对让渡就不正确了。因为设计出一个没有任何缺陷和危险的政府形式非人力所能及之事"。[1]

为了否定人民主权原则而肯定行政体及其运作的个人同意，格劳秀斯从几个方面进行了论述：

第一，他认为人民不能任意改变政府形式。人民或出于理性的启示，或由于本性的驱使，或战败后以奴役换取生存，或经过契约产生政府权力，这时人民可以任意选择政府的形式，贵族制或君主制都是合理的政府形式。但是政府一经选定之后，人民自身便失去政治上的作用，不能任意改变政府。据此他断言，历史证明人民主权论是不能成立的。

第二，他把主权说成是主权者的私权。因此，和拥有一块土地和通行权一样，主权者对主权拥有所有权或使用权。主权可以购买或赠送，他虽然说君主接受人民赋权和主权不宜轻易转让，但是他又承认转让主权并不与人民的自由相冲突。他认为，人民可以有身体自由和政治自由两种权利，但他们完全享有身体自由而同时缺少政治自由。君主转让主权并不是转让臣民本身，而只是转让统治他们的权力，转让之后，人民的身体自由并没有损伤。

---

〔1〕　〔荷〕格劳秀斯：《战争与和平法》，何勤华译，上海人民出版社 2005 年版，第 89 页。

　　第三，他反对所谓一切政府的目的是为了人民的福利的理论。他认为有两种符合公道的社会关系，一是平等权，如兄弟、朋友、人民之间；二是优越权，如父子、主奴、臣民之间。从政府的性质来观察，君主特别是完全拥有主权的君主，治国时可以完全以自己的利益为目的。君主并不是单纯为人民的福利存在的。

　　他极端认为驳斥人民权力论的论据并不困难。因为，首先，所谓人民始终保有对因其自愿交出而形成的主权权力的控制的观点，仅仅适用于权力的存在和延续有赖于人民的意志和偏好的那些情形，而不适用于其他情形，即尽管权力最初来自于人民，但已经成为既定法律的一个不可缺少的基本组成部分。当妇女将自己托付给丈夫时，她所服从的权力也具有这种性质。当那些将瓦伦丁尼大帝推向宝座的士兵们提出要求未获瓦伦丁尼同意时，瓦伦丁尼答复道："士兵们，选举我作为你们的皇帝是你们自愿的选择。但从你们推举我当皇帝时起，是否应允你们的要求就取决于我的意愿。你们要像臣民一样服从我的统治，而由我决定做哪些事是恰当的。"[1]其次，格劳秀斯认为："主权者可以单独发动战争……以上有关只有主权者有权发动正式、合法的战争的说法，不仅体现在一个包含许多共同体的大国家的情形中，也包括了那些分享主权并形成大的国家的不同团体。对于那些并非上一级国家的附属、但却通过一个不平等条约与其结成联邦的团体，这一法则也同样适用。历史上有难以计数的这种例子。罗马人和其同盟沃尔西人（Volscians），拉丁人以及西班牙人之间就是这样的关系。"[2]"君主的同意可以由他对这种行为的认可表现出来，无论是明示还是默示，也就是说，当君主知道并且容忍了这种行为，那么除了认为其赞同之外别无他意。"[3]他指明了行政国家首脑的个人决定权限的内容，主要包括立法权以及对外宣战、媾和及缔约权、任免权、最高裁判权、赦免权、要求服从权、铸币及选定度量衡权、征税权和带兵权等。他还讨论了主权以下的从属机构，行政官员行使权力的范畴，甚至是等级的特权，也来源于主权者的意志，必须经由主权者的批准而存在。他的用意，在于加强国家的统一强盛，抑制教士和贵族的势力，而君主个人必须要有这种至高无上的主权，才会有良好的秩序，因而包括君主在行政体及其运作上所具有的绝对自由裁量权等一切论点，都归因于格劳秀斯的关于国家主权在君主的基本论点。

第五节　空想社会主义者的行政法思想

　　空想社会主义也称"乌托邦"社会主义，是伴随着资本主义生产关系的出现而产生的思想体系，空想社会主义学者认为政府本应制止富人横行霸道，强迫他们恢

---

〔1〕　［荷］格劳秀斯：《战争与和平法》，何勤华译，上海人民出版社2005年版，第94页。
〔2〕　［荷］格劳秀斯：《战争与和平法》，何勤华译，上海人民出版社2005年版，第386页。
〔3〕　［荷］格劳秀斯：《战争与和平法》，何勤华译，上海人民出版社2005年版，第492页。

复农田和村落，让穷人能够回来继续从事农业工作和羊毛加工工作，可是政府不但不采取任何措施来消灭祸害的根源，反而用各种严酷的法律手段来对付那些失去诚实劳动机会而不得不流浪和偷窃的穷人。甚至认为行政国家"无非是富人狼狈为奸，盗用国家名义为自己谋取利益"。空想社会主义学说反映了早期无产者的经济利益、政治要求和社会理想，也是早期无产者谴责和反抗资本主义剥削和压迫的理论。空想社会主义学说虽然有不少对资本主义剥削的深刻揭露和批判，但更多的是对理想社会制度的描绘。空想社会主义运动思潮经历了 3 个多世纪的发展，大体可以分为三个发展阶段，文艺复兴时期的空想社会主义思想属于空想社会主义法学思想的产生阶段。以英国的莫尔的《乌托邦》一书为其先声，还有闵采尔的"千年太平天国"的理想和斗争，继而有意大利康帕内拉的《太阳城》，德国安德里亚的《基督城》。在所有空想社会主义者关于理想社会的描述中，行政法律思想又是其重要的组成部分，16 世纪的空想社会主义者都认为未来理想社会也仍然保留政府权力机构，并对未来政府的形式、任务、组织机构等问题作了探索，因此会发现 16 世纪的空想社会主义学者所设想的未来社会，还保留君主制的国家。

早期空想社会主义法律思想是一种崭新的社会政治思想，它从一产生就带有着自身鲜明的特征。首先，空想社会主义对未来社会政治制度的构想主要不只是着眼于政府的统治职能，而是更多地着眼于行政体的社会生产、社会生活的管理职能。早期的空想社会主义者代表了最底层的无产者的斗争要求，比起其他阶级的思想家来说，他们更为深刻地看到不平等的社会根源，以及现存的行政法律制度压迫人民、保护财产不平等的本质。因此，他们对未来的社会政治制度的构想尽管粗糙，但是已经把未来社会建立在财产公有、共同生产的基础上，并使政府更多地担负起组织，管理生产的职责。同时，也考虑任何从法律制度上消除不平等的政治特权，其中他们就提出了政府的官员是人民的公仆，人民有权选举、更换政府官员的民主思想。其次，他们的法律思维方式具有较强的整体主义和完美主义的特点，他们渴望完美，渴望世界大同。在他们构想的社会主义理想国家中，社会内部的矛盾斗争烟消云散，社会中的一切都在国家或者政府的协调下变得和谐统一。

一、行政体的非权威性

空想社会主义法学家眼中的行政体是不具有权威性的，在国家和社会之上没有一个绝对的暴力行政权威来进行统治。在莫尔的《乌托邦》中设想的行政体是代议制民主政体，城主如果专制残暴，可以被废除。一切行政法律的颁布仅仅是为了每个人记住自己的职责，法律在不遭破坏的情况下照顾个人利益才是明智的。乌托邦并不从行政统治的目的出发制定繁多的法令，因为行政法律和法律解释浩瀚到晦涩难懂的地步，用这样的权威法律去约束人民是极不公正的。由于行政体不具有绝对权力，所以乌托邦政府实现民主的最高形式是全岛大会和议事会。政府议事会设在首都亚马乌罗提城，由岛上的 54 座城市分别派出 3 名年老而经验丰富的公民组成，其成员每年更换 1 次，他们商讨那些关系全岛公共利益的事务，他们规定，如果一部法令在距颁布之日 3 天前没有经过讨论，那么它就不能被批准实施；在议事会或民众大会外商议公共事务，罪加一等；而且，议事会有惯例：不在一个议案提出的当天对它进行讨论，而要留待下一次会议；另外，他们总要派出 2 位特朗尼菩参加议事会，而且每天都要更换，这些措施保证了议事会的权威性和有效性。乌托邦的各级行政官员没有任何特权，同人民群众在经济上和政治上完全平等，其主要职责是调解民事、组织监督劳动和消费，他们真正是人民群众利益的代表。

　　康帕内拉[1]在《太阳城》中写道："在热那亚岛国上'太阳城'里，共和国由受过理性教育的行政官员来治理，每个行政工作人员的目的都在于增进整个社会的福利，实行和谐的劳动分工和融洽的人际关系，消除私有财产以及贫困现象。"康帕内拉说："如果人忘掉'我的'，'你的'，从事一切有益的、正直的和愉快的事业，我们相信现实生活就会变成天堂。"他认为太阳城的社会制度是最符合人类本性，人的理性要求的。而太阳城的国家治理和公民的生活都是按照这个天赋理智的要求来安排的，而不是靠着绝对的行政权威和专制的暴力手段，根据天赋理智的要求，太阳城建立的是一个庞大的公社行政体，公社统一组织生产。完全废除私有财产，实行公有制，土地，房屋，日常生活用品皆为公有财产。为了减少行政体对社会的过多干预，太阳城的行政机构工作人员设置很少，并非为了构建行政系统的权威，太阳城中最高行政领导人称为"太阳"，是最明智的哲学家，不满 35 岁的人不能担任此职。"太阳"既是政府首脑，同时又是宗教最高祭司。在太阳之下有三位领导人："威力"、"智慧"和"爱"。和乌托邦一样，太阳城的行政法律也体现着民主精神和对人的利益的关怀，太阳城的行政法律不是为了塑造行政权威而制定的，因而只是很少几句简单而明确的条文，刻在铜版上并悬于神殿上的柱子上，人们一看就懂。太阳城没有监狱和刽子手等国家的暴力机器，只有一座囚禁进行叛乱的敌人的塔楼，太阳城政府执行法律的目的是为了使犯罪者改恶从善，悔过自新，只要罪犯坦白认错，表示悔改，则处罚极轻。法官根据被告所犯的罪行作出的判决，被告极易接受，因为人们认为："有罪的判决是一些能保证治好疾病的药方，因此，被告都能很愉快地接受判决，而不看做是惩罚"[2] 行政体的社会管理完全通过非强制性行政行为，即通过政府与社会的对话、沟通、协商，使社会真正了解、认同政府的行政目的，从而达成共识，共同行动。在安德里亚的《基督城》中，为了防止行政专权，共和国只由 3 个人联合执政，分管司法、审计和经济。在 3 人执政之下，政府总共只有 8人，每个官员有一名助手，基督城的政府公务一律公开，不需要有任何的机密和国务会议。[3]

---

〔1〕 康帕内拉（T. Campanella, 1568～1639 年），意大利哲学家、诗人。
〔2〕 ［意］康帕内拉：《太阳城》，陈大维译，商务印书馆 1982 年版，第 43 页。
〔3〕 刘文：《空想社会主义法学思潮》，法律出版社 2006 年版，第 55 页。

二、行政规则的道德支撑

在乌托邦世界里，政府颁布的法律和行政命令十分简少，行政管理更多的是靠社会的道德支撑，政府提倡道德传统，政府行为更多的是通过人民内心的道德认同得以推行，因而不需要政府太多的强制性行政行为和行政立法，政府的行政管理目标就能很容易地实现，极大减轻了政府的行政压力，节省了行政资源。关于法律与道德的关系，一些空想社会主义者提出了自己的见解，他们认为惟有道德的力量能够使悔过自新的犯罪者同受过他危害的社会达成和解，法律如果失去这种道德力量就是缺陷的。司法和正义之间存在的常见差别就是这方面的证明：合法的制度如果抛弃道德秩序和它的支持，就无力抵制隐藏在这种差别中的危害。人们一旦到了精神和政治上不再有高低之分的时候，受到审判是平等的时候，人们服从始终完全不离开人的幸福本能的道德的时候，法律一词的含义就恢复了他的舆论力量。莫尔在《乌托邦》中谈到，在哲学上论及道德部分，他们所进行的争论和我们相同，即他们探究灵魂上、肉体上以及外部才能的道德善。他们又提出这样的问题：道德善这个问题是运用于以上灵魂上、肉体及外部才能这三者呢，还是专门用于灵魂的特性。他们讨论德行及快乐，但他们主要辩论的是，构成幸福的是什么，是一件事物，还是几件事物。实则乌托邦人主张，构成幸福的不是每一种快乐，而只是正当高尚的快乐。德行引导我们的自然本性趋向正当高尚的快乐，如同趋向至善一般。乌托邦人给道德之善下的定义是：符合自然的生活，上帝创造人正是为了使其这样的生活，乌托邦人说，一个人在追求什么和避免什么的问题上如果服从理性道德的吩咐，那就是遵循自然的向导。[1]

由于政府破除了私有制，乌托邦居民的世界观和道德观念焕然一新。在乌托邦，人们崇尚高尚的道德品质，乌托邦人遵循道德采取的是一种健康向上的生活方式，在乌托邦根本找不到虚度光阴和借口旷工的机会，这里没有酒馆、妓院、赌场、贼窝，人们在闲暇时间从事的是一些正常而健康的消遣娱乐。在衣着上，人们奉行节俭、朴实、实用，蔑视华服盛装、披金戴银、刻意打扮的人。在道德的内心支撑下，政府不需要强制干预，这里便盛行的是一种平等，互助、融洽、友爱的新型人际关系。家庭道德伦理对乌托邦行政社会也具有重要意义，在家中，妻子服侍丈夫、子女服侍父母、年轻人服侍老年人，长者在乌托邦社会活动的各个领域都受到了人们的尊重，拥有很高的权威，从某种意义上看，整个乌托邦国家就像一个大家庭，总督就是这个大家庭中受人们爱戴和尊敬的"父亲"。乌托邦政府的道德观念提倡新型的男女平等观念，女性可以与男性平等地参与社会各项活动，并对促进社会发展发挥着重要的作用，人们关心集体，大家都热心公事，留意把政府的仓库充实起来。由于具有高尚的道德情操，乌托邦人追求人们的普遍幸福，提倡公共利益高于个人

---

〔1〕 〔英〕托马斯·莫尔：《乌托邦》，戴镏龄译，商务印书馆1982年版，第72页。

利益。他们认为，照顾个人利益，必须以公共利益为前提，妨碍他人的快乐，以力图取得自己的快乐，这是不公平的。反之，牺牲自己的所得，以成全别人的所得，这就尽到了博爱人类、同情人类的义务。在对外关系方面，乌托邦政府对外部世界所持的是和平友好的态度，但在必要的时候也不会拒绝、甚至会去发动战争。乌托邦人很重视与其他国家和氏族在政治、经济、文化等方面的友好交往。他们会应邻国的邀请，派出本国的公民去帮助这些国家进行治理。"乌托邦人已经将野心、派性以及其他一切邪念铲除殆尽。"我们看到，为培养良好的道德，乌托邦政府十分重视国民的德育教育，在乌托邦的教育中，德育占最优先的地位。"在一切财富中，美德占首位，而学问居第二位。"知识应与道德有机地结合起来，只有知识、学问，而又傲慢尚虚荣，那么知识就会成为罪恶的渊薮。他说与美德联系在一起的学问要比王国的全部宝藏还珍贵。乌托邦人把青年的道德教育放在重要位置上，平常应随时随地进行。对青年进行道德教育是每一个社会成员的义务，乌托邦人即使在吃饭时亦精心安排座次，以使青少年养成良好的道德习惯。乌托邦人实行的是集体进餐制，就餐时，青年人和老年人交叉就座，这样年长者可以随时观察青少年的举止。这些态度严肃而又令人敬畏的老年人能防止年轻人的言语或举止有失检点。中餐和晚餐开始时，有人先诵读一段有教育意义的书，以示对青年人进行德行劝勉，接着就是老年人的简要得体的议论，年长的人更喜欢听青年人的议论，从中可以了解每个人的倾向和才能。另外，乌托邦的德育中，还十分重视人道、仁慈等观念的境界。乌托邦不准公民从事屠宰业，也不准人狩猎，因为杀生会使人丧失人性中最可贵的恻隐之心。乌托邦人热爱和平，向往安宁的生活，对于战争，也充满人道精神。乌托邦人在与他国发生争端时，主要依靠和平的方法解决，但在祖国遭受侵犯之时，却能英勇斗争，奋起反击。他们平时训练有素，作战时英勇善战，他们绝不苟且偷生，在需要时能杀身成仁，这些都是良好的教育及国家制度培养出来的高尚的情操。在《乌托邦》中，莫尔论述了一条社会主义的道德原则，即人们在追求幸福与快乐时，不应也无权去妨碍他人的快乐。有道德的人要做到牺牲自己，成全别人，要尽到博爱人类、同情人类的义务。个人的行为以不能违反公共利益为前提，个人利益必须服从集体利益。安德里亚在《基督城》中说，政府的职责是传播福音、培养德行。在这里，他们树立了三类好的品质：一律平等、渴望和平与蔑视金钱。安德里亚强调基督城在选拔官吏时，注重品德而不是注重血统。他批评当时的欧洲，一些人由于出身显贵而享有特权，习以为常的任意犯罪和带头腐化，"父母确实跨过了难以逾越的工作山头，攀登上崇高美德的城堡，而子女却经常从过度欢乐的迷宫里滑到罪恶灾顶的深渊中"[1]。

空想社会主义法学家认为，行政国家的法律是规范乌托邦社会生活和人们行为的底线，其创建必然要有一个基本的、总的指导思想和出发点，这个基本的、总的

---

〔1〕　〔德〕约翰·凡·安德里亚：《基督城》，黄宗汉译，商务印书馆1982年版，第35～36页。

指导思想和出发点是有道德意义的。行政国家的法律制度好不好，首先取决于它的道德出发点、总的指导思想和精神的性质。从这个角度认为，乌托邦社会的道德观念、道德原则、道德水准，直接影响和决定这个社会行政规则的性质、内容及法治状况。在一个道德水平和道德素质普遍低下的社会，社会治理是极其困难的，和谐行政国家的蓝图简直不可想象。他们认为，对于维系社会秩序来说，行政管理法当然是最基本的，然而，乌托邦社会生活是多样的，且千变万化，法的调整范围毕竟有限，所以他们不主张制定过多的行政法律，或者只是制定简单的几条，因为他们坚持认为，事实上，在乌托邦市民的生活中，经常的、大量的事情并不是靠法来调节的，在行政法涉及不到的地方，却往往是道德发挥职能的重要领域；就是行政法可以调节的领域，由于种种原因，法往往不够完善，常常会有某些法律空白、遗忘和漏洞，这种情况下，就需要乌托邦主流的道德来弥补。在乌托邦社会，行政法的实施不仅依靠政府行为的保证，而且主要是依靠经常的、大量的思想政治工作和广大人民群众在道义上、舆论上的支持。在行政管理过程中，国家机关的行政管理、司法审判，同样需要道德思想、道德观念的指导。乌托邦市民虽然不能完全用道德规范代替法律规范，但社会的良好道德思想、道德规范却是乌托邦社会促进法律规范正确适用的基础。

三、行政管理的和谐目标

在空想社会主义下，行政管理追求的是达到一种和谐的社会生活样态。这种政府的和谐目标表现在：

1. 在经济方面，"乌托邦"政府彻底废除了私有制，实行财产公有制，"一切归全民所有"，莫尔认为，人类达到普遍幸福的惟一道路是一切平均享有，而私有制则阻碍人类实现普遍幸福，是万恶的根源，如果人人对自己取得的一切权力力图绝对占有，那就不管产品多么充斥，还是少数人分享，其余的人贫困。私有制存在，就不可能根除贪婪、争讼、掠夺、战争及一切社会不安定因素。他深信，如不彻底废除私有制，产品不可能公平分配，人类不可能获得幸福。在闵采尔描述的"千年太平天国"中，一切财产公有，平均分配产品，每个人都能免费从公社领取自己所必需的东西：从面包店里领取面包，从裁缝店里领取衣服，从鞋店里领取鞋子。康帕内拉也在经济上否定私有制，否定贫富对立的罪恶世界。他认为，现实世界存在贫富对立是灾难，因而产生了一系列恶习，其中最主要的是经济上的个人利己主义；由个人利己主义又产生诡辩、伪善和残暴行为这三大罪恶。在贫困对立的灾难下，一些人过度和不间断地劳动，另一些人却无所事事、游手好闲、骄奢淫逸、高利盘剥。只有变革私有制，实行财产公有，才能实现人类的平等幸福。不论对于现在或将来的生活来说，财产公有是一种最好的制度。废除了私有制后，民众将在政府系统的有计划组织下，实行普遍的义务劳动制，轮流到农场去务农，此外还得学一门手工技艺，取消商品、货币和市场，消费品按需分配。在社会生活中，政府会为人们妥善地安排劳动、娱乐与休息，每天只需要工作 6 小时，其余时间用来从事自己喜欢的业余文化活动。政府为就餐设立了专门的公共食堂，看病有公共医院。由于行政管理的和谐性，因而城中物资充足，生活有保障，这里既没有盗贼、乞丐，也看不到穷人。

2. 在道德风尚方面，政府提倡乌托邦人勤奋敬业，崇尚简朴，遵守法令，乐于助人，鄙视懒惰与奢侈腐朽。这里禁止嫖赌、饮酒、欺诈、阴谋、私通、虐待等罪行。人们视金银如粪土，用金银来铸造粪桶溺盆等。

3. 在科学文化方面，乌托邦政府注重提高全体人民的科学文化水平，要求人们在工作、睡眠和就餐之外的时间，要尽可能用于学术探讨。他们甚至将人们心智的发展作为社会发展的目标，乌托邦宪法开宗明义阐述了他们所追求的惟一目标："使所有的公民，在公共需要不受损害的前提下，尽可能地从体力劳动中解脱出来，并致力于寻求精神自由和心灵完美。"政府十分注重不断促进科学文化的不断发展，他们选拔那些个性良好、智力超常、学习兴趣浓厚的人，作为专职学术研究人员，并享有一些特殊的待遇。他们很注重学习外来文化，并有着惊人的消化、吸收外来文化的能力，因此，在乌托邦这个和谐的社会中音乐、逻辑、算术、几何、天文、哲学等方面都有相当高的发展水平。《太阳城》政府同样提倡的居民注重学习科学知识，利用技术发明降低劳动强度，提高劳动生产率。因而，他们的劳动不损害身体健康，而且每天只需要劳动 4 个小时。其余时间用来学习科学，参加文化体育活动，但是不允许进行赌博等有害活动。安德里亚也认识到科学技术对生产力的推动作用，《基督城》的一个鲜明特点也是政府把科学技术放在显著地位。政府在基督城里办有数学大楼、物理大楼，有化学实验室，有医学研究室、解剖室。科学技术还直接运用于机械制造、冶炼、制革、制陶等生产中。政府在技工中开展技术竞赛，"其目的在于使人拥有某种手段，并且利用这种手段，使人们和他们思想上最显著的优点能够通过各种不同的机器展现出来"。[1]

4. 在宗教方面，乌托邦政府奉行多神崇拜与宗教宽容政策，在这里，有的人崇拜太阳，有的人崇拜月亮，有的人崇拜其他的某个星辰。人们可以自由地宣扬自己的宗教，任何人都不会由于自己的信仰而受到惩罚，但任何人也不允许将自己的信仰强加于人。人们尽管可能分属于不同的教派，但在所有乌托邦人的心目中都只有一个至高无上的神——"斯密拉"，他被奉为世上万事万物的创造者和主宰者。而且乌托邦的宗教与基督教的真正教义是完全相融的。教士主持礼拜，掌管宗教仪式，监察社会风纪。总之，在莫尔的眼中，乌托邦政府管理下的社会应该是一个政治清明、社会平等、民众乐业、道德崇高的美好和谐社会。

---

[1] [英] 托马斯·莫尔：《乌托邦》，戴镏龄译，商务印书馆 1982 年版，第 58 页。

四、行政公职的社会性

乌托邦有一套完备的行政官员制度，岛上设总督、特朗尼菩（或称首席飞拉哈）、摄护格朗特（或称飞拉哈）三级行政官员，由于行政公职从民众中选举产生因而具有社会性，所以任何一个行政官员不可能具有专制的、绝对的行政权力，行政体的组成人员的产生正是通过选举的办法来达到避免专制政府的出现的目的，在乌托邦中每 30 家选一个官员，叫做摄护格朗特，每 10 个摄护格朗特之上有一个特朗尼菩。城主由摄护格朗特选举，终身任职。其他的官职每年一换，唯有摄护格朗特不轻易更换。特朗尼菩每 3 天到城主那里开一次会，每次轮流地由两个不同的摄护格朗特参加，任何问题都不在提出的那天提出讨论，以免因草率而发生错误。总而言之，乌托邦的行政官员——从低级官员摄护格朗特到最高首脑王爷，一律由民主选举产生，如不称职可以撤换。总督为最高行政长官，由岛上的 200 名摄护格朗特主要从亚马乌罗提城下辖 4 个区的 4 位候选人中经秘密投票选出。总督实行职务终身制，但在被怀疑阴谋施行暴政时会遭到罢免。特朗尼菩每年选举一次，没有充足的理由，无须更换。其他官员只能任职 1 年，那些试图通过操纵选举来获取官职的人，根本没有希望在乌托邦做官。在这里，没有哪个官员会自视高傲、盛气凌人。他们被尊称为父亲，而且表现出作为一位父亲应有的品行。王爷是威望最高的贤能者，终身任职，但是如有虐待人民的嫌疑，就被撤换。城市政府设有民选产生的元老院，乌托邦法律规定，一切重大事务必须由元老院或民众大会讨论决定，任何长官个人不能擅自决定，否则以死罪论。在康帕内拉的《太阳城》中，除"太阳"、"威力"、"智慧"和"爱"这四位领导人之外，其他官员都由人民决定，人民选择政府官员的标准是：德行高尚、有实际技能和学问，绝不允许根据赏识和亲戚关系授予职务。每个官员的职位名称都以一种美德命名，如宽大、勇敢、慷慨、纯洁、公正、慈善、热心、殷勤、快乐等。[1] 闵采尔也赞成政府公职人员通过民主选举制，他认为，人人在政治上是平等的，行政公职不得有世袭权、违反平等原则的现政权应当被推翻。

---

〔1〕 刘文：《空想社会主义法学思潮》，法律出版社 2006 年版，第 47 页。

第6章
古代东方的行政法思想

第一节　印度的行政法思想

古印度法即公元前 10 世纪至公元 7 世纪古印度国产生的婆罗门教法、佛教法及印度教法等各种宗教法的总和，其适用的地理范围大体上包括今天印度、巴基斯坦和孟加拉国，几乎囊括了除尼泊尔以外的南亚次大陆所有地区。古印度法生效的地理范围远远超过了今天印度国家的法。[1] 古印度法的内容极其广泛，最早渊源于《吠陀经》和《法经》，以及公元前 3 世纪至公元 5 世纪出现的"三藏"和一系列精湛的法典。吠陀，有《梨俱吠陀》、《沙摩吠陀》、《耶柔吠陀》等，成文于公元前 10 世纪。法经，有《乔达摩法经》、《磐达耶那法经》、《阿帕斯檀跋法经》、《伐悉私陀法经》和《毗湿奴法经》等，成文于公元前 8 世纪至公元前 3 世纪之间。阿育王在位时期，形成了统一的帝国，昭告天下信奉佛教，以佛教教义为最高权威性行为规定，并于公元前 253 年在华氏城主持佛教"结集"盛典，编纂整理经、律、论"三藏"经典，解决了各派之间的争论，实现了佛法的统一。法典有《摩奴法典》、《述祀氏法典》、《那罗陀法典》、《布里哈帕提法典》和《伽旃延那法典》等，其中《摩奴法典》最具有权威性、典型性和完善性，成文于公元前 3 世纪至公元 2 世纪。[2]

古印度法主要有以下一些渊源：①吠陀。吠陀是印度最早的传世文献、婆罗门教最古老的经典、印度法最古老、最神圣的法律渊源。约在公元前 1500 年～前 600 年，用诗歌体写成。它反映了当时印度社会的政治、经济状况，充满神话和幻想，其中许多内容涉及人们的行为规范和社会习惯。②法经。用以解释并补充吠陀的经典，附属于吠陀。主要规定祭祀规则、日常礼节和教徒的社会准则、权利义务以及对触犯教规者的惩罚等。各法经都确认了吠陀经典的至高的地位，将雅利安人的习俗系统化，使种姓制在法律上固定下来，因此，法经被认为是奠定"印度人永世不变的生活规则和行为规范的圣典"。③法典。婆罗门祭司根据吠陀经典，累世传承和

---

〔1〕　陈丽君、曾尔恕主编：《外国法律制度史》，中国政法大学出版社 1997 年版，第 19 页。
〔2〕　由嵘主编：《外国法制史》，北京大学出版社 2000 年版，第 23 页。

古来习俗编成的教法典籍。由于它们并非现代意义的法典，而是伦理、宗教、法律规范的混合物，有学者认为应当更名为"法论"，使其名副其实。法典中所含的纯法律规范比法经要多。④佛教经典。早期佛教经典也是古印度法的重要渊源之一。佛教法的中心内容为"五戒"，即不杀生、不偷盗、不邪淫、不妄语、不饮酒，这是每个佛教徒终生必须遵守的戒条。⑤国王诏令。其中最为后世瞩目的是阿育王的诏令，尤其是为了弘扬佛法而被刻于岩石或石柱上的诏令。阿育王在这些诏令中要求人们遵循佛法，服从官府，规定官吏不得贪污渎职，并设立"正法官"，以监督法律的实施。

古印度法所体现出的行政法思想对当代行政仍然具有借鉴意义，我们下面来看看四个著名的法典所体现的行政法思想。

一、《乔达摩法律汇编》中的行政法思想

古代印度各瓦尔那及其相互关系，以及古代印度的社会制度，在名为《法经》的各种作品中记载下来。这些作品乃是民法、刑法、祭典和习惯的法令简编。在古代印度，法经起着法典的作用。它们由一些专门的婆罗门学派编成。乔达摩学派的法经显然是传世的这类作品中最古老的一种。《乔达摩法律汇编》不仅有丰富的刑法和民法思想，还有丰富的行政法思想，其蕴涵的行政法思想主要有：

（一）行政法思想之税务行政

税收的作用是税收职能在一定经济条件下的外在表现。在不同的历史阶段，税收职能发挥着不同的作用。税收的作用主要表现在以下几个方面：①税收是国家组织财政收入的主要形式和工具。税收在保证和实现财政收入方面起着重要的作用。由于税收具有强制性、无偿性和固定性的特征，因而能保证财政收入的稳定；同时，税收的征收十分广泛，能从多方筹集财政收入。②税收是国家调控经济的重要杠杆之一。国家通过税种的设置以及在税目、税率、加成征收或减免税等方面的规定，可以调节社会生产、交换、分配和消费，促进社会经济的健康发展。③税收具有维护国家政权的作用。国家政权是税收产生和存在的必要条件，而国家政权的存在又依赖于税收的存在。没有税收，国家机器就不可能有效运转。同时，税收分配不是按照等价原则和所有权原则分配的，而是凭借政治权利对物质利益进行调节，体现国家支持什么、限制什么，从而达到维护和巩固国家政权的目的。④税收具有监督经济活动的作用。正因为税收具有以上重要作用，因此，税收行政法是一个国家部门行政法的重要组成部分之一。

早在古印度时期，人们就已经认识到了税收行政法对于一国部门行政的重要意义，在《乔达摩法律汇编》中对税收行政进行了详细的规定。如第 24 条规定："农民把（收成）的 1/10、1/8 或 1/6 作为赋税缴给国王。"第 25 条规定："有些人认为，牲畜与黄金的 1/15（被征为赋税）。"第 26 条规定："在商业中征收 1/12。"第 27 条规定："根、果、花、药草、蜂蜜、肉、草和木柴征收 1/16。"第 31 条规定：

"每个手工业者每月应为国王工作一天。"第 32 条规定："这里指依自己劳动为生的人。"第 33 条规定："也适用于船和车的所有者。"第 35 条规定："商人应当把一种商品比市价便宜卖给国王。"

（二）行政法思想之行政相对人协助行政主体为行政行为

行政相对人协助行政主体为行政行为是行政相对人的一种重要的权利，称为行政参与权。它是指行政相对人可以依照法律规定，通过各种途径参与国家行政管理活动的权利。具体包括：①直接参与管理权。指符合公务员法定条件的公民通过合法途径，可依法定程序直接加入国家行政管理的行列。②了解权。即行政相对人可以在法律许可的范围内了解行政机关进行行政管理活动的依据、程序、内容和方法。③听证权。指具有利害关系的行政相对人参与行政程序，就相关问题发表意见，提供证据的权利，而行政机关负有听取意见、接纳证据的义务。④行政监督权。指行政相对人有权对行政机关及其工作人员的活动提出批评、建议、控告和检举的权利。⑤行政协助权。即在否定条件下，行政相对人可以协助行政机关进行某些行政管理活动。[1]

这种思想可以从《乔达摩法律汇编》的若干法律条文中引申出来，例如该汇编第 9 章第 51 条规定："首陀罗的义务是诚实、恭顺和正直。"第 56 条规定："为高等瓦尔那服务。"第 67 条规定："他应力求从他们那里得到生活资料。"也就是说，首陀罗有为高等瓦尔那服务的义务，他应力求从他们那里得到生活资料。我们知道，在奴隶制社会，奴隶的职责是为奴隶主服务的，他有协助奴隶主对社会进行行政管理的义务，这与当代行政法中的行政相对人有协助行政主体为行政行为的义务相类似。

二、《政事论》中的行政法思想

传统说法认为《政事论》的作者是桥底利耶——孔雀王朝建立者旃陀罗笈多的开国功臣，此书编成于公元前 4 世纪。有的学者认为编成于公元 3 世纪。大概现存的《政事论》是以桥底利耶的原著为基础发展来的，其最终编定不晚于公元最初几世纪。《政事论》中有丰富的行政法思想，主要包括：

（一）行政法思想之税务官的职责

《政事论》关于税务官的职责的规定主要体现在第 142 条的规定，该条规定："国王把王国分为 4 个地区，并把村庄分成头等、中等和下等以后，应把各村庄归属于下列各类的这一类或另一类。这些类是：免税的村，供给士兵的村，以谷物、牲畜、黄金或者原料纳税的村，供给自由劳动的村，以及用日常产品代替赋税的村。村庄管账人哥帕的职责是：遵守总收税官之命，管理 5 个或 10 个村的账目。他应当设置村庄的边界，预算已耕地、未耕地、平原地、潮湿地、花园、菜园、围栏、森

---

〔1〕 应松年主编：《当代中国行政法》（上），中国方正出版社 2004 年版，第 148 页。

林、神坛、神庙、灌溉工程、火葬场、饲养房、旅行者免费供水地、敬香地、牧场和道路的土地，从而确定不同的村、田、森林和道路间的界限，把赠品、买卖契约、布施物以及田地免税情况登记下来。他计算了纳税或不纳税的人户以后，不仅应当登记每村所有 4 个瓦尔那的居民总数，而且还应该把耕者、牧者、商人、手工工人、劳动者、奴隶以及两足和四足牲畜的确实数目作一账目，同时把能够从它（每户）收集来的黄金、自由劳动、赋税和罚金的总额确定下来。他还应该把每户青年和老年人的数目，他们的经历、职业、收入和开支，做一个账目。同时，地区长官斯多尼伽应关心王国 1/4 的账目。在哥帕和斯多尼伽管辖区内，总收税官所专派的委员，应不仅检查村庄和地区官员所做的工作和他们所用的资财，而且还要征收名为巴利的特设宗教税。”从这个法律条文，我们可以看出，《政事论》中规定的税务官有三种：①村庄管账人哥帕；②地区长官斯多尼伽；③总收税官所专派的委员。这三种税务官的职责是不一样的，村庄管账人哥帕的职责是：①遵总收税官之命，管理 5 个或 10 个村的账目。②设置村庄的边界，预算已耕地、未耕地、平原地、潮湿地、花园、菜园、围栏、森林、神坛、神庙、灌溉工程、火葬场、饲养房、旅行者免费供水地、敬香地、牧场和道路的土地，从而确定不同的村、田、森林和道路间的界限。③把赠品、买卖契约、布施物以及田地免税情况登记下来。④在他计算了纳税或不纳税的人户以后，不仅应当登记每村所有 4 个瓦尔那的居民总数，而且还应该把耕者、牧者、商人、手工工人、劳动者、奴隶以及两足和四足牲畜的确实数目作一账目，同时把能够从它（每户）收集来的黄金、自由劳动、赋税和罚金的总额确定下来。⑤应该把每户青年和老年人的数目，他们的经历、职业、收入和开支，做一个账目。地区长官斯多尼伽的职责是：关心王国 1/4 的账目。总收税官所专派的委员的职责是：①检查村庄和地区官员所做的工作和他们所用的资财；②征收名为巴利的特设宗教税。

　　（二）行政法思想之行政裁决思想

　　所谓行政裁决是指依法由行政机关依照法律授权，对当事人之间发生的与行政管理活动密切相关的、与合同无关的民事纠纷进行审查，并作出裁决的行政行为。行政裁决有下列特征：①行政裁决的前提是当事人之间发生了与行政管理活动密切相关的民事纠纷；②行政裁决的主体是法律授权的行政机关；③行政裁决程序依当事人的申请开始的；④行政裁决是行政机关行使行政裁决权的活动，具有法律效力。

　　行政裁决的思想同样可以在古印度的行政法中找到雏形。《政事论》中的行政裁决思想主要体现在第 3 卷第 9 章。该章规定：“任何两村边界的一切争执，邻人或者是 5 个或 10 个村的长老根据天然的或人工的界标提供的证据，调查案情。国王应当把没有界标或不属于任何人享有的财产，施恩分配给其他人。”“田界的争执，应当由邻里长老或村庄长老来解决。如果这些长老意见有分歧，就应该让一批纯洁可敬的人来解决，或者，争执者也可以自行均分争执的财产。如果这两种方法都不能成功，那么在争执中的财产应归国王所占有。这一规则对于无人申请的财产也适用；

或者它也可以被施恩于人民。强占财产应被当做窃贼来处罚。如果一份财产被另一人根据某些正当理由所占有，那么就应使他向业主交纳一些租金。租金数额应在审慎考虑他所占有财产的耕种者生活必需之后加以确定。侵占边界应被处以头等罚金。破坏边界应被处以 24 朋那的罚金。这些规则也适用森林修道院、牧地、大路、火葬场、神庙、献祭地与敬香地的争执，决定边界的处理也是如此。"根据这两个法律条文的规定，我们可以得知古印度的边界解决方法，这种解决方法相当于当代行政法中的行政裁决。

三、《摩奴法典》中的行政法思想

　　《摩奴法典》，有的学者译为《摩奴法论》。《摩奴法典》既包括了法的条款也阐述了宗教哲学和伦理，是"法"与"理"的兼容体。《摩奴法典》的形成经历了相当长的历史时期，公认的说法是雏形版本大约出现在公元前 2 世纪，定型版本完成于公元 2 世纪的笈多王朝初期，它反映了印度社会由奴隶制向封建制过渡的历史，维护奴隶主和封建主阶级的利益。《摩奴法典》是一部综合性的历史文献宝库，包括宗教、哲学、伦理、政治、经济和法律，其中法律内容约占全书的 1/4，又可谓古印度法之集成。迄今它对印度社会仍具有广泛而持久的影响。[1]

　　《摩奴法典》分 12 章，共 2684 条。各章的先后顺序按婆罗门教徒一生的四个"行期"来编排。所谓"四行期"，是婆罗门教徒一生生活和修行的历程，即梵行期、家居期、林栖期和遁世期四个阶段。梵行期又称学生期，是指儿童长到一定年龄后辞别父母，从师学习吠陀和祭祀礼仪的时期，家居期是指一个人成年后结婚生子，从事某种社会职业，过世俗生活的时期。林栖期是指教徒老年后弃家隐居森林，从事各种苦行，锻炼身心，为灵魂解脱做准备的时期。遁世期是指一个人最终舍弃一切财富，云游四方，以乞讨为生，把生死置之度外终于获得解脱的时期。该法典第 1 章为创世说，集中叙述了梵天创造宇宙万物及人间四个种姓的神话。第 2 章论述了法的概念以及婆罗门教徒在梵行期应当遵守的行为规则。第 3 章至第 5 章讲述家居期教徒处世、结交、参与社会活动等应有的言行举止以及妇女的义务。第 6 章取名林栖期的法、遁世期的法，宣讲教徒来年往后进入森林消除罪垢解脱灵魂之道。第 7 章至第 11 章较为集中地论述了刑事、民事、诉讼等各项法律制度。法典最后阐述婆罗门教关于业力轮回的宗教教义。总之，《摩奴法典》是一部宗教法，也是一部种姓法。《摩奴法典》自从编纂完毕之日起，一直被印度各统治者奉为圣典，无论国内政治、宗教、经济状况有多么大的变化，《摩奴法典》都是各代统治者的立法依据。印度独立后，《摩奴法典》的强大影响仍未消除，其中许多内容伴随着种姓制被保留下来，20 世纪 50 年代制定的印度教法典就有很多《摩奴法典》的痕迹；《摩奴法典》在南亚次大陆及东南亚的广大地域有深远影响，如缅甸等国都以《摩

---

〔1〕　由嵘主编：《外国法制史》，北京大学出版社 2000 年版，第 25 页。

奴法典》为蓝本，建立自己国家的法律体系，从而形成了以《摩奴法典》为基础的印度法系。《摩奴法典》具有丰富的法学思想，包括法学基本理论、刑法和民法等各个部门法思想，我们下面谈谈《摩奴法典》中蕴涵的行政法思想。《摩奴法典》中蕴涵的行政法思想主要有：

（一）行政法思想之土地行政法

土地行政法也是行政部门法的一个重要分支。就一国行政而言，土地权属争议的解决，土地边界的划分都是十分重要的问题。而这一问题在"靠天吃饭，以土地为生"的奴隶社会就显得更为的重要。因此，如何解决土地问题，是古代各国行政法的一个核心议题。古印度行政法也不例外，《摩奴法典》第8章第245条、第262～264条以及第291条就是关于土地边界争议如何处理的法律规定。这些法律规定都围绕这样一个原则：土地边界争议由国王裁决。第245条规定："假若在两个村落之间，发生了有关边界的争执，国王应在究耶修塔月，当界标最容易看清之时，定其边界。"第262条规定："关于旱田、水井、贝宁水池、庭园以及家宅边界的决定，依邻人之证言。"第263条规定："人们对边界的标志发生争执时，假若邻人作了伪证，则国王应当对他们各处以中等罚金。"第264条规定："胁迫将家屋、贝宁水池、庭园、或旱田占为己有者，应处以500明那的罚金。假若他不知道侵入他人之土地时，应处以200明那的罚金。"第291条规定："把不是谷物种子的东西当做种子出卖，拿走播种的种子，以及破坏边界标志者，应处以肉刑。"

（二）行政法思想之公务员的道德

公务员的道德建设是一个古老的命题，这一命题在《摩奴法典》中亦有体现。《摩奴法典》第4卷（生计、戒律）第159条规定："要注意避免一切依赖人帮助的行为。要与此相反，热心从事一切依靠自己的职务。"也就是说，任何人不要从事依赖于他人帮助的行为，而要热心从事一切依靠自己的职务，从中我们可以引申出当一个人有确定的职务后，应当热心从事自己的职务，当然也包括国家的公职人员应当热爱自己的岗位，应当忠于自己的岗位、自己的职位，在自己的岗位上作出自己的贡献。这一原则对后世的行政法都产生了巨大的影响。现代公务员法无不将"公务员应当热爱自己的职务"作为一项公务员的道德准则或应遵守的义务来加以规定。例如，《中华人民共和国公务员法》第12条第2项就规定"公务员应当……按照规定的权限和程序认真履行职责，努力提高工作效率"；第5项规定"公务员应当……忠于职守，勤勉尽责，服从和执行上级依法作出的决定和命令"。这就是公务员应当热爱自己的岗位的义务规定。忠于职守，勤勉尽责，是要求在一定职位的公务员必须用自己全部的精力，兢兢业业，专心致志地工作，严格履行本职位的义务，负担起本职位的责任。国家行政机关是实行职位分类的。职位分类的最大特点是以事定人，因而每个职位上的公务员都必须坚守岗位，完成此职位的任务，不得擅离职守。

（三）行政法思想之共同违法行为

《摩奴法典》行政法思想的另一重要内容是关于共同违法行为的规定。《摩奴法典》第51条规定："同意杀死一个动物的人，杀死它的人，切碎它的人，买者，卖者，烹调者，上肉食者，吃肉者，都被认为参加了杀生。"也就是说，在一起杀动物的案件中，同意杀死一个动物的人、杀死该动物的人、切碎该动物的人、买该动物肉的人、卖该动物肉的人以及吃该动物肉的人等都被认为参加了杀生。这与我们当代行政法中，对于共同参加了行政违法的人，不管是主犯还是从犯、胁从犯、教唆犯，都是共同违反行政管理秩序的共犯，都应当受到处罚的原则是一致的。

当然，《摩奴法典》中也有税务行政的思想，表现在第7章第127条至第139条以及第5章第119条和第120条。从这些规定可以看出，《摩奴法典》中税务行政思想包括：①征税的原因：买卖的价格、道路的距离、食物与调味品的用费、商品保管费等。②征税的目的：使国王和生产者得以享受报酬。③征税的对象及标准：国王应征收牲畜与黄金的1/50，谷物的1/8、1/6或1/12。国王还应征收1/6的木、肉、蜜、油、香料、药草、汁、花、根和果实；叶子、蔬菜、草、皮革、芦草和黏土的制品、器皿以及所有的石制品。④征税的频率：要像水蛭、牛犊和蜜蜂慢慢地摄取自己的食物一样，国王须渐渐地征收年税。

四、《那罗陀法典》中的行政法思想

《那罗陀法典》最后编成约在公元四五世纪，时间较《摩奴法典》为晚。《那罗陀法典》中的行政法思想主要有：

（一）行政法思想之公务员的职务等级

《那罗陀法典》规定："雇佣奴仆有三种：上等的、中等的和下等的。他们的劳动报酬依其技能及贡献的价值而定。""士兵属于上等的，农夫属于中等的，制陶工属于下等的。这就是三种雇佣奴仆。""其余就是奴隶，从事不洁净的劳动，奴隶有十五种……家生的，买得的，得自赠送的，得自继承的，饥荒时受给养的，由其合法主人抵押来的……免除重债的，战时俘虏的，赌博赢得的，来投说'我是你的奴隶的'，为苦行而变节的，在约定期间为奴的……为得到给养而沦为奴隶的，因与女奴隶婚配而为奴的，自愿为奴的，这些就是法定的十五种奴隶。"

从以上的法律条文的规定，我们可以看出两点：

第一，在古印度雇佣奴仆有三种：上等的、中等的和下等的。士兵属于上等的，农夫属于中等的，制陶工属于下等的。《那罗陀法典》的这一规定与现代公务员法中关于公务员职位等级制度相类似。以我国《公务员法》为例，其第15条规定："国家根据公务员职位类别设置公务员职务序列。"第16条规定："公务员职务分为领导职务和非领导职务。领导职务层次分为：国家级正职、国家级副职、省部级正职、省部级副职、厅局级正职、厅局级副职、县处级正职、县处级副职、乡科级正职、乡科级副职。非领导职务层次在厅局级以下设置。"第17条规定："综合管理类的领导职务根据宪法、有关法律、职务层次和机构规格设置确定。综合管理类的非领导职务分为：巡视员、副巡视员、调研员、副调研员、主任科员、副主任科员、

科员、办事员。"规定公务员级别的高低，既体现了公务员所任职务的责任轻重和难易程度，又反映公务员的资历、学历等素质条件及工作情况。这对于整个公务员制度的形成都是至关重要的。

第二，奴隶有 15 种。《那罗陀法典》关于奴隶种类的规定与现代公务员法中的公务员种类如出一辙。与公务员职位等级制度相同，这种公务员种类的划分在我国《公务员法》中也有体现。其第 14 条规定："国家实行公务员职位分类制度。公务员职位类别按照公务员职位的性质、特点和管理需要，划分为综合管理类、专业技术类和行政执法类等类别。国务院根据本法，对于具有职位特殊性，需要单独管理的，可以增设其他职位类别。各职位类别的适用范围由国家另行规定。"公务员还可以按照其所在的行政机关不同，划分为不同的类别，例如，工商系统的公务员、税务系统的公务员、公安系统的公务员、海关系统的公务员、环保系统的公务员等。现行公务员法把我国公务员分为综合管理类、专业技术类和行政执法类具有重要的意义：公务员法把综合管理部门的绝大多数公务员职位设置为综合管理类，有利于这些部门的公务员职位管理的科学化、规范化，有利于公务员各项管理制度的落实。设置行政执法类职位，有利于为基层执法公务员提供职业发展空间，激励他们安心在基层做好行政执法工作；有利于加强对一线执法公务员队伍的管理和监督。规范执法岗位职责，严格其任职资格条件，可以更好地规范执法行为，更好地提高一线行政执法队伍的专业化水准，更好地落实执法责任追究制度。设置专业技术类职位，主要是为从事专业技术工作的公务员提供职业升降阶梯，吸引和稳定不可缺少的相关专业技术人才，激励他们立足本职岗位，成为本职工作的专家。有利于克服过去公务员队伍中专业技术职务评定和工资待遇偏低问题，加强机关专业技术人才的管理，留住优秀人才。

（二）行政法思想之不得为公务员的情形

《那罗陀法典》的可称之处还在于它对于不得为公务员的情形作了规定。《那罗陀法典》第 35 条规定："为苦行而变节的人，成为国王的奴隶。他永远得不到赦免。"第 37 条规定："那种曾享自由而自卖的可耻的人，是奴隶中最下贱的。他不得释免奴籍。"也就是说，那种因为苦行而变节成为国王的奴隶的人，对他的处分是永远得不到赦免的处分。那种曾享自由而自卖的可耻的奴隶，也不得释免奴籍。这有点类似于《中华人民共和国公务员法》第 24 条的规定："下列人员不得录用为公务员：①曾因犯罪受过刑事处罚的；②曾被开除公职的；③有法律规定不得录用为公务员的其他情形的。"可以说，处在当时的社会环境下，《那罗陀法典》的这一规定体现出了超强的前瞻性。

第二节　日本的行政法思想

日本位于亚洲的东北部，隔日本海、东海与亚洲大陆相望。日本有本州、九州、四国和北海道四个大岛屿和数百个小岛。公元1世纪，日本已经出现了上百个部落。据《三国志·魏志》中的《倭人传》记载，在公元3世纪，九州出现了奴隶制的邪马台国，与中国和朝鲜就有了往来，它拥有7万居民，统辖二十几个部落，女王碑弥呼住在重兵护卫的宫殿里，役使奴婢千人，女王之下是"大人"，也是统治集团的成员。"下户"是被统治的群众。"大人"与"下户"的关系极不平等。此后在本州中部，又兴起了一个更为发达的奴隶制国家——大和国，它经过不断扩张和征服，兼并了周围许多部落，于公元5世纪统一了日本。大和贵族在征服战争中进一步扩大了势力，夺取了更多的土地和人口。日本奴隶制时期适用的法律主要是以受古代宗教规范强烈影响的不成文的命令和习惯为表现形式的氏族法。中央各奴隶主集团和地方氏族贵族是大和国家的统治支柱。在贵族之间形成了一种等级制度，即氏姓制度。每个奴隶主集团仍然保留着原来氏族的名称如大伴氏、物部氏、苏我氏等。从公元5世纪开始，在贵族中又逐渐出现了表示等级地位高下的姓。姓本是对贵族的不同尊称，以后才具有高下的区别。中央贵族的姓多为臣、连、宿祢等，地方贵族的姓多为直、君、首、造等。氏姓制度的形成，是为了调整统治阶级内部的关系，以便进一步加强奴隶主的统治力量。

最初大和皇室的力量并不能完全支配各地方贵族，从公元五六世纪开始，中央统治力量逐渐向地方扩展，皇室和中央大贵族大伴氏、物部氏、苏我氏等利用各种方法夺取地方贵族的土地和部民，扩大自己的势力。地方贵族则以赎罪、风险的名义交出自己控制的田庄。公元527年九州筑紫的贵族磐井发动武装叛乱，表明中央和地方矛盾的尖锐化。但是磐井的叛乱不仅就被平定下去，而且中央进一步加强了对地方的控制。皇室和中央各贵族集团也不断进行尖锐复杂的斗争。公元6世纪中大伴氏衰落，公元6世纪末物部氏也消灭。到了公元7世纪，斗争主要就在皇室与苏我氏之间进行。斗争的趋势是建立以皇室为中心的中央集权的统治。[1] 公元603年，天皇制定授予官僚贵族的"冠位十二阶"，废止了世袭贵族制度，次年，为确立以天皇为最高权威的政治体制，又颁布了"宪法十七条"，规定群卿百官"承诏必谨"、"以礼为本"、"早朝晚退"、"按部就班"等行政制度。同时，大和国频繁出使到当时封建制度高度发达的中国唐朝，学习中国的政治、经济和文化，公元645年，大和国发生宫廷政变，建年号为"大化"，迁都大阪。次年元旦，颁布"革新"诏书，按照中国隋唐中央集权国家制度进行改革，史称"大化革新"。"大化革新"以后，日本就进入封建社会。从"大化革新"到1868年的"明治维新"，是日

---

〔1〕 周一良、吴于广主编：《世界通史（上古部分）》，人民出版社1962年版，第412～413页。

本长达 1200 多年的封建社会时期。

整个日本封建时期的法律制度，大致可以分为 3 个阶段：第一个阶段是以天皇为中心的中央集权制的法律（645～1192 年）；第二个阶段是镰仓和室町幕府时期的法律（1192～1603 年）；第三个阶段是德川幕府时期的法律（1603～1867 年）。在每个时期颁布的法律中，都包含有极其重要的行政法思想。[1] 下面我们分别予以讲述。

一、田制与行政法思想

"大化革新"后，日本开始了以中国隋唐法律制度为模式，以律、令、格、式为主要表现形式的法典编纂工作。文武天皇大宝元年（701 年），由忍壁亲王和藤原氏等编订律六卷、令十一卷，通称《大宝律令》。《大宝律令》是日本的第一部成文法典，它也是大化革新后日本所制定的各项法令、法律的集大成者。其内容体系有：户田篇、继承篇、杂篇、官职篇、行政篇、军事防务篇、刑法和刑罚篇。它以中国唐朝的《永徽律》为蓝本，是以刑法为主、诸法合体的法典，条文完备，结构严谨，法理清晰，目的是以法律形式确立中央集权制度。养老二年，又颁布了《养老律令》，主要内容与唐律大体相同，而且只不过是在《大宝律令》基础上，为适合日本国情而做部分的修改和补充。此外，以律令为基础，这一时期的格式的代表主要有"弘仁格式、贞观格廷、廷喜格式"等。在"大化革新"中以及之后颁布的一系列法律中，其中"大化革新"中的田制与行政法的关系最为密切。所谓田制是指"大化革新"后日本所建立的一整套政治、经济文化制度。田制中所体现的行政法思想主要有：

（一）行政法思想之中央集权制的行政组织法

所谓行政组织法是指对行政机关的组织体系以及行使行政权的其他组织之状况作出规定的行政法规范的总称。行政组织法的规制对象主要包括：①行政体制在政治体制中的地位。行政体制在政治体制中的地位从法律形式上讲大都表现于宪法规范之中，如宪法关于行政机关与权力机关关系的规定，关于行政机关体系与司法体制的规定等。②行政体系的内部构成。行政系统自身的结构是行政组织法必须予以规定的。一是行政系统内部分成多少层次，如我国分为中央和地方两大系统，而地方又分成省、县、乡三级。二是行政系统内部分成多少职能，即横向的权力机构。③行政体系内部的联结方式。所谓联结方式是指纵向机构各层级之间是以什么样的方式联结在一起的，如上下级之间的行政权力关系究竟是一种指挥命令关系，还是一种分工负责的关系。④单个行政机关或行政机构的设立依据。⑤行政机关的领导体制。行政机关的领导体制包括单头领导体制和双重领导体制。单头领导体制是指行政机关只对一个上司负责，其与上级是一种单向式结构；双重领导体制是指行政

---

〔1〕 何勤华主编：《外国法制史》，法律出版社 2002 年版，第 324～326 页。

机关对两个上司负责，是双重式管理结构。⑥行政机关的职权。行政组织法对职权的规定涉及下列内容：一是行政职权的性质，即究竟属于何种性质的职权，是一般的管理权限还是特别权限等；二是行政职权的范围，即某一行政职权涉及的具体范围；三是行政职权所涉及的事项种类；四是行政职权行使的条件。行政职权行使是在复杂的行政过程中进行的，为了适应行政过程，同时不侵害其他社会主体的权益，行政职权的行使都有相关的条件。⑦行政过程的行政授权。行政授权是指其他非行政机关行使行政权的情形。行政授权是在行政管理活动中发生的，它与行政行为的关系似乎更为密切一些，但是行政授权关系到行政主体资格问题，关系到行政机关的职权转移问题，这样的问题当然应当是行政组织法解决的问题。⑧行政委托问题。行政委托是指行政主体为了行使行政权方便起见，将一些属于自己的职权委托给其他组织或行政机关以外的机关行使的情形。[1]

　　"大化革新"的行政法思想首先反映在行政组织法方面。"大化革新"的一项重要内容是确立了以天皇为中心的中央集权的政治机构，宣布"君无二政、臣无二朝"，废除了原来的族长政治，设立国、郡（即"国郡里"制），郡有分为大郡、中郡和小郡。646 年的大化革新诏书中写到："凡郡以四十里为大郡，三十里以下，四里以上为中郡，三里为小郡。其郡司并取国造性识清廉，堪实务者，为大领、少领……凡五十户为里，每里置长一人，掌按检户口、课殖农桑、禁查非违，催驱赋役。凡田长三十步，广十二步为段，十段为町……"大化五年（649 年）又下诏，令国博士高向玄理"置八省百官"，建立中央机构。地方设立国、郡、里，分别由国司、郡司和里长治理，这样，就把原有氏姓贵族统辖的大小诸国，置于中央的直接控制之下。也就是说，日本通过"大化革新"建立了以天皇为中心的中央集权的政治机构，在地方建立国、郡、里地方政权，中央政府领导地方政府领导，地方政府在中央政府的授权的范围内行使权力，是受中央政府领导的。"八省百官"制度和国郡里制均受唐朝三省六部制和州县制的影响。两者在形式上虽有差异，但其性质都是中央集权的行政体制。大化三年（647 年），制定 7 色 13 阶官位，分别为大织、小织、大绣、小绣、大紫、小紫、大锦、小锦、大青、小青、大黑、小黑、建武。大化五年（649 年），制定 19 阶冠位，分别为大织、小织、大绣、小绣、大紫、小紫、上大花、下大花、上小花、下小花、上大山、下大山、上小山、下小山、上大乙、下大乙、上小乙、下小乙、立身。对于大夫以上的贵族赐予食封、以下的给予布帛，作为俸禄。[2] 日本"大化革新"后建立中央集权的政治制度，在地方上设立国郡里政权，并在地方政权设立相应的官职来对社会进行管理，这些内容相当于我国行政法中的行政组织法的内容。

---

〔1〕　关保英：《行政法教科书之总论行政法》，中国政法大学出版社 2005 年版，第 184～186 页。

〔2〕　吴廷璆主编：《日本史》，南开大学出版社 1993 年版，第 55～56 页。

（二）行政法思想之税务行政

"大化革新"的另一项主要内容就是确立"租庸调"税制，即受田人须缴土地租、服劳役（庸）、缴纳地方土产（调）。租，即实物地租，受田每段缴纳稻2束2把。庸，是力役及其代纳物，凡50户充仕丁1人，50户负担仕丁1人之粮，1户缴纳庸布1丈2尺，庸米5斗。郡少领（郡的行政官）以上之家进贡采女1人（包括从丁1人，从女1人），100户承担采女1人之粮，1户缴纳庸布1丈2尺，庸米5斗。调，是征收的地方特产，分为田调、户调、付调。田调按照土地面积征收。《诏书》规定："田1町绢一丈，4町成疋，长4丈广2尺半。绝2丈，2町成疋，长广同绢。布4丈，长广同绢绝，1町成端。"换言之，田1町征收绢一丈，绝2丈，布4丈。户调按户征收，其数量为"1户贷布1丈2尺"。付调随乡土特产征收。[1] 通过租庸调制，当时的日本政府的财政税收收入大为增加，这就为以后日本的经济的发展提供了经济基础。

（三）行政法思想之户籍行政

田制中的户籍行政思想主要体现在《改新之诏》和《养老律令》的户令中。《改新之诏》写道"初造户籍、计账、班田收授之法。"《养老律令》的户令写到："凡户皆五家相保，一人为长，以相检察，勿造非违。如有远客来过止宿，及保内人有所行诣，并语同保知。凡户逃走者，令五饱追访，三周不获除账。其地还公。未还之间，五保及三等以上亲均分佃食、租调代输，户内口逃者，同户代输。六年不获，亦除账。地准上法。凡造计账，每年六月晦日以前，京、国官司责所部门手实，具注家口、年纪。若全户不在乡者，即依旧籍转写，并显不在所由。收讫，依式造账连署，八月三十日以前申送太政官。"从这些规定，我们可以看出，户籍和计账是全国人民的名簿，户籍是班田的凭据，计账是征收调庸赋课的依据，并记载了各户的姓名、年龄、户主、户口、与户主的关系、身体特征、有无课役等，是一部登记人民情况的底账。人民通过登记入册，就成了对国家执行权利和义务的主体；他们的姓名和籍贯得到国家的确认，没有正当的理由，不通过规定的手续，是不得更改和离开的。制定户籍、计账虽然说是国司郡司的责任，但所依据的基础却是由各户户主申报自家成员姓名、年龄等的报表。实际上当时的许多户主可能没有胜任这项工作的能力，但由于他们尽量依法做了，因而带来了人民文化生活的提高，也启发了大家参与基层组织的想法。它在一切方面都意味着比起以往贵族私有的无秩序、无纪律的社会来，是一种伟大的进步。[2] 通过实行严格的户籍制度牢牢控制人口的流动，把人牢牢地控制在出生地，这样有利于中央集权的实现。

（四）行政法思想之行政征收

在"大化革新"过程中，新政府废除了皇室的屯仓，贵族的田庄以及部民，把

---

〔1〕 吴廷谬主编：《日本史》，南开大学出版社1993年版，第55页。
〔2〕 ［日］坂本太郎：《日本史》，汪向荣等译，商务印书馆1992年版，第68页。

全国的土地和人民收归国有，变成"公地、公民"。这相当于我们现在的"国有化"和"行政征收"。什么是行政征收呢？所谓行政征收是指行政主体凭借国家行政权，根据国家和社会公共利益的需要，依法向行政相对人强制地、无偿地征集一定数额的金钱或实物的行政行为。行政征收有以下几个方面的特征：①强制性。行政征收机关实施行政征收行为，实质上是履行国家赋予的征收权，这种权力具有强制他人服从的效力。②无偿性。行政征收是无偿的，是财产的单向流转，无须向被征收主体偿付报酬。③法定性。行政征收直接指向的是行政相对人的经济利益，由于其强制性和无偿性，决定了其对行政相对人的权益始终都具有侵害性。因此，为了确保行政相对人的合法权益不受违法行政征收行为的侵害，必须确立行政征收法定的原则，将行政征收的整个过程纳入法律调整的范围，使具体的行政征收行为受相对稳定的法律的支配，使行政征收项目、行政征收金额、行政征收机关、行政征收相对人、行政征收程序都有法律上明确的依据。法定原则包括：征收主体法定；征收依据法定；征收程序法定；缴纳的主体法定。我国现行的行政征收体制主要是由税和费构成，税是指税收，是国家税收机关凭借其行政权力，依法无偿地取得财政收入的一种手段。费，即各种行政收费，是一定行政机关凭借国家行政权所确立的地位，为行政相对人提供一定的公益服务，或授予国家资源和资金的使用权而收取的对价。[1] 当然，"大化革新"中把土地收归国有和我们现在的行政征收还是有很大差别的。

(五) 行政法思想之土地行政

《改新之诏》写道："初造户籍、计账、班田收授之法。"诏书没有记载班田法的具体内容，但《养老律令》的田令对此予以了规定，其规定为："凡给口分田者，男两段，女减 1/3，5 年以下不给。其地有宽狭窄者从乡土法。易田倍给。给讫，具录町，段及四至。凡给口分田，务从便利，不得隔越。若因国郡改隶，地入他境，及犬牙相接者，听依旧受本郡，无田者听隔郡受。凡田，6 年一班，神田、寺田不在此限。若以身死，应退田者，每至班年，即从收授。凡官人百姓，并不得将田宅地舍施及卖易与寺。凡官户奴婢，口分田与良人同；家人奴婢，随乡宽狭，并给 1/3。凡公私田荒废 3 年以上，有能借佃者，经官司判给之，虽隔越亦听。私田 3 年还主，公田 6 年还官。限满之日，所借人口分未足者，公田即听充口分，私田不合。其官人于所部界内有空闲地愿佃者，任听营种，替解之日还公。"因此，根据《大宝律令》和《养老律令》的田令推测，政府每隔 6 年，班给 6 岁以上的男子口分田 2 段，女子为男子的 2/3，奴婢为公民的 1/3。受田人死后，口分田归公。这样，当时的日本政府通过"大化革新"及以后颁布的一些律令牢牢地把支配土地的权力抓在中央政府手中，为日本经济的发展奠定了基础。

---

[1] 姜明安主编：《行政法与行政诉讼法》，北京大学出版社、高等教育出版社 1999 年版，第 217～219 页。

二、丰臣秀吉的行政政策

丰臣秀吉（1537～1598年）日本战国时代末期的封建领主，统一全国的武将。生于尾张国中村（今属名古屋）。原姓木下，后改姓羽柴，赐姓丰臣。早年为尾张国大名（领主）织田信长的部将，屡建战功。1577年信长开始统一全国的战争后任征西先锋，在中国（今本州西部地区）、四国、九州等地指挥作战，先后平定播磨（今兵库县南部）、备前（今冈山县南部）、美作（今冈山县北部）、但马（今兵库县北部）、因幡（今鸟取县东部）五国。1582年进攻中国，包围高松城（在今冈山市附近），与毛利氏决战。同年信长被部将明智光秀杀害后，与毛利氏讲和，回师讨伐光秀，并拥立信长幼孙秀信为继承人。但信长部将柴田胜家欲立信长三子信孝。1583年，秀吉经贱岳之战消灭胜家与信孝的联军。同年建大阪城，作为统一日本的根据地。1584年与信长次子信雄和德川家康联军战于小牧，失利后媾和，并与家康结盟，确立织田信长继承人的地位。1585年率10万大军平定四国领主长宗我部，出任关白（辅助天皇处理政务的最高官职）。翌年兼任太政大臣，控制军政大权。1587年兴兵30万进取萨摩国（今鹿儿岛县西部），进而平定九州。1590年出动26万大军灭北条氏，平定奥羽地方，完成日本统一大业。1591年将关白职位让予养子秀次，自称"太阁"。1593年将北海道正式划入日本版图。1592年和1597年两次出兵侵略朝鲜。1598年8月因侵朝失败，郁闷而死。丰臣秀吉统治期间，他发布和实行了一些行政政策，旨在加强中央集权统治，实际上也达到加强中央集权统治的效果。我们下面来分别介绍：[1]

（一）土地行政政策与"兵农分离"

丰臣秀吉在统治期间，实行的是"太阁检地"的土地行政政策。丰臣秀吉将全国的土地集中在手里后，一部分作为直辖领地，另外大部分土地则封赐给各大名，称为知行国（封地），受封者有统治知行国的特权。当时拥有土地的多少是用稻米产量的石数来表示的。天正十七年（1589年）的全国稻谷总产量为1580万石。那年丰臣秀吉的直辖地为46国、产稻200万石，占总产量的1/9强，封赐各大名的领地则占总产量的8/9，其中最大的大名德川氏领地产稻约250万石，上杉氏和毛利氏各100万石。在土地领有方面丰臣秀吉虽然不占绝对优势，但他同时直辖土界、京都、大阪、博多等商工业最发达的城市和贸易港，还控制佐渡、生野等金、银矿，因此他的经济实力远远胜过各大名。由于大名知行制的确立和全国范围内"本百姓"（自耕农）小农经济的出现，从此在日本就形成了马克思所说的"纯粹封建性的土地占有组织和发达的小农经济。"这种单婚小家族——小农经济体比复合大家族——家内奴隶制经营优越得多，提高了农民生产的积极性。丰臣秀吉对这种小农经济的出现首先加以确认。这种小农经济与丰臣秀吉实行的"太阁检地"的土地行政

---

[1] 参见吴廷璆主编：《日本史》，南开大学出版社1993年版，第205～208页。

政策有关。从山崎会战次日起，他就逐渐在他的势力所及的范围内推行，文禄三年（1594年）正式规定了全国划一的土地制度：将过去不统一的一间的长度定为6尺3寸；360步一反改为300步一反；田地分为上、中、下、下下四等，各规定标准产量——石数，即上田为1.5石，中田为1.3石，下田为1.1石，下下田另行规定；以标准升"京升"统一了各地区不相同的旧升，以标准产量的石数的2/3收取年贡；尽量贯彻"一地一作人"的原则。丰臣秀吉对检地的贯彻非常坚决，在给地方"朱印状"（盖有红色将军官印的执照）中明确指示：不管是城主、土豪还是百姓，凡是敢反抗检地者，全部杀掉，即使整个一乡或两乡也是如此。

太阁检地在兵农分离体制方面是以编成军队为目的的一大土地改革，同时也是根本否定古代封建制即本领（世袭私领）制的一大事业，因为本领是土地私人所有的最强烈形式，而太阁检地是把本领收为公有，以领主本国为根据，将全国领地集中在丰臣秀吉手中，连旧家臣的知行地都属于丰臣秀吉的"恩领"。

收缴武器（刀狩）也是一项具有重要意义的政策。它禁止全国的农民、僧侣持有刀、矛、弓、枪等武器，反违禁持有者，都要没收。自天正十三年（1585年）起，已经在部分地区实行。天正十六年（1588年），颁布《刀狩令》，"没收民间所有的长刀、腰刀、弓箭、长枪步枪及其他武器"。并考虑到没收来的武器的转用途径，经熔铸后，用做修造中的东山大佛身上的钉、锔等。天正十九年（1591年）八月丰臣秀吉发布《身份统制令》，进一步明确实行"兵农民分离"到确立身份制的政策，这就是禁止农民转变为武士，强制耕作，即使大名领地改变了，农民也不能擅离原村，将农民束缚在土地上，还规定手工业者和商人也不得变更职业。相反，武士则失掉土著性，须跟随主君移动，集中住在大名城下，成为镇压人民的职业军人。中世纪时，武士住在农村，一旦有战乱，农民也拿起武器，形成了强大的战斗力，因而兵农之间的关系十分接近；这是中世纪的混乱在身份制度方面的一种体现。现在收缴农村的武器，消除了农民的潜在战斗力，谋求社会和平，区分士、农身份，建立起各阶层的秩序。这对统治者来说，当然是为了建立新的和平秩序而必然要采取的措施。

（二）工商业行政政策

丰臣秀吉的工商业行政政策包括：

1. 工商业行政政策。早在织田信长时期，织田信长就规定了"乐市"、"乐座"之制。这是战国大名本以采用的政策，织田信长更予以推进，在建筑清州等城下町时，规定凡制定城下町条例必须加进此项。天正五年（1577年）六月，他为安土城下町制定《乐市乐座令》13条，该令的基本内容是否定"座"的特权，奖励商人来此定居，免除土木工程的徭役负担，消除对"德政"的不安，保障治安、免除房屋税等。丰臣秀吉也继承了这个政策，如天正十三年（1585年）对京都诸座下令废止座头职等中间剥削权，1587年下令废止奈良、大和郡山的一部分座，1591年下令废止以京都、奈良的座组织为一般原则。但是乐市、乐座并非意味着交易上的完全自由。从政治上讲，推行这个政策的主旨是把商工业者从寺社、庄园领主的隶属下解放出来，使之处于织田信长、丰臣秀吉控制下，确保商业利益加强自己的权力。例如，丰臣秀吉筑大阪城时曾强制把一部分土界和京都市民移居大阪；许多城市变为丰臣秀吉的直辖地，不承认城市自治，町人的自治组织被统治城市的机关取而代之。

2. 交通行政政策。交通政策是丰臣秀吉发展商工业政策的一部分。织田信长曾经于永禄十一年（1568 年）撤销其势力范围内的关卡（"关所"），禁止征收"关钱"。此举既为打击关卡的设立者寺社和庄园领主的势力，又为便于商人自由往来发展工商业。丰臣秀吉继续此政策，迄 1586 年止，废除了全国的关卡。当时在日本计算里程没有统一的标准，一里路的长短因地而异，各不一致。丰臣秀吉下令从备中到名古屋每隔 36 町筑一土台，以表示一里的长度，明确地统一距离标准。

3. 货币行政政策。稳定通货是发展商业所必须，织田信长于永禄十二年（1569 年）公布了《择钱令》，规定"善钱"（良币）、"恶钱"（劣币）的交换比率，丰臣秀吉更改铸统一货币，同时开发石见、佐野、生野等金银矿。为了发展海外贸易，丰臣秀吉于天正十六年（1588 年）发布《海贼取缔令》。文禄元年（1592 年）实行"朱印船贸易"，授予长崎、京都、土界的商人以朱印状（幕府特许证），以资保护，还统一了度量衡制。

4. 矿业行政政策。在管理矿山方面，除生野之外，还陆续将石见银矿、佐渡金矿等收归直接经营，对其他诸侯所有的矿山，则课以捐税。当时的金银产量很高，他自己也储存了大量的金银，造成了很多传闻，这实际上也是他管理矿山方法适宜的结果。

5. 保护城市行政政策。乐市制度在各地的实行，促成了城市的稳定。丰臣秀吉还下令恢复因战乱而荒废的京都市街，重新在市街周围建筑土墙以划定市区的范围，在征服九州的归途中，还筹划复兴已经化为焦土的博多市，允许自由通商，免除各种杂税。

（三）宗教行政政策

丰臣秀吉的宗教行政政策主要是对天主教的行政政策。他的天主教政策也是以加强中央集权为主旨。织田信长为利用天主教对抗一向宗农民起义和获得自由贸易，对天主教曾经采取保护政策，丰臣秀吉最初也采取了同一政策，但天正十五年（1587 年）他在征服九州时看到外国教士对九州部分大名的强烈影响和长崎成为教会领地的情况，大为吃惊，恐危及自己统治。尤恐天主教在农民中传播会招致一向宗起义那样的后果，所以立即将长崎收为直辖地，禁天主教传教，驱逐外国教士出境。他虽然放逐了传教士，但这时还是承认人民对天主教的信仰，允许葡萄牙人通商。丰臣秀吉的这种政策还利用所谓"神国"思想来煽起人民的排外情绪。他宣称，日本的国土及其上的一切事物都是神创造、成长和保护的。天正十七年（1587 年）的天主教禁令中说，"日本是神国，不许天主教国家传播邪教"，"天主教国家的人以日本人为门徒，破坏神社佛阁，这是前代未闻的"。1591 年丰臣秀吉写信给葡领东印度总督说，"我国是神国，神是万物的根源"。

三、《德川幕府锁国令》中的行政法思想

1192 年，天皇大权旁落，日本进入了以幕府为中心的"武家政治"时期。"武家政治"的特点是天皇被军所挟持，以将军为首的幕府成为实际上掌握国家最高权力的机关。幕府当权者自称为"征夷大将军"，建立"御家人"（武士和家臣）制度，幕府下设行政、军事、司法等机构，其重要官职均由"御家人"充任，还派遣"御家人"到基层担任"守护"和"地头"，从此形成了从中央到地方的政治、经济、军事、法律的封建网络。从 1603 年开始，日本进入了德川家康建立的"德川幕府"时期。德川家康在建立幕府的初期，为了恢复丰臣秀吉时代的侵略活动而恶化了的与东南亚各邻国的关系，曾经一度积极开展同东南亚各国的友好往来，鼓励日本商人出海贸易。对天主教抱有很大戒心的德川家康，在坚持传教和贸易分离的原则下，也准许同信奉天主教的葡萄牙和西班牙继续保持贸易往来。同信奉新教、实行商教分离政策的荷、英两国，分别于 1609 年和 1613 年建立了贸易关系。因此，这一时期的日本的对外贸易十分活跃，正如林罗山在《长崎逸事》一书中所指出的"方今吾客商通外夷者殆三十国。自有我邦以来，未有如今日之多且盛也。"但是这种繁荣的局面没有维持多久，日本就实行锁国政策，日本实行锁国政策是有其深远的原因：其目的之一是为了防范西方殖民主义者利用传教活动对日本进行殖民侵略。其目的之二也是主要目的，是为了巩固和加强幕府的统治，维护封建的剥削制度。其目的之三是为了从经济上维护封建的剥削制度。德川幕府为了巩固中央集权、加强对各藩的统治，不仅要在军事力量上拥有绝对的优势，而且要在经济上也保持优势的地位。禁止西南以外大名从事对外贸易，就是为了在经济上削弱他们的力量而采取的一种措施。而在实行锁国政策的前提下，继续保持同少数国家的贸易关系，并由幕府实行严格的统制，则是为了增加幕府的财政收入。[1]

由于德川幕府实行锁国政策的动机主要是为了加强和巩固它自身的统治地位，维护封建的剥削制度。它之所以要防止西方殖民主义势力的渗透，也是因为这会危及其切身的阶级利益。因此，锁国政策不仅因切断日本经济同世界市场的联系，而阻碍了日本社会经济的发展；更为重要的是，它巩固了幕府封建体制，因此当这一体制逐渐成为社会经济发展的障碍时，锁国政策的反动作用也随之更加明显。

德川幕府时期锁国政策主要体现在《德川幕府锁国令》当中，我们下面看看《德川幕府锁国令》中的行政法思想。从 1633 年至 1639 年，德川幕府先后四次颁布"锁国令"，日本由此进入锁国时代。在 1633 年之前，日本已经开始颁布了类似锁国令的政策，1612 年，德川家康在直辖领地发布了禁止天主教的法令，严禁外国传教士传教。从 1633 年始，日本船只获得政府允许方能出海，到了 1637 年，所有的日

---

〔1〕 伊文成、马家骏主编：《明治维新史》，辽宁教育出版社 1987 年版，第 86～93 页。

本船都被限制在内水不得出海。所有日本人也不得通过任何方式出国从事贸易，违者通常被放逐或处以死刑。1639 年，除长崎一港允许中国人和荷兰人进入及从事贸易外，所有外国人均被拒之国门之外。由此日本对世界关闭了国门。德川幕府"锁国"政策的要点可以归纳如下：①禁止日本人出航海外；②取缔基督教，驱逐传教士（多为葡萄牙人）；③限制外国船只进入日本，但允许荷兰东印度公司的船只进入日本，且只限于在长崎进行贸易；④日本政府垄断内外信息交流渠道。

《德川幕府锁国令》中的行政法思想主要有：

（一）行政法思想之宗教行政

宗教行政，顾名思义就是行政法对于宗教信仰进行的规范。进行宗教管理是当代各个国家行政的一个重要内容，《德川幕府锁国令》中的宗教行政思想主要体现在对基督教的取缔上。在德川幕府颁布的几次"锁国令"中，内容都包括了取缔基督教，取缔基督教是当时日本政府对宗教进行行政管理的一个重要方面。但是在对宗教进行行政管理中不能完全取缔某一种宗教，因为：①宗教作为一种意识形态，有其产生、发展和消亡的自然过程，不能人为地促使某一种宗教在一个国家消亡。②在当今世界，宗教问题往往和民族问题联系在一起，处理不好，有可能引起民族纠纷和民族争端。③宗教问题是一个国际性的问题。因此，现代行政法对于宗教行政实行的是宗教信仰自由的宗教政策。所谓宗教信仰自由是指公民有信仰宗教的自由，也有不信仰宗教的自由；有信仰这种宗教的自由，也有信仰那种宗教的自由；在同一宗教里面，有信仰这个教派的自由，也有信仰那个教派的自由；有过去信教而现在不信教的自由，也有过去不信教现在信教的自由；任何信教的公民有参加本宗教仪式的自由，也有不参加本宗教仪式的自由。

（二）行政法思想之行政垄断

行政垄断是指行政机关和法律、法规授权组织利用行政权力实施排除限制竞争，破坏市场经济秩序的行为。行政垄断与"国家垄断"、"经济垄断"、"行业垄断"是不同的垄断形态，在逻辑上是一种并列关系，而行政垄断与"自然垄断"、"官商垄断"是一种交叉关系。《德川幕府锁国令》也包含了行政垄断的思想。在"锁国令"中，日本政府垄断内外信息交流渠道。禁止平民百姓打探情报，但自身却十分关注海外信息。除上述幕府垄断"漂流记"的信息外，它还向荷兰东印度公司和中国商船打探情报，并将其提供的情况编为《荷兰风说书》和《唐人风说书》。德川幕府虽然禁止外国人入日贸易，但仍开放长崎一港，允许荷兰和中国商船进行有限贸易，于是长崎便成为日本获取海外信息的基地。幕府曾责令长崎荷兰商馆定期向幕府提供世界各国的情况报告书。荷兰商人为垄断与日本的贸易，也积极响应这一要求。从正保元年（1644 年）开始，"荷兰商船每次登陆时，都呈递东印度公司的商馆经理给幕府讲述荷兰见闻的信"以及海外的最新情报。由幕府官办的洋书调所译成日文，称为《荷兰风说书》；同时幕府还规定来日贸易的中国商人必须报告海外情报，称为《唐人风说书》；此外，还有担任翻译的通事根据外国商人的口述或摘译外国报纸上的新闻编成的《别段风说书》。[1] "锁国令"中日本政府垄断内外信息交流渠道。禁止平民百姓打探情报体现了行政垄断的思想。

(三) 行政法思想之行政信息不公开

所谓行政信息不公开,也是指政务不公开,它是与政务公开相对立的一种行政理念。政务信息公开制度(以下简称政务公开)是指国家行政机关及依法行使行政职权的组织主动或者依申请将除国家秘密、商业秘密、个人隐私外的其他事项予以公开的制度。政务公开是实行民主与法制的前提和基础,对于实现对民众的政治动员,扩大政治参与的范围,促进经济发展及廉政建设,有着极其重要的作用,是现代民主国家的一项必备制度。而从《德川幕府锁国令》的规定来看,《德川幕府锁国令》采取的是一种行政信息不公开的做法。这一点也可以从"锁国令"中政府垄断内外信息交流渠道并不公开所获得的信息中可以得知。因此,从现代行政法的角度来看,《德川幕府锁国令》的这种规定具有愚民的思想,与现代行政法的理念是不相容的。

第三节 阿拉伯世界的行政法思想

世界古代文明摇篮之一的亚洲西南部美索不达米亚及其毗邻区域,也就是今天的幼发拉底河和底格里斯河流域,自从公元前3000年左右先后兴起了一些奴隶制城市国家,例如,苏美尔、拉格什、乌尔、阿卡德、巴比伦等。这些城市国家虽然存在着各自的部族时代的多种差异,但是由于彼此日益增多的接触和交往,形成了一种相近的文化,并使用同一种文字,即楔形文字。这些奴隶制城市国家一般都用这种文字来镌刻自己的法律,因此后世的法学家把这些国家的法律统称为楔形文字法。现存的楔形文字法的主要法律和法典有:拉加什城市国家乌鲁卡吉那王的立法(约公元前2356年);乌尔第三王朝时期(约公元前2060年~前1955年)的《乌尔纳姆法典》;伊新城市国家(约公元前20世纪~前18世纪)的《李必特——伊丝达法典》;拉尔萨城市国家(约公元前20世纪~前18世纪)的《苏美尔法典》;埃什努纳城市国家(约公元前20世纪~前18世纪)的《俾拉拉马法典》;巴比伦王国的《汉谟拉比法典》(公元前1758年);《赫梯法典》(公元前15世纪);《亚述法典》(公元前14世纪~前13世纪)等。[2] 其中以《苏美尔法典》、《俾拉拉马法典》和《汉谟拉比法典》最为有名。我们在这一节除了主要论述阿拉伯世界在上古时代的《苏美尔法典》、《俾拉拉马法典》和《汉谟拉比法典》这三个著名法典所蕴涵的行政法思想之外,我们还要谈谈在中古时代阿拉伯世界对后世影响深远的《古兰经》所蕴涵的行政法思想。

---

〔1〕 刘晓莉:"日本'锁国闭关'的再认识",载《咸宁师专学报》2001年第1期。
〔2〕 由嵘主编:《外国法制史》,北京大学出版社2000年版,第18页。

一、《苏美尔法典》中的行政法思想

在早期的两河流域，各城市国家为了争夺奴隶、土地和河流、灌溉网的控制权，展开了长期不断的混战，在长期的混战中，乌玛城市国家的卢伽尔——扎吉西（约公元前2373年~前2349年）不但灭了拉伽什，而且还征服了乌鲁克、乌尔、拉尔萨和阿达布，并定都乌鲁克城，自称"乌鲁克和乌尔之王"。卢伽尔——扎吉西自豪地说："我使乌鲁克在喜悦中发光，使乌尔的头像牡牛的头那样抬到天上"；又说："我奖给巴巴尔所爱的城拉尔萨以喜悦之水，使神所爱的城乌玛……非常强大。"[1] 在卢伽尔——扎吉西统一了苏美尔之后，颁布了《苏美尔法典》。现存的《苏美尔法典》是楔形文字大泥板的一部分。泥板共有文字5行，《苏美尔法典》是其中的最后2行。现存的《苏美尔法典》和《苏美尔亲属法》中体现的行政法思想对当代的行政法具有借鉴意义，它们中体现的行政法思想有：

（一）行政法思想之违反行政管理法规要受到行政处罚

行政处罚机关要对行政相对人进行行政处罚，必须以行政相对人的行为违反行政法为前提，也就是说行政处罚机关要对行政相对人进行行政处罚是有条件的，具体来说，这些条件包括：[2]

1. 客体要件。行政处罚责任的客体要件是指行政法所保护的并为违反行政法的行为所侵害的行政管理秩序。行政管理秩序是一种社会关系，而且是为行政法所保护的社会关系。行政法通过以下几种方式来规定行政处罚的客体要件：①法律条文明确揭示出违法客体。②法律条文指明被侵害客体的物质表现形式，通过物质表现形式表明违法客体。③法律条文只指明违法行为特征，并不直接规定违法客体。④法律条文只指明行为所违反的法律规范，也不直接规定违法行为侵犯的客体。行政处罚责任的客体有三种类型，即一般客体、同类客体及直接客体。一般客体是指一切行政违法行为共同侵害的客体，它是行政法律规范所保护的行政管理秩序，是从整体上说的。同类客体是指某类行政违法行为所共同侵害的行政管理秩序。直接客体是指某一具体的行政违法行为侵害的特定的客体。

2. 客观要件。是指在客观方面有违反行政法律规范的行为及相应的危害结果。违法行为包括作为和不作为两种形式，作为是违法行为的主要形式，是指行为人在意志支配下，违反禁止性规定，积极地实施法律所禁止的行为。不作为是指行为人在意志支配下，违反义务性规范，消极地不为法律所要求或期待的行为。

3. 主体要件。是指具有行政处罚责任能力，实施了违法行为的个人或组织。行政处罚责任的主体只能是个人或组织；行政处罚责任的主体必须具有行政处罚责任能力。

---

[1] 周一良、吴于廑主编：《世界通史（上古部分）》，人民出版社1997年版，第75~78页。

[2] 杨小君：《行政处罚研究》，法律出版社2002年版，第150~177页。

4. 主观要件。是指违法行为人对自己行为会造成的危害结果所具有的主观心理状态。这种心理状态有两种形式：故意和过失。

这种思想在《苏美尔法典》中得到了充分的体现。《苏美尔法典》第 1 条规定："推撞自由民之女，致堕其身内之物者，应赔偿银 10 舍克勒。"第 2 条规定："殴打自由民之女，致堕其身内之物者，应赔偿银 1/3 明那。"从这两条规定我们可以看出，如果违反《苏美尔法典》，推撞和殴打自由民之女，后果是严重的，致堕其身内之物者，就应当赔偿，就要受到行政处罚。这种思想与我们当代的违反行政管理法规要受到行政处罚、违反行政管理法规的行为要承担行政责任的思想如出一辙。

（二）行政法思想之行政合理性

所谓行政合理性原则，又可称为适当性原则，是指行政机关及其工作人员在作出行政行为时，应当考虑相关的因素，不应当考虑不相关的因素；行政机关采取的行政手段所造成的损害，不得与欲达成的行政目的的利益明显失衡。早在《苏美尔法典》中就有了关于行政合理原则的规定。《苏美尔法典》第 6 条规定："引诱自由民之女离家出走，而女之父母不知者，应告知此女之父母……而此女之父母以女嫁之。"第 7 条规定："引诱自由民之女离家出走，而女之父母知之者，则引诱此女之人应对神发誓云：'彼实知情，过应在彼'。"也就是说，引诱自由民之女离家出走，如果该女子的父母知道的，则引诱该女子的人应当对神发誓说："你们知道事情，是你们的过错。"由此引申出，是否对引诱自由民之女离家出走的人进行处罚，要考虑是否该女子的父母知道引诱该女子离家出走的事实，如果知道，那么，引诱自由民之女离家出走的人就不应得到处罚，如果其父母不知道该事实，那么，引诱自由民之女离家出走的人要受到法律的处罚。我们从该规定中进一步引申，在当代行政法中，在行政机关及其工作人员在作出行政行为的时候，应当考虑到相关的因素，不应该考虑无关的因素。

（三）行政法思想之"谁主张、谁举证"的举证责任

"谁主张，谁举证"的原则是由《苏美尔法典》第 7 条所引申出来的。该条规定："引诱自由民之女离家出走，而女之父母知之者，则引诱此女之人应对神发誓云：'彼实知情，过应在彼'。"引诱自由民之女离家出走，如果该女子的父母知道这个事实，那么由引诱自由民之女离家出走的人在神面前发誓说"彼实知情，过应在彼"，这时候引诱自由民之女离家出走的人不承担法律责任，如果引诱自由民之女离家出走的人不敢在神面前发誓说"彼实知情，过应在彼"，那么他就要承担法律责任。也就是说，如果引诱自由民之女离家出走的人主张该女子的父母知道其引诱的事实，其应当在神面前发誓，证明其的主张，如果其不敢在神面前发誓，不能证明其主张的事实，那么他就要承担败诉的后果，也就是"谁主张，谁举证"的举证责任。当然，从现代法治的角度来看，"谁主张，谁举证"的原则是适用于民事诉讼中，而行政诉讼采取的是被告举证的原则。但是，我们应当看到，早在《苏美尔法典》的时代，能够提出举证责任的明确，在当时的法制条件下已经是具有相当进

步的意义了。

二、《俾拉拉马法典》中的行政法思想

《俾拉拉马法典》和《苏美尔法典》、《苏美尔亲属法》一样，都属于楔形文字法，在文字上都使用楔形文字撰写；在结构体例上大都由正文和序言两部分构成。该法典序言为苏美尔文，法典正文为阿尔德语而带有若干地方特色。《俾拉拉马法典》全称为《埃什嫩那国王俾拉拉马的法典》，这部法典保存在今特尔·哈尔马尔城发现的楔形文字的两块泥板上，古时此城为埃什嫩那的附属地区——而埃什嫩那则是巴比伦东北边狄雅拉河谷的一个城市。《俾拉拉马法典》具有丰富的行政法思想，概括来说，其所包含的行政法思想主要有以下三个方面：

（一）行政法思想之过罚相当

《俾拉拉马法典》当中关于处罚相当的法律条文非常多，表现在第 5 条、第 22 条至第 37 条、第 42 条至第 49 条、第 53 条至第 59 条的规定。我们举几例来说明。《俾拉拉马法典》第 22 条规定："倘自由民并无他人所负任何之债，而拘留他人之婢为质，则婢之主人应对神宣誓云：'我不负你任何债务'；而自由民应付出与一婢之身价相等之银。"第 23 条规定："倘自由民并无他人所负任何之债，而拘留他人之婢为质，并扣留此质于其家直至于死，则自由民应赔偿婢之主人以两婢。"第 24 条规定："倘自由民并无他人所负任何之债，而拘留穆什钦努之妻以为质，并扣留此质于其家直至于死，则此为生命攸关之法律问题，取人为质者应处死。"也就是说，如果其他人并不负有自由民任何债务，而自由民却拘留他人之婢为质，这时候对该自由民施加的处罚要看该行为的情节和后果，如果该自由民拘留其他自由民的奴婢为质，并且该奴婢的主人对神宣誓说他不负其任何债务，那么该自由民应当付出与一个奴婢的身价相等的银两；如果该自由民拘留其他自由民的奴婢为质，并且将该人质关在其家以致该人质死亡，这时该自由民应当赔偿该奴婢的主人两个奴婢；如果该自由民拘留穆什钦努之妻作为人质，并且扣留该人质于其家中导致该人质死亡，这时候应当处死该自由民。从这三个法律条文的规定，我们可以看出，《俾拉拉马法典》实行的是处罚与过错相当或者说是相适应的原则。这与当代行政法中，当行政机关给予违法行政相对人行政处罚时应当与违法行政相对人的违法行为的事实、性质、情节及社会危害程度相当是相一致的。

（二）行政法思想之反对商业受贿

商业贿赂是贿赂的一种形式，是随着商品经济的发展而逐步产生和发展起来的经济现象。反对商业贿赂，对于促进公平竞争规则与市场交易秩序的建立，增进市场资源的合理配置，节省交易成本，维护社会信用体系都是具有重要的意义的。《俾拉拉马法典》中蕴涵了反对商业受贿的行政法思想。《俾拉拉马法典》第 15 条规定："塔木卡或卖酒妇不得从奴、婢之手接受银、羊毛、胡麻油及其他物品。"这就是说，国王的商业代理人、商人（塔木卡）或者卖酒妇在商业买卖中不得接受奴、

婢的银子、羊毛、胡麻油等其他行贿物品，如果接受了这些行贿物品，那么他们就要受到处罚。《俾拉拉马法典》的这种反对商业贿赂的思想为现代行政法所吸收。如我国《反不正当竞争法》第8条对商业贿赂行为作出了禁止性规定，即："经营者不得采用财物或者其他手段进行贿赂以销售或者购买商品。在账外暗中给予对方单位或者个人回扣的，以行贿论处；对方单位或者个人在账外暗中收受回扣的，以受贿论处。经营者销售或者购买商品，可以以明示方式给对方折扣，可以给中间人佣金。经营者给对方折扣、给中间人佣金的，必须如实入账。接受折扣、佣金的经营者必须如实入账。"

（三）行政法思想之罚没款物应当上缴国库

《俾拉拉马法典》还规定了罚没款物应当上缴国库的行政法思想。《俾拉拉马法典》第50条规定："倘职司治水之地方长官或任何公务人员捕到属于王宫或穆什钦努之亡奴、亡婢、亡牛或亡驴，不以之送至埃什嫩那，而留于自己之家，如过7日或1个月，则王宫当按司法程序索取其赃物。"也就是说，任何公务人员如果捕获到属于王宫或贵族的流失的奴婢，或者牛驴，而不把它们送到王宫，并且把它们留在自己家中，这种状态持续了7日或1个月，那么王宫就会按照司法程序来索取这些本属于王宫的物品。从这条法律条文中我们可以得出，在当时，官吏对于罚没款物如果没有上缴国库，而是留着自己用的话，是要受到法律的制裁的。

三、《汉谟拉比法典》中的行政法思想

乌尔第三王朝崩溃以后，入侵的阿摩列伊人在两河流域建立了两个国家，北方为伊新，南方为拉尔萨（约在公元前20世纪~前18世纪）。伊新的北部为埃什努那，其西北则为玛里。这几个国家为争夺两河流域的统治权不断进行战争，但谁也无力完成统一。重新统一两河流域的是巴比伦。巴比伦原是幼发拉底河南部、西亚商路上的一个奴隶制国家，于公元前19世纪建立，到公元前18世纪完成两河流域的统一。完成这项统一的是古巴比伦第6代国王汉谟拉比。汉谟拉比统一之后建立起强大的中央集权国家，任命各种官吏，管辖城市和各地区的行政、税收和水利灌溉。国王总揽国家的全部司法、行政和军事权力。官吏是贯彻国王政令的工具。汉谟拉比统治时期最重要的活动之一就是编制了《汉谟拉比法典》，他命名在位的第2年为制定国法之年。法典原文刻在一个玄武岩石柱上，于1901年由法国考古队发现于伊朗的苏兹，这大约是依蓝人入侵两河流域后搬去的，法典保存得相当完整，只有少数条文被依蓝人磨灭，但可以根据发现的副本校补。法典共分为3部分，即引言、法典正文和结语。法典本文共分282条，内容包括诉讼手续、盗窃处理、租佃雇佣关系、商业高利贷关系、债务、婚姻、遗产继承、奴隶等，比较全面地反映了当时的社会情况，《汉谟拉比法典》是了解和研究古巴比伦社会的重要材料。《汉谟拉比法典》是迄今所知道的楔形文字法中最完备的一部法律文献，也是两河流域各奴隶制城市国家法律的集大成者。在世界法律历史发展的长河中占据源头的地位。

《汉谟拉比法典》除了有丰富的刑法思想以外，还有丰富的行政法思想，具体来说，其中所体现的行政法思想主要有：

（一）一切法律（包括行政法律）是维护正义的武器

在《汉谟拉比法典》中，关于法律是维护正义的法律的武器，主要表现在：①在法典引言部分，汉谟拉比说："安努那克之王，至大之安努，与决定国运之天地主宰恩利尔，授予埃亚之长子马都克以统治全人类之权，表彰之于伊极极之中，以其庄严之名为巴比伦之名，使之成为万方之最强大者，并在其中建立一个其根基与天地共始终的不朽王国。"汉谟拉比认为制定法律，就是"发扬正义于世，灭除不法邪恶之人，使强不凌弱"，"照临黔首，光耀大地"。宣称法律的威力来源于"光明和审判之神"，震慑一切邪恶，庇护一切受难者。②在《汉谟拉比法典》结语部分，汉谟拉比说："当马都克命我通知万民并使国家获得福祉之时，使我公道与正义流传国境，并使人民造福"，自今而后，依照法律管理国家。他还说："为使强不凌弱；为使孤寡各得其所；在其首领为安努与恩利尔所赞扬之巴比伦城，在其根基与天地共始终之神庙埃·沙吉剌，为使国中法庭便于审讯为使国中宣判便于决定，为使受害之人得伸正义，我以我的金玉良言铭刻于我的石柱之上，并置于我的肖像亦即公正之王的肖像之前。""此后的千秋万世，国中之王必遵守从我在我的石柱上所铭刻的正义言词，不得变更我所决定的司法判决，我所确立的司法裁定，不得破坏我的创制。""果其人明达，能以公正治理其国，则彼务须崇敬我在我的石柱上所铭刻的言词。愿此石柱昭示彼以统治之道，以我所决定的司法判决，以我所确立的司法裁定，使彼能于公正之道统驭黔首，为彼等作司法判决、为彼等作司法裁定，以消灭其国中不法与奸宄之徒，赐与其人民以福祉。""我，汉谟拉比，接受沙马什真理的公正之王。我的言词卓越，我的功业无双，惟于愚者或徒劳无益，而于智者则荣耀昭然。"并告诫人们一定要遵守法典的规定，今后的任何国王如变更或废除该法典，必将受到众神的惩罚，王位更换、国号无存。

汉谟拉比关于法律（包括行政法律）是维护正义的武器的思想是值得称赞的，我们知道，法律就是正义的体现，正义的基本含义是以生产方式决定的，普遍承认的"善"为标准，对社会财富（利益、荣誉等）进行分配。按照正义这个标准，就应当对不同等的人进行不同等的分配，对同等的人应当进行同等的分配。从这个意义上来说，正义通常和公正、公平、平等有关。马克思曾经说过："人们奋斗所争取的一切，都同他们的利益有关。"这就决定正义在法律的价值中，具有第一位的重要性的地位。法律的正义包括：①法律的分配正义，即按照法律确定的标准，对不同等的人进行不同等的利益分配；②法律的平均正义，即按照法律确定的标准，对同等的人进行同等的利益分配；③法律的矫正正义，即对破坏分配正义或平均正义的人要对他进行矫正，如处以刑罚，责令赔偿损失或恢复原状等，以便恢复正义。但一则在古巴比伦，"正义"有其特定的含义，二则汉谟拉比对法律的解释，显然把正义和法律等同为一，为标榜立法的公正性，从而掩盖了法律的阶级属性。[1]

（二）行政法思想之（行政）权力至上

1. 《汉谟拉比法典》赋予国王汉谟拉比以专制君主的地位，是国内的最高统治者，集军事、行政、立法、司法和祭祀大权于一身。法典用大量篇幅和极端的言词树立汉谟拉比的绝对权威。法典序言（引言）宣布汉谟拉比是神的代理人，众神将国家交给他统治，以便为"人民造福"，得享安宁；宣称汉谟拉比为"恩利所任命的牧者，繁荣和丰产富足的促成者"，是"长胜之王"，"四方的庇护者"，"王者之贵胄"，是"忠于拉马什的强有力的合法之王"，是"饶恕拉尔沙之战士"，是"赋予乌鲁克生命并授予其人民以充足水源之君主"，是"国境之天盖"、"众王之统治者"，是"冲击敌人的勇猛的金牛"，是"众王之神"，是"明哲之君主，无敌之战士"，是"实行一切计划的贤明的统治者"，是"荣耀的君主"，是"巴比伦之太阳"。

2. 我们知道，在古代，司法权和行政权是不分的。因此可以说《汉谟拉比法典》正文每个条文都体现了（行政）权力至上的行政法思想。其中的刑事法律规范和司法制度规范更是反映了（行政）权力至上的行政法思想。《汉谟拉比法典》涉及的犯罪种类主要有侵犯人身、侵犯财产和侵犯家庭三大类。侵犯人身罪包括殴打致死、儿子殴打父亲、致孕妇或胎儿毙命及一般伤害。侵犯家庭罪主要有父亲奸淫女儿，儿子奸淫母亲，妻子行为放荡、与情夫杀害亲夫，养子不认父亲。侵犯财产罪主要包括盗窃、侵犯他人居住等。法典规定的刑罚种类主要有死刑、体刑、罚金、驱逐等。死刑多种多样包括投入水中，刺刑、焚刑，而且适用范围广泛，直接处死的就有30多条。体刑有鞭打、断肢、割耳、割乳、烙印等。刑罚的轻重除与罪行大小有关以外，还与犯罪者和受害者的身份和社会地位有密切关系。《汉谟拉比法典》中，司法权与行政权并无严格划分，国王拥有最高司法权一切不服法院判决的当事人均可上诉到国王，地方司法权分别由国王下属的大小官吏来行使。判案时，通常由 6 ~ 10 人共同参与。此外，王国内还有一批"王室法官"，由国王直接任命，常被派往各大城市，按照国王的旨意进行司法监督和审判活动。巴比伦无所谓刑事诉讼和民事诉讼的区分，提起诉讼的完全是私人，判决也由当事人自己执行。法典确认的合法证据除证人证言、书面证据外，还包括当事人在神前的誓词、河神考验的结果等。法官在诉讼过程中可以主动调查案情，并依据自己的调查结果下判决。法官判决案件必须经过证实不可主观臆断。即使对奴隶施以刑罚，也必须查清案情。判决一经作出不得擅自修改，否则该法官应"交出该官司所争议款的12倍，离开集会里的法官席，不得返回，不得再与法官们一起出庭"。

3. 《汉谟拉比法典》结语部分又再一次强调汉谟拉比至上的地位，也就是强调权力至上的地位。《汉谟拉比法典》结语中写道："我，汉谟拉比，无敌之王。我未

---

〔1〕　由嵘主编：《外国法制史》，北京大学出版社 2000 年版，第 18 页。

令蔑视恩利尔所赐予之黔首，而马都克委我以牧养黔首之任，我亦未尝疏忽，我为黔首寻觅安全之居地，解决重大之困难，以光明照耀彼等。""我以凌驾于众王之上之王，我的言词超群出众，我的威力莫可与敌。依天地之伟大法官沙马什的命令，我的正义必能照耀于世，遵吾主马都克的旨意，我之创制必无人可以变更。在我所爱的埃·沙吉剌中，我的名字必将永被追思。""我，汉谟拉比，接受沙马什真理的公正之王。我的言词卓越，我的功业无双，唯于愚者或徒劳无益，而于智者则荣耀昭然。""果其人崇敬我在我的石柱上所铭刻之言词，不废除我的司法裁决，不曲解我的言词，不变更我的创制，则其人如我，亦一公正之王，愿沙马什使其王笏永存，使其公正之道牧养其人民。"

《汉谟拉比法典》要建立的是君主专制制度，它所体现的（行政）权力至上的思想是与现在的民主法制国家的一切权力都是来源于人民的权利，一切权力都是为人民服务的思想是根本相左的。

（三）行政法思想之权利义务一致

1. 权利义务一致主要表现在关于债、婚姻家庭与继承、租赁和雇佣方面的法律规定中：

（1）关于债的法律规定。在债权关系中广泛使用书面的契约形式，其种类有买卖、财产租赁、寄托、合伙、雇佣等。在契约法中，确定了一些基本原则，确立了当事人双方的权利义务，例如订约人必须是法定的所有者；订约时要在神前举行仪式；契约的基础是合意；契约的标的物必须具体化。债务借贷一定要有担保物或以人身为抵押，债务人向债权人借债，可以以其妻、子女做人质，但期限为 3 年，到第 4 年应恢复其自由。债权人不得殴打或虐待人质，若残害人质将依法制裁。如人质本身是奴隶，则与自由民为人质有显著的区别，债权人可以将其转让、出卖或赠与，不得追索。对不履行契约义务者，依法惩处。为了保护债务人的合法权益，对于债权人也有种种限制，债权人未经债务人允许不得任意从债务人的谷仓或谷场强行索取谷物，如自由民之间并无债权关系，则不得任意将对方拘留为人质，对债务利率也订立了一定的标准，实物利率不得超过 20% ~ 30%，银钱利率不得超过 20%，以限制高利贷者盘剥。

（2）关于婚姻家庭与继承的法律规定。巴比伦王国时代视婚姻关系为一种契约关系，如自由民娶妻而未订立契约，则此妇非其妻，所以对没有订立书面婚约的婚姻法律不予承认和保护。缔结婚约时，男方要向女方家长提供聘金，作为对新娘身价的补偿；倘若男方毁约，聘金不退；倘若女方家长毁约，则聘金如数退还。在家庭中，妻子在丈夫死后，有权享有自己原来的陪嫁物和先夫留下来的孀居生活费用，但只能在丈夫尊亲属的监护下使用；如果女子在夫亡后改嫁，其财产所有权则另当别论了。父母死后，只有男性后裔享有平均继承遗产的权利，但在少数地区实行长子继承或优先继承法；女儿只能取得作为结婚时的陪嫁物而分享父母的财产。法律规定，倘若自由民之子犯有重大罪过，依据法官判决，其父可以剥夺该子的继承权。

男主人与女奴所生之子，视之与配偶之子同列，应当参与均分遗产。关于收养制度。法典规定：如自由民收养被遗弃的婴儿为子，并将其抚养成人，则他人不得向法院申诉请求归还此养子；如自由民的养子已成家，欲将其逐出，则该养子不应空手离去，应当得该继承份额的 1/3；如养子在长大成人后不尊敬或不承认其养父母，应当依法惩处，则彼应割舌，擅自抛弃养父母而出走者，捕获后则剜其一眼。

（3）关于租赁和雇佣方面的法律规定。租赁的对象主要是牲畜、船舶和车辆。根据租约规定其期限、用途和损害赔偿的方式。如租赁一头牛，由于租赁人在役使时造成伤亡应当依约赔偿；但经证实由于牛被雷电击毙，则视为"神击"，而免于其责任。租船，分顺流和逆流，船体吨位大小而计收租金。雇佣制度的实施比较广泛，被雇佣的对象包括农工、牧工、掘土工等。顾主与佣工，均为自由人，他们之间为完成某种工作而达成雇佣契约，订明工种、期限、工资及责任；如双方任何一方不履行契约所规定之义务或承担的责任，均可向法庭提起诉讼，并依法判决。

2. 《汉谟拉比法典》在赋予自由民权利时，强调以对国家和公社履行义务为前提。由于土地国有制和公社所有制占统治地位，因此个人（如军人以及在王室承担其他义务的公务人员）占有和使用土地必须以为宫廷服务为条件。这种义务不是建立在契约基础上的，而是建立以国家为中心的观念之上的。而且个人的权利和义务与公社团体成员资格相联系。法典规定公社对发生在本公社抢劫案的后果集体承担责任。假如抢劫者未被抓住，则被抢劫者应在神面前发誓，指明其所损失之物，则案发地或其周围公社及公社首领应赔偿他的一切损失（第 23 条），显然，承担这种责任是公社社员的法定义务，如果和公社断绝关系，则被视为不能容忍和宽恕的行为会导致一系列权利的丧失。如法典规定，妻子由于丈夫被俘虏，生活困难而改嫁并已经生育子女，以后她丈夫回到自己公社，则这个妇女应当回到他原来的丈夫那里去，而如果妻子改嫁是因为丈夫抛弃自己的公社而潜逃，那么即使他归来并希望取得自己的妻子，但因他过去是憎恨自己的公社而逃潜逃者之妻也不应回到自己的丈夫那里去（第 135、136 条）。从法理上看丈夫由于丧失了公社成员资格也丧失了对妻子的权利。

3. 国家公职人员职权与职责相一致。例如，《汉谟拉比法典》第 5 条规定："倘法官审理诉案，作出判决，提出正式判决书，而后来又变更其判决，则应揭发其擅改判决之罪行，科以之相当于原案中之起诉金额的 12 倍罚金，该法官之席位应从审判会议中撤销，不得再置身于法官之列，出席审判。"这就是说，法官有审判案件、作出判决，提出正式判决书的职权，但是他还有不得擅自变更其判决的职责，职权和职责是统一的，是一致的，如果在其作出判决、提出正式判决书后又擅自变更其判决，则应当揭发其擅改判决之罪行，科以之相当于原案中之起诉金额的 12 倍罚金，并开除其公职。

《汉谟拉比法典》的这种权利和义务一致、职权和职责一致的行政法思想对当代行政法有重要影响。法治理论告诉我们，有什么样的权利就应该有相应的义务，行使什么样的权力就应承担相应的责任。权力无法脱离责任而单独存在，否则，这种权力就是非法的、不合理的。法治的目的之一就是要确保责任与权力的对等，并建立权力与责任统一的原则。权力与责任统一的原则正体现了对公共权力的规定与控制。一方面，对公共权力课以相应的责任规定体现了责任对权力的明示作用，即责任包含对权力的性质、行使范围的明确规定，这是责任对权力的确认和保护。如果权力没有责任规定或者越出责任规定之外，就意味着公共权力的膨胀与扩张，这种权力的扩张必然会或多或少地构成对民众权利实现的威胁。因而，责任能使权力的范围有正当的界限，从而使权力规范化、合法化。如果权力一旦越出合法的范围，相应的责任就是权力越界的必然代价。另一方面，在权力行使的每一过程中，都必须有相应责任的具体规定，也就是说任何权力都被责任所制约和控制，从而可以有效地抵制公共权力的非法扩张，通过对公共权力的这种约束与控制，以确保公共权力行使更加正当和合法。一旦权力超越了责任规定的边界，行政责任就变成一种消极意义的法律责任，从而构成对权力越界的一种惩罚。它是一种通过责任外加的权力制约，以防止权力运行失当和违法。这种责任对权力的制约，主要体现在对权力行使者行为的校正和心理的警戒上。这种权力与责任的统一原则，必然是公共行政的理论逻辑，其最基本的理念就是：任何公共权力都应当处于责任状态，任何公共权力的行使者都应当是责任的承担者，从而让任何公共权力的行使在道义上必须以责任实现"自律"，在心理上以责任实现"他律"。[1]

（四）部门行政法思想之军事行政法思想

军人是国家安全和稳定的保护神。军人职业的特殊性决定了军人在社会生活中必然具有特殊的地位。在古巴比伦的社会结构中，军人是一个特殊的阶层，军人属于享有不完全权利的穆什钦奴。因此，《汉谟拉比法典》中的军事行政法思想对各个国家都通过制定专门的法律来规定军人的权利和义务，保护军人的特殊利益。《汉谟拉比法典》规定：①对军人进行行政管理的规定。例如法典第 26 条规定，里都或巴衣鲁奉王命出征而不行，或雇人以自代，此里都或巴衣鲁应处死；代之者得其房屋。也就是说，军人（里都或巴衣鲁）不得拒绝国王的差遣，也不得雇人代替，如果不履行服兵役的义务，则处死。第 27 条规定，里都或巴衣鲁为王役而被捕为俘，此后其田园与其他代服军役之人，倘若归还其乡里，则应归还其田园，由彼自行担负军役。也就是说，如果军人在战争中被捕获，则由王室收回他的土地，另授他人，如果其返回故里，则要归还其土地，由其自己负担军役。第 28 条规定，里都或巴衣鲁为王役而被捕为虏，而其子能服军役者，应以田园予之，由其代父服役。也就是说，如果军人的儿子想要得到其父亲的这份土地，也必须以承担其父亲服兵役的义务为条件。除以上三条之外，该法典的第 29 条至第 33 条也是对军人进行行政管理的规定。②对军人的财产给予特殊的保护。凡侵犯军人人身和财产，夺取国王赐给

---

〔1〕 刘祖云："权责统一——行政的理论逻辑"，载《行政与法》2003 年第 10 期。

军人的土地、牲畜、住宅者，都要处死。这些体现在《汉谟拉比法典》的第 34 条至第 41 条的法律规定。例如，该法第 34 条规定，德苦或卢布图占取里都之所有物，伤害里都，以里都为雇佣，在法庭审判中将里都交付更有力之人，或占有国王赐予里都之物者，此德苦或卢布图应处死。第 35 条规定，自由民从里都购得国王所赐予之牛或羊者，应丧失其银。第 37 条规定，倘自由民购买里都、巴衣鲁或纳贡人不得以其与所负义务有关的田园房屋遗赠其妻女，亦不得以之抵偿债务。

四、《古兰经》中的行政法思想

《古兰经》是伊斯兰教的根本经典，是伊斯兰法的基本渊源和最高渊源，是伊斯兰教徒的生活准则，是伊斯兰社会价值取向的指南，也是伊斯兰教的基础，一切精神和伦理问题的最高依据。《古兰经》是阿拉伯文 Qur'an 的音译，意为"读"、"诵读"。中国穆斯林学者曾经将《古兰经》译为《古尔阿尼》、《可兰经》、《宝命真经》等，通称"穆斯哈夫"（辑册本）。[1] 它是由伊斯兰教的创始人穆罕默德为了解决当时的穆斯林实际生活中发生的问题，而在传教过程中，作为"安拉"的启示，以"神启"的名义陆续颁布的经文，被其弟子默记或笔录于兽皮、树叶或石片、骨片上，经过后人加工整理，汇编成集。第一任哈里发阿布·伯克尔（632～634 年）在位时开始搜集整理，并出现了许多传本。第三任哈里发奥斯曼（644～656 年）在位时组织权威学者核准校对，发布统一的汇编，这就是后来在全世界穆斯林中通行的《古兰经》标准本，称为奥氏本。《古兰经》内容十分广泛，归纳起来主要包括三个方面的内容：①教义，属于信仰方面的规则；②法律，属于行为方面的规则；③道德，属于心性方面的规则。《古兰经》是穆罕默德在传教过程中陆续发布的，前后共经过了 22 年 2 个月 22 天。穆罕默德每发布一段或几段经文都直接针对现实生活中需要解决的实际问题。教徒们在生活中遇到问题，请示穆罕默德应当如何做，穆罕默德就以真主的名义发布一段经文告诉人们应当如何如何。《古兰经》共 30 卷，114 章，6211 节，编排的次序，既不是依照各章颁布的时间，也不是按内容的性质，而是根据各章篇幅的长短，除第 1 章序言外，长者在前，短者在后。

《古兰经》的发布分为麦加时期（前期）和麦地那时期（后期）。前期共经过 12 年，发布的经文占整个《古兰经》的 2/3，从内容上看主要是关于道德规范信仰方面的原则，如要独信真主，要有高尚的道德才可得到幸福，犯罪作恶遭末日审判等。后期共经过 9 年多，发布的经文只占全部的 1/3，内容上有关法律规范的内容条文比较多。前期经文提倡和平，对任何事情采取说理规劝态度，后期的经文就号召用圣战解决问题，态度变得强硬，另外，后期发布的经文常常修改和废除前期的经文。如：前期经文第 8 章第 65 节宣布，穆斯林在圣战中应以一当十，但后期经文第 8 章第 66 节宣布："如果你们当中有 100 个坚韧的人就能战胜 200 个敌人。"为什么

---

[1] 从恩霖："《古兰经》漫谈"，载《文化》2004 年第 6 期。

会有这些变化呢？主要原因是早期伊斯兰教处于创教时期，为了吸引更多的人信教，所以态度温和，到了伊斯兰教成为国教后，政教合一，有了政权和武装力量，为了维护统治和对外扩张，就需要颁布一些法律并且极力号召圣战。[1]

《古兰经》所包含的内容十分广泛，但其中有关法律的经文究竟有多少节，各地方的统计的结论不一致。有人认为《古兰经》涉及法律的经文有600节之多，但其中严格意义上的法律经文不多于80节。[2] 有人认为《古兰经》涉及有关法律的经文约有200节。[3]

《古兰经》在承袭了其他宗教法规和古代阿拉伯社会的习惯及其仲裁惯例后，提出了若干法规，如：①无息借贷法，禁止高利贷；②遗嘱继承法，规定死者的父母及亲属和具有结盟关系的人都有继承权；③婚姻法，在婚姻上鼓励一夫一妻，并有条件、有限制地允许多妻；④刑事法，《古兰经》规定杀人者要抵偿，对男女窃犯要断手，以儆效尤，对犯淫乱罪的男女和诬陷贞洁女人者处以鞭刑。[4] 虽然《古兰经》中没有直接的行政法思想，但是《古兰经》中所体现的一些思想却为当今的行政法的健全和完善提供了理论上的基础和支撑，具体来说，主要包括以下几个方面：

(一)《古兰经》中的民本思想

《古兰经》作为一部享誉世界的经典，不仅仅因为伊斯兰教信众的存在而广为流传，也因为其丰富深刻的思想内涵千百年来一直吸引着人们。民本思想作为最能体现人类理性和智慧之光的思维产物，是人类探讨的一个永恒话题。《古兰经》中同样蕴涵着极为丰富而深刻的民本思想，这突出地表现在对当时生活在社会最底层的奴隶的关注。"他怎么不超越山径呢？你怎能知道超越山径是什么事？是释放奴隶……"（90：11—13）；"……你们的奴婢中要求订约赎身者，如果你们知道他们是忠实的，你们就应当与他们订约，并且把真主赐予你们的财产的一部分给他们。如果你们的婢女，要保守贞操，你们就不要为了获得今世生活的浮利而强迫她们卖淫。如果有人强迫她们，那么，在被迫之后，真主确是至赦的，确是至慈的"（24：33）。众所周知，在公元7世纪的阿拉伯半岛，奴隶制还十分盛行，奴隶作为"会说话的工具"地位十分低下，处在社会的最底层。《古兰经》在当时的历史条件下，把关爱的目光投向了奴隶这个被人们所遗忘的社会群体，关注他们，主张宽待奴隶，鼓励人们释放奴隶，这在当时的历史背景下是十分难得的。这种鲜明的民本主义思想在当时无疑具有唤醒人们良知，启迪人们思维，开启社会文明之风的巨大作用。

---

〔1〕　陈丽君、曾尔恕主编：《外国法律制度史》，中国政法大学出版社1997年版，第45～46页。

〔2〕　［英］库尔森：《伊斯兰法律史》，爱丁堡大学出版社1964年英文版，第12页。

〔3〕　［埃及］哎哈麦德·爱敏：《阿拉伯——伊斯兰文化史》（第1册），纳忠译，商务印书馆1983年版，第242页。

〔4〕　从恩霖："《古兰经》漫谈"，载《文化》2004年第6期。

《古兰经》中的民本思想还表现在《古兰经》对妇女、儿童地位和权利的关注上，在伊斯兰教以前的蒙昧时代，妇女的社会地位十分卑微。而在《古兰经》中强调人的尊严时都是指整个人类而言。作为人类两性社会其中之一的女性，在《古兰经》中更是得到了充分的尊重和足够的重视。这在人类历史上无疑是个巨大的进步。在对待妇女问题上，《古兰经》所提倡的思想是公平而开明的。首先，表现在婚姻家庭问题上。"你们用含蓄的言词，向待婚的妇女求婚，或将你们的意思隐藏在心里，对于你们都是毫无罪过的。真主已知道你们不久要向她们提及婚约，故准你们对她们有所表示，但不要与她们订密约，只可说合理的话；不要缔结婚约，直到守制满期……"（2：235）；"信道的人们啊！你们不得强占妇女，当做遗产，也不得压迫她们，以便你们收回你们所给她们的一部分聘仪，除非她们作了明显的丑事。你们当善待她们。如果你们厌恶她们，那么，你们应当忍受她们……"（4：19）。这些思想都主张在婚姻上应对妇女尊重，努力实现妇女在婚姻上的平等与自主。其次，把对妇女经济权利的保障作为一个重要的问题提了出来，这无疑具有更为重大的意义。《古兰经》主张结婚要对女子送聘礼，特别是主张离婚时，要做到对离婚妇女的经济给予保障。"……在为她们决定聘仪之后，如果你们休了她们，那么，应当以所定聘仪的半数赠与她们，除非她们加以宽免，或手缔婚约的人加以宽免……"（2：237）。最后，在遗产继承上，《古兰经》也强调对妇女经济权利的保障。同样，在对待儿童的问题上，《古兰经》中所体现的人学思想也是十分明显和突出的。"愚昧无知地杀害儿女，并且假借真主的名义把真主赏赐他们的给养当做禁物的人，确已亏折了，确已迷误了，他们没有遵循正道"（6：140）。在古代阿拉伯，杀害婴孩，特别是女婴的现象十分普遍，《古兰经》对此则明确地加以禁止。"你们应当把孤儿的财产交还他们，不要以你们的恶劣的财产，换取他们的佳美的财产；也不要把他们的财产并入你们的财产，而加以吞蚀。这确是大罪"（4：2）；"你们当试验孤儿，直到他们达到适婚年龄，当你们看见他们能处理财产的时候，应当把他们的财产交还他们；不要在他们还没有长大的时候，赶快浪费地消耗他们的财产……"（4：6）。《古兰经》对孤儿的监护以及他们对遗产的继承等都作了明确的规定，以确保他们的生活，这在1000多年前是相当了不起的思想。妇女和儿童是社会中两个特殊的群体，他们在社会中的地位和权利如何，从某种意义上说反映了这个社会的文明和进步程度。而一个社会对他们的看法和观点，社会上人们对他们所形成的普遍的态度就是人学思想的重要组成部分之一。《古兰经》中对妇女儿童所给予的关注，是其民本思想的一个重要内容和体现。[1]

（二）《古兰经》中的"底线"思想对当代行政之意义

所谓底线，顾名思义，是说它是一种比较基本，最低限度的思想。一种宗教其底线思想就是基本信仰，作为伊斯兰法源的《古兰经》，在立法中的底线思想表现

---

[1]　马建龙、余莘："试论《古兰经》中的人学思想及其现代价值"，载《中国穆斯林》2001年第3期。

在从简、从轻、从宽。上面说到，过多加重行为人的负担，就是一种强迫，《古兰经》不提倡这种思想。并指出："难道你要强迫众人都做信士吗？"（10：99）。《古兰经》所包容的命令和禁止律法，基本上都是简而易行的。经文内涵不晦涩，易被理解。但《古兰经》的隐义经文，真主并未要求人们寻根问底，探个究竟，只要求"有令必遵，有禁必止"。对其深奥含义，不可妄加诊释，真主要求人们以基本的认识遵循基本律法，《古兰经》说："信道的人们啊！你们不要询问若干事物；那些事物，若为你们而被显示，会使你们烦恼。当《古兰经》正在逐渐降示的时候，如果你们询问，那么，那些事物会为你们而被显示。真主已恕饶以往的询问。真主是至赦的，是至容的。在你们之前，有一些民众，曾询问过此类问题，嗣后，他们因此而变成不信道的人"（5：101—102）。从这段经文中我们可以看出，追寻若干事物的来龙去脉，对于真主来说是一件容易的事情，真主可以详细地告诉律法律例，这些律法律例一经颁降，作为行为人就不可怠慢，任何松懈和麻痹都可能给自己带来"麻烦"，甚至犯罪。因此，《古兰经》让信士们遵守基本的法则，认真履行应尽的义务。[1]

《古兰经》中的"底线"思想对当代行政的意义主要是要求行政机关及其公务人员在作出行政行为的时候，应当坚持行政合法性原则，这是行政机关必须坚持的最基本的"底线"。所谓行政合法性原则，也就是依法行政原则，是指行政权的主体必须依据法律、法规取得和行使行政权力，并对行使权力行为承担法律责任。行政合法性原则的内涵有以下几种：①职权法定；②权责统一；③依程序行政；④违法行政必须承担法律责任。[2] 当然，行政法学界对于行政合法性原则还有其他的解读，例如，有学者认为，行政合法性原则应当包括：法律优先、法律保留和职权法定原则。[3] 有学者认为，行政合法性原则应当以下一些新内涵：①行政权力的从属地位；②行政职权行使的公开性；③行政系统的整体协调运作；④行政手段的超前社会导向作用。[4]

（三）《古兰经》人性有善恶两面、人应当驱恶从善的思想对当代行政法之意义

在人的本质问题上，《古兰经》注重从道德属性方面规定人，认为人具有善恶两重属性，一方面，人具有真主所赋的至纯至善的本性，真主"用贱水的精华创造他的子孙"，（32：8）"然后使他（人）健全，并将他（真主）的精神吹在他的身体中，又为你们（人类）创造了耳目心灵"。（32：9）"真主以智慧赋予他所意欲的人"（2：269）；但同时，人由于欲望所惑，又具有为恶的一面，"人性是贪吝所支配的"，"人确是悖逆的"。（4：128）"有许多人，必因自己的私欲，而无知地使别

---

〔1〕 马玉玲、哈宝玉："《古兰经》立法的基本思想"，载《中国穆斯林》2000 年第 3 期。

〔2〕 王连昌主编：《行政法学》，中国政法大学出版社 1997 年版，第 21～23 页。

〔3〕 应松年主编：《当代中国行政法》（上），中国方正出版社 2004 年版，第 83 页。

〔4〕 关保英：《行政法教科书之总论行政法》，中国政法大学出版社 2005 年版，第 133～134 页。

人迷误。"（6：119）因此，真主造人时赋予人的本性以各种天赋性的品级："他以你们为大地的代治者，并使你们中的一部分人超越另一部分人若干级。"（6：165）"行善和作恶的人都各有若干等级。"（6：132）这些思想表明，就人享赋了真主的先天善性而言，人是至善的，但因尘世中金钱、美色、财富等世俗欲望的诱惑，人又具有作恶的可能性，人性是有差别的，人是有等级的。为此，《古兰经》提出了以走正路为人生的追求目标，通过对伦理道德、法律规范"五功"及生活方式、信仰习惯等的规定，就是想利用这些道德的、法律的、信仰的、惩罚的、报酬的杠杆，劝导人们走正路，认为每个人的一生追求目标就是"为进入乐园而走正路"。[1]

我们知道，自从公共权力作为人类文明社会的伴生物以来，就取得了对个人权利的不可比拟的强势地位，它是文明社会的最高强力。权力具有双重性：一方面，人类社会要维持秩序，需要有公共权力；另一方面，这种公共权力又有失去控制、危害社会的可能。权力本身无所谓善恶，但是权力的主体是人，体现了人的意志，而人都难免有理论和道德的局限性，从而加大了权力潜在的侵犯性和腐蚀性转化为现实的可能性。[2] 古希腊的圣哲亚里士多德说过"人类倘若由他任意行事，总是难保不施展他内在的恶性"。[3] 法国启蒙思想家孟德斯鸠也说过："一切有权力的人都容易滥用权力，这是万古不易的一条经验。有权力的人使用权力一直到遇有界限的地方才休止。"[4] 行政权属于公权力的一种，由于行使行政权的人具有善恶两性，因此，行政权力有滥用、失去控制、危害社会的可能，因此，上述的《古兰经》关于人性有善恶两面、人应当驱恶从善的思想对当代行政法来说，要求加强对行政权力的监督。行政监督包括外部监督和内部监督两部分。加强对行政权力的监督，就是既要加强对行政的外部监督，也要加强对行政的内部监督。具体来说，就是要通过多种方位、多种渠道、多种手段确保行政权力在法律规定的界限范围内行使。

---

〔1〕 冯怀信："《古兰经》人学思想探析"，载《郑州大学学报（哲学社会科学版）》1999 年第 6 期。
〔2〕 王广辉、陈根强："试论政府的宪法责任"，载《法商研究》2003 年第 3 期。
〔3〕 ［古希腊］亚里士多德：《政治学》，吴寿彭译，商务印书馆 1983 年版，第 139 页。
〔4〕 ［法］孟德斯鸠：《论法的精神》，张雁深译，商务印书馆 1961 年版，第 154 页。

第7章
中国古代的行政法思想

第一节　战国时期的行政法思想

一、儒家思想中的行政法思想

儒家政治思想，其根本始终一贯。孔子以后经过 200 多年的发展，因应时代之要求而分化发展，但孔子之后学政治思想足以能"以学显于当世者"而文献又可征者唯推孟子和荀卿两大家，二人实为孔子后儒家之大师，他们俱传孔子之学，皆承孔子之绪。有学者如此评价孟、荀二人，"孟子在中国历史中之地位，如柏拉图之在西洋历史，其气象之高明亢爽亦似之；荀子在中国历史中之地位如亚里士多德之在西洋历史，其气象之笃实沈博亦似之。"[1] 由此可见孟荀二人在中国儒学史上的地位之重。但是因为孟荀二人对人性观察的出发点不同，孟子主张性善，荀子主张性恶，所以他们的论点也时有异同。孔子生于春秋末叶，孟荀当属战国后期，因此，对于战国时期儒家的行政法思想，我们主要是介绍孟子和荀子两人的思想。

（一）孟子的行政法思想

孟轲（约公元前 372～前 289 年），又称孟子，字子舆，邹（今山东邹县东南）人。受业于子思之门人，代表孔门嫡系正传。也曾周游列国。晚年与门人万章、公孙丑等著书立说。孟子忠实地继承和发展了孔子的思想，是儒家中地位仅次于孔子的主要代表。但由于孔孟二人所处的历史环境不同，二人的思想内容自然略有差异。由于孟子对人民的反抗力量有着较为深刻的认识，所以孟子比孔子更为重视民心向背的问题，因而孟子主要是继承和发展了孔子的"德治"思想，并使之成为比较系统的"仁政"学说。现存的《孟子》七篇是研究孟子思想的主要材料。这里，我们也主要是介绍孟子"仁政"的行政思想。以下具体述之：

1. 性善说——孟子政治哲学的起点。儒家论政治，本有唯心主义的倾向，而孟子尤为甚。孟子认为仁心、仁政，皆源起于人性之善。其言曰："人皆有不忍人之心。先王有不忍人之心，斯有不忍人之政矣。以不忍人之心，行不忍人之政，治天

---

[1]　冯友兰：《中国哲学史》（上），华东师范大学出版社 2000 年版，第 86 页。

下可运之掌上。"[1] 为何这样的不忍人之心有如此大的功效呢？孟子认为人类心理有着共通之点，此点即为全人类能够沟通的关键。孟子曰："故凡同类者举相似也，何独至于人而疑之？……口之于味也，有同耆焉；耳之于声也，有同听焉；目之于色也，有同美焉。至于心独无所同然乎？"[2] 孟子认为仁心乃人类所共有[3]，其言曰："恻隐之心，人皆有之；羞恶之心，人皆有之；辞让之心，人皆有之；是非之心，人皆有之……恻隐之心，仁之端也；羞恶之心，义之端也；辞让之心，礼之端也；是非之心，智之端也……凡有四端于我者，知皆扩而充之矣。若火之始然，泉之始达，苟能充之，足以保四海……"[4] 人皆有同类之心，而心皆有善端，人人各将此心扩充，则每个人的人格相接触，就能够形成普遍圆满的人格。所以说"苟能充之，足以保四海"。此即为孟子政治哲学之总出发点，"仁政"思想的基础。

2."推恩"于民的"仁政"思想——孟子行政思想的核心。孔子论政，以仁为主。孟子继承孔子思想并将其发展为详备的"仁心"、"仁政"之论。孟子既认为仁心源起于人性之善，人有由恻隐、羞恶、辞让、是非之心引申发展而来的仁、义、礼、智之四端，仁心乃人类之所共有，则"人皆可以为尧舜"。而圣贤之所以不同于凡人，在于其能培养扩充其本性之善。君子之所以不同于小人，则在于其能扩充"不忍"之范围。仁心的发展从为政者的外在行事上看，则为"推恩"。[5] 仁政者以不忍人之心，行"推恩"之政。小则一国，大则天下。始于亲亲，极于爱物。[6]

对此，孟子首先提出养民乃为政治之第一要义。孟子言政治，不外乎国民生计和国民教育这两方面，不出这二者范围。用梁启超的话说就是"舍民事外无国事也"。[7] 对于这些与人民日常生活紧密关切的方面，孟子认为为政者不要扰民，同时更要保民。他说："不违农时，谷不可胜食。数罟不入洿池，鱼鳖不可胜食也。斧斤以时入山林，材木不可胜用也。谷与鱼鳖不可胜食，材木不可胜用，是使民养生送死无憾也。养生送死无憾，王道之始也。"[8] 至于保民，孟子以为："无恒产而有恒心者，惟士为能。若民，则无恒产，因无恒心。苟无恒心，放辟邪侈，无不为已。及陷于罪，然后从而刑之，是罔民也。焉有仁人在位，罔民而可为也？是故明君制民之产，必使仰足以事父母，俯足以畜妻子，乐岁终身饱，凶年免于死亡。然

---

〔1〕《孟子·公孙丑上》。
〔2〕《孟子·告子上》。
〔3〕《孟子·告子上》，孟子曰："仁，人心也。"
〔4〕《孟子·公孙丑上》。
〔5〕《孟子·梁惠王上》。孟子对齐宣王谓"老吾老以及人之老，幼吾幼以及人之幼，天下可运于掌。诗云刑于寡妻，至于兄弟，以御于家邦。言举斯心，加诸彼而已。故推恩足以保四海，不推恩无以保妻子。古人之所以大过人者，无他焉，善推其所为而已矣。"
〔6〕《孟子·尽心上》。"亲亲而仁民，仁民而爱物。"
〔7〕梁启超：《先秦政治思想史》，天津古籍出版社2004年版，第109页。
〔8〕《孟子·梁惠王上》。

后驱而之善，故民之从之也轻。"[1] 提升国民人格乃是儒家政治目的之最高信条，但是"衣食足，知荣辱"，孟子认为物质条件是国民人格提升之不可或缺的条件，充裕的物质生活是道德之必要条件。他认为至少要使每个人对于自身及其家族生活得到确实的保障，然后方使人有道德可言。

其次，孟子提出"民贵君轻"说。既然养民是为政者治国之第一要义，孟子则将其进一步发展为民为贵之论。孟子曰："民为贵，社稷次之，君为轻。是故得乎丘民而为天子，得乎天子为诸侯，得乎诸侯为大夫。诸侯危社稷则变置。牺牲既成，粢盛既洁，祭祀以时，然而旱干水溢，则变置社稷。"[2] 孟子以为君长之得位是由于丘民，诸侯社稷也均可变置，而在一国之中能够永存且不得动摇的惟有人民而已。

再次，孟子极为重视民意，认为民心向背乃是政策取舍的最高标准。孟子以为得乎丘民者为天子，失民心者则失天下，其有言曰："桀纣之失天下也，失其民也。失其民者失其心也。得天下有道：得其民，斯得天下矣。得其民有道：得其心，斯得民矣。得其心有道：所欲与之聚之，所恶勿施尔也。"[3] 孟子认为政府施政，一切应该以顺从民意为标准。所谓"所欲，与之聚之，所恶，勿施尔也"。[4] 要取得民心，为政者必须使人们得到他们希望得到的，免除他们所厌恶的。而顺从民意，为政者就应以民意为进退："左右皆曰贤，未可也；诸大夫皆曰贤，未可也；国人皆曰贤，然后察之，见贤焉，然后用之。左右皆曰不可，勿听；诸大夫皆曰不可，勿听；国人皆曰不可，然后察之，见不可焉，然后去之。"[5] 同时，对于施政有反于人民利益的，则应该予以责备并不加宽容及赦免。其言有曰："杀人以梃与刃，有以异乎？曰：无以异也。以刃与政有以异乎？曰：无以异也。曰：庖有肥肉，厩有肥马，民有饥色，野有饿莩。此率兽而食人也。兽相食，且人恶之；为民父母行政，不免于率兽而食人，恶在其为民父母也？"[6]

最后，孟子提出"惟仁者宜在高位"观。孟子曰："尊贤使能，俊杰在位，则天下之士，皆悦而愿立于其朝矣。"[7] 他强调"贤者在位，能者在职"[8] "惟仁者宜在高位；不仁而在高位，是播其恶于众也。"[9] 施政者应该"以德服人"，而不能"以力服人"。其言有曰："以佚道使民，虽劳不怨。以生道杀民，虽死不怨杀

---

〔1〕《孟子·梁惠王上》。

〔2〕《孟子·尽心下》。

〔3〕《孟子·离娄上》。

〔4〕《孟子·离娄上》。

〔5〕《孟子·梁惠王下》。

〔6〕《孟子·梁惠王上》。

〔7〕《孟子·公孙丑上》。

〔8〕《孟子·公孙丑上》。

〔9〕《孟子·离娄上》。

者。"[1] "以力服人者，非心服也，力不赡也；以德服人者，中心悦而诚服也，如七十子之服孔子也。"[2]

孟子言仁政，言保民，贵民轻君，重民意，仁政保民乃政府之职责所在。虽然孟子的思想受其身处的时代难免会有历史局限性，但我们不应苛求古人，"当因其地位而责之以善。所谓'与父言慈与子言孝'"[3] 孟子的思想在现今看来仍然具有一定的启迪意义。

（二）荀子的行政法思想

荀子（约公元前 313 年～前 238 年），名况，字卿，战国后期思想家，又称荀卿、孙卿，赵国人。在齐国稷下三任祭酒。在儒学分化中，代表革新势力。曾到秦国考察，后至赵国。晚年，受楚春申君召，任兰陵（今山东苍山西南）令，著书终老。其思想主要保存在由他及其门人所撰写的《荀子》三十二篇之中。

荀子认为，国家的治理一定要依靠正确的施政原则。他说："国者，天下之制利用也；人主者，天下之利势也。得道以持之，则大安也，大荣也，积美之源也；不得道以持之，则大危也，大累也，有之不如无之，及其綦也，索为匹夫不可得也，齐湣、宋献是也。故人主，天下之利势也，然而不能自安也，安之者必将道也。"[4] 意思就是说，国家，是天下最有利的工具；君主，处于天下最有利的地位。如果得到了正确的政治原则去掌握国家与君权，就会非常安定，非常荣耀，成为积聚美好功名的源泉；如果得不到正确的政治原则去掌握它，就会非常危险，非常烦劳，有了它还不如没有它，发展到那极点，要求做个平民百姓也不能如愿，齐湣王、宋献公就是这样。所以，君主处于天下最有利的地位，但是他并不能自行安定，要安定就一定要依靠正确的政治原则。因此，荀子提出了为政之人的三大施政原则，即"平政爱民"、"隆礼敬士"和"尚贤使能"。他说："传曰：'君者，舟也；庶人者，水也。水则载舟，水则覆舟'。故君人者，欲安，则莫若平政爱民矣；欲荣，则莫若隆礼敬士矣；欲立功名，则莫若尚贤使能矣；是君人者之大节也。三节者当，则其余莫不当矣。三节者不当，则其余虽曲当，犹将无益也。"[5] 在荀子看来，这"三节"乃是为政者治理国家的基本施政原则。这里，我们也主要是介绍荀子的"平政爱民"和"尚贤使能"的行政思想。

1. 荀子的"平政爱民"思想。荀子认识到人民群众的力量与作用，他将国家的兴乱和民心的向背联系在一起。荀子继承了以往思想家的"君者，舟也；庶人者，水也。水则载舟，水则覆舟"的思想，告诫执政者应该处理好其与人民群众的关系，

〔1〕《孟子·尽心上》。

〔2〕《孟子·公孙丑上》。

〔3〕梁启超：《先秦政治思想史》，天津古籍出版社 2004 年版，第 110 页。

〔4〕《荀子·王霸》。

〔5〕《荀子·王制》。

他认为为政者施政必须"得民心"、"顺民意"，平政爱民，使民"心悦诚服"。如果人民怨声载道，人心就会思乱，当政者的权力也会岌岌可危。正所谓"人服而势从之，人不服而势去之，故王者已于服人矣"〔1〕荀子认为，对于百姓，如果为政者能够按照礼的要求，对待百姓就像对待自己的儿女一样，人民就会像对待自己的父母一样去拥戴为政者。荀子有言曰："用国者，得百姓之力者富，得百姓之死者强，得百姓之誉者荣，三者俱得而天下为，三者亡而天下丢之。"〔2〕也就是说，治理国家的人，如果能够得到百姓的效力，就会富有；如果能够得到百姓拼死而战的，就会强盛；能够得到百姓称颂的，就会荣耀。以上三方面都具备了，天下的人民将归顺他，这叫做王者；天下的人民都叛离他，这就叫做亡国。可见，执政者如果得到民心，天下就治平；否则，失掉民心，天下就会动乱。

对于执政者应该如何"平政爱民"，荀子提出了以下几点原则：①密切联系人民群众的原则。在荀子看来，执政者要想"平政爱民"，首先应该建立宽松、宽容的政治环境，和人民群众始终保持密切的联系，而不应该脱离人民。因此，荀子认为，如果执政者不注意处理政事，严峻残酷，又不善于宽容待人，那么人民就会有所畏惧而不敢亲近，不敢知无不言，以致隐瞒真相。同时，荀子也认为，在克服和根除脱离人民群众的官僚作风的过程中，不能一蹴而就，而是应该积极慎重地采取有效的措施。对此，荀子又提出了把握"分寸"，不可"无所凝止之"的主张。他认为，为官者宽容待人，和蔼又不拘泥于形式，这固然是好，但如果没有分寸，那么奸伪的言论就会随之而来，各种试探性的奇谈怪论也将会蜂拥而至。这样，政事的处理就要宽广，事务的执行也就要繁琐，这同样也会伤害政事。②勤政廉政的原则。荀子认为执政者要想平政爱民，平时就应该勤于政事，廉洁从政。他说："修礼者王，为政者强，取民者安，聚敛者亡。"〔3〕意思就是说，能够实行礼义的君主可以一统天下，善于处理政事的君主能使国家强盛，能够得民心的君主能使国家安定，而只会搜刮民财的君主，国家必然灭亡。③政务公开的原则。荀子认为人民群众的力量不可忽视。平政爱民也要求国家的政务向人民公开，重大情况应该让人民知道。在荀子看来，当时社会主张君主治国，以隐瞒真情，不让人民知情的观念是不对的。荀子认为，君主是人民的倡导者，也是臣民的榜样。臣民们将随着君主的倡导而响应，看着君主的榜样而响应，看着君主的榜样而行动。君主不公开说明倡导的方向，人民就无法响应，行动的榜样隐秘，臣民就无法行动。臣民不响应，也不行动，那么君主与臣民就不能互相依靠了。像这样，就跟没有君主一样，再说没有比这更不吉祥的了。所以，君主是臣民的根本。〔4〕

---

〔1〕《荀子·王霸》。

〔2〕《荀子·王霸》。

〔3〕《荀子·礼论》。

〔4〕唐淑云主编：《治国名儒——荀子》，中国华侨出版社1996年版，第93页。

2. 荀子的"尚贤使能"思想。荀子主张以礼"举贤能",确立官僚制度。荀子认为,君主的主要职责在于掌握用人,臣下的主要职责在于办理事务。所以,国家的治理作为当政者最重要的担子,他们不能不妥善地选择恰当的治国原则和贤良之人。对此,荀子提出贤者在位、能者在职的主张。荀子明确否定旧的贵族世袭制,将"以族论罪,以世举贤"都作为"乱世"之举加以斥责。对于如何贯彻尚贤使能的主张,荀子提出了六点标准,①不能以出身地位作为选拔官员的标准,必须破除奴隶社会亲亲尊贵和世卿世禄制。所谓"内不可以阿子弟,外不可以隐远人"[1]②不能以个人恩怨作为选拔人才的标准。国家大事必须要以国家利益为重,做到内不阿子弟,外不避仇。③主张"无德不贵,无能不官",官员的选拔主要是看其德行和才能,不能依据他们的血缘或出身。荀子认为按照德行的高低来划分官职的层次,"上贤使之为三公,次贤使之为诸侯,下贤使之为士大夫,是所以显设也"[2]而在德才关系上,荀子又主张必须坚持以德为首要原则。荀子认为"使能"是以"贤"为前提条件的,即只有先被论为"贤",才能使用他的"能"。当政者根据人的德行来决定官员职位的授予,是为了防止混乱;尽忠职守的官员真有才能,然后才敢于接受所任的职位,就是为了防止困顿。当政者安排官员的等级名分不混乱,官员按照才能接受官职就不致陷于窘境。在荀子看来,这是当政者处理政事的最高境界。④使用人才要发挥他们的一技之长,对其不要求全责备。荀子认为,君子所说的贤,并不是说做到每个人能够做到的一切事情;君子所说的智慧,并不是说知道每个人所知道所有的知识;君子所说的明辨,也并不是说能够全面详察所有问题。要按照他们的能力特点确定等级次序,衡量他们的才能而授予一定的官职,不必苛求于人,即"论德而定次,量能而授官"[3]⑤任人唯贤,而非任人唯亲。荀子认为,对于贤能之人,不仅无须追查其出身是否高贵,而且任用提拔不必论资排辈,"贤能不待次而举",可以破格录用。对于那些昏庸无能之辈,无论出身如何高贵,也要立即罢免。⑥知人善任。荀子认为,人才的使用应该因材施用、才尽其用。在荀子看来,人的德行有高低之分,人的才能也有大小之分。因此,他主张"论德而定次,量能而授官,皆使人载其事,而各得其所宜"[4]从而使人和事之间得到最合理的匹配。⑦加强对官员的管理,建立责任制,推行考核制度。荀子认为,官员的等级职分确定以后,就应该建立责任制,各级官员要谨慎地处理其职权以内的事情,不该管的就不能越权;与此同时,还要加强对官员的考核,荀子说:"治国者分已定,则主相臣下百吏各谨其所闻,不务所其所不闻"[5]"取人有道,其用人有

〔1〕《荀子·君道》。

〔2〕《荀子·君道》。

〔3〕《荀子·君道》。

〔4〕《荀子·君道》。

〔5〕《荀子·王霸》。

法……知虑取舍，稽之以成，日月积久，校之以功"。[1] 即用实际成效来考察官员的政绩，日积月累，用他们的功绩来考核。

二、法家思想中的行政法思想

法家是战国时期代表新兴地主阶级利益，主张"变法"和"以法治国"的学派，多由当时的政治家、军事家、思想家等组成。由于战国初期是地主阶级夺取政权和进行变法的时期，战国末期是地主阶级进一步巩固政权并用武力统一全国的时期，因此，法家内部又分不同的流派，每个代表人物的思想又各有其特点。我们一般将战国初期和中期的法家人物称为前期法家，主要代表人物有李悝、申不害、慎到、商鞅等；将战国后期的法家人物称为后期法家，主要代表人物有韩非和李斯。前期法家强调"变法"，并提出了明确的变法措施。如慎到重"势"，强调以权势行法；申不害重"术"，强调谋略、权术与法结合；商鞅则重"法"，强调"变法"，以刑行法；后期法家更注重"定法"，主张将现实的封建秩序用法律固定下来。如韩非将法、势、术统一在一起，集法家思想之大成。尽管法家人物各具特色，但他们也有着共同的思想主张和体系。无论前期法家还是后期法家，他们都强调法的重要性，认为人的一切行为规范都应该用立法的形式明确规定下来，并主张有法必依，赏罚严明；他们都以"好利恶害"的人性论作为论法的理论基础；他们也都鼓吹君主集权，把行政、立法、司法等权力统一在专制君主的手中。

韩非总结了前期法家思想，又吸取了道、儒、墨各家思想，提出了一整套完整的"以法为本"，法、术、势相结合的君主集权的法治思想。他是先秦法家思想的集大成者。因此，对于战国时期法家的行政法思想，我们也主要以韩非为代表，介绍韩非的"法治"思想及其职官管理思想。

韩非（约公元前280年～前233年），战国末期思想家，法家的代表人物。韩国公子，喜刑名法术之学。曾与李斯同学于荀况门下。他曾多次上书韩王，建议变法图强，均未被采用，乃发愤著书立说，作《孤愤》等十余万言。后秦王政慕其名，遗书韩王，强邀他使秦。在秦为李斯、姚贾所诬害，冤死狱中。韩非的思想主要集中在《韩非子》五十五篇中。

（一）韩非的"不务德而务法"的"法治"思想

韩非有言曰："夫圣人治国，不恃人之为吾善也，而用其不得为非也。恃人之为吾善也，境内不什数；用人不得为非，一国可使齐。为治者用众而舍寡，故不务德而务法。"[2] 他的意思就是说，依靠人们自觉地做好事，全国数不到十个，而使人们不得为非作歹，就能使全国一致。治理国家的人采用对多数人有效的方法，而舍弃只对少数人有效的措施，所以不致力于德治而致力于法治。可见，韩非主张"法

---

[1]《荀子·君道》。
[2]《韩非子·显学》。

治"，认为"法"乃是治理国家之根本。其"法治"思想内容甚丰，其中"明法"和"任法"是其"法治"思想中的一个重要组成部分。

1. 在立法方面，韩非强调"明法"。所谓"明法"，在韩非看来即："人主使人臣虽有智能不得背法而专制，虽有贤行不得逾功而先劳，虽有忠信不得释法而不禁，此之谓明法。"[1] 这也就是说为政者制定法律必须以成文的形式颁布并公之于众，使每个人都能够知晓法律的内容，理解其中的内涵，让任何人都没有机会和理由超脱法律，凌驾于法律之上。为此，"明法"就要求法律的条文必须能够让人眼睛看得到，内容也容易理解，如此，人们才能够更好地遵守和执行。在《八说》篇中，韩非指出："书约而弟子辩，法省而民讼简。是以圣人之书必著论，明主之法必详事。"[2] 也就是说为了使人们都能够遵守法律，以法为自己的行为准则，法律就必须详细、具体。同时，法是"必然之道"，所以必须使天下人知晓："法者编著之图籍，设之于官府而布之于百姓者也。……是以明主言法则境内卑贱，莫不闻知也。"[3] 为此，法律一定要明确，要公诸于众，只有社会成员都熟悉法律了，人们才能真正守法。而韩非认为要使法律能够真正地做到"境内卑贱莫不闻知"，就必须"法莫如显"，也即法律越通俗易懂越好，只有这样才能让所有的人都理解法律的内容，从而为法律的有效施行提供基础。可以说，法律的颁布应当是切实地布之于百姓的。

2. 在执法方面，韩非主张"任法"。韩非认为"法"是评价和规范人们行为的统一的价值尺度和衡量标准，法是人们一切行为的准则。韩非主张治国"以法为教"，"任法"而行。在韩非看来，法乃是"天下之至道"。他说："明法者强，慢法者弱"，"明主使其群臣，不游意于法之外，不为惠于法之内，动勿非法"，"家有常业，虽饥不饿；国有常法，虽危不亡，夫舍常法而从私意……治国之道废也"[4] 韩非强调法律在治国理民中的重要作用，主张依法治国。在韩非看来，法律乃是国家治理中的一个最重要的工具，是治理好国家的根本之所在。他说："治民无常，唯法为治"；"故法者，王之本也"[5] 韩非认为治理国家就应该"任法"，"以法为本"。正所谓"国无常强，无常弱。奉法者强，则国强；奉法者弱，则国弱"[6] 因此；治理国家就必须实行法治，"任法"而行。

既然法是规范社会的统一标准，韩非为此主张"法不阿贵"和"刑无等级"。他说："法不阿贵，绳不绕曲，法之所加，智者弗能辞，勇者弗敢争，刑过不避大

---

〔1〕《韩非子·南面》。

〔2〕《韩非子·八说》。

〔3〕《韩非子·难三》。

〔4〕《韩非子·饰邪》。

〔5〕《韩非子·心度》。

〔6〕《韩非子·有度》。

夫，赏善不遗匹夫。"[1] 意思就是说法令绝不能因为权贵而枉曲附从；绳墨绝不因为曲木而绕弯回直。法令所加，聪明的人不能多加言辞，勇敢的人不敢争议。处罚犯过错的人，即使是权贵大臣也不避嫌；赏赐行善事的人，即使是平凡的人也不能忽略。法律在执行过程中应该客观公正。对一切行为都应"任法"而行。

（二）韩非的行政管理思想——以法治吏

韩非认为"明主治吏不治民"。在他看来，与"治民"相比较，"治吏"更为关键。"治吏"好比为"树之木、网之纲"。"摇木之本，则枝叶必动；引网之纲，则万目必张。"因此，治民理事乃是百官的职责所在，而君主的主要职责即在于对官员的治理。对此，韩非提出"因任而授官，循名而责实"的职官管理原则。他认为，治吏的关键是"因任而授官，循名而责实"。所谓"任"，即在实际上涉及国家机关的设置，部门的划分，职官的权限和职责。"授官"即根据官职的权限职责和本人的政治能力予以选任，力求职不滥设、官不误用。"循名责实"既是根据官职的名称、职责而考察、督责官员的行为效果和政绩，名实相符者赏，实不符名者罚。

对于如何做到"因名而授官，循名而责实"的原则，韩非提出三点标准：①"因位而授官，循名而责实"[2]，即明确职位，按照工作的性质、任务以及责任的不同而授予相应的官职，以免滥竽充数。②"职不兼官，官置一人"，即将职位与其拥有的权力相统一。韩非说："明君使事不相干，故莫证；使士不兼官，故技长；使人不同功，故莫争。……天下莫得相伤，治之治也。"[3] 他的意思就是说，同类的事物划归同一个部门，并由专人负责，同时做到人不兼官，官置一人，从而使每个官员可以全身心地投入其专项工作，日积月累，形成其专项的业务特长。而由于每个行业领域都有各自客观的评价标准，因此，这样在工作的检验过程中，就不会发生争相邀功的现象，如此，行政效率自然得以提高。③权力和责任相统一。韩非说："治不逾官，谓之守职即可"[4]。韩非认为，官员必须一心一意地做自己分内的事情，执事应该做到人不越权，事不越位，各负其责，各得其所。

同时，对于用人的标准问题，韩非主张量才而用人，量能而授官，所用之人必须具有真正的才学。他说："人臣皆宜其能，胜其官，轻其任，而莫怀余力余心。"[5] 在具体的任用问题上，韩非提出了两点主张：①因材而施用原则。对于官员的任用应该扬长避短，合理安排每个人的才能结构，从而使其才能得到最大、最有效地发挥。所谓"夫物者有所宜，材者有所施，各处其宜，故上无为"[6]。②宽

————————

〔1〕《韩非子·有度》。
〔2〕《韩非子·定法》。
〔3〕《韩非子·用人》。
〔4〕《韩非子·官吏》。
〔5〕《韩非子·用人》。
〔6〕《韩非子·扬权》。

容原则。韩非说："有道之主，不求清洁之吏，而务必知之术也。"[1] 意思就是说对于官员我们不应过于苛求，我们应该努力挖掘每个人的积极因素，使其能够充分发挥其才能，而对人才的过于苛刻，面面俱到的要求往往会使人无所适从。

三、李悝的行政法思想

李悝（公元前455年～前395年），战国初期政治家、法家代表人物，魏国人。公元前406年起，任魏文侯相，主持政治、经济和军事等领域的变法改革。李悝不仅是一位杰出的政治实践家，同时也是一位出众的思想家。在《汉书·艺文志》中有《李子》三十二篇（书已亡佚），列在法家之首。同时，李悝又制定了中国封建历史上第一部比较系统的成文法典——《法经》，可惜已失传。为此，对于李悝的行政思想，我们只能从零星的资料中来窥见一斑。李悝又被称为法家之始祖。[2]

公元前445年，魏文侯任用李悝为相，在魏国进行改革变法，变法是在李悝的政治思想的指导下进行的。因此，李悝的思想主要体现在他所推行的变法政策之中。李悝认为，当政者必须废除旧有的爵位世卿世禄制度，取消贵族特权；按照每个人的能力和功劳的大小来选拔、任命官员；同时，如果被任命的后代子孙没有功劳，那就应该取消他们的官职和俸禄。总的来说，李悝的行政思想主要可以概括为"食有劳"、"禄有功"、"赏有贤"、"罚必当"及其制定成文法典的法治思想。下面分述之。

（一）李悝的"为国之道"——"使有能"、"禄有功"

在刘向的《说苑·政理》中记载着这样一段对话：魏文侯问李悝曰："为国如何？"对曰："臣闻为国之道，食有劳而禄有功，使有能而赏必行，罚必当。"文侯曰："吾赏罚皆当，而民不与，何也。"对曰："国其有淫民乎！臣闻之曰：夺淫民之禄，以来四方之士。其父有功而禄，其子无功而食之，出则乘车马，衣美裘，以为荣华；入则修竽琴钟石之声，而安其子女之乐，以乱乡曲之教。如此者夺其禄以来四方之士，此之谓夺淫民也。"

这是李悝与魏文侯有关变法问题的对话，我们不难看出李悝的行政思想可以概括为以下两方面：

1. "使有能"——任人唯才的用人思想。李悝在变法中主张废除当时的世卿世禄制度，取消贵族特权，任人唯才。在史料记载中，魏文侯曾就变法一事问李悝曰："为国如何？"李悝对曰："夺淫民之禄，以来四方之士。"在李悝看来，所谓"淫民"即指："其父有功而禄，其子无功而食之，出则乘车马，衣美裘，以为荣华；入则修竽琴钟石之声，而安其子女之乐，以乱乡曲之教。如此者夺其禄以来四方之士，此之谓夺淫民也。"李悝认为那些依靠父亲的功劳而安享俸禄的人就是"淫

---

[1]　《韩非子·八说》。
[2]　郭沫若在《十批判书》中说："李悝在严密的意义上是法家的始祖。"

民"。可见，按照李悝的说法，这些"淫民"无才无识，没有进取心，更谈不上会对国家和社会有任何功劳，但他们却依仗父亲的功劳享受着本不属于他的荣华富贵，这样就乱了"乡曲之教"。因此，李悝提出"夺淫民之禄，以来四方之士"的基本用人原则，他反对世卿世禄和无功授禄，他主张任用和提拔有能力的并且在实践中富有成效的人才。他认为，国家要富强，就必须剥夺这些"淫民"的爵位和俸禄，废除世卿世禄制，取消贵族特权，当政者应该按照每个人的功业和能力来选拔、任命官员，同时打破传统狭隘的用人圈子，扩延用人范围，招四方有才学之士，将更多的能人吸取到官僚队伍中来，任之以官，授之以爵禄，同时摒弃一世有功为官而万世皆荣的政策。

2. "禄有功"——按功授禄、赏罚分明的思想。在探讨当政者强国的"为国之道"中，李悝提出了"禄有功"、"赏必行"、"罚必当"的奖惩政策。他主张对官员进行按功授禄、赏罚分明。他说："臣闻为国之道，食有劳而禄有功，使有能而赏必行，罚必当。"魏文侯也采纳了李悝的这一改革方案，从根本上废除了世卿世禄制度，并根据这一思想，打击那些享有世袭特权却又无所作为的新老贵族并剥夺他们的俸禄，与此同时，大力提拔新兴地主阶级中的贤良之士，从"士"阶层中选拔一批贤才，委以重任，以这些贤良之士为核心组成新兴地主阶级的中央政权机构，和君主一起为富国强兵出谋划策。

（二）李悝与《法经》

李悝对法学的最大贡献就是，他研究和总结了各诸侯国的法律，并予以综合，集成制定了我国历史上第一部封建法典——《法经》。《法经》共分《盗法》、《贼法》、《囚法》、《捕法》、《杂法》、《具法》六篇。李悝认为："王者之政，莫急于盗贼，故其律始于盗贼。"[1] 这里所谓的"盗"，即是指经济上对公、私财产的侵犯；而所谓的"贼"，主要是指犯上作乱及对人身的侵犯，包括杀伤之类。《囚法》主要讲的是断狱；《捕法》主要是有关捕亡；《杂法》主要包括惩治"轻狡、越城、博戏、借假、不廉、淫侈、逾制"[2] 等犯法行为；《具法》则是根据具体情况从重或从轻治罪的相关规定，即以"《具律》具其加减"。[3]

李悝将人们的行为准则用法律的形式予以制定并公之于众，让人们的行为有所指引，并避免为不该为之事。虽然李悝制定的《法经》带有时代的烙印，法律的制定只是代表了统治阶级的利益，对劳动人民的镇压却是极其残酷的。但是，不可否认，《法经》的制定在当时仍具有一定的进步意义，和为政者的任意施法比较起来，《法经》无疑是前进了一大步，它的制定与公布使人的行为有了一定的向导，它告诉人们，社会生活中的一切行为都必须遵守法律。这在当时看来，意义不言自明。

---

〔1〕《晋书·刑法志》。
〔2〕《晋书·刑法志》。
〔3〕《晋书·刑法志》。

《法经》虽已失传，但它对后世的影响相当大。商鞅在秦国推行的法律，就是依照《六经》改制而成的。

第二节　秦汉的行政法思想

在中国古代法学的形成和发展中，董仲舒起着非常重要的作用。他"表《春秋》之义，稽合于律，无乖异者"[1]，为汉代儒法的合流开了先河；他对"天人感应"、"天子受命于天"、"《春秋》大一统"的阐述，进一步深化了君权神授、君主集权的观念；他提出并予以系统化的"三纲五常"的理论，对中国古代国家法（君臣关系）、行政（治吏）法、婚姻家庭法等领域的理论与实践，产生了巨大的影响；他的"阳德阴刑"、"德主刑辅"的观点，以及"大贫则忧，忧则为盗"的犯罪形成理论，对中国古代的刑事立法和司法，以及统治阶级的犯罪预防政策有重要影响；而他的《春秋》决狱的理论和实践，则为儒家思想全面渗入司法领域，并在一定程度上使中国古代的刑罚具有宽容、人道、温情的特色，作出了贡献。鉴于此，对于秦汉时期的行政法思想，我们主要介绍董仲舒的行政法思想。

董仲舒（约公元前 179 年~前 104 年），广川（今河北枣强县）人。儒家春秋公羊学派大师，人称"汉代孔子"。少治《公羊春秋》，汉景帝时为博士。汉武帝时，以贤良对策获得武帝赏识，其提出的"罢黜百家，独尊儒术"的建议也为武帝所采纳。曾任江都王和胶西王相。著有《春秋繁露》、《春秋决狱》（已佚）、《春秋决事比》、《举贤良对策》和《公羊董仲舒治狱十六篇》等作品。他创立的儒家学说在汉武帝时期逐渐取代汉初奉行的"无为而治"的黄老思想，成为国家政治、法律的指导思想。他建立的以"德主刑辅"为中心思想的理论和"三纲五常"学说，成为指导封建立法、司法的基本原则及统治人民的基本方法。

董仲舒的行政法思想主要表现在他的治吏观上。政在得人，行政管理的好坏与各级行政管理主体的素质有着密切的关系。董仲舒认为官僚队伍的整顿和建设对一个国家来说至关重要。他提倡选举制，反对任人唯亲、主张任人唯贤，他对官吏按时考绩，以定任免、奖惩、升降等思想在我们今天看来仍然具有一定的现实意义及借鉴意义。董仲舒的相关思想概括起来，主要有以下几方面：

一、举贤任能、廉洁政治的用人思想

《春秋繁露·精华》云："《易》曰：'鼎折足，覆公疏。''鼎折足'者，任非其人也。'覆公疏'者，国家倾也。故用非其人，而国家不倾者，自古未尝闻也。"用人问题关系到国家之兴亡。在用人方面，董仲舒反对世卿提倡选举，反对任亲提倡任贤。他积极主张选举、任贤。选举是为了任贤。而任贤在董仲舒看来，就好比

---

〔1〕《论衡·程材》。

是"天积众精以自刚，圣人积众贤以自强……故天道务盛其精，圣人务众其贤。盛其精二壹其阳，众其贤而同其心。壹其阳然后可以致其神，同其心然后可以致其功。是以建制之术，贵得贤而同心"[1] 任贤又如人的治身积精。他说，气清为精，人清为贤，治身以积精为宝，治国以积贤为道。精积于身，则血气通畅；贤积于主，则上下一致。血气通畅，则躯体无痛苦而康安；上下一致，则百官各得其所而国治。所以，"治身者务执须虚静以致精，治国者务尽卑谦以致贤。能致精，则合明而寿；能致贤，则德泽洽而国太平"[2] 董仲舒认为君主治国就好比人的治身。君主选拔官吏、进用士人，使清明者在上，浑浊者在下，这好比人贵目而贱足。君主任用群臣百官，不讲亲疏，这好比人对四肢一视同仁，使各守其职。君主亲近圣贤，这好比人的"神明皆聚于心也"[3] 所以，君主英明的话，必然是贤人进而重用，不肖者退而罢免。

董仲舒主张"治国者以积贤为道"[4] 他深刻指出，"所任贤谓之主尊国安，不是别的什么原因，正是所任者非其人的结果。董仲舒坚决反对造成官员腐败的任用制度，所任非其人，谓之主卑国危。万世必然，无所疑也。"[5] 能任贤，则"主尊国安"；不能任贤，则"主卑国危"。这是必然之理，毋庸置疑。所以，不任贤人国家必亡，任贤人国家必兴。在汉代，官吏的任用主要来源于"任子"（即任用官吏的后代为官）和"富訾"（即任用有钱人为官）两种途径，还有很多人是靠资历升迁的。这种官吏的任用和升迁制度大大排挤和压抑了大批真正的贤才。在用人制度上，董仲舒认为应该不论出身，凡是具有一定德望才干的人，都应授予相应的官职，为此他还摆出一套考核官吏的具体办法。

对于君主如何才能够得到真正的贤才，董仲舒提出了三点：①重视培养。董仲舒认为，可以通过办太学养士，来物色、造就贤才。他说："养士之大者，莫大于太学。太学者，贤士之所关也，教化之本原也。"[6] 因此，董仲舒建议"兴太守，置明师，以养天下之士，数考问以尽其材，则英俊宜可得矣"[7] 同时，他认为如果平时不培养教育士，而欲得天下的贤才，就好比不雕刻玉石，而欲得到美丽的文采，这是无法实现的。他说："不素养士而欲求贤，譬犹不琢玉而求文采也。"[8] 古代圣王之所以能够获得那么多贤才，就是因为，在天下之士年少的时候，使"习之学"，而在年长的时候，能够"材诸位"。②定时定员的荐举制度。董仲舒认为："使诸列

---

〔1〕《春秋繁露·立元神》。

〔2〕《春秋繁露·通国身》。

〔3〕《春秋繁露·天地之行》。

〔4〕《春秋繁露·通国身》。

〔5〕《春秋繁露·精华》。

〔6〕《春秋繁露·五行顺逆》。

〔7〕《春秋繁露·五行顺逆》。

〔8〕《春秋繁露·精华》。

侯、郡守、二千石各择其吏民之贤者，岁贡各二人以给宿卫，且以观大臣之能。"[1]
③对荐举之人进行一定的奖惩。为避免荐举等人营私舞弊，将自己的亲属、进行贿
赂的不贤之人等举荐给中央，董仲舒认为应该对推荐之人，"所贡贤者有赏，所贡不
肖者有罚。夫如是，诸侯、吏二千石皆尽心于求贤，天下之士可得官使也"[2] 这
样，在选拔贤才的同时，也考察了诸侯、列侯及郡守等二千石官吏。如此既可选拔
真正的贤才，也杜绝了推荐者的虚伪不实和各种私心杂念。

二、德才兼备、以德为主的官员任用思想

董仲舒主张"毋以日月为功"[3]，反对官员升迁上的论资排辈。他认为，官员
的升迁应该"实试贤能为上，量材而授官，录德而定位，则廉耻殊路，贤不有异处
矣"[4] 对此，董仲舒还提出要对官员进行考核，并提出标准及具体办法。标准是
"兴利除害"，[5] 即官员在任职期间为百姓兴了多少利，除了多少害。定期检查，经
过考核，"有功者赏，有罪者罚。功盛者赏显，罪多者罚重"[6] 如此这般，各级官
员才会竭力尽职地去为国家兴利除害，政治才会清廉。

对于官员的选拔，董仲舒主张选任官员必须"论贤才之义，别所长之能"[7]，
坚持德才兼备原则。但在德、才两者之间，还是以德为主。他说："不仁不智而有材
能，将以其材能以辅其邪枉之心，而赞其僻违之行，适足以大其非而甚其恶耳。其
强足以覆过，其御足以犯诈，其慧足以惑愚，其辨足以饰非，其坚足以断辟，其严
足以拒谏。此非无材能也，其施之不当，而处之不义也。有否心者，不可借便势，
其质愚者不与利器。"[8] 因此，上从公侯，下至卿大夫，人才济济，"皆以德序"。
并且，要以仁义作为德的主要内容，而反对自私自利、损人利己的"邪枉之心"和
"有否心者"。所以，对于那些虽有才能，但无仁无义，就决不可重用，既不可借以
"便势"，也不能给予"利器"。

三、官员考绩的思想

董仲舒非常重视对官员的考绩。他指出，君主应重视考核官吏的实绩，循名责
实，黜陟公正，赏罚分明，不论资排辈。对于在考绩过程中的论功罪明赏罚，董仲
舒认为，有的官吏，虽有贤名，但没有功绩，不能奖赏而须惩罚；有的官吏，虽有

---

[1]《春秋繁露·五行顺逆》。
[2]《汉书·董仲舒传》。
[3]《汉书·董仲舒传》。
[4]《春秋繁露·考功名》。
[5]《春秋繁露·考功名》。
[6]《春秋繁露·考功名》。
[7]《春秋繁露·十指》。
[8]《春秋繁露·必仁且智》。

愚名，但工作很有成效，不可惩罚而须加赏。正所谓："有功者进，无功者退，所以赏罚也"。同时，论功行赏还要根据官员的才德，依才德而定官位。他说："所谓功者，以任官称职为差，非谓积日累久也。故小材虽累日，不离于小官；贤材虽未久，不害为辅佐……"所谓有功，要看为官是否称职，不是看做官时间的长短。才能小的虽做官时间长，但离不开小官的职位，而才能大的虽做官时间短，但不妨碍迅速提升为公卿。因此，君主应该"毋以日月为功，实试贤能为上，量材而授官，录德而定位。"有大功德的授高爵位和多的土地，功德小的授低爵位和少的土地；有大才能的任大官位，才能小的则授小官位。[1]

考绩制度如何能够得以真正有效地施行，董仲舒主张实事求是，即要循名责实，不得弄虚作伪，赏罚要根据实功而不可看虚名，分别贤愚在于本质而不在于文饰。他说："考绩绌陟，计事除废，有益者谓之公，无益者谓之烦。絜名责实，不得虚言。有功者赏，有罪者罚……赏罚用于实，不用于名，贤愚在于质，不在于文……则百官劝职，争进其功。"[2] 考绩只有做到名副其实之后，赏才不会空行，罚也不会虚出。如此，因"论贤才之义，别所长之能，则百官序矣"；[3] "群臣分职而治，各敬其事，争进其功，显广其名，而人君得载其中"。[4] 而豪、杰、俊、英之才，既可施展其各自的贤能，又可相互配合不相倾轧。治理天下由此犹如"视诸掌上"，十分顺利而有效。这样，不仅吏治可以得到真正的改良，君主的权威也能够得到进一步的加强，天下必将出现大治。

董仲舒这种对于官吏的定期考绩，功罪黜陟分明思想，以及其中说到才能小的，虽然资格很老，但只能做小官，甚至免职；而才能大的，虽然资历很浅，但不影响做大官；以及根据官员的贤能程度，决定职位高低的思想，这不仅极大地激发了官员的工作积极性，同时也向世人表明，治理人民的官员，应该是以其才能道德为人民所拥戴的，而不应该是由帝王决定而强加于人民的。

第三节　隋唐的行政法思想

一、科举制起源与公务员法思想

科举就是"开科取士"。中国古代的科举制度，始于公元 607 年，止于 1905 年。科举制度是一种通过公开考试选拔官员的政治制度，是中国古代人事选拔制度的发展过程中最成熟、最进步的一个阶段，也是世界上最早的文官考试制度。该制度确

---

〔1〕《汉书·董仲舒传》。
〔2〕《春秋繁露·考功名》。
〔3〕《春秋繁露·十指》。
〔4〕《春秋繁露·保位权》。

立于隋唐时朝，废于清朝光绪年间，是中国历史上持续时间最长、影响最深远的选官制度，它开创了通过考试选拔、录用人才的先河。

（一）科举制度的起源

作为我国古代选拔人才的一种制度，科举制度的渊源可以追溯至汉代的察举征辟制。尤其是察举征辟制中的策试，对科举制度的出现起到了至关重要的作用。总的来说，科举制度是由两汉选拔官吏的"察举"方式和由皇帝下诏"征召"名士的方法发展而来的。"察举"，即由三公、九卿、列侯、刺史、郡守、国相等根据乡间评议向朝廷推荐人才，经过考核，授以官职。"征召"，即由皇帝下诏，授以官职。后由于在东汉时期，世族豪强势力膨胀，"察举"的弊端日益显露且显著。因此，至曹魏时，"察举"制度被废除，改行九品中正制。而魏晋以来的"九品中正制"其实是当时统治阶级内部的一种妥协策略，它考评的是个人的出身门第和人的德才。但是"九品中正制"在实行的过程中，德才的考量逐渐被忽略，又重新回到按人的出身门第来进行选官任官的窠臼之中，实际上，国家的用人权掌握在了门阀手里，出现了"上品无寒门，下品无势族"的积弊，至此，"九品中正制"已是寸步难行。隋炀帝继位后，为巩固中央集权，强化皇权，并为适应统治基础的变化，废除了九品中正制，将以往历朝历代的"贤良方正"或"孝廉秀才"的规定具体化，提出了"十科举人"的标准，即孝悌有闻；德行敦厚；节义可称；操履清洁；强毅正直；执宪不挠；学业优敏；文才美秀；才堪将略；膂力骁壮。为此，隋炀帝首次设置"进士科"，将其与"试策"的办法连在一起，通过考试来选拔进士科的人才。即由国家设立科目，并由国家定期组织全国统一的考试，按照考试成绩的优劣，录取部分考生，并授以官职。于是，科举取士的考试制度便由此而产生，科举制度也由此而初步建立起来。

唐代科举制度沿袭隋制，其科举取士的做法总结了汉代至魏晋南北朝时期选士的经验教训，纠正了"族大者高第，而寒门之秀屈矣"的门阀限制，比较严明地开创了考试取士的规模，并在前人的基础上大为发展，在很大程度上，唐代的科举制度进一步制度化、完备化，成为中国封建社会科举制度的典范。隋唐以后，宋明清历代皇朝，均保留科举制度，并以其作为录用官吏、选拔人才的主要途径。

相比较两汉时期的察举征辟制和魏晋以来的"九品中正制"，科举制度基本上以学业取人，并不包括对官员政治身份及地位的特殊限定。而恰恰相反，科举制度选拔出来的官员与察举征辟制或九品中正制选拔出来的官员相比较，在对身份与地位的要求上有了较大程度上的放宽。同时，科举制度的实行，使得作为政治权力重要内容的官员选拔任用权直接掌握并控制在皇帝和中央政府手中，因而可以通过科举进行统一考试，按照一定的客观标准，广为选拔人才，破除了只注重门第而不问才能的办法，为广大中小地主，包括一些平民百姓参与政权提供了一条在形式上机会均等的道路，这不但有利于统治者扩大其政权基础，也有利于统治者在较大范围内选拔任用人才。可以说，科举制度的实行，为封建的官僚政治制度注入了一些新的活力，它是中国古代官员选任制度上的一个进步。

（二）公务员法思想

科举制度通过考试取官，相比较于汉代的察举制，以及魏晋南北朝时期的"九品中正制"来说，确实要公正、合理得多，它不但在客观上提高了官员的职业道德素质，同时也给社会上的优秀人才提供了进入仕途的可能性。基于此，科举制度成为支撑中国古代官僚政治运作、发展的杠杆，是中国整个官僚体制中的一个重要组成部分。

众所周知，中国古代的科举制度是西方近现代国家公务员制度的渊源。科举制度中蕴涵着丰富的公务员法思想。尽管科举制度受到来自各方的批判和非议，但是，客观上讲，科举制度其实存在着非常合理和较为科学的内核，它在当时国家的人才选拔中的确发挥了很大的功效，相比历朝历代的官员选任方式，科举最能体现公平、公正原则，它能有效地为国家选拔出真正有德有才之士。这里，我们将科举制度中隐射的公务员法思想概括如下：

1. 通过公开考试选拔人才是人才选拔的一种有效方式。通过公开考试选拔人才是中国古代科举制度与近现代西方国家公务员制度的一个最基本的共同点，公开考试竞争的目的是在大范围之内吸收社会上最优秀的人才进入国家行政人员的行列，从而保障行政机构的行政效率。公开考试选拔行政人才的方式，不但可以为社会各个阶层的人士提供一个相对"公平"的竞争平台，为他们提供一个进入仕途、报效国家的途径，使他们有机会脱颖而出，为国效力。同时还有利于贯彻"任人唯贤"的用人原则，可以在某种程度上避免任人唯亲现象的发生，有利于形成"公平、公正"的人才选拔环境。

2. 扩大公务员的选拔录用范围，全方位笼络人才。科举制度相较于以往官员的选拔方式，它极大地扩大了公务员选拔录用的范围。唐宋科举制度的应试者，不受年龄、身份、地域等限制，有能力的人都可以参加。同时科举制度实行公开考试的选拔方式，这不但极大地扩大了行政人才的选拔范围，弥补了传统"委任制"的不足，而且也在一定程度上解决了行政公务人员来源窄、人口小的问题。

3. 任人唯贤的选官原则。科举制度的一个最为主要的选官原则即为：任人唯贤。贞观元年，唐太宗谓房玄龄等曰："致治之本，惟在于审。量才授职，务省官员。故《书》曰：'任官惟贤才。'又云：'官不必备，惟其人。'若得其善者，虽少亦足矣。其不善者，纵多亦奚为？古人亦以官不得其才，比于画地作饼，不可食也。《诗》曰：'谋夫孔多，是用不就。'又孔子曰：'官事不摄，焉得俭？'且'千羊之皮，不如一狐之腋。'此皆载在经典，不能具道。当须更并省官员，使得各当所任，则无为而治矣。卿宜详思此理，量定庶官员位。"贞观六年，太宗谓魏征曰："古人云，王者须为官择人，不可造次即用。朕今行一事，则为天下所观；出一言，则为天下所听。用得正人，为善者皆劝；误用恶人，不善者竞进。赏当其劳，无功者自

254 行政法思想史

退；罚当其罪，为恶者戒惧。故知赏罚不可轻行，用人弥须慎择。"[1] 对此，魏征也深表同意，魏征对曰："知人之事，自古为难，故考绩黜陟，察其善恶。今欲求人，必须审访其行。若知其善，然后用之，设令此人不能济事，只是才力不及，不为大害。误用恶人，假令强干，为害极多。但乱世惟求其才，不顾其行。太平之时，必须才行俱兼，始可任用。"[2] 贞观十三年，太宗谓侍臣曰："……能安天下者，惟在用得贤才。公等既不知贤，朕又不可遍识。日复一日，无得人之理。今欲令人自举，于事何如？"魏征对曰："知人者智，自知者明。知人既以为难，自知诚亦不易。且愚暗之人，皆矜能伐善，恐长浇竞之风，不可令其自举。"[3]

科举制之所以较封建社会前期历朝历代的选官制度要进步与合理，其主要原因之一就是科举实行公开考试的选拔方式，这在一定程度上可以防止选任官员中的任人唯亲。汉代的"察举"虽然在选拔人才方面不拘一格，但是它是以长官选拔为基础，其中难免会突出个人因素，强调个人的憎恶，因此从实际情况看这样的制度难以选拔出真正的治国人才。而科举制度则是通过考试来选拔人才，这就在一定程度上打破了门第、年龄、民族、地域等界限。同时更为重要的是它能够有效地避免任官过程中的作弊、任人唯亲、个人拍板定案等不良做法，从而在一定程度上确保了在选任官员的过程中可以不受其他外在因素的影响与干扰。

4. 在公务员的选任过程中应该注重"德"的考查。"人无德不立，国无德不兴"。选拔公务员是为了任用，使其为国效力。因此，在公务员的选拔任用过程中应该主要对其"德"进行考查，要选拔出忠于职守、廉洁奉公、勤于政务的真正人才。唐宋科举制中的"铨选"对"身、言、书、判"的考查是科举考试之人出仕任官的必经之途，若四者都可取，则先德行，德均则以才，才均则以劳。可见，道德在人才选拔中的地位是不能忽视的。

5. 强化竞争机制。科举制度选拔人才实行的是有效的竞争机制。科举考试对所有的知识分子都具有吸引力，它竞争的行政岗位具有开放性，并向所有的知识分子开放。因此参加科举考试的人数众多，而且参加竞争的人又不局限于某一级别，上可以至宰相，下可以至知县。通过科举考试博取功名利禄，是很多知识分子终其一生的奋斗目标，而录用人数却又极其有限，可见，科举考试的竞争非常激烈，它是一种有效的竞争机制。在公务员的选拔录用中，我们可以借鉴科举选才的方式，进一步扩大和提高竞争岗位的范围和层次，扩大竞争岗位的比例，强化竞争机制。

6. 实行多试考试制度，全面选拔社会良才。科举制度在唐宋实行解试、省试、殿试三试选拔制度，清代实际上实行童试、乡试、会试、殿试四试选拔制度，严格的多试选拔制度，不仅有利于选拔文化素质较高和行政能力较强的人才进入国家行

---

〔1〕《贞观政要·择官》。

〔2〕《贞观政要·择官》。

〔3〕《贞观政要·择官》。

政机构，而且也在客观上提高了行政机构的行政效率。在公务员的选拔录用过程中，我们可以借鉴科举选才的多级考试制度，真正遴选出社会各个领域中的杰出人才进入国家公务员的行列，使得他们真正能够各得其位，各谋其职。

7. 用法律规范公务员的选拔任用考试制度。将公务员的选拔任用制度用法律的形式进行规范，保证人才选拔的公正、公平。为保证考生质量和最大限度地为国家选拔出优秀人才，各朝政府都通过法律对科举考试制度予以相应的规定与保障。如唐宋明清时期对于考生报考的条件、考试的时间、科目、程序、内容设置、行文要求、阅卷程序、发榜程序及相应的待遇都有明文的规定。唐代规定从事工商业者不能参加科考，即"自执工商，家专其业，不得仕"。同时，实行科举考试的各朝政府也都通过法律对贡举合格人才进行监督。如唐律就规定地方及京城学馆每年必须按照规定向国家级的考试贡举优秀的学生。

8. 科学合理地设置考试内容。唐代科举采取分科取士的办法，尽可能选拔出不同的部门所需要的不同的人才。在公务员的选拔录用过程中，我们应借鉴唐代分科取士的优点，考虑用人部门的不同需求及各领域的不同性质，科学合理地设置考试内容，为每个部门、每个领域选拔出真正合适、优秀的人选。

二、《唐六典》中的行政法思想

开元年间编纂的《唐六典》是唐代一部独一无二的行政书，也是我国现存的一部最早而又最全面、最系统的行政法典。《唐六典》共三十卷，以国家的行政体制为纵线，以职官的设置为横线，采取"以官统典"的原则，按职官体例编排《六典》，将有关某一官职的行政法规系于该官之目，使行政法规与行政部门相结合，并在正文间的小注中记述该官职的历史沿革。《唐六典》远承《周礼》，近取现制，以唐朝国家机关为序，分述各机关的机构设置、职能、官员职数、职责，以及官员的选拔、考核、奖惩、俸禄、休致等方面的制度，对各官职司、品秩、官员编制、职责范围，以及行政管理的基本原则、方式和规程进行了详细叙述，并同时叙述了各个行政机关之间的关系。总的来说，《唐六典》的基本内容是关于国家机构和国家行政机关设置、人员编制、职责权限、官员任用、行政管理等方面的法规，其内容主要包括两方面：①封建国家行政组织法，它规定了政府各部门的机构设置、官员用制、执掌权限以及政府各部门之间的关系；②封建国家官吏任用和责任制度，它规定了政府对各级官吏的选拔、任用、考核、奖惩制度。具体来说，可以概括为以下几方面：①规定了国家机构的设置。如，规定三师、三公为中央的最高顾问，中书省和门下省及政事堂为国家的最高权力机构，尚书省及其所辖六部为国家的行政管理机关，御史台为中央监察机关，九寺五监为中央政府的分署办事机关，道为地方监察区，府、州为地方一级行政区，县为地方二级行政区，都护府为边区地方的最高行政机构。由此可见，它是一部完善的国家机构组织法。②规定了政府各部门的官员编制、品秩。如，规定三师、三公均为正一品，各一人或无定员；中书令、门下侍中均为正三品，各二人；尚书都省尚书令正二品，置一人；尚书省下辖六部各置尚书一人，均为正三品等。③规定了一套完备的官吏任用、考核、退休制度。如，规定官员的任用主要通过科举考试；官分九品，每品有正从，自四品以下正从又分上下，共九品三十级；阶共有二十九级。对现任官吏的考核为一年一小考，四年一大考，并提出了"四善"和"二十七最"的考核标准。④规定了国家各种机构之间的权限。如，在规定皇帝拥有至高无上的权力的原则下，加强了国家最高权力机构中书、门下的职权，并加强集体议决制度。规定了国家中央的行政管理中枢为尚书省和尚书六部，对上，承受中书、门下下达的诏命，制定本部门的具体政令，对下，达于寺、监诸办事机构及地方政府机关，并督促其施行。⑤规定了国家的监察制度。如，规定门下省拥有极高的监察权力，其主要监察对象为皇帝的诏命和国家大政方针之得失；规定中央监察机关为御史台；规定尚书左、右丞为尚书省内之监察官员。规定全国分为十道监察区，巡按地方，监察地方官吏之善恶等。⑥对国家机关的公文制、敕、册、令、教、符、表、状、笺、气、辞、牒、关、刺、移等的程式和办公期限作了严格的规定。由此可见，《唐六典》是一部体系相当完备的综合性行政法典。

历史上之所以会出现盛唐局面，可以说，在很大程度上与其完备的官吏管理体制相联系，而其中一些合理的积极的管理措施，对我们今天的行政活动也不无借鉴意义。这里，我们将《唐六典》中的行政法思想主要概括为以下几方面：

1. 以法治官的行政思想。这一思想可以从《唐六典》本身来看。《唐六典》作为唐玄宗时期编订的具有行政法典性质的官修政书，采取"以官统典"的方式汇集了当时关于官规的各类规定，完善了对于职官的选任、考核、致仕、监察等制度。可以说，《唐六典》的制定本身就说明唐朝统治者非常重视国家机构的人选，为此特别制定行政法规，明确官员的职责所在，注意官员的功过，并建立考核制度，根据官员政绩的优劣来决定其相应的升迁和处罚。与此同时，为保证国家机构的正常运转，保持国家机构应有的生机，促进国家机构人员的新陈代谢，对官员的退休制度也作了相应的规定。同时，完善对官员的监察体制，对各级官员的行为进行违法监督，这在一定程度上使行政效率得到更大的提高。可以说，法典对官员编制的规定，及对官员职责的明确规定，不仅为官员依法行使职权提供了基础和前提，同时也为监察机构的监督官员是否依法行政提供了衡量的尺度。

2. 严格限制官员的编制和机构的增设。《唐六典》在职官编制上极为精简。在总结历史经验教训的基础上，唐初统治者深刻认识到：官僚机构过于庞大，或机构重叠，十羊九牧，必定会造成职权不明，遇事互相推诿扯皮，这样不仅办事效率不高，而且也会徒增百姓的负担，从而导致人民与统治阶级之间的矛盾激化。因此，唐初统治者认为治理国家应该"务省官员"，强调"官在得人，不在员多"。唐太宗李世民还用生动的比喻来说明省官的重要性，他说，如果"官不得其才，比于画地作饼，不可食也"；"千羊之皮，不如一狐之腋"〔1〕这番话的意思就是说，官员数量多，不如质量好。正是基于上述这种认识，唐初统治者比较重视政权机构的建设，不仅对官员的编制和机构的设置进行从严控制，而且将各级政府的官员编制额数写入行政法规《唐六典》中，以国家行政管理中枢尚书省为例，从尚书令、左右丞相到品外官员等，仅为千人左右。这使官吏编制数额具有法律效力，任何人不得随意更改，否则就要受到法律的处罚。

3．严格加强对官员的廉政考核。历史上对官员的廉政考核比较严格。至唐朝对官员的考核则更加细化。唐统治者为了提高国家机关的效能，要求各级官员必须称职，不能滥竽充数，除在选任官员时要严格按照标准外，还对现任官员加强考核。唐代对官员的考核主要由尚书省吏部考功司负责。《唐六典》卷二《吏部》规定，考功郎中之职，掌内外文武官吏之考课。但吏部只管四品以下官员的考核，三品以上的官员由皇帝亲自考核。考核的标准，分为"四善"和"二十七最"，"四善"主要是对官德的考察，"二十七最"则是对官员能力的考核。依《唐六典》卷二《吏部》考功郎中条规定，唐代"考课之法有四善：一曰德义有闻；二曰清慎明著；三曰公平可称；四曰恪勤匪解"〔2〕这"四善"是对所有官员规定的共同标准。此外，根据不同部门职责，规定了二十七条具体标准，即有"二十七最"。如"献可替否，检遗补阙，为近侍之最；铨衡人物，擢尽量才，为选取司之最；扬清激浊，褒贬必当，为考核之最；断案不滞，当夺合理，为判事之最"等3〕。根据被考核对象所符合"善"与"最"的数量分为三等九级，分别给予奖赏、惩罚的处理。《考课令》规定：考核结果在中上级以上者，给予奖励，增加俸禄；中下级者继续保持原俸禄标准；中下级以下者，则要予以夺禄的处罚，情节严重者罢官，或依法惩治。可见，唐代考核官员把"四善"和"二十七最"结合起来，按照一定的要求分等级，然后再按考核结果确定官员的升降，凡上者可官升一级，凡中者可继续留任，凡下者必须降官一级，夺禄一季，凡有贪、酷的官吏，一律削职严处。

4．奖惩赏罚分明。封建王朝在确定官员的职责时，都附有赏罚的规定，以求官员尽职尽责。至唐代，考课制度已经相当完备。《唐六典》详细规定了考课标准，即"四善"、"二十七最"，并根据考课结果，评定出上、中、下三等九级。同时，《唐六典》中的考课之法规定："考在中上以上，每进一等，加禄一季；中下以下，每退一等，夺禄一季。"

5．严格规定官员的办事程限。程限就是国家对各级政府处理各类公文及其他公务，按其内容繁简、任务的轻重缓急所规定的，从受事到完成的期限。对官员活动时限的管理，也是历代"吏治"的一项内容。《唐六典》中对官员的办公时限进行

---

〔1〕《贞观政要·择官》。

〔2〕《唐六典·吏部》。

〔3〕《唐六典·吏部考功郎中》。

了细致严谨的规定，其《公式令》规定："凡内外司所受之事，皆印其发日，为之程限。一日受二日报。小事五日，中事十日，大事二十日，狱案三十日。小事判勾，经三人以下者，给一日，四人以上者给二日，中事，每经一人给二日；大事，各加一日。"规定之详细、具体可见一斑。

6. 对官员进行任官限制，严禁官员徇私舞弊。《唐六典》对官员的任官进行籍贯、亲属等限制，确立"避亲、避籍、避熟"的任官限制条件。非经特许，官员一般不得在本籍任官；祖孙、父子、兄弟及母、妻、女的亲戚一般不得在同地或同一官署任职，以示回避。即"凡同司联事及勾检之官，皆不得注大功以上亲"。

三、魏征的行政法思想

魏征（580～643年），字玄成，馆陶（今河北馆陶）人。我国历史上著名的谏臣，唐初杰出的政论家。少时家贫，出家为道士。早年参加隋末瓦岗起义军，后被窦建德俘虏，任起居舍人。唐王朝建立后，入唐为太子洗马，事太子李建成。"玄武门事变"李建成被杀后，唐太宗李世民重其才干，擢任谏议大夫。后历任秘书监、侍中等职。作为"贞观之治"核心人物的魏征，贞观年间的许多重大的国策和立法建制活动，都与他有关。他曾积极参与修改隋末留下来的律令法制，并使其简约、轻缓。《旧唐书·刑法志》称：太宗即位后，"戴胄、魏征又言旧律令重，于是议绞刑之属五十条，免死罪，断其右趾。应死者多蒙全活"。同时，他胆智超人、尽忠尽守、刚正不阿、犯颜直谏，先后向唐太宗陈谏二百余件有关国家政治、经济方面的批评和建议，其中大部分为唐太宗所采纳，且"卿所谏前后二百余事，皆称朕意"[1]，他的进谏使唐太宗避免了很多错误，对唐太宗的行为和政策措施产生了积极有益的影响。同时也对"贞观之治"的繁荣盛世的出现起到了很大的作用。因此，魏征卒亡时，唐太宗亲自为其撰写碑文，亲自刻石，写下了流传千古的名句："以铜为镜，可以正衣冠；以古为镜，可以见兴替；以人为镜，可以明得失。朕常保此三镜，以防己过，今魏征徂逝，遂亡一镜矣。"[2] 魏征的言论主要见于《贞观政要》，著有《魏郑公谏录》等。

虽然魏征不是一个严格意义上的法学家，同时由于生活在封建时代，他的思想也不可避免地会打上时代的烙印，但是，尽管如此，他的很多思想在当时世界范围内来看可以说是相当先进的，具有进步意义。同时，他的思想中也包含有很多重要的行政法思想，对于我们今天的法治建设仍然具有启迪意义，值得我们借鉴。

"立法当安人宁国，执法当力戒任刑"，这是魏征行政法思想中的核心思想。他认为国家的立法，无论是从指导思想上还是在具体的立法技术上，当政者都要从百姓安居乐业、国家安康太平的角度去考虑。在执法上，执法者则应当务求其实，实

---

[1] 《贞观政要·任贤》。
[2] 《贞观政要·任贤》。

事求是，反对主观归罪。

1. 在立法的指导思想上，魏征主张"无为而治，德之上也。"[1] 他主张立法要安人宁国，要为公而不为私，为百姓利益着想。魏征多次力谏太宗克制己欲，力戒奢侈，多为百姓和社稷着想，进谏李世民要忧民所忧，乐民所乐，要使民有栋宇之安，室家之欢，而无饥寒之患。同时，他认为人君立法在于"公"，而不在于"私"，人君应摒弃私利。他说："公之于法，无不可也，过轻亦可。私之于法无可也，过轻则纵奸，过重则伤善。"[2] "圣人之于法也公矣。"[3] 他的意思也就是说，如果当政者着眼于公共利益，则法将无往而不胜；如果着眼于私人利益，则"过轻则纵奸，过重则伤善"，将无所作为。这种安人宁国、克己奉公、与民为善、休养生息的思想对于我们今天依法治吏，推进反腐斗争仍然具有重要的借鉴意义。

2. 魏征主张立法要公平、公正，强调法律要宽平，并强调要使法律成为"国之权衡，时之准绳"，成为是非得失的评判标准。他说："法，国之权衡也，时之准绳也。权衡所以定轻重，准绳所以正曲直。今作法贵其宽平。"[4] 如果官员舍法不用，就是"舍准绳以正曲直，弃权衡而定轻重"[5]，任凭个人的爱憎喜怒，"喜怒肆志，高下在心"[6]，如此，就会使人"不亦惑哉"？

3. 在执法上，魏征主张执法要公正，赏宜从重，罚宜从轻，赏罚要分明。即"赏不宜疏远，罚不阿亲贵，以公平为规矩"[7]。他反对执法官员们"取舍在于爱憎，轻重由乎喜怒"，他指出："爱之者，罪虽重而强为之辞；恶之者，过虽小而深探其意。法无定科，任情以轻重。"[8] 如此，只会使"小人道长"、"君子道消"，这不仅影响了法律的威信，同时也使法律的实施受到阻碍，即"小人之恶不惩，君子之善不劝，而望治安刑措，非所闻也"[9]。针对执法中赏罚不分的现象，魏征指出："夫刑赏之本，在乎劝善而惩恶，帝王之所以与天下为画一，不以贵贱亲疏而轻重者也。"[10] 他认为赏罚必须"一断于律"，而不能"或屈伸在乎好恶，以轻重由乎喜怒"[11]。如果"所好则钻皮出其毛羽，所恶则洗垢求其瘢痕"[12]，则"瘢痕可

〔1〕《贞观政要·君道》。
〔2〕《贞观政要·公平》。
〔3〕《贞观政要·公平》。
〔4〕《贞观政要·公平》。
〔5〕《贞观政要·公平》。
〔6〕《贞观政要·公平》。
〔7〕《贞观政要·择官》。
〔8〕《贞观政要·公平》。
〔9〕《贞观政要·刑法》。
〔10〕《贞观政要·刑法》。
〔11〕《贞观政要·刑法》。
〔12〕《贞观政要·刑法》。

求，则刑斯滥矣；毛羽可出，则赏因谬矣"[1]。如此，"刑滥，则小人道长；赏谬，则君子道消。小人之恶不惩，君子之善不劝，而望治安刑措，非所闻也。"[2] 这样，结果就会造成执法的混乱，从而引起社会的不安定。所以执法者必须"赏不遗亲远，罚不阿亲贵"。我们今天的法律不可谓不多矣，法制不可谓不健全矣，但"徒法不足以自行"，好的法律还需要有好的执法者去执行。正如白居易所言："虽有贞观之治，苟无贞观之吏，欲其刑善，无以难乎？"[3]

四、"贞观之治"中的部门行政法

公元627年至649年，是我国封建社会史上的一个重要的历史时期。这一时期，国家的政治、经济、文化等空前繁荣昌盛。李世民在位23年，"海内升平，路不拾遗，外户不闭，商旅野宿"[4]，生产迅速恢复发展，国力不断加强，从而在中国封建社会历史上出现了一个国泰民安的繁荣兴旺的局面，即鼎盛的"贞观之治"。它是中国封建社会治世的楷模，其政治之清明也为后世所仰慕。

贞观之风，至今歌咏。贞观廉政，有口皆碑。贞观年间，以唐太宗李世民和谏议大夫魏征为代表的君臣大治天下，使中国历史上出现了空前的盛世。纵观贞观君臣的言行，可以说，廉政搞得好是取得这一盛世的主要原因。这里，我们也主要介绍贞观时期的廉政思想。它对于现今我们国家的长治久安、官员的廉洁自律和社会的健康发展都有着十分重要的现实意义和借鉴意义。武周时期史官吴兢纂辑的《贞观政要》一书便是研究"贞观之治"时期廉政思想的主要资料。

贞观君臣的廉政思想主要可以概括为以下几方面：

1. 廉政兴邦，奢政亡国。贞观君臣对廉政思想有着清醒的认识和高度的重视。贞观君臣认为廉政兴邦，奢政亡国。如果要使国家长治久安，天下太平，百姓安居乐业就得坚决实行廉政。贞观二年，唐太宗对侍臣说："凡事皆须务本，国以人为本，人以衣食为本。凡营衣食以不失时为本。夫不失时者，在人君简静乃可致耳。"礼部尚书王珪对曰："昔秦皇、汉武，外则穷极兵戈，内则崇侈宫室，人力既竭，祸难遂兴，彼岂不欲安人乎？失所以安人之道也。"唐太宗曰："公言是也。夫安人宁国，惟在于君。君无为则人乐，君多欲则人苦。朕所以抑情损欲，克己自励耳。"[5] 唐太宗认为穷奢极欲必亡，清静节欲必兴。百姓的安乐取决于君臣的清静。对此，魏征认为奢政必暴虐民众，而暴虐民众，民众则必反。即使一个国家富强，如果实施奢政也必亡。因此，魏征告诫唐太宗说：奢政必致人怨，"人怨则神怒，神怒则灾

---

[1] 《贞观政要·刑法》。
[2] 《贞观政要·刑法》。
[3] 《白居易·长庆集》。
[4] 《资治通鉴·唐纪》。
[5] 《贞观政要·务农》。

害必生，灾害既生，则祸乱必作，祸乱既作，而能以身名全者鲜矣"。[1] 同时，魏征又向唐太宗提出了著名的"帝王十思"，他指出："见可欲则思知足以自戒，将有作则思知止以安人，念高危则思谦冲而自牧，惧满溢则思江海下百川，乐盘游则思三驱以为度，忧懈怠则思慎始而敬终"。[2]

贞观君臣认识到，奢政不禁必亡。人性本恶，容易嗜欲纵奢，如果没有约束，则无足欲止侈之度，节欲禁奢之时。此性不抑，奢政必纵，政权必丧。唐太宗认为，为官贪赃，必丧权亡身。他说："为主贪，必丧其国；为臣贪，必亡其身。"[3] 他又说，臣"妄受财物，赃贿既露，其身亦殒，实为可笑。帝王亦然，恣情放逸，……岂不灭亡？隋炀帝奢侈自贤，身死匹夫之手，亦为可笑"。[4] 对于奢政不禁必亡的认识，贞观十一年，魏征在对唐太宗的上疏中说："顷者责罚稍多，……皆非致治之所急，实恐骄奢之攸渐。是知'贵不与骄期而骄自至，富不与侈其而侈自来'，非徒语也。"他要求唐太宗"知存亡之所在，节嗜欲以从人，省游畋之娱，息靡丽之作，罢不急之务……贱难得之货……惜十家之产，顺百姓之心"，不让"骄奢淫泆动之"[5]，严禁奢政。

2. 以存百姓为先，以人民的利益为重。这是廉政思想的核心所在。贞观君臣认为，为政者应当以人民的利益为重，以保存百姓为先，只有人民的利益得到保障，君臣的自身利益，国家的长治久安才能得到保证。唐太宗说："为君之道，必须先存百姓。若损百姓以奉其身，犹割股以啖腹，腹饱而身毙。"[6] 唐太宗的这个比喻如此鲜明形象，十分恰当。如果官员搞奢政，不奉公廉洁，就犹如"割股以啖腹"，从而必然导致"腹饱而身毙"的恶果。廉洁清政，保存老百姓其实就是保存自己。如果只为满足自己的私欲，恣意纵欲，贪赃枉法，不仅危害了老百姓的利益，同时也害了自己。因此，厉行廉政乃是明智之举。魏征曾对唐太宗说道："陛下为人父母，抚爱百姓，当忧其所忧，乐其所乐。自古有道之主，以百姓之心为心，故君处台榭，则欲民有栋宇之安；食膏粱，则欲民无饥寒之患；顾嫔御，则欲民有室家之欢。"[7] 为官者就必须"以百姓之心为心"，以存百姓为先，忧百姓之所忧，乐百姓之所乐。

贞观君臣认识到，君与民乃是舟与水之关系。如果当政者贪污腐败，奢侈无道，人民就会起来反抗。贞观六年，唐太宗说："天子者，有道则人推而为主，无道则人弃而不用，诚可畏也。"对此，魏征也深表赞同，他说："古语云：'君，舟也；人，

〔1〕《贞观政要·君道》。
〔2〕《贞观政要·君道》。
〔3〕《贞观政要·贪鄙》。
〔4〕《贞观政要·贪鄙》。
〔5〕《贞观政要·刑法》。
〔6〕《贞观政要·君道》。
〔7〕《贞观政要·纳谏》。

水也。水能载舟，亦能覆舟。'陛下以为可畏，诚如圣旨。"[1] 贞观君臣将人民看成是可以覆舟的水，这就在一定程度上使官员能够自觉抑制恶性，节欲自律，去奢从俭。

3. "俭以息人"的思想。贞观君臣认为执政者"俭以息人"，人民就会拥护；反之，奢以忧民，人民就会反抗。在贞观大臣中，侍御史马周的廉政思想的观点也颇有代表性。贞观十一年，马周在上疏中指出："自古明王圣主……大要以节俭于身，恩加于人二者是务。故其下爱之如父母，仰之如日月，敬之如神明，畏之如雷霆，此其所以卜祚长而祸乱不作也。"他劝谏唐太宗说："国之兴亡不由蓄积多少，唯在百姓苦乐。"因此，为政者应该"励精为政"，"俭以息人"[2]。对此，中书侍郎岑文本也深刻指出："今之百姓……常加含养，则日就滋息；暂有征役，则随日凋耗。凋耗既甚，则人不聊生；人不聊生，则怨气充塞；怨气充塞，则离叛之心生矣。"因此，要得到人民的拥戴而不使人民生"离叛之心"，当政者就必须"去奢从俭"[3]。当政者如果不实施廉政，则不仅自身难保，国家政权也岌岌可危。

4. "为民择官"，选贤任良，慎重用人，这是廉政得以实行的一个制度保障。贞观君臣认为，廉政是否能够得以实施，很大程度上取决于官员是否贤良。人贤必政廉，人恶必政奢。要根治奢政，就必须裁治贪浊之官，选任贤良之人。贞观元年，唐太宗就指出："政治之本，惟在于审。量才授职，务省官员。故《书》称：'任官惟贤才'……若得其善者，虽少亦足矣。其不善者，似多亦奚为？"[4] 为政用人在于贤能与否，而不在于用人的多寡。与此同时，唐太宗也提出了以德行和学识为本的择官原则，强调择官必须注重德行、学识。他说："为政之要，惟在得人，用非其才，必难致治。今所任用，必须以德行、学识为本。"[5] 贞观六年，魏征也指出："知人之事，自古为难，故考绩黜陟察其善恶。今欲求人，必须审访其行。若知其善，然后用之。设令此人不能济事，只是才力不及，不为大害。误用恶人，假令强干，为害极多……必须才行俱兼，始可任用。"[6] 选官用人如果不注重其德行，后果将不堪设想。轻者奢侈乱政，重者害民毁国。因此，用人应慎重，必须重其德行。贞观十四年，魏征又提出了在用人之上，要进六正之臣，罢六邪之臣。要特别重用六正之臣中的"守文奉法，任官职事，不受赠遗，辞禄让赐，饮食节俭"的贞臣。同时，他在上疏中又提出了"为民择官"[7] 的观点。如果有为民择官的思想作指导，所选之官必定会为百姓着想，不会搞奢政以害民。

---

[1]《贞观政要·政体》。
[2]《贞观政要·奢纵》。
[3]《贞观政要·灾祥》。
[4]《贞观政要·择官》。
[5]《贞观政要·崇儒学》。
[6]《贞观政要·择官》。
[7]《贞观政要·择官》。

5. 当政者自身必须正身节欲、积德行义、戒奢尚俭，这是廉政的根本所在。唐太宗非常注重自身的德行和政权内部的腐败，他认识到一个人"伤其身者不在外物，使嗜欲而成其祸"。因此，他认为为政者只有做到自身的正身节欲，积德行义，才能自觉实行廉政。贞观初年，唐太宗就指出："若安天下，必须先正其身。未有身正而影曲，上治而下乱者。"并联系自己说："朕每思伤其身者不在外物，皆由嗜欲以成其祸。若耽嗜滋味，玩悦声色，所欲既多，所损亦大，既妨政事，又忧生民。且复出一非理之言，万姓为之解体，怨言既作，离叛亦兴。朕每思此，不敢纵逸。"[1]身邪必纵欲，纵欲必搞奢政。就积德行义的意义，唐太宗指出："古来帝王以仁义为治者，国祚延长。"并表示："今欲专以仁义诚信为治，望革近代之浇薄也。"[2]以仁义诚信为治，必行廉政。那些不行仁义，不讲诚信者，往往就是大搞奢政，肆情纵欲的贪官污吏。直中书省张蕴古也希望唐太宗"以一人治天下，不以天下奉一人。礼以禁其奢，乐以防其佚……乐不可极，极乐成哀；欲不可纵，纵欲成灾……勿内荒于色，勿外荒于禽；勿贵难得之货，勿听亡国之音"[3]魏征也在上疏中指出："思国之安者，必积其德义……不念居安思危，戒奢从俭，德不处其厚，情不胜其欲，斯亦伐根以求木茂，塞源而欲流长也。"[4]贞观十三年，唐太宗进一步强调了道德仁义对于国家和自身的重要性。他说："林深则鸟栖，水广则鱼游，仁义积则物自归之。人皆知畏避灾害，不知行仁义则灾害不生。"[5]正是由于贞观君臣注重正身节欲，积德行义，时时处处力戒骄纵奢侈，故使廉政得行，奢政得禁。

6. 为政者戒奢尚俭，就应"顺物情"。对于如何做到戒奢尚俭，唐太宗提出了"顺物情"。所谓物情，即民情、民心。也就是说，为政之人办事要顺应民心民情。大禹虽然"凿九山，通九江，用人力极广"，但是人们却没有怨言，只是因为他顺应了民情。秦始皇营建宫室，引起人民的怨恨，因为他只是为了满足自己的欲望。"崇饰宫宇，游赏池台，帝王之所欲，百姓之所不欲。帝王所欲者放逸，百姓所不欲者劳弊"。唐太宗看到了帝王欲求与民情民意的矛盾，帝王的欲望能得到满足，百姓也就愈劳弊，民心也就愈混乱。为了解决这一矛盾，唐太宗因此节己欲，顺民情，他认为"劳弊之事，诚不可施于百姓"[6]这种把抑制己欲与不使老百姓劳弊结合起来的思想可以说是唐太宗对我国廉政思想的一大发展。

7. 善始慎终，教育官员廉洁自律、倡廉去贪，防微杜渐。贞观十二年，魏征应太宗之问说："自古帝王初即位者，皆欲励精为政，比迹于尧、舜；及其安乐也，则骄奢放逸，莫能终其善。人臣初见任用者，皆欲匡主济时，追纵于稷、契；及其富

［1］　《贞观政要·君道》。

［2］　《贞观政要·仁义》。

［3］　《贞观政要·刑法》。

［4］　《贞观政要·君道》。

［5］　《贞观政要·仁义》。

［6］　《贞观政要·俭约》。

贵也，则思苟全官爵，莫能尽其忠节。若使君臣常无懈怠，各保其终，则天下无忧。"[1] 力戒骄奢，善始慎终乃是每位官员所时刻注意的问题。对于君臣善始慎终，国家长治久安的问题，贞观十六年，魏征对唐太宗说："嗜欲喜怒之情，贤愚皆同。贤者能节之，不使过度；愚者纵之，多至失所。"可见，贤者能节欲抑情，弃奢从俭，故身安国昌；而愚者纵欲肆情，不知节制，故丧身亡国。所以，魏征说只要居安思危，时常"自制"，就能确保"克终之美"，[2] 国家就能长治久安。

唐太宗倡廉去贪，要求官员廉洁自律、节俭从政。他不是等到腐败不可收拾之时再去抓廉政，而是防患于未然。唐太宗平时就不放松对官员的倡廉去贪教育，通过折服人的说理使官员们从道理上明白不能腐败，不愿腐败，以达到廉洁勤政的目的。唐太宗教育臣下倡廉去贪，既形象生动，又循循善诱。唐太宗曾说："人有明珠，莫不贵重，若以弹雀，岂非可惜？况人性命，甚于明珠，见金银钱帛不惧刑网，径即受纳，乃是不惜性命。明珠是身外之物，尚不可弹雀，何况性命之重，乃以博财物耶？群臣若能备尽忠直，益国利民，则官爵立至。若不能以此直道求荣，遂妄受财物。赃贿既露，其身亦损，实为可笑。"贞观四年，唐太宗对公卿：："古人云：'贤者多财损其志，愚者多财生其过。'此言可为深诫。若徇私贪浊，非止坏公法，损百姓，纵事未发闻，中心岂不常惧？恐惧既多，亦有因而致死。大丈夫岂得苟贪财物，以害及身命，使子孙每怀愧耻耶？"[3]

他认为贪婪的人并不懂得爱财。五品以上的官员都有着丰厚的秩禄，若受人财贿，也不过数万，一旦暴露，官做不成了，秩禄也没有了，这哪里是懂得爱财？贪财受贿既破坏国家法律，又损害百姓。再说受贿的人即使事情不暴露，难道内心就不担惊受怕吗？一个人常常在恐惧中生活，能活得长久吗？自己受贿身死，却让子孙后代抬不起头来。贞观十六年，唐太宗又说："今人臣受任，居高位，食厚禄，常须履忠正，蹈公清，则无灾害，长守富贵矣……然陷其身者，皆为贪昌财利。"[4]"祸福无门，惟人所召"。唐太宗也用此教育群臣莫贪财受贿。他形象地说：鸟儿栖于树林，常恐大树不高，而筑巢于顶梢；鱼儿在水中，担心水不深，又藏于穴中，但是还是被人们捕获，二者皆因贪食诱饵。一些做官的人所以招祸，同此二物一样，也是因为贪图财物。因此，他告诫臣下，人莫贪，"为臣贪，必亡其身"。当然，"为主贪，必丧其国"。

8. 对贪污腐败者严惩不贷。唐太宗在教育群臣廉洁自律、节俭从政的同时，对于贪污腐败者则是严惩不贷。贞观君臣认为，如果对搞奢政者不加以严惩，就犹如养虎为患，纵蚁崩堤。唐太宗"深恶官人贪浊，有枉法受财者，必无赦免。在京流

---

〔1〕《贞观政要·慎终》。

〔2〕《贞观政要·慎终》。

〔3〕《贞观政要·贪鄙》。

〔4〕《贞观政要·贪鄙》。

外有犯赃者，皆遣执奏，随其所犯，置以重法。由是官吏多自清谨"。[1]

9.对官员的亲朋好友进行严加管教。贞观君臣认为，要使廉政能够真正产生实际的效果，对官员的亲朋好友进行严加管教也是必不可少的。事实上，真正的廉洁自律者必然能够严加管教其家人亲友，不许他们依仗权势胡作非为，奢侈腐化。

第四节　宋元的行政法思想

一、王安石的行政法思想

王安石（1021～1086年），字介甫，号半山，抚州临川（今江西临川）人。北宋著名的政治家、文学家，也是一位著名的法律改革家。生于真宗天禧五年。少好读书，过目不忘。庆历年间（1041～1048年）中进士，随后签书淮南判官，鄞县知县，历任舒州通判、常州知府、江东刑狱提点。嘉佑三年（1058年）入为度支判官，上"万言书"，要求变革。熙宁二年（1069年），拜参知政事，在获得神宗支持的情况下，开始了变法事业。熙宁七年（1074年）四月，在高太后等保守派的反对下，神宗动摇，遂被罢相，贬知江宁府（今江苏南京）。后虽曾复相，但已无作为。有《王文公文集》、《临川先生文集》等传世。

王安石的行政思想主要表现在其"大明法度，众建贤才"的思想中。在他看来，"盖夫天下至大器也，非大明法度，不足以维持；非众建贤才，不足以保守"[2]；只有既重法度，又重贤才，才能实现天下之大治。对此，以下具体述之。

（一）"大明法度"思想

王安石强调依法治国，变法是王安石改革政治的主要手段，他试图通过变法来达到理想的政治。他认为立法是治国的关键，因此王安石十分重视法律在治理国家中的重要作用，他曾指出："盖君子之为政，立善法于天下，则天下治；立善法于一国，则一国治。"[3]因此，"为政"的当务之急就是废除旧法、弊法，创立新法、善法。为此：

1.王安石提出了变更不合理的法度的主张。他认为，祖宗之法，"未必尽善"，为政者应当权时之宜，"可革则革，不足循守"。他说："天下之财力日以困穷，而风俗日以衰坏，四方有志之士，諰諰然常恐天下之久不安。此其故何也？患在不知法度故也。"[4]而为何现在"朝廷法严令具，无所不有，而臣以谓无法度者，何哉？

〔1〕《贞观政要·政体》。
〔2〕《王文公文集·上时政疏》。
〔3〕《王文公文集·杂著·周公》。
〔4〕《王安石全集·上仁宗皇帝言事书》。

方今之法度，多不合乎先王之政故也。"[1] 因此，必须以"变风俗立法度为先"[2]同时，变法还应该善于把握时机，切不可随意妄行，须"视时势之可否，而因人情之患苦，变更天下之弊法"[3] 一旦时机成熟，"天下之变备矣"，然后再"因其变而制之法"[4]

2. 在变更旧法的基础上，王安石进一步提出了"立善法治天下"的主张："盖君子之为政，立善法于天下，则天下治，立善法于一国，则一国治，如其不能立法，而欲人人悦之，则日亦不足矣。"[5] "夫聚天下之众者莫如财，治天下之财者莫如法，守天下之法者莫如吏。"[6]

（二）"众建贤才"的举贤用能思想

王安石非常重视人的作用。他认为制定出来的善法要想得到真正地执行，必须选拔贤良之才，同时依法治吏。他认为贤良之才是治理好国家的一个重要因素。他曾说："古人有言，徒善不足以为政，徒法不能以自行。"[7] 为政者要想治理好国家，仅仅立善法还不行，还必须要有好的执法官员来执行。他说："守天下之法者，吏也；吏不良，则有法而莫守。"[8] 对于何为贤良之才，王安石提出了自己的标准，即"遇事而事治，画策而利害得，治国而国安利"[9] 如此，这样的贤良之才又该如何获得？他们又该如何为国家所用呢？王安石提出"教、养、取、任"之法。他认为只有综合运用"教之、养之、取之、任之"等多种手段，才能为国家培养出真正的贤能之才。具体来说：

1. "教"即教育。王安石认为贤能之才必须经过严格而规范的教育才能为国家所用，教育是国家施政用贤的第一步。而教育应该针对现实，去其陈腐。为政者要改变教育的内容，不能只"教以课试之文章"，而应该全面学习"朝廷礼乐刑政之事"，使其有足够的才能为国家所用。王安石指出，当今朝廷"以诗赋记诵求天下之士，而无学校养成之法"，[10] "学者之所教，讲说章句而已。……及其能工也，大则不足以用天下国家，小则不足以为天下国家所用。故虽白首于庠序，穷日之力以师上之教，及使之从政，则茫然不知其方。"王安石认为当时国家教育只偏重章句，讲求强行的记忆，这种教育剥夺了学生的时光，使学生朝夕只从事于空洞而又无用

〔1〕《王安石全集·上仁宗皇帝言事书》。
〔2〕《王安石全集·答手诏封还同罢政事表札子》。
〔3〕《王安石全集·上仁宗皇帝言事书》。
〔4〕《王文公文集·夫子贤于尧舜》。
〔5〕《王安石全集·周公》。
〔6〕《王安石全集·翰林学士除三司使制》。
〔7〕《王文公文集·提转考课敕词》。
〔8〕《王文公文集·度支副使厅壁题名记》。
〔9〕《王文公文集·材论》。
〔10〕《王临川集·本朝百年无事札子》。

的学问，花费了时间，所学习的东西却丝毫不能为国家所用，这正是国家教育的弊病。这样的教育"非特不能成人之才而已，又从而困苦毁坏之，使不得成才"。因此，在王安石看来，国家要想获得真正的人才，就要使其学习"朝廷礼乐刑政之事"，只要"苟可以为天下国家之用者"[1] 则无不学，甚至包括"射、御"之事，使之能文能武，既精通治理内务，又能在边事紧急时执戈上阵。

2. "养"即培养。王安石认为"养之之道"可以使官员能够恪守尽职于政事。"养"就是对官员"饶之以财，约之以礼，裁之以法"。所谓"饶之以财"，就是利用经济手段解决政治问题，即从人之常情出发，如果官员的财物不足用，那么他就会贪鄙苟得，无所不为。因此，为了使官员放弃贪鄙的行为，国家就必须增加官员的俸禄，使其养成廉洁的操守。所谓"约之以礼"即是说如果官员的财物足用，而国家又不用礼对其加以制约，官员就有可能肆意作恶而无所不为。因此，为了防止官员因物质优裕而纵情肆欲，政府就必须定下制度，"齐之以律度量衡之法"来对官员加以约束。而所谓"裁之以法"就是说对于那些不遵守制度的官员，政府可以"待之以屏弃远方终身不齿之法"[2]，甚至处以死刑。简而言之，政府在给官员以经济保障的同时，又用礼法对其进行制约，使其不敢为非作歹，而是奉公守法、恪尽职守、忠于职事，切实地为国效力、为民谋利。

3. "取"即选拔。王安石认为官员的选拔至关重要，因为官员的贤能与否直接关系到国家政治的清明廉洁与否。对此，王安石提出"取"之道，即采用以贤举贤的方法，让在位的贤能官员向政府荐举人才，政府再对地方或学校推荐的人选进行考察，听其言观其行，并结合考试选拔出具有真才实学的人。"诚贤能也，然后随其德之大小、才之高下而官使之"，即政府根据被荐之人的德行大小，才能的高低来加以任用。"盖吾已能察其才行之大者，以为大官矣，因使之取其类以持久试之，而考其能者以告于上，而后以爵命、禄秩予之而已。"[3] 在王安石看来，考察是选拔过程中的一个重要环节。以贤举贤，贤能的官员所推举的人才是否为真正的贤良之才，必须经过长期的考察才能定位。对于被荐之人，王安石明确提出，要"求其说而试之以实"，而"试之之道，在当其所能而已"，[4] 即通过实践考察其人，让他做与其能力相当的事情，然后再根据考察的结果对其进行加官晋爵。与此同时，对于荐举之人，王安石认为也必须进行约束，"随之以相坐之法"，[5] 即如果被荐者犯罪，荐举者也必须连带以犯罪论。这样，官员才会谨慎地向政府荐举人才。如此，国家又何患得不到真正的用人之才呢？

---

〔1〕《王文公文集·上皇帝万言书》。
〔2〕《王文公文集·上皇帝万言书》。
〔3〕《王文公文集·上皇帝万言书》。
〔4〕《王文公文集·材论》。
〔5〕《王临川集·本朝百年无事札子》。

4. "任"即任用。就是根据官员的"人之才德高下厚薄不同"分别任用,"久其任而待之以考绩之法",使胜任者有机会发挥特长,考绩好的得以提升,"其不胜任而辄退之"。他的意思就是说,政府得到贤才之后,采用"久其任而待之以考绩之法"的方法,不随意变更官员的职位,让官员"久于其职",[1] 如此,上级才能熟悉他为官的真实情况,百姓也容易接受他的教导。这样,贤良之才也才有可能最大限度地发挥其才能,为国效忠、为民办事;同样,对于那些妄图苟且偷安之辈,因顾及后路,他们也不得不尽忠职守、勤于政务。至于确实没有才能的官员,则可以"固知辞避而去矣"[2] 简而言之,政府在任用官员时,让其久任于职,从而使其政绩自现,然后政府可视其优劣高下予以任免,这样不但可以加强官员的责任感和危机感,而且政府也可以获得一批真正尽忠职守的贤良之才。

二、《宋刑统》中的行政法思想

宋代是中国封建社会中法制较为健全的朝代之一,史称其"不任人而任法"。北宋太祖建隆四年（963年）,制定了一部中国历史上流传下来的以"刑事统类"为名的国家大法——《建隆重详定刑统》,史称《宋刑统》。《宋刑统》作为一部国家大法,集成《唐律疏议》及唐五代以来的敕、令、格、式、起请条的载体,较完整地保留下来而未断失,具有承前启后的作用。由于北宋初年颁行的一代大法基本属于刑法典,因而其中与行政律法有关的内容主要集中在《职制律》部分,它主要规定了官员的违法惩处制度,及对各种职务犯罪的不同处罚方式。《职制律》以及其他与行政活动有关的律法,我们可统称为官律。从《宋刑统》所定的相关条文来看,宋朝官律重视对官员擅离职守罪、贡举考校官吏等方面失职罪的惩罚,也沿袭《唐律疏议》的内容,严惩官员的贪赃枉法行为,并且增加了中唐以后适用的敕令、起请条作为补充或调整。

这里,我们将《宋刑统》中所体现的行政思想主要概括为以下几方面:

（一）人事行政思想

人事是行政的根本,人事制度建设的好坏,将直接影响政府职能的发挥和行政的效率。

1. 严格限制官员的滥设。宋朝士人进入仕途的途径很多,而科举取士又过滥,这使得政府官员的人数过于膨胀,并由此形成"冗官"之弊。很多政府官员都人浮于事,尸位素餐,空耗俸禄。"居其官不知其职者,十之八九"。因此,《宋刑统·职制律》首条即对置官过限作出规定:"诸官有员数而署置过限,及不应置而置,一人杖一百,三人加一等,十人徒二年。"继任者明知人员超编而不进行裁减,"减前人署置一等"。

---

〔1〕《王文公文集·上皇帝万言书》。
〔2〕《王文公文集·上皇帝万言书》。

2. 严格把关行政人才的录用。要想保证政府官员的素质，关键是要严格把关录用，首先从源头上对行政人才进行筛选，确保所录用的人才能够称职。为防止不法官员在录用过程中徇私舞弊而使不称职者混入政府官员的行列，《宋刑统》对"贡举非人"特别规定："贡举非其人，及应贡举而不贡举者，一人徒一年，二人加一等。"

3. 严格对官员进行考核。严格的考核制度，是奖勤罚懒、提高行政效率的有效手段。考核不严，在考核中若有"考校、课试而不以实，及选官乖于举状，以故不称职者，减一等，失者各减三等"。

（二）对官员的行政要求

1. 严禁官员擅离职守。《宋刑统》规定各级基层政府主要官员不得擅离职守，"诸刺史、县令、折冲、果毅私自出界者，杖一百"。其他政府官员也应该严格遵守工作纪律，若"诸在官应直不直，应宿不宿，各笞二十"。"诸官人无故不上及当番不到，一日笞二十，三日加一等"。

2. 官员应按期赴任。《宋刑统》规定官员在接到任命之后，应该在限定的时间内到任，若"限满不赴者，一日笞十，十日加一等"。而按任官员已到，离任官员滞留不还，参照不按时赴任之惩罚标准，减罪二等处理。

3. 官员制发公文应该准确无误，传递、执行公文应该及时。公文是国家为发布政令、实施管理而形成的具有法定效力的文件。所以制发公文必须严肃认真。《宋刑统》规定，若制发公文有误，但未造成不良后果者，"笞五十"；造成严重后果者，"笞七十"。收文机关认为公文有误，应立即请示，不得随意修改，更不许明知有误而依错执行。"诸制书有误，不即奏闻，辄改定者，杖八十。官文书误，不请官司而改定者，笞四十，知误不奏请而行之，亦如之"。对公文改错程序，《宋刑统》也作了严格规定，"诸制敕宣行，文字脱误，于事理无改动者，勘验本案分明可知，即从改正，不须复奏。其官文书脱误者，谘长官改正。"

同时，由于公文具有严格的实效性，所以要求传递、执行等各个环节都必须及时、迅速。《宋刑统》对此也作出相应的规定，若传递公文的驿使稽程，"一日杖八十，二日加一等，罪止徒二年"。事关"军务要速，加三等"。因传递公文迟缓而使政令"有所废阙者，违一日加役流。以故陷败户口、军人、城戍者，绞"。执行机关，"诸公事应行而稽留，及事有期会而违者，一日笞三十，三日加一等"。除了时间要求之外，执行不力亦要受到惩罚，"诸被制书有所施行而违者，徒二年。失错者，杖一百"。

4. 官员出使应返制命。政府官员受命出使，完成任务后，要立即回朝复命，《宋刑统》规定，若出使"不返制命，辄干他事者，徒一年半。以故有所废阙者，徒三年"。

5. 输纳符节应及时交还。符节是官员行使权力的凭证，用毕之后应立即交还。《宋刑统》规定，如"应输纳而稽留者，一日笞五十，二日加一等，十日徒一年"。

6. 官员应在自己的职权范围内行事，而不应越权行政。明确的职责分工是政府组织能够有效运转的基本保证，各级机构及官员应该各司其职，不得越权。《宋刑统》规定，"诸公文有本案事直而代官司署者，杖八十，代判者，徒一年"。"越司侵职者，杖七十"。凡事"应奏而不奏，不应奏而奏者，杖八十"。反之，"应行下而不行下，及不应行下而行下者，各杖六十"。

7. 官员必须严守机密。严守机密是国家机关能够有序运转、顺利有效地开展工作的一个重要保证。每个官员，尤其是国家机要部门的官员，遵守保密纪律是一项重要的基本义务。宋承唐制，为了严守机密，宋朝十分重视重大事项的保密，法律也规定了严格的保密制度，要求政府官员严守国家机密。《宋刑统·职制律》规定："诸漏泄大事应密者，绞大事，谓潜谋讨袭及收捕谋叛之类；非大事应密者，徒一年半。漏泄于蕃国使者，加一等。仍以初传者为首，传至者为从。即转传大事者，杖八十；非大事，勿论。"

8. 官员应文明行政，禁止殴打百姓。政府官员在执行公务的过程中应文明，不得殴打百姓。《宋刑统》规定，若"因公事自以杖捶人致死，及恐迫人致死者"，依过失杀人治罪。若打人致伤，参照半杀伤罪减二等。

三、《通制条格》中的行政法思想

元英宗至治三年（1323年），元统治者以元仁宗在位时颁布的法典《风宪宏纲》为基础，颁布了元朝历史上规模最大、最为完整且最为系统的封建法典，即《大元通制》，它是元朝法律的代表性法典。元朝的法律形式主要有诏制、条格、断例。其中，条格是指由皇帝亲自裁定或由中书省等中央机关颁发给下属部门的政令，经过汇编逐渐发展成常法的条文，主要是有关民事、行政、财政等方面的法规。《大元通制》早已散佚，但其条格部分保留至今，其他内容散见于《元史·刑法志》中。《大元通制》共计2539条，其中，条格共计1151条，在《大元通制》中占据了很大的比重，是其中的主要内容。

作为《大元通制》的一个重要组成部分，《通制条格》对于元代的行政体制、行政官员、官员的选拔、官员的考绩与奖惩、行政公务活动规程、各类行政管理、行政监察等内容都有一定的规定。可以说，《通制条格》是元代一部非常重要的法律书。这里，我们仅就《通制条格》中的官员管理的相关部分作一概括性介绍。

元朝对官员选拔的制度规定比较复杂，虽然元朝承袭了宋、金两朝的制度规定，但是因时因地，元朝也结合本朝的实际情况作了许多变通性的规定。

1. 关于人才的保举。元朝经常使用"举保"之法来选用官员，即由上面的官员推荐或保举某人进入仕途或升迁。因此，对于保举的对象及其素质，法律自然有严格的要求。元代被保举的对象主要有两类人，"保举官吏及草泽之士"[1]，即一为

〔1〕 黄时鉴点校：《通制条格·举保》，浙江古籍出版社1986年版。

官员；二为草泽之士，官员被保举，一般是升迁；而"草泽之士"被保举，则是进入仕途。这里，官员被保举，其必须是"廉能公正者"；"草泽之士"被保举，也必须是"随路州县若有德行才能可以从政者"[1]。此外，条格也要求保举"孝子顺孙曾经旌表，有才堪从政者"[2]。由此可见，对于保举，虽然同样是要求德才兼备，但是具体要求却不同，"草泽之士"只是在家庭、乡邻中的一般德行，而对于官员来说，则是其在任官过程中的廉洁奉公的道德要求。同时，举保官员也必须具备一定的条件，即保举官员须待其考满，官员则必须是资历较长者。至元三十一年（1294年）吏部指出：近年来行省宣慰司内外诸衙门"将未考满令译史人等，并受行省、宣慰司札付根？浅短州县诸职管官拟注窠缺，举保升用"，要求今后"须保选相应人员"。[3]

2. 对保举人实行"所保不当，罪及保官"的保举归责原则。对于保举官员的保举者，必须切实负责，从实保举，须名实相符，否则会得到相应的惩罚。法律要求保举人在保荐人才时，必须对被保举者的德行才能"皆须直言所长，务要名行相副"，同时还要开具"著名实迹"[4]。至元二十一年（1284年）御史台发令："今后凡保举官吏及草泽之士，并须指陈实迹"[5]。之后，御史台鉴于以往对被保举者缺乏实迹陈述的情况，又下令："今后但有荐举人员，须要从公明白开写五事廉能异政各各实迹，及举、察官姓名申呈"，宪司官员"责任尤重，苟非其人，不可妄举。"[6]

3. 对官员的选拔实行任能任贤原则。元代在选拔官员的过程中，非常注重实行器重才能的原则。《选格》规定：吏部掌握铨选工作，要突出选用有才有器的人，有特长者，善于治理官员的人。即所谓"能任繁剧，善理钱谷，明达吏事，深识治体"者。[7]

4. 在任官员必须尽忠职守，不得逃避其应该承担的工作。对于在任官员，法律要求官员不许出于私心"影避"诸富户"豪强势咬"人等逃避各项应该承担的工作。《至元新格》规定："所在肃政廉访司官常须用心禁察，毋使循习旧弊，靠损贫民。违者，其官与民并行治罪。"[8]

5. 对于官员的迁转实行迁转避籍原则。"迁转"实际就是调迁官员。元代迁转官员主要需要掌握两项原则：①迁转避籍原则。迁转官员要"斟酌地里远近，回避

〔1〕　黄时鉴点校：《通制条格·举保》，浙江古籍出版社1986年版。
〔2〕　黄时鉴点校：《通制条格·举保》，浙江古籍出版社1986年版。
〔3〕　黄时鉴点校：《通制条格·举保》，浙江古籍出版社1986年版。
〔4〕　黄时鉴点校：《通制条格·举保》，浙江古籍出版社1986年版。
〔5〕　黄时鉴点校：《通制条格·举保》，浙江古籍出版社1986年版。
〔6〕　黄时鉴点校：《通制条格·举保》，浙江古籍出版社1986年版。
〔7〕　黄时鉴点校：《通制条格·选格》，浙江古籍出版社1986年版。
〔8〕　黄时鉴点校：《通制条格·理民》，浙江古籍出版社1986年版。

元（原）籍铨注"，也即"迁转官员，自己地面里休做官"，要将他们委派到"别个田地里迁转"[1]。②流官于流官内迁转，杂职官于杂职官内迁转。元朝的杂职官是与流官相对而言的，它主要是指仓库、局院等非行政部门的官员。据《元史·选举志》记载，流官与杂官不可混淆互相迁转，只允许流官于流官内迁转，杂职官于杂职官内迁转[2]。

第五节　明清的行政法思想

一、《大明律》中的行政法思想

明朝是中国封建社会后期的一个重要王朝，就中华法制文明而言，集中体现明朝立法成就的是《大明律集解附例》，简称《大明律》。它是一部无论在体例上还是在内容上都较之唐宋律有所突破和发展的封建法典。《大明律》可以说是明代的一部最重要的法典。尽管从性质上来看，《大明律》是明代的一部刑法大典，但是如果分析其中的具体内容，我们不难发现，里面同时也包含了许多用现在的眼光看来是典型的行政关系的内容，只不过当时用了刑罚手段来调整。如《大明律》中的《职制》和《公式》两篇里，可以说所在皆有。这里，我们从三个方面来概括《大明律》中的行政法思想。

（一）先于治吏、严于治吏、以法治吏的思想

在《大明律》中，从头至尾都贯穿着一条主线，即明统治者朱元璋的先于治吏、严于治吏、以法治吏的思想。为此，《大明律》首先系统地规定了官员履行职责的要求。一是官员赴任不得违限。《大明律》规定："凡已除官员，在京者以除授日为始，在外者以领照日为始，各依已定程限赴任。若无故过限者，一日笞一十，每日加一等，罪止杖八十，并附过还职。"二是官员不得擅离职守。坚守岗位、忠于职守乃是官员的职责所在。对于官员擅离职守、旷废公务者，《大明律》明确规定："凡官吏无故擅离职役者，笞四十；若避乱因而在逃者，杖一百，罢职役不叙，所避事重者，从重论。其在官应值不值、应宿不宿，各笞二十。若主守仓库、务场、狱囚、杂物之类，应值不值，应宿不宿各笞四十。"三是官员不可无故缺勤。《大明律》规定："凡大小官员无故在内不朝、在外不公座署事，及官吏给假限满，无故不还职役者，一日笞一十，每三日加一等。各罪止杖八十，并附过还职。"四是官员出使必须按时复命。《大明律》规定："凡奉制敕出使不复命，干预他事者杖一百。各衙门出使不复命，干预他事者，常事杖七十，重情重事杖一百。若回还后三日不缴纳圣旨者，杖六十，每三日加一等，罪止杖一百；不缴纳符验者，笞四十，每三

---

〔1〕 黄时鉴点校：《通制条格·迁转避籍》，浙江古籍出版社1986年版。

〔2〕 黄时鉴点校：《通制条格·举保》，浙江古籍出版社1986年版。

日加一等，罪止杖八十。"五是官员行政必须按时履行职责，不得贻误公事。《大明律》规定官员不得延滞官文书。"凡官文书稽程者，一日吏典笞一十，三日加一等，罪止笞四十；首领官各减一等。若各衙门遇到所属申禀公事，随即详议可否，明白定夺回报。若当该官吏不与果决，含糊行移，互相推诿，以致耽误公事者，杖八十。其所属将可行事件不行区处，作疑申禀者，罪亦如之。其所行公事已果决行移，或有未绝，或不完者，恣意官文书继承。"[1] 六是官员不得渎职和专擅。明代法律对严惩官员的渎职行为进行了严格的规定。《大明律》规定："凡告谋反、叛逆，官司不即受理掩捕者，杖一百，徒三年。以致聚众作乱、攻陷城池及劫掠人民者，斩。若告恶逆，不受理者，杖一百。告杀人及强盗，不受理者，杖八十。斗殴、婚姻、田宅等事不受理者，各减犯人罪二等，并罪止杖八十，受财者计赃以枉法从重论。"[2] 同时，明代法律也对大臣的专擅行为进行严惩，"凡除授官员须从朝廷选用，若大臣专擅选用者，斩。"[3] 其他专擅行为如事应请旨而不请旨、应上奏而不上奏之类，明律也规定了极为严厉的刑事处分。七是严禁官员贪赃枉法。《大明律》规定："凡官吏受财者，计赃科断，无禄人，各减一等。官追夺除名，吏罢役，俱不叙。""凡监守自盗仓库钱粮等物，不分首从，并赃论罪。""凡官吏诸色人等，曲法嘱托公事者，笞五十。但嘱即坐。当该官吏听从者，与同罪。不从者，不坐。若事已施行者，杖一百；所枉罪重者，官吏以故出入人罪论"。"凡有司科征税粮及杂泛差役，各验籍内户口田粮，定立等第科差。若放富差贫、挪移作弊者，许被害贫民赴拘该上司，自下而上告，当该官吏各杖一百。若上司不为受理者，杖八十；受财者，计赃以枉法从重论。"

（二）严密法网、重惩贪赃的思想

《大明律》作为明一代的大法、常法，从起草到定型，期间经过了30多年，经历4次修订，但重惩贪官污吏作为《大明律》的一条主线贯穿始终。《大明律》奉行明统治者朱元璋的对贪官污吏严惩不贷的立法指导思想，将重点放在了对官吏赃罪及奸党罪的重惩，这也是以法治吏的重点所在。明律惩贪，用法之严，实属历史罕见。

《大明律》特别将官员贪赃诸条从唐律《职制》篇中分离出来，在《刑律》中专设《受赃》篇，设置了"官吏受赃"、"坐赃致罪"、"事后受财"、"在官求索借贷民人财物"、"家人求索"、"风宪官吏犯赃"、"因公擅科敛"、"私受公侯财物"、"克留盗赃"、"官吏听许财物"、"有事以财请求"11条。同时严惩：官吏受财；求索、借贷、买卖所辖地区财物；接受所辖地区馈送的土特产；克扣截留赃物；以及官吏的家人求索、借贷、买卖官吏所辖地区财物和役使官吏的部民。

---

〔1〕《大明律·公式》"官文书稽程"。
〔2〕《大明律·诉讼》"告状不受理"。
〔3〕《大明律·职制》"大臣专擅选官"。

同时,《大明律》还专设《赃罪》一篇,将贪墨之赃归纳为六种,设置了"六赃",即非法占有公私财物的六种罪:监守自盗、常人盗、窃盗、受财枉法、受财不枉法、坐赃。并将此"六赃"绘成图,标在律首,以示重绳贪墨之罪,"官吏犯赃不恕不赦"。此外,对于担负监督执行法律的"风宪官"的犯赃行为,《大明律》也作了严格的规定,即凡风宪官吏"于所按治去处求索借贷人财物"者,"各加其余官吏罪二等"处罚,可见对风宪官吏的犯赃行为处罚尤重。

《大明律》还规定,即使官吏没有接受财物,也没有枉法,但听任别人许诺给自己财物,也要严惩,重者也可以处以流刑。甚至就连因公出差乘坐官畜车船附带私物超过重量的规定,也要加刑。

可见,明代对官员之廉洁方面的要求是超乎以往的,保持自身廉洁是为官的重要义务,如果不能履行,则要受到法律较为严厉的制裁。如《大明律·受赃》"官吏受财"条规定:"凡官吏受财者,计赃科断;无禄人,各减一等。官追夺除名,吏罢役,俱不叙","事后受财"条规定:"凡有事,先不许受财,事过之后而受财,事若枉断者,准枉法论;事不枉断者,准不枉法论。"

（三）严禁官员结党营私,重惩"奸党"

官员结党,为历代所严厉禁止。但在法律中专设"奸党"条,则自《大明律》开始。《大明律》"奸党"条规定:"凡奸邪进谗言左使杀人者,斩;若犯罪,律该处死,其大臣小官巧言谏免,暗邀人心者,亦斩;若在朝官员交结朋党,紊乱朝政者,皆斩,妻子为奴,财产入官;若刑部及大小各衙门官吏不执法律,听从上司主使,出入人罪者罪亦如之。"[1]《明律》"上言大臣德政"条亦云:"凡诸衙门官吏及士庶人等,若有上言宰执大臣美政才德者,即是奸党。务要鞫问穷究来历明白,犯人处斩,妻子为奴,财产入官。"[2]

与此同时,由于宿娼、赌博有伤风化,官员涉足更易带来官场的腐败。因此对此问题,法律进行了严格的规定,处罚极严。《大明律》规定:"凡官吏宿娼者,杖六十,媒合人减一等;若官员子孙宿娼者,罪亦如之,附过,候荫袭之日,降一等于边远叙用。"官吏奸宿娼妇,有损官德,杖六十,媒合人减一等,笞五十,官员子孙犯此罪亦杖六十,若系军职子孙,则附写过名,候袭荫之日降其祖父原职一等,于边远衙门叙用。[3]"凡赌博财物者,皆杖八十,摊场钱物入官……职官加一等治罪,杖九十。"[4]

（四）要求官员熟读律令,保证官员依法行政

为了保证官员了解、掌握政府颁布的政令法规,使其能够在行政中恪尽职守、

---

[1]《大明律集解附例·吏律·职制》。
[2]《大明律集解附例·吏律·职制》。
[3]《大明律集解附例·刑律·犯奸》。
[4]《大明律集解附例·刑律·杂犯》。

奉公守法、依法行政。明政府强迫各级官员要熟悉律令,《大明律》明确规定:"百司官吏,务要熟读。讲明律意,剖决事务。"并以此作为考核官员的标准,采取了相应的考核和奖惩办法,"若有不能讲解,不晓律意者,初犯罚俸钱一月,再犯笞四十,三犯于本衙门递降序用"。[1] 这在很大程度上约束了各级官员的行政行为,使其有利于做到知法、懂法,进而守法,从而保证官员依法从政。

二、《大清律例》中的行政法思想

《大清律例》是清朝的基本法典,经过顺治、康熙、雍正,于乾隆五年定型。清王朝建立伊始,清初统治者颁布了清朝历史上的第一部法典——《大清律集解附例》。但因时间仓促,使得该法律的立法过程过于粗糙,可以说它无异于将《大明律》重新抄了一遍。随着清朝统治秩序的逐步建立,《大清律集解附例》作为一种临时性的法律规范已经不能满足当权者的需要。因此,顺治继位后,便开始着手对《大清律集解附例》进行修订,并颁布了新的《大清律集解附例》。康熙继位后,为弥补《大清律集解附例》在维系社会状况方面的不足,同时消除律、例之间条文的混乱、相互矛盾等缺陷,便令刑部对清朝建立以来的所有正在使用的律文进行重新整理,并亲自核准颁行,这就是《钦定六部现行则例》,简称《现行则例》。《现行则例》运行近10年后,也开始逐渐暴露出一些问题。雍正继位后,进行了一次清朝历史上规模最大的一次系统性的修例活动,并将经过修订的法典刊布内外,这就是《大清律集解》。《大清律集解附例》、《钦定六部现行则例》和《大清律集解》三部法典的制定,为《大清律例》的完成打下了扎实的基础,提供了宝贵的经验。乾隆继位后,重修大清律,对原有的律例进行逐条考证,并折衷损益,于乾隆五年(1740年)完成,定名为《大清律例》,刊行天下。至此,中国历史上最后一部封建成文法典,以《大明律》为蓝本,经过百年的修订终于完成。它可谓是中国封建法律的集大成者。

(一)职官管理思想

中国历史发展至清代,我国古代的行政法可以说已经发展完备、规范。《大清律例》经过近100年时间的修订与完善,作为中国封建史上的最后一部成文法典,且为中国封建法律的集大成者,其中自然蕴涵着丰富的行政法思想。这里,我们首先围绕职官管理方面的内容将《大清律例》中的相关思想概括如下:

1. 在选官方面,严禁官员专擅选官。《大清律例·吏律·职制》规定:"大臣专擅选官。凡除授官员(兼文武应选者),须从朝廷选用。若大臣专擅选用者,斩(监候)。"大臣专擅选官,处死刑。又"条例:文武职官人等,不由铨选推举,径自朦胧奏请,希求进用,夤缘奔竞,阻坏选法者,俱问罪,黜革为民。"这里,跑官、要官的将被革职为民。

---

[1] 《大明律·吏律》。

2. 官员应该如实举荐人才。中国古代社会官员有为国家举荐人才的责任，如果滥举或蔽贤，都要受到相应的惩治。对于贡举非其人或应该举荐而没有举荐的，举荐人才不实的，《大清律例·吏律·职制》规定："凡贡举非其人，及才堪时用，应贡举而不贡举者（计其妄举与不举人数），一人，杖八十，每二人加一等，罪止杖一百。"并规定追究被贡举人，"所举之人知情，与同罪，不知者，不坐"。

3. 严禁滥设官吏、置官过限。清朝政府行政机关的设立有定制，官吏也有定编之额，不得擅自增设。清统治者严禁任意增设机构，滥设官吏，并对署置过限或不应置而置的现象进行法律惩治。《大清律例·吏律·职制》明确规定："滥设官吏。凡内外各衙门，官有额定员数，而多添设者，当该官吏（指典选者），一人；杖一百，每三人加一等，罪止徒三年。（若受赃，计赃，以枉法从重论）"[1]

4. 严禁举用有过的官员。《大清律例·吏律·职制》规定："举用有过官吏。凡官吏曾经断罪罢职役不叙者，诸衙门不许朦胧保举。违者，举官及匿过之人，各杖一百，罢职役不叙。（受赃，俱以枉法从重论）"又"条例：文职官员，举贡监生并吏员承差人等，曾经考察，论劾罢黜，及为事问革，例不入选者，若要求官吏，改洗文卷，隐匿公私过名，或诈作丁忧起复以图选用，事发问罪，吏部门首枷号一个月。已除授（任官）者，发边卫，未除授（还未任命）者，发附近各充军。"这里，涂改个人档案，隐匿以往罪过，以谋官职，已遂或未遂，各发边卫或附近充军。

5. 对官员应该进行如实考核。《大清律例·吏律·职制》规定："若主司考试艺业技能，而（故）不以实者（可取者置之下等，不可取者仅置之上等），（比贡举非其人罪）减二等。（若贡举考试）失者（过失）各减三等。（受赃，俱以枉法从重论。）条例：乡会试，考试官，同考官及应试举子，有交通、嘱托，贿买关节等弊，问实斩决（死刑）。应试举监生儒及官吏人等，但有怀挟文字、银两、并越舍与人换写文字者，枷号一个月，满日杖一百发为民。其夫匠军役人等，受财代替夹带传递，及不举察提拿者，发边为民。官纵容者，交部议处，受财以枉法论。其武场有犯怀挟等弊，俱照此例拟断。凡学臣考试，如提调官通同作弊及引诱为非者，同学臣一并革职提问。其学臣赙通关节，私鬻名器，提调官虽无通同引诱情弊，而防范不严者，交部议处。学臣应用员役倘有招摇撞骗，及受贿传递等弊，提调官不行访拿究治者，亦交部议处。若学臣操守清廉，杜绝情弊，而提调官不得遂其引诱，反行挟制把持者，该学臣即行指参，审实将提调官照贪官例治罪。"

6. 严禁各部门之间相互推诿扯皮。对于部门官员行政效率低下，部门之间相互推诿扯皮之恶习，《大清律例》中也明文规定制裁："凡官稽程一日，吏典笞一十；三、四日加一等罪，笞四十；首领官各减一等。若各衙门遇有所属申禀公事，该上司官吏不与果决，含糊行移，上下互相推调，以致耽误公事者杖八十；其所属下可行事不作区处，而作疑申禀者，罪也如之。"

---

〔1〕《大清律例·吏律》。

（二）惩治贪污思想

官员是否廉洁奉公、恪尽职守关系到统治政权的安危。历代封建王朝在上升时期，一般都强调择官求贤，"以法治吏"。而在"吏治"的过程中，切实加大从源头上预防和治理的力度，严惩官员的贪污受贿、渎职失职等行为。这一点很重要，所谓未雨绸缪，防患于未然。清统治者就十分注意汲取历史经验的教训，总结以前历代法律条文，把有关廉政内容写入清朝的法典之中，规定之详明，应用范围之广，均超过前代。这里，我们可以从《大清律例》中对官员贪赃枉法、渎职失职行为及官员的结党营私等行为的惩处可窥见一斑。

1. 严惩官员的贪污受贿行为。官员的贪污受贿行为，在封建法律中被称为"赃罪"。《大清律例》规定，"凡官吏（因枉法、不枉法事）受财者，计赃科断，无禄人，各减一等；官追夺除名，吏罢役，（赃止一两）俱不叙用"。（《大清律例·刑律·受赃》）同时还规定，"凡有事先不许财，事过之后而受财，事若枉断者，准枉法论；事不枉断者，准不枉法论"，"凡官吏听许财物，虽未接受，事若枉者，准枉法论；事不枉者，准不枉法论"[1]，但是，只要是利用职权强借、索要财物的，一律"准枉法论"。[2] 可以看出，只要官吏有坐赃行为，无论是枉法还是不枉法，都要追究刑事责任。从律文规定上看，这些约束还是相当严格的。

2. 严惩官员的渎职、失职行为。对于官吏的渎职、失职行为，清律也都处以较重的刑事处罚。《大清律例·吏律·公式》中有较多官吏渎职失职犯罪的条款，主要有："制书有违"、"事应奏而不奏"、"官文书稽程"、"擅用调兵印信"、"漏使印信"、"举用有过官吏"等。此外，在《大清律例·兵律·军政》中，有"擅调军官"、"漏泄军情大事"、"失误军事"、"主将不固守"等几十个罪名。

3. 严惩官员交结朋党、结党营私。清统治者吸取以往各代王朝的教训，在对官员的贪赃枉法、渎职失职等行为严格管理的同时，进一步控制官员私下交结朋党、结党营私。明朝曾首创"奸党"罪，清朝统治者为了加强对官员更为严密的防范与控制，更加注意通过法律禁绝朋党来加强中央集权。清朝继承了明代禁绝"奸党"的罪条，《大清律例》中关于禁绝"奸党"的规定，不仅全盘承袭了《大明律》的规定，同时还做了一些补充性的规定，增加了鼓励告发的律文："若有不避权势，明具实迹，亲赴御前执法陈诉者，罪坐奸臣，言告之人与免本罪，仍将犯人财产均给充赏，有官者升二等，无官者量与一官，或赏银二千两。"[3] 总的看来，《大清律例》中关于"奸党"的规定比较明确具体，其中禁交结内宫近侍条规定："凡诸衙门官吏与内宫近侍人员互相交结，泄露机密，夤缘作弊而附同奏启，以图乘机迎合

---

〔1〕《大清律例·刑律·犯赃》。
〔2〕《大清律例·刑律·犯赃》。
〔3〕《大清律例·吏律·职制》。

者，皆斩，妻子流三千里安置。"[1] 这里，甚至宫廷中臣僚之间的交往、京官与家资厚富者的交往也被禁止，"凡内外官员除系至亲好友世谊乡情彼此往来，无庸禁绝外，如外官赴任时，谒见在京各官，或至任所差人来往交接者革职。其在京各官与之接见及差人至外官任所来往者，亦革职。"[2]

三、黄宗羲的行政法思想

黄宗羲（1610～1695 年），字太冲，号南雷，人称梨洲先生，余姚（今浙江余姚）人，生于万历三十八年，卒于康熙三十四年。年轻时即饱读诗书，曾起兵抗清，失败后隐居著书。他是我国明末清初一位杰出的启蒙主义思想家，清初民本思想之主要代表，黄氏著书甚富，其主要作品有《明夷待访录》、《宋元学案》、《明儒学案》、《南雷文定》等。其 54 岁时所成之《明夷待访录》是政治思想之名著[3]。此书也较集中地反映了他进步的政治法律思想。这里，我们也主要是通过《明夷待访录》一书来阐述黄宗羲的行政法思想。

萧公权先生认为《明夷待访录》之最高原理出于《孟子》之"贵民"与《礼运》之"天下为公"。其政治哲学之大要在阐明立君所以为民与君臣乃人民公仆之二义[4]。总的来说，《明夷待访录》一书中体现黄宗羲行政法思想的篇目尤其集中在《原君》、《原臣》、《原法》、《置相》及《学校》五篇政论之中。以下具体述之。

（一）"天下为主君为客"的君民关系论

"天下为主，君为客"是黄宗羲《明夷待访录》一书中的核心思想。对于君与民的关系，他提出了"天下为主，君为客"的主张，强调古代的人们，以天下为主，君主为客，君主的使命或职分在于为社会振兴功利，而非为了谋取一己之私利。君主是人民的公仆，《原君》篇曰："有生之初，人各自私也，人各自利也；天下有公利而莫或兴之，有公害而莫或除之。有人者出，不以一己之利为利而使天下受其利，不以一己之害为害而使天下释其害。此其人之勤劳必千万于天下之人。夫以千万倍之勤劳而己又不享其利，必非天下之人情所欲居也。故古之人君，量而不欲入者许由、务光是也。入而又去之者尧、舜是也。初不欲入而不得去者禹是也。岂古之人有所异哉？好逸恶劳亦犹夫人之情也。"用我们今天的话语来解释，就是君主应是人民的公仆，人君应以利民为职分。梨洲先生也据此认为"君乃勤劳之义务而非享乐之权利"[5]。这里，梨洲先生就明确指出了君主与人民利益的一致性，人君一

---

[1]　《大清律例·吏律》。

[2]　《钦定吏部则例》，转引自张晋藩：《中华法制文明的演进》，中国政法大学出版社 2000 年版，第591 页。

[3]　《明夷待访录》一书被誉为与卢梭的《社会契约论》齐名的政治著作。参见梁启超：《中国近三百年学术史》，中国书店 1985 年影印版，第 46 页。

[4]　萧公权：《中国政治思想史》，新星出版社 2005 年版，第 393 页。

[5]　萧公权：《中国政治思想史》，新星出版社 2005 年版，第 394 页。

人之利与天下人之利一致，这才是天下之大公。而非三代以后，人君"以为天下利害之权皆出于我，我以天下之利尽归于己，以天下之害尽归于人，亦无不可。使天下之人不敢自私，不敢自利，以我之大私为天下之公。始而惭焉，久而安焉，视天下为莫大之产业，传之子孙，受享无穷。汉高帝所谓某业所就孰与仲多者，其逐利之情不觉溢之于辞矣"。[1] 这里，人君就把个人的"大私"看成是"天下之大公"，"公天下"实质上也就是"私天下"，"天下之法"乃实为"一家之法"矣。

这里，梨洲先生进一步指出，上古之人深谙为君之道，为君者尽其公天下之心，以致万众之福利。而三代以后，为君者却不谙此理，本末倒置，颠倒君民地位，以一己之私为天下之公，利民之义务转而为利己之私权，他明确指出："古者以天下为主，君为客。凡君之所毕世而经营者为天下也。今也以君为主，天下为客。凡天下之无地而得安宁者为君也。是以其未得之也，屠毒天下之肝脑，离散天下之子女，以博我一人之产业，曾不惨然，曰：我固为子孙创业也。其既得之也，敲剥天下之骨髓，离散天下之子女，以奉我一人之淫乐，视为当然，曰：此我产业之花息也。然则为天下之大害者君而已矣。向使无君，人各得自私也，人各得自利也。呜呼，岂设君之道固如是乎？"[2] 为人君者，应以利民为其毕生使命，为民谋福利乃是其职责所在，能尽心尽职者，民则从之；反之，不能尽职者，民则叛之。此乃古训所指。

（二）分权而治思想

国家的官僚制度虽然在其组成之后有其自己的运作规则，并表现出一定的自主性，但制度本身终究是死的，而在我国，传统的政治制度在执行时尤其富有弹性，因此，国家官僚制度的自主性更重要的便有赖于通过为此制度服务的人上来体现。黄宗羲在书中强调官僚的"公仆"意识，这点，他讨论的核心便是为官者究竟是君主的私人臣子，还是他们是万民的"公仆"？梨洲先生在否定君权神授的基础上，进而批判了"君为臣纲"的传统思想，主张"君臣共治"，君民乃平等的师友关系。

《原臣》曰："有人焉视于无形，听于无声，以事其君，可谓之臣乎？曰：否。杀其身以事其君，可谓之卧乎？曰：否。夫视于无形，听于无声，资于事父也。杀其身者无私之极则也。而犹不足以当之，则臣道如何而可。曰：缘夫天下之大，非一人之所能治而分治之以群工。故我之出而仕也，为天下，非为君也。为万民，非为一姓也。吾以天下万民起见，非其道，即君以形声强我，未之敢从也，况于无形无声乎！非其道，即立身于其朝，未之敢许也，况于杀其身乎！不然而以君之一身一姓起见，君有无形无声之嗜欲，吾从而视之听之，此宦官宫妾之心也。君为己死而为己亡，吾从而死之亡之，此其私匿者之事也。是乃臣不臣之辨也。"[3]

---

〔1〕《明夷待访录·原君》。
〔2〕《明夷待访录·原君》。
〔3〕《明夷待访录·原臣》。

这里，君分权与臣，"缘夫天下之大，非一人之所能治而分治之以群工"[1]，君分权与臣共同治理天下，并且臣的权力所指要为天下服务，"故我之出而仕也，为天下，非为君也。为万民，非为一姓也"[2]。"盖天下之治乱，不在一姓之兴亡而在万民之忧乐。"[3] 这里，臣的权力是对下而非对上，这在客观上抑制了上级权力的膨胀和无限扩大。

在众人看来，古之臣乃为君而设，臣不问君尽职与否，只惟从其所命；不问老百姓之安危，只惟求人君地位之巩固。而"盖天下之治乱，不在一姓之兴亡而在万民之忧乐。是故桀纣之亡乃所以为治也，秦政蒙古之兴乃所以为乱也。晋宋齐梁之兴亡，无与于治乱者也。为臣者轻视斯民之水火，即能辅君而兴，从君而亡，其于臣道，固未尝不背也"[4]。纵然君尊臣卑，名位有异，但是二者的职分却都在利民，心系天下，为民谋利，因此，"君之与臣，名异而实同"[5]。为人臣者辅佐君主治理天下，以天下万民为事，君臣乃师友关系，而非尊卑服从关系，君臣的主要职责就是为天下、为民众，在处理政务时应该首先考虑到人民的利益，正确处理好与人民的关系。正如梨洲先生所言"出而仕于君也，不以天下为事，则君之仆妾也；以天下为事，则君之师友也。"[6]

在君臣共治中，黄宗羲在书中将天下比喻成一根大木材，君与臣都是拉这个大木材的人。"夫治天下犹曳大木然。前者唱邪，后者唱许。君与臣，共曳木之人也。若手不执绋，足不履地，曳木者唯娱笑于曳木者之前，从曳木者以为良，而曳木之职荒矣。"[7] 也即臣若不致力于曳木，而只惟承君者之喜怒，则曳木之职便荒矣。

在这里，我们应当承认，当君权的诱惑过于强大时，官员要支持其自身的"公仆"意识并不容易，因此，黄宗羲关于置相的阐述比对官员"公仆"意识的强调更为重要，因为置相所代表的是整个国家官僚制度的完善，它是政治正常化、规范化的基本保证。所以，在君臣分权共治的基础上，黄宗羲主张设置宰相，限制权力的同时，弥补天子世袭制的不足。他指出："天子传子，宰相不传子。天子之子不皆贤，尚赖宰相传贤，足相补救，则天子亦不失传贤之意。"[8] 此即宰相传贤得近似内阁负责制的制度。普天之下的事务由贤能的宰相和天子共同商议，然后再下达各部执行。宰相的议事堂分科办事，欢迎人们上书评议政治的得失，提出自己的主张，从而做到"凡事无不得达"。

---

[1] 《明夷待访录·原臣》。
[2] 《明夷待访录·原臣》。
[3] 《明夷待访录·原臣》。
[4] 《明夷待访录·原臣》。
[5] 《明夷待访录·原臣》。
[6] 《明夷待访录·原臣》。
[7] 《明夷待访录·原臣》。
[8] 《明夷待访录·置相》。

在分权而治的思想中，为克服郡县制高度集权的弊端，黄宗羲从政治的角度提出恢复方镇，在边疆设置方镇，"田赋商税，听其征收……一切政教张弛，不从中制"[1]让方镇拥有一定的自主权和自治权，这样既提高了效率，明确了职责，又可以从纵向上制约高度集中的君主专制权力，对皇权形成制衡，并从横向上革除"封建之弊，强弱吞并，天子之政教有所不加；郡县之弊，疆场之害苦无已时"[2]有利于天下的稳定和统一。

（三）"学校议政"的权力制约思想

为辅佐君臣更好地议政，黄宗羲建议将学校作为议政机关。按照传统观念，作为传道、授业、解惑的学校，它的主要功能在于为国家培养人才。但是，在黄宗羲看来，学校不仅仅是培养人才的地方，它还应承担起对公权力的监督，对朝政的评议，而公其是非的责任。黄宗羲讥斥以往政治家对于学校的错误认识，他认为学校的作用不仅在于"养士"，而亦在于培养健全的舆论。学校除了用作培养教育人才外，尤其应该担负起监督批评政府的责任，务使免有过失。因此，在黄宗羲看来，"养士为学校之一事，而学校不仅为养士而设也"[3]学校的目的在于"使朝廷之上，闾阎之细，渐摩濡染，莫不有诗书宽大之气。天子之所是未必是，天子之所非未必非。天子亦遂不敢自为是非，而公其是非于学校"[4]在书中，黄宗羲极力赞扬汉、宋太学生的清议，他认为学校确实可以代表人民的舆论："东汉太学三万人，危言深论，不隐豪强，公卿避其贬议。宋诸生伏阙槌鼓，请起李纲。三代遗风，唯此犹为相近。"[5]据此"清议"的历史经验，黄宗羲主张扩大学校的职能，使它成为清议的机关，以此来监督政府。国家的行政、外交、军事、刑法等都应当通过学校的意见来执行。因此，"学校，所以养士也。然古之圣王，其意不仅此也，必使治天下之具皆出于学校，而后设学校之意始备"[6]

黄宗羲欲使"治天下具出于学校"，为了达到这一目的，特邀名儒来校，君臣子弟共同就学于太学，"使知民之情伪，且使之稍甚于劳苦"，担当好议政的角色，且学校的学官不由君主任命，而由公众推举，在学校里，老师的地位与权威重于君主和大臣。"郡县学官毋得出自选除。郡县公议，请名儒主之。""其人稍有干于清议，则诸生得共起而易之。""郡县朔望，大会一邑之缙绅士子。学官讲学，郡县官就弟子列，北面再拜。""郡县官政事阙失，小则纠绳，大则伐鼓号于众。""太学祭酒，推择当世大儒。其重与宰相等，或宰相退处为之。每朔日，天子临幸太学，宰

---

[1]《明夷待访录·方镇》。

[2]《明夷待访录·方镇》。

[3]《明夷待访录·学校》。

[4]《明夷待访录·学校》。

[5]《明夷待访录·学校》。

[6]《明夷待访录·学校》。

相六卿谏议皆从之。祭酒南面讲学，天子亦就弟子之列。政有缺失，祭酒直言无讳。"[1] 如此，将学校真正变成一个"公其是非"的地方。对于学校的活动，朝廷不允许干涉，在学校里，大家可以畅所欲言，共议政事之得失。学校的独立性在一定程度上保证了决策的民主化与科学化。可见，黄宗羲所设想的学校已经具备议政的权力和监督的权力，可以说，黄宗羲的学校议政思想有些类似于现代西方的议会制。

（四）"宽于取士，严于用士"的吏治观

官吏是君主治理国家的重要工具。韩非子"明主治吏不治民"的主张被历朝历代的统治者所认可并采纳，实是由于吏治的优劣直接关系到国家的治乱。黄宗羲亲眼目睹了当时科举制度的种种弊端，科举考试"转相模仿，日趋浮薄，人才终无振起之时"[2]。他指出："今之取士也严，其用士也宽"，"其所以程士者，止有科举之一途"[3]。因此，黄宗羲主张放宽取士之法，在科举之外还应该有荐举、太学、任子、郡邑佐、辟召、绝学、上书等途径。同时，他在提出放宽取士时，又主张严于用士。对采用荐举的方法所挑选出来的人才"若庸下之才剿说欺人者，举主坐罪，其人报罢"[4]。而利用郡县佐之法选用的人才，则"满三考升贡太学，其才能尤著者，补六部各衙门属吏。凡廪生皆罢"[5]。

（五）立法为公，变"一家之法"为"天下之法"

"气理一体"的唯物观是黄宗羲法哲学体系的基石，其在继承、发展先秦的民本主义思想的基础上，创立了以"公"为核心的"公"法哲学。所谓"法者，天下之公器"，乃是对他"公"法哲学的最凝练的概括。这里，"公"有着两层含义：① "公"具有"公共"之意，法律是为天下人而设立的，它回答了法律是为谁而服务的问题；② "公"也有"公正"之意，法律是天下最为公正的事物，这里他就排除了为了一家一姓而设立的特权法。

在黄宗羲看来，古代圣明帝王心存天下，所以他们立法，是以人民的利益为依归，而后世君主则以一己之私为天下之大公，其所谓法者，乃君主一家之法，而非"天下之法"。《原法》曰："三代以上有法，三代以下无法。何以言之。二帝三王知天下之不可无养也，为之授田以耕之。知天下之不可无衣也，为之授地以桑麻之。知天下之不可无教也，为之学校以兴之。为之婚姻之礼以防其淫，为之卒乘之赋以防其乱。此三代以上之法也，固未尝为一己而立也。后之人主，既得天下，惟恐其祚命之不长也，子孙之不能保有也，思患于未然以为之法。然则其所谓法者一家之

〔1〕《明夷待访录·学校》。

〔2〕《明夷待访录·取士上》。

〔3〕《明夷待访录·取士下》。

〔4〕《明夷待访录·取士下》。

〔5〕《明夷待访录·取士下》。

法，而非天下之法也。是故秦变封建而为郡县，以郡县得私于我也。汉建庶孽，以其可以屏藩于我也。宋解方镇之兵，以方镇之不利于我也。此其法何曾有一毫为天下之心哉！而亦可谓之法乎?"[1]

黄宗羲由此主张以"天下之法"取代"一家之法"，他指出：古代的法，非为一己而立。而后世的法，则变成为一家之法。由于是一家之法，故法愈密而天下愈乱。因此，必须废除这种非法之法，才能获得社会的公平。在《原法》篇中，他将三代以上之法和三代以下之法加以比较，"三代之法，藏天下於天下者也。山泽之利不必其尽取，刑赏之权不疑其旁落。贵不在朝廷也，贱不在草莽也。在后世方议其法之疏，而天下之人不见上之可欲，不见下之可恶。法愈疏而乱愈不作，所谓无法之法也。后世之法，藏天下于筐箧者也。利不欲其遗于下，福必欲其敛於上。用一人焉，则疑其自私，而又用一人以制其私。行一事焉，则虑其可欺，而又设一事以防其欺。天下之人共知其筐箧之所在，吾亦鳃鳃然日惟筐箧之是虞。故其法不得不密。法愈密而天下之乱即生于法之中，所谓非法之法也"[2]"三代之法，藏天下于天下者也"，而"后世之法，藏天下于筐箧者也"，可见黄宗羲是以"公"作为标准来评价法律的，凡为一家一姓而立之法是"非法之法"，为"天下之利"而设之法才称得上是法。

由此，我们可以发现黄宗羲认为三代是公天下，其立法是为了天下的人民而立。因此，其法纵然疏简，但却没有动乱，天下太平。而后世之法则不同，君主把天下财物都据为己有，天下乃是君主的私财，并用法律的形式规定下来，为维护其所享有的特权，其立法自然日益繁密，如此，招致天下人民的怨恨与反抗乃是必然。

四、顾炎武的行政法思想

顾炎武（1613～1682 年），字宁人，初名继绅，后更名为绛。明亡后始名炎武，世称"亭林先生"，明末清初著名思想家。其出身官宦世家，生于万历四十一年，卒于康熙二十一年。明亡后曾坚持抗清斗争，失败后从事学术活动，所著甚丰，著有《日知录》、《区言》、《天下郡国利病书》、《肇域志》、《音学五书》、《韵补正》及《亭林文集》等作品。其中《日知录》是顾炎武积 30 余年读书有得，包含领域极为广博，涉及政治、经济、教育、哲学、军事、科技、历史、宗教、法律、伦理、语言、文字、经学、文学、艺术、风俗习惯、天文地理、典章制度等，因而被后人称为"中国古代的百科全书"，它是一部带有读书札记性质的著作，共 32 卷，不分门目，编次先后，略以类分。此书是研究顾炎武思想的主要资料，自言"平生之志与业皆在其中"，凝其一生学问与思想，其实学思想和学术见解在这部书中得到了比较系统的发挥。因此，这里我们主要从该书入手来阐述顾炎武的行政法思想。

---

[1] 《明夷待访录·原法》。
[2] 《明夷待访录·原法》。

（一）"众治"思想

顾炎武反对独治，主张百官分治，改"独治"为"众治"，合理分配中央与地方的权力。他认为："人君之于天下，不能以独治也，独治之而刑繁矣，众治之而刑错矣。"[1] 这里，"众治"是指由地方各级官吏分级管理的意思。他提出"以天下之权寄天下之人"的政治原则。他说："所谓天子者，执天下之大权者也。其执大权奈何？以天下之权，寄天下之人，而权乃归之天子。自公卿大夫至于百里之宰，一命之官，莫不分天子之权，以各治其事，而天子之权乃益尊。"[2] 他认为皇权的尊严并不表现在君主把天下所有的权力都掌握在他一个人手中，而是表现在"以天下之权，寄天下之人"上，表现在"一命之官，莫不分天子之权，以各治其事"上。

在中央和地方的关系上，顾炎武主张"寓封建于郡县之中"，他说："知封建之所以变而为郡县，则知郡县之弊而将复变。然则将复变而为郡县乎？曰，不能。有圣人起，寓封建之意于郡县之中，而天下治矣。"[3] 这是因为"封建之失，其专在下；郡县之失，其专在上"[4]。这种主张，实际就是要求扩大地方的权力，以防止中央过分集权。由于中央高度集权致使中央无法具体审理一切事务，因而中央不得不借托于法，而法令纷繁，不但约束了地方官员的行政自由，同时也使得各胥吏播弄其间，乃至操纵地方行政，他说："尽天下一切之权而收之在上，而万户之广固非一人所能操也，而权乃移于法；于是多为之法以禁防之，虽大奸有所不能逾，而贤智之臣亦无能效尺寸于法之外。"[5] 因此，在顾炎武的"众治"思想中，首先就是扩大地方郡县的职权，他认为中央集中了地方的"辟官"、"莅政"、"理财"、"治军"四权，中央应该将这四种权力下放给地方官员，因为若"闾里萧然，农民彩色，而郡县且不能以赈救，而坐至流亡，是以言莅事而事权不在于郡县，言兴利而利权不在于郡县，言治兵而兵权不在于郡县，尚何以复论其富国裕民之道哉"；[6] 其次，顾炎武认为应该健全县以下基层社会组织，"天下之治始于里胥，终于天子"，"一乡之中，官之备而法之详，然后天下之治若网之在纲，有条而不紊"[7]。

这里，顾炎武极力主张扩大地方政府的权力，让地方官员掌握地方上的军民财政等一切大权。在他看来，从古至今，人性并无不同，"人之有私，固情所不能免"，官员们和老百姓其实一样，只有让他们有利可图，他们才会尽力为国家办事；也只有让官员们把社会公共事务当做自家的事情来办，他们才会实心实意地把地方

---

[1] 《日知录》卷六《法制》"爱百姓故刑罚中"。

[2] 《日知录》卷九《守令》。

[3] 《亭林文集》卷一《郡县论一》。

[4] 《亭林文集》卷一《郡县论一》。

[5] 《日知录》卷九《守令》。

[6] 《日知录》卷九。

[7] 《日知录》卷八。

上的事情办好。因此，他主张君主应把权力下放给地方官员，扩大地方政府的权力，让各级官员"自为"。他认为衡量地方各级官员是否称职的根本条件是人民安居乐业："何谓称职？曰：土地辟，田野治，树木藩，沟洫修，城郭固，仓廪实，学校兴，盗贼屏，戎器完，而其大者则人民安居乐业而已。"因此，在他看来，地方各级官员只有合乎以上十条标准特别是使人民安居乐业这一最重要的标准，才能算是称职。对于称职者，"赏则为世官"；反之，对于不称职者，"罚则为斩绞"；这样，地方官员们即使只为其私人利益考虑，也会"勉而为良吏"。

这里，值得我们注意的是，顾炎武还主张把凌驾于郡县之上的省级、大区级的行政机构统统撤销，他说："每三四县若五六县为郡，郡设一太守，太守三年一代。诏遣御史巡方，一年一代。其督抚司道悉罢。"这是一个十分大胆的政治体制改革的方案设想。他认为撤销这些机构，各郡县直接对中央负责，不仅不会降低行政效率，反而会使行政效率大大提高。

（二）吏治观

顾炎武认为官吏的选拔，由两汉乡举里选变而为隋唐科举，其中有历史的必然。但科举制如同郡县制一样，在因时而权变时并没有进行理性地思考。其弊衍至于明代的生员制度和官吏选拔和任免权的高度集中。一方面国家无法得到真正德才兼备的杰出人才，另一方面由于集权而吏部又无法对各级官吏的政绩和才干作出合理的判断，不可避免地出现在任命官吏中的按资排辈现象。顾炎武说，唐以后停年格之所以推行，实由于此法惟论年资，"百品千群不复铨叙人物而综核功实，一吏在前，勘簿，呼而授之官，坐庙堂者亦以是法为要而易行也"[1] 论资排辈的用人制度使庸玩者日益庸玩而豪杰扼腕，同样无法发挥官吏的治政才干。

除了改革科举内容之外，顾炎武还主张在科举中结合两汉乡举里选之意，他说："取士之制，其荐之也略用古人乡举里选之意，其试之也，略用唐人身言书判之法。"[2] 这样既可保证官吏的政治品格，又可保证官吏的理政才能。同时，顾炎武还极力主张下放官吏的任免权，彻底改变由中央负责全国大小官吏的考核、任免的局面，由地方官吏自由延纳人才。

顾炎武主张加强吏治，强调"吏之犯法者必治，而受赇者必不赦"[3] 顾炎武在主张对权力进行内部制约、扩大地方官员权力的同时，他也要求对贪赃官吏进行严惩，并倡导以"清议"、"名教"等来加强对官吏的管理。他认为公众的社会舆论监督是弥补体制内权力制衡之不足的又一重要权力，他说："天下有道，则庶人不议。然则政教风俗，苟非尽善，即许庶人之议矣。"[4] "天下风俗最坏之地，清议尚

---

〔1〕《日知录》卷八《停年格》。
〔2〕《亭林文集》卷一《郡县论九》。
〔3〕《日知录》卷八《铨选之害》。
〔4〕《日知录·清议》。

存，犹足以维持一二，至于清议亡，而干戈至矣！"[1] 在他看来，公众议政的社会舆论监督是保证政治清明的一个至关重要且不可或缺的因素。

顾炎武强调制度的重要作用，他主张通过对现实人性的肯定来进行理性化的制度建设。他认为腐败的根源在于"唯赖诈伪，迭相嚼齿"的恶劣人性和"千钟粟、黄金屋"的传统教育。古今人性并无不同，但为何官员能够恣意逞其贪欲而很少受到严厉的惩罚，他认为关键在于制度。一个健全的社会应该允许不同的声音存在，而要确保这些声音对权力的运行起到切实可行的监督作用，必须有合理的制度进行保障。因此，在顾炎武看来，我们首先必须从机构设置上来保证权力内部的制衡。顾炎武针对其所处的时代，提出了封驳制度，即下级官员有权对君主的错误言论和决策提出反对意见，以制约君主权力。其次，顾炎武反对特权人治的以例乱法和因例立法。确立重在防止政府官员犯罪的立法原则，反对特权人治的"因例立法"和"用例破法"。他说："法者，公天下而为之者也。例者，因人而立以坏天下之公者也。昔之患在于用例破法，今之患在于因例立法，自例行而法废矣。故谚称吏部为'例部'。是则铨政之害，在宋时即已患之，而今日尤甚。所以然者，法可知，而例不可知。吏胥得操其两可之权，以市于下。世世相传，而虽以朝廷之力不能拔而去之。甚哉，例之为害也，又岂独吏部然哉。"[2]

顾炎武也吸收传统"德治"思想中的某些合理因素，强调"治乱之关，必在人心风俗"，认为道德教化乃是建设一个良善社会的基础。他主张将道德教化与法治相结合，提出了"以名为治"的政治主张，即将政府官员的道德品质与他们的切身利益相联系，这不仅体现了重在防止政府官员犯罪的立法精神，同时又充分发挥了道德舆论对于官员的监督作用。

（三）法忌繁苛说

众所周知，法律是治理国家的一个不可或缺的重要工具与手段。但是，在顾炎武看来，法制禁令，虽为治国不可或缺之工具，但是我们不能单纯依靠繁密的法律来治理国家。他认为法令繁密，首先是政治独治的必然结果。他认为"人君之于天下，不能以独治也，独治之而刑繁矣，众治之而刑措矣"[3] 他以秦始皇为例说，天下之事，不管大小都决于他皇帝一人，以至于一天要看几百斤竹木简的上书，日夜都不得休息，法网繁密也胜于前代，结果秦朝遂致灭亡。因此，顾炎武特别指出："叔向与子产书曰：'国将亡，必多制。'夫法制繁，则巧猾之徒，皆得以法为市；而虽有贤者，不能自用，此国事之所以日非也。善乎杜元凯之解《左氏》也，曰：'法行则人从法，法败则法从人。'前人立法之初，不能详究事势，豫为变通之地，后人承其已弊，拘于旧章，不能更革，而复立一法以救之，于是法愈繁而弊愈多，

---

[1] 《日知录·清议》。
[2] 《日知录》卷八《铨选之害》。
[3] 《日知录》卷六。

天下之事，日至于丛脞，其究也眊而不行。上下相蒙，以为失祖制而已。此莫胜于有明之世，如勾军行钞二事，立法以救法，而终不善者也。"[1] 在他看来，法律的运用，贵在适应时势的需要，简而易行；过多的条文法令不切实际，反而会造成无所适从的后果。如果拘泥于旧章，不能因时制宜，因势利导，复立法以救法，只会徒使法密，那么，奸巧之徒得以法为市，轻重予夺，唯意所出，那法制将愈益败坏，国家将更难以治理。

---

[1] 《日知录·法制》。

第 8 章
17 世纪的行政法思想

17 世纪的欧洲处于宗教大裂变和民族大重组时期，彰显出一个模糊而多重变换的历史图景。在经济上，"地理大发现"，促使了世界性的商业中心转移至英国海峡及北海港口，使荷兰和英国成为了海上经济强国，资本主义经济得到迅速发展。在政治上，资本主义经济的超前发展，使英荷等国的新兴资产阶级队伍逐渐壮大。通过国会与国王之间不断的权力斗争，资产阶级最终取得革命的胜利，其结果是在以法国为代表的绝大多数欧陆政府还处在专制统治之下时，荷兰和英国已走上了君主立宪制的道路。在宪政思想上，17 世纪英国产生了一大批卓越的哲学家、思想家、法学家。他们对宪政哲学所做的最主要贡献在于提出了有限政府、民主、法治等一系列政治理念，使其成为资产阶级与王权进行斗争的思想武器，并对后世法律尤其是行政法思想的发展产生了深刻的影响。

第一节　资本主义制度的兴起与行政法思想

一、商业精神与行政法治

（一）商业的繁荣

英国资产阶级的崛起与其商业的繁荣密不可分。17 世纪英国的商业贸易发展主要以开拓海外殖民市场为主，大致可分为这样几个阶段：

1. 早在中世纪，英国的养羊业就比较发达，而这时欧洲大陆的毛纺织业发展较快，需要大量羊毛原料。因此，出口羊毛成为英国中世纪海外贸易的主要内容。14 世纪后期，英国的毛纺织业开始兴起，并逐渐发展成为英国的主导工业。新航路开辟后，欧洲商业中心从地中海转移到了大西洋沿岸，安特卫普成为国际贸易中心。16 世纪，安特卫普取代威尼斯和布鲁日成为国际性的纺织品贸易中心与北欧商业资本和金融资本中心。

2. 17 世纪，在伊丽莎白女王时期以及早期斯图亚特王朝统治时期，英国海外贸易进入了新的历史发展阶段。早期的重商主义思想刺激了英国民族意识的觉醒，商人和冒险家向海外扩张的热情也随之高涨。对贵金属和贸易利润的渴望、传统安特卫普市场的丧失以及在对西班牙的军事胜利中获得的自信，这些因素都促使英国选择向海外发展的道路，积极开拓海外市场。从 16 世纪中后期到 17 世纪中期，英国对海外市场的开拓具体表现在两个方面：一是对传统地中海市场和波罗的海市场的渗透；二是对亚洲、非洲和美洲新市场的开辟。这一时期，英国对海外市场的探索和开拓，特别是对美洲和印度新市场的开辟，为十七八世纪新的殖民地贸易模式的建立铺垫了道路。同时，英国国内已经初步建立了以伦敦为中心的全国统一市场和以毛纺织业为主的乡村手工业，构成了向海外发展的坚实基础。

3. 17 世纪 40 年代以前，纺织品依然是英国海外贸易中主要的出口商品，进口商品的来源地依然主要是欧洲大陆。然而到了 17 世纪 40 年代以后，殖民地开始在英国经济活动中发挥重要作用。随着英属殖民地的不断扩大和经济实力的增长，殖民地贸易模式逐渐形成。

（二）行政法治的思想

17 世纪英国商业贸易的空前繁荣刺激了新兴资产阶级对自由和财产利益的追求。体现在权利上，就是要求自己的人身权和财产权受到保障。而洛克等人的法治思想正好迎合了新兴资产阶级的利益需求，并作为思想动力在一定程度上推动了商业贸易的繁荣发展。具体体现在：

1. 法治的目的或法治的价值在于确认、保障和发展公民的自由、生命和财产权利。个人自由和权利是整个社会、国家和法律存在的基础和理由，而法治又是一切自由和权利得以实现的重要保证。生命和财产权利可以得到保障激发了资产阶级获得更多财产的欲望，因此更频繁地投入到商业活动中去。

2. 法治社会中的法律必须具有公开性、完备性、确定性和权威性。洛克强调，政府必须按照确定、公开、长期有效的法律进行统治，而且这些法律除具有为人民谋福利这一最终目的外，不应再有其他目的。这样处在政府统治之下的人们便有了长期有效的法律规则作为生活的准绳。在法律未加规定的情形下，人们在一切事情上，都有按照自己意志行事的自由，不受他人反复无常的、不确定的和专断的意志的支配。由此，人们对自己行为的自由便有了更加深刻的了解。

3. 法治社会讲究法律面前人人平等。平等权是天赋人权的一种。人人生而平等，没有任何人具有优越他人的特殊权利。法律一经制定，任何人都不能凭借自己的权威逃避法律的制裁，也不能以地位优越为借口，放任自己或任何属下胡作非为，而要求免受法律的制裁。政府在执行法律时，不论贫贱富贵，都应当一视同仁。这无疑是给了贸易往来中的商人一道"护身符"，公平交易，平等互利是最根本的商业精神和原则，政府不得以任何特权干涉商业行为，侵犯公民的商业利益。

二、自由贸易中的政府责任

（一）自由贸易理论

自由贸易理论起始于法国的重农主义（鼓励农产品出口以换取工业品），完成于古典派政治经济学。亚当·斯密在《国富论》中提出了国际分工，实行自由贸易的理论，大卫·李嘉图对其进行继承和发展。自由贸易理论的要点包括五项：

1. 自由贸易政策可以形成互利的国际分工；可以增进各国各专业的特殊生产技能；使生产要素得到最优化的配置；可以节省社会劳动时间；可以促进市场发育。

2. 扩大国民真实收入。通过贸易以较少的花费换回较多的东西，就能增加国民财富。

3. 在自由贸易条件下，进口廉价商品，减少国民开支。

4. 自由贸易可以反对垄断，加强竞争，提高经济效率。

5. 自由贸易有利于提高利润率，促进资本积累。

从产生渊源上看，自由贸易主义首先是作为一种理念而存在的。自由贸易实质上是欧洲文艺复兴时期所提出的个人主义及由此发展而来的自由主义理念在国际经济中的发展和延续。亚当·斯密在《国富论》中阐释的核心理论便是"看不见的手"，而"看不见的手"之作用于实际经济生活的基本前提就是"自由放任"。从此，"自由主义"与"利己主义"一起，构成了整个西方经济学体系的基本前提和"个人主义"的基本人性假定之一。而这一假定在国际贸易领域的反映，便是"自由贸易主义"的渊源。纵观古典贸易理论，从斯密到李嘉图，再到穆勒，无论是从绝对利益或相对利益的供给角度分析，还是从相互需求理论的需求角度的探索，其思维中始终秉持着"自由主义"（或者"自由贸易"）的主张，尽管这一切还只是潜意识上或者信念意义上的坚持。

（二）自由贸易中的政府责任

资产阶级革命后，资产阶级在否定封建专制的基础上，依据分权制衡原则，通过宪法程序建立起政府。它与古代的"朝廷"或"王朝"是两个本质不同的概念。在近代社会，资产阶级通过定期选举出来的议员组成国家立法机关，以集体议事活动的方式把统治阶级意志集中起来，制定法律，实行政治统治。而同立法权相区别的行政权、司法权等国家权力则通常由相对独立的国家机关，即政府与法院来行使，从而构成立法权代表国家意志、行政权执行国家意志、司法权保护民众利益的"三权分立、相互制衡"的格局。这样，政府就从混为一体的国家机器中分离出来，专门从事相对独立的国家意志的执行和社会公共事务的管理。在近代社会的早期，由于西方各国的社会经济都处于一种自由发展的状态，政府的作用主要体现在消极地保护个人财产，维护社会秩序，保卫国家免受侵略等方面。人们称这一时期的政府为"消极政府"或"有限政府"，其含义就是政府的作用只限于一些极其有限的领域，政府对社会的关系是处于一种消极地应答社会要求的状态。所以这一时期的行政是一种消极的和被动的行政。该时期的行政理念认为：人们相信只要遵循自由竞争的原则，在自由竞争规律的作用下，就能够使各种资源得到合理配置，就能够使经济、社会自动地达到一种均衡状态，就可以实现"充分就业"。此时期的学者在主张政府形态的时候就曾提出"最好的政府是管得最少的政府"这样的口号，而亚当·斯密的《国富论》就是最具代表性的著作。这些学者认为社会的运作，就像宇宙的运作一样，经过大自然天赋理性的设计，是由自然法则来维系它的运作秩序，因此，人类可以经由其理性来了解自然法则和社会法则。例如，我们都已经知道商品的价格是由市场的供给和需求来决定。违反万有引力定律的人会遭遇灾难，而违反供需原则的国家当然也不会有好结果。如果政府试图想要以人为的方式来妨碍经济自由竞争，用政府的力量协助没有效率的人，并进而打击有效率的人，则其最终结果只会破坏整个经济体系的自然平衡，使国家的财富逐渐流失，政府也会得不偿失。因此，对于政府而言，最好的经济政策即是维持一个自由市场，而政府不需要去干涉它，只需要维持基本的自由市场存在，即可达成经济的发展。这就要求政府的活动以不破坏市场的自由运行为限，让政府尽量少干预或不干预市场的运行。政府的角色定位仅仅是"守夜人"。

三、社会结构重组与规则变迁

（一）社会结构重组

十七八世纪的西方政治社会产生了重大变革。无论是经济还是政治，都发生了翻天覆地的变化，新兴资产阶级取代了封建贵族，成为社会的主流阶级；国家政治体制从君主专制过渡到了宪政体制下的君主立宪制。而在这场变革中，首当其冲第一个出场的自然是资本主义经济得到充分发展的英国。

在经济上，早在15世纪末，英国东部及西南地区已经出现了圈地运动。到16世纪末17世纪初，一方面，随着工业和城市的发展，对农产品的需求增加，物价上涨，一些地主见有利可图便投身于粮食生产之中；另一方面，由于封建地租与资本主义地租的差距拉大，地主更愿意把土地租给农业资本家，由此刺激了圈地运动的空前发展。随着英国工商业的发展，新贵族也兼营工商业并不断吸收商人到自己的队伍中来。因此，在英国，资产阶级和新贵族有千丝万缕的联系，他们代表着当时的新的生产方式，要求破除封建特权，在自由的旗帜下发展生产，反对王权对经济生活过多干预。

在政治上，从1640年至1688年，英国社会在经历了两次内战、共和国建立、克伦威尔军事独裁统治、斯图亚特王朝复辟后，终于于1688年，在代表资产阶级新贵族的辉格党人和代表国教僧侣及封建贵族的托利党人联合发动下爆发了"光荣革命"。次年通过的《权利法案》规定："凡未经国会同意，以国王权威停止法律或停止法律实施之僭越权力，为非法权力。""凡未经国会准许，借口国王特权，为国王而征收，或使国王而征收金钱，超出国会准许之时限或方式者，皆有非法。""除经国会同意外，平时在本国内征募或维持常备军，皆属违法。"法案限制了国王的权力，提高了国会的地位，英国成为了资产阶级新贵族和封建贵族联合统治的君主立宪制国家。

在工业革命早期的阶段，个人利益的追求，在历史上被证明的确是相当切合与有用的价值观。当时，国家经济因为被专横的政府所垄断，因而经济的发展机会被破坏殆尽，于是人们极度渴望能够将经济运作从政治束缚的环境中解放出来，进而建构一个自由的经济体制。"封建制度下的领主"掌握大部分的土地，甚至在货币盛行的时代亦复如此。由于生产机器的发明与运用，如果人们投资足够的资本来从事生产活动，则将大幅度地扩张其财货的效益。政府在公共服务上尽可能地不去干预经济事务，在这个前提下，政府只需提供若干基本条件让人民自由竞争。这些所谓的基本条件，包括维持法律和秩序的存在，贯彻契约内容的效力实践与保障，保护私有财产权以及防止其他国家入侵。除了这些基本条件的限制，企业和个人可以自由地相互竞争，并且只需依据市场的走向做出企业经营与运作的决定。当自由放任到了极点的时候，政府不需要压抑强者，也不需要扶助弱者，经济的发展将自然而然地运作与前进。

这一时期，资产阶级和新贵族的迅速成长，使原有的社会结构发生了变化：

1. 工厂制度的确立：传统家庭式的手工作坊，被管理与经营专业化的新式工厂所取代。

2. 阶级差异的扩大：机器推广使许多店家商贩，手工业者破产，被迫受雇于大资本家。

3. 利益团体的形成：社会剧变迫使个人在新的环境中寻找出路，相互结合成新的群体。

（二）规则的变迁

由于社会结构的重组而爆发的"光荣革命"，使英国统治集团内部不得不重新制定游戏规则，从而形成了国王与资产阶级控制的议会分权的权力格局。代表传统贵族利益的行政权（以国王为代表）与代表新兴资产阶级利益的议会分权制衡，事实上是资产阶级统治集团内部协调关系，调解矛盾的手段，是防止资产阶级某个利益集团侵害整个资产阶级利益的制度安排。因此，可以说三权分立的本质是解决资产阶级内部利益矛盾的政权组织原则。

从君主的"一言堂"到权力的监督和制衡，政治规则的变迁是资产阶级历史的选择。在西方资产阶级革命前夜，政府尚未从产权中剥离出来，也不可能形成超越权力私有的国家观念。那种认为国家收入是统治者的私人收益，可以随心所欲地使用的观念仍然根深蒂固。政府的财政开支，社会的税赋水平与政府领导的偏好和个人追求密切联系在一起，成为社会不可预知的因素，严重影响经济发展和市场繁荣。政府的经济政策也是明显地维护封建贵族和商业资本的利益，对工业的发展往往多加限制。国家与市民社会的关系正是以此为经济与社会背景的。一方面，国家的权力为封建和贵族所独占，并成为他们限制和剥夺尚在形成中的资本主义发展的强大工具；另一方面，伴随着资本主义生产关系在社会范围内的成长，资产阶级也努力要求获得与其经济地位和能力相适应的政治权力，以免除封建国家和贵族对自己有限权利的侵犯和剥夺，为资本主义发展创造有利的环境与制度条件。因此，他们对政府的态度也是矛盾的：既对政府寄予保护自身发展与安全的期望，又害怕封建力量尚存的政府构成对财产安全的威胁、干预和剥夺。在这种情势下，他们对传统的，以政府为主导的一元权力关系下形成的个人，社会与国家混同状态展开激烈的批判，极力主张个人权利的神圣性，并以此来限定政府的权能，目的与范围。它试图通过政治与经济，个人与政府的权力界定的方法来实现个人与社会，个人与国家的分离，从而排除政治与政府对市民社会领域内资本自由和个人生活的干预，以获取独立生长的空间。

在这种背景下，自由主义的先驱洛克，提出了三权分立和有限政府的理论。他认为为了摆脱"人治"，实行法治，防止国家专权和权力的滥用，有必要将立法权和行政权分开，并且由不同的机关分别掌管和行使。政府必须在法律规定的范围之内行使权力，并且政府的权力必须受到监督。由"专制"转入"宪制"，使资产阶级步入了民主与法治快速发展的轨道。

四、政府的社会功能

古典自由主义的政治思想家们关于政府社会功能的观点，主要体现在他们所坚持的"有限政府"论的学说中。这种学说一般以为，国家是人类在由自然状态向政治社会转化的过程中经过人民内部的契约活动而产生的社会共同体。政府的权力是人们为了保证自己以及其他人的权利不受非法伤害而自愿让渡给政府的。既然政府的权力是人们赋予的，那么它在实施时也就是有限的。古典自由主义思想家们主张政府实行不干涉政策，给予个人和企业最大限度的自由放任，并认为"管得最少的政府就是最好的政府"。国家政府的主要职责和功能应当集中在保障个人最大限度的自由及其私有财产权等方面，而不宜无限度地膨胀和扩张。

要求建立有限政府是 17 世纪资本主义世界在政府功能方面的一大改变。对政府进行制约，表明了政府权力与社会权力相互监督与制衡格局的形成，也反映了社会对政治民主与自由的诉求，而这种诉求是有其深刻时代背景和渊源的：17 世纪工业革命之后，自足的，家庭的手工业经不起新机器的大量制造生产的冲击，工艺技术的进步改变了原先的社会结构与政治制度，最重要的是，它改变了人类的思想与生活方式。没落的手工业者，与腐化的贵族和武士阶级，逐渐被新兴的中产阶级——市民工商阶级所取代，他们主张一种有利于己的社会制度——民主。

这一时期，政府行为必须受到必要的规制，所管理的项目仅限于土地开发、矿石开采、营业与手工业规制、税收、鼓励外销、文化教育、人口政策、贫困救助等，而规制的目的即在于维持公共秩序，保障公民权益。

17 世纪，资本主义经济得到了充分而迅速的发展，资产阶级力量迅速壮大。他们不再满足经济上的富足，而要求政治上的民主和自由，于是一场轰轰烈烈的革命由此爆发。革命后，英国建立了君主立宪制，取得胜利的资产阶级有了更多的资本在政治上与王权"分庭抗争"。而霍布斯、洛克等启蒙思想家的思想促进了资产阶级的崛起。他们要求将政府的权力严格限制在法律规定之内，以最大限度地保障自己的权利和自由，要求建立有限政府。由此，英国踏上了王权与国会相"博弈"的漫长历史进程。

第二节　霍布斯的行政法思想

托马斯·霍布斯（Thomas Hobbes，1588～1679 年），是英国著名的机械唯物主义哲学家，君主专制制度的拥护者，古典自然法学派的代表人物之一。他出生于英国南部马尔麦斯堡镇一个乡村牧师家庭，14 岁通晓希腊文和拉丁文，15 岁进入牛津大学学习。毕业后留校任教不久，霍布斯便受聘于当时的显贵家族做家庭教师，从而有机会跻身上流社会，受到具有"自由倾向"的大资产者与新贵族的影响。1621～1626 年，他成为"实验科学之父"培根最器重的秘书，并结识了笛卡儿、伽利略等前沿科学家。霍布斯一生几乎经历了英国资产阶级革命的全过程，因此他的法学思想的形成和发展与当时政治、经济及自然科学的发展密不可分。他的主要著作有《利维坦》、《论公民》、《论人性》、《论政体》。

一、人性理论与行政法控制

（一）霍布斯的人性理论

在理解霍布斯的行政法控制思想之前，我们有必要对霍布斯的人性理论进行探讨。可以说，霍布斯的人性理论是其对为什么要进行行政法控制的解答。霍布斯从人与人之间的"纷乱斗争"的社会现实关系来看，确信人"在本性上是自私的、怀恶意的、野蛮残忍的和侵略成性的"[1] 他认为"人即是豺狼"。

在霍布斯看来，在人类生存的国家或政治社会之前的自然状态中，人是平等的，尽管人们的体力有强弱之分，思维有快慢之别，但总的来说，人生而平等。即"自然使人在身心两方面的能力都十分相等，以至于有时某人的体力虽然显然比另一人强，或是脑力比另一人敏捷；但这一切总加在一起，也不会使人与人之间的差别大到使这人能要求获得人家不能像他一样获得的任何利益，因为就体力而论，最弱的人运用密谋或者与其他处在同一种危险下的人联合起来，就能具有足够的力量来杀死最强的人"[2] 人们由这种能力上的平等出发，就会产生希望达到目的上的平等。也就是说人们如果不能够如愿同时得到同样的东西，彼此就会成为仇敌，会为了达到自己的目的而设法控制他人。但自然和社会资源的有限不足以使人人获得满足，因此，在能力平等的前提下，人们往往会出于求利、求安全以及求名誉等"利己"目的而彼此竞争、猜疑和侵犯，造成"人与人之间的关系像狼"一样，人们所生活

---

[1] ［美］埃德加·博登海默：《法理学——法律哲学和方法》，张智仁译，上海人民出版社 1992 年版，第43 页。

[2] ［英］托马斯·霍布斯：《利维坦》，黎思复、黎廷弼译，商务印书馆 1985 年版，第 92 页。

的"自然状态"不过是"一切人反对一切人的战争状态"。

霍布斯进一步指出：在这种彼此为敌的战争状态下，谁都不能希望有足够的力量来保护自己。在"攻伐"无休止的境遇中，人们由于害怕死亡，希望过安逸的生活，并通过自己的辛勤劳动获得应有的东西，因此理性就提出了和平的合适条款，在这基础上签订协定，这些条款就是自然法。人类根据自然法共同协议，将自己的自然权利授予某个经大家共同选择的权威，于是，以自然法的契约为基础的社会便建立起来。它是一个强有力的国家，是一个伟大的"利维坦"（本意是基督教《圣经》中象征罪恶的巨兽）。由此看来，国家是和平和安全的捍卫者，"用一个定义来说，这就是一大群人相互订立信约，每个人都对它的行为授权，以便使它能按其认为有利于大家的和平与共同防卫的方式运用全体的力量和手段的一个人格"。[1]

（二）行政控制旨在对政府行为的控制

在人性理论的基础之上，霍布斯提出了他的行政法控制理论。霍布斯认为，在这一个国家中，君主的权威来自以自然法为基础的社会契约，即法律和社会全体成员的力量，服从君主就是服从法律和服从自己。所谓的法律的"最高准则"即自然法。自然法是受正确理性支配的普遍规则，不仅是建立资产阶级共同体的社会契约所依据的共同体，也是评判这一政治制度和实在法律制度的道德准则。任何与自然法相违背的行为，无论是公民或掌权者，都将被诉诸自然法道德法庭。因此，自然法是"对成文法和人的行为从伦理上施加的一种调整性的控制"。[2] 这种控制是理性对欲望的控制，也是法律对权力的控制。这其中蕴涵着最基本的法治理念：政治共同体存在及正常维持的基础是与自然道德法则一致的国家法律以及对这一法律的切实遵守。国家权力的存在及行使必须是合理合法的。

这与现代"行政法控制"的理念不谋而合。行政权是国家权力的核心，也是最需要加以控制的国家权力。因此，行政法上的控制不仅仅指法律对公民行为的调控，更重要的是指法律对掌握"国家权力"的"掌权者"即政府行为的控制。主要包括：①行政主体必须是经法律法规授权或委托的组织或个人，也就是主体必须合法；②行政行为必须以法律为依据，不得擅自越权或滥用行政权力；③行政主体违法行使行政权力时，必须受到法律的制裁。

霍布斯的行政法控制理论是资产阶级大革命时代的产物，不可避免地具有时代和阶级的烙印。他虽然认为掌权者的权力来自于公民的授权，但同时也强调公民一经授权就不能反悔，否则在道义上将是不义之举，在法律上也是不允许的。这就意味着，掌权者一旦获得授权，其权力就是绝对的、至高无上的、不可转让的，公民只有绝对服从的义务。这与现代"法治行政"的理念还有很大的差距，但它摆脱了封建神学的束缚，从契约的角度构建公民和国家之间的关系，并且将自然法视为国

---

〔1〕　［英］托马斯·霍布斯：《利维坦》，黎思复、黎廷弼译，商务印书馆 1985 年版，第 132 页。

〔2〕　张彩凤：《英国法治研究》，中国人民公安大学出版社 2001 年版，第 96 页。

家运行的最高准则，认为所有人（包括掌权者）的行为都必须受到自然法则的约束，对现代行政法的产生和发展产生了深远的影响。

二、行政法起源的另类理论

行政法系对行政加以规定之法，其主要任务是从依法行政的角度对行政机关的组织、人员、活动、行为、程序、争端解决等问题加以规范和指引。行政法的起源与国家和政府的产生关系密切。只有政府权力存在之事实，才有行政法规范之必要。因此，行政法的产生，归根溯源，是源于国家和政府的产生。

霍布斯的行政法起源另类理论正是源自其关于国家起源的独特见解。对于国家起源问题，霍布斯与同为17世纪英国资产阶级革命时期自然法理论的杰出代表人物洛克及其后的资产阶级启蒙思想家孟德斯鸠、卢梭等人持有不同的观点。通过社会契约，霍布斯所建立的并不是人们顺理成章所想到的"民主国家"，而是一个"巨无霸"式的，不折不扣的君主专制国家。这是同时代及后人对其产生非议最多之处，也即本文所指之"另类"。这与霍布斯所处的特殊历史时代和个人经历不无关系。霍布斯生活在英国阶级暴风骤雨、风云突变的年代，资产阶级与新贵族联合起来与王权和封建统治的斗争使得英国社会动荡不安，严重影响资本主义经济的发展。因此霍布斯寄希望于一个强有力的君主来制止革命，保护和平与稳定，促进资本主义经济的发展。

说其"另类"，主要表现在以下两个方面：

1. 行政法控制的目的在于人们对于恢复自然状态下和谐生存的一种追求。霍布斯是通过自己对国家建立的目的来论证行政法控制的目的的。霍布斯认为，建立国家的目的是为了使人们摆脱战争状态，过一种和平、友好的生活。因此，进行行政法控制的目的同样是为了摆脱战争的状态，而回归到一种和谐的自然状态。

在霍布斯看来，人们出于对战争状态和死亡的畏惧所迸发出的向往和平的激情是人们彼此之间订立契约，组成联合体的出发点和根本动机。（这种将"恐惧"作为人们走向合作从而进入政治社会的心理基础的理论，在近代政治思想史上恐怕也是独树一帜的。）人们放弃政治权力，组成政治国家，由它来统一行使至高无上的权力，从而获得和平的社会生活。在洛克等人看来，在自然状态下，人类原本就享受着和平。只是在自然状态下人人遵守的自然法本身存在着某些缺陷使人们的生命、自由、健康、财产等权利无法得到有效的保障。基于此，人们通过订立契约，确立人人遵守的法律。在他们看来，进行行政法控制在于保障公民的权利。因此，在霍布斯看来，行政法控制的目的，也有异于现代行政法的控权理论。

2. 行政法控制的形式通过专制可以达成。在行政法控制的形式上，霍布斯倾向于君主专制。在霍布斯看来，如果要建立一种抵御外来侵略和制止相互侵害的强大共同体，以保障大家和平的生活，就必须把自己所有的权力和力量都托付给某一个人，由这个人来代表他们的人格，每一个人都服从于他的意志和判断。而承担这一人格的人就称为主权者，其余的人都是他的臣民。主权者不是社会契约的签约者，不受契约的约束，拥有无上的权力。与之不同的是，依洛克之观点，人们之所以愿意放弃部分权力组成政治共同体，就是为了让拥有这部分权力的政治共同体来保障人们的生命、自由和财产等权利。因此，人们在订立契约时，不可能放弃所有权力。并且要求包括掌权者在内的所有的人都必须遵守和执行法律，任何人不得凭借自己的权威逃避法律的制裁。

相较之下，洛克的"社会契约说"和"国家起源论"提倡民主与法治，强调保障公民权利和自由，更能够迎合上升时期资产阶级要求民主、自由，特别是对财产权保护的需求，也更符合近代民主化和法治化的潮流。

虽然提倡君主专制确有其局限性，但这并不影响霍布斯在近代思想史上的地位。作为一个伟大的思想家，霍布斯的确可称得上是目光敏锐。他看到了新兴资产阶级的力量，看到了贪婪、自私的人性勃发是不可遏止的社会趋势，也清楚英国内战的起因在于利益的纷争和权势的攘夺。但是，作为臣民，他害怕内战的冲突会使人们陷入相互为战的战争状态。在他看来，有统治比无统治好，即使最坏的统治也比无政府状态强。同时，由于霍布斯错误地认为英国的政治结构对于内战的爆发未能起到防范作用，所以他希望有一个强大的力量使人畏惧，使人的欲望的实现必须遵循一定的规则。这也正是霍布斯国家起源学说的要旨所在。

三、行政规则的法律化

霍布斯行政法思想的第三个重要方面是关于行政法的来源。霍布斯认为，行政法来源于行政规则，行政法是行政规则的法律化。在霍布斯看来，法律不是劝告而是命令，不是任何人对任何人的命令，而是一个人所发布的对以前许诺服从他的人的命令。因此，法律实际上就是体现统治者意志的命令，法律"对于每一个臣民说来就是国家以语言、文字或其他充分的意志表示命令他用来区别是非的法规；也就是用来区别哪些事情与规则相合，哪些事情与规则相违的法规"。[1]

既然法律是体现主权者意志的命令，那么，作为法律体系的一个组成，行政法则是主权者对于行政规则的一种"法律化"。

1. 行政法是主权者对于行政规则的一种确认。行政规则一旦由代表国家的掌权者制定并认可，就具有国家意志的属性，因此，也必然具有高度的统一性和极大的权威性。这也是行政法与自然法的根本区别之所在。法的统一性来源于国家权力和国家意志的统一性。一个国家只能有一个法律体系，且该法律体系内各规范之间不能相互冲突。这有利于国家的统一和政治上的安定团结。法的权威性指法的不可违抗性，它保证了统治阶级意志的贯彻。

2. 行政法作为由国家统一制定的行为规范，具有告知、指引、评价、预测和教

---

[1]　[英] 托马斯·霍布斯：《利维坦》，黎思复、黎廷弼译，商务印书馆 1985 年版，第 206 页。

育等规范作用：①告知作用。法律代表国家发表关于人们应当如何行为的意见和态度。通过法律，人们可以明确国家赞成什么，反对什么。②指引作用。法律通过明确规定人们在法律上的权利义务以及违反法律规定应当承担的责任来调整人们的行为。指引人们做法律所允许的事情，避免做法律所禁止的事情。③评价作用。法律作为一种行为的标准和尺度，具有判断和衡量人们行为的作用。法律建立在道德、理性之上，因此它不仅能够判断行为是否合法，而且能够衡量行为的善恶。通过这种评价来影响人们的价值观念和是非标准，从而达到指引行为的效果。④预测作用。人们可以根据法律的规定，准确地预见到哪些行为是违反法律规定的，会受到什么种类、什么程度的处罚，由此来确定自己的行为方向和方式。⑤教育作用。该作用表现为通过法的实施而对一般人今后的行为发生影响。如对违法行为的制裁可以教育人们今后做出同类的事情也会受到同样的惩罚；对合法行为的保护能够对人们的行为起到鼓励和促进的作用。

3. 行政法通过规定人们的权利和义务来影响人们的行为动机，指引人们的行为，调节社会关系。这种调整方式使得法律与自然法的道德规范以及宗教相区别。道德和法律都是以规定人对人的义务或人对神明的义务来调整社会关系的。法律不仅规定了义务，而且规定了人的权利，为人们提供了比道德和宗教更广泛的选择自由的空间，有助于充分发挥人们的积极性和创造性，对资本主义的发展起到了积极的作用。

主权者代表国家的意志和利益，并且是惟一的立法者。人们必须服从主权者所制定的法律。从"国家法人"的概念到行政法规则的"法律化"，无不体现了霍布斯"主权至上"和推行"法治"的法哲学思想，与中世纪的所推崇的神学主义截然相反。这充分体现了霍布斯反封建的启蒙思想，为17世纪法学思想"从神性回归理性"[1]作出了重要贡献。

四、行政机关与行政相对人关系的新认识

在霍布斯所处的年代，尚未有"行政机关"与"行政相对人"的概念。霍布斯的"行政机关"与"行政相对人"关系理论在于他关于主权者与个体臣民的关系论述。霍布斯的主权者与个体臣民关系理论从行政法的视角分析，"主权者"就相当于"行政机关"的地位，"个体臣民"就相当于"行政相对人"的地位。他们具有以下关系：

（一）行政相对人与行政机关关系首先体现为服从

主权者不受契约之约束是霍布斯主权者与个体臣民关系的一个重要方面。霍布斯倾向于完善的君主制。他认为君主制有两点好处：①君主的私利与国家的公利是一致的，君主即国家，国家即君主，国家的富强即君主的富强。因此，君主可以将

---

〔1〕 汪太贤：《西方法治主义的源与流》，法律出版社2001年版，第229页。

私利与公利结合在一起，进而最大限度地推进公共利益。②政策是一贯的，君主可以公开地听取众人的意见，而没有议会内部的分裂所致的政策多变，甚至由此而引发内战。不难看出，霍布斯的君主制符合他所信奉的"服从式契约"（是指一种单向的权利出让方式。统治者本身不是契约的订立者，臣民之间彼此"共约"而一致对"主权者"尽服从之义务，主权者则不受契约之约束。这与后来洛克和卢梭所言的公民与统治者之间的契约不同）的主权性质，并在此基础上，预设了个人与主权者（即政府）之间的法权关系。这种法权关系体现于行政法中，就是行政机关与行政相对人的权利义务关系。霍布斯进一步指出，个体臣民与主权者的关系是一种"服从式契约"，所以在行政机关与行政相对人的关系中首先体现的就是一种"服从"关系。

（二）行政相对人对行政机关的服从是一种有限的服从

就个体的臣民而言，他们必须服从主权者的意志。许多学者认为，与洛克等人构建的契约社会不同，霍布斯笔下的臣民在选定主权者之后，他们的政治权利便宣告结束。政府一经选定，除了政府认为宜于许可的那种权利之外，臣民丧失一切权利，必然沦为主权者的奴隶，其实不然。霍布斯通过对自由的论述，求证了人民的自由或权利。

1. 他阐述了"自由"的含义，证明了法律与自由并不冲突。哲学上"自由"的本意就是指物体无外界障碍的运动状态；而"自由的臣民"，指的是在其力量和智慧所能办到的事务中，可以不受阻碍地做他所愿意做的事情。继而，他论述了"自由与畏惧"、"自由与必然"的关系，得出结论——它们是可以相容的。正如人们有时仅仅是因为害怕被监禁而还债，因为害怕沉船而将货物抛入海中，这是自由的人的行为，他们也完全可以选择不这样做。因此"人们在国家之内由于畏惧法律而做的一切行为都是行为者有自由不做的行为"。[1] 自由与畏惧是相容的。再如水顺流而下，不仅是因为有"自由"，更重要的是有必然性存在其中。人的行为亦是如此，出于人的意志便是出于自由的行为。但由于人的每一种出于意志的行为都是出自某种原因（即霍布斯所说的"上帝之手"），其实就是客观规律性，即必然性。因此，自由与必然相容。法律反映"必然"规律并彰显惩罚使人畏惧，因此，自由与法律是相容的。

2. 在"实在法之治"的社会中，臣民自由意味着，在主权者颁行的法律中未加禁止的一切行为，人们都可以理性地选择做最有利于自己的事情，初步显现出了"法不禁止即自由"的法治精神。他还具体列举出主权者的法律不得限制的行为，如买卖或其他契约行为的自由，选择自己的住所、饮食、生业，以及按自己认为适宜的方式教育子女的自由等。由此我们可以看出"主权权力"的范围集中在政治领域，不得及于经济自由领域，反映了霍布斯经济自由和"有限政府"原则的自由主

---

〔1〕　［英］托马斯·霍布斯：《利维坦》，黎思复、黎廷弼译，商务印书馆 1985 年版，第 162 页。

义宪政思想。

3. 霍布斯所称臣民对主权者具有绝对服从的义务，并非达到了东方文化中"君要臣死，臣不得不死"的专制程度，这也是一种误解。事实上，在霍布斯看来，人民的服从是有限度的，"如果主权者命令某人把自己杀死、杀伤，弄成残废或对来攻击他的人不予抵抗，或是命令他绝饮食，断呼吸、摒医药或放弃任何其他不用就活不下去的东西，这人就有义务不服从"。"如果一个人被主权者或其掌权者问到自己所犯的罪行时，他在没有获得宽恕的保证的情况下，就没有义务要承认……任何人都不能受信约的约束而控告自己。"[1] 因此，人民的自我保全权是一种绝对的权利，有时甚至可以对抗主权者[2]。

就霍布斯所设定的个人与政府（主权者）的关系来看，他提倡"良法之治"，承认公民享有权利和自由，初步提出了"有限政府"的理念，并非国内学者所称的"极端的专制主义"[3]，而恰恰是近代自由主义和个人主义的先声，极大地影响了洛克等启蒙思想家的宪政思想。

霍布斯生逢英国资产阶级大革命时代，他在理性的自然法基础上，从普遍的人性角度来界说"自由"的命题，开启了近代自由主义之门。从历史的角度看，他的法哲学理论"作为对传统的效忠观念的溶解和对开明的利己主义的表述"使得其成为"那个时代最富于革命性的理论"，[4] 对十八九世纪英国乃至欧洲的宪政思想影响深远。

第三节　洛克的行政法思想

约翰·洛克（John Locke，1632～1704 年），是英国资产阶级革命后期的资产阶级思想家，欧洲资产阶级启蒙运动的先驱，西方古典自然法学派的杰出代表之一。洛克出生于一个清教徒家庭，英国资产阶级革命爆发后，其父参加了议会军，洛克则在威特明斯特学校求读。克伦威尔时期，洛克就读于牛津大学基督教会学院，并在此期间结识了著名科学家波义耳和牛顿。随后，又研究了培根、笛卡儿、霍布斯等人的著作。查理二世复辟时期，受王室宗亲的迫害，洛克流亡荷兰，在那儿他接触了格老秀斯、普芬道夫等人的进步思想，形成了自由主义的法哲学思想。当时欧

---

〔1〕　［英］托马斯·霍布斯：《利维坦》，黎思复、黎廷弼译，商务印书馆1985 年版，第169 页。

〔2〕　黄泉基：《西方宪政思想史略》，山东人民出版社2004 年版，第150 页。

〔3〕　张宏生、谷春德：《西方法律思想史》，北京大学出版社1990 年版，第111 页；章士嵘：《西方思想史》，东方出版中心2002 年版，第127 页。

〔4〕　张彩凤：《英国法治研究》，中国人民公安大学出版社2001 年版，第97 页，转引自［美］波斯纳：《法理学问题》，苏力译，中国政法大学出版社1994 年版。

洲大陆盛行的理性主义和崇尚科学的思潮对洛克也产生了深远的影响。此外，洛克曾跟随辉格党领袖沙夫特斯贝莱伯爵，并在其出任英国大法官时担任其宗教事务秘书，这使洛克能够有机会更深刻地了解英国的政治生活。

1868 年"光荣革命"之后，洛克连续发表了著名的《政府论（上、下）》。上篇集中批判了罗伯特·费尔麦鼓吹"君权神授"和"王位世袭"的《论父权制和国王的自然权利》；下篇则针对霍布斯的"国家主义"、"绝对主权"说，提出了一整套自由主义法哲学，从正面叙述了其政治法律观点。洛克政治法律观点的特征在于宣扬资产阶级的个人主义和自由主义，主张政府必须分权，以确保人们的自然权利（如生命、自由、财产等）。如果说霍布斯开启了"近代自由主义之门"，那么洛克则是"近代自由主义"思想奠基人。从历史的角度看，《政府论》下篇实际上是对整个英国资产阶级革命的理论总结，并对以后英国政治法律制度的建立与完善起着巨大的作用。

一、天赋人权理论中的行政法精神

（一）天赋人权的思想

同霍布斯等人一样，洛克也首先在逻辑上构建出一个"自然状态"以及"自然法"等先验性概念，进而展开其法哲学思想的阐述。因此，要了解"天赋人权理论"，首先要了解"自然状态论"。洛克在《政府论》下篇中论述了他的自然状态观点，与霍布斯有很大不同。他不认为自然状态下人们相互残杀，人与人之间是一种狼与狼的关系，时刻处于战争状态。洛克把自然状态描述为：①是一个完备无缺的自由状态，在这种状态下，人们在自然法的范围内，按照其认为合适的办法，决定其自身的行动和处理财产及人身，而无须得到任何人的许可或者听命于任何人的意志。②是一种平等的状态，在这种状态下"一切权力和管辖权都是相互的，没有一个人享有多于别人的权力……同种和同等的人们毫无差别地生来就享有自然的一切同样的有利条件，能够运用相同的身心能力，就应该人人平等，不存在从属或受制关系。"[1] ③不是一种放任状态。在洛克看来自然状态是一种有规可循的状态，在这种状态中，"虽然人具有处理他的人身或财产的无限自由，但是他并没有毁灭自身或他所占有的任何生物的自由。"因为"自然状态有一种人人所应遵守的自然法对它起着支配作用，而理性，也就是自然法教导着有意遵从理性的全人类：人们既然都是平等和独立的，任何人就不得侵害他人的生命、健康、自由或财产"[2]。

在分析自然状态的基础上，洛克进一步提出人人生而享有平等的自然权利，即"天赋人权理论"。他认为人的自然权利至少包括生命权、自由权和财产权这三项权利。

---

[1] ［英］约翰·洛克：《政府论》（下篇），叶启芳、瞿菊农译，商务印书馆 2005 年版，第 4 页。
[2] ［英］约翰·洛克：《政府论》（下篇），叶启芳、瞿菊农译，商务印书馆 2005 年版，第 5 页。

除此之外，洛克还在这三种权利的基础上引申出同意权和反抗权。可以说"天赋人权理论"是洛克根据市场经济民主政治的要求，进一步解证先贤人权思想的产物。例如：生命权乃日耳曼法中重要的权项；生命权所衍生出的自卫权在霍布斯眼中乃惟一的自然权利；财产权在博丹等人看来属典型的私权自治领域；自由权在斯宾诺莎等人的论述中也早有提及。但是，将这些权利体系化而纳入同一个理论框架，并成为构造与评价政治社会人民与政府关系是否合理的绝对价值体系的，正是洛克。

（二）天赋人权思想蕴涵的行政法精神

在"天赋人权理论"中，洛克借助自然状态（或战争状态）、自然法、自然权利和政治社会等概念的演绎，表达了以下三重重要的宪政思想[1]，也折射出现代行政法精神的实质：其一，生命、自由、财产等自然权利是人所固有的天赋权利，即使在政治社会也是作为其终极目标而存在的。因为"人作为自己的主人，作为自己人格、自己行动和自己劳动的所有者，他本身就是所有权的巨大基础。只要不损害他人，这种所有权还可以通过使用货币来加以扩大"[2] 因此在政治社会中，国家或政府的所有行为都要以保障人权为根本出发点，不得随意侵犯公民的权利，尤其是生命、自由、财产等基本权利。其二，国家或政府的存在仅具有工具性的价值，目的在于消极地维持一个公正的社会秩序，确保政治社会中的个人安全地享有自然权利。由此可见，洛克所倡导的必然是一个将国家权力控制在一定范围内的"有限政府"，正如意大利学者马斯泰罗内所概括的："一反霍布斯强有力政府的措辞，洛克及其以后的英国自由主义者，政治上一贯地主张'迷你式的政府'，不愿看到国家的力量过分的扩张。"[3] 其三，政治社会优于自然状态之处就在于它是一个法治的社会或国家，有普遍适用的成文法、公正的司法官以及有效判决得以实现的执法权力。质言之，国家或政府必须在法律的规范和指引下治理社会，要"依法行政"，不得随意越权。

二、社会契约理论与行政法模式

（一）社会契约理论的内涵

众所周知，近代西方的社会契约论传统起源于霍布斯，成熟于洛克，完成于卢梭。但他们在论证契约订立的必要性以及订立后政府与公民法权关系的设置上均有所不同。霍布斯从"人性恶"出发论证建立契约的必要性即在于确保和平和自然法的实施。为了共同达成这一契约，每个人都必须将其全部的权利出让给主权者，一旦出让，不得反悔。而主权者本身并不是契约的订立者，臣民之间彼此"共约"而

---

〔1〕　参见黄基泉：《西方宪政思想史略》，山东人民出版社 2004 年版，第 178 页。

〔2〕　[英] 约翰·洛克：《政府论》（下篇），叶启芳、瞿菊农译，商务印书馆 2005 年版，第 78 页。

〔3〕　[意] 萨尔沃·马斯泰罗内：《欧洲政治思想史》，黄光华译，社会科学文献出版社 2001 年版，第 133～134 页。

一致对"主权者"尽服从之义务，主权者则不受契约之约束，具有至高无上的权威。

而洛克所设想的自然状态是平等的，充分自由的状态，人们对自己的人身和所有物可自由处置；人人平等，不服从于任何权威。但自由平等是没有保障的，正如前文言及，基于自然状态存在缺陷引起的"战争状态"之考量，人们自愿通过"协议"组建政府或国家，从而进入政治社会，促使自然法的内容得以实现，人的自然权利得以保障。这里的"协议"就是洛克所提倡的"双重契约说"。

洛克的契约说特征有二：其一，个人通过契约仅放弃了部分权利，即在自然状态下自行执行自然法的权利，而保留了生命、自由、财产等最基本的自然权利。这些权利先于国家或政府而存在，不可转让。由此构成了国家或政府不可逾越的权力限度。是"有限政府"的理论基础。其二，个人与社会和国家之间存在双重契约。一个是人与人之间的契约（社会契约），从而导致市民社会的出现。"在任何地方，不论多少人这样地结合成一个社会从而人人放弃其自然法的执行权而把它交给公众，在那里，也只有在那里才有一个政治的或公民的社会。"[1]另一个是人民与掌权者即政府之间的契约（政治契约）。该契约具有信托性质。[2]人们合意缔结社会契约，将制定法律、执行法律的权力委托给政府，政府行使多数人的授权，旨在保障他们的自然权利不受侵犯。但如果政府违反契约的委托初衷而任意侵害人民的权利，则人民有权废除契约并重新订立契约，组建新的政府。从而避免了统治者非契约当事人而不受契约约束的专制局面出现。由此可见，市民社会先于政府而存在，人民拥有决定政府去留之正当"同意权"，人民主权的宪政思想蕴涵其中。

（二）行政法的核心是控权

法律作为一种社会控制形式，具有其特殊的控制力量和效力，行政法也不例外。之所以要加强对行政权力的限制，主要是因为：其一，权力具有天然的扩张性，这是由权力的行使者的人性使然，必须对人性中恶的一面加以限制；其二，从权力来源看，行政权力的来源和行使皆出自于人民的授权，必须服从人民的意志，为了防止权力异化和出现与人民意志相违背的现象，必须对行政权力加以控制。行政法的控制性主要体现在其对行政权行使的控制。"这种控制既从消极方面防止行政权的滥用，又从积极方面配合行政，为行政权的行使提供依据、确立标准、指明方向，从而保证政府有效地实施法律。"[3]

洛克的社会契约理论中，从订立契约时的"保留自然权利"到权力的分立和制衡，无不与现代行政法上的控权模式相契合。首先，在权力的来源上，洛克认为一切政治权力都来源于社会的契约，这决定了权力必须以维护社会的公共利益为宗旨。

---

〔1〕　转引自唐士其：《西方政治思想史》，北京大学出版社2002年版，第235页。

〔2〕　张乃根：《西方法哲学史纲》，中国政法大学出版社1997年版，第121页。

〔3〕　杨解君：《行政法学》，中国方正出版社2002年版，第9页。

而公共利益又是通过法律的形式表达出来的，因此，法律是公共利益的体现者。因此统治者不仅应当监督、引导人们遵从法律，更重要的是，其自身必须以法律为其活动的基本准则。如果统治者能够依法行事，就能够在公共法规的范围内为社会的各个成员谋利益，国家就会呈现自由和谐的秩序；反之，如果统治者不依据法律而凭个人意志进行统治，则很有可能引起暴政。因此，统治者必须依法行使职权。其次，在权力的界限上，洛克坚持认为无论国家采用何种政体，法治是治国安民的有效途径。只有一切权力服从于法律，才能避免社会的暴力倾向，人们的自由权利也才有希望兑现。在这"一切权力"中，首当其冲的应当是君主手中的行政权。虽然在一些政府形式中，君主往往被称为至高无上的权力者，但"并不是因为他本身握有一切最高的制定法律的权力，而是因为他握有最高的执行权"〔1〕人们对他的服从，不是对他个人权威的服从，而是对法律权威的服从，因为他的权威来自于法律。由此可以看出，君主仅仅是国家法律的最高执行者，他的权力只能以服从法律而存在。洛克还通过权力分立建立了各机关相互制衡的机制，而且将执行权（行政权）严格限制在法律规定的范围之内，并且必须由法律规定的机关来行使，充分体现了其"控权"理念和行政法治的精神。

三、政府的形式

在《政府论》中，洛克还谈到了政府的形式。他认为，政治社会的形成是以个人的同意为依据的，当他们这样组成一个整体时，他们可以建立他们认为合适的政府形式。与霍布斯不同，洛克按照立法权的隶属关系来划分政府形式，"制定法律的权力归谁，这一点就决定国家是什么形式"〔2〕由此，洛克将政府分为四种：

1. 民主政体（Democrary）。立法权归全民所有，人民通过委任的官吏执行法律。

2. 寡头政体（Oligarchy）。人们在订立契约时约定将立法权交与少数经选举产生的人及他们的子嗣和继承人行使。

3. 君主政体（Monarchy）。立法权归一人所有。君主制又分两种：一种是世袭君主制，立法权由君主世袭；另一种是选任君主制，君权仅限于君主本人享有，后继者的权力由大多数人选举决定。

4. 混合制政体（Mixed forms）。如果共同体认为合适的话，可以成立混合政体。洛克认为，英国"光荣革命"后建立的立宪君主制即为这种政体。他本人也倾向于这种政府，坚决反对君主专制。因为在他看来，君主专制不是自然赋予的权力，不是契约所给予的权力，与人们协议建立政治社会的目的相违背。

---

〔1〕［英］约翰·洛克：《政府论》（下篇），叶启芳、瞿菊农译，商务印书馆2005年版，第91页。
〔2〕［英］约翰·洛克：《政府论》（下篇），叶启芳、瞿菊农译，商务印书馆2005年版，第81页。

四、行政的个体责任与社会责任

依洛克的观点，政府和法律的存在就是为了保护个人的权利和自由，个人权利的不可取消性和不可侵犯性构成了政府权力行使的限度。法律的最终目的就是为了确保公民的权利即生命权、自由权、财产权等自然权利。这就是政府管理社会，依法行政的"个人责任"。按照社会契约理论，政府所享有的管理国家和社会的权利，来自于公民的协议，而协议的目的正是为了保障生命、自由、财产等天赋权利免受侵犯。一旦政府逾越其权力应有的界限，侵害自然权利时，人民便可站出来反抗，以推翻政府的统治。因此政府行政必须以保障公民的自然权利为己任。

此外，政府必须努力营造一种平等、民主、法治的社会秩序，这是行政的社会责任。具体说来：①人是生而平等的。因此，法律（无论是立法制度还是司法制度）必须体现平等的价值。"法律面前人人平等"意味着法律的普遍遵守和同等地执行，否则法律仅为具文。正如洛克所言："法律一经制定，任何人也不能凭他自己的权威逃避法律的制裁；也不能以地位优越为借口，放任自己或任何下属胡作非为，而要求免受法律的制裁。"[1] ②民主是自由权利的政治基础。在民主社会，人们的自由权利之所以不会因转让权力而受到威胁，关键在于他们的权力不是交给某一个人，而是通过协议交给大多数人，并且移交是在意志没有受到任何威胁的情况下做出的。这种在大多数人意志上建立起来的公民政府才是合法的政府。合法的政府实质上就是民主政府。民主政府的权力掌握的人民手中，政府必须代表人民的利益，对人民负责，不得独断专权或恣意损害和剥夺人民的合法权利。③平等、普遍的法治原则是洛克倡导的又一法哲学理念。他认为，制约权力和保障权利的有效途径在于实行法治，而法治的关键在于法律能够得到严格的执行。如果政府无视法律和人民的利益，玩忽和放弃他们的职责，使法律无从执行，那么整个国家就会陷入一种无政府状态。在他看来，国家之所以酿成暴政和出现无政府的混乱状态使人们的权利受损，其原因是未能实行法治，而没有法治的原因往往并非没有法律，或没有良好的法律，而在于法律未能得到切实贯彻。正如他所言："法律不是为了法律自身而被制定的，而是通过法律的执行成为社会的约束，使国家各部分各得其所、各尽其应尽的职责；当这完全停止的时候，政府也显然搁浅了，人民就变成了没有秩序或联系的杂乱的群众……如果法律不能被执行，那就等于没有法律……"[2] 因此，政府没有无限的权威，必须严格按照法律规定行使职权，以法律为其权力范围，以公众的福利为其行政的最终目的。

行政的个人责任与社会责任二者相辅相成。人们由自然状态通过"权力让渡"进入政治社会，其目的便是寻求一种和平、民主的社会秩序来保障其自然权利不受

---

〔1〕　［英］约翰·洛克：《政府论》（下篇），叶启芳、瞿菊农译，商务印书馆2005年版，第86页。

〔2〕　［英］约翰·洛克：《政府论》（下篇），叶启芳、瞿菊农译，商务印书馆2005年版，第131页。

侵犯。因此，履行社会责任是保障个人责任的前提的途径，而保障公民的自然权利则是政府乃至整个国家活动的最终目的。只有在真正平等、民主、法治的社会秩序下，公民的权利和自由才有可能获得切实的保障；而公民权利的保障无疑对提高行政效率，形成良好社会秩序有着推动作用。

五、立法与行政地位的比较

立法与行政地位的比较集中体现在立法权与行政权的制衡关系上。如前文所提及，洛克在《政府论》中明确指出，立法权是指享有权力来指导、运用国家力量，以保障这个社会及成员的存在及利益，是国家的最高权力。立法权被洛克赋予了三大属性[1]：①地位最高性。洛克认为"谁能够对另一个人制定法律就必须在他之上"，而立法权因"有权为社会的一切部分和每一个成员制定法律"[2]而成为最高权力。②权属的不可让与性，这是由立法权的委托性所决定。由于立法权来自于社会各成员的"权力委托"，因此在委托人收回权力之前，他们没有资格转让。③主体的不可变更性，这是由立法权的地位和使命所决定的。一方面，"一个国家的成员是通过立法机关才联合并图解为一个有机体。立法机关给予国家以形态、生命和统一的灵魂"[3]其他机关无法替代。另一方面，立法机关是人民按照自己的意志自愿选择的组织形式，集中表达了人民的愿望和利益，具有不可替代性。但同时，洛克仍然坚持有限政府的宪政原则，要求立法机关的权力必须受到有效的制约。为此，洛克提出了以下几点措施：

1. 实行"权力分立"，将立法权与执法权区分开来，并且由不同的机关掌管。因为"如果同一批人同时拥有制定和执行法律的权力，这就会给人们的弱点以极大的诱惑，使他们动辄攫取权力，借以使他们免于服从他们所制定的法律，并且去制定和执行法律时，使法律适合于他们自己的私人利益，因而他们就与社会的其余成员有不同的利益，违反了社会和政府的目的"[4]。

2. 不使立法机关成为常设机关。从客观要求看，一个国家无须经常制定新的法律，因此，就没有必要使立法机关成为常设机关。当法律制定后，立法机关解散，其成员自己也受到所制定的法律的支配，这也是对他们的一种切身的约束。

3. 明确规定立法权的界限：①立法权不是专断、任意的权力。因为立法权本身来源于自由的主权个人的委托，而这些个人在自然状态中没有人享有对于自己或他人的一种绝对的、专断的权力。因此，立法权必须遵循自然法的精神，对人民的生命和财产不得专断妄为。②立法机关不能大权独揽，以临时的专断命令进行统治，

---

[1] 参见汪太贤：《西方法治主义的源与流》，法律出版社2001年版，第320页。

[2] [英] 约翰·洛克：《政府论》（下篇），叶启芳、瞿菊农译，商务印书馆2005年版，第91页。

[3] [英] 约翰·洛克：《政府论》（下篇），叶启芳、瞿菊农译，商务印书馆2005年版，第129页。

[4] [英] 约翰·洛克：《政府论》（下篇），叶启芳、瞿菊农译，商务印书馆2005年版，第91页。

而必须依据已颁布的、长期有效的法律来统治，并且由资深法官来执行司法和判定臣民的权利。即"无论国家采取什么形式，统治者应当以正式公布和被接受的法律，而不是以临时的命令和未定的决议来进行统治"[1] ③立法权不得转让，即"立法机关不能把制定法律的权力转让给任何他人"。因为"只有人民才能通过组成立法机关和指定由谁来行使立法权，选定国家的形式。当人民已经表示愿意服从规定，受那些人所制定的和采取那些形式的法律的支配时，别人就不能主张其他人可以替他们制定法律。"[2]

因此，在洛克看来，立法权是一种有制约的最高权力。相对而言，行政权则具有从属性和派生性的特点。所谓行政权，指的是以君主为首的内阁的法律执行权，是根据立法机关的授权，执行立法者所制定的法律的权力。实际包括国家的治理和司法大权。它与立法权是相互分立的，但必须服从于立法权，只有当发生了不能预见和不稳定的情况，以致明确的和不可变更的法律不能运用自如时，行政权才拥有一定的自主决定和处理的权力，不完全受制于立法权。

一个国家的权力分立，不仅仅是一种权力分散，而更应当是一种权利的组合。这种组合是职责上的连接和功能上的互补，能够在权力之间产生一种牵制关系。在以立法权为核心，行政权和对外权为从属的权力分配体系上看，立法权决定行政权和对外权，执行权和对外权必须听从立法权的命令。前者是后者的依据和后盾，后者是前者的辅助和延伸。具体到立法权和行政权的关系上：

1. 立法权制约行政权。主要表现在两方面：其一，立法权为行政权确立了权力的行使范围。行政机关必须依照立法机关制定出的法律行事，否则将受到立法权强有力的制约。"当立法机关把执行他们所制定的法律交给别人之后，他们认为有必要时仍有权回收和处罚任何违法的不良行政。"[3] 其二，行政权受立法权的监督和支配。行政机关不仅要受立法机关的"统属并对其负责"，而且立法机关可以对其"随意加以调动和更换"。[4]

2. 行政权辅助和弥补立法权。一方面，行政权能够通过法律的执行最终实现立法权的价值，是立法权的目的和价值的体现。另一方面，行政权能够弥补立法机关"非常设"的不足。由于立法机关并非常设机构，因此需要一种持续存在的权力来保证法律的权威。当出现"不能预见和不稳定"的紧急情况时，法律无法作出及时的、细节性的规定，行政机关便可行使"自由裁量权"，一定程度上弥补了立法权的缺陷。

3. 行政权对立法权有一定程度的牵制。例如，行政机关享有召集和解散立法机

---

〔1〕 ［英］约翰·洛克：《政府论》（下篇），叶启芳、瞿菊农译，商务印书馆 2005 年版，第 87 页。
〔2〕 ［英］约翰·洛克：《政府论》（下篇），叶启芳、瞿菊农译，商务印书馆 2005 年版，第 89 页。
〔3〕 ［英］约翰·洛克：《政府论》（下篇），叶启芳、瞿菊农译，商务印书馆 2005 年版，第 96 页。
〔4〕 ［英］约翰·洛克：《政府论》（下篇），叶启芳、瞿菊农译，商务印书馆 2005 年版，第 96 页。

关的权力。这样行政机关可以通过行政上发出指令，要求立法机关通过正当的形式
进行选举和集会；或根据实际情况和公民需要要求立法机关修改旧法律和制定新法
律；或当人民利益受到侵害和威胁时，为消除这种侵害和威胁，在必要时决定通过
新的选举来解散立法机关。虽然，洛克认为行政机关必须根据当时的情况和事态的
变迁，为公共福利来行使这一权力，而且其地位并不因此而高于立法机关，但这毕
竟是在某种程度上对立法权构成的一种制约。洛克通过分权建立了以立法权为中心
的国家权力机构，主要功能在于形成对国家行政权最大限度的制约，其最终目的就
是要保障人民的权利。

洛克是一位出色的政治哲学家，他从"人"、"社会"、"政治国家"等多重视角
揭示了理性与自由、自由与法律、权力与权利、权力与法治等之间的必然联系，使
我们能够从中看到专制主义的脆弱和民主主义、自由主义、法治主义的无限生命力。
他的最伟大之处在于他为人类社会总结出了一套符合时代要求的经国济世方案如法
治、国家权力分立，有限的政府权力等，这是自由法治社会的必然选择。其思想构
成了近代自由主义和法治主义的精神支柱，对英国乃至全世界人类的社会政治生活
及其生存方式和思维方式产生了直接的、无法估量的影响。

第四节　《权利法案》中的行政法思想

"光荣革命"后，英国国会于 1689 年通过《国民权利与自由和王位继承宣言》，
作为新王威廉和玛丽继位的条件。宣言经两人签署后生效，成为法律性文件，被称
为《权利法案》。《权利法案》是英国革命的标志性成果，也是资产阶级与封建势力
相博弈的结果。

文件分为三部分：首先，列举詹姆士二世的种种恶行，其次，宣布关于权利和
自由的 13 项条款，最后，确定王位继承顺序。其中第二部分，即关于权利和
自由的 13 项条款，虽然篇幅仅占整个文件的约 1/6，但却是公认的《权利法案》的核心内
容。其中又以第 1、2、4、6、8、9、13 条关于国会权利和自由的条款最为关键。

一、《权利法案》中的控权精神

（一）控权的含义

所谓"控权"，是指控制行政权力，保障相对人权利的简称。"行政法即控权
法"这一理念历来为英美学者所普遍接受。对"控权"之含义可以作如下理解：

1. "控权"不等于"限权"。"控制"不等于"限制"。"限制"的"限"具有
"阻隔"、"指定范围、限度"、"限定"的意思。而"控制"的"控"，具有"驾驭、
支配"的意思。因此，所谓"控权"是指法律对行政权力的驾驭、支配，它并不仅
仅指限制行政权力。限制是消极的，而控制是积极的。"限权"是指对行政权力进
行消极限制，尽可能少地授予行政权力，即限制行政权力的范围，二者并不完全

相同。

2. "控权"是基于法律的立场，而不是基于行政的立场。法律由立法机关制定，代表人民意志和公民权利，要求行政机关必须依法行使行政权力。立法、司法、行政"三权分立"的制度本身就体现了法律对行政权的控制和制约。

3. 控权与保权（保障公民权利或相对人权利）二者是手段与目的的关系。保障公民权利是包括行政法在内的一切法律的最终目的。但公民权利通常会受到两种力量的侵害，一是来自社会成员，二是来自是国家权力。对后者的防范与制裁就是进行权力控制。因此控制权力就是为了保障公民权利。

（二）《权利法案》中的控权精神

控制行政权力，建立有限政府的理念最早产生于 17 世纪自然法思想。这一思想也贯彻于《权利法案》的始终。《权利法案》所体现的控权精神主要体现在：

1. 个人权利是政府权力的道德约束。《权利法案》以天赋人权理论为核心原则。在天赋人权理论中，人天生是自由、平等和独立的，个人的权力神圣不可侵犯。个人之所以愿意放弃部分权力，组成政治社会，是希望国家和政府利用这部分权力更好地保障其生命、自由、财产等权力。因此，个人权利是政府权力的基础，人民是政府权力的最终拥有者。政府对个人权利的侵犯就意味着对人民的背叛，为社会道德和法律所不容。这种对人权至上理念的绝对性的承认，一旦转化为制度，必将成为政府权能观念演变过程中最具杀伤力和最为持久的约束力，是政府权能扩张的屏障。

2. 自由财产权是抗衡政府权力的经济力量。在《权利法案》中，私有财产权是不可侵犯的基本人权之一。政府的主要功能即在于保护财产权。对财产权的保护构成了近代以来对共同权力范围进行界定的终极标尺，是政府权力扩展的底线。为了保障这一基本人权，洛克特意为政府设置了一些法律和原则，如未经本人同意，政府不得剥夺任何人财产的任何部分；未经人民或人民代表同意，不应对人民的财产征税；当财产受到侵害时，人民有权解散政府，重新组建立法机关等。

3. 宪政自由是政府权力的制度屏障。《权利法案》精心设计了一套宪政制度，用以实现政治权力的自我约束。一方面，通过设立三权分立制度，达到相互之间的制衡。另一方面，通过法治原则，规范政府权力的运作与范围。若要政府的行为是可预期的，惟一的办法就是实行法治。主张法治，既可以通过对立法权的控制，把封建王权的政府规范在资产阶级所要求的法律范围之内，又可以通过立法来扩大政府行动的范围和能力，为资本主义的发展服务。

二、国会的权威

英国是世界上最早建立国会制度的国家。国会代表了英国民主政治的传统，英国的法治传统之所以能够绵延数百年而愈发显现出其旺盛的生机，国会起到了不可替代的作用。与多数国家一样，英国曾经历过长时期的封建社会，以及与之相伴的封建君主制。但与众不同的是，英国国会在封建君主制的压迫下能够顽强的破土而出，成为反对专制主义的坚强堡垒，顽强地制约着王权的膨胀，直至将王权完全置于国会的遏制之下。

在17世纪早期及以前的历史中，英国国会立法在当时的立法体系和法律渊源中，并不占主要地位。一方面因为国家实行君主专制，主权在君，国会则为君主的附属。另一方面法庭认可习惯法及自然法规则超越国会立法，在两者发生冲突时，法庭则有权宣布国会立法无效，这类观点在"光荣革命"前盛行一时。1688年的革命，以前所未有的震撼力，沉重地打击了斯图亚特王朝的封建专制统治，国会在与国王的斗争中取得胜利。1689年《权利法案》重申了英国人"自古就有的权利"，比如国会必须定期召开，享有讨论国事和言论自由的权利，征税权属于国会，国民可以自由请愿等。从表面上看，它似乎没有什么新意，但事实上，这却是政体制度上一次真正的"革命"：国王承认了国民的"自由"，在"自由"的条件下才登上王位。这样，权利重新得到保障。国王是从国会手中接过王冠的，还保证要遵守国会的法律，这表明国会创造了国王，国会的权力高于王权，因此，"光荣革命"不仅消灭了专制的王权，而且还消灭了独立的王权，国会主权在政治上由此确立。在以后的英国宪政发展史上，国会享有无上的权威。国会相对于司法机关和作为行政机关的内阁来说都具有权力上的优越性。

（一）国会相对于法院在权力上的优越性

英国的各种法院不享有对国会立法的合法性、合理性提出不同意见的权利，而只有服从并适用立法的义务，即使是在国会立法通过时发生了计票错误而使实际的少数票变成了计算时的多数票。正如《人身保护令法》是在不正确地计算赞成票的情况下所通过的那样，在国会自己通过法律程序修正自己的错误之前法院也须适用该法律。此外，法院不能以国会成员的组成不符合法律规定的条件为由拒绝适用之，即法院不论在何种情况下都只需要适用法律。

（二）国会相对于行政（内阁）在权力上的优越性

英国是责任内阁制的国家，由国会下院组织政府（内阁）。由大选后的国会下院中的多数党领袖出任内阁首相，由内阁首相选择内阁成员。内阁成员必须是下院议员，如果首相要让非国会下院成员进入内阁，则需要经过补选，让其成为下院议员。国会下院可以通过对内阁的不信任案而迫使内阁总辞职。虽然在内阁与国会下院意见不一致时，内阁也并非只有听任国会下院摆布的份，内阁首相也可以提请英王解散国会。但若国会下院被解散，但此后内阁的去留问题依然不由内阁决定，而是交由下一次选出来的国会决定———如果内阁仍未获得新一届国会的信任，就只能集体辞职。可见，国会还是掌握着最后控制权。

除此之外，国会还享有对法律的修改权。国会权力不受国会以前制定的法律的限制，即前一届国会不能用立法来限制后来国会的权力。这就决定了英国立法中没有不可修改的条款，从而决定了作为英国宪法组成部分之一的国会立法也可以由国会在以后的实践中，由国会本身以普通立法程序将其规定加以修改。

由此我们可以看到，自《权利法案》之后，英国国会的权威不断加强，但这并不意味着国会可以行使绝对的，不受限制的权力。事实上，随着民主法治理念的不断发展，对国会的制约方式也在不断完善。这正与洛克在《政府论》中所强调的三权分立和权力制衡理念相契合。

三、《权利法案》中的行政参与

《权利法案》第 5 条规定："向国王请愿，乃臣民之权利，一切对此项请愿之判罪或控告，皆为非法。"此条规定是说公民认为政府的行政行为侵犯了其合法权益，有权向国王进行申诉。经过了英国资产阶级革命的洗礼和民主思想的熏陶，人民的权利意识高涨。在当时，可以说此项权利在一定程度上有利于公民自身权利的保护和对行政权力的制约。虽然看似简单，却蕴涵着现代公民行政参与理念之精髓。

公民的民主参与始于古希腊民主城邦国家，后被近代自由资本主义国家的民主实践所认可。但现代意义上的行政参与是在自由资本主义向垄断资本主义过渡时期，才逐渐发展和完善。行政参与是指公民、法人或其他组织以通过各种方式直接或间接参加到行政行为做出的过程中，以达到控制行政权力和保护自身权利的一种制度。它是现代行政程序法的重要原则之一。

行政参与的法理价值在于：第一，行政参与是民主观念的体现。在民主国家，国家和政府的权力是人民赋予的，人民通过其代表来行使国家权力。因此政府权力具有广泛的民意基础，但为了防止政府滥用权力，侵害人民利益，有必要使民众直接参与政府决策，监督国家权力的行使。第二，行政参与是控制行政权的需要。在现代社会，随着行政职能的不断扩张，行政违法和行政腐败就有了生存和发展的土壤，因此行政权需要控制。通过行政参与权利的行使，参与人提出各种参与材料、意见证明自己的主张，维护自己的权利，而行政机关要对参与人在行政参与时提出的证据材料进行通盘考虑，才能最后作出行政决定。这样就使其必须"兼听"，减少了其自由行事的可能性，既达到了对行政权力的控制，又实现了对公民权利的保护。

公民以何种方式参与行政活动直接影响到公民在行政活动中具体作用的发挥。要看公民在行政管理活动中作用如何，关键是看公民在具体活动中做些什么，如果说仅仅为参与而参与，只是作为行政机关的一个陪衬，那么参与有何意义？要让公民参与，那么在法律中肯定要给予公民一定的权利，使其在行政管理中能够起到应有的作用。从各国的情况来看，公民参与的方式主要有：①请求。指相对人提出的启动和推动行政程序的要求。是相对人参与或更多更好地参与行政过程的基础。一般存在于依申请的行政复议以及在行政过程中请求回避，说明理由，要求听证等请求。②阅卷。在行使或保护自己合法权益的必要范围之内，行政参与人有权查阅在行政程序中制作的一切书面材料。③申辩。有两方面内容，一方面在行政程序启动由相对人引起时，相对人提出各种证据来证明自己的请求主张；另一方面指在已经开始的行政行为进程中，针对行政主体或对立的另一相对人提出的指控理由出示各种证据为自己辩护。申辩是行政参与最实质最主要的内容。④建议。主要指抽象行政行为过程中，通过征询意见、举行听证、召开座谈会等形式让行政相对人参与进来，倾听和吸纳相对人的意见和建议。

我们可以看出，公民的行政参与在很大程度上是利用自己的参与去影响行政决定，而并不是去决定行政行为。参与的影响有大有小，有的甚至起到了决定性的作用，如行政合同的公民参与。因此，现代公共行政的民主过程在一定意义上来讲就是公民影响行政行为的程度不断加深的过程。《权利法案》中对公民的申诉权的确认，表现了统治者对公民民主权利的认可和积极保护的心态，以及政府在程序上愿意接受公众监督的意愿。虽然公民进行行政参与的方式仅限于申诉，而且申诉权行使的范围、方式、程序、结果等关键性因素都未见提及，但《权利法案》仍不啻为行政法发展史上具有重要意义的里程碑。

四、《权利法案》对后来行政法的影响

《权利法案》不仅是英国法制史上的里程碑，它所蕴涵的民主、法治的精神对后世行政法的发展也产生了深远的影响。主要表现在以下几方面：

（一）思想影响

1. 主权在民。英国革命以资产阶级的胜利而告终，《权利法案》中也必然体现了资产阶级要求民主、自由的革命呼声。国会所享有的权威就可以充分证明这一点。从洛克的"社会契约论"中所阐述的国家起源我们可以看出，国家是由个体的人相互订立契约而成，国家的一切权力来源于人民的让渡，因此国家的主权就是人民的主权。国会代表人民行使国家主权。国会不仅享有至高无上的立法权，而且还负有监督政府和其他国家机关的职责。

主权在民的宪政思想深深扎根于现代行政法的土壤之中，成为行政法最基本的理念基石。主权在民在行政法中具体表现为民主行政。民主行政实质上就是以人民为权力的中心，政府作为人民的代表履行权力，为人民服务，政府行使权力受人民的监督和控制。

2. 法治。《权利法案》规定，国王不经国会许可，不得擅自停止或废除法律；不得擅自征收金钱等。国会是国家的立法机关，国会对国王的限制本身就是法治的体现。所谓法治，是指依法而治。国家颁布正式的、长期有效的法律之后，所有的人包括国王都必须将法律作为自己的行为准则。国王的权力必须限制在法律之内，不得恣意妄为，滥用权力，否则就将受到法律的制裁。

法治原则体现在行政法上就是"依法行政"。"依法行政"的基本含义在于行政机关以及其他行政公务组织必须依法行使行政权或者从事行政管理活动。是法治理念在行政领域的具体应用。可以从以下几方面理解：①政府所依之法必须体现人民

的整体利益和反映人民的共同利益，而不能是个人意志或少数利益集团意志的反映。②行政必须由法律规范和控制，以法律来约束行政权的随意性，以保障人民利益，防止权力异化。③法必须高于行政，优先于行政，行政必须服从于法，受制于法。依法行政要求政府必须是依法设立的，具有相应资格和条件的主体；其活动必须以法律法规为依据，并且在法定的权限范围内活动，越权无效；行政行为必须有合法、正当的目的和正当的动机；行政机关对违法或不当行政行为必须承担相应的责任。

法治原则所引申出的另一个理念是"有限政府"。"有限政府"发源于自由主义的思想土壤，为洛克所倡导。其主要目标是从个人利益与自由至上的理念出发，谋求建立权力受到严格限制的政府。实际上是一种试图通过限制政府对社会生活的干预，来协调个人权利与政府权力的关系，在公民个人自由与政府权力的界限之间寻求平衡的政府理论。在现代行政法理论中，由于福利国家的到来，随着政府对经济和社会生活的干预越来越广泛，建立"有限政府"的理念逐渐为人们所倡导和接受。有限政府本质上就是"受法律限制的政府"，要求将政府权力严格限制在法律规定的范围之内，反对政府对市场和社会领域的过分干预。目前，"有限政府"理论已经成为国内外行政法学者所研究的焦点。

3. 保障人权。对公民权利的保障是资产阶级上升时期所迫切需要的，在《权利法案》中也有所体现。如国王不经议会同意，不得擅自征收金钱，即反映了对公民财产权的保障。按照"天赋人权"理论，公民的自由、平等、财产等权利是与生俱来的，至高无上的，没有人可以擅加剥夺。法律的制定就是为了保障人权，而国家和政府存在的终极目的也在于保障公民的权利不受侵犯。因此，各个国家都将人权保障写入宪法，以示人权之于国家的重要。

行政法作为活的宪法，其目标就在于保障公民权利。一方面，行政法通过对宪法确认的公民权利具体化，从正面保障行政相对人的权利；另一方面，行政法通过确定行政权的界限，对行政权进行约束，以否定的形式保障行政相对人的权利。目前，行政法如何更好地保障公民基本权利，已成为学术界所普遍关注的问题。

（二）原则构建

《权利法案》中许多条款的内容在日后逐渐演变为行政法的基本原则。

1. 法律优先与法律保留原则。这是"依法行政"（前文已有所提及）原则的两个子原则，也是支配法治国家立法权与行政权关系的基本原则。法律优先原则的基本含义在于行政活动不得与法律相抵触。法律优于行政机关的活动；优于行政机关制定的地方性法规；行政机关在做出行政行为时，应优先适用于法律。法律保留原则指对没有法律授权的事项，行政机关不得做出行政行为，否则就为违法。在法律保留原则下，行政活动的做出必须有法律的明文规定，否则就不得为之。这两个原则是一切行政行为必须遵守的首要原则，也是法治思想的具体体现。

2. 职权法定与不得越权原则。这是对政府权力行使的限制。《权利法案》中第2条"近来以国王权威擅自废除法律或法律实施之僭越权力，为非法权力"，第5条

"向国王请愿，乃臣民之权利，一切对此项请愿之判罪或控告，皆为非法"，第 6 条"除经国会同意外，平时在本王国内征募或维持常备军，皆属违法"等条款皆要求国王不得越权。在现代行政法中，职权法定原则是指行政机关及其他行政公务组织的行政职权，必须由法律予以规定或授予，否则其权利来源就没有法律依据。因为行政机关的职权并不是其本身固有的，而是经人民代表机关通过法律授予的，没有法律的授予，行政机关不可能拥有并行使行政权。不得越权原则要求行政权的行使不得超越法定的职权，否则就会造成"越权无效"的后果。这是对法治政府的必然要求。

3. 比例原则。《权利法案》第 10 条规定："不应要求过多的保释金，亦不应强课过分之罚款，更不应滥施残酷非常之刑罚。"它要求处罚的力度应当适当，能够达到目的即可。这体现了现代行政法中比例原则之精神。

由于法律不可能将纷繁复杂的行政活动总揽无余地进行规定，因此在法律规定的范围内授予行政机关一定的自由裁量权。但自由裁量权的行使不得背离法律的目的、精神和原则。它包括适当性原则、必要性原则和衡量性原则。要求行政行为的做出要合乎现实的目的；在可能有多种手段达成目的时，尽可能选择影响最轻微的手段；干涉行为所造成的损害应小于达成目的所获得的利益。

《权利法案》中所蕴涵的自由、民主的理念数百年来深深影响着行政法的发展进程，并且在不断的社会变革和思想争锋中逐渐形成了行政法特有的基本原则。除此之外，它还在行政法规范的形成，制度的构件等方面起着潜移默化的影响。直至今日，我们依然可以透过《权利法案》感受到 17 世纪伟大的先哲们智慧的光芒。

第 9 章
18 世纪的行政法思想

第一节　思想启蒙与行政法思想

一、"百科全书派"的行政法思想概略

百科全书派在法国的启蒙运动中是一面色彩鲜艳的旗帜，因参加编纂、出版《百科全书》的活动而得名。《百科全书》的主编和副主编是启蒙作家狄德罗和数学家达朗贝。参加这项工作的人员极为广泛，其中有文学家、医师、工程师、旅行家、航海家和军事家等，几乎包括各个知识领域具有先进思想的一切杰出的代表人物。除该书的主编和副主编外，启蒙主义作家孟德斯鸠和伏尔泰为它写过文艺批评和历史的稿件，卢梭写过音乐方面的条目，哲学家爱尔维修、霍尔巴赫和空想社会主义者摩莱里、马布利，孔多塞和哈勒等自然科学家，魁奈和杜尔阁等经济学家，都是《百科全书》的撰稿人。他们的观点不尽相同，但能相互协作，其中积极参加过《百科全书》的编纂工作，又有唯物主义启蒙思想的人士，在历史上就被称为百科全书派。

百科全书派包含着丰富的法律思想，百科全书派的唯物主义者都属于自然法学派，他们大都是从自然法的角度来论证各自的法律原则，甚至行政法思想的。伏尔泰认为，"法律是自然的女儿"，"每一个精神健全的人心里都有自然法的概念"。"就是那种使我们知道正义的本能"[1] 伏尔泰并不着意描绘"自然状态"，而是直接借助于"正义的观念"这一"人性的本质"，并且已经注意到客观环境对法律制度的影响，认为在社会发展中，气候、政府、宗教是致动的重要因素，其中政府和宗教的作用大于气候或地理的因素。他还认为应从社会利益的角度去分析是非善恶、判断正义与否、研究政治法律。狄德罗是从理性与非理性、正义与非正义、善与恶、社会性反社会性的统一体的角度来论述自然法的。他认为，人是道德实体和肉体实体的统一。在自然状态中，人人享有自由、平等的自然权利，按照以区分是非善恶为基础的自然法行事。自然法就是我们的行为必须以他为规范的那种永恒不变的秩

---

[1]　北京大学哲学系外国哲学史教研室编译：《十八世纪法国哲学》，商务印书馆 1979 年版，第 98 页。

序。它的基础是善与恶之间的本质区别。由于人的两种本性，需要由更强有力的权威力量来解决，于是人们订立契约，成立国家，走出自然状态。爱尔维修则从人是环境的产物和教育万能以及利益论为基础来论述自然法。他认为，人天生无所谓聪明或愚蠢，聪明或愚蠢都是后天获得的。"人生而无知，并非聪明愚蠢"，人的"一生其实是一场长期教育"[1]他认为，趋乐避苦或自爱是人的自然本性。"这种以肉体的感受性为基础的爱，是人人共有的。不管人们的教育多么不同，这种感情永远一样：在任何时代，任何国家，人们过去、现在和将来都是爱自己甚于爱别人的。"[2]他还认为，他发现了一条规律，即精神界不折不扣地服从利益规律，如同自然界服从运动的规律一样。"利益是我们的惟一推动力……江河是不向河源倒流的，人们也不会违抗他们的利益的激流。"[3]因而感受事物，保存自己便是人的自然权利，但是人人都要捍卫自然权利，必然会引起纷争，为了摆脱纷争，人们订立约定：这就是最初的法律。法律制定了，就得委托人去执行：这些人就是官吏。爱尔维修大力倡导公共利益，他说，一个灵魂高尚和精神明智的人。"都是以公共利益作为行动指南的。这种利益是人类一切美德的原则，也是一切法律的基础。"[4]国家、法律就是这样产生的。霍尔巴赫的特点是不承认有所谓"自然状态"，认为"自然状态"是虚幻的、违背人性的，"人始终存在于社会之中"[5]人生下来就处于家庭之中，为了满足本身的利益，家庭又联合起来组成社会。人对社会承担义务，社会对人也承担义务。每一个公民都和社会缔结契约。"由此可见，人的义务来自人的本性。大自然把人造成为有感觉的动物，使他具有社会感。大自然把人造成具有接受经验和理性论据的能力，然后使他对同类承担义务。大自然还决定奖赏遵守自然法的人，严厉惩罚违反自然法的人。"[6]霍尔巴赫从人是自然的产物同时又具有社会性出发，来论述自然法、自然权利和社会契约的。

百科全书派的经典作家们还阐述了法律与自由、平等、财产之间的关系。伏尔泰认为自由是人人生而有之的"天赋人权"，在法律规定的各种自由中，最重要的是言论自由与出版自由。此外，还有人身自由、宗教信仰自由和合法接受审讯的自由。他们还强调法律应当保护平等权。伏尔泰说："一切享有各种天然能力的人，显然都是平等的；当他们发挥各种动物机能的时候，以及运用他们的理智的时候，他

〔1〕 北京大学哲学系外国哲学史教研室编译：《十八世纪法国哲学》，商务印书馆 1963 年版，第 480、481 页。
〔2〕 北京大学哲学系外国哲学史教研室编译：《十八世纪法国哲学》，商务印书馆 1963 年版，第 501 页。
〔3〕 北京大学哲学系外国哲学史教研室编译：《十八世纪法国哲学》，商务印书馆 1963 年版，第 536 ~ 537 页。
〔4〕 北京大学哲学系外国哲学史教研室编译：《十八世纪法国哲学》，商务印书馆 1963 年版，第 463 页。
〔5〕 ［法］霍尔巴赫：《自然政治论》，陈太先、眭茂译，商务印书馆 1994 年版，第 4 页。
〔6〕 ［法］霍尔巴赫：《自然政治论》，陈太先、眭茂译，商务印书馆 1994 年版，第 13 页。

们是平等的。"〔1〕 霍尔巴赫认为公平或公正是创制法律的准则，他说："没有正义，
社会便不能提供任何幸福。正义也叫做公平，因为借助于为命令一切人而制作的法
律，它使所有社会成员一律平等。"〔2〕 他们反对贫富悬殊，认为法律有消灭贫困的
任务和作用。爱尔维修说："假定法律给所有的公民指派若干财产，它将会使穷人摆
脱贫困的恐怖，使富人摆脱厌倦的厄运。它将会使穷人和富人都更幸福。"〔3〕 但是
他们的思想充满矛盾，认为要求财产的平等是不可能的，也是不公平的。伏尔泰认
为，对社会上的大多数人来说，自由并不意味着拥有财产。社会并不需要农民成为
富人，而是需要这样一种人，在他的身上除了一双手、一颗善良的心以外，什么都
没有；他们将自由地把自己的劳动出卖给出价最高的人；他们用自由来代替财产。
伏尔泰在《百科全书》的平等词条中说："在我们这个不幸的星球上，生活在社会
里面的人们不可能不分成两个阶级：一个是支配人的富人阶级，另一个是服侍人的
穷人阶级，否则社会生活便无法维持，因此平等既是一件最自然不过的事，同时也
是最荒诞不经的事。"爱尔维修也说："没有一个社会，所有的公民在财富和权力方
面能够是平等的。""要同等幸福，就必须人人拥有同等的财富和权力。没有比这个
论断更错误的了。"〔4〕 霍尔巴赫也认为，"社会和自然一样，也会造成各社会成员之
间存在必要的合理的不平等。这种不平等是公道的，因为它是为达到社会的坚定目
标——我指的是维持社会生存，保障社会幸福——所必需的"〔5〕 当然，他反对统
治者由于昏聩糊涂、"自己情欲的影响"、"偏见和成见"而造成大量灾难和不公平
的事情。

百科全书派的行政法思想是以上述思想为基础，并且与他们的科学观、对理性
的推崇紧密联系、融为一体的。他们大都反对封建专制，提倡法治与分权，主张政
府应当按照法律办事，树立法律的高度权威。与自然法、自然权利、社会契约相联
系，他们还主张人民主权。下面将分别进行分析。

二、科学观与行政法思想

百科全书派的启蒙思想家都是唯物主义者，从无神论或者自然神论的立场反对
天主教神学。他们提倡人性、反对神性，最后又从人性中引出自由、平等、民主等
法律思想，他们关心社会、关心政治，反对专制，提倡法治或分权。他们中很多人
本身就是自然科学家如达朗贝等，或者对自然、对科学有深入的研究，正是在他们
的科学观基础上引申出他们的哲学思想和政治法律思想。

---

〔1〕　北京大学哲学系外国哲学史教研室编译：《十八世纪法国哲学》，商务印书馆 1979 年版，第 88 页。
〔2〕　[法] 霍尔巴赫：《自然体系》（上卷），管士滨译，商务印书馆 1964 年版，第 127 页。
〔3〕　北京大学哲学系外国哲学史教研室编译：《十八世纪法国哲学》，商务印书馆 1979 年版，第 532 页。
〔4〕　北京大学哲学系外国哲学史教研室编译：《十八世纪法国哲学》，商务印书馆 1963 年版，第 526 ~
　　　527 页。
〔5〕　[法] 霍尔巴赫：《自然政治论》，陈太先、眭茂译，商务印书馆 1994 年版，第 37 页。

　　百科全书派思想家之一拉美特利（1709～1751 年）是法国唯物主义哲学家，无神论者，曾著有《人是机器》等书。他认为宇宙就是一个实体，这就是物质，他探讨了物质的特性。他认为物质的第一个特性是广袤，"这种特性的前提是形体的实体有三度，即长、宽、高"，"我们要是没有一个同时具有长、宽、高东西的观念，就根本不能设想物质或形体的实体。"[1] 物质的第二个特性是运动性，形体实体的内部有一种固有的运动力量。"物体本身就包含着这种使它活动的推动力，这种推动力乃是一切运动规律的的直接原因。"[2] 物质的第三种特性是感觉能力，感觉能力并非一种与形体的物质不同的东西，即心灵实体。他所说的物质的后两种特性否定了"上帝的第一次推动"和独立灵魂实体的存在，坚持了世界的物质统一性，摧毁了基督教的理论支柱，为无神论提供了哲学基础。拉美特利认为根本就没有独立于肉体的心灵实体，所谓心灵无非是身体组织本身和脑子，是脑子的一种功能。他认为人是机器，人这架机器是由许多大小机器所组成的。其中一个推动机器的机器，就是脑子。脑子是所谓灵魂的那个始基。他在坚持唯物论一元论观点的同时，也充分地表现了机械论的局限性，是典型的机械论。拉美特利还激烈地抨击基督教的禁欲主义，宣扬快乐主义。他认为禁欲主义是违反人性的。追求快乐是由人的本性决定的，按照人的自然本性行事，就是道德的人。

　　狄德罗不仅坚持世界的物质统一性，还从物质构成的角度提出了物质元素异质性思想。他说："我将把为自然现象的一般产生所必需的各种不同的异质的物质称为元素；并且将把元素的组合的一个现实的一般结果或许多一个接一个的一般结果称为自然。"[3] 正是由于元素的质的多样性，才构成物质世界的多样性。而元素最后分割状态是分子，但是将来由于科学技术的发展，基本物质也许存在进一步分割的可能性。他认为，物质本身是具有活动能力的，构成物质的元素（分子）本身，有一种固有的、永恒的、不可毁灭的特殊的力。他还提出了"力的量在自然界是守恒的"思想，这是对运动不灭的可贵猜测。狄德罗还依据当时生物学的成果并引进了最早的进化观念与神学相对抗。当时著名的动植物分类学家林耐也认为物种是不变化的，但是狄德罗却提出挑战。他认为，"动物性在全部永恒时间中有它特殊的元素……由这些元素形成的胚胎曾经过无数的组织和发展……在这些发展的每一个阶段都经过了几百万年；它也许还经受过其他一些我们所不知道的发展……如果宗教没有启迪我们世界的起源和事物的普遍系统，我们将会被引诱来作多少不同的假设来解释自然的秘密？"[4] 狄德罗还批判了"预成论"，预成论认为，一切生物都是由预先存在的种子中产生出来的。他指出预成论违反了经验和理性。他认为，小蛆

〔1〕　北京大学哲学系外国哲学史教研室编译：《十八世纪法国哲学》，商务印书馆 1963 年版，第 199 页。
〔2〕　北京大学哲学系外国哲学史教研室编译：《十八世纪法国哲学》，商务印书馆 1963 年版，第 203 页。
〔3〕　［法］狄德罗：《狄德罗哲学选集》，江天骥等译，三联书店 1956 年版，第 103 页。
〔4〕　［法］狄德罗：《狄德罗哲学选集》，江天骥等译，三联书店 1956 年版，第 104～105 页。

虫也许会走向大动物的状态；非常巨大的动物也许会走向小蛆虫状态，物种是会进化的。狄德罗早期是一个自然神论者，相信自然性的上帝的存在，后来成为一位无神论者。他的关于世界物质统一性的理论、关于物质自己运动的理论，关于生物进化的思想等，发扬了无神论，成为反对宗教神学的思想武器。

霍尔巴赫也坚持从自然本身说明自然，认为物质是多样的，物质是自己运动的，物质运动是有规律的。他认为，"运动乃是一种必然从物质的本质中产生出来的存在方式；物质是凭它自己固有的能力而活动的；它的各种运动是由于它内部蕴涵的那些力造成的。"[1] 他认为运动是绝对的。运动的形式分为两类，一类是快体运动，即位置移动；第二种是物体里面的激动，故称为"自发的运动"。但是，他又认为，严格说来，自然界根本没有自发的运动。因此，他所理解的运动，仍然是机械运动。霍尔巴赫还认为，自然中发生的一切运动，都遵循不变的因果必然法则。"必然性就是原因与结果之间的固定不移的恒常不变的联系。"[2] 但是，霍尔巴赫只承认必然性，而否认偶然性，这样就走向了新的宿命论。他还从人是自然存在物出发，批判了宗教神学。他认为，把人分为肉体上的人和精神上的人，"只不过是建立在一些毫无根据的假设上面"，[3] 无异于把脑子与人本身区别开来，把脑子说成精神实体。"灵魂本来就是身体，只不过从它的特殊性和构造使它具有某些作用或机能去看，才称之为灵魂。"[4] 他也认为感觉能力是人身上第一种机能。当物质作用于感官，就产生感觉，"如果我们的感官不受刺激，我们就不能有感觉、知觉和观念"[5]。在感觉的基础上，人的脑子产生记忆、想像、判断、反省、思维活动。神就是人借助想像创造出来的。狄德罗和霍尔巴赫的无神论思想全面揭露了宗教神学的虚伪性，被称为"战斗的无神论"。

百科全书派还揭示了宗教神学产生的根源是愚昧无知。拉美特利嘲讽神学家说，他们不知道生命体的部件，不知道这些部件运动时所服从的机械规律，侈谈形体与心灵，无非是胡思乱想、大言欺世。狄德罗认为宗教产生的根源是无知、恐惧和欺骗，而消除宗教就要靠启蒙宣传。霍尔巴赫也有同样的观点，认为宗教是由于人对自然力量的无知产生的，要消除宗教，就要研究自然，并想群众做启蒙宣传。像灵魂、天赋观念"乃是教育、范例尤其是习惯的结果"[6] 他指出，宗教是科学的大敌，是自然科学进步的障碍。"它们几乎时时刻刻在前进的道路上遇到它，除了通过迷信的病眼以外，它不允许物理学、博物学、解剖学去看任何事物。哪怕是最明显不过的事实，只要人们无法使它与宗教的假设相符合，就被鄙夷地加以拒绝，恐惧

---

〔1〕 北京大学哲学系外国哲学史教研室编译：《十八世纪法国哲学》，商务印书馆 1963 年版，第 581 页。
〔2〕 北京大学哲学系外国哲学史教研室编译：《十八世纪法国哲学》，商务印书馆 1963 年版，第 595 页。
〔3〕 北京大学哲学系外国哲学史教研室编译：《十八世纪法国哲学》，商务印书馆 1963 年版，第 614 页。
〔4〕 北京大学哲学系外国哲学史教研室编译：《十八世纪法国哲学》，商务印书馆 1963 年版，第 624 页。
〔5〕 北京大学哲学系外国哲学史教研室编译：《十八世纪法国哲学》，商务印书馆 1963 年版，第 630 页。
〔6〕 ［法］霍尔巴赫：《自然体系》（上卷），管士滨译，商务印书馆 1964 年版，第 147 页。

地加以摒弃。"[1]

在打破神学的束缚之后，百科全书派把目光集中在人性上面。拉美特利把宗教称作"神圣的毒药"，他认为无神论者都是好人，信教者不一定规矩老实。"宇宙如果不是无神论的宇宙，就不会是快乐的宇宙。"[2] 因此，他指出，禁欲主义是违反人性的。追求快乐是由人的本性决定的，按照人的自然本性行事，就是道德的人。百科全书派大都认为人是自然存在物，爱尔维修把肉体的感受性作为说明人性和一切。他认为肉体感受性在人身上的直接结果就是趋乐避苦。趋乐避苦就是自爱，是人的自然本性。"在任何时代，任何国家，人民过去、现在和将来都是爱自己甚于爱别人的。"[3] 其次，百科全书派认为人是环境的产物。爱尔维修认为，人的智力天生没有什么差别，每个人的才智来源于后天的经验和教育，精神的不等的"原因就是教育的不同"。道德观也是后天获得的是教育的结果。他所说的人是环境的产物中的"环境"是指政治法律制度。"为了培养出道德的人，就必须有赏有罚，制定合理的法律，建立一种出色的政治形式。"[4]

百科全书派的法律观是与他们的科学观、人性观融会贯通、结为一体，与他们的反对宗教、倡导人性的立场相一致的。爱尔维修认为，利益是人的行动的惟一动力。"个人利益支配个人的判断，公共利益支配国家的判断。"[5] "人永远服从他的理解得正确的或不正确的利益。这是一条事实上的真理；无论人们不把它说出来还是把它说出来，人的行为永远是一样的。"[6] 但他主张个人利益与公共利益结合，认为一个高尚、明智的人"都是以公共利益作为行动的指南。这种利益是人类一切美德的原则，也是一切法律的基础"[7] 爱尔维修的智力天然平等的思想，引出了人生而平等的结论，它推翻了封建不平等的精神支柱，具有反对封建特权的作用。霍尔巴赫认为人的自爱本性是天赋的，"自然所造成的人既不善也不恶"[8] 人的本性虽然都在追求自己的幸福，但满足这种需要是在人与人、人与社会的关系中实现的。个人的德行，不仅有利于别人，也有利于自己，"德行不过是一种用别人的福利来使自己成为幸福的艺术"[9] 人性不仅构成自然法的基础，也构成了制定法的基础，当然是行政法的基础。霍尔巴赫认为，自然法是永恒不变的，与人类同在；把它写成公民法的时候，则随着生活条件和社会需要而变化。社会福利始终是立法的

〔1〕 北京大学哲学系外国哲学史教研室编译：《十八世纪法国哲学》，商务印书馆1963年版，第636页。
〔2〕 〔法〕拉美特利：《人是机器》，顾寿观译，三联书店1956年版，第18页。
〔3〕 北京大学哲学系外国哲学史教研室编译：《十八世纪法国哲学》，商务印书馆1963年版，第501页。
〔4〕 北京大学哲学系外国哲学史教研室编译：《十八世纪法国哲学》，商务印书馆1963年版，第506页。
〔5〕 北京大学哲学系外国哲学史教研室编译：《十八世纪法国哲学》，商务印书馆1963年版，第458页。
〔6〕 北京大学哲学系外国哲学史教研室编译：《十八世纪法国哲学》，商务印书馆1963年版，第536页。
〔7〕 北京大学哲学系外国哲学史教研室编译：《十八世纪法国哲学》，商务印书馆1963年版，第463页。
〔8〕 〔法〕霍尔巴赫：《自然体系》（上卷），管士滨译，商务印书馆1964年版，第131页。
〔9〕 〔法〕霍尔巴赫：《自然体系》（上卷），管士滨译，商务印书馆1964年版，第274页。

目的。不管法律产生环境如何，必须使法律给人们带来好处，并为社会大多数成员造福[1]。如果每个人只手情欲的支配，会出现同类相残，会把生活弄得不堪忍受。为了避免这些危险，社会需要服从一个政府，政府的"目的就是谋求整个社会以及它的一部分安全、幸福和完整"[2]。他还从人性出发解释权力及其产生，"权力本身的基础就是有能力与人为善，保护他们，领导他们，为他们造福。权力的依据就是人的本性，就是人与人之间的不平等、能力不同、缺点不同、需要不同和满足需要的愿望不同——简言之，就是人人都爱自己"[3]。

霍尔巴赫揭露了宗教、教会在政治上的反动作用。他说，教士为了保留自己的权力和地位，与统治者互相勾结，宣扬什么"君权神授"，使人民受迷惑、受轻视、受凌辱、受压迫；同时使国王变成神灵，骄奢淫逸、腐化堕落，还使社会意志不复存在，而独夫的意志变成了法律，这样就产生了专制、霸道和暴政。霍尔巴赫反对专制和暴政，他认为保证不仅会发生在君主政体，而且会发生在民主政体和贵族政体，"只要公道原则不再统治社会，而不得不屈从个人私欲，社会就要受暴政统治。"[4] 凡是违反人民意愿而力图统治人民的政治，也是暴政。霍尔巴赫指出专制制度的一系列危害：滥用国家权力，君主骄傲自大、荒谬、狂妄、麻木不仁、害怕道德、不需要才能，宗教迷信，和爱国主义势不两立，毁灭一切公道原则，压制自由思想，镇压异己，是科学退化等。"在专制政权下一切都会凋谢、退化；在自由王国里，就一切都会充满活力。"[5] 但是狄德罗和霍尔巴赫等人，只反对君主专制，并不反对所有的君主制，希望法律限制君主而不至于发展为暴君。"君主应该服从法律，而不是法律应该服从君主。"[6]

百科全书派的科学观、宗教观、人性观大体相同，但是也有差别，相应地，他们的政治法律观也与此类似。在科学观方面，他们都倾向唯物主义，认识到物质运动是自己的运动，而在强调运动性时，忽视了相对静止，同时又有机械性的缺点。但拉美特利认为人是机器，具有机械论、形而上学的典型性，狄德罗则在进化论方面具有特色，爱尔维修则没有系统的科学思想，而是强调功利主义的幸福观、强调教育的作用，他关于人的智力没有差别的思想具有片面性，在百科全书派内部也遭到反对。在宗教观方面，伏尔泰是一个自然神论者，认为"即使没有上帝，也必须捏造一个"。拉美特利着重批判了宗教神学的禁欲主义，爱尔维修着重批判了宗教神学的蒙昧主义，狄德罗，尤其是霍尔巴赫对宗教的批判则是全面的。在法律思想方面，伏尔泰对英国的君主立宪制赞不绝口，霍尔巴赫认为"民主政治不适宜"、人

〔1〕　[法] 霍尔巴赫：《自然政治论》，陈太先、眭茂译，商务印书馆 1994 年版，第 24 页。
〔2〕　[法] 霍尔巴赫：《自然政治论》，陈太先、眭茂译，商务印书馆 1994 年版，第 45 页。
〔3〕　[法] 霍尔巴赫：《自然政治论》，陈太先、眭茂译，商务印书馆 1994 年版，第 17 页。
〔4〕　[法] 霍尔巴赫：《自然政治论》，陈太先、眭茂译，商务印书馆 1994 年版，第 193 页。
〔5〕　[法] 霍尔巴赫：《自然政治论》，陈太先、眭茂译，商务印书馆 1994 年版，第 214 页。
〔6〕　[法] 霍尔巴赫：《自然体系》（下卷），管士滨译，商务印书馆 1964 年版，第 129 页。

的"天赋"不平等，爱尔维修和狄德罗则承认共和政体是最好的政体，虽然在谈到实行共和政体的难处方面有若干保留意见。但是爱尔维修又希望天才统治。他们的思想内部充满着矛盾。

三、法治中的理性与行政法制

经历文艺复兴运动的洗礼之后，人们的思想从宗教教条的束缚中解放出来，勇于探索自然和社会的奥秘，渴望去认识和了解客观事物的规律，从而追求现世的而不是天国的幸福。哥白尼、开普勒、伽利略、牛顿的科学研究为人们增强了认识自然、战胜自然的信心。17世纪的欧洲人，尤其是知识分子普遍崇尚科学，倡导理性主义。培根的"知识就是力量"的思想以及笛卡尔的唯理主义哲学对启蒙时期的理性主义形成产生重要的影响。

18世纪，法国成为启蒙运动的中心，理性主义成为启蒙运动的指导思想。至于理性，有多种理解，有人认为是正常的理智，有人认为是追求幸福，有人认为是追求最大的利益，通常人们认为理性是人类认识自然和社会的能力。百科全书派对理性的理解虽然也含有这些成分，他们侧重从与宗教蒙昧相对的角度，认为与自然、与人性相符合就是理性。

百科全书派的理性主义与笛卡尔的唯理主义不同，是建立在唯物主义基础之上的，他们重视经验以及事实的作用。拉美特利认为，感觉开始于感觉经验，而感觉经验是人脑对外物的反映。他说："我愈深入地考察一切理智能力本身，就愈加坚定地相信这些能力都一齐包括在感觉能力之中，以感觉能力为命脉。如果没有感觉能力，心灵便不能发挥它的任何功能。"[1] 狄德罗认为，人的认识受到种种限制，"理智有它的偏见；感觉有它的不确定性；记忆有它的限制；想像有它的朦胧处；工具有它的不完善处。我们只是处在这样许多障碍的前面，并且自然又从外面来和我们对立，一种实验又很迟缓，一种思考又受到限制"[2] 他认为应当把观察、思考和实验很好地结合起来，把经验哲学与理性哲学结合起来。霍尔巴赫认为，人应该遵从经验和理性，研究自然，在自然本身之内寻求需要和幸福。

百科全书派对人的理性的弘扬也是与批判宗教神学的蒙昧主义连为一体的。宗教宣扬蒙昧主义，反对理性与科学，爱尔维修指出，宗教与科学是对立的，科学家用自己的眼睛看，用自己的理性思考，向人们揭示和传播自然知识和真理。狄德罗、霍尔巴赫也都揭露了宗教鼓吹迷信、扼杀理性、压制科学使社会陷于黑暗的行径。他们站在无神论的立场上，热情提倡理性、呼唤发展科学。他们都认识到迷信来源于无知，所以要发扬教育的作用。霍尔巴赫主张，要发展科学和教育，宣传无神论，启发人们的理性，使人们认识到迷信的荒谬和危害，这样人们就会放弃宗教迷信。

---

〔1〕 北京大学哲学系外国哲学史教研室编译：《十八世纪法国哲学》，商务印书馆1963年版，第236页。
〔2〕 ［法］狄德罗：《狄德罗哲学选集》，江天骥等译，三联书店1956年版，第64页。

爱尔维修不仅更加重视教育的作用，而且强调法律制度对人的教育作用。狄德罗也有类似的思想。

百科全书派的把理性融入自然法之中。自然法的思想源远流长，古希腊罗马法学家认为自然法来源于自然，所以叫做自然法。中世纪的法学家则认为自然法出于神意，是神定下来的。十七八世纪的自然法学派则认为，国家的法不是上帝建立的，而是人类理性的结果。狄德罗是以理性与非理性等的统一体的角度来论述自然法的，正是在理性的指导下，人们才联合起来组成社会。霍尔巴赫认为，"人爱其他社会成员其实就是爱自己；帮助别人也就是帮助自己；在别人作出牺牲时，他作出牺牲也是为了自己的幸福。总而言之，懂得本身的利益，合理地爱护自己：这是社会的基础，这是人为同类所做一切的真正的动机"[1] 也就是说，人过社会生活、社会行动的动机就是以理性为基础，而理性教人作出利己又利他的选择。

百科全书派把政治法律看做是理性的产物。他们把封建制度看做是人类理性的迷误造成的。因此，只要用理性去开导人们的头脑，把他们从蒙昧无知中唤醒，认识到自己权力和本性，不合理的封建制度就可以改变了。他们认为"意见支配世界"。爱尔维修认为，"高明的法律必然是经验和开明理性的作品"[2] 理性主义导致他的天才史观，他说，"一些伟大的君王在那里召唤天才，天才召唤幸福"[3] "必须有天才，才能有好的法律代替坏的法律"[4] 政治制度的好坏，取决于立法者的意见。霍尔巴赫说："历史给我们指出，一些很有名的立法者就是文明民族所有的各种有益知识掌握得很多的人。"[5] 他还说："只有善于吸收生活经验，只有善于思考和判断——总之，只有理性才能使人们感到，作为整体的一部分，自己的实际利益全赖整体的幸福与安全。法律是社会理性的表现，这种理性同某些人的不明智正相对立。"[6] 与此相应，他还论及行政权，"行政权就是这样一种社会力量，它把政治体系方面一切单独力量联合到一个聚集着整体的幸福和安全的公共中心来"。"行政权是当局利用社会力量强使一切公民遵照用法律形式表示的自己意志的权力。"[7] 理性是他们衡量一切的标准，判断一切的尺度，也是他们衡量法律正当性的标准。凡是违反理性的法律就不算是法律。霍尔巴赫认为，当最高统治者只根据自己的意愿、利益和欲望颁布法律的时候，这些法律不能叫做社会的法律。"理性永远也不会承认它们是真正的法律，因为法律这个名词只是承担社会义务和表现社会

---

〔1〕 ［法］霍尔巴赫：《自然政治论》，陈太先、眭茂译，商务印书馆1994年版，第9页。
〔2〕 北京大学哲学系外国哲学史教研室编译：《十八世纪法国哲学》，商务印书馆1963年版，第549页。
〔3〕 北京大学哲学系外国哲学史教研室编译：《十八世纪法国哲学》，商务印书馆1963年版，第477页。
〔4〕 北京大学哲学系外国哲学史教研室编译：《十八世纪法国哲学》，商务印书馆1963年版，第549页。
〔5〕 北京大学哲学系外国哲学史教研室编译：《十八世纪法国哲学》，商务印书馆1963年版，第534页。
〔6〕 ［法］霍尔巴赫：《自然政治论》，陈太先、眭茂译，商务印书馆1994年版，第76页。
〔7〕 ［法］霍尔巴赫：《自然政治论》，陈太先、眭茂译，商务印书馆1994年版，第76页。

关系的意志表示。"[1]

从理性出发可以推出自由、平等、行政权以及控权等概念。因为人人都有理性，人人都追求幸福、安全，人人都追求利益的最大化，所以人应当是自由的，人人都有运用自己的理性为自己谋福利的权利，当别人在法律之外阻碍一个人的自由意志的时候，就是不正当的；因为人人有理性，因此追求幸福是每个人的自然权利，因此人也是平等的。当然，根据理性也可以推出相反的结论，如果像爱尔维修那样认为人的理智是天然平等的，那么人人就应当平等。但是，实际上人的智力、知识又不是一样的，所以那些天才应成为统治者，人与人又不可能是平等的，所以霍尔巴赫认为人从来就不是平等的。因为人有理性，每个人都追求自己的利益，必然会发生激烈的冲突，所以人们让渡出部分自然权利，签订社会契约组建政府，以保证大家的幸福和安全。而掌握权力的人也有理性，也追求自己的利益，所以必然会滥用权力，那就要以法律即社会契约来约束掌权者，以法律来约束行政权，对行政权进行控制。为了利己，也为了利他，才有政府的存在，才有法律的产生，才有对权力的控制。人性、理性是启蒙思想家的法律思想的基础，也是他们行政法思想的基础。

四、行政法治的精神在于否定传统权威

百科全书派人物具有战斗的精神和勇气，百折不挠，同反动思想和势力进行顽强的斗争，他们为宗教势力和专制统治者所不容，有的被迫流亡国外，有的屡次下狱，他们之所以遭受如此迫害，正在于他们敢于挑战、否定传统的权威。

他们首先反对宗教权威。他们揭露宗教神学的虚伪性、腐朽性以及毒害性，认为宗教全面危害社会、毁灭道德、阻碍科学、愚弄人民，揭示宗教产生的根源，主张以教育传播科学、消除无知和愚昧，从而铲除宗教蒙昧主义。伏尔泰坚持不懈地致力于批判天主教会的黑暗和腐朽，把教会史看做是一连串的迫害、抢劫和胡作非为的肮脏历史。他怒斥那些借宗教之名来填满自己欲壑的修道院院长："你们曾利用过无知、迷信、疯狂的时代，来剥夺我们的地产，把我们践踏在你们的脚下，用苦命人的脂膏把自己养得肥头胖耳，现在你们发抖吧，理性的日子来到了！"[2] 1734年，他出版的《哲学通信》一书被"以违反宗教，妨害淳良风俗，不敬权威罪"而遭查禁、焚毁。巴黎最高法院还下令逮捕他。然而伏尔泰并不彻底，他还是一个自然神论者。拉美特利、狄德罗等人以他们的物质观、科学观为基础，批判了宗教神学。拉美特利激烈地抨击了基督教的禁欲主义，宣扬快乐主义。他说僧侣推行禁欲主义，无非是叫人摧残自己，以便把别人的利益据为己有，认为禁欲主义是违反人性的。狄德罗以物质自己运动的原理、进化论思想否定了上帝的存在和预成论等。

---

[1]　[法]霍尔巴赫：《自然政治论》，陈太先、眭茂译，商务印书馆1994年版，第75页。
[2]　北京大学哲学系外国哲学史教研室编译：《十八世纪法国哲学》，商务印书馆1963年版，第672页。

他说："你如果想要我相信上帝的话，一定得让我摸得到他。"[1] 霍尔巴赫更是无所畏惧，他对上帝充满仇恨和厌恶："这个神是一个独夫，是一个民贼，一个什么都干得出的暴君；然而人们却以这个神为完善的典范；人民在他的名义之下犯下各种大逆不道的罪行……基督教自诩为道德提供一个坚不可摇的支柱，为人民提供最为有力的动机，以促使他们行善，其实对于人们来说乃是一个分裂、狂暴、罪行的来源；它借口给人们带来和平，其实只是给他们带来狂暴、仇恨、不和与战争。"[2]

他们还敢于挑战科学和思想的权威。狄德罗在这方面最具代表性，当时著名的动植物分类学家林耐与神学家的思想一致，认为物种是不变化的，"造物主一开始创造了多少不同的形式，现在就存在多少的物种"。而狄德罗则依据当时生物学的成果提出了挑战，引进了最早的进化观念与之相对抗。他还以理性为武器批驳预成论，认为预成论是违反理性的。"其所以违反经验，是因为人民想在卵和大多数一定年龄以前的动物里面寻找这类种子是徒然的；其所以违反理性，是因为理性告诉我们，物质在理智中虽然可以无穷地加以分割，在自然中却有一个最后的分割限度，是因为理性不能设想，有一只完全成形的像在一个原子里，而在这个原子里又有另一只完全成形的像，这样下去，直到无穷。"[3] 霍布斯、洛克、笛卡尔都把物质看做是被动的，物体的运动，只是由于外部推动。这样势必导致上帝的第一次推动。而狄德罗则认为物质的运动是自己的运动，来自物质内部的活动力，他说，牛顿、莱布尼兹"这些世界上第一流的天才，都承认一个智慧实体作为自己的创造者"，虽然"否认一个像牛顿这样的人并未不屑接受的东西，是未免有些冒昧"，但是他仍然认为牛顿的话是要打折扣的。他做到了不盲从前人，不盲从权威，敢于坚持真理。

他们勇于否定政治权威。狄德罗所有的权威都不是来自自然的，权威的产生无非有两个根源：力量和暴力；人们之间的约定或默认。用暴力获得的权力是一种篡夺，一旦被治者转化为强者，统治者、被治者就会倒易。由于人民认可建立的权力，必须对人民有益，对社会有用。上帝不允许人将自己的权利毫无保留地交给人间的统治者，他要人民的心灵。国王的权威来自人民，而这种权威又受到国家法和自然法的制约。国王不能违背社会契约，国王属于国家而不是国家属于国王。"王位、政府和公共权威都属于整个国家所拥有的；国王占有的只是一种使用权，而大臣们与它则是一种委托关系。"[4] 他认为，阿谀奉承、自私自利与奴性是万恶之源，这种罪恶对国家造成专权，在这样的国家里，臣民的生活在悲惨之中，而国君则被人痛恨。霍尔巴赫在谈到君主制的缺点时说："滥用一词总是与权力结不解之缘。不错，

〔1〕　北京大学哲学系外国哲学史教研室编译：《十八世纪法国哲学》，商务印书馆 1963 年版，第 308 页。
〔2〕　北京大学哲学系外国哲学史教研室编译：《十八世纪法国哲学》，商务印书馆 1963 年版，第 556～557 页。
〔3〕　［法］狄德罗：《狄德罗哲学选集》，陈太先、眭茂译，三联书店 1956 年版，第 123 页。
〔4〕　瑜青主编：《狄德罗经典文存》，上海大学出版社 2002 年版，第 298 页。

集中在一个人手里的社会力量能最大、功效高，可是，正因为如此，这种力量就对社会本身隐含着巨大的危险性。""君主忘记了自己的义务，他的臣民也忘记了自己的义务。君主滥用权力激怒了臣民，臣民就以暴力对抗暴力。"[1] 他认为，民主政体也有缺点，人民自己掌握最高权力，如果受了蛊惑家的迷惑，就成了他们的奴仆，成了他们玩弄阴谋诡计的驯服工具。贵族政体也会导致联合暴君。霍尔巴赫极为痛恨暴君，这一点从他形容暴君的词语从即可体现出来，如"残酷的恶魔"、"荒谬绝伦的贪心"、"腐化"、"腐败"、"糟糕"，等等。

百科全书派的作家似乎反对一切权威，而实际上他们只是以理性的权威代替神的权威，以法治的权威代替国王（人治）的权威。否定宗教权威、否定名家权威、否定统治者个人极权是建立理性权威、科学权威、法律权威的前提。伏尔泰以及早期的狄德罗还并不反对"君权神授"，但是，他们也利用了这种理论的另一面，即君主的权力并不是无限的，他们的权力要受到上帝的限制。实际上是借上帝的权威来限制君主的权威。宗教的权威、君主的权威被否定了，法律的权威才能树立起来。只有确立法律的最高权威地位，才能限制特权，才能克服专制。伏尔泰认为法律的权威性表现在三个方面：法律高于议会，上下院之间的关系、议会的职权职责、议员的选举都要依法行事；君主的地位、权力由法律规定，受法律制约；一切人包括贵族都必须服从法律。狄德罗理想的国家是"一个大家依照理性联合而成的社会，他们的行动准则以品德为主，而又由一个按照法律和正义来做事的，英明而伟大的政府首脑来统治"[2]。我们认为，其实在法治国家，领袖人物并非没有权威或魅力，而是领袖或掌权者的权威在法律权威之下，法治国家并非没有"人治"，而只是任何人都必须遵守法律。

五、哲人对行政法治的意义

哲人，即智者、思想家。他们目光睿智，富有洞见，思想深邃，有大智慧。他们的智慧之光能够划破黑暗的夜空，指引人们前进的道路；他们是闪电，能带来暴风骤雨；他们有巨大的能量，能加速社会前进的步伐；他们是思想的高峰，位于时代的制高点；他们洞烛幽微，历久而弥新。

法国启蒙思想家的理论对后来发生的法国大革命产生了巨大的影响，正是因为他们首先在思想上把国王（上帝）送上了断头台，才有革命实践中的把国王送上断头台。维克多·雨果在《悲惨世界》中借一个流浪儿之口调侃式地说：十八九世纪法国国内的混乱，"这一切都是伏尔泰的罪过，这一切都是卢梭的罪过"。不管雨果的真正态度是什么，也不管人们对法国大革命的评价如何，不可否定是思想武器的巨大能量，不可否认的是大革命是对封建专制是一次沉重的打击。

---

〔1〕 ［法〕霍尔巴赫：《自然政治论》，陈太先、眭茂译，商务印书馆1994年版，第52页。

〔2〕 瑜青主编：《狄德罗经典文存》，上海大学出版社2002年版，第300页。

百科全书派的思想理论对 1789 年法国《人权和公民权宣言》的诞生产生了显而易见的影响,《宣言》中关于自由、平等、财产、安全的文字中显然印有百科全书派思想的痕迹。其中天赋人权的观念是以自然法思想为基础的,甚至关于赋税应当按能力平等摊派的规定也体现了伏尔泰的赋税理论(伏尔泰主张一切人有按财产状况、按比例缴纳赋税的同等义务)。"法国立宪会议的宣言是一场思想运动的产物,它犹如正在成熟的果实,从这场运动中发展起来。早在任何影响美国权利宣言的思想出现很久以前,这些思想就已经很流行了。"[1] 启蒙思想的影响远远超过法国,超越了时代,至今仍然深深地影响着人们。1948 年的《世界人权宣言》无论从文字还是从精神上都有自然法思想的影子。

以狄德罗为首的百科全书派编写出版的《百科全书》,这部博大精深的科学著作所阐发的思想对后来的资产阶级思想家影响巨大,成为近代唯物主义哲学的一座丰碑。百科全书派思想家们以充满激情、文学式的语言,无情的揭露和批判了宗教神学思想,解除了人们的精神枷锁,解放了人们的思想。恩格斯曾经高度赞扬过这批启蒙运动的大师们:"在法国为行将到来的革命启发过人们头脑的那些伟大人物,本身都是非常革命的。他们不承认任何外界的权威,不管是这种权威是什么样的。宗教、自然观、社会、国家制度,一切都受到了最无情的批判;一切都必须在理性的法庭面前为自己的存在作辩护或者放弃自己的权利。"[2] 他们使人们从追求天国的幸福转向追求现世的幸福,认为追求自己的利益是符合理性和道德的。他们宣扬自然法、自然权利、社会契约,提倡自由、平等和法治,为反对封建专制提供了思想武器。他们的权利是天赋的、不可剥夺的观点,为人们捍卫权利提供了思想基础。他们的权力来源于人民,权力应当为公共利益、公共福利服务,权力应当受到法律的限制以及分权等主张为行政法治奠定了坚实的基础。

第二节 孟德斯鸠的行政法思想

查理·路易·孟德斯鸠(1689~1755 年)是法国资产阶级革命前夕启蒙运动的杰出代表,又是法国著名的哲学家、法学家。他出生于一个贵族世家,1708 年获得法学学士学位,并担任基因议会律师职务。1714 年,他开始担任波尔多郡议会议员。1716 年,孟德斯鸠继承了波尔多郡议会议长的职务,并获得"孟德斯鸠男爵"的封号。1721 年,孟德斯鸠匿名发表《波斯人信札》。1726 年,孟德斯鸠卖掉了世袭的郡议会议长的职位,获得巨款,迁往巴黎,专门从事写作。他曾实地考察欧洲列国的政治制度,在英国游历两年。1734 年,他发表了《罗马盛衰原因论》。1748 年,发表了《论法的精神》,这是他花了近 20 年写成的一部著作,也是他的代表作。

〔1〕 〔德〕E. 卡西勒:《启蒙运动》,顾伟铭等译,山东人民出版社 1988 年版,第 243 页。
〔2〕 〔德〕恩格斯:"反杜林论",载《马克思恩格斯选集》第 3 卷,人民出版社 1972 年版,第 56 页。

该书发表之后，受到当时封建统治者和教会人士的激烈反对，但是伏尔泰称此书是
"理性和自由的法典"。《论法的精神》奠定了资产阶级法学理论的基础，成为一部
经典名著。1755 年，这位伟大的思想家停止了思想，享年 66 岁。

一、立体法律理念中的行政法

　　孟德斯鸠的法律观是立体的法律观，有自己的特色。他希望从自然状况、宗教、
历史、人口、贸易、风俗习惯、立法者等多种因素中寻找法律制度产生的原因，发
现"法的精神"，甚至国家兴衰的规律。他说："法律应该和国家的自然状态有关
系；和寒、热、温的气候有关系；和土地的质量、形式与面积有关系；和农、猎、
牧各种人民生活方式有关系。法律应该和政制所能容忍的自由程度有关系；和居民
的宗教、性癖、财富、人口、财贸、风俗、习惯相适应。最后，法律和法律之间有
关系，法律和它们的渊源，和立法者的目的，以及作为法律建立的基础的事物的秩
序也有关系。应该从所有这些观点去考察法律。这就是我打算在这本书里所要进行
的工作。我将研讨所有的这些关系。这些关系综合起来就构成所谓'法的精
神'。"[1]

　　孟德斯鸠非常强调自然地理环境对政治法律制度的作用。首先，他认为地形与
地理位置对国家的政体和政治传统有重要影响。他认为，在亚洲，由于平原广阔而
且位置偏南，就不能不老是专制，"因为如果奴役的统治不是极端严酷的话，便要迅
速形成一种割据的局面，这和地理的性质是不能相容的"。"在欧洲，天然的区域划
分形成了许多不大不小的国家。在这些国家里，法治和保国不是格格不入的。"[2]
其次，气候影响人们的气质和感情，从而影响法律制度。在北方，气候寒冷，人们
精力充沛、自信、直爽、勇敢；在南方，气候炎热，人们软弱、懦弱、感觉敏锐、
懒惰。因此，热带民族常常成为奴隶，而生活在寒冷气候的民族的勇敢能够维护自
己的自由。这是自然原因产生的后果。最后，他认为土壤的性质与法律有关系。土
地肥沃的国家常常是"单人统治的政体"，土地贫瘠国家常常是"数人的统治"；山
地的人主张平民政治，平原的人则要求上层人物统治，近海的人则希望二者的混合
政体。

　　孟德斯鸠还探讨了法律与政体、法律与自由以及其他事物或现象的关系。至于
他关于法律与政体的关系的观点，我们将在后面分析。在法律与自由的关系上，他
首先区别了哲学上的自由与政治的自由。他认为，哲学上的自由是能够行使自己的
意志，也就是我们说的意志自由。政治上的自由是要有安全，或者至少自己相信有
安全。然后，他从两个角度来论述政治自由，一个是从它与政制的关系角度，另一
个是从它与公民关系的角度。"在自由和政制的关系上，建立自由的仅仅是法律，甚

---

〔1〕　〔法〕孟德斯鸠：《论法的精神》（上册），张雁深译，商务印书馆 2005 年版，第 7～8 页。
〔2〕　〔法〕孟德斯鸠：《论法的精神》（上册），张雁深译，商务印书馆 2005 年版，第 332 页。

至仅仅是基本的法律。但是在自由和公民的关系上，风俗、规矩和惯例，都能够产生自由，而且某些民事法规也可能有利于自由。"[1] 他说，可能出现两种情况：一种是政制在法律上是自由的，而事实上不自由；另一种是公民在事实上自由，而在法律上不自由。"在大多数国家中，自由所受到的束缚、侵犯或摧残往往超过宪法所规定的范围，所以还是应该谈谈特别法，因为特别法在每种政制下，对每个国家所可能接受的自由原则，能够起支持作用，也能够起摧残作用。"[2] 反观当今世界，此言仍然不虚。至于自由的含义，孟德斯鸠进行了较多的讨论，他首先列举了人们对自由的不同理解，"有些人认为，能够轻易地废黜他们曾经赋予专制权力的人，就是自由；另一些人认为，选举他们应该服从的人的权利就是自由……"，[3] 等等。然后他发表了自己的看法，"在一个有法律的社会里，自由仅仅是：一个人能够做他应该做的事情，而不被强迫去做他不应该做的事情"。"自由是做法律所许可的一切事情的权利；如果一个公民能够做法律所禁止的事情，他就不再有自由了，因为其他的人也同样会有这个权利。"[4] 孟德斯鸠还以大量的篇幅探讨了法律和风俗、习惯、贸易、人口、宗教等之间的关系。

在《论法的精神》一书中，孟德斯鸠首先对法律进行了分类，应当说这种分类也应当是他的立体法律观的内容。法律的第一层次的分类是自然法与人为法。孟德斯鸠认为上帝是宇宙的创造者和保养者；上帝创造宇宙时所依据的法律，就是他保养时所依据的规律。人和一切物体一样，受不变的规律支配的。"在所有这些规律之先存在着的，就是自然法。之所以称为自然法，是因为它们是单纯渊源于我们生命的本质。如果要很好地认识自然法，就应该考察社会建立以前的人类。自然法就是人类在这样一种状态下所接受的规律。"[5] 他把人为法又分为国际法、政治法和民事法。他的法律分类在今天来看是相当粗略和模糊的，他曾多次提到刑事法，但是并没有明确刑法属于政治法还是民事法，从他在论述政治自由的时候紧接着讲述了大量的刑法来看，似乎他把刑法归于政治法。这种模糊对于孟德斯鸠来说可能是有意的，因为他说："我并没有把政治的法律和民事的法律分开，因为我讨论的不是法律，而是法的精神，而且这个精神是存在于法律和各种事物所可能有的种种关系之中，所以我尽量遵循这些关系和这些事物的秩序，而少遵循法律的自然秩序。"[6]

在孟德斯鸠的著作里，还没有现在这种专门的行政法的概念，不过可以断定行政法应当是包括在他的"政治法"之中的。他的关于自由、法治、政体、君主、分权等思想显然是与行政法密切相关，对我们今天学习、研究行政法无疑有非常重要

---

〔1〕　［法］孟德斯鸠：《论法的精神》（上册），张雁深译，商务印书馆 2005 年版，第 222 页。
〔2〕　［法］孟德斯鸠：《论法的精神》（上册），张雁深译，商务印书馆 2005 年版，第 222 页。
〔3〕　［法］孟德斯鸠：《论法的精神》（上册），张雁深译，商务印书馆 2005 年版，第 182 页。
〔4〕　［法］孟德斯鸠：《论法的精神》（上册），张雁深译，商务印书馆 2005 年版，第 183 页。
〔5〕　［法］孟德斯鸠：《论法的精神》（上册），张雁深译，商务印书馆 2005 年版，第 4 页。
〔6〕　［法］孟德斯鸠：《论法的精神》（上册），张雁深译，商务印书馆 2005 年版，第 8 页。

的启示。正如上面已经指出的，他的这些思想，也是从法律与各种事物之间的相互关系中来探讨的。

二、政体类型对行政方略的决定

孟德斯鸠把政体分为三种：共和政体、君主政体、专制政体。"共和政体是全体人民或仅仅一部分人民握有最高权力的政体；君主政体是由单独一个人执政，不过遵照固定的和确立了的法律；专制政体是既无法律又无规章，由单独一个人按照一己的意志与反复无常的性情领导一切。"[1] 而共和政体又分为两种：民主政治和贵族政治。前者是共和国全体人民握有最高权力，后者是共和国的一部分人民握有最高权力。

孟德斯鸠认为不同的政体的性质直接引申出来不同的法律。在民主政治下，建立投票权的法律就是基本法律，民主政治的法律规定应怎样、应由谁、应为谁、应在什么事情上投票，这在事实上和君主政体要知道君主是什么君主，应如何治理国家，是一样重要。握有最高权力的人民应该自己做他所能做得好的一切事情。那些自己做不好的事情，就应该让代理人去做。民主政体的基本准则就是人民指派自己的代理人——官吏。人民需要由一个参政院或参议院来指导一切，其成员应当由人民（直接或间接）选择。他认为人民有足够的能力鉴别官吏。同样，人民有足够的能力听取官吏关于处理事务的报告。他还强调选举应当是公开的，秘密选举会导致国家的灭亡。由此可以看出，在民主政治下，行政方略是由人民选举的官员或机构决定的，而这些官员或机构应当向人民报告工作，受人民监督。在贵族政治里，人民和掌握最高权力的贵族的关系就像君主政体中的臣民和君主的关系。贵族政治需要一个参议会去处理贵族团体所不能决定的事务，并筹备贵族团体所决定的事务。这里在参议会中是贵族政治，在贵族团体中是民主政治，而人民什么也不是。孟德斯鸠主张，如果一个官职的权力大，任期就应该短，以资补救。贵族政治要尽量平民化，越是近于民主政治，贵族政治就越完善；越是近于君主政体，便越不完善。由此可见，在贵族政治之下，贵族决定行政方略，而普通人民无权参与。

在君主政体里，君主就是一切政治与民事权利的泉源。君主政体最基本的准则是：没有君主就没有贵族，没有贵族就没有君主，在没有贵族的君主国，君主将成为暴君。孟德斯鸠认为，一个君主国，只有中间势力是不够的，还应该有一个法律保卫机构，这个机构，只能是政治团体。也就是说在君主政体之下，君主决定行政方略，但是他受基本法律的控制，有中间势力或贵族的牵制，或有政治团体的来保护法律。

孟德斯鸠认为在专制政体中，国家没有任何基本法律，也没有法律的保卫机构。因此在这些国家里，宗教通常是很有力量的；它形成了一种保卫机构，并且是永久

---

[1]　[法]孟德斯鸠：《论法的精神》（上册），张雁深译，商务印书馆2005年版，第9页。

的。要是没有宗教的话，专制国中被尊重的便是习惯，而不是法律。施行专制统治的单独个人也同样地用一个单独个人去替他行使权力。在这种国家里，设置一个宰相，就是一条基本法律。也就是说，在专制政体之下，行政方略的决定权在于君主，但是为了清闲、逸乐，他设置一个权力很大的官员来替他处理行政事务。

孟德斯鸠认为每个政体都有自己的原则，民主政体的原则是品德，这种品德是爱祖国、爱平等、爱法律的政治上的品德；贵族政治的原则是品德家节制，以品德为基础的节制是贵族政治的灵魂；君主政体的原则是荣誉，荣誉就是要求优遇、高名显爵以及野心之类；专制政体的原则是恐怖。一旦这些原则腐化，政体就腐化了或者权力发生演变。"在共和国里，如果一个公民突然取得过高的权力，便将产生君主政体或者更甚于君主政体的情况。在君主国里，有满足政治上需要的法律，或是同政体相适应的法律；君主又受政体原则的控制。但是在共和国里，当一个公民获得过高的权力时，则滥用权力的可能也就更大，因为法律未曾预见到这个权力将被滥用，所以未曾做任何准备。"[1] "当人民夺取了元老院、官吏和法官的职权的时候，民主政治便归于灭亡；当君主逐渐剥夺了团体或城市的特权的时候，君主政体也就腐败了。前一种情况导向'多人的专制主义'；后一种情况导向'一人的专制主义'。"[2] 在贵族政治里，如果贵族们的权力变成了专横的话，贵族政治就腐化了。那就等于一个由许多暴君统治的专制国家。"政体的原则一旦腐化，最好的法律也要变坏，反而对国家有害。"[3] 当一个国家政体的原则腐化之后，行政方略的决定权也会随之演变，当然也是朝着坏的方向发展了。

三、权力分立与现代行政法的基础

孟德斯鸠理论中最著名、影响最大的是他的权力分立的思想。可以说孟德斯鸠的权力分立理论奠定了现代行政法的基础。

孟德斯鸠在《英格兰政制》一节中系统阐述了他的权力分立思想。他写道："每一个国家有三种权力：①立法权力；②有关国际法事项的权力；③有关民政法规事项的行政权力。""根据第一种权力，国王或执政官制定临时的或永久的法律，并修正或废止已制定的法律。依据第二种权力，他们媾和或宣战，派遣或接受使节，维护公共安全，防御侵略。依据第三种权力，他们惩罚犯罪或裁决私人讼争。我们将称后者为司法权力，而第二种权力则简称为国家的行政权力。"[4]

"当立法权与执行权集中在一个人或同一个机关之手，自由便不复存在了；因为人们将要害怕这个国王或议会制定暴虐的法律，并暴虐地执行这些法律。如果司法

〔1〕［法］孟德斯鸠：《论法的精神》（上册），张雁深译，商务印书馆 2005 年版，第 16 页。
〔2〕［法］孟德斯鸠：《论法的精神》（上册），张雁深译，商务印书馆 2005 年版，第 138 页。
〔3〕［法］孟德斯鸠：《论法的精神》（上册），张雁深译，商务印书馆 2005 年版，第 142 页。
〔4〕［法］孟德斯鸠：《论法的精神》（上册），张雁深译，商务印书馆 2005 年版，第 185 页。

权不同立法权和行政权分立，自由也就不存在了。如果司法权与立法权合而为一，则将对公民的生命和自由施行专断的权力，因为法官就是立法者。如果司法权同行政权合而为一，法官将握有压迫者的力量。如果同一个人或是由重要人物、贵族或平民组成同一个机关行使这三种权力，即制定法律权、执行公共决议权和裁判私人犯罪或争讼权，则一切都便完了。"〔1〕

孟德斯鸠不仅强调权力的分立，他还认为权力需要相互制衡，他说："这就是英格兰的基本政制：立法机关有两部分组成，他们通过相互的反对权彼此钳制，二者全都受行政权的约束，行政权又受立法权的约束。"〔2〕

他还说："一切有权力的人都容易滥用权力，这是万古不易的一条经验。有权力的人们使用权力一直到遇有界限的地方才休止……要防止滥用权力，就必须用权力约束权力。我们可以有一种政制，不强迫任何人去做法律所不强制他做的事，也不禁止任何人去做法律所许可的事。"为了捍卫人们的自由，必须实行分权，实行法治。

孟德斯鸠的思想有一个转变的过程，在《罗马盛衰原因论》中他还拥护共和政体，后来却赞成君主立宪政体，但是在《论法的精神》中却仍然可以看出他对共和政体的感情偏向。他的思想也受他在英国考察经历的影响，但是，他的观点一个方面与洛克的理论有明显的区别，他所讲的"三权"与洛克的"三权"也不一致，成为典型的三权。另一方面，他所描述的英国政体与英国的实际状况也有差距，因此他受到一些资产阶级学者的攻击。但是，他自己也说过："探究英国人现在是否享有这些自由，这不是我的事。在我只要说明这种自由已由他们的法律确立起来，这就够了，我不再往前追究。"〔3〕

孟德斯鸠的分权思想对后来的法国革命、《人权宣言》产生了重大影响。《人权宣言》第 16 条规定："凡权利无保障和分权未确立的社会，就没有宪法。"他的理论还成为美国资产阶级思想家的思想来源，独立革命的先驱者们在他的思想基础上发展出了"分权与制衡"理论，体现于《独立宣言》之中并在制定《美利坚合众国宪法》时加以运用，把分权的理论变成分权的实践。在《联邦党人文集》中，汉密尔顿、麦迪逊等常常以孟德斯鸠的理论作为论据，把人们对孟德斯鸠理论的误解加以辨明，从中完全可以看出孟德斯鸠作为一个思想权威的影响。他的《论法的精神》在当时就被译成多种文字在欧美风靡一时，不到两年即印行 22 版。20 世纪初，该书被翻译为中文，在中国资产阶级革命中发挥了启蒙作用。不仅如此，孟德斯鸠的理论仍然对当今世界的法治建设有借鉴意义。

如果说行政法就是行政管理的法，那么自古以来就有行政法，至少自从有国家

---

〔1〕 ［法］孟德斯鸠：《论法的精神》（上册），张雁深译，商务印书馆 2005 年版，第 185～186 页。
〔2〕 ［法］孟德斯鸠：《论法的精神》（上册），张雁深译，商务印书馆 2005 年版，第 194 页。
〔3〕 ［法］孟德斯鸠：《论法的精神》（上册），张雁深译，商务印书馆 2005 年版，第 196 页。

以来就有行政法。但是，古代的行政法不是一个独立的部门法，而是一些行政法的规范而已。现代行政法则是在三权分立、民主、法治、权力控制等基础上形成的。只有行政权与立法权、司法权相分立，政府建立在民主的基础之上，政府严格守法、依法行政，才有可能产生现代意义的、独立的行政法部门。只有实现权力分立，才有权力的制约，才有可能摧毁封建集权，政治自由才有保障。不然，公民权利无法制约强大的权力，两者之间摆脱不了鸡蛋石头之间的关系，权利根本无法与权力抗衡。"要防止滥用权力，只有以权力约束权力"，这是万古不变的真理。孟德斯鸠第一次明确地指出了这一真理，它闪耀着一个政治哲学家的智慧，照亮了人类法治的进程。他指明了控制权力最有效的途径，辨明了自由与奴役的分界点，同时也奠定了现代行政法的基础。

四、部门行政法的本土特色

在《论法的精神》一书中，孟德斯鸠的论题相当广泛，因为他要从众多的因素中探寻"法的精神"。该书的内容涉及世界各大洲许多国家的风土人情、政治法律、社会状况。这本书自然也涉及各国的行政法，并且他非常注意各国国家的本土特性。孟德斯鸠的论述涉及行政法的部门也相当广泛，不过他所论及的行政法部门与我们今天的行政法部门划分可能不完全相同，因为那个时候行政法还没有像今天这样独立成型、范围明确。孟德斯鸠论述的相关内容如下：

1. 国防法。孟德斯鸠用了两章的篇幅讨论法律与"防御力量"和"攻击力量"的关系，其中很多地方涉及国防法。孟德斯鸠认为，共和国相互结合以谋取安全，专制国家则彼此分离，孤立自己，牺牲国土的一部分，摧毁边境使外界无法接近它。专制国家还在边境地区设置藩镇来自保。他认为国土的面积适中，方才能够有适应转移速度。法国和西班牙的国土适中，所以兵力调动灵活。一些大国，如波斯，兵力集中的速度就很慢。他说，如果有一个软弱的邻邦的话，那是我们的幸运，它可以替我们缓冲、消耗敌人的力量。他还反对征服者在征服之后杀人的权利，认为奴役也不是征服的目的。征服者制定的法律应当渐渐变得温和，应该让被征服的人民得以恢复自由。在征服地区，保留战败民族的风俗比保留他们的法律更为重要，因为一个民族对自己的风俗总是比对自己的法律更熟悉、更喜爱、更拥护。他还总结出君主让青年人意气消沉、丧失阳刚会导致国家主权的丧失。征服者国王身边应当保留一支特别忠诚的军队，并以这支军队钳制其他军队。征服者应当利用被征服者进行统治，这样比自己去统治有利。

2. 赋税法。孟德斯鸠认为，赋税是每个公民所付出的自己财产的一部分，目的是确保其余财产的安全或快乐地享用这些财产。税收政策应当兼顾国家和国民两个方面的需要。不能根据执政者的情欲、虚荣、幻想当做国家的需要。没有什么东西比决定赋税更需要智慧与谨慎了。计算国家收入的尺度是老百姓应当缴付多少而不是能够缴付多少。他反对重税，认为重税是鼓励怠惰闲逸，赋税越重人们越勤奋的说法是荒谬的。如果一个国民纳税太少，害处不会太大。他们的富裕常常会反过来富裕公家。如果一些人纳税太多，他们的破产将有害公家。在有农奴的国家，赋税制度应当让奴隶享受劳动的成果。他认为，征收人身税不应严格按照财产的比例征收，个人物质上的基本需要是不应当课税的，对多余的财产则应当收更多的税。土地税应当按照土地等级征收。商品税应当安排得巧妙，由出卖商品的人纳税，这样税金和物价混淆在一起了。征收商品税应当和商品的价值相适应。他说，欧洲在税务上的处罚竟比亚洲更严酷，因为商人有法官可以保护他们，使免受压迫；而亚洲的专制法官，本身就是压迫者。但是横暴压迫又不能不带有几分宽仁，所以土耳其只收入口税，中国不打开非商人的货包，莫卧儿不没收走私品只加倍收税，鞑靼王公对过境商品不收税……他还认为税收与自由、政体有关系。在政治宽和的国家，可以收重税，而以自由做补偿；在专制国家，要轻微征税，以自由做对价。共和国应当重税，君主国也可重税，因为它的政体宽和。但是专制国不能重税，因为奴役已经达到极点，无法再增加了。虽然他的这种观点也有某些个别证据，但是总的来看不太符合实际。孟德斯鸠指出，人头税较适合于奴役；商品税较适合自由。他认为伊斯兰教徒之所以能够征服他国，因为只征收一种简单的赋税，既易于缴纳，又易于征收；而希腊诸帝王以苛捐杂税困扰人民，终无了日。各国君主的扩军也会导致增加赋税，搞得民不聊生，结果自己毁灭自己。他还讨论了免税的问题，在东方帝国通常免除受灾省份的赋税，这本来很好，但是君主却因此加重了别的地方的赋税，反而加重了人民的负担。他认为最好的办法是国家在开支里预备一笔款项，以备意外。他还反对包税人制度，主张国家直接征税，这样可以避免包税人的厚利和专制，国家也可以节省并减轻人民的负担。

3. 贸易法。孟德斯鸠首先指明，贸易和政制是有关系的。在君主政体下，贸易通常建立在奢侈的基础上，主要目的是为了骄奢淫逸。在多人的政体下，贸易通常建立在节俭的基础上。各个国家的贸易也有自己的特点。荷兰航海业发达，是惟一经营南北欧间贸易的国家；英国几乎不同别的国家订立关税协定，税律随着每次国会的更易而更易，希望通过这种措施来保持独立，甚至总是为了商务的利益而牺牲政治的利益；某些君主国禁止输入非由本国所出产的任何货物；只准许使用受货国所建造的船只进行贸易；日本只和中国、荷兰两国通商，实行专有性贸易，这样消除了竞争，商品价格难以公道。还有一些国家只把商品出售给以一定的价格收购全部商品的国家，如波兰（麦子）、印度（香料）。他认为法律应当对贸易有所限制，英国禁止毛货出口；规定煤要由海路运到京城；禁止没有阉割的马出口；英国殖民地只在欧洲进行贸易时，必须在英国抛了锚。英国限制了商人，但却有利于贸易。他还说，哪里有贸易，哪里就有关税。关税的目的是取得支配商品输出和输入的权利和利益。但是关税不公道、横暴、过高会破坏贸易。孟德斯鸠赞赏英国大宪章禁止战争时掠夺和没收外国商人的货物的规定，反对西班牙将与英国贸易的人处死刑的法律，认为它将仅仅是违警的行为当做叛国罪。他认为君主不宜经商，垄断贸易，与民争利。贵族经商也违背君主过的精神。但是孟德斯鸠的有些观点却有点过于实际，让人费解，比如他认为禁止因债务拘押债务人的法律对于普通民事事件是好的，对于（对外）贸易，这项法律却不应遵行。当然他主张依据人道和善政的要求，对此可以做必要的限制。他还赞成日内瓦禁止无力偿债的破产者的子女担任公职或进入大议会的法律。

4. 人口法。孟德斯鸠认为，一个国家的人口状况与其地理、气候和政体是有关系的。首先，土地、生产影响人力的多寡。农业比牧业需要更多的人口。游牧地区，往往人烟稀少，因为很少事情做；麦田需要较多的人工作；葡萄园需要的人更是多得多。工艺需要更多的人口，如果一个国家有土地均分法，人口会很多，但是如果土地不均，又没有工艺，人口就少。但是机器生产会减少工人的需求。有时候，气候比土壤还有利于繁殖，中国情况就是如此，那里的父母卖儿卖女，遗弃婴孩。越南、日本也一样。海滨港口的男人常常身历万险，生死无定，所以女子多于男子。孟德斯鸠反对国家越贫穷，人口越繁盛的说法，认为这种谬说会导致国家的毁灭。政体对人口有影响，本来富裕的国家，因为暴政却使人们贫穷，以致人口减少。希腊尚武，所以虽然富裕，人口容易增长，但是却以战争减少人口。罗马人长年征战，所以注意增补公民（给人以市民的权利），其实是增补兵员。小国林立则国君竭力繁育人口，统一的大帝国则人口减少。人口减退，通常是由政府腐败和内部的邪恶造成的。欧洲当时人口减退，因此需要孤立繁殖人口的法律。

第三节　卢梭的行政法思想

卢梭（1712～1778 年）是 18 世纪法国杰出的启蒙思想家，资产阶级自然法学派的主要人物之一。他出生于日内瓦一个钟表匠家庭，不久成为孤儿，当过学徒、仆役、私人秘书、乐谱抄写员，一生颠沛流离。他曾参加百科全书派的活动，为《百科全书》撰写音乐部分和政治经济学部分的条目，但后来与狄德罗、达朗贝等百科全书派首领发生意见分歧。1749 年应法国第五科学院的征文，写了《科学与艺术的进步是否有助于敦风化俗》一文，获得头等奖。1753 年，他再次应征写下了《论人类不平等的起源和基础》，1755 年出版。1759 年至 1762 年，他先后写了三部著作：《新哀洛伊丝》、《社会契约论》、《爱弥儿，或论教育》。1766 年至 1770 年于英国和法国先后写成《忏悔录》前后两篇。卢梭的法律思想主要反映在《论人类不平等的起源和基础》和《社会契约论》两部著作中。卢梭激进的资产阶级民主思想理论不仅对法国大革命有深刻的影响，被奉为资产阶级的"圣经"，而且对马克思主义经典作家的思想形成也有重要的借鉴意义。20 世纪初卢梭的《民约论》（即《社会契约论》的最早译本）对中国的民主思潮也起过推动作用，邹容、陈天华、陈独秀等许多革命者都受过它的鼓舞。

一、公民概念对行政法的意义

公民的概念早在古希腊、罗马就已经产生，但是由于帝国的兴起以及中世纪宗教的影响，公民的概念曾长期消失。直到资产阶级革命时期公民的观念才重新兴起。卢梭的公民概念与他自然法思想，与自然状态、自然权利、社会契约、公共意志、共和国等概念紧密联系在一起的。他的公民是一种共和主义的公民，与洛克的自由主义的公民不同。洛克认为人们在自然状态中享有自然权利，但是自然状态缺乏一个立法者、执法者和裁判者，所以有诸多不便，因此人们联合起来组建政府，把一部分自然权利转让出来，而自己还保留一部分权利，这些权利是不可侵犯的，政府如果违反了人们组建它的时候的目的，人民有权推翻它。为了防止政府专制暴政，需要实行分权。洛克的公民就是与政府对立的私人、个人。而卢梭则认为，人民签订社会契约之后，完全丧失了自然的自由，而获得了社会的自由；由自然状态进入社会状态，人类产生了一场最堪瞩目的变化，人们获得了道德的自由，行为中的正义取代了本能。人类结合成社会，缔结社会契约使"每个结合者及其自身的一切权利全部都转让给整个整体。""每个人既然是向全体奉献出自己，他就并没有向任何人奉献自己；而且既然从任何一个结合者那里，人们都可以获得自己本身所渡让给他的同样的权利，所以人们就得到了所丧失的一切东西的等价物以及更大的力量来保全自己的所有。"[1]

在卢梭的公民概念中，公民具有双重身份，一方面是主权者，另一方面又是臣民。人们订立社会契约，这一结合行为就产生了一个道德的与集体的共同体，以代替每个订约者个人；"而这一由全体个人的结合所形成的公共人格，以前称为城邦，现在则称为共和国或政治体；当它是被动时，它的成员就称它国家；当它是主动时，就称它为主权者；而以之和它的同类比较时，则称它为政权。至于结合者，他们集体地就称为人民；个别地，作为主权权威参与者，就叫做公民，作为国家法律的服从者，就叫做臣民。"[2] 每个个人缔约时，都被两重关系所制约着：即对于个人，他就是主权者的一个成员；而对于主权者，他就是国家的一个成员。主权者既然只能由组成主权者的各个人所组成，所以主权者就没有、而且也不能有与他们的利益相反的任何利益；因此主权权力不可能损害它的全体成员。但是事实上，每个人作为人来说，可以具有个别的意志，而与他作为公民所具有的公意相反或者不同。但是他在共同体中履行义务所得到的补偿远远大于所受损害。即使任何人拒不服从公意的，全体就要迫使他服从公意。这就是说，人们要"迫使他自由"。"公意"是卢梭的一个重要概念，公意就是公共幸福，就是共同利益，即每个人个别利益的共同之点、一致之点。而主权不外是公意的运用。卢梭认为主权是不可转让的、不可分

---

〔1〕 〔法〕卢梭：《社会契约论》，何兆武译，商务印书馆 2003 年版，第 19、20 页。
〔2〕 〔法〕卢梭：《社会契约论》，何兆武译，商务印书馆 2003 年版，第 21 页。

割的，就是说他反对代议制和分权，主张公众直接参与。因此他的理想只能是存在于小的共和国，小国寡民，不能适应现代社会或地域辽阔的大国。因此，他所说的公民，也只能在小共和国中才有可能实现。

卢梭的公民的双重性对现代行政法的意义非常重大。行政法的核心就是调整行政主体与行政相对人之间的关系，传统的行政法学认为行政法就是行政机关管理老百姓的法，把行政相对人完全视为被管理者，忽视他们的权利和主体性，而行政机关被视为权力的享有者，忽视它们的义务。卢梭强调公民既是主权者又是臣民，很好地说明了公民的性质和地位。这对我们有重要的启示意义。在行政法律关系中，公民成为行政相对人一方，他们是行政法律关系的主体而不是客体，既负有义务，也享有权利。一方面，他们是国家的主人，享有参政权以及其他各种实体权利和程序权利，政府的大政方针、法规规章政策必须吸收、采纳人民的意见和建议，体现人民的意志，开放一切公众参与的途径，不能仅由当政者说了算，更不能暗箱操作。只有这样，才能体现公民的主权者地位，真正实现人民主权，实现人民的主人翁地位。因此，如何在公共规范中体现公众的意志，怎样达到全面的公众参与，是行政法学需要着重研究的一个课题。另一方面，行政相对人又必须服从公共意志，遵守法律，履行法律义务，否则就无法保证公共幸福、共同利益，实现"共同体"即国家、政权的目标。

但是，任何理论都有其两面性，正如前述，卢梭的学说带有理想的成分，它不适应现代社会尤其是大国的管理。人民主权是一个很能引发人们激情的学说，但如何实现人民主权却是一个尚未完成的任务。西方一些学者曾经指出西方社会的弊端，认为人民只有在选举的那一刻才是国家的主人，一旦选举结束，他们又重新沦为奴隶。这种说法虽然凸现选举制的弊端，但是在没有代议制的情况下，如何在公共事务越来越多、越来越复杂的今天如何管理国家？现代科技特别是通信方式的发达，虽然为公民直接参与提供了便利，但是不可能事事举行全民公投，这样一来代议制仍旧是必然的选择。正如卢梭所言，主权者只能自己代表自己，权力可以转移，但是意志却不能转移。人民的意志经过层层转移，就离人民的意志越来越远。到最后很可能就成为当政者自己的意志。所以，现实的社会中，人民主权遇到矛盾和悖论。全民享有主权是一个崇高的理想，但是也可能沦为一种空洞的理论，甚至可以为独裁专制提供美丽的外衣，在"人民主权"的装潢之下，很可能实际上却是倒卖"朕即国家"的货色。就行政法律关系来说，尽管理论上提倡行政主体与相对人关系的平等化，但是，相对人权利如何能够与行政权力相抗衡，弱势强势泾渭分明。"行政相对人"这一名词本身就值得玩味，它的词根是"行政"（权力），也就是说，在行政法律关系中，公民只是作为行政权的派生物，作为其相对的一方而存在，起码从这一词语的字面看来，是先有"行政"，然后才有"相对人"。而依"人民主权"之说，当先有人民的结合而后有主权，两个概念对照，谁是本真，不亦惑乎？因此，卢梭反对分权、忽视权力制衡的思想不仅具有不现实的成分，而且为专制暴政留下了空子。他主张人民把自己的权利无保留地奉献给共同体，也是很危险的事情，一旦主权落于独裁者之手，人民（公民）离奴隶还远吗？相对来说，洛克等人的自由主义学说、人民只让渡部分权利的主张、分权的理论、控权论等倒是更现实、更安全。

二、行政体作为比例中项

在论述公民的双重性质之后，卢梭在《社会契约论》第三章讨论了政府问题。他从人民主权论出发，把政府看做是在一个比例关系之中，作为一个比例中项而存在的。

他首先区别了立法权力和行政权力，把它们比做意志与物理力量或者灵魂与肉体的关系，也就是说，立法权相当于人的大脑，而行政权相当于人体。他认为，立法权力只能属于人民，政府或行政权则负责执行法律并维护社会的以及政治的自由，是一个代理人，充当国家与主权者之间的联系，它按照公意的指示而活动，只不过是主权者的执行人。他把行政权力的合法运用称为政府或最高行政，并把负责这种行政的个人或团体称为君主或行政官。随后他阐述了他的独特理论，即中间项理论。他认为，政府是中间力量，而中间力量的比率就构成全体对全体的比率，也就是主权者对国家的比率。"我们可以用一个连比例中首尾两项的比率来表示主权者对国家的比率，而连比例的中项便是政府。""政府自乘的乘积或幂与一方面既是主权者而另一方面又是臣民们的乘积或幂，二者相等。"[1] 这个数学公式就是：主权者/政府＝政府/国家；也就是：政府×政府（＝政府²）＝主权者×国家。或者：主权者/政府＝政府/臣民；也就是：政府×政府（＝政府²）＝主权者×臣民。卢梭可能受那个时代的影响，喜欢用数学或者自然科学的东西来说明社会现象，百科全书派的著作中这种例子也随处可见。卢梭对他的公式做了一些说明，他说，他是为了简略而借用几何学的名词，当然他并没有忽视几何学的精确性对于精神方面的数量是全然没有用场的。并且他还解释说，比率并不仅仅以人的数量来衡量的，而是结合了大量因素的作用量来衡量的。那么，卢梭想通过这个公式所要表达的是什么意思呢？"我们无须纠缠于这些啰嗦的名词；只要把政府看做是国家之内的一个新共同体，截然有别于人民以及主权者，并且是这两者之间的中间体，这样就够了。"[2] 因为每种比率之间仅只有一个比例中项，所以一个国家也只能有一个好政府。但是，由于千百种事变都可以改变一个民族的这些比率，所以不同的民族可以有不同的好政府，同一民族在不同的时代也可以有不同的好政府。这个双比率每一次增大或者缩小，则单比例也就照样地增大或者缩小，从而中项也就随之而改变。因此并不存在惟一的绝对的政府体制，而是随着国家大小的不同，也就可以有同样之多的性质不同的

---

〔1〕〔法〕卢梭：《社会契约论》，何兆武译，商务印书馆2003年版，第73页。
〔2〕〔法〕卢梭：《社会契约论》，何兆武译，商务印书馆2003年版，第76页。

政府。往往有本身是最好的政府，但若是随着所属的政治体的缺点而改变它的比率的话，就会变成最坏的政府。

卢梭进一步阐明，国家与政府不同，国家是由于它自身而存在的，但政府只能是由于主权者而存在的。统治意志只是或者只应该是公意或法律；如果公共力量服从个别意志，以至于有了两个主权者，一个是权利上的，而另一个是事实上的，这样社会的结合就会消灭，政治体便会解体。政府是国家的产物，是假借的、附属的，政府不能脱离其创制的目的，应当永远准备着为人民而牺牲政府，却不是为政府而牺牲人民。

卢梭还探讨了政府建制的原则。他指出，必须把君主与政府区别开来。他认为，在一个国家里存在三种不同的意志：行政官个人的意志；全体行政官的共同意志；人民的意志或者主权者的意志。在完美的立法之下，（行政官）个人意志毫无地位，（政府）团体意志是极其次要的，公意或者主权者的意志是主导的。然而意志越是集中，就变得越活跃。因此，一人政府是最活跃的政府，而假定把政府与立法权威合二为一，使全体公民成通通为行政官，它的活跃性就处于最低程度。行政官的人数愈多，政府就愈弱。负责的人越多，则处理事务就愈慢。由此他又得出一个结论：国家愈扩大则政府就应该愈紧缩，从而使首领的数目得以随着人民的增多而按比例地减少。经过进一步的推论，结论就是：民主政府就适宜于小国，贵族政府就适宜于中等国家，而君主政府则适宜于大国。这个结论似乎有点耳熟，和孟德斯鸠的论点相类似（当然，理由不完全相同，孟德斯鸠考虑的因素很多，尤其是地理原因）。需要说明的是，卢梭在某种程度上也主张分权，即立法权与行政权分开，但不同的是，他主张行政权应当完全服从立法权，处于立法权之下，而不是"三足鼎立"。

卢梭的比例中项理论的核心意思无非是要建立一个适当、适度的政府，以保持国家政治结构的平衡。因此，对如何保持这个平衡结构，他也做了详细的探讨，这里只能加以简述。卢梭的第一个药方是保民官制。"当人们不能在国家的各个组成部分之间确定一个严格的比例的时候，或者是一些不可消除的原因在不断地改变着它们的比率的时候，于是人们便创立了一种特殊的行政机构；这一机构并不和其他部分一道构成共同体，但它能使每一项都恢复正确的比率。它或是在君主与人民之间。或是在君主与主权者之间，或者如果必要的话，同时是在这两方面之间，形成一种联系，也可以说是一个比例中项。""这个团体，我称之为保民官制，它是法律与立法权的守护者。"[1] 保民官不应该具有立法权和行政权，如果保民官篡夺了行政权，保民官就会蜕化为暴君；但是也不能软弱，不然就不具备保民官的属性。他的第二个药方就是监察官制。"正如公意的宣告是由法律来体现的，同样地，公共判断的宣告就是由监察官制来体现的。公共的意见就是一种法律，监察官就是这种法律的执

---

〔1〕　〔法〕卢梭：《社会契约论》，何兆武译，商务印书馆 2003 年版，第 155～156 页。

行者。""监察官的法庭远不是人民意见的仲裁者,它仅仅是人民意见的宣告者。"[1] 第三个药方就是公民宗教。卢梭与百科全书派的观点不同,认为不能完全否定宗教,社会也不能没有宗教,这也是他与百科全书派分道扬镳的原因之一。他认为公民宗教把人类的权利和义务伸张到和它的神坛一样,把对神明的崇拜与对法律的热爱结合在一起;而且由于它能使祖国成为公民崇拜的对象,这样一来效忠于国家也就是效忠于国家的守护神。

卢梭是一个伟大的思想家,他思想独特,不随波逐流,与同一时代的思想家都存在很多不同见解,狄德罗原来是他亲密的朋友,后来却对他大加批判。他的思想是激进的,为当时的社会所不能容忍。他的思想中充满了对人类社会的美好构想,他的比例中项理论曾经让许多人费解。我们认为,其中关于政府的权力、政府的构成应当遵从一定的比例的观点对我们很有启发,关于政府必须遵守法律或服从公意、不能有自己的特殊意志的观点也是相当重要的,关于政府的规模与效率的关系的认识,对我们今天的机构改革、政府治理也很有启示。当然其中最重要的是主权者与政府关系的理论。但是"比例中项"只能看做是一个比喻,数学的公式用来说明社会或政治法律问题,其作用是有限的,如果我们反过来过于注重数学公式,从中推导出每个结论,就可能是不适当的。例如对卢梭的君主制适宜于大国的观点就需要辩证地分析。

三、行政的公意属性

如前所述,卢梭认为立法权与行政权的关系就像灵魂与肉体的关系,政府只不过是主权者的执行人,是公共力量的代理人,它负责执行法律,也就是按照公意的指示而活动,因此行政具有附属于公意、接受公意指导的属性。

行政权力是执行法律的权力,而法律是公意的宣告,是主权者为全体人民作出规定的行为。"公意"与"众意"、"团体意志"、"个别意志"不同。个别意志是每个人的意志,它在性质上总是倾向于偏私。团体意志是指国家内部各个小集团的意志,它对国家来说是个别意志,它的存在有碍于公意的表达。公意则体现大多数人的意见,它总是倾向于平等,而且总是公正的,它以公共利益为依归。卢梭说:"众意与公意之间经常总是有很大的差别;公意只是着眼于公共的利益,而众意则着眼于私人的利益,众意只是个别意志的总和。但是,除掉这些个别意志间正负相抵消的部分而外,则剩下的总和仍然是公意。"[2]

卢梭的公意概念与他的社会契约、人民主权论是相联系的。他说:"如果我们撇开社会公约中一切非本质的东西,我们就会发现社会公约可以简化为如下的词句:我们每个人都以其自身及其全部的力量共同置于公意的最高指导之下,并且我们在

---

[1] [法]卢梭:《社会契约论》,何兆武译,商务印书馆 2003 年版,第 163～164 页。
[2] [法]卢梭:《社会契约论》,何兆武译,商务印书馆 2003 年版,第 35 页。

共同体中接纳每一个成员作为全体之不可分割的一部分。"社会公约赋予了政治体以超乎其各个成员之上的绝对权力。正是这种权力，在受公意指导时，就获得了主权这个名称。卢梭认为，主权属于人民而且永远属于人民。主权是不可转让的、不可分割的、绝对的、神圣的不可侵犯的、至高无上的和不可代表的。政府则是主权者的执行机关，行政官员的个别意志应该是毫无地位的，政府本身的团体意志应该是极其次要的，从而公意或者主权者的意志永远是主导的，并且是其他一切意志的惟一规范。

卢梭也看到了政府滥用职权及其蜕化的倾向。他指出，个别意志总是不断地在反对公意，因而政府也就继续不停地在努力反对主权。这就是那种内在的、不可避免的弊病之所在，它从政治体一诞生起，就在不休止地趋向于摧毁政治体，就像衰老与死亡最后会摧毁人的身体一样。他说，一个政府的蜕化有两条一般的途径，即政府的收缩，或者国家的解体。当政府由多数过渡到少数的时候，即由民主在制到贵族制以及由贵族制过渡到王政的时候，政府就会收缩。这是政府的天然倾向。而国家解体的情况，则有两种方式：暴君和专制主。当君主不再按照法律管理国家而篡夺了主权权力，国家就解体了，因为这个国家之内就形成了另一个只是由政府的成员所构成的国家。这样社会公约就破坏了。但是暴君与专制主不同，卢梭把王权的篡夺者称为暴君，而把主权的篡夺者称为专制主。暴君是一个违背法律干预政权而依照法律实行统治的人；专制主则是一个把自己置于法律本身之上的人。因而暴君可以不是专制主，但专制主则永远都是暴君。

卢梭还探讨了公意被摧毁的过程。他说当社会团结的纽带开始松弛而国家开始削弱的时候，当个人利益开始为人所感觉到而一些小社会开始影响大大社会的时候，公共利益就起了变化并且出现了对立面。社会的联系就在每个人心里都已经破灭了，最卑鄙的利益竟厚颜无耻地伪装上公共幸福的神圣名义。这时公益就会向压在它身上的其他意志屈服。

那么，怎样防止公意被摧毁呢？卢梭首先强调政治生命的原则就在于主权的权威，而国家的生存绝不依靠法律，而是依靠立法权。主权者除了立法权力之外边没有任何别的力量，所以只能依靠法律而行动；而法律又只不过是公意的正式表示，所以唯有当人民集合起来的时候，主权者才能行动。因此人民要定期集会，这是适于防止或者摧毁这种不幸的。这种只能是以维护社会公约为目的的集会，永远应该是以两个提案而告开始；这两个提案决不能取消，并且要分别进行表决：

"第一个是：'主权者愿意保留现有的政府形式吗？'第二个是：'人民愿意让那些目前实际在担任行政负责人的人们继续当政吗？'"[1]

因为卢梭认为主权是不可转让的，所以主权也是不可代表的，所以必须由人民亲自制定法律，亲自集会进行表决。所以卢梭的理想只能是存在于小国寡民。

---

[1] 〔法〕卢梭：《社会契约论》，何兆武译，商务印书馆 2003 年版，第 129 页。

当然，除了人民定期集会以外，前述保民官制、监察官制、公民宗教应当也是防止公意被摧毁、政府发生蜕变的方法。

第四节　《人权宣言》中的行政法思想

《人权宣言》是法国大革命的直接产物。法国大革命前夕，国王路易十六面临财政危机，为了使第三等级拿出更多的钱来，1789 年 5 月 5 日，被迫召开已有 175年没有召开的三级会议。第三等级反对会议按传统方式进行，即三个等级的代表分别开会，表决时每个等级只算一票，强烈要求三个等级一起开会，表决时按人数计票，以体现第三等级的双倍代表名额的作用。第三等级继而宣布，他们单独代表全国人民的国民议会，后改名为"制宪会议"，7 月 13 日，巴黎人民武装起义，接管了政权，决定建立国民自卫军。7 月 14 日，起义群众包围了象征封建专制统治的巴士底狱。为纪念这个日子，7 月 14 日被定为法国的国庆日。8 月 26 日，制宪会议通过了《人权和公民权宣言》，简称《人权宣言》。《人权宣言》是一部宪法性文件，后来的法国宪法或者将其作为自己的组成部分，或者在宪法序言中对其效力加以确认。

一、天赋权利的法律确认

《人权宣言》有一个简短的序言，序言内容明确宣言保障人权的宗旨。"组成国民会议的法国人民的代表们，认为不知人权、忽视人权或轻蔑人权是公众不幸和政府腐败的惟一原因，所以决定把自然的、不可剥夺的和神圣的人权阐明于庄严的宣言之中，以便本宣言可以经常呈现在社会各个成员之前，使他们不断地想到他们的权利和义务"。

紧接着序言，宣言对人权进行了系统的规定。第 1 条规定："在权利方面，人们生来是而且始终是自由平等的。只有在公共利用上面才显出社会上的差别。"第 2 条规定："任何政治结合的目的都在于保存人的自然的不可动摇的权利。这些权利就是自由、财产、安全和反抗压迫。"在随后的条文中，宣言规定了人民主权、自由的定义、自由与法律的关系、公共意志、（重申）人人平等、司法程序尤其是刑罚程序、罪行法定、思想言论出版自由、神圣不可侵犯的财产权等内容。《人权宣言》是法国人民第一次以宪法性文件的形式对天赋人权的法律确认，在世界人权历史上也占有重要的地位，有重大深远的影响。

《人权宣言》产生的直接因素是法国大革命，没有人民起义从而由资产阶级掌握政权，就不可能有这样的宣言。但是，宣言有它深刻的思想基础，没有欧洲的文艺复兴和法国启蒙运动所做的理论准备，特别是天赋人权的理论，宣言同样不可能横空出世。另外，美国的独立革命和《独立宣言》对法国的《人权宣言》也有明显的影响。

"天赋人权"是我国早期对 natural rights 的翻译，其实正确的译法应该是"自然权利"，但是由于人们已经习惯这种译法，所以现在仍然通行。"天赋人权"或曰"自然权利"的理论是资产阶级古典自然法学派的一贯思想，但是各个思想家关于自然权利的理论主张又不完全相同，经过了一个逐渐发展的过程。古典自然法学派的经典作家们虽然政治主张不完全相同，但是他们都假设在人类走入社会、建立政府之前存在一种自然状态，在自然状态中人人享有自然权利。他们大都以自然权利作为他们政治主张的预设前提，主要是以"天赋权利"的理论来作为攻击"神赋权利"或宗教神学或封建专制的武器，以进一步论证他们政治法律观点。这些理论虽然受到宗教势力或者当时统治者的攻击或者压制，但是开阔了人们的视野，启发了人们的头脑，为资产阶级革命提供了精神动力。

古典自然法学派的思想家中有格劳秀斯、斯宾诺莎、霍布斯、洛克、法国的百科全书派以及孟德斯鸠、卢梭等，其中值得特别指出的是霍布斯、洛克、孟德斯鸠和卢梭的"天赋人权"理论。

霍布斯是英国机械唯物论的创始人之一，他的主要著作是《利维坦》。他认为，人性本恶，在自然状态中，"人对人像狼一样"，一部分人的私欲同另一部分人的私欲发生冲突，由此产生"一切人反对一切人的战争"。因此，为了生存，为了自我保存，人类处于永久的战争状态。为了不在战争状态中毁灭，人们相互同意，订立一种契约，从自然状态过渡到社会状态即国家状态。霍布斯所说的自然权利主要是自我生存、自我保全，这是一种人人平等的权利。由于霍布斯把自然状态假想得过于糟糕，因此无论什么样的政权，包括专制政权，都比人类处于自然状态要好。所以霍布斯拥护君主专制。

英国另一位著名的思想家洛克，是古典自然法学派的杰出代表之一。洛克所设想的自然状态比霍布斯要好得多。他认为，自然状态是一种完备无缺的自由状态，人人都可以决定自己的行动，无须听命于别人的意志，是一种平等的状态。"人们既然都是平等和独立的，任何人就不得侵害他人的生命、健康、自由或财产。"[1] 但是在自然状态中由于缺乏明确的法律、裁判者和执行者，人们虽然享有自然权利，但这种享有很不安全。因此人民订立社会契约，把一部分权利交给社会，组成政府、制定法律，以消除自然状态的不方便和缺陷。如果立法机关或社会不符合为人民谋福利和保护他们的生命、自由和财产的目的，人民就有权进行反抗。

孟德斯鸠也认为人类建立社会之前处于自然状态，存在着自然法，但是他反对霍布斯的自然状态就是战争状态的说法，认为霍布斯是把社会建立之后的事情加在社会建立之前的人类身上。他说，在自然状态下，每个人都感到怯懦、自卑、软弱，首先想到的是如何保存自己的生命，而不是互相攻击，人民因互相畏惧而互相亲近。自然法单纯渊源于我们生命的本质，自然法的内容共有四条：第一条是和平，其余

---

[1]　[英]洛克：《政府论》，瞿菊农、叶启芳译，商务印书馆 1981 年版，第 14 页。

的是寻找食物、自然爱慕和希望过社会生活。

法国的另一位思想家卢梭则认为，在自然状态下人人都是自由、平等的。"这种人所共有的自由，乃是人性的产物。"[1] 他也反对霍布斯对自然状态的描述。他说，在自然状态下，人们虽然关心自我保存，但是却不损害他人的保存。自然状态是一种和平的状态，是人类的"黄金时代"。随着私有制的产生，国家和法律的出现，特别是权力的腐败和专制暴政才一步一步导致人类的不平等。至于他的社会契约、公共意志、人民主权等理论前面已经叙述。

关于美国的《独立宣言》以及 1776 年弗吉尼亚州的《权利宣言》对法国《人权宣言》的影响则是一个有争议的事情。德国的佐治·杰林克在其著作《人权和公民权利宣言》中认为，《人权宣言》与十七八世纪的自然法思想没有直接的联系，而前述弗州《权利宣言》倒是《人权宣言》的蓝本。但是 E. 卡西勒认为，法国宣言是启蒙运动的产物，这场运动使启蒙思想在法国早已流行了，导致了《人权宣言》的诞生。[2] 我们认为，美国的人权思想渊源于英法等国十七世纪的自然法思想，这一点无论是从美国革命先驱者的著作中还是《独立宣言》等文件的内容中都有明显的证据。其中洛克和孟德斯鸠的思想对美国影响最大。但是，在美国革命与建国的实践中，这些思想又经过消化和发展。当然，《独立宣言》等文件反过来对法国革命以及《人权宣言》显然也是有影响的，这一点从两者内容的比较中可以确定。另外，潘恩曾参加了宣言的起草，宣言的头三条基本是按照潘恩的意见确定的。而潘恩曾积极参加美国的独立战争，利用"天赋人权"的思想为美国独立战争作过出色宣传，那么美国人的思想无疑也会被潘恩带到法国，带入《人权宣言》。

二、自由作为行政法的前提

《人权宣言》第 2 条规定，任何政治结合的目的都在于保存人的自由、财产、安全等。所谓政治结合无非是组成社会、建立政府，其中包括狭义的政府即行政机关，这就是说行政权的目的在于保障公民的自由，自由是行政权的前提，也是行政法的前提。宣言第 4 条对自由进行了界定："自由就是指有权从事一切无害于他人的行为。因此，各人的自然权利的行使，只以保证社会上其他成员能享有同样权利为限制。此等限制仅得由法律规定之。"第 5 条规定："法律仅有权禁止有害于社会的行为。凡未经法律禁止的行为即不得受到妨碍，而且任何人都不得被迫从事法律所未规定的行为。"第 11 条规定："自由传达思想和意见是人类最宝贵的权利之一；因此，各个公民都有言论、著述和出版自由，但在法律所规定的情况下，应对滥用此项自由负担责任。"

以自由作为行政法的前提，因为自由是行政权和行政法的来源，即产生行政权

---

〔1〕 〔法〕卢梭：《社会契约论》，何兆武译，商务印书馆 2003 年版，第 5 页。

〔2〕 〔德〕E. 卡西勒：《启蒙哲学》，顾伟铭等译，山东人民出版社 1955 年版，第 242~243 页。

和行政法产生的原因。按照古典自然法的理论，在国家、法律产生之前，人类生活在"自然状态"，享有"自然权利"如生命、健康、自由和财产，但是由于存在"不安全、不方便"或其他原因，人们签订"社会契约"，组织政府，"甘愿同已经或有意联合起来的其他人一起加入社会，以互相保护他们的生命、特权和地产，即我们根据一般的名称称之为财产的东西"[1] 美国《独立宣言》很好地表达了这一思想，其中写道："我们认为这些真理是不说自明的，所有的人生而平等，他们由创造者赋予若干不可剥夺的权利，其中有生命、自由及追求幸福；为了取得这些权利，人类在他们之间建立政府，而政府的正当权力是从被治者的同意中产生出来的；任何形式的政府，当它对这些目的损害时，人民便有权将它改变或废除，以建立一个新的政府，新政府所依据的原则和用以组织其权力的方式，必须使人民认为这样才最可能获得他们的安全和幸福。"法国《人权宣言》的宗旨与之类似。总之，这些都说明行政权来源于人权或自由，自由是本，行政权是末。为了规范行政权的行使和更好地保障人权，人们才制定行政法。只有以"自由"为前提，行政法才不会本末倒置，才能避免行使行政权的人民"公仆"变成人民的"主人"。

"自由"作为行政法的前提，源于行政法的目标和功能。"法律按其真正的含义而言与其说是限制还不如说是指导一个自由而有智慧的人去追求他的正当利益，它并不在受这法律约束的人们一般福利范围之外作出规定。""法律的目的不是废除或限制自由，而是保护和扩大自由。这是因为在一切能够接受法律支配的人类的状态中，哪里没有法律，哪里就没有自由。这是因为自由意味着不受他人的束缚和强暴，而哪里没有法律，哪里就不能有这种自由。"[2] 行政法的目标在于保障人的自由。行政权力依法行使，通过各种方式为行政相对人服务，以达到保障人权的目的。首先，行政权要防止对行政相对人权利的侵犯，通过对侵犯权利者的禁止和处罚来保障自由、维护正义。但是，"侵犯人权的严重程度是有区别的"。"他们大都不由可以实施公共强制的规则来保护。因而，不属于政府力所能及的用法律保护人权的范围。人权的法律保护所针对的行为限于能够置于这些规则的管辖之下的并且在这一范畴内的属于严重侵犯，即对受害人造成严重危害的那种侵犯行为。"[3] 其次，政府通过推动经济、政治、文化发展，提高人民的生活水平，采取福利保障措施，为行政相对人权利的实现创造条件。

"自由"作为行政法的前提，因此要控制行政权。孟德斯鸠说："一切有权力的人都容易滥用权力，这是千古不易的一条经验。有权力的人们使用权力一直到遇有

---

〔1〕　［英］洛克：《政府论》（下篇），瞿菊农、叶启芳译，商务印书馆 1964 年版，第 77 页。

〔2〕　［英］洛克：《政府论》（下篇），瞿菊农、叶启芳译，商务印书馆 1964 年版，第 35 ~ 36 页。

〔3〕　［英］米尔恩：《人的权利与人的多样性》，夏勇、张志铭译，中国大百科全书出版社 1995 年版，第 198 页。

界限的地方才休止。"〔1〕 《人权宣言》除了前述内容之外，第 15 条还特别规定："社会有权要求机关公务人员报告其工作。"目的正在于制约行政权。在权力不受制约的地方，一切自由都会化为乌有。行政权本身具有主动性、强制性、优益性、扩张性，因此更容易被滥用，从而产生以权谋私、贪污腐化、随意侵犯公民权利的种种现象。与立法权、司法权相比，行政权更需要控制。在英美行政法中，一直贯穿控权的精神，如英国的韦德认为："行政法定义的第一个含义就是关于控制政府权力的法，无论如何，这是此学科的核心。""行政法的最初目的就是要保证政府权力在法律的范围内行使，防止政府滥用权力，以保护公民。"〔2〕 其实控权并不是行政法的目的，保障公民权利才是行政法的目的，控权是保权的必不可少的手段。因为相对于行政权，公民处于弱势地位，在行政权力与公民权利发生冲突时，如果不对行政权力进行控制，公民必败无疑。传统行政法反对政府的自由裁量权，认为政府只能消极地行使法律既定的权力，自由裁量权是一项专断的特权，会侵害人民权利。由于社会状况发生了巨大的变化，"法治原则不仅要对制止行政权的滥用提供法律保障，而且要使政府能有效地维护法律秩序，借以保证人们具有充分的社会和经济生活条件"。（《德里宣言》）现代行政法承认自由裁量权是实现政府职能必不可少的，"当代的强有力的政府不能不具备许多自由裁量权"，因此必须通过独立的司法审查等方式，"既从实体法，也从程序法上发展把行政权力控制在恰当导向之内的普通原则"。"法治的实质是防止滥用自由裁量权的一整套规则。"〔3〕

三、法律面前人人平等与正当程序雏形

《人权宣言》第 1 条已经明确了平等的宗旨，第 4 条对自由的定义中也暗含了平等的成分，而第 6 条则更加明白的表明了平等原则及其内容："法律是公共意志的表现。全国公民都有权亲身或经由其代表去参与法律的制定。法律对于所有的人，无论是实行保护或处罚都是一样的。在法律面前，所有的公民都是平等的。故他们都能平等地按其能力担任一切官职、公共职位和职务，除德行和才能上的差别外不得有其他差别。"宣言第 13、14 条关于赋税的规定也有人人平等的意义在内。

如果按照中国式的理解，宣言第 6 条的内容概括为"公民在法律上一律平等"应当更加准确，因为它不仅表明公民在受法律保护、守法方面的平等，而且表明公民在立法上的平等，每个公民都有权参与立法或者选举立法代表。法律是公共意志的体现，而公共意志包括每个公民的意志在内，当然，按照卢梭的理论，公共意志是消除了大家意志中互相冲突的部分。不过，宣言体现出来的思想与卢梭的理论有不同之处，就是肯定了代议制，而卢梭是明确反对代议制的。宣言在这一点上比较

---

〔1〕［法］孟德斯鸠：《论法的精神》（上册），张雁深译，商务印书馆1961年版，第154页。
〔2〕［英］威廉·韦德：《行政法》，徐炳等译，中国大百科全书出版社1997年版，第5页。
〔3〕［英］威廉·韦德：《行政法》，徐炳等译，中国大百科全书出版社1997年版，第26页。

现实。另外，这种平等还包括担任公职权利的平等。并且这里的平等是彻底的，不论出身、种族、民族、性别、财产多少等的任何差别，所有公民一律平等（除德行和才能上的差别以外）。但是，法国《1791 年宪法》曾经把公民划分为"积极公民"和"消极公民"，规定凡不符合财产资格规定的消极公民，均无选举权和被选举权，可见实现人人平等原则是多么的艰难。

宣言第 7 条至第 8 条规定了刑事司法程序的原则，其中第 7 条规定："除非在法律所规定的情况下并按照法律所指示的手段，不得控告、逮捕或拘留任何人。凡动议、发布或令人执行专断命令者应受处罚；但根据法律而被传唤或被扣押的公民应当立即服从；抗拒则构成犯罪。"第 8 条规定："法律只应规定确实需要和显然不可少的刑罚，而且除非根据前已制定和公布的且系依法施行的法律以外，不得处罚任何人。"第 9 条规定："任何人在其未被宣告为罪犯以前应被推定为无罪，即使认为必须予以逮捕，但为扣留其人身所不需要的各种残酷行为都应受到法律的严厉制裁。"

这三个条款都是围绕刑事问题规定的，第 7 条针对的是正当司法程序，第 8 条明确了罪刑法定原则，而第 9 条则规定了无罪推定原则，另外还包含了刑罚必要和从轻、禁止酷刑等人权原则。就刑事领域来说，这些规定在当时无疑是相当先进的，体现反对封建刑罚制度、树立资产阶级人道主义和法治原则的思想，这在整个人类法制史上都是闪耀光辉的篇章。这些规定与美国宪法第 5 条的正当法律条款有相似之处，是正当法律程序的雏形。

所谓正当法律程序（due process of law），其渊源可以追溯到英国的"自然正义"（natural justice 也翻译为"自然公正"）原则。自然正义原则的内容主要是：①任何人都不能做自己案件的法官。②在处分当事人权益时听取对方意见。在英国，自然正义原则主要适用于司法活动和执行性行政活动，对于立法包括委任立法并没有多少影响，行政立法并不要求必须举行听证，但是尽管法律没有规定，实践上行政机关进行咨询的义务却得到广泛的承认。许多立法对委任立法规定了向咨询组织或者有关人员咨询的程序，倘若该程序是强制性的，没有咨询将会导致委任立法无效。在一个案件中，法律要求一个部长在制定一项劳工培训命令之前必须听取他认为代表有关人员的团体的咨询意见，但由于信件被误投使得蘑菇栽培者协会未能出席发表咨询意见。法院在判决中认为，该案所涉及的那项劳工培训命令对于那些受到咨询的组织有效，而对于未被邀请咨询的组织无效[1]。自然正义在美国发展为正当法律程序，美国宪法修正案第 5 条规定："未经正当法律程序不得剥夺任何人的生命、自由或财产。"第 14 条规定："任何州不得未经正当法律程序而剥夺任何人的生命、自由或财产。"前者适用于联邦政府机关，后者适用于州政府机关。在行政法上，正

---

[1] 参见［英］威廉·韦德：《行政法》，徐炳等译，中国大百科全书出版社 1997 年版，第 589～592页。

当法律程序要求行政机关在作出对当事人不利的决定时必须听取当事人的意见，而听证是正当法律程序的主要内容。另外，回避原则、说明理由以及行政公开也是正当法律程序原则的必然要求。

无论是英国的自然正义原则还是美国的正当法律程序原则，最开始主要适用于司法领域，后来才发展到行政领域，并且其地位和作用越来越突出，成为行政法的一个主要原则。而法国的《人权宣言》则集中于刑事司法领域，还没有扩展到行政领域，所以只是具备正当法律程序的雏形，但是它并不排除发展到行政领域的可能性。

四、宪法规制行政法方向

为了说明这个问题，我们有必要重述《人权宣言》的序言："组成国民会议的法国人民的代表们，认为不知人权、忽视人权或轻蔑人权是公众不幸和政府腐败的惟一原因，所以决定把自然的、不可剥夺的和神圣的人权阐明于庄严的宣言之中，以便本宣言可以经常呈现在社会各个成员之前，使他们不断地想到他们的权利和义务；以便立法权的决议和行政权的决定因能随时和整个政治机构的目标两相比较，从而更加受到他们的尊重；以便公民们今后以简单而无可争辩的原则为根据的那些要求能经常针对着宪法与全体幸福之维护"。另外，宣言第 3 条规定："整个主权的本原主要寄托于国民。任何团体、任何个人都不得行使主权所未明白授予的权力。"第 5、6、15 条的规定都含有对行政权的制约的成分。而第 16 条规定："凡权利无保障和分权未确立的社会，就没有宪法。"

从宣言中，可以看出以下宪法对行政法规制的内容：

1. 宪法确认和保障人权，因此行政法要服务于人权保障。"不知人权、忽视人权和轻蔑人权是公众不幸和政府腐败的惟一原因"，要避免政府腐败、人民不幸，就必须保障人权。人们之所以组成社会、建立政府，目的就是保护自己的人权或自由，如果政府脱离了这一目标，甚至背道而驰，就说明政府已经异化变质，成为掌权者为自己的私利或欲望服务的工具，很可能成为压迫人民的专制政府，从而成为人权的最大破坏者。因为行政权握有强力，掌有普通百姓所没有的资源，因此，一旦政府腐败，人民很容易丧失人权，沦为奴隶。这样就形成了主仆颠倒的局面。行政法受宪法的规制，所以要以保障人权为己任，防止权力腐败。

2. 宪法确定政治机构包括行政机构的目标，行政法应当保障行政权为宪法规定的目标服务，除了保障人权的目标之外，宪法还会规定众多的相对具体目标，这些目标的实现在很大程度上依赖政府的推动，因此，行政权的决定对实现宪法具有举足轻重的作用，而行政法是宪法的具体化，是控制行政权的法，所以对宪法目标的实现应当具有促进作用。宪法确认全体幸福是政治机构的目标，因此，行政权应当为公共幸福而存在，行政法也应当维护公共福利。当然，如何判断全体福利、公共利益，也应当由人民决定，而不能是官员说了算。

3. 宪法除了确定人权保障和全体幸福的目标之外，还明白表达了各项宪法原则，如人民主权原则、依法行政原则、人人平等原则、行政公开原则等。行政法重新确认这些原则并且保证这些原则的实施，一方面，这些原则制约行政权，是行政权的规矩、绳墨，行政权不能越雷池一步；另一方面，这些原则也是公民捍卫自己的权利和利益的武器，如果行政权违反这些原则，侵犯了公民的合法权益，公民有权依据宪法、行政法所明白确认、"不可争辩"的原则，"反抗压迫"，或者对行政权提出控诉，或者罢免行政官员，甚至推翻政府。

4. 宪法确认公民行使权利的界限，公民行使权利不能侵犯别人的权利，不能突破法律的界限，因此，行政权对公民权利的限制，也必须以法律为准。另外，"凡未经法律禁止的行为即不得受到妨碍"，也就是说"法无禁止即自由"，行政权不得禁止法律所未禁止公民所做的事情，也不能强迫公民从事法律所未规定的行为。公民只要不违反法律可以自由地行为，不受行政权的干涉，公民完全可以拒绝履行法外的任何义务。

5. 宪法确定主权源于人民的原则，行政法就应当明确行政权来自人民的授予，除此之外没有任何权力，也就是说，对行政机关来说，"法无授权即禁止"，行政机关不能自我授权，不能越权行政，越权无效。行政机关行使法定权力也不能超越法律的界限，不能违背法律确定的目标，滥用职权，否则要承担相应的法律责任。

"社会有权要求机关公务人员报告其工作。"因此，行政机关有义务向人民（社会）负责，这与人民主权原则等也是紧密相连的，因为行政权来源于人民，行政权为保障人权而存在，为实现全体幸福而存在，公务人员也为人民选举所产生，所以行政机关及其工作人员必须对人民负责、向人民报告自己的工作。同时，它还体现了行政公开的原则，行政机关的工作既然是为人民服务的，公务人员既然是人民公仆，他们就应当向人民公开政府信息，以便公民从中吸取对自己有用的信息，便利公众。同时，它也避免了暗箱操作，阳光是最好的防腐剂，行政公开有利于人民监督，有利于防止行政权的腐败。

第五节　潘恩的行政法思想

托马斯·潘恩（1737～1809年），是美国独立战争时期著名的资产阶级政治活动家和启蒙思想家，生于英国的一个平民家庭，当过鞋匠、缝纫工、教师、店员、税吏。1774年迁到北美费城，不久投身独立战争。先后担任报刊编辑、副官、大陆会议外交委员会秘书等职。1787年返回欧洲，曾参加法国大革命，担任过国会议员。因反对处死路易十六而被捕入狱。被营救出狱后于1802年再度去美国，因与联邦党人政见不合，政治上备受冷遇，生活上穷困潦倒。1809年病逝。曾著有《常识》、《林中居民的信札》、《人权论》和《理性时代》。其中《常识》一书曾风行一时，成为北美大陆争取独立自由的思想武器，《人权论》对驳斥反对法国大革命的攻击起了主要作用。他曾经说过："哪里没有自由，哪里就是我的故乡。"这表明他反抗压迫，争取民主自由的坚强斗志，因此，他被称为"属于全人类的人"。

一、行政主体起源论

与以往的思想家不同，潘恩把社会和政府区分开来。政府与社会有不同的起源，社会起源于欲望，而国家起源于邪恶。社会的作用是增进人们的幸福，在孤立、相互不发生联系的自然的自由状态下，他们感到寂寞，需要寻求安慰，无法凭单个人的力量抵御大自然的力量，同饥饿、疾病作斗争，于是人民组成社会。这就是社会的起源。

但是潘恩没有区分国家与政府，他所说的政府的起源其实是指国家的起源。这一点上面他不及卢梭。他认为，如果人们真诚相待，就无须政府，一般人不可避免地将为邪恶所浸染，他们刚刚克服了共同事业中的困难，便开始忽视彼此应尽的责任和应有的友谊。由于人们德行的软弱无力而有必要以政府作为治理世界的方式，政府的目的是制止人民的恶行，从而消极地增进我们的幸福。社会在任何情况下都是受欢迎的，可是政府呢，即使在最好的情况下，也不过是一件免不了的祸害。在其最坏的情况下，就成了不可容忍的祸害；因为，当我们受苦的时候，当我们从一个政府方面遭受那些只有在无政府的国家中才可能遭受的不幸时，我们由于想到自己亲手提供了受苦的根源而格外感到痛心。政府的意图和目的，即自由与安全。政府的职能应当是增进我们的幸福，追求幸福乃是每个人的天赋权利和政府的全部目的。

潘恩的政府起源理论并非到此为止，他还从天赋人权出发论证了"人民主权"的思想。他认为天赋权利虽然不能由个人的能力来实现，但社会有实现这种权利的能力，即"权力"来自统一的天赋权利，利用这种权利来侵犯个人的天赋权利，是不能容许的。政府的合法性基础是人民的认可与拥戴，"政府的力量并不在它自身，而在于国民的爱戴以及人民觉得支持它是有好处的。如果不具备这个条件，政府……最后只能促使自己倒台"。[1] 人民的权利是永恒的、不可剥夺的，而政府的权力是暂时的，对于失去合法性基础的政府，"一国的国民任何时候都具有一种不可剥夺的固有权利去废除任何一种他认为不合适的政府，并建立一个符合他的利益、意愿和幸福的政府"。[2] 他的思想源于18世纪欧洲启蒙思想家的学说，但是比他们的思想更加激进，这些思想对美国革命的影响很大，杰弗逊起草的《独立宣言》就体现了这一思想。

潘恩还用社会契约论来说明政府的产生。人们认为，说政府是统治者与被统治者之间订立的一种契约，能大大促进自由原则的建立；但潘恩认为这种说法不正确，

---

〔1〕 ［英］托马斯·潘恩：《潘恩选集》，马清槐等译，商务印书馆1981年版，第253页。
〔2〕 ［英］托马斯·潘恩：《潘恩选集》，马清槐等译，商务印书馆1981年版，第213页。

因为这是倒果为因；因为人必然先于政府而存在，这就必然有一段时间并不存在什么政府，因此本来就不存在可以与之订约的统治者。所以，实际情况是，许多个人以他自己的自主权利互相订立一种契约以产生政府；这是政府有权利由此产生的惟一方式，也是政府有权利赖以存在的惟一原则。

关于宪法（社会契约）与政府的关系，潘恩认为，"宪法不仅是一种名义上的东西，而且是实际上的东西。它的存在不是理想的而是现实的；如果不能以具体的方式产生宪法，就无宪法之可言。宪法是一样先于政府的东西，而政府只是宪法的产物"。[1]

各国政府的起源并非都是一样的，潘恩对美国和法国革命后建立的政府大加赞扬，而对其他政府进行了尖锐地讽刺和批判。他认为，世界上的政府，要不是用彻底破坏一切神圣和道德的原则的手段，就不可能建立。一切当时存在的旧政府的起源之湮没无闻，意味着这些旧政府是以罪恶与耻辱开其端的。美国和法国民主共和政府的起源将为人们永志不忘，因为把它记载下来是光荣的；可是，就其余的政府而言，哪怕对它们百般恭维，还是要被送进时间的坟墓，而用不着什么碑文。

二、法治的目的是保障人权

他认为人民是权力的源泉，而且人民创立法权，这是他们自然的、不可转让的权利。因为只有如此，才能保障人民的财产、自由、安全和反抗压迫的权利。他还认为，取消不适当的任何形式的政府，是人民不可剥夺的权利。人们之所以订立社会契约建立一种政治机构——政府，其目的就是保护公民权利和自由。总之，人们走入社会，建立政府，创设立法权，制定法律，实行法治，目的就是保障人权。因此，最好的政府就是能够保障人民的安全以及他们的权利和自由的政府。关于法治，他认为，法律必须靠原则的公正以及国民对它感兴趣才能获得支持；如果法律另有所求，那就表明政府的制度有毛病。凡是难以执行的法律，一般都不是好的法律。每一个公民都是主权的一分子，因此不能屈从于个人：他只能服从法律。潘恩反对君主制，坚持民主共和国，认为只有在民主政制中才能实现法治。在专制政体下"国王便是法律"，而在自由的国家中，"法律便应该成为国王"。[2]

人权理论是潘恩的政治法律思想的基石。潘恩继承了启蒙思想家们的天赋人权思想，但是又有所发展，有自己的特点。

1. 他将天赋人权与公民权利加以区分，并明确界定了天赋权利。他认为，"天赋权利就是人在生存方面所具有的权利，其中包括所有智能上的权利，或思想上的权利，还包括所有那些不妨害别人的天赋权利而为个人自己谋求安乐的权利"。[3]

---

〔1〕　〔英〕托马斯·潘恩：《潘恩选集》，马清槐等译，商务印书馆 1981 年版，第 146 页。

〔2〕　〔英〕托马斯·潘恩：《潘恩选集》，马清槐等译，商务印书馆 1981 年版，第 85 页。

〔3〕　〔英〕托马斯·潘恩：《潘恩选集》，马清槐等译，商务印书馆 1981 年版，第 142 页。

个人既充分具有这些天赋权利，又具有充分行使这些权利的能力。而公民权利是人作为社会一分子所具有的权利。尽管个人充分具有这些权利，却缺乏行使这些权利的能力。个人要行使这些权利，只有同社会携手，才能满足自己的要求。个人进入社会后，保留一部分天赋权利，而另一部分则转化为公民权利，并使社会权利处于优先地位，在公民权利之上。因为，人们作为社会权利的股东，从而有权支持股东。总之，公民权利来源于天赋权利，但是，人只有加入社会，参加社会政治生活，才能运用和实现公民权利。

2. 更加彻底的平等思想。百科全书派的思想家的平等思想是不彻底的，霍尔巴赫甚至认为人类从来就是不平等的。卢梭认为私有财产和科技进步都会导致不平等，平等只有在公意的统治下才能在小国寡民的情景中实现。"人是生而自由的，但却无往不在枷锁之中。"潘恩认为，每个生下来在权利方面就与他同时代人平等，也与前代人平等。"所有的人生来就是平等的，并具有平等的天赋权利。"[1] 甚至政府的法律，也不得沿用人的一致性或平等原则，只规定罪行的轻重，而不规定人的地位。潘恩的平等思想超越了同一个时代的美国思想家，他认为，如果现存的一代或任何一代沦为奴隶，这并不能缩小下一代获得自由的权利，错误的东西不能具有合法的传统。他早在1775年《美洲的非洲奴隶》一文中就表明自己的立场，认为天赋权利是包括黑人奴隶在内的全人类一切人所具有的自由平等权利，他呼吁立即彻底废除奴隶制，还他们以自由，并严惩贩奴者和蓄奴者。

3. 潘恩主张以幸福权取代财产权。在古典自然法学派中，洛克认为人们都有保护自己的生命、健康、自由和财产不受侵犯的自然权利，他特别强调财产权是自然权利的核心内容。潘恩则认为社会不平等的根源和基础是私有财产。正因为有私有财产，社会就划分为富人和穷人，人们原来具有的平等关系就遭受破坏。因此要消除穷人对富人的仇恨，最好的办法就是限制大私有制。如富人想穷人让步，共同享受一部分财产，国家对贫富不均的现象，应该采取调整的经济措施。如前所述，他认为政府的职能之一是"增进我们的幸福"。追求幸福是人的天赋权利和政府的全部目的。用幸福权代替财产权是潘恩的一个创新，这一思想为杰弗逊所接受并写入《独立宣言》之中。

三、人的理性作为行政体的基础

潘恩受启蒙思想的影响，并在继承的基础上发扬光大，他以理性作为向宗教和专制斗争的武器，并且以理性作为民主共和国以及行政体的基础。在他的著作中，充满了宣扬理性的内容，并且为批驳英国政论家爱德蒙·柏克攻击法国大革命的言论，专门写作了《理性时代》以及《人权论》，这两本书集中了他的理性政府的思想主张。

---

〔1〕　〔英〕托马斯·潘恩：《潘恩选集》，马清槐等译，商务印书馆1981年版，第141页。

潘恩关于理性的观点与他的人权理论是一致的，他认为政府的职能和目的就是保障公民的自由、安全和幸福，这样的政府也是符合理性的政府。他说："世界上哪一个国家能够这样说：我国的穷人都是幸福的，我们中间既无愚昧也无贫困，监狱里没有囚犯；街道上没有乞丐；老年人不愁衣食；捐税并不重；理性世界我亲昵，因为我和幸福亲昵。一个国家能够说这些话，就可以为它的宪法和政府自负了。"[1]

潘恩认为，理性的政府是建立在社会契约基础之上的政府，是源于社会共同利益和人类共同权利的政府。他说，放眼世界，可以极其容易地把那些由社会或由社会契约产生的政府与那些不是由此产生的政府区别开来；但为了更清楚地了解这一点，不妨把各种政府由之产生并据以建立的几种根源考察一下。这些根源可以归结为三大类：①迷信；②权力；③社会的共同利益和人类的共同权利。第一种是受僧侣控制的政府。第二种是征服者的政府。第三种是理性的政府。

潘恩猛烈地抨击了君主政体和贵族政体，指出它们是建立在愚昧的基础上的。他极力主张实行选举基础上的民主共和国，认为只有这样的政府才是理性的。他说，理性与愚昧这两个对立物影响着绝大多数人类。在一个国家里，随便哪一方占上风，政府机构都容易存在下去。理性服从它自己；愚昧则屈从于对它发出的任何命令。世界上流行着两种类型的政府，第一种是实行选举的代议制政府；第二种是世袭继承制政府。前者通称共和国；后者通称君主政体和贵族政体。这两种截然不同而又对立的形式是建立在理性与愚昧这两种截然不同而又对立的基础之上的。由于执政需要才智和能力，而才智和能力是不能遗传的。因此，显而易见，世袭继承制要求取得一种非人的理性所能接受而只能建立在他的愚昧之上的信仰；一个国家的人民越是愚昧无知，就越适应于这种类型的政府。

潘恩对民主共和政府极力推崇，他认为，在一个组织健全的共和国里，政府却无须取得超越人的理性的信仰。他理解整个制度及其来历和实施；而且，由于理解最深，支持也最有力，人的才能就可以大胆发挥，并且可以在这种形式的政府下发扬一种巨大的英雄气概。

为了弘扬理性，消除愚昧，更是为了消除建立在愚昧之上的政府权力，潘恩在《理性时代》一书中激烈地抨击了宗教神权以及其同盟者专制政府。他认为《圣经》传达上帝旨意是一种谬论，指出基督教神学体系是捏造出来的无耻谰言，其目的是为了获得权力和金钱。他揭露《圣经》内容的自相矛盾与荒诞，指出其中有关创世的故事与天文学的科学材料之间的矛盾以及所谓神秘、奇迹和预言的骗人实质。他抨击《圣经》是本谎言与亵渎"上帝"的书，是集愚蠢和有害的胡说八道之大成。潘恩主张建立普遍的思想自由，坚决反对柏克鼓吹的"教会与国家相结合"的理论，认为这样就会产生一种只能从事破坏，而不能养大的杂种动物，名字就叫依法建立的教会。他说，迫害本来不是宗教的特征，却是一切"法律宗教"或依法建立

---

〔1〕 ［英］托马斯·潘恩：《潘恩选集》，马清槐等译，商务印书馆 1981 年版，第 330 页。

宗教的显著特征。只有去掉"依法建立",宗教才会恢复它原来的宽厚性质。他还抨击英、法政府及支持他们的宗教组织,把英、法两国建立在启示基础上的有组织的教会看成是这些国家保皇派政府的同盟者。

潘恩还抨击专制政府压抑理性、制造愚昧,他说旧世界的一切政府如此根深蒂固,暴政与古俗如此制服人心,以致无从在亚洲、非洲或欧洲着手改革人类的政治条件。对自由的迫害遍及全球;理性被视为叛逆;而屈服于恐惧的心理已经使得人们不敢思考。

但是,他相信真理的力量,相信理性的力量,预言理性将战胜愚昧,人权将取代专制,理性时代必将来临。他说,真理的不可压制的特性,就在于它的全部要求和全部需要在于自由表白。早些时候的征服与暴政剥夺了人们的一切权利,现在人们正在收回权利。正如一切人事有方向相反的盛衰变迁,革命亦复如此。以道德学说、普遍和平体制和不能取消的固有人权为基础的政府,正借助于一股比依靠暴力由东方绕向西方的政府更加强劲的冲力,从西方绕向东方。它不会引起个别人的兴趣,而会引起进步中的各国国民的兴趣,并且向人类许下新时代即将来临的诺言。

四、民主政体中的行政

潘恩对政体问题有大量的论述,他态度坚决,观点明确,丝毫也不暧昧,激烈地抨击君主政体、贵族政体,而推崇民主政体,与卢梭不同,他认为代议制政府是可取的。

潘恩极力反对君主制,他认为,人本来是平等的,但却有一种不能用真正自然获得或宗教的理由来解释的差别,就是把人们分为国王和臣民。把一个人的地位捧得高出其余的人,这种做法从自然的平等权利的原则来说是毫无根据的。他说,一切世袭制政府按其本质来说都是暴政。一顶世袭的王冠,一个世袭的王位,诸如此类异想天开的名称,意思不过是说人是可以世袭的财产。继承一个政府,就是把人民当做成群的牛羊来继承。他认为世袭的君主政体"有一些极端可笑的东西;这个体制首先使一个人无从获得广博的见闻,然而又授权他去解决那些需要十分明智地加以判断的问题。国王的身份使他昧于世事,然而国王的职务却要求他洞悉一切;因此这两种不同的方面,由于它们出乎常理地互相敌对和破坏,证明那个人物是荒唐和无用的"。[1]

潘恩同样反对贵族制,认为贵族腐败无能,他们是一窝雄蜂,既不采蜜,也不营巢,活着只是为了过骄奢淫逸的生活。贵族制只是在起用人才方面,从人数比例看,机会要多一些,但是在人才的合理使用方面还是没有保障。贵族靠嫡长子继承制维持,缺乏公正的观念,天然不配作为一国的立法者;他们认为自己可以不对任何人负责,所以也不应当受到任何人的信任;贵族制推行以征服为基础的政府的野

---

〔1〕　[英] 托马斯·潘恩:《潘恩选集》,马清槐等译,商务印书馆1981年版,第7页。

蛮原则，以及拿人当财产并以个人权力统治别人的卑劣念头。

潘恩主张实行代议制，他认为代议制以社会和文明作为基础，以自然、理性和经验作为指南。他认为代议制弥补了简单民主制和君主制、贵族制的缺点。他说，把君主制和贵族制同原始的简单民主制相提并论，就提供了政府得以大规模创始的真正论据。简单民主制不能扩大，不是由于它的原则，而是由于它的形式不利；而君主制和贵族制则是由于无能。那么，把民主制作为基础保留下来，同时摈弃腐败的君主制和贵族制，代议制就应运而生，并立即弥补简单民主制在形式上的各种缺陷以及其他两种体制在知识方面的无能。

他将君主制、贵族制与代议制进行对比，然后进行褒贬，对它们的态度截然不同，泾渭分明。他指出，旧体制的政府为了提高自己地位而窃取权力；新体制的政府则代表社会共同利益行使权力。前者靠维持战争体系来支撑；后者则推行和平作为富国裕民的手段。一种政府煽动民族偏见，另一种政府则提倡大同社会以实现普遍通商。一个用它勒索来的税收的多寡作为衡量其繁荣的尺度；另一个则以其所需要的少量税收来证明其优越性。他最后得出的结论是，所有统治一国人民的世袭政府乃是对人民的奴役，而代议制政府则是自由。

与他的一贯思想相一致，他主张代议制政府应当以公共利益为依归。他说，任何一个政府，如果不按共和国的原则办事，或者换句话说，不以公众的利益作为其独一无二的目的，都不是好政府。政府不是任何人或任何一群人为了谋利就有权利去开设或经营的店铺，而完全是一种信托，人们给它这种信托，也可以随时收回。政府本身并不拥有权利，只负有义务。他还说，代议制集中了社会各部分和整体的利益所必需的知识。

潘恩认为，政府应当对人民负责，对议会负责，并且应当责任清晰明确。他批评英国的政府是不完美的，指出政府人民的关系上最主要的一点，乃是负责任；英国体制之下对于责任问题完全没有规定，政治制度过于复杂，简直无从决定什么人应该对什么事情负责。他主张北美殖民地也应该以民主方式来选举议员，组成议会，同时选出总统和内阁，他们应该向议会负责。

政府应当接受人民的监督，潘恩说，如果没有人监督，对国王是不能信任的。虽然我们十分聪明，曾经对专制君主政体关门下锁，但同时我们也十分愚蠢，曾让国王掌握了钥匙。

潘恩认为政府应当服从宪法，依法办事。他说："宪法是一样先于政府的东西，而政府只是宪法的产物。一国的宪法不是其政府的决议，而是建立其政府的人民的决议。这是法规的主要部分，可以参照或逐条引用；它包括政府据以建立的原则、政府组织的方式、政府具有的权力、选举的方式、议会——或随便叫别的什么名称的这类团体——的任期、政府行政部门所具有的权力，总之，凡与文官政府全部组织有关的一切以及它据以行使职权和受约束的种种原则都包括在内。因此，宪法对政府的关系犹如政府后来所制定的各项法律对法院的关系。法院并不制定法律，也不能更改法律，它只能按已制定的法律办事；政府也以同样方式受宪法的约束。"[1]

潘恩主张政府的权力应当受到限制，他不仅认为宪法必须先于合法政府，而且宪法应当界定人民授予政府的权力，并依此种方式限制政府权力。任何超越此界限行使权力的政府行为，都构成"非法之权力"。潘恩的理论阐明了现代宪政的两大原则：保障人权和制约权力。

罗素在评价潘恩的贡献时曾经有过大意是这样的说法：潘恩的杰出之处不仅在于他对于民主的追求，更在于他把对民主的追求本身民主化了。

潘恩出身贫苦，一生经历很多磨难，他从来没有脱离下层民众，所以他的思想激进，所以生前身后都受到不少攻击，但是潘恩的贡献的不可否定的，他的理论不仅推动了美国的独立战争和法国的大革命，而且至今仍然富有现实指导意义。

第六节　美国宪政先驱的行政法思想

北美的 18 世纪后期风起云涌，是需要英雄并且英雄辈出的年代。他们不仅开拓了人类的崭新事业，而且丰富了人类的思想宝库。华盛顿、杰弗逊、汉密尔顿、麦迪逊、杰伊等美国宪政先驱们在独立战争和建国制宪过程中，不仅创立了资产阶级民主共和国，阐发了有深远影响民主宪政理论，而且还提供了丰富的行政法思想。

一、宪政中的权力分立

美国宪政先驱的权力分立思想主要受洛克、孟德斯鸠分权理论的影响，同时有所发展，强调制约与平衡。其中杰弗逊、汉密尔顿、麦迪逊对分权制衡思想论述较多，杰弗逊的思想主要体现于《杰弗逊文选》之中，而汉密尔顿、麦迪逊的主张则集中在他们与杰伊合著的《联邦党人文集》当中。

杰弗逊认为，任何国家的权力都不能集中于一个主体，否则会权力膨胀，暴政就会出现。他不仅主张横向的三权分立，而且主张中央与地方的分权，即联邦制。他认为，在三权中，不能使任何一个机关的权力过大，以至于高于其他权力。因为权力有自我膨胀的性质，议会的权力过大就会产生暴政，而行政首脑的权力过大是产生暴政的最大危险，因此，他反对总统连选连任，认为其后果很可能为总统终身制开辟道路。特别是建国伊始，首届总统总是会被连选连任的，在历史上君主选举的这种例子，是屡见不鲜的。而汉密尔顿的意见恰恰与他相反，坚决主张总统连选连任，结果美国联邦宪法对总统的任期未做规定。后来由于首届总统华盛顿连任两届之后，拒绝再次参选，所以形成了总统连任不得超过两届的宪法惯例。杰弗逊还反对法官有违宪审查的权力，认为这样很危险，它会使法院凌驾于议会和总统之上，打破权力平衡，导致民主的毁灭，政府解体。在中央和地方的关系上，杰弗逊主张

---

[1] 〔英〕托马斯·潘恩：《潘恩选集》，马清槐等译，商务印书馆 1981 年版，第 146 页。

严格解释宪法和保持联邦各州的权力，反对集中权力于联邦政府。正是在杰弗逊的推动下，宪法第一批共 10 条修正案于 1791 年通过，通称《人权法案》。其中第 10 条规定："本宪法所未授予合众国或未禁止各州行使之权力，均由各州或由人民保留之。"

在《联邦党人文集》中关于分权的论述十分丰富。汉密尔顿在以往的分权理论基础上，提出了"牵制与平衡"原则。他写道："把权力均匀地分配到不同的部门；采用立法上的平衡与约束；设立由法官组成的法院，法官在忠实履行职责的条件下才能任职；人民自己选举代表参加议会——凡此种种，完全是崭新的发现，或者在现代趋向完善方面取得的主要进步。这些都是手段，而且是有力的手段，通过这些手段共和政体的优点得以保留，缺点可以减少。"〔1〕但是三种权力并非截然分开，而是相互制约和平衡。"只要各个权力部门在主要方面保持分离，就并不排除为了特定目的予以局部的混合。此种局部的混合，在某些情况下，不但并非不当，而且对于个权力部门之间的互相制约甚至还是必要的。"〔2〕麦迪逊也认为：孟德斯鸠的权力分立理论"并不要求立法、行政和司法应该完全不相关……除非这些部门的联合和混合使各部门对其他部门都有法定的监督，该原理要求的、对一个自由的政府来说是不可或缺的那种分立程度，在实践上永远不能得到正式的维持"〔3〕他认为实践中不可能实现理论上的那种绝对权力分立。他说："正当地属于某一部门的权力，不应该完全由任何其他部门直接行使。同样明显的是，没有一个部门在实施各自的权力时应该直接间接地对其他部门具有压倒的影响……给每种权力规定若干实际保证，以防止其他权力的侵犯。"〔4〕汉密尔顿等的权力分立理论与杰弗逊的思想有所不同，在中央与地方的关系上，他们反对地方分权，主张加强联邦的权力；在中央各机关的关系上，主张三种权力的平衡。

从权力平衡的角度出发，汉密尔顿等人主张削弱立法权，加强行政权和司法权。麦迪逊说："政府的力量软弱的部门必须要有某种更恰当的防备来对付力量更强的部门。立法权力到处扩充其活动范围，把所有权力拖入它的猛烈的旋涡中。"〔5〕麦迪逊认为，人们没有注意来自立法上的篡夺危险，所有权力集中同一些人手中，别人

---

〔1〕　[美] 汉密尔顿、杰伊、麦迪逊：《联邦党人文集》，程逢如等译，商务印书馆 2004 年版，第 40 ~ 41 页。

〔2〕　[美] 汉密尔顿、杰伊、麦迪逊：《联邦党人文集》，程逢如等译，商务印书馆 2004 年版，第 337 页。

〔3〕　[美] 汉密尔顿、杰伊、麦迪逊：《联邦党人文集》，程逢如等译，商务印书馆 2004 年版，第 252 页。

〔4〕　[美] 汉密尔顿、杰伊、麦迪逊：《联邦党人文集》，程逢如等译，商务印书馆 2004 年版，第 252 页。

〔5〕　[美] 汉密尔顿、杰伊、麦迪逊：《联邦党人文集》，程逢如等译，商务印书馆 2004 年版，第 252 页。

会造成像在行政篡夺威胁下的同样暴政。立法权因为被认为对人民有影响而得到鼓舞；它人数多得足以感到能激起多数人的一切感情，不能用理智规定的方法去追求其情感目标。立法机关单独有机会接近人民的钱袋对于在其他部门任职者的金钱酬报有全部决定权，于是在其他部门造成一种依赖性，这就为立法部门对它们的侵犯提供更大的便利。怎么削弱立法权呢？汉密尔顿主张实行两院制，分别设立参议院和众议院。"人民绝不可能有意背离其自身的利益，然而其代表则有可能背叛之；如果全部立法权力尽皆委托给单一的代表机构，比之要求一切公众立法均需分别由不同之机构所认可，其危险显然是更大的。"[1] 他认为，立法机构的两个部门之间的分工，赋予其一以控告权，其二以审议权，才能避免使同一些人同时担当原告和法官的不便；也才能防止在其任一部门中由于派性统治而对别人进行迫害的危险。

　　为什么要加强行政权力和司法权力呢？麦迪逊认为，在代议制的共和政体下，行政长官的权力范围和任期都有仔细的限制；行政权限于比较狭小的范围内（在自由资本主义时期行政权确实没有现在那么强大），在性质上比较简单，而司法权的界限又更明确，所以这些部门中的任何一个篡夺计划，都会立刻暴露和招致失败。怎样才能使行政部门得以加强呢？汉密尔顿认为应当授予总统极大的权力。"使行政部门强而有力，所需要的因素是：第一，统一；第二，稳定；第三，充分的法律支持；第四，足够的权力。""他们都已十分正确地赞成行政首脑最必要的条件是强而有力，而且都认为为此最宜集权力于一人。""统一才有力量，这是不容争议的。"[2] 汉密尔顿认为司法权是分立的三权中最弱的一个。为加强司法权，他主张司法独立，法官终身任职，而且有权审查立法机构制定的法律，有权进行违宪审查，消除和限制不良法案。"法院的完全独立在限权宪法中尤为重要。所谓限权宪法系指为立法机关规定一定限制的宪法。" "法官之独立对保卫宪法与人权亦具有同样重要意义。"[3] 法官有保卫宪法之责，"在宪法未进行变动之前，人民代表不论其所代表的是虚假的或真正的民意，均无权采取违宪的行动。但值此立法机构在社会多数派的舆论怂恿下侵犯宪法之时，法官欲尽其保卫宪法之责，实需具有非凡的毅力，这也是明显之理"[4] 这里的作用主要在于防止某些玩弄阴谋诡计的人煽动人民情绪，造成某种危险变动，严重损害少数派的利益。

---

〔1〕 [美] 汉密尔顿、杰伊、麦迪逊：《联邦党人文集》，程逢如等译，商务印书馆2004年版，第322页。

〔2〕 [美] 汉密尔顿、杰伊、麦迪逊：《联邦党人文集》，程逢如等译，商务印书馆2004年版，第256~257页。

〔3〕 [美] 汉密尔顿、杰伊、麦迪逊：《联邦党人文集》，程逢如等译，商务印书馆2004年版，第392~394页。

〔4〕 [美] 汉密尔顿、杰伊、麦迪逊：《联邦党人文集》，程逢如等译，商务印书馆2004年版，第394页。

二、行政责任制

美国宪政先驱们对行政权的观点是与他们的权力分立观点紧密联系在一起的，并且关于行政权的讨论主要集中于总统制的问题上面，因为总统是行政的首脑，所以他们所谓行政责任制也就主要是讨论总统的法律责任或政治责任。

总统的责任是与总统的职位、权限、任期、选举方式等相关联的，所以汉密尔顿等人把总统责任与这些问题结合在一起进行论述。

汉密尔顿在论述总统是一人还是一职多人或委员会制的时候，主张总统权力应当集中于一人。他认为一职多人容易掩盖错误和规避责任。"负责有两种形式，即申斥与惩罚。前者更为重要，尤其是对于民选职务而言。接受公共委托之人，比较经常的是其行为使之不在值得信任，而不是其行为竟至应受法律惩处。然而，一职多人对于发现哪一种行为都会增加困难。由于相互指责，常常不可能断定究竟罪责在谁，谁才真正应当受到一次或一系列打击性措施的惩罚。互相推诿，作得如此巧妙、状似有理，公众舆论实在无从判断实际的罪人。造成国家不幸的情况有时极为复杂，若干人员可能具有不同程度和不同性质的责任，虽然我们可以从整体上清楚地看到处理不当之处，在实际上却不可能指明造成危害的真正负有责任的人。"[1] 也就是说，汉密尔顿认为总统的责任主要是政治责任而不是法律责任，一职多人不容易分清和追究责任。他认为，一职多人容易把情况掩盖起来，使之含混不清。比如在委任官吏的问题上，如果由总统和一个委员会共同行使这项权力，则会造成互相责备。行政首脑一职多人容易使人民失去两大保障：①舆论的约束力失去实效，因为批评的对象分散，也无从确定谁应负责；②错误难以发现和明确，因此无从免去其职务，也无从在必要时予以惩处。

汉密尔顿将美国总统与英国国王进行对比，认为他们有很大的不同，英王之治理不对任何人负责，由枢密院负责，而国王却不受枢密院的约束。在美国共和政体中，任何行政官吏均应对其在职时的行为负有个人责任，如果设立枢密院式的委员会，则只会破坏或大为减轻总统个人所应负的必要责任。行政权集中于一人更易于规范；人民的警惕和监督只有一个对象，这样安全得多。一人单独负责自然会产生更切实的责任感，和对自己声誉的关切，而正由于此，他将更强烈地感到自己的义务、以更大关注细心考查职务要求的各项条件，更易排除私情，遴选具有最佳条件的人任职。由于美国主要官员由参议院与总统联合行使任命权，发生任命不当的事情，其提名之责在总统，批准之责在参议院，双方均当承担责任。

关于美国总统的法律责任，汉密尔顿说，美国总统可以受弹劾、受审判，而且如果被判明犯有叛国罪、接受贿赂或其他重罪时，还得予以撤职，而且不得担任其

---

〔1〕　［美］汉密尔顿、杰伊、麦迪逊：《联邦党人文集》，程逢如等译，商务印书馆2004年版，第360页。

他公职；事后可以受到普通法律的控告和处罚，并得依法剥夺其生命财产。

关于总统的选举采取由选民选举选举人的办法，他认为这样可以让总统在职期间应该除了人民本身之外不依附于任何人。否则，总统就可能被诱使为了满足那些在他任期中给予必要支持的人而牺牲其本身职责。为了保障这一优越性，还规定其连选仍需依靠特殊代表机构，由全体社会专门为了作出这一重要遴选而指定之。

关于总统的任期，汉密尔顿主张较长任期，并得连选连任。他认为这样使官员本人愿意并决心把工作做好，也使公众有从容的时间去考察其措施的后果，从而可以对其优劣作出初步评价。而不准连任，不论是临时或永久性的，都几乎会有同样后果，而且大部分是有害而非有利的。[1]

三、正当行政程序

如前所述，正当法律程序来源于英国的自然公正（natural justice）原则，按照该原则，任何权力必须正当行使，尤其是作出对当事人不利的决定必须听取他的意见。自然公正原则早期主要适用于司法领域，作为对司法权的约束，而后来逐渐发展到立法以及行政领域。自然公正原则经过美国发展为而成正当法律程序原则。正当法律程序的正式表述体现在美国《联邦宪法》修正案第5条以及宪法修正案第14条。而美国《联邦宪法》前10条修正案统称为"人权法案"，其出台主要归功于杰弗逊等人的推动，因此，杰弗逊对于美国的正当法律程序的法定化发挥了重要的作用。而与杰弗逊的态度截然相反，汉密尔顿反对将人权法案载于宪法。他认为宪法没有规定民事诉讼由陪审团审判，并不能解释为禁止民事诉讼陪审制度。宪法规定刑事诉讼由陪审团审判，而未提民事案应当如何，并不意味着民事诉讼中已将陪审制予以废除。反对意见持有者"所依据的法理常规，其性质不外：'个别事项的列举即对一般的排斥'，或'列举一端即排除另一端'"[2] 他认为这种逻辑是荒诞不经的。他还明确地说："人权法案，从目前争论的意义与范围而论，列入拟议中的宪法，不仅无此必要，甚至可以造成危害。人权法案中包括若干未曾授与政府的权力限制；而正因为如此，将为政府要求多于已授权力的借口。既然此事政府无权处理，则何必宣布不得如此处理？"[3] 就笔者看来，不管汉密尔顿的逻辑是否正确，其实

---

〔1〕 汉密尔顿认为不准连任的不良后果有五：①减少了要求表现好的动力；②可能导致邪念的产生、造成假公济私以及在某种情况下的擅权侵吞；③在于社会被剥夺去受益于担任国家最高行政职位的人在任期中积累的经验；④当国家处于紧急情况下，某人之在位对国家的利益与安全可能有重大的影响之际，却需要将其撤换；⑤形成行政稳定的宪法阻力。参见〔美〕汉密尔顿、杰伊、麦迪逊：《联邦党人文集》，程逢如等译，商务印书馆2004年版，第368~370页。

〔2〕 〔美〕汉密尔顿、杰伊、麦迪逊：《联邦党人文集》，程逢如等译，商务印书馆2004年版，第416页。

〔3〕 〔美〕汉密尔顿、杰伊、麦迪逊：《联邦党人文集》，程逢如等译，商务印书馆2004年版，第429页。

逻辑是为证明服务的，也就是说，观点受立场的影响。十分明显，在宪法上明确规定一些重要的权利以及正当法律程序还是有利于公民权利的保护的，可以给权利保护提供明确的宪法依据。人权法案的实际效果及正当法律程序的巨大影响已经证实了这一点。

早在杰弗逊起草的《独立宣言》对英国殖民专制政府的控诉中，已经有了关于正当法律程序的影子。例如，它控诉英王的罪行之中包括下述内容：

"他拒绝批准那些设置司法权力机关的法案，借此来阻止司法工作的执行。"

"他一向要使法官的任期年限及其薪金数额，完全由他个人的意志来决定。"

"他是用一种欺骗的审判来包庇那些武装部队，使那些对各州居民犯了任何谋杀罪的人得以逍遥法外。"

"他在许多案件中剥夺了我们在司法上享有'陪审权'的利益。"

"他是以'莫须有'的罪名，把我们逮到海外的地方去受审。"

以上这些仅限于司法领域，另外还有英王在立法、行政等很多方面的罪行涉及破坏自然公正原则或者正当法律程序。

在美国《联邦宪法》公布后的第二年，即 1788 年，杰弗逊在 2 月 12 日致杜马的信中，就坚持在新宪法里必须附上一项人权法案，他说："关于新政府（即指新宪法），到本月底为止，大概会有九个州或十个州表示同意。其余各州可能要反对。我想，弗吉尼亚州将属于反对者之列。除了其他一些次要的反对意见外，它将坚持在新宪法里附上一项人权法案，也就是说，在这一法案里，政府必须宣布：①信仰自由；②出版自由；③一切案件均由陪审团审判；④取缔商业垄断组织；⑤废除常备军。"[1]

美国《联邦宪法》第一批修正案于 1791 年通过，共计 10 条，又称"人权法案"。"人权法案"除了关于宗教自由、言论自由或出版自由、民兵、军人驻扎（第1、2、3 条），宪法列举的权利不得解释为排斥其他权利，联邦与州关系（第 9、10条）之外，其余部分共计五条全部是关于法律程序的条款："人民之人身、住房、文件与财产、不受无理搜查扣押之权利不得侵犯，且除非依据宣誓或郑重声明保证，并开列所须搜查之地点与所须扣押之个人与物品者外，不得颁发拘捕扣押状（第 4条）。""非经大陪审团提出公诉或告发，不得使任何人接受死罪或有辱声名之罪行之控告，惟在陆、海军中或在战时或国家危难时刻服现役之民兵中发生的案件，不在此限。不得使任何人因同一犯罪行为处于两次生命或身体的危境；不得在刑事案件中强迫犯人作出不利于本人之证词；未经正当法律程序，不得剥夺任何人之生命、自由或财产；非有恰当补偿，不得将私人财产充作公用（第 5 条）。""在一切刑事诉讼中，被告有权在发生罪案之州或者经法庭业经确定发生罪案之区域中由公正陪审团予以迅速及公开之审判、并被告知受控告之案情性质与原因；与原告证人对质；

***

[1] ［美］杰弗逊：《杰弗逊文选》，王华译，商务印书馆 1963 年版，第 55～56 页。

将取得有利于他的证人列为必要程序，并取得辩护律师之协助（第 6 条）。""在习惯法诉讼中，价值超过 20 元之争议，陪审制审判权应予保持；案情事实经陪审团审定后，合众国任何法庭依照习惯法法则外不得以其他方式复审（第 7 条）。""不得索取过多之保释金，不得给以过重之罚款，或处以残酷与非常之刑罚（第 8 条）。"这些条款之中，明确正当法律程序的，也是最重要的条款就是第 5 条。人权法案的内容仅约束联邦政府权力，而对各州政府无约束力，因此后来又有了第 14 条修正案："任何州不得未经正当法律程序而剥夺任何人之生命、自由或财产。"此后，各州机关行使权力也受正当法律程序条款的约束。

正当法律程序应用于行政领域即成为正当行政程序。在行政领域，正当法律程序体现在行政机关作出对当事人不利的决定时，必须听取当事人的意见，不能片面认定事实，剥夺对方辩护权。因此，听证程序成为正当行政程序的核心。当然，正当程序原则还要求任何人不得做自己的法官、说明理由、程序公开等。正当行政程序已经成为现代行政法的一项重要原则，它的影响已经超出英美两国甚至英美法系，其他国家的法律也有类似的原则，只是名称不同而已。

四、行政作为政府制衡的部分

在美国中央政府即联邦政府，行政权主要集中于总统，所谓行政权也就主要以总统为代表。行政首脑即总统的权限既有独立性，同时又与立法权、司法权有部分混合，三权相互制约与平衡，行政对立法权、司法权都有所制约，同时立法权、司法权对行政权也有所牵制。

关于行政权对其他两权的制约，汉密尔顿认为，行政部门对于立法部门的法案，能够断然或有条件地予以否决，政治学权威都承认，这乃是对后者侵犯前者权力的不可缺少的屏障。按照美国宪法，总统有权对立法机关两院的提案与决议提出反对意见以驳回一切他不同意的议案，此后除非立法机关各以 2/3 的多数批准，便不能成为法律。汉密尔顿对此进行了详尽的解释，认为这种否决权是非常必要和适当的。他说，立法机关有干预、侵犯其他部门权力的倾向，如果总统不拥有全部或部分否决权，则无以保护其权力不受立法部门的侵犯。总统的权威可以被一系列立法机关决议逐渐剥夺，或以一次投票使其权力全部丧失。无论此种或彼种方式，均可使立法与行政权力迅速集中于一个部门之手。它不仅是总统权力的保障，而且可以成为防止不正当立法的保障。可以防止立法部门的仓促行事，在一时激情的支配下，有意无意地造成通过有害公益的不良法律。当然，有人不免担心否决权也同样会阻挠良好法律的制定。汉密尔顿则认为在自由政体中，立法机关的权力及影响较优越，总统怯于与之较量的心理可以保证他在使用否决权时，一般将异常谨慎。

行政权对司法权的控制体现在最高法院法官的提名权属于总统，当然需要征得参议院之意见并取得其同意之后才能任命。汉密尔顿主张提名权应当属于总统一人。后来的实践证明，总统往往提名与自己政见相同或相近的人员，这样总统就会对法院有所影响，但是由于法官实行终身制，总统的影响受到限制。

就立法权对行政权的制约来说，有几个方面的体现：①立法机关有弹劾权。在弹劾权上，立法机关两个部门之间存在分工，众议院行使控告权，即提出弹劾的权利，参议院行使审议权，即判决需要参议院 2/3 的同意。汉密尔顿认为，这样可以使对于无辜者的保障达到最完整的程度。同时能够保持参众两院的平衡，也不至于过于轻率。②有关（重要）官员的任命，由总统提名，在征求参议院意见和同意后任命，参议院虽然不能选择，但是可以批准或驳回总统的选择。③参议院与行政部门联合行使缔约权。汉密尔顿认为这样足以保证这些国家机构在这一特定方面的忠诚，又能保证参议院自由讨论以及必要的独立性。同样，总统决定和平与战争，任命大使，都得征得议会一院认可下才能行使。

至于法院对行政权的制约主要表现在两个方面：①对总统的弹劾案，以最高法院首席大法官为主席。②法院对涉及合众国缔结之条约之一切案件、涉及大使、其他使节及领事之一切案件、涉及合众国为一方之案件及其他案件有审判权，其中涉及大使、其他使节及领事以及以一州为诉讼一方的案件，其初审权属于最高法院。也就是说，法院对于行政机关的行政行为有权进行司法审查。汉密尔顿认为，国家与其成员或公民间的纠纷只能诉诸国家法庭。任何其他方案既不合理，违反惯例，而亦不得体。在他看来，这一点根本无须赘述，似乎是自然而然的事情。

第七节　欧洲第一代法典与行政法思想

一、《法国民法典》中的行政法思想

18 世纪的理性主义精神不仅产生了论述自然法的学术著作，而且引致了沿着自然法理念行进的使民族法律制度法典化的最初立法活动。最为著名和最具影响力的当然是《法国民法典》（一般被称为"拿破仑法典"），它在 18 世纪与 19 世纪之交生效。虽然法国是 18 世纪启蒙运动的故乡，但自然法和绝对理性在《法国民法典》的构建中所起的作用是极其温和的。当《法国民法典》最终于 1804 年问世时，它的大部分内容仍然是旧有法律，——即法国北部的日耳曼古代法，罗马法（其中的一部分是以西哥特法典接受了的形式体现于法典中的），教会法的混合，每一种法律都在制度的相应区域中居于主导地位。创新的地方不足道也；而且，"法典并没有设计和认同全新的理论体系；与革命前的规则和观念的断裂并不若人们想像的那样清晰"[1] 原因在于，那些参与法典制定的人大多数是 60 多岁的人，他们成长和接受职业训练的时期是旧制度下的 18 世纪初期；对于他们来说，"成文的理性就是他们

---

[1] R. David and H. de Vries, *The French legal System* (New York, 1958), p. 13.

一贯所知的法律"。[1] 无论如何,正如奥地利那样,尽管法典化的实践在这个意义上是保守的,但它所承担的氛围仍弥漫着对基于理性的自然法学说的强烈信仰。从国民大会的发言者的演讲中,可以不时地听到对自然法和理性的崇敬,[2] 尽管刊行于"革命八年"(1799)的民法典草案的第1条就宣布"存在着普适而不易的法律,它是一切实定法的渊源:此即,自然理性",无论如何,即便就法国而言,到了那个时候,革命进程所引致的幻灭和怀疑主义已经开始冷却推动了法典编纂运动的理性狂热。[3]

以上是爱尔兰学者 J. M. 凯利对《法国民法典》的历史背景、思想渊源的介绍及评价。在我们看来,《法国民法典》是诞生于自由资本主义时期的一部具有世界性影响的一部民法经典。但是它不仅体现了自由资本主义时期法国的民法理念,而且蕴涵丰富的行政法思想,即使是今天的行政法,许多概念、理念、原则都发源于民法,在某种程度上,民法学是行政法学的基础。另一个方面,这部法典为普通人在政府权力与社会生活之间撑起了一把保护伞,有了这把伞,政府权力不再能随意侵入私人自主领域。

《法国民法典》确立了民法的四大原则:自由平等原则、私有财产不得侵犯原则、契约自由原则和过错责任原则。这四项原则是十七八世纪启蒙思想和法国大革命精神的法制化。

1. 自由与平等原则。法典第7条规定:"民事权利的行使不以按照宪法取得并保持的国民资格为条件。"第8条规定:"所有法国人都享有民事权利。"第488条规定:"满21岁为成年;到达此年龄后,除结婚章规定的例外,有能力为一切民事生活上的行为。"这些规定废除了封建等级制度,具有革命性,树立了人人平等,每个成年公民可以凭借自己的自由意志为民事行为,实现自己的民事权利。平等自由理念的确立,有利于培养公民的主体性,消除人们的奴性。它是"天赋人权"精神在民法领域的体现。他能够养成公民精神。同时它也是对政府权力的制约,因为政府不能违背平等自由原则,不能制造公民之间的不平等,不能侵犯公民的自由。同时,如果将其应用于行政法,则有利于推动行政主体与公民之间关系的平等化。

2. 私有财产不得侵犯原则。法典第544条规定:"所有权是对于物有绝对无限制地使用、收益及处分的权利,但法令所禁止的不在此限。"第545条进一步强调:"任何人不得被强制出让其所有权;但因公用,且受公正并事前的补偿时,不在此限。"这些条款是《人权宣言》在民法领域的再次确认,充分体现了自由资本主义时期所有权神圣的观念,"绝对"、"无限制"的用词明确表达了这种观念。当然,

---

[1] R. David and H. de Vries, *The French legal System* (New York, 1958), p. 13.

[2] 见 J. van Kan, *les Efforts de codification en France* (Paris, 1929), pp. 366~367.

[3] [爱尔兰] J．M．凯利:《西方法律思想简史》,王笑红译,法律出版社2002年版,第252~254页。

"绝对"其实并非绝对的，而是总有但书紧随其后。不过，对所有权的限制仅以法令始得为之，并且除非为了公共利益，并且得到公正和事前的补偿，任何人的财产不得强制征收。所谓强制征收，其主体即政府，这些规定其实是对行政权的一种限制，其内容完全可以直接规定与"行政补偿法"或"行政征收法"之中。

3. 契约自由。法典第 1101 条规定："契约为一种合意，依此合意，一人或数人对于他人或者数人负担给付、作为或不作为的债务。"第 1109～1117 条详细规定，凡由于错误、胁迫或者欺诈而形成的同意均不构成有效的同意，充分肯定了当事人的意思自治。第 1134 条进一步规定："依法成立的契约，在缔约当事人间有相当于法律的效力。"这些条款确立了私法自治、意志自由的近代民法传统。

《法国民法典》所产生的时代背景决定了它的主导思想和原则，"个人最大限度的自由，法律最小限度的干预"是自由资本主义的时代精神，而法律的干预主要由行政机关执行的，因此，在自由资本主义时期，行政的最小干预就成了当时行政法的精神。

二、《普鲁士普通土地法》中的行政法思想

根据爱尔兰学者 J. M. 凯利的介绍，18 世纪的理性主义精神不仅产生了论述自然法的学术著作，而且引致了沿着自然法理念进行的使民族法律制度法典化的最初立法活动。除最著名和最具影响的《法国民法典》之外，普鲁士 1794 年的《普通土地法》（Allgemeines Landrecht）是第一部实际生效的民族性法典。它旨在给出（尽管不完全）普鲁士国王域内（西至莱茵河平原东到波美拉尼亚）的法律制度同一性的标准，被看做启蒙运动，或（更为确切地说）接受启蒙的普鲁士国王弗雷德里克专制主义的经典作品。[1] 1734 年，伏尔泰因出版《哲学通信》被巴黎最高法院下令逮捕，他先逃到法国的一个边境小镇，15 年后，即 1749 年他应弗雷德里克二世之邀来到柏林，与这位国王有短暂的交往。伏尔泰的思想对弗雷德里克有较大的影响，但是，普鲁士毕竟是一个专制主义为主的国家，所以伏尔泰最后还是逃离柏林。

普鲁士《普通土地法》首先体现了法治原则，它规定人民可以起诉统治者，它规定人民与统治者之间的争议由普通法院按照法律予以裁决。因此，普鲁士被当时的人们视为欧洲治理得最好的国家。[2] 这说明当时普鲁士已经有了行政诉讼，意图把行政权力纳入法治的轨道。

《普通土地法》还表达了在法律面前人人平等原则，该法的序言中陈述了这项原则："不论地位、等级和出身，国家的法律约束其所有臣民。"一切人的自然平等是启蒙时期司空见惯的理论，它也一如既往地涉及了法律面前人人平等的主张。在

---

〔1〕〔爱尔兰〕J．M．凯利：《西方法律思想简史》，王笑红译，法律出版社 2002 年版，第 252 页。
〔2〕〔爱尔兰〕J．M．凯利：《西方法律思想简史》，王笑红译，法律出版社 2002 年版，第 272 页。

维柯那里或许可以找到范例，他谈到了"大多数人期待生活在与人类平等天性符合的正义治理之下"；[1] 谈到了"具有平等特征的人类政府，因为法律面前人人平等是人的天性使然"[2] 克里斯第安·沃尔夫也宣称一切人的自然平等，人有着相同的权利和义务。伏尔泰在《哲学辞典》中收入了有关"世俗法和教会法"的格言，其中包括这样的观念："官员、劳动者和教士应平等地分摊国家的费用，因为他们在国家面前享有平等人格"，以及"只应有一种度量衡，一种法律"。[3]

三、《内阁法令》中的行政法思想

弗雷德里克深受法国人伏尔泰和孟德斯鸠的影响——他与前者有着短暂但著名的友谊，写过有关后者的散文，正如看不上本国成就一样由衷地对法国的智识成就怀有普遍的崇敬——于 1780 年发布《内阁法令》，授权法典编纂；根据这一法令，自然法优于自 16 世纪已为德国普遍接受的罗马法；只有那些与自然法和现有宪法兼容的罗马法才能收入法典。在由以卡尔·戈特利布·史华兹为首的一系列杰出法学家编纂的法典文本中，个人的普遍权利被宣布为是基于他的"在不伤害他人权利的情况下，追求和促进自身福利的自然自由"；[4] 法典宣称"自然法和实定法都不予以"禁止的活动，就是法典所容许的。[5] 法典中涉及刑法的部分显然于制定之际受到了贝卡利亚的人道、适当和合乎比例的原则的影响。[6] 托克维尔提到了作为整体的这一法典，说弗雷德里克的其他作品无一"对人类的思想或他生活的时代产生了如此大的影响，或者如此显然地左右了别国的法典"。[7] 法典在弗雷德里克的继承者统治期间生效——弗雷德里克于 1786 年辞别人世。[8]

尽管这部法典的零星部分在 20 世纪的某些地方仍然生效，但总的来说，它不是一部成功的法典；它的条款过于庞杂而细微，恰恰反映了当时相信对人类事务的每一可能事件都服从理性规制的态度。进而言之，仅仅数年之后，德国就兴起了历史主义运动，它开创了对完全基于理性的整个法典化观念的怀疑态度，以及批判的氛围，而普鲁士法典的短命恰恰验证了那些怀疑。[9]

---

[1] *Scienza nuova* 1. 2. 37 (1725 edn.).

[2] *Scienza nuova* 2 (3rd impression of 1744 edn.).

[3] ［爱尔兰］J．M．凯利：《西方法律思想简史》，王笑红译，法律出版社 2002 年版，第 279 页。

[4] *Introduction*，§83.

[5] *Introduction*，§83.

[6] James Heath, *Eighteenth Century Penal Theory* (London, 1963), 135~136; Olwen Hufton, *Europe: Privilege and Protest*, 1730~1789 (London, 1980), 217.

[7] Ancien Régime 2. 13 (Everyman Classic edn., London, 1988, pp. 183~184).

[8] ［爱尔兰］J．M．凯利：《西方法律思想简史》，王笑红译，法律出版社 2002 年版，第 252~253 页。

[9] ［爱尔兰］J．M．凯利：《西方法律思想简史》，王笑红译，法律出版社 2002 年版，第 253 页。

第 10 章
19 世纪的行政法思想

第一节　国家功能的转变与行政法思想

一、市民社会与国家关系对行政法的意义

（一）市民社会与政治国家的相对独立

社会是一个由私人生活构成的独立领域，它在本质上不同于政治国家所代表的公共权力，是独立的自主存在。"市民社会"是一个历史的、动态发展的概念，在不同的历史时期有着不同的历史内涵。"市民社会"（*societas civilis*）最早出现在古希腊著名思想家、政治学家亚里士多德的名著《政治学》中，用来指城邦因其根据法律建立起来的一种社会模式，具有社会团体的性质，主旨为彰显"文明之邦"，与"野蛮社会"相对。[1] 自十六七世纪始，西方思想家就以各种理论表达社会与国家相区分的观念。但是，近代早期思想家所表达的这一观念并不十分明确，还只是停留在诸如"自然状态"、"自然法"、"社会契约"等理论中的隐含观念。霍布斯和洛克都认为，"市民社会"是作为与"自然状态"相对的概念而存在的，是人们为结束彼此敌对的自然状态，通过相互间订立契约而结成的。[2] 但洛克笔下的"市民社会"是先于国家存在并置于国家之上的"强势社会"，国家仅仅是一个工具性的身份。

现代意义上的"市民社会"概念一般认为始于十七八世纪，其理论先驱黑格尔将西方历史上政治国家与市民社会进行了明确的划分。他认为，市民社会仅仅代表着私人的特殊利益，"是各个成员作为独立的单个人的联合"，不过黑格尔心目中的"市民社会"完全从属于政治国家，他是从提高国家地位的角度来使用"市民社会"这个概念的。

当代政治学中的"市民社会"概念主要是就其近代意义而言的，并以之作为国

---

〔1〕　[古希腊] 亚里士多德：《政治学》，吴寿彭译，商务印书馆 1981 年版，第 1 页。
〔2〕　参见 [英] 霍布斯：《利维坦》，黎思复等译，商务印书馆 1985 年版，第 131～132 页；[英] 洛克：《政府论》，叶启芳、瞿菊农译，商务印书馆 1964 年版，第 48～76、128 页。

家与社会关系的一种理解。哈贝马斯从公共领域的概念和起源出发，集中阐述了资产阶级公共领域中的自由主义因素及其在社会福利国家层面上的转型。该公共领域理论对西方学者研究后发国家的国家与社会的关系，特别是从理论和实践上加快我国国家和社会的理性互动有着重要的意义。而经典作家认为，市民社会"包括各个个人在生产力发展的一定阶段上的一切物质交往"，"这一名称始终标志着直接从生产和交换中发展起来的社会组织"。[1] 马克思承接了黑格尔的观点，不但从经济关系上对市民社会的本质进行论断，而且还将提升到一定的高度，认为"市民社会是全部历史的真正发源地和舞台"，"可以看出过去那种轻视现实关系而只看到元首和国家的丰功伟绩的历史何等荒谬"。[2]

（二）市民社会与政治国家独立的意义

市民社会与政治国家的分立对于政治文明与民众主体之自觉意识而言，具有特别的意义。在我们看来，驱动市民社会理论于当下复兴的一个较为深久的原因，主要是 19 世纪与 20 世纪之交初显并于 20 世纪中叶炽盛的形形色色的"国家主义"，这在现实世界中表现为国家以不同的形式、从不同的向度对市民社会的渗透或侵吞。[3]

1. 两者分立所表现的政治文明。市民社会与政治国家的同一是早期市民社会的特征，它所表现的权力形态是社会与国家尚未完全分化的古代城邦或社会被政治家吞噬，集中表现为这两者重合的封建王国。新的资产关系及代表这种关系的市民阶级的出现，以其政治实践与相应的经济活动对国家与社会生活的结构产生了一定的影响，社会与国家的分离迈出了历史性步伐。这一任务由黑格尔和马克思为代表的现代西方思想家完成，使市民社会的理论呈现出现代的风貌。在这一历史时期，国家与市民社会逐渐分化，市民社会远离政治社会，它的成员不是国家公民而是单个的私人或个人，主要由中世纪末期以来在欧洲城市里形成的商人、手工业者、自由民或第三等级构成，这个由新兴市民构成的社会就是黑格尔和马克思所指的"市民社会"，这一概念更为准确地反映了已经与政治国家相分离的"现代市民社会"。

2. 两者分立所表现的民众主体自觉。就市民社会的形成而言，有的学者强调市民社会先于政治国家而存在，有的学者强调市民社会有赖于政治国家而存在，其两者均难脱离这样一个实际，即政治国家与市民社会的分离均有赖于社会成员的政治自觉的强化。"稍事回顾便会使任何人相信，到了这时财产已开始在人类的头脑产生强烈影响，周旋必然导致的人类性格上新因素的大觉醒。许多方面都有证据表明：

---

〔1〕 《马克思恩格斯选集》第 1 卷，人民出版社 1995 年版，第 41 页。
〔2〕 《马克思恩格斯选集》第 1 卷，人民出版社 1995 年版，第 41 页。
〔3〕 邓正来："市民社会与国家——学理上的分野与两种架构"，载《中国社会科学季刊》1993 年总第 3 期。

蒙昧人头脑中的微微的冲动已在英雄时代的伟大的野蛮人中变成了极强的欲望。"[1]
"到野蛮阶段晚期，一个新的因素，即贵族的因素，获得了显著的发展。个人的个性
和当时已为个人的大量拥有的财产的增加，正在为个人的影响奠定基础。"[2] 而且
这种意识的发展到最后抵消了由氏族创造和培育起来的民主原则，奴隶制度随之产
生了。在这里，摩尔根先生所讲的性格上新因素的大觉醒以及所谓的贵族因素都是
对于人的自觉的一种描述，这种自觉随即转化为对于物件进行占有的原始欲望。民
众主体自觉性最初表现在对财产支配性的原始欲望和自我人身自由的追寻，到后期
必然表现为要求政治权利的实现与主体自觉的完全复苏。

（三）市民社会与政治国家独立的行政法意蕴

1. 两者分立构筑了私权自治空间。公法与私法的划分是罗马法学家乌尔比安的
重要贡献，《法学阶梯》接受这一概念和划分并指出："公法涉及罗马帝国的政体，
私法则涉及个人利益。"[3] 虽然罗马法包括公法与私法，但罗马法中最发达的是私
法，以至私法成为后世罗马法的代名词。私法历经大陆法系之演化，形成了一整套
严密的概念、规则和体系，主要以法国和德国为代表，私法整体以意思自治、契约
自由、所有权神圣为其生命，虽然在后期对此类原则有所修正，但整体上构筑了私
权自治的空间。从宏观构筑来看，对私权的有效保护其本身也就对公权的抵制。

2. 两者分立厘定了公权合理限度。公权和私权是两种不同性质的权力或权利，
现代法律制度中的诸多问题都以这两种权力的区分而展开。公私法进行划分的前提
条件是行政法归入公法范畴，与此相联系，行政法以公权为基础来构架其体系。然
而，正是将公权置于行政法的核心境地使行政权发生了异化，由正当的权力变成了
特权。因此，合理地厘定公权与私权之间的界限，使公权的行使不超越私权自治的
空间，或言之，使私权自治成为抵制私权扩张的屏障对于行政法研究不可或缺。值
得欣慰的是，有洞见的行政法专家开始关注私权对于抵制公权滥用的作用，甚至借
鉴私权的运行方式来对公权进行调节。关保英教授曾在其所著《行政法的私权文化
与潜能》中系统论述行政法的私权理念。强调了行政法私权理念的时代合理性、行
政法私权理念（包括市民社会相关规则的引入，对个体活动空间的拓宽）等[4] 杨
寅教授也指出，公法与私法在当代社会生活的实际出现了胶着与合作的一面，这势
必引发公私法的交叉与汇合，并在行政法领域有诸多深刻表现。

3. 两者分立规范了行政权的运行方式。市民社会与政治国家的相对分立，使得
私权的自治空间在一定程度上予以实现，私权对公权进行有效的抵制、以私权的方

〔1〕 ［美］路易斯·亨利·摩尔根：《古代社会（上）》，杨东苑、马雍、马巨译，商务印书馆1997年
版，第550页。

〔2〕 ［美］路易斯·亨利·摩尔根：《古代社会（上）》，杨东苑、马雍、马巨译，商务印书馆1997年
版，第554页。

〔3〕 ［古罗马］查士丁尼：《法学总论》，张企泰译，商务印书馆1989年版，第5~6页。

〔4〕 参见关保英：《行政法的私权文化与潜能》，山东人民出版社2005年版。

式对公权进行有效的调节，在微观制度层面上，规范了行政权的运行方式。如行政许可法制定过程，就是如何划定一条界限，明确哪些事项需要设定许可，哪些事项根本不需要设定许可。在过去的计划经济体制之下，政府实际上是一个全能政府，每一个人的生老病死都由政府管，包括结婚、离婚、生育、住房、就业等事项，都由政府安排，企业也由政府直接经营。在这种大的历史环境中，行政权的行使是不规范、不合理的，只有市民社会的相对独立，行政许可才能起到有效规范行政权的作用，使政府真正成为有限政府、责任政府。

二、国家权威与行政权强势

马克思主义经典作家不仅认为国家是社会发展到一定阶段的产物，社会先于国家的存在，而且还认为国家与社会是密不可分的。这是因为国家的"政治统治到处都是以执行某种社会职能为基础，而政治统治只有在它执行了它的这种社会职能时才能持续下去。而社会的有序发展在很大程度上要依赖国家政权的强制力"。[1]

（一）国家权威与政权合法性论证

国家权威形成需要政权进行合法性的论证，"任何统治者都应当以谋求他所治理的区域的幸福为目的；正如舵手的任务是驾驶船只安全穿过惊涛骇浪以达于安全的港口一样"。对于政权的合理性的论证大概有如下几种模式：其一，君权神授说。君权神授一般作为神学政治理论，为君王之政治统治服务。君王或皇帝一般将自己作为神的化身，或者与神有着血缘上的关联性，其统治的政令皆秉承着神的旨意，以此来证明统治的合理性和政策的合法性。"一个君主应当体会到，他对他的国家已经担当起类似灵魂对肉体、上帝对于宇宙的那种职责。如果他对这一点有足够的认识，他就会一方面感到自己的被派定以上帝的名义在其一国范围内施行仁政，从而激发出施民以德的热诚，另一方面在品性上日益敦厚，把受其治理的人们看做他自己身体的各个部分。"[2] 其二，主权在民说。近代萌芽于古希腊民主实践的主权在民思想，在资产阶级启蒙思想家反对封建宗教神学的斗争中形成了其系统的理论体系。资产阶级高举自由、平等、博爱的旗号，提倡主权在民的思想，并辅之代议制度、权利分立的国家制度，是论证资产阶级民主制度的合理的有效方式。其三，主权者命令说。思想家托马斯·霍布斯在其名著《利维坦》中说："法律普遍来说都不是建议而是命令，也不是任何人对任何人的命令，而是主权者对有义务服从的人发布的命令。"[3] 这种法律概念命令说将政权的合理性论证总结于主权者的命令，即凡是主权者自身之存在就为权力的运行提供了合法性的证明。其四，民族意志说。此说将政权合理性的基础归结于民族精神和民族意志，倡导民族精神在国家机器运行、

〔1〕《马克思恩格斯选集》第3卷，人民出版社1995年版，第219页。

〔2〕［意］阿奎那：《阿奎那政治著作选》，马清槐译，商务印书馆1982年版，第80页。

〔3〕［英］托马斯·霍布斯：《利维坦》，黎思复、黎廷弼译，商务印书馆1986年版，第205～206页。

法律制定中的作用。"自决是指具有一定程度之民族意识，要求建立自己的国家，并进行管理的民族提出的要求。"[1] "法律与民族生存和特征的这种有机联系也表现在时代前进的过程中。"[2]

（二）国家权威与行政权的自发性扩张

政权的合法性论证自发地产生国家权威，主要体现在国家权力的执管者对于经济要素之掌控、对于国家机器之调控、对于文化和意识形态之引领。然而正是由于这种自发的权威性，无疑会导致行政权会自发的扩张，造成行政权强势的表征。产生这一问题的原因在于：其一，政权赖以形成基础之偏失。在对政权进行合理性认证时，统治者往往会指出主权在民或民族精神之产物。而在实际的运行会产生"自治的政府"和所谓"人民施用于自身的权力"等类词句，并不能充分表述事情的真实状况。而"自治的政府"亦非每人管治自己的政府，而是每人都被其所有其余的人管治的政府。[3] 政权赖以形成的基础在政权建立之后主体虚化和模糊，使得作为国家权力形态外像的行政权归属虚位，因此行政权的扩张也便成了理所应当之事。其二，统治阶级意识形态之虚假性。马克思主义经典作家指出，每一个企图代替旧统治阶级地位的新阶级，为了夺取政权，都凭借其占有的物质和精神生产资料，将这种意识形态的灌输和教化渗透到家庭、宗教、教育、娱乐等各种影响人们思想和情感活动中，渗透到人的社会化的整个过程，并在一定意义上使统治阶级的意识转变为一种社会集体的无意识。由于意识形态虚假性的掩蔽，行政权的扩张便有了舆论上的优势。其三，政权自我修复机制之扭曲。统治阶层为维护其政权的延续性，哪怕是最专制的统治阶级，都会试图对现行的政权运作形式、体制内积重难返的痼疾采取灵活多样的方式进行修复。但自政权形成开始，固有的利益格局均已形成，无论是改良抑或是改革的方式都会对既得利益集团的现实利益产生影响和冲击，而既得利益集团又以其影响对改良或改革产生抑制作用，因此政权的自我修复机制受到扭曲，其也会在一定程度上使得行政权予以扩张。

（三）国家权威与行政权强势之合理限度

政权的合理性论证、国家权威、行政权强势之间保持着动态的关系，要合理、妥善地处理好这几者之间关系，首先，要对国家权威予以因势利导。经过政权合理化论证后形成的国家权威对于统治阶级而言具有积极意义，既可树立统治权威、节约统治成本，又可以实现有效的社会秩序。亚里士多德在研究城邦政治时就曾提出，好的政体应当符合正义的原则，其具体表现就是："一种政体如果要达到长治久安的

---

[1] ［英］戴维·M. 沃克：《牛津法律大辞典》，北京社会与科技发展研究所译，光明日报出版社 1988年版，第 816 页。

[2] ［德］萨维尼："论当代立法和法学的使命"，载《西方法律思想史资料选编》，北京大学出版社1983 年版，第 527 页。

[3] ［英］约翰·密尔：《论自由》，程崇华译，商务印书馆 1959 年版，第 4 页。该内容将在"密尔的行政法思想"中予以深入阐述。

目的，必须使全邦各部分（各阶级）的人民都能参加而且怀抱着让它存在和延续的意愿。"[1] 反之，若偏离一般政治道义原则滥用国家权威，以国家权威和行政强势为民众设置行为规范，则必然导致国家权威的失却。其次，要合理区分行政权强势。行政权强势可以分为常态下的强势与非常态下的强势。常态下的行政权强势是积极行政的结果，对于国家权威的形成与维持具有良好的效果，而非常态下的行政权强势则会对国家的权威产生消极减速的作用，笔者前面就行政权在非常态下的行政权扩张进行了探讨。最后，要实现国家权威与行政权优势相承。政治统治的合法性具有政治秩序本身决定的不依统治者意志为转移的客观性。政治合法性的实质是政治秩序在何种程度上体现和维护了共同体成员心目中的社会正义，统治集团在何种程度上超越了其自身眼前利益的局限，能够在多大程度上与社会公众利益相包容，其现实体现是公众对政治秩序的认同感。因此国家权威与行政权都应保持其优势状态和良性效应，为政权结构的合理性服务。

三、国家的法律形式与控权依据

（一）法律形式

法律形式是指调整社会行为和国家在社会中的行为的规则所表现的不同形式。[2] 法律所采取的形式往往有相应的思想背景，与特定的传统思想相联系。正是在传统思想的基础上，作为行动规则的法律才能为大众所接受。综观历史的发展，由于近代大陆法所采用的成文法典的形式深受欧陆唯理主义的影响，出现的法律形式主要有如下几种：①习惯。习惯在早期社会最为普遍，"可以断言，在人类初生时代，不可能想像会有任何种类的立法机关，甚至一个明确的立法者。法律还没有达到一种习惯的程度，它只是一种惯行，用一句法国成语，它还只是一种气氛。对于是或非惟一的有权威性的说明是根据事实作出的司法判决，并不是由于违犯了预先假定的一条法律，而是在审判时由一个较高的权力第一次灌输入法官脑中"[3] 也就是说，以习惯和传统作为行为规则，在某一特定范围内是通过义务或强制制裁的方式赋予国家强制力的。②司法判决。早期的许多司法判决被宣布为习惯。"根据判例的原则，某个司法判决，只要不被上级法院推翻，就会对将来发生的类似案件具有约束力。这个原则常常被解释为公正观念的表现。确实公正要求相同的案件得到相同的判决，遵循判例，是一种避免专制的方法。"[4] 即已判决之案例作为解决争端而制定的法律，具有一般性和典型性的判决成例便有了习惯上的拘束作用。③制

---

〔1〕 ［古希腊］亚里士多德：《政治学》，吴寿彭译，商务印书馆 1981 年版，第 188 页。

〔2〕 ［英］戴维·M. 沃克：《牛津法律大辞典》，北京社会与科技发展研究所译，光明日报出版社 1988 年版，第 346 页。

〔3〕 ［英］梅因：《古代法》，沈景一译，商务印书馆 1984 年版，第 5 页。

〔4〕 ［英］彼得·斯坦、约翰·香德：《西方社会的法律价值》，王献平译，中国人民公安大学出版社 1990 年版，第 52 页。

定法。它是由君王、代议机关或立法者通过一定的程式制定的具有普遍约束力的行为规范，以补充和改变习惯规则，或者提供达到特定目的和效果的全新规则。④协定法。是指通过协议确定的法律规范来约束各方当事人。⑤教科书法。是指法学家基于历史的比较研究即分析已被接受的规则，从中归纳出一般规则，并基于理论学说（如自然法学说）创制的。比如在古罗马时期，五大法学家的著作具有与法律等同的效力。

（二）国家的法律形式

在大多数成熟的法律体系中，不同的法律形式的重要性不一样，但上述均是较为典型的法律形式。"规范和建设的法律规则的规定和公布，这就是我们称为成文的法律实在的法律的对象。无可置辩，这是在年代次序上最后出现的国家职能。国家的这种职能在事实上是假定要有一种十分进步的文明程度。今天在现代的大国中，它如果不成为范围最广的职能，至少也成为最重要的职能，因为一切其他的职能都是从它产生。"[1] 在古罗马法中有立法（十二铜表法、法律、平民会决议、元老院决议、执政官告示、地方行政长官的布告和皇帝的敕令）和法学家的解释及论述。在欧洲法律制度中，同样有立法（法典、法令、命令）、解释性的决定和教科书。在英美法中有立法（宪法、法令、命令和规则）、司法判决或判例法（常常是宣布习惯，历史上优于立法和在许多法律领域内仍比立法更重要）教会、公司和商业联盟采用的协议法及权威著作（现在限于重要的）。在国际法中，习惯的作用很大，但是，法律的诸形式如国际立法、协议（条约、公约）和司法判决日益增长，与此同时，教科书从以前重要的地位降至辅助地位。

（三）行政控权及其依据

美国行政法学家施瓦茨指出："行政法是控制国家行政活动的法律部门，它设置行政机构的行政权力，规范这些权力行使的原则，以及为那些受行政行为侵害者提供法律补救。"[2] 针对行政权在国家权威掩护下不断扩张情势，须有针对性地对行政权进行有效的控制，其依据在于：①法律实体规则主义的行政控权。早在成文法产生之前，习惯法和对于司法判例的采用构成了法律的主要形式和渊源，但是由于不成文法所带来的自由裁量权，给法律带来了过多的随意。诚如联邦党人所言，"如果人都是天使，就不需要任何政府了"，无规则控制的行政权，给官员的枉法裁断提供了空间。法律的规则主义就是力图从法律运行过程中排除执政者和法官的过多的自由裁量权。庞德也指出，"19世纪的法学家曾试图从司法中排除人的因素，他们努力排除法律适用中所有的个体化的因素。他们相信按严谨机械的规则建立和实施

---

〔1〕 〔法〕狄骥："宪法论"，载《西方法律思想史资料选编》，张学仁等编译，北京大学出版社1983年版，第630页。

〔2〕 〔美〕施瓦茨：《行政法》，徐炳译，群众出版社1986年版，第1页。

的封闭的法规体系"。[1] 从这时起，欧洲开始进入了严格的规则主义的控权时代，其中典型的特征就是以国家大规模的法典编纂运动为标志。在这一时期，著名的法典有《普鲁士国家法》（1704 年，19 000 多条）、《俄国法律汇编》（1832 年，42 000 多条）、《法国民法典》（1804 年，2 281条）、《德国民法典》（1879 年，2 385条）。法律规则主义的确立，使得行政活动和规范置于法律的调控范围之内，为行政控权提供了外在的依据。②法律形式程序主义的行政控权。形式的程序主义是相对于实体的规则主义而言，"程序是法律的一个组成部分，也是法律体系的一个组成部分。作为一种法律规范，程序与法律规则或称实体规则不同，有时甚至截然相反。在原始的和不发达的法律体系中，实体法与程序法融为一体，不可分离；实体法隐匿在程序法之中"。"……行政诉讼和其他法庭也遵循同样的基本原则，但常常稍欠正规化和规范化……在发达的法律制度中，诉讼程序由适用于不同法庭的不同法律规则予以规定。"[2] 法律程序上的规则和程序对于行政控权来说具有重要意义，有些学者甚至把程序正义放在实体的正义之上，认为程序乃实体之母，无程序正义则实体正义无从保障。笔者认为行政控权的重要依据是程序上规则的完善。③权力合理配置的行政控权。对行政权力的有效制衡，首先是建立在行政权力的合理配置基础上的。这是对于行政权力进行控制的基本前提，我们可以把其称为结构性的控权。行政权的行使总是冠以国家的名义进行的，其在行使时必然有一定的扩张性和危险性，因此必须考虑对其进行必要的限制。密尔在《政府论文集》中谈道："凡是主张授予权力的一切理由亦即主张设立保障防止权力滥用的理由。"[3]

第二节　边沁的行政法思想

功利主义由边沁（1748～1832 年）创始于英国，其在英国思想发展史上具有重要的地位和影响力，尤其在立法和公共政策层面。边沁之后，功利主义法学由密尔父子相续完善，奥斯丁也对其有所贡献。功利主义法学的基本原则是最大多数人的最大幸福原则，至今仍普遍存在于英国社会各个层面，其中内含丰富的行政法意蕴，同时边沁的评判法理学、非正式程序、社会个体的相关论述，为我们今天研究行政法学也提供了丰富的素材和养分。

---

〔1〕［美］庞德：《法律史解释》，曹玉堂等译，华夏出版社 1998 年版，第 123 页。

〔2〕［英］戴维・M. 沃克：《牛津法律大辞典》，北京社会与科技发展研究所译，光明日报出版社 1988 年版，第 521、725 页。

〔3〕［美］罗伯特・达尔：《论民主》，李柏光、林猛译，商务印书馆 1999 年版，第 43 页。

一、最大幸福原则的行政法意义

（一）最大幸福原则阐释

功利主义思想的全面纲要主要体现在 1776 年出版的边沁最早作品《政府片论》一书中，此书奠定了激励哲学激进派的主要思想。边沁在《道德与立法原理导论》开篇中就提出了功利的两位主公"快乐和痛苦"，他这样论述道："自然把人置于两位主公——快乐和痛苦——的主宰之下。只有它们才指示我们应当干什么，决定我们将要干什么。是非标准，因果联系，俱由其定夺。凡我们所行、所言、所思，无不由其支配：我们所能做的力图挣脱被支配地位的每项努力，都只会昭示和肯定这一点。"[1] 紧接着边沁对功利主义的最高准则——功利原理进行了界定："它按照看来势必增大或减少利益相关者之幸福的倾向，亦即促进或妨碍此种幸福的倾向，来赞成或非难任何一项活动，我说的是无论什么行动，因而不仅是私人的每项行动，而且是政府的每项政策。"[2]

边沁的最大的幸福原理可以从如下几个层面予以解读：①道德和政治伦理原则。边沁的这一总体原则构成了现代西方社会政治改革的行动范式和实践目标。把"最大多数人的最大幸福"作为根本的道德原则和政治目标，是建立在一个最基本的事实或假设上的：避苦求乐是人的本性和利益归宿。这就势必决定了人的行为动机与目的在本质上是同一的。②功利法学的指导。最大幸福原则作为价值尺度，法律上的主权作为立法程序改革的必要假设，而法理学则根据法律对普遍幸福的贡献，对法律进行分析和"审查"。[3] 最大幸福原则在此奠定了功利主义思想的理论内核。

（二）个人利益与共同体利益的区分

边沁在阐述功利性质的时候借用了客体这一范畴，其结果是圈定客体的同时也对功利原理自身的客体做出了界定。功利原理自身的客体在形式上表现为"实惠、好处、快乐、利益或幸福（所有这些在此含义相同）"或"损害、痛苦、祸害或不幸（这些也含义相同）"，而其在实质上表现出的却是一种利益。这种利益或者是物质上的，诸如实惠、好处、损害、祸害等，或者是精神上的，比如快乐、幸福、痛苦、不幸等。因此可以说功利原理或者说最大幸福原则其出发点在物质利益上，而落足点却在精神利益即价值评判上。边沁强调："共同体的利益是道德术语中所能有的最笼统的用语之一，因而它往往失去意义。在它确有意义时，它有如下表述：共同体是个虚构体，由那些被认为可以说构成其成员的个人组成。那么共同体的利益

---

〔1〕 ［英］边沁：《道德与立法原理导论》，时殷弘译，商务印书馆 2000 年版，第 57 页。

〔2〕 ［英］边沁：《道德与立法原理导论》，时殷弘译，商务印书馆 2000 年版，第 58 页。

〔3〕 ［美］乔治·霍兰·萨拜因：《政治学说史》，盛葵阳、崔妙因译，商务印书馆 1986 年版，第 749 页。

是什么？由组成共同体的若干成员的利益总和。"[1]"不理解什么是个人利益，谈论共同体的利益便毫无意义。当一个事物倾向于增大一个人的快乐总和时，或者说倾向于减小其痛苦总和时，它就被说成促进了这个人的利益，或者说为了这个人的利益。"[2]边沁在最大幸福原则中有效地将个人利益与共同体的利益相区分，这是个人功利主义向社会功利主义转变的关键点所在，同时也为行政法的价值确定提供了思路，因此行政法一方面要对个人权利提供制度性的保障，同时这种保障要旨在实现社会群体性的利益的满足，不能因为前者而忽视后者，更不能假借旨在总体利益的实现而淡化个体利益的保证。

（三）符合功利原理的政府原则

依边沁的观点来看，任何联合的团体，如社会和国家，显然都是虚构的，以它的名义干的事，都是由某个或某些人干的。社会和国家的利益是"组成它的若干成员的利益的总和"。因而，最大幸福原则的效用包括这一事实，即它体现虚构的巨大应付能力，因为它意味着，法律或一项制度的真正意义，必须按它的作为来判断，而且尽可能按它对具体的各个人做了什么来判断。法律和政府的价值必须在于它们对实在的男男女女的生活和命运所起的影响。边沁将功利原理适用到政府和法律的具体层面，就是"当一项政府措施（这只是一种特殊的行动，由特殊的人去做）之增大共同体幸福的倾向大于它减小这一幸福的倾向时，它就可以说是符合或服从功利原理"[3]"当一项行动，或特别是一项政府措施，被一个人设想为符合功利原理，那么为论述方便起见，可以想像有一类法规或命令，被称为功利的法规或命令，并且如此谈论有关行动，把它当做符合这样的法规或命令。"[4]

功利主义原则或最大幸福原则与其他原则诸如法治政府、责任政府等的出发点都值得我们肯定，但如何在实践中有效的去确定、如何有效的增大共同体的幸福、共同体与个体或小群体的关系如何有效的去处理、幸福的指向如何能做到有效的界定等问题，是我们所应思考的问题。边沁在其所著《道德与立法原理导论》一书第五章中对快乐与痛苦的具体而细致的分类，对于我们研究政府原则如何增进共同体的幸福具有积极的借鉴意义。

二、评判法理学与行政法

《政府片论》主要是批判性的，但是边沁很快就转向建设，将功利主义的基本原理应用于法律的所有分支，并且应用于程序法和司法系统的组织。边沁的法理学和基本思想是针对布莱克斯通的，其目的是批判性而不是叙述性，是"审查性的"

---

[1]　［英］边沁：《道德与立法原理导论》，时殷弘译，商务印书馆2000年版，第58页。
[2]　［英］边沁：《道德与立法原理导论》，时殷弘译，商务印书馆2000年版，第58页。
[3]　［英］边沁：《道德与立法原理导论》，时殷弘译，商务印书馆2000年版，第59页。
[4]　［英］边沁：《道德与立法原理导论》，时殷弘译，商务印书馆2000年版，第59页。

而不是解释性的。评判法理学对行政法学研究的启示表现在如下方面：

（一）评价上的宏观性

边沁相信，最大幸福原则从价值和动机两方面提出了人类基本天性的理论，无论何时何地都是适用的。立法者只需知道产生具体习惯和习俗的特定时间和地点环境，就能通过施加痛苦和惩罚来控制行为，以取得满意效果。[1] 而考夫曼指出："我们必须问道，我们如何得到普遍化的伦理与法律的内容？首先功利论可以提供。当然立刻浮现一困难，亦即根本没有惟一的功利论，同样地，对幸福的意义也没有一致的见解。自由是否优先于幸福，或者反之，幸福优先于自由，此一再被提出的问题，会被许多功利论者驳斥：自由乃幸福的要素之一。"[2] 在考夫曼看来，古典的功利主义原则即最大幸福原则，乍看来令人信服，但只限于乍看来。其中存在的问题在于，如何能使功利原则能够普遍化。人的生活的方面不能予以穷尽，所以普遍的功利论无法一以论之。几乎所有的人确实想要健康、自由、饱有食物、富有资产及功成名就，但有许多健康、自由、富有、成功的人并不感到幸福。因此在行政法学的研究过程中，在宏观上对于行政法的理论基础进行有效的定位具有一定的意义，对于行政法研究当然要探讨价值理念、基本原则等宏观理论层次的内容，但不应忽视为实现价值目标的方法与手段的探讨，以及对于实现目标的障碍进行有效的分析，而不应忽略行政法治进程中一些根本和本质层面的因素。归纳言之，在对宏观上构建理论体系之时，不能忽视其在微观方面的指导。

（二）方法上的自然性

在法理学的一切分支，边沁以自然方法而不是技术方法独树一帜。后者包括接受为法律所承认的按表面价值的分类和技术程序，并且体现为它的习惯术语、它的传票和诉讼程式那种法理学的结果，最多是把法律概念变成某种正式秩序。而自然方法却相反，把一切法律禁令和为了使这些禁令付诸实施的所有程序按其功利来思考，作为达到最大多数人最大幸福的手段。司法问题实质上是恰当地施加惩罚，以求产生可取的结果。[3] 在民法领域里，这种方法要求对法律权利和义务按其执行结果是有助于还是妨碍功利赖以实现的商品或劳务的交换进行分析。就事件的性质而言，每一项法律义务必然对那样的交换自由施加限制。在刑法领域，边沁认为，功利原则为达到合理的惩罚理论提供了一项自然的方法。技术方法的出发点是假定犯罪"应受"处分，但是功过的观念，除了按现有的实际做法和思想来解释外，实质上是不可能下定义的。自然的方法却相反，它以处分总是坏事这一原则为出发点，

〔1〕　［美］乔治·霍兰·萨拜因：《政治学说史》，盛葵阳、崔妙因译，商务印书馆1986年版，第751页。

〔2〕　［德］考夫曼：《法律哲学》，刘幸义等译，法律出版社2004年版，第257页。

〔3〕　［美］乔治·霍兰·萨拜因：《政治学说史》，盛葵阳、崔妙因译，商务印书馆1986年版，第753页。

这是由于处分带来痛苦只是由于它要么可以防止将来发生更大的罪恶，要么能够弥补已经发生的罪恶，才认为有必要。自然性方法在法学上的运用，对于行政主体与行政相对人的权利义务的研究应有一定的借鉴意义。

（三）逻辑上遗漏的启示

反对功利论的一个论点在于，正面的功利论所强调的只是尽可能的多数人的幸福，保护少数人，在功利论上并无没有立足于以研究和探讨，当对多数人的"幸福"有所必要时，就可以牺牲少数人。从这个层面理解，每个人致力避免不幸，能够普遍化。对所有的人什么是不幸，可以具体地指出：生病、老弱、痛苦、贫穷、饥饿、无住房。我们看 Tammelo 所写："对我而言，正义规范的最高要求在于消除或尽可能减轻苦难。正面功利论原则在于尽可能谋求最大多数人的最大幸福，必须加以质疑。幸福只不过是一个幸运的情形……不幸的人也应该是我所关心的……再者，最大多数人的幸福经常是以牺牲少数人而得来的。深思熟虑后，我赞同反面功利论，就尽可能避免最大多数人的不幸。"[1] 功利主义没有解决理论上的上述缺陷，使得功利主义存在之初便具有了先天的不足。诚然，任何理论体系均建立在预设基础之上，没有绝对的真理所在。但是功利主义原理中考虑到最大多数人的幸福，而对于其余一部分人的幸福的漠视不得不引起注意。在对任何一种民主制度进行分析时，多数人的权威和多数人的暴政应该也是民主制度的一个隐患。功利主义的遗漏与民主制度中的隐患应属于同一问题的两个方面，行政法学的研究应该注意排除功利主义的这种遗漏和民主制度的这种隐患。

三、非正式程序在行政法中的作用

边沁的理想是"每个人就是他自己的律师"。为此，他主张用非正式程序提交仲裁人调解以代替正式诉讼，对任何种类有关的证据普遍认可，不用刻板的规章，而用大量的司法裁定，以排除枝节问题。关于法庭的组织，边沁特别攻击对法官和其他法庭官员不实行薪资制而用付费的做法；攻击英国法庭在管辖权上彼此分剖、相互重叠和矛盾，并攻击陪审制度。他认为英国法庭组织享有非常不应当享有的声望。[2] 就其中的非正式程序对于行政程序法律规则的设定应是有一定借鉴意义的。

（一）非正式程序的时代启示

资产阶级革命之后的英国保留了封建时代的法律形式——普通法与衡平法。前者是严格按照形式主义的程序而形成的判例法制度，后者虽可对普通法的规定作某些"衡平的补救"，但直到 1875 年英国颁布的《司法条例》之前，只有大法官法院有权行使"衡平的补救"权，而且程序也十分严格。以"遵循先例"原则为核心的

---

[1] [德] 考夫曼：《法律哲学》，刘幸义等译，法律出版社 2004 年版，第 258 页。
[2] [美] 乔治·霍兰·萨拜因：《政治学说史》，盛葵阳、崔妙因译，商务印书馆 1986 年版，第 755 页。

普通法传统形成了浩如烟海的判例和因循守旧的习气。这与不断发展的社会需要常常发生冲突。在边沁之前，已有一些杰出的英国法学家试图通过评注普通法，改变其杂乱无章和繁琐难懂的状况。布莱克斯通的《英国法评论》（1765～1769年）就是这种努力的结晶。但是这种评注的指导思想和方式仍然远远不能适应产业时代的社会要求。[1] 因此，边沁从反对布莱克斯通的法学理论出发，力图从立法的原则与形式两方面彻底的改造英国的司法制度，用非正式程序提交仲裁人调解以代替正式诉讼，其基本用意在于改造与英国资产阶级民主所不相适应的僵化和保守的司法制度，使司法制度和程序更具有灵活性和弹性。笔者认为可以从中得出的结论是，程序的采用和制度的设置一定要与特定的历史时代结合，非正式程序是否在当代要被采用，要同当代中国的特定的历史和社会现实结合起来。当下的体制中，不是体制过于保守或僵化造成了法治的困境，而在于程序不受重视、法治传统的缺失、规则意识的淡漠。因此在法制程序不受重视及规则意识淡漠的情势下，如果过多的谈非正式程序对于法治的生成应是一种障碍，这应该是非正式程序时代精神的启示。

（二）体现程序精简的指导

程序的确定和规范是程序法制的基本要求。对于具体的行政程序而言，如何使该程序的每一个环节制度化，以使得该程序制度具有可操作性显得尤为重要。因此，为了统一和协调行政程序的适用，行政程序法制发达国家普遍规定了对各类行政行为普遍适用的程序制度，称为一般程序或者正式程序。严格程序形式主义要求程序的每一个环节在具体的程序运作中都要得以体现，以此来限制行政机关自由裁量权的任意性。这些程序我们可以理解为正式程序，应该是与边沁所讲的非正式程序相对应的。但在具体操作中，对于一些事实清楚、权利义务关系明确、当事人争议不大的行政案件，仍然要求机械地履行程序中的每一个步骤或环节确实没有必要。基于行政效率的考虑，程序的繁文缛节可以被简化甚至省略，简易程序因此获得相应的适用空间。

因此，简易行政程序是相对于一般行政程序而言的，是指行政机关在特定情况下，简化一般行政程序的某些步骤以便迅速、及时地做出行政决定的程序。简易行政程序不是一般行政程序的附属程序，而是对一般行政程序的程序环节的简化，是与一般行政程序并列而存的一种独立的行政程序。因此，边沁所主张的对任何种类有关的证据普遍认可，不用刻板的规章，而用大量的司法裁定以排除枝节问题等主张体现了程序精简的原则，在行政程序法的研究上值得分析。

（三）体现程序效率的原则

程序的实质是为实现实体正义的形式要求和结果上的保障，"当我们把法律当做一种工具来使用时，我们必须遵循程序；当我们把法律当做一种价值来追求时，我

们必须通过程序。程序是法律的核心，是融合工具和价值的黏合剂"〔1〕程序运行过程中要体现的程序效率原则，是对于程序效率的基本要求。当社会关系遭到破坏时，正义地处理纠纷和矛盾是首要条件，但如果一味地追求程序正义的尽善尽美，而将恢复被破坏的社会关系无限期的延长，即使最终获得了实体正义，但这种不能及时恢复社会关系和受害人不能及时得到救济的状况，将可能迫使受害人放弃"公力救济"而采用"私力救济"来寻求正义，这将直接违背法律的目的（维护社会秩序和安全），将对社会秩序的稳定造成很大的威胁。因此，建立在效率基础上的正义才是真正的正义。程序的效率体现在对行政管理目标的实现，行政管理目标在于通过调整社会关系实现社会秩序的相对稳定，社会秩序相对稳定的基础是社会正义基本上能够得到维持。因此行政程序效率与其正义是有密切联系的，行政程序效率以维持社会正义为出发点和归宿，只有社会正义得到了维护，行政管理目标才能实现。相反，如果社会正义无法通过行政管理而得到维持，就不可能保持社会秩序的长期稳定，行政管理的效率也就无从实现。

四、社会个体作为行政法治的主体

（一）个人主义的哲学渊源

个人主义哲学渊源为社会个体法治原则的哲学渊源，正如罗素所言："边沁及其学派的哲学的全部纲领都是从洛克、哈特里和爱尔维修来的。"〔2〕经验主义使得边沁拒绝任何不以经验为基础的学说和抽象，他的功利主义原则，他的功利主义理论的整个基础都是奠定在对人性的考察和道德心理的经验分析之上的。人的基本的苦乐情绪是一种最简单、最普遍的经验事实，这也是边沁功利主义伦理学的出发点。边沁热爱秩序和效率的后面，还有真正自由的先决条件，特别是所有人都能过像人的生活这一价值准则，那是效率或最大幸福原则所没有包括的。他的法理学从个人主义出发，具有不自觉的偏见，这也是事实。关于法律必须按它对人类的影响，而且尽可能按对特定的个人的影响来判断，这一法则显然是一条开明原则，但是应用于某些类型的法律却比应用于其他的法律容易得多。对财产权利的限制其影响是很明显的，但是维护公共卫生的法律的具体后果，却不容易从某一任何个人的健康得到改善上看出来。在私人关系方面尽可能扩大契约自由，其结果可以使人感到虚有其表的自由，这也是显然的。边沁法理学的内涵无疑使得社会立法更加困难。他的思想受到特定考虑的影响，特别是受到在他的那个时代法律改革大抵是去除陈旧的惯例这一事实的影响，其程度远远超出他的认识。然而，尽管他的思想显然有许多不足之处，在社会哲学史上还没有哪个思想家像边沁那样影响那么大，起了那么有

〔1〕　应松年主编：《行政程序法立法研究》，中国法制出版社2001年版，第122页。
〔2〕　[英] 罗素：《西方哲学史》，何兆武等译，商务印书馆1981年版，第322页。

益的作用。[1]

（二）行政立法体现个人利益原则

立法权体现了国家整体的权力结构，立法主体、立法机构、立法权限的设置对公民权利格局产生的重要影响。洛克对此有经典的论述："这种立法权不仅是国家的最高权力，而且一旦共同体把它交到某些人手里，它就是神圣的和不可改变的。如果没有得到公众选举和委派的立法机关的批准，其他任何人的任何命令，无论采取什么形式，无论得到什么权力的支持，都不能具有法律效力和强制性。因为，如果没有这个最高权力，法律就不可能具有成为法律的绝对必要条件，即社会的同意。"[2] 目前我国行政立法实践中存在立法主体层级不明确、权限不清楚的情形，表现在内容上过于注重权力的设置而忽视责任的设定，程序上有重实体而轻视程序的规定，而且在立法程序也存在有违民主和公正等问题。因此我国的行政立法上要体现对于行政相对人的关注，要体现出保障公民个体利益的原则，这是最基本的出发点。只有真正确立行政立法的个体利益原则，才能有效地落实行政立法的民主化，加强对行政立法权的规范与制约，有效的保障行政相对人的行政立法的参与权，健全和完善系统而有效的权力滥用防范机制。

（三）行政权力运行体现个人利益原则

古德诺在他的著名的政治与行政"二分法"中，强调了政治与行政的区别。他指出："政治与指导和影响政府的政策相关，而行政则与这一政策的执行相关。这就是这里所要分开的两种功能。'政治'和'行政'正是我们为表达这两种功能而选用的两个词。"从政治与行政的功能上看，两者的区别在于"国家意志的表达功能和国家意志的执行功能"。[3] 作为执行国家意志的行政，其能否有效的运行，关乎整个权力体系功能的完整性和有效性。对行政权力进行有效的规范，是规制行政权力的重心，因此行政权力的运行是以个人利益原则为指导：其一，要完善行政组织法。组织法定是依法行政的基本内涵之一，西方许多国家都奉行这一原则。我国目前的行政组织立法比较落后，行政权力的设定、分配，行政机关的设置，政府的结构，中央与地方的关系等都缺乏法律的明确规定。行政机构改革也多在政府内部完成，缺乏公民的参与和严格的科学论证，也缺乏法律的规制。在这方面，国外有很多经验，值得借鉴。其二，要加强行政程序立法。我国目前尚没有行政程序方面的统一法典，程序问题只是由单行法规定，而西方国家大都已制定行政程序法典。加强行政程序立法是规范和控制行政权力运作的主要途径。通过设置合理的行政程序，可以确保公民对行政的广泛参与，保障行政的公正、公开、透明，保障行政权力运

---

〔1〕［美〕乔治·霍兰·萨拜因：《政治学说史》，盛葵阳、崔妙因译，商务印书馆1986年版，第757页。

〔2〕［英〕洛克：《政府论两篇》，赵伯英译，陕西人民出版社2004年版，第212页。

〔3〕［美〕古德诺：《政治与行政》，王元译，华夏出版社1987年版，第11、12页。

行的理性和高效。

　　（四）行政权力监督体现个人利益原则

　　权力在本质上是一种社会关系，主要在阶级社会中表现出来，体现为阶级对立关系、阶级合作关系、阶级团结关系。由于权力本身有共同的利益作为基础，对权力行使者有一定的保障作用，因此权力一旦形成之后就必然会表现出其独特的危害性，尽管会因统治之需要会对权力的支配者的利益或社会关系的良性发展予以特定的考虑，但总体而言，权力行使者会因其执掌权力而使得权力必然具有一定的侵略性和扩张性，因此必须对于权力进行有效的监督和约束。古往今来，对于权力的监督一直成为探讨良性政治制度和有效社会治理的主题。如何制约权力大致形成了如下三种思路：其一，以法律制约权力。以法律制约权力的思想可以追溯到古希腊。古希腊哲学家亚里士多德是最早、也是最彻底的一个力主实行法治的人。他认为："法治的标志有两个：已成立的法律获得普遍的服从，而大家所普遍服从的法律又应该本身是制定良好的法律。"[1] 亚里士多德虽然没有明确指出要以法律制约权力，但法律应该得到社会普遍的遵守，这里所说的社会对法律普遍的遵守当然既包括普通的公民，也包括政府和政府官员。其二，以权力制约权力。以权力制约权力的核心是分权，并使不同权力机构之间形成一种监督与被监督或相互监督的关系，从而达到防止权力恶性扩张和异化的目的。在以权力制约权力的作用机制中，一般有三种权力结构的设计：一是在横向上将公共权力配置给若干个权力主体，它们之间地位平等、权力独立、彼此制衡，从而防止其中的一项权力由于过于强大而滥用；二是在纵向上将权力划分为中央与地方权力，两者各有其权力行使的范围，既相互配合又相互监督和制约；三是在中央与地方的几大权力体系内部再设置上下级权力组织之间的相互制约关系，或者在组织内部专门设立一个部门来行使监督制约的权力。其三，以权利制约权力。以权利制约权力的作用机制，意味着以承认公民的权利为根本前提，以保护和实现公民的权利为最终目的和归宿，它体现的是在国家与社会分野之后社会对国家权力的监督和制约。也正因如此，使其构成了权力制约观念的根源和制约途径的起点。无论以哪种方式作为权力的监督方式，在行政权力的运行过程中都要体现公民的个人利益原则，特别是在行政权力的监督上要把重心放在对权力的约束和限制上面，体现个人利益原则为基准。

第三节　托克维尔的行政法思想

一、比较法学方法论

　　比较法学方法论是指比较法学家对于法律制度或法律文化进行比较性研究的方

---

〔1〕 ［古希腊］亚里士多德：《政治学》，吴寿彭译，商务印书馆1983年版，第199页。

法，比较的目的不在于资料的堆积和问题的简单罗列，而在于通过比较得出普遍制度性的法律模式或规律性的法律运行方式。托克维尔在史学的浓郁兴趣和培育政治人识见的指引之下，在比较法学的方法论方面提出了自己比较独特的结论，可以归纳为如下几个方面：

（一）历史比较研究的方法

托克维尔早年习史的经历及对史学的强烈兴趣为其思考政治问题提供了一个宽广的视野，同时其将历史的眼光与比较的方法相结合，形成托克维尔史学较为突出的特点。其在《论美国的民主》的开篇就用历史比较的方法得出结论，"如果我们从11世纪开始考察一下法国每50年的变化，我们将不会不发现在每50年末社会体制都会发生过一次双重的革命：在社会的阶梯上，贵族下降，平民上升。一个从上降下来，一个从下升上去。这样，每经过半个世纪，他们之间的距离就缩短一些，以致不久以后他们就汇合了"〔1〕此外，"他经常把法国与美国的、英国、德国历史进行对比，特别指出它们之间的区别：美国没有封建制度这个强大敌人；英国贵族并未因革命丧失权力，他们与资产阶级实行联合统治；德国（除莱茵地区外）的农奴制长期存在，农民不像法国那样早已拥有土地……他甚至还批评18世纪法国思想家对中国专制王权的美化"〔2〕历史比较的研究的方法对历史上的事物、制度、文化进行多种角度之下的对照比较，使得托克维尔对历史发展进程中共同规律与特殊性的规律有着较为独特的把握与理解。

（二）制度比较研究的方法

对于制度的比较研究方法贯穿于托克维尔著作之中，为了辨明民主的正当性，理解民主的性质和特点，托克维尔一个重要的方法是对贵族制度和民主制度进行全方位的比较〔3〕"民主的法制一般趋向于照顾大多数人的利益，因为它来自公民之中的多数。公民之中的多数虽然可能犯错误，但它没有与自己对立的利益。贵族的法制与此相反，它趋向于使少数人垄断财富和权力，因为贵族生来总是少数。"〔4〕并以此得出结论"一般可以认为民主立法的目的比贵族的立法的目的更有利于人类"〔5〕同时，托克维尔式认为贵族制度在治国和立法上优于民主制度，"贵族制度精于立法科学，而民主制度则善于此道。贵族制度有自我控制的能力，不会被一时的总支所驱使。它有长远的计划，并善于在有利的时机使其实现。而贵族制度办事考究，懂得如何把法律的合力同时会聚于一点。民主制度就不能如此，它的法制几

---

〔1〕　［法］托克维尔：《论美国的民主》，董果良译，商务印书馆1998年版，第7页。

〔2〕　［法］托克维尔：《旧制度与大革命》，冯棠译，商务印书馆1992年版，序言第vii页。

〔3〕　Lamferti作了统计，《论美国的民主》全书，对于两者的比较高达115次。参见崇明："民主时代的政治与革命——论托克维尔的新政治科学和政治史"，载《托克维尔：民主的政治科学》，上海三联书店2006年版，第25页。

〔4〕　［法］托克维尔：《论美国的民主》，董果良译，商务印书馆1998年版，第264页。

〔5〕　［法］托克维尔：《论美国的民主》，董果良译，商务印书馆1998年版，第264页。

乎总是不够完善或不合时宜。"因此得出结论"民主制度的手段不如贵族制度的完
备;民主制度在行动是往往不讲究手段,甚至违背自己,但它的目的却比较有益于
人民"。[1]

（三）价值比较研究的方法

在托克维尔比较研究的方法中,他不但注重对于可比较事项进行历史考察和制
度的分析,同时其格外注重从价值比较的方法探究不同权利内容和制度形态的价值
意蕴。如在《旧制度与大革命》第一章中探讨对待封建权利的态度时,托克维尔就
将其与其他国家的具体情况进行比较分析,得出的结论是,法国的封建权利比在其
他国家更使人民受憎恶。此外,托克维尔还具体分析了德意志、英国与法国的情况,
认为产生对待封建权利态度不同的原因在于"一方面是法国农民已变为土地所有者,
另一方面是法国农民已完全摆脱了领主的统治。无疑还存在其他原因,但是我认为
这些乃是主要原因"。[2] 另外,在探讨平等在美国和法国的不同表现时,托克维尔
提示了这一点,即在这两个国家,法律面前的平等作为一种权利得到了承认。在美
国,颇为显著的是人们可以走到一起平等参与社会生活;而在法国,自旧制度以来,
特别是大革命的推动,民众对平等的激情不可遏制,但拒绝平等的旧制度的残余偏
见却与之对峙,社会陷于一种分裂和动荡状态。[3] 托克维尔在比较分析平等见诸于
美国与法国政治结构中之现象时,加诸了价值判断,认为美国的平等精神使得一种
促进民众参与社会公共事务和政治生活的公共精神成为可能,而法国对平等精神的
拒斥酿成的人与人之间的敌视却窒息了公共精神,政治基础脆弱不堪。

二、自由主义与行政控权

作为自由主义的思想家,托克维尔着重探讨自由的实现,思考在现代社会的发
展中摆脱贵族式特权自由的魔咒,实现自由与民主相结合,以此构筑起现代自由的
大厦。纵观托克维尔的思想,通过自由对民主与行政控权对民主的偏向进行抵制,
是政治科学良性发展的有效途径。

（一）民主的偏向与多数人的暴政

民主作为政治制度,既是一种协商机制,又是一种国家政权的运作形式,在托
克维尔理解之中的民主是历史的必然。托克维尔在《论美国的民主》第一卷中指
出,在美国所发生的社会革命"是已经完成或即将完成的事实"。[4] 而美国的这一
民主革命具有世界历史意义:"身份平等的逐渐发展,是事所必至,天意使然。这种

---

〔1〕 ［法］托克维尔:《论美国的民主》,董果良译,商务印书馆1998年版,第264~265页。
〔2〕 ［法］托克维尔:《旧制度与大革命》,冯棠译,商务印书馆1992年版,第71页。
〔3〕 参见崇明:"民主时代的政治与革命——论托克维尔的新政治科学和政治史",载《托克维尔:民
　　　主的政治科学》,上海三联书店2006年版,第37页。
〔4〕 ［法］托克维尔:《论美国的民主》,董果良译,商务印书馆1998年版,第16页。

发展具有的主要特征是：它是普遍的和持久的，它每时每刻都能摆脱人力的阻挠，所有的事和所有的人都在帮助它前进。""以为一个源远流长的社会运动能被一代人的努力所阻止，岂非愚蠢！认为已经推翻封建制度和打倒国王的民主会在资产者和有钱人面前退却，岂非异想！在民主已经成长得如此强大，而其敌对者已经变得如此软弱的今天，民主岂能止步不前！"[1] 但其同时从贵族的视角出发，考察民主并非完美的至善，民主本身会发生偏差，其会产生多数人的暴政。按照古典的民主理论，民主是多数的统治，是遵循少数服从多数的原则，是听从多数人的意志，因此有可能导致多数人的专制。当多数人做出错误的决定，侵犯了少数人、个别人的正当权利时，就产生了多数人的专制的问题。托克维尔把民主理解为人民的权力、多数的统治，把美国的民主的最根本的特征归结为多数的统治。他认为："民主政府的本质，在于多数对政府的统治是绝对的，因为在民主制度下，谁也对抗不了多数。"[2] "一切权力的根源都存在于多数的意志之中。"[3] 托克维尔相信，公众的意见一旦形成，就会成为一种人们无法想像的强大力量，它反过来以全体精神大力压服个人智力，将公众的意见强加于和渗透于人们的头脑，从而"把个人的理性限制在与人类的伟大和幸福很不相称的极小范围内"[4] 更为严重的是，一旦这种多数的权威与政治权力结合起来——在托克维尔看来这几乎是不可避免的，因为民主社会中谁也对抗不了多数——就会导致一种新的专制形式：多数的暴政。所谓多数的暴政，是指"人民的多数在管理国家方面有权决定一切"[5]

（二）自由对民主偏向的抵制

托克维尔按照自己的理解把自由分成共同权利的使用和特权的享受两种，前一类是现代民主概念下的自由，后一种是贵族式的自由。托克维尔理解的现代自由是，"即民主概念，而且我敢说，每个人既然从自然得到了处世为人的必备知识，那他生来便有平等而不可剥夺的权利，在只涉及他本人的一切事务上，独立于他人之外，并有权任意支配自己的命运。"[6] 以往的自由主义思想家主要的矛头针对的是绝对君主制，而托克维尔的敏锐之处在于他看到了"在身份平等的国家比在其他国家更容易建立绝对专制的政府"[7] 其理由至少有以下四个方面：其一，平等使人们喜欢和向往社会有一个统一的、集中的和对大家都一律相等的权力；其二，在民主国家，国家主权比其他国家权力都划一、集中、广泛、彻底和强大；其三，平等所造成的人与人之间的隔绝与人们的利己主义心理有助于专制的建立；其四，多数的权

---

〔1〕 ［法］托克维尔：《论美国的民主》，董果良译，商务印书馆1998年版，第7页。

〔2〕 ［法］托克维尔：《论美国的民主》，董果良译，商务印书馆1998年版，第282页。

〔3〕 ［法］托克维尔：《论美国的民主》，董果良译，商务印书馆1998年版，第287页。

〔4〕 ［法］托克维尔：《论美国的民主》，董果良译，商务印书馆1998年版，第572页。

〔5〕 ［法］托克维尔：《论美国的民主》，董果良译，商务印书馆1998年版，第287页。

〔6〕 ［法］托克维尔：《旧制度与大革命》，冯棠译，商务印书馆1992年版，第308页。

〔7〕 ［法］托克维尔：《论美国的民主》，董果良译，商务印书馆1998年版，第289页。

威给专制披上了一层合法性外衣，使人们对专制统治缺乏应有的警觉，同时也使个人无力反抗这种专制。民主的这种偏向，使得托克维尔对此抱有特别的敏感，他在《回忆录》中写道："在思想上我倾向于民主制度，但由于本能，我却是一个贵族——这就是说，我蔑视和惧怕群众。自由、法制、尊重权利，对这些我极端热爱——但我并不热爱民主……我无比崇尚的是自由，这便是真相。"[1] 托克维尔希望能借助自由对民主可能产生的多数的暴政和无限的权威做出抵制。

（三）行政控权对民主偏向的抵制

行政控权的作用不外两种，一种是着眼于权力行为的结果，确定实体规则标准来控制权力；一种是着眼于权力行为的过程，确定程序标准来控制权力。总的来说，行政控权有如下三类：其一，结构性控权，而不是功能上的限权。托克维尔指出，"只要稍微深入考察，就会发现在民主制度下，行政官员的专权还要大于专制国家。""在民主制度下，执政者的权力不仅极高，而且无处不在。比如，我们可以看到，美国的公务人员在法律为他们规定的范围内，其行动的自由比欧洲的任何官员都广泛得多。"[2] 以上观点得出的结论是，表面上民主制度下的行政官员享有更广泛的权利，实质上这种权利是功能上的权利，是便于行政管理之需要的。整个功能性的权利都是置于结构性的立法权、司法权、行政权的分立和制衡框架之内的。其二，对于行政主权上的行政权控制。托克维尔在作品中对于行政主体和行政官员作出了有偏向性的阐发，认为民主政府和公务人员须保持着简朴和自然的作风，这些自然的作风有助于民主的政治制度。"我喜欢民主政府的这种自然作风，我在这种重视职责甚于职位，重视人品甚于重视权力外表的内务官员身上，看到了我所钦佩的男子汉工作作风。"[3] 此外他还指出，薪俸制对于维持民主政治制度的存续和运行有着良好作用，无薪俸保障的政治制度必然会导致专制，这是对民主制度生成的外部条件的保障。其三，对于行政过程的行政权控制。托克维尔在对美国的行政的介绍过程中认可了一些对于行政有效控权的做法，"行政官员到处都是选举的，或至少是不能随便罢免的，从而各处都不能产生等级制。因此几乎是有多少官职就有多少独立的官员。行政权被分散到许多人之手"。"各地的治安法官均参与乡镇和县的行政工作：有时亲自办理行政工作，有时审理行政犯罪行为。但在大多数州，重大的行政犯罪案件由普通法院审理……实行行政官员的选举和在任期未满之前不能罢免的制度，不存在行政等级"[4] 其中选举制度、等级平等、任期制、司法权对于行政权的干预都对行政权能够进行有效控制，对于民主的偏向能做到有效的限制。

---

〔1〕[法] 托克维尔：《旧制度与大革命》，冯棠译，商务印书馆1992年版，第4页。
〔2〕[法] 托克维尔：《论美国的民主》，董果良译，商务印书馆1998年版，第234页。
〔3〕[法] 托克维尔：《论美国的民主》，董果良译，商务印书馆1998年版，第234页。
〔4〕[法] 托克维尔：《论美国的民主》，董果良译，商务印书馆1998年版，第91页。

三、行政的法律控制

通过法律对行政及其权力进行有限的控制是托克维尔给民主制度的启示，其中必然包含通过宪法对行政的法律控制，通过地方与中央分权的行政法律控制，通过分权制衡对行政的法律控制三方面。托克维尔大声疾呼："给社会权力规定广泛的、明确的、固定的界限，让个人享有一定的权利并保证其不受阻挠地行使这项权利，为个人保留少量的独立性、影响力和独创精神，使个人与社会平起平坐并在社会面前支持个人：在我看来，这些就是我们所将进入的时代的立法者的主要目标。"〔1〕

（一）通过宪法对行政的法律控制

宪法作为根本性的法律规范，在对于行政权的法律控制上起到了首要的作用。"人们尊重政府的权威是因为必要，而不是因为它神圣……这样，公民的自由联合将会取代贵族的个人权威，国家也会避免出现暴政和专横。"〔2〕 宪法对于行政的控制主要表现在如下几个方面：其一，对于行政主体的权能界定。托克维尔对美国政府对权能的清晰界定是持肯定态度的，"联邦政府被授予媾和、宣战、缔结商约、征集军队和筹建舰队的专权"。"联邦政府被授予同货币的价值有关的一切事务的决定权，管理全国的邮政，有权敷设全国各部分连接起来的交通干线……为使联邦政府能够清偿其债务，而赋予它以不受限制的征税权。"其二，对于行政权稳定性的法律控制。托克维尔认为"如果赋予行政权的稳定性和力量不大于各州所给予的稳定性和力量，行政权便不能严肃而有效地完成的任务"。这是在行政权的稳定性上突出其总体和整体性稳定性的重要性。"立法机构对行政权采取的行动可能是直接的，但我们方才已经说过，美国人总是设法不这样做。这种行动也可能是间接的……行政权的这种受制性，是共和制度固有的缺欠之一。美国人一直未能破坏立法机构想要控制政府的趋势，但他们却使这种变得不那样不可抗拒。"

（二）通过地方与中央分权的行政法律控制

托克维尔在美国的行政分权的政治效果中对政府集权与行政集权作了有效的划分，其本质通过对于中央和地方进行分权。"有些事情，诸如全国性法律的制定和本国与外国的关系问题，是与全国各地都有利害关系的。另一些事情，比如地方的建设事业，则是国内的某一地区所特有的。我把第一类事情的领导权集中于同一个地方或同一个人手中的做法称为政府集权。而把以同样方式集中第二类事情的领导权的做法叫做行政集权。"〔3〕 在其后论述中，托克维尔通过比较分析，政府集权是可以承认的，而对于行政集权则需非常的谨慎，因为行政集权至少有如下的危害：其一，行政集权只能使它统治下的人民委靡不振，因为它在不断消磨人民的公民精神。

---

〔1〕 ［法］托克维尔：《论美国的民主》，董果良译，商务印书馆 1998 年版，第 880 页。
〔2〕 ［法］托克维尔：《论美国的民主》，董果良译，商务印书馆 1998 年版，第 11 页。
〔3〕 ［法］托克维尔：《论美国的民主》，董果良译，商务印书馆 1998 年版，第 97 页。

其二，在对美国行政体系的描述中，托克维尔用了这样的表述，"美国的地方分权已经达到我认为是任何一个欧洲国家不是觉得不愉快，而是感到无法容忍的地步。而且这种分权在美国国内也产生了一些不良后果"[1] 尽管如此，托克维尔仍然认为分权仍然会有非常积极的意义。其三，这种分权会产生国民对自身利益上的认知和认同。人民能像美国人那样是有知的，关心自身的利益，并惯于思考自身的利益。"在这种条件下，我确信公民的集体力量永远会比政府的权力创造出更大的社会福利。"[2] 其四，有效的分权会产生良好的政治效果，会产生民众对国家与对民族极强的认同感和归属感，由于这种地方分权，"在美国，到处都使人感到有祖国的存在，从每个乡村到整个美国，祖国是人人关心的对象。居民关心国家的每一项利益就像关心自己的利益一样"[3] 其五，由于权力本身的从集中走向分散，其本身就是对集权的一种抵制。"在贵族政体下，人民能够避免专制的过分压制，因为人民经常拥有有组织的力量，以准备随时去反抗暴君。""没有地方分权制度的民主政体，不会有抵抗这种灾难的任何保障。"[4]

（三）通过分权制衡对行政的法律控制

除了以上两个方面，托克维尔还论述了美国民主制下的分权原则和制衡原则。他认为美国立法者们的最大功绩，在于他们清楚地认识到分权与制衡这个真理，并有勇气付诸实施。"他们认为，除了人民的权力之外，还要有一定数量的执行权力的当局。这些当局虽不是完全独立于人民的，但在自己的职权范围内享有一定程度的自由，因而既要被迫服从人民中的多数的一致决定，又可以抵制这个多数的无理取闹和拒绝其危险的要求……为了达到这个目的，美国的立法者把全国的行政权集中于一个人手里，使总统拥有广泛的特权，并用否决权把总统武装起来，以便抵抗立法机构的侵犯。"[5] 同时，"美国的立法者决定创立一个联邦司法当局，以实施联邦的法律，审判事先仔细规定的涉及全国利益的案件"。而"为使最高法院的法官独立，不受其他权力当局的影响，而决定最高法院法官为终身制，并规定他们的工资一经确定，就不受司法机构的核查"[6] 他还特别强调，在联邦制国家，与司法当局最常打交道的不是孤立的个人，而是国家中的各个党派。这样，司法当局的力量（道义的和物质的力量）自然减弱，而受审人的力量却很强大。所以，他主张立法者应不断努力，使法院获得类似在主权未被分为两部分的国家那样的地位。换句话说，立法者的经常努力，应当是使司法当局代表国家，使受审者代表个人利益。

---

〔1〕 ［法］托克维尔：《论美国的民主》，董果良译，商务印书馆1998年版，第97页。
〔2〕 ［法］托克维尔：《论美国的民主》，董果良译，商务印书馆1998年版，第97页。
〔3〕 ［法］托克维尔：《论美国的民主》，董果良译，商务印书馆1998年版，第97页。
〔4〕 ［法］托克维尔：《论美国的民主》，董果良译，商务印书馆1998年版，第97页。
〔5〕 ［法］托克维尔：《论美国的民主》，董果良译，商务印书馆1998年版，第154页。
〔6〕 ［法］托克维尔：《论美国的民主》，董果良译，商务印书馆1998年版，第154页。

四、《论美国的民主》中的行政法思想

（一）行政权的归属与行政权的流转相分离

行政权的归属与行政权的流转是出于对行政权的有效控制，对于行政权在权属主体、权利形态、适用状态的有原则性的区分，托克维尔指出"假如领导美国社会的权力把管理国家的这两项手段均掌握在手，并兼有包办一切的能力和习惯以及发号施令的大权；假如它在确定管理国家的一般原则之后，还要屈尊去管理其应用的细节；假如它在规定国家的重大利益之后，还能屈尊去过问私人利益，那么，自由在新大陆早就不复存在了"。[1] 关保英教授也以其敏锐性注意到这一问题，"对权力主体进行分解既然有了理论上和现实上的可能，我们就可以采用不同的标准，依据不同的参照因素对权力主体进行分解，并通过分解阐释有关我们一向难以解决的一些理论问题和实践问题。根据权力主体的归属和实际运转可以把权力主体分解为归属主体和行使主体"。[2]

（二）民主治下的行政官员的专权及其限制

托克维尔将由新英格兰各乡镇的行政委员负责提出陪审员名单、并有权把酗酒者作出相关处理等具体事项与法国进行对比，得出的结论是，"只要稍微深入考察，就会发现在民主制度下，行政官员的专权还要大于专制国家"。"在民主制度下，执政者的权力不仅极高，而且无处不在。比如，我们可以看到，美国的公务人员在法律为他们规定的范围内，其行动的自由比欧洲的任何官员都广泛得多。"[3] 其中蕴涵着深刻的道理，即在专制国家，君主爱惜自己的政权，害怕自己规定的制度会给政权带来麻烦，会把臣民的轻微越轨行为看成是出于偶然，而不是与政权的对抗；而在民主制度的国家里，多数因代议制和任期制的保障每年都会从他们委托的人手里收回权力，因此并不担心权力被滥用，所以民主治理下的政府会授予其行政官员的权力比专制国家更大。民主治下对行政官员的专权的限制或保障在于如果行政官员不在由人民选举，但他们仍保留着民选的行政官的权限和习惯，那就会导致专制。托克维尔的这一思想对于行政法制建设具有非常重要的启迪意义，依法治国与依法行政的重点不在于完全限制行政机关和行政官员手中执法权力和自由裁量权，限制其以灵活与便捷的方式对社会生活进行有效的管理，完全从微观的角度的对行政权进行全面的规制，而是要保障民主框架不易其向、选民利益不失其位。

（三）其他因素对行政制度生成和行政行为运行的影响

托克维尔以其敏锐的观察和比较的分析，试图对民主与自由做出规律性论断，但其没有忽视诸如民情、文化传统、心理等外围因素对制度生成的影响。其他因素

---

〔1〕　[法] 托克维尔：《论美国的民主》，董果良译，商务印书馆 1998 年版，第 301 页。
〔2〕　关保英：《行政法的价值定位》，中国政法大学出版社 1997 年版，第 7 页。
〔3〕　[法] 托克维尔：《论美国的民主》，董果良译，商务印书馆 1998 年版，第 234 页。

对行政制度生成和行政行为运行的影响主要表现在以下几个方面：其一，民情对于制度生成的影响。托克维尔论及"转瞬即逝的事件有时会抵制民主的激情；而人们的知识水平，特别是民情，将对激情的发展趋势发生不公强大而且持久的影响"。"在新英格兰，教育和自由完全从属于首先和宗教，很早以前就建立的长期存在下来的社会，已形成一套干部作风和习惯……因此民主在新英格兰比在其他各处可做出最佳的选择。但是往南一走，就看到不同的情况。在南方各州，社会纽带形成得较晚和不够牢固，教育不够普及，道德、宗教和自由的原则还结合得不够令人满意……"[1]其二，民族文化结构和心理结构对于行政主体行为方式的影响。托克维尔在其著作中分析讲究民主、重商的深层文化结构是导致美国政府厉行节约的原因。"一个民族天生轻松活泼和热情洋溢，另一个民族喜欢深思熟虑和善于精打细算。这些特点源于他们的身体素质或一些我们尚不清楚的古老的原因。有些民族喜欢排场、热闹和游兴，花费万金求一时之乐亦不后悔。另些民族喜欢独善其身，耻于表现自己富有。"[2] 其三，独特的地理环境对制度生成的影响。托克维尔认为有许多不以人们意志为转移的环境条件，使美国容易实行民主共和制度。"美国人没有强邻，所以不用担心大战、金融危机、入侵和被人征服，不必有巨额的税收、庞大的军队和伟大的将军，几乎不会为一种比这些灾难加在一起还要对共和制度有害而可怕的祸害即军事的荣誉而受累……美国没有可以使自己的影响直接或间接及于全国各地的巨大的首都，我把这一点看成是美国得以保持民主共和制度的主要原因之一。"[3]以此推论地理环境的独特性也必然对行政制度的生成和运行产生重要的影响。

第四节 约翰·密尔的行政法思想

一、自由与政府法治

自由主义思想从产生到发展至今，应着时代和社会的演进，可谓源远流长。无论是古典自由主义还是边沁等主张的功利主义，都将个人自由视为不可剥夺的天赋权利。在密尔看来，社会中每个人都是自由的，但人类惟一可以有理有权的或个别或者集体的对其中任何分子的行动自由进行干涉的理由在于进行"自我防卫"。任何人的行动，只有涉及他人的那部分才须对社会负责，在仅只涉及本人的那部分，他的独立性在权利尚则是绝对的，对于本人自己，对于他自己的身和心，个人乃是最高主权者。[4]自由因其价值内涵和制度保障对于政府法治具有深刻的意义，其与

---

〔1〕 ［法］托克维尔：《论美国的民主》，董果良译，商务印书馆1998年版，第226页。
〔2〕 ［法］托克维尔：《论美国的民主》，董果良译，商务印书馆1998年版，第244页。
〔3〕 ［法］托克维尔：《论美国的民主》，董果良译，商务印书馆1998年版，第321页。
〔4〕 ［英］约翰·密尔：《论自由》，程崇华译，商务印书馆1959年版，第10页。

政府法治的关系梳理如下：

（一）自由之时代语境

密尔在《论自由》中谈到"自由，作为一条原则来说，在人类还未达到能够借自由的和对等的讨论而获得改善的阶段以前的任何状态中，是无所适用的"[1]"或许无须多加说明，自由只适用于能力已达成熟的人类……在对付野蛮人时，专制政府正是一个合法的形式，只要目的是为着使他们有所改善，而所用手段又因这个目的之得以显为正当"，但是，"一到人类获得了这种能力可以借说服或劝告来引他们去自行改善的时候，强制的办法，无论出以直接的形式或出以如有不服则加痛惩的形式，就不能再成为为着他们自己好处而许可使用的手段，就只有以保障他人安全为理由才能算是正当的了"[2]可见，自由仅在一定的时代背景下才会彰显其价值和意义，很难想像一个在处于野蛮、未开化时代的人们能真正理解自由的含义，而一个从未知晓"自由为何物"的社会是不会有真正的法治状态存现的。个人自由的适当领域包括：其一，意识的内向境地。其要求着最广义的良心的自由，要求着思想和感想的自由，要求着在不论是实践的或思考的、是科学的、道德的或神学的等一切题目上的意见和情操的绝对自由；其二，趣味和志趣的自由。要求有自由订定自己的生活计划以顺应自己的性格，要求有自由照自己所喜欢的去做；其三，随着各个人的这种自由而来的，在同样的限度之内，还有个人之间相互联合的自由。这就是说，人们有自由为着任何无害于他人的目的而彼此的联合。[3]

（二）自由之法治意蕴

自由与法治的关系是法哲学里古老又常新的问题。其一，自由是实现社会法治自由的逻辑起点。在古典自由主义思想者密尔看来，只有在人人脱离了专制的统治，而恢复了真正意义上的自由，获得了法律上的地位，而不是原始身份的枷锁，才能取得在一个法治社会中平等交往的权利，获得相等的权利义务的权利，"强调对自由理性人格的尊重"，正是法治社会的基础。其二，个人的自由和权利是承担责任的必要前提。只有在承认对个人自由及理性人格的尊重的基础上，才能适用"个人须对自己的责任负责"之法治原则，才能勇于面对责任，做到能够完全的负担自己的职责。马克思认为，一个人只有在他拥有意志的完全自由去行动时，他才能对他的这些行为负完全的责任。如果个人没有一定的权利，就不可能或不应当存在行为的责任问题。因此，任何社会成员在履行社会责任时，必须以拥有一定的权利为前提。其三，自由对于法治社会的不可或缺性。密尔认为，自由"乃是按照我们自己的道路去追求我们自己的好处的自由，只要我们不试图剥夺他人的这种自由，不试图阻碍他们取得这种自由的努力，每个人是其自身健康的适当监护者，不论是身体的健

---

〔1〕　［英］约翰·密尔：《论自由》，程崇华译，商务印书馆 1959 年版，第 11 页。

〔2〕　［英］约翰·密尔：《论自由》，程崇华译，商务印书馆 1959 年版，第 12 页。

〔3〕　［英］约翰·密尔：《论自由》，程崇华译，商务印书馆 1959 年版，第 14 页。

康，或是智力的健康，或者是精神的健康"。[1] 任何一个社会，若是这些（自由的适用领域）整个说来在那里不受尊重，那就不算自由，不论其政府形式怎样；任何一个社会，若是上述这些自由在那里的存在不是绝对的和没有规限的，那就不算完全自由。[2] 一个没有充分尊重和适当保障公民政治自由的法律，是一个非正义的法律，一个没有充分尊重和适当保障公民政治自由的社会，也不是一个法治社会。其四，自由对政府权威和"多数人暴虐"的有效抵制。"世界上还广泛地有着一种日益增长的倾向，要把社会凌驾于个人的权力不适当地加以伸展，既用舆论力量，甚至也用立法力量"。[3] 既然世界上发生着的一切变化是趋向于加强政府的权力和社会的权威而相应地减弱个人权利和自由的影响，这种"不断侵蚀的灾祸"除非能够得到一种坚定的信念——自由的支持，才能有效地予以平衡。

（三）"功利自由"之法治国家影响

密尔自幼深受其父老密尔（James Mill）的严格教育，并受业于边沁和奥斯汀的门下，因而其自由主义学说深深的打下了功利主义烙印。他在《论自由》一书中谈及，"凡是可以从抽象权利的概念（作为脱离功利而独立的一个东西）引申出来而有利于我的论据的观点，我都一概弃置未用。的确，在一切道德问题上，我最后总是诉诸功利的"。[4] 密尔认为，自由能够给予社会更多的福祉，能够赋予个人更多的实惠。"人类若彼此容忍各照自己所认为好的样子去生活，比强迫每人都照其余的人们所认为好的样子去生活，所获是要较多的。"[5] 透视密尔的论证过程，不难发现，密尔一方面继承了自由主义传统，认为人类惟一实称其名的自由，乃是按照我们自己的道路去追求我们自己的好处的自由，只要我们不试图剥夺他人的这种自由，不试图阻碍他们取得这种自由的努力，就能不断启迪人之智性与德性；另一方面，在边沁式的功利思想上不断深入，在强调个人自由和个人发展的基础上，认为完全的个人自由和充分的个性发展不仅是个人幸福所系，而且是社会进步的主要因素之一；[6] 在最大限度地扩大和保障公民自由的同时，使社会福利得到同步增长，从而实现个性发展和社会进步和谐统一。

密尔在《论自由》第三章《论个性为人类福祉的因素之一》中指出，从自由之于人类个性福祉出发，尊重个人自由必然会"相应于每人个性的发展，每人也变得对于自己有价值，因而对于他人也能够更有价值"。在他看来，个性发展是社会进步的原动力，个性的发展是与社会进步福祉休戚相关的首要因素。密尔为人类社会构建了一个逻辑发展公式"自由——个性——社会进步"，其中自由是社会发展的逻

〔1〕 ［英］约翰·密尔：《论自由》，程崇华译，商务印书馆1959年版，第14页。
〔2〕 ［英］约翰·密尔：《论自由》，程崇华译，商务印书馆1959年版，第14页。
〔3〕 ［英］约翰·密尔：《论自由》，程崇华译，商务印书馆1959年版，第16页。
〔4〕 ［英］约翰·密尔：《论自由》，程崇华译，商务印书馆1959年版，第12页。
〔5〕 ［英］约翰·密尔：《论自由》，程崇华译，商务印书馆1959年版，第14页。
〔6〕 ［英］约翰·密尔：《论自由》，程崇华译，商务印书馆1959年版，第4页。

辑起点，强有力的自由个性乃是社会首创性和进取精神的源泉。人类历史经历过三次自由精神跨越的时期，即"一个是紧接宗教改革之后一段时间内的欧洲的情况；另一个仅限于欧洲大陆并仅限于较有文化的阶级，那是 18 世纪后半期的思考运动；第三个时期为时更短，就是德国在歌德（Goethe）和费希特（Fichte）时期知识方面的跃动"。这三个时期中，个性自由发展的力量推动了欧洲文明的进步。

　　然而，个性的发展并非自发实现，它须具备两个前提条件，即自由和境遇的多样化。需要指出的是，个性并不一般地等同于个人的任性，个性意味着给每个人公平的发展机会，容许不同的人过不同的生活。因此，密尔认为，虽然个人自由在不同的社会具有不同的表现形式，但关注个人的主体价值，尊重个人的自由权利，仍是任何社会不可忽视的重要问题。个性萎缩的时代，也正是社会停滞不前的时期。正是在这个意义上，密尔指出："凡是压毁人的个性的都是专制，不论管它叫什么名字，也不论它自称是执行上帝的意志或是自称是执行人们的命令。"[1] 没有自由、没有个性的社会是残暴专制的社会，在这样的国度里无所谓法治民主，人民的权利可随时地被剥去，人民的自由随时可受到威胁和挑战，人民生活在惶恐和不安中。

　　（四）自由之限与法治社会形成

　　密尔所主张的自由并不是不受限制的，而是相对有所节制的个人自由，即为个人自由设置了必要的边界。在他看来，"人类之所以有理有权可以个别地或者集体地对其中任何分子的行为进行干涉，惟一的目的只是防止对他人的危害"。[2] 他人的自由即是个人自由发展的最大限度，如果超越了这一界限，社会的制裁和惩罚就是正当和必要的。因此在社会运行过程中，个人行事须服从这一原则，即"第一，个人的行动只要不涉及自身以外什么人的利害，个人就不必向社会负责交代……第二，关于对他人利益有害的行为，个人则应当负责交代，并且还应当承受或是法律的惩罚，假如社会的意见认为需要用这种或那种惩罚来保护它自己的话"。[3] 从这两条格言不难看出，仅在危害他人利益之时须以社会强制和控制方法对付之，社会的权威开端始于对他人自由的干预。

　　追溯密尔之自由思想，可以发现，密尔在积极推崇个人自由思想的同时，又提出对个人自由进行必要的限制，以平衡这两者的限度，使个人一方面在充分扩展自身自由的同时，又能够不损及他人的利益；使个人在一个文明社会里最大限度地实现自身的幸福的同时，又能实现整个社会的幸福和进步。从这一角度来说，密尔的自由及有所限制的自由思想为我们理解法治社会提供了更为丰富的视角。一方面，个人自由与个人空间的享有为法治社会的形成提供了对"私权"保障的范围，即一切未被一般性法律所明确限制的行为均属个人权利领域。在"私域"中，个人可以

〔1〕 ［英］约翰·密尔：《论自由》，程崇华译，商务印书馆1959 年版，第75 页。
〔2〕 ［英］约翰·密尔：《论自由》，程崇华译，商务印书馆1959 年版，第10 页。
〔3〕 ［英］约翰·密尔：《论自由》，程崇华译，商务印书馆1959 年版，第4 页。

自由追求自己的目的使其计划和行动成为可能；另一方面，个人自由的享有也为法治社会提供私人抵御政府侵入提供了坚实的后盾，使人人都享有免受政府强制性干预的自由和权利。但自由却不是无限扩张的，自由也是有边界的，或者可以说每个人的权利是有限制的。法治国家要严格遵循规矩和律令行事，法令规定的限度就是个人可行使权利的范围，如果个人的自由侵害了他人的权益或妨害了他人权利的行使，这对自身来说是自由的，但对他人却是不自由的，这种所谓的"自由"不是真正的"自由"。自由对社会中的每个公民而言都是平等的，法治社会的形成是离不开这种自由和公平。

二、从政治制度的社会基础解释行政法

（一）经济基础与行政法

密尔所处的时代是英国资本主义蓬勃发展的黄金时代，第一次工业革命所创造的巨大生产力，使不列颠民族的国家财富不断汇聚，这种经济上的富足深刻地影响并改变着国内的政治现状。此时英国的资产阶级已经发展到成熟阶段，并开始向垄断资本主义过渡，而此时的工业资产阶级在政治上已同土地贵族和金融资产阶级开始在议会中分享统治权力，并希望跻身于政治管理领域，希冀通过议会进一步改革，使其代表在议会占有更多的席位；同时，工业革命带来的另一支主要力量——工人阶级，也开始意识到须在议会中有自己利益的代表，相应的资产阶级中越来越多的人意识到不能再把工人阶级无限期排斥在国家政治之外，深感满足工人阶级部分要求以防止社会巨变和适时调节国家机器的必要。在这一时代背景下，英国议会呈现勃兴之势，而密尔作为那个已经发展了的、并且还在要求更大发展的资产阶级利益的代言人，其政治理论学说正是着眼于资产阶级的更大发展，深入研究了国家学说和代议制理论，通过对托克维尔关于美国民主的研究，认为只有拥有越多越好的个人自由，越少越好的政府干预，越来越多的选举权利，才能力图在政治领域消除冲突。[1] 正如他在《自传》里所讲："我的政治观念从民主党人所明了的纯粹的民主政治转到一种变形的政体上面，这就是我的《代议政治论》一文中所讨论的问题"。[2] 因此在这种经济结构中，要有一定的政治结构与之相适应，代议制度、普选制度及行政法上之控权必然是其时代行政法的必然要求。

（二）伦理基础与行政法

密尔在《论自由》一书中，一方面集中反映了其对古典自由主义传统的坚守，即对独立发展的个性和自由的执着；另一方面在继承传统自由理论的合理内核同时，又将边沁的功利主义与之相结合，并在前人基础上迈开了一大步，对现代自由主义学说产生重要影响。密尔认为，在一个民主自由的国家里，自由内涵不仅仅是指扩

---

〔1〕 ［英］约翰·密尔：《论自由》，程崇华译，商务印书馆1959年版，第3页。
〔2〕 ［英］穆勒：《穆勒自传》，周兆骏译，商务印书馆1953年版，第163页。

大个人的自由机会，增强个人实现自由的能力，培养和教育公民追求高尚自由的行为，最大限度地实现公民偶然偏好的快乐，更重要的是有助于产生最大多数人的最大幸福的自由才更具有价值，值得社会去追寻。他所认为的"快乐"也不是边沁所主张的那种纯粹利己主义的个人"最大快乐"，他主张的个人快乐和幸福是以整体社会和整个国家的幸福和快乐为背景的快乐。只有以他人的快乐和幸福为前提而建立的个人的快乐和幸福，才是真正的快乐，才是我们需要珍重的。可见，密尔的自由主义虽然仍以功利主义为核心，把个人视为社会和历史的主体，强调不同的个体具有不同的个性发展的可能性，给个人以自由，让他充分去追求自己的幸福，实现自己的个性和价值是其自由理论的基本出发点，社会和政府不仅不能干涉个体的"私人领域"，还应积极鼓励不同个性的自由发展，这样才能推动整个社会的进步。但是，他已经超越了纯粹的利己主义，主张社会的整体福利是衡量个人行为的标准，改变了过去自由主义者把个人自由和社会、国家对立起来的看法，紧紧围绕个人自由和社会控制的关系，论证了个人利益和社会利益的统一性、个人自由和社会权威关系的可协调性，认为把两者协调起来不仅是可能的，而且是现实的必然要求，由此深刻揭示了自由的内在价值、个性的自主发展与社会整体进步的对立统一的逻辑关系，为实现个人、社会和政府三者关系的统一作了充分的论证。

（三）思想基础与行政法

在古典自由思想时期，自由与权威之间的斗争，远在希腊、罗马和英国的历史中，就尤为显著。"那个斗争，乃是臣民或者某些阶级的臣民与政府之间的斗争"，"那时所谓的自由，是指对于政治统治者的暴虐的防御"[1] 但随着时代的进展，人们对于管治者之成为一种独立的权力而在利害上与他们自己相反对，已不复认为是一种自然的必要；[2] 统治者应当与人们合一起来，统治者的利害和意志应当是国族的利害和意志。国家无须对自己的意志有所防御，统治者的权力实即国家自己的权力。[3] 以上这种思想形态或者说是政治实践在欧洲文明世界中已占有明显优势，"国家权力和民众权利一致属性"似乎使这种"平民政制"成为最具有优越性的制度存在，而忽视了其错误和弱点所在——多数人暴虐。

在今天的政治思想中，一般已把"多数人的暴虐"这一点列入所须警防的诸种灾祸之内了。密尔在《论自由》中论述道：原来所谓"自治政府"和所谓"人民施用于自身的权力"等类词句，并不表述事情的真实状况。运用权力的"人民"与权力所加的人民并不是同一的。而所说的"自治政府"亦非每个管治自己的政府，而

---

〔1〕　［英］约翰·密尔：《论自由》，程崇华译，商务印书馆 1959 年版，第 1 页。

〔2〕　［英］约翰·密尔：《论自由》，程崇华译，商务印书馆 1959 年版，第 1 页。随着民主政治和平民政党的演进，随着统治权力出自被统治者的"定期选择"的前行，人们开始思索过往惯于抵制政府权威和限制行政权力的思路已经不适应时代要求了，但是这又导致另一种形式的弱点和错误出来。

〔3〕　［英］约翰·密尔：《论自由》，程崇华译，商务印书馆 1959 年版，第 3 页。

是每个都被所有其余的人管制的政府。[1] 多数原则最终往往导致"多数人的暴政",从而使自由的摇篮变成自由的坟墓。哈耶克虽然支持民主,但他却极力反对"多数统治",并将这种民主结构称之为"一种最有品德、最高尚的人也难以避免的固有的腐败"。以往的政治实践中,通过操纵民主而强暴少数人的自由的事件屡见不少,正是基于这一点,人民民主容易被操纵、被异化不是耸人听闻,这种"多数人的暴政"成为密尔在《论自由》一书中一个重点阐述的问题。[2] 可见,所谓的"人民意志"实际上是一种假象,仅是部分活跃分子思想的表征,其根本不可能代表全体国人的意志。这种"多数人暴政"终于被世人认清其真实面目了。

三、代议制中的行政

随着民主思想的深入人心,资产阶级在政治上已经基本取得了政权,代议制政府在世界成为了一个普遍的现象,代议制度也成为近现代民主制国家实现民主的基本形式。代议民主制度,简单的表述就是指在一个政治社会中,人们通过自己选举出来的代表来进行政治事务的决策,或者表达自己的意愿且协调不同的利益、并在实质意义上对政治事务掌握控制权的一套制度。密尔曾给代议制政体下了一个经典定义:"全体或大部分人民通过由他们定期选出的代表行使最后的控制权,这种权力在每一种政体都必定存在于某个地方,他们必须完全握有这个最后的权力,无论什么时候,只要他们高兴,他们就是支配政府一切行动的主人。"[3] 密尔认为代议制政府对于民主政治不仅是必要的,而且是维护个人自由与利益的最佳政治结构,其目的亦在于保障个人的自由权利,消除专制主义的隐患。

(一)代议制与行政权力的设置

密尔在《论代议制政府》一书中讲述道"代议制政府是最理想的政府形式"这一中心论题。首先,他否定了君主专制制度,公开批驳君主专制政体是最好的政府形式的观点。密尔认为,在专制君主统治下,人民对自己的命运根本没有任何发言权,不能运用自己的意志来关心集体利益,只能消极地服从,不断地违反自己的意志作出种种决定,即使是一些优秀的人才也只能指望他们所提出的良好建议能被负责管理事务的某些人知道,进而期望得到重视。其次,密尔进一步批驳了杰出的专

---

[1] [英]约翰·密尔:《论自由》,程崇华译,商务印书馆1959年版,第4页。波斯纳在《超越法律》一书中指出,"自由主义隐含了有限国家,但民主隐含了许多规则,而多数人经常愿意强迫少数人……在一个时期内,自由可能导致这样一个大众政府,即在此后的一个时期内,这个政府会决定迫害某个不受欢迎的少数群体"。

[2] "至于所谓人民意志,实际上只是最多的或者最活跃的一部分人民的意志,亦即多数或者那些能使自己被承认为多数的人们的意志。于是结果使人民会要压迫其自己数目中的一部分;而此种妄用权力之需要防止正不亚于任何他种",参见[英]约翰·密尔:《论自由》,程崇华译,商务印书馆1959年版,第4页。

[3] [英]约翰·密尔:《代议制政府》,汪瑄译,商务印书馆1984年版,第68页。

制君主有助于提供良好的管理和促进进步的观点。他认为这是"最有害的误解"，他指出，专制政体下所有人的权利和利益是不能得到有效保障的，人民只能是消极和被动地忍受邪恶。"在一个文明有所发展的国度，好的专制政治比坏的专制政治更为有害，因为它更加松懈和消磨人民的思想、感情和精力"，"凡是压毁人的个性的都是专制"，"在专制国家最多只有一个爱国者，就是专制君主自己"。最后，密尔从反面论证到代议制政府能培养国民积极的性格，能激励国民与邪恶作斗争，鞭策公民主动适应政治生活环境，成为一个国家的真正公民。代议制政体允许每个人为免遭他人祸害拥有捍卫自己的权利和利益，即给予每个人以自由权。如果人人都拥有自由的特权，就能为自己和为社会福利发挥能力。人们在这种政体下能依靠个别的或共同的行动在与自然进行斗争中养成积极的、自助的、进取的并同邪恶作斗争的性格，具有这种性格的人，在同自然斗争中永远不满足于自己的成就，进而促进人类社会的发展，使国家实现共同繁荣。

密尔在《代议制政府》中指出，"不难表明，理想上最好的政府形式就是主权或作为最后手段的最高支配权力属于社会整个集体的那种政府，每个公民不仅对该最终的主权的行使有发言权，而且，至少是有时，被要求实际上参加政府，亲自担任某种地方的或一般的公共职务。在这种理想的政府下，全体人民共同享有自由，被统治者的福利是政府的惟一目的，每个人是他自己的权利和利益的惟一可靠的保卫者"。在代议制政体之下，人民在道德和智力上是进步的，有着良好的法律、最纯洁最有效率的司法、最开明的司法、最开明的行政管理、最公正和最不繁重的行政制度。

（二）代议制与行政权力的归属

权力归属是代议制度的逻辑起点。在一种政治体制下，最终享有对国家事务和社会事务的决定权是属于一国政府，还是属于人民，在密尔的代议制思想中，我们可以找到明确的答案。密尔认为"在国家消亡之前，理想上最有利于进步的政府形式就是：主权或作为最高支配权力属于社会整个集体的那种政府，每个公民不仅对该最终的主权行使发言权，而且，至少是有时，被要求实际上参加政府，亲自担任某种地方的或一般的公共职务"[1]可见，政府作为由全体人民选出的、用以维持社会秩序、促进社会进步的公共机关，它应当代表所有选民的利益，让所有选民的意见都得到实现，其自身除担任承担公共职责和维护社会秩序等方面职责之外，只是作为公共机关而存在，对人民负责，受人民监督，它在整个过程中只是充当公共服务而非统治者角色，社会最终的控制权是掌握在人民手中。而作为人民，是政府权力的最终享有者，国家的最高权力属于人民，全体人民或一大部分人民通过他们定期选出的代表行使最后的控制权。无论什么时候只要他们高兴，他们就是支配政

---

〔1〕　〔英〕约翰·密尔：《代议制政府》，汪瑄译，商务印书馆1984年版，第43页。

府一切行动的主人，不需要宪法本身给他们以这种控制权。[1] 政府与人民权力之间的界定，为国家运行和社会事务的管理提供了坚实的理论基础，也源于此，密尔对于何为好的政府形式有一个坚定的认识，他认为"评价一个政府的好坏，应该根据它对人们的行动，根据它对事情所采取的行动，根据他们怎样训练公民，以及如何来对待公民，根据它倾向于是使人民进步或是使人民堕落，以及它为人民和依靠人民所做工作的好坏"。[2]

（三）代议制与行政权力的运行

代议制度对行政权力的运行提供了一些积极的制度性约束：其一，在代议制政体下，行政机关的代表由人民选举产生，代表人民群众来行使维护社会公共秩序和提供公共服务的职能。行政机关要尽其所能提供公众参与政治的途径和渠道，使人民能够积极参与行政，行政制度的制定和行政行为的实施也要考虑到公众的意愿，使行政行为在合法化同时也要合理化。其二，在代议制度下，立法、行政和司法权是分开的，代议机关作为最高的立法机关并不直接行使行政权力，也不直接运用行政管理职能，而是"通过监督和控制政府，把政府的行为公开出来，迫使其对人们认为有问题的一切行为作出充分的说明和辩解"的途径来相应的监督和控制政府，使政府行为能够符合民众的福祉。其三，在代议制政体下，行使国家行政权力的机关或公职人员触犯了法律法规，也要和平民一样承担相应的法律责任。密尔认为，"如果组成政府的人员滥用职权，或者履行责任的方式同国民的明显舆论相冲突，谴责那些行政该受责备的行为，就将他们撤职，并明白地或事实上任命其后继人"。[3] 可见，在这种理想的代议制体制下，人民在道德上和智力上都是进步的，民主得到了发展，人民享有了自由，被管理者的福利成为政府的惟一目的，所有的一切都是促进社会进步与发展。

四、行政与政体其他部分的正当关系

（一）行政与大众民主政治

代议制民主在西方主要国家建立并得到巩固，早期自由主义者要求限制政府的权力，保证个人自由领域不受侵犯，确定了政治自由权利。而在密尔生活的时代，大众政治逐渐形成。他明确表示，民主宪政制度应成为自由主义理论的重要组成部分，只有大众参与政治生活才是确保自由的惟一途径。"能够充分满足社会所要求的惟一的政府是全体人们参加的政府；任何参加，即使是参加最小的公共职务也是一样有益的；这种参加的范围大小应到处和社会一般进步程度所允许的范围一样；只

---

[1] ［英］约翰·密尔：《代议制政府》，汪瑄译，商务印书馆1984年版，第68页。
[2] ［英］约翰·密尔：《代议制政府》，汪瑄译，商务印书馆1984年版，第29页。
[3] ［英］约翰·密尔：《代议制政府》，汪瑄译，商务印书馆1984年版，第80页。

有容许所有的人在国家主权中都有一份才是终究可以想望的。"[1] 民众积极参与公共领域的活动，这种大众型民主政治扩展了公民参与政治生活的空间，减轻了公民的决策负担，同时使政治分工成为可能。

首先，大众民主政治是一种程序性的民主，民众通过选举制度选出自己认为能代表自身利益的代表来参与政治，人民遂有了选举与参与的权利、选择政府形式的权利，这对自由和民主思想的宣传和深入人心无疑是一项非常有效的举措。其次，大众民主政治使大量的受过一定教育或有专业技能和丰富经验的人来参与政治，能激发他们的聪明和睿智，监督和管制公权力机关行使行政职权的行为，从而为个人维护自由和权利提供更为有效的保障。最后，大众民主政治是一项非常宽容的民主，民众通过代议制度能将自己的思想和意志充分的表达出来，这必然导致多元利益之间的冲突和矛盾，代议制度提供这样一个平台，使多元利益相互平衡、协商而达成共识，从而降低风险和成本[2]，最终形成完善的治国理政方略。

（二）行政与健全选举制度

选举制度是西方民主政治的基础，近代民主是公民通过选举代表来表达自己的意志为主要特征。人民作为选民，是从选举权的角度行使他们的权利，人民主权即体现于此。从这个意义上说，民主政治也就是选举政治。通过完善的选举，实行民主政治，建立宪政政府，保证人民的自由和平等，并坚持对公民必需利益的公正的分配，保护生活在这种政府统治下的公民的生命、自由和财产，这就是民主政府的目标和正当性所在。平等地对待每一公民合理的生活观念，同时宽容它们，从根本上抵制独裁、专断的权力渗透，杜绝镇压、迫害、不宽容以及根深蒂固的正统派观念对个人压迫的道德批判，这样的政府，才是人民所接受的政府；这样的政府，才是民众所拥戴的政府。而这一切，与选举制度密不可分。纵观历史，选举制度的发展也经历一个长期的演变。在西方，选举是一种根本性的政治制度，不仅是表面上的投票行为，而且是一种民主秩序的构建方式。我们把古希腊城邦制时代的民主称为直接民主或参与式民主，而近代民主称为间接民主或代议制民主，代议制民主依赖于选举行为和选举制度——自由的、周期性的和竞争性的选举制度。[3] 代议制度中最实质性的问题，就是公民的选举权。宣称代表了全民利益的代议制度在走向全民性的道路上，其实走得相当慢。英国直到20世纪20年代才给予妇女选举权。美国直到20世纪70年代才在全国范围内实现了真正的普选权。西方发达国家的选举制度贯穿着自由民主的精神，选举就意味着自由、平等和公正的理念，这种传承下

---

〔1〕　[英] 约翰·密尔：《代议制政府》，汪瑄译，商务印书馆1984年版，第55页。

〔2〕　王焱等：《直接民主与间接民主》，三联书店1998年版，第46~47页。

〔3〕　之所以采用代议制，而不是普选制，在于要使社会上的所有人担任公职和参加国家的管理活动是不可能的，特别是对于幅员辽阔的大国来说，这简直是天方夜谭。可见普选制虽最优却不可行。普选权认为只有公民选举产生的公共权力才具有合法性，其本质意义在于使人民主权原则落到实处。而代议制度只要具有了普选制的合理精神和内涵，能真正意味着民权的行使，则是次优可行的。

来的选举文化就是代议制运行的基本文化根基。可见，选举制度和选举文化作为现代民主政治的一种政治保障，它对维护政治稳定和政治发展起着决定性的作用。

（三）行政与代议机关

代议制民主是以议会为主要载体的，议会是代议制度的核心，是西方民主政体的"中枢和支配力量"[1] 议会制作为最早出现的现代自由民主的制度形式，是代议制民主由理想落到现实层面的中介与关键。在这种民主体制里，议会成为国家机关的一个重要组成部分，是人民行使主权、特别是立法权的最主要的一种形式。只因有了它，并使它正常地开展活动，才能不断地制定出新的法律，从而为全国人民树立起一个明确的奋斗目标和公认的行为准则，也才能对在其他国家机关中的工作人员行使权力的活动实现有效地监督。

代议机关作为一种国家权力的组织形式，其民主的制度设计是将某一个国家中的政治智慧集中化了。代议机关对国家行政的作用如下：其一，议会是宪法存在的前提，也是实行宪政体制的基础。我们知道，宪法是实现宪政所必不可少的一个形式要件，而议会的最主要功能就是制定和修改宪法、法律，这就意味着议会是宪政必不可少的一种组织形式，没有了它，宪法无法产生和修改，宪政也就失去了一个前提条件。[2] 宪法不同于一般法律，它是社会共识的法律化，而这一共识正是通过议会的活动形成的，只有在议会里各种政治势力的代表通过充分的协商和达成共识，并把它以宪法的形式表达出来，也只有以这种形式表达出来，这一共识才具有权威性或合法性，才能得到全国人民的普遍认可和遵守，才能实现真正的宪政。可以说，没有了议会，也就没有了宪法，也不能实现真正的宪政。其二，议会是选举或审查国家其他机关的主要领导人的重要平台。国家机关的工作人员，对于人民来说，是"仆人"或"雇员"，其遴选和任用，自然由人民来决定，但由于人民是一个抽象的概念，必须落实在某种社会组织上，议会是由全国人民的代表组成的，当然最有资格代表人民完成对国家领导人员的遴选和监督任务。其三，议会是讨论、协商政府重大事项、保障宪法和法律的实施的重要保障。讨论和决定国家的其他重大事项，如与外国的建交或对其宣战，批准某一国际条约和参加某一国际组织等。当然，议会并不是这一政体中人民行使其主人翁权力的惟一形式，人民还可以通过各种直接民主的形式来参与政治活动，如全民公决、社会舆论监督、基层的直接民主选举和协商等。

---

[1] 民主政体与其他政体的区别只在于不禁止社会上的一部分人参加这一活动，或取消一些人参加这一活动的可能性。民主宪政的一个本质特征就是让人民参加国家的管理活动，民主政体所能做到的只可能是通过轮流或选举代表的办法担任公职和参加国家的管理活动，而议会就是民主制国家由人民代表组成的行使国家权力的一种组织形式，由此产生了代议制民主。

[2] 在宪政体制里，国家的法律，特别是作为根本法的宪法必须通过民主途径产生，而议会就是实现这一民主的组织形式，没有了它，在立法上就没有了民主，也不可能产生作为宪政标志之一的宪法，宪政自然也无从谈起。

（四）行政与政党制度

政党和政党制度是国家政治生活中非常重要的组成部分，甚至可以说，当今没有无政党的国家。政党的组织和活动超出不了宪法和法律的范围，政党成为宪政研究的一个重要领域。政党是由一定阶级、阶层或集团中的中坚分子组成、并为实现反映其政治、经济利益的政治纲领、政治主张而奋斗的政治组织。[1] 政党的主要功能和作用在于维护国家政权和夺取国家政权。[2] 亨廷顿认为，"政党的功能是组织参与，聚合力量，充当使社会势力与政府相联系的纽带"；[3] 戴维·海因认为，几乎所有政党似乎都表现为两种功能的结合，即一方面政党向社会作出反应；另一方面由政党对社会施加控制。[4] 正因为政党具备如上功能，所以从国家和社会角度而言，政党制度体现了历史的进步性。政党与行政制度两者紧密相连，政党民主政治不仅使政治生活、政治斗争和政治决策公开化、团体化、程序化、制度化、法治化，从而发挥政治团体的作用，调动广大民众的积极性和主动性，提高其治理国家和社会的才能，而且还能减少和消除各种权力滥用现象，从而维护政局和社会的稳定，具有不可忽视的作用。[5] 在民主政治体制下，不同的政治势力和团体都离不开政党，不同政党的不同政见和政策方案的存在为选民们提供了广阔的选择空间，这为民众广泛参与政治实现民权提供了坚实的基础，所以现代西方民主政治又可称为政党政治。

第五节　19 世纪著名法典中的行政法思想

一、英国《1832 年改革法》中的行政法思想

1825 年，英国爆发了第一次周期性经济危机，并以英格兰本土为起点，经济危机迅速地向世界范围涌波及开来。在英国这次经济危机中，许多工厂倒闭了，工人失业了，劳苦大众的生存环境和工作处境明显恶化，曾经带领英国启动"蒸汽机革命"的纺织行业在本土也面临着急遽衰弱：工业用棉需求量直线下降，大量机床面临停顿，大批失业和挨饿的工人陷入绝望的境地——所有的一切不断引发英国工人公开的暴动和动乱，英国政局的安全和稳定面临重大挑战。此时，英国人开始感觉到了需要对英国制度进行全面修正，英国《1832 年改革法》正是在这一历史背景下诞生的，旨在通过《1832 年改革法》的颁布来准确的回应时代需求，为急速扭转国

[1] 周叶中主编：《宪法》，高等教育出版社、北京大学出版社 2000 年版，第 334 页。
[2] 何华辉：《比较宪法学》，武汉大学出版社 1988 年版，第 321～323 页。
[3] ［美］亨廷顿：《变革社会中的政治秩序》，李盛平等译，华夏出版社 1988 年版，第 90 页。
[4] ［美］戴维·米勒等编：《布莱克维尔政治学百科全书》，中国问题研究所等译，中国政法大学出版社 1992 年版，第 520 页。
[5] 周叶中主编：《宪法》，高等教育出版社、北京大学出版社 2000 年版，第 337 页。

内形势、稳定国家政权提供法制上的依据。

（一）基层民主得以扩充

选举制度作为合理分配与组织国家权力的有效形式，是资产阶级政治实践中的产物，也是资产阶级反对封建等级授权的成果。在 19 世纪的英国，选举制度已成为英格兰民主制度的重要组成部分，成为调整国家权力活动的基本途径。《1832 年改革法》之所以赋予了工业资产阶级以往不曾享有的参与政治的权利，原因在于：其一，源于新兴政治力量的压力。英国资产阶级革命后，继封建贵族之后的真正适应先进生产力发展的是工业资产阶级，在自由主义经济思潮的影响下，他们需要的是塑造符合其对新形势的工业制度的控制的制度，增添他们参与政治的机会。因此，工业资产阶段此时俨然以一派新兴政治力量的形象出现，在英国政治领域掀起了不小的改革浪潮。他们力陈国会众议院选举制度之陋弊，政治改革所向披靡，议会选举权不断扩大，至少是成年男性拥有选举权，这一在爱尔兰政治层面的大改革——意味着爱尔兰多数有产者能够有机会列席下议院，虽说不能实现真正意义上的"普选"，但从下议院中增加的有产者席位数量来说，英国政治已经向民主迈进了一大步。其二，源于国家对工人革命所引致的恐慌的谨慎回应。英国在 1825 年爆发第一次世界性的经济危机后，在本土风起云涌的工人暴动的威胁下，基于对革命的恐惧和通过让步性的改革避免革命的愿望，英国《1832 年改革法》法案通过扩大公民权利、议会和政府自身结构上的改革，并通过采取对议会席位进行合理化的配置等手段来应对时局的混乱与动荡。选举权与基层民主，国家权力在一定程度上反映了民众及上升资产阶级的利益。

（二）民主范围得以限制

《1832 年改革法》的颁布，是当时英国土地贵族、金融贵族和工业资产阶级妥协的结果。改革法案赋予了工业资产阶级扩大的选举权，扩充他们表达政治诉求的渠道。但不足的是，这种民主毕竟是有限的，是基于一定财产权而享有的选举资格，工人和小资产阶级因财富资格的限制，因而享受不到拥有选举权而带来的政治和经济上的权益。《1832 年改革法》第 19 条规定 "凡成年男性未被剥夺法律行为能力，并根据普通法或衡平法执有任何依租簿而获得的土地或产业之产权，或依除自由产权外的任何其他租佃方式而获得的，不论享有该项权利限于其本人终身，或另一人终身，或任何其他诸人终身，或为任一较大的产业代管，其净年值除缴纳该项土地之一租税及费用外，不少于 10 镑者，即有权参加选举其本区代表，代表该项土地或租地所在的州郡，或隶属该州郡之某一区某部分，或某一范围，参加下届国会"；[1]第 20 条和第 27 条也作了相似的规定，"城市选区居留之成年男性，未被剥夺法律行为能力……年值在 10 镑以上，并依照条款合法登记者，得有权选举该城市或选区一

---

〔1〕　周一良等主编：《世界通史资料选辑（近代部分）》（上册），商务印书馆 1964 年版，第 190 页。

名或数名国会代表";[1] 而对于不具有相当财产或接受过政府财政救济的个人，是不具有选举权的或者即使曾经享其后也会被剥夺的。《1832 年改革法》第 36 条规定："任何人不得在任何一年登记作为选民，选举该城市或城镇选区之一名或数名国会代表，假如他在当年 7 月底之前 12 个月中接受教区赈款或其他救济金，依照目前议会法之规定，他丧失了国会代表的资格。"[2] 总之，这种民主与我们所说的"人人均享有平等的选举权，无论是出生、地位、性别，还是财富的多寡"的"选举权"是有着一定的差距。

（三）阶级利益得以体现

英国《1832 年改革法》的颁布，使得选举权利在一定范围内得到普及，这使得英国政治领域的民主色彩不断得以强化和渲染，但就其本身而言，并不对资本主义长远利益或对一般保守利益构成任何威胁；恰恰相反，选举权利一定程度的扩充倒是享权阶级整体利益和长远利益所必不可少的重要举措。如果政府想要有效的保卫国家和政府的整体利益，它们就必须充分利用自身手中的"自主权"，自主的对其他对立的利益集团的势力作出何种让步，自主的使用何种手段才能很好的遏制来自下层的压力。这种自主权诚然是"相对的"，但它毕竟是实际的。[3] 在政府置身于其中的权力结构中，这种"自主权"并不是由享权者带强制的命运所决定的。所以，从保守势力的观点来看，一个资本主义民主国家的政府总会不由自主地对民众的要求作出适当的让步，并利用它们确实掌握的机动权去争取人心，而英国《1832 年改革法》就是这样一部权力阶级自主限缩权力、自我修正制度的生动写照。《1832 年改革法》通过一定程度和一定范围的赋予民众以选举权，让民众在适当的和有意义的范围内参与政治，以赢取人心和保障现行政治制度的合法性不致发生严重问题；同时，在尊崇民众参与的基础上又要保证"避免让民众享有"决策的权力。英国《1832 年改革法》正是以此为宗旨的。

二、德国《1849 年法兰克福宪法》中的行政法思想

1848 年是欧洲的革命年，许多国家都不同程度地兴起民族主义运动。1848 年法国二月革命并成立共和国的消息传到德国后，给了德意志革命团体和革命领袖们以动力、信心和勇气。[4] 1848 年 3 月，奥地利人民和普鲁士人民举行了起义，并取得了胜利。于是，在维也纳和柏林三月革命的影响下，几乎所有德意志邦国都开展了不同程度的革命运动。德国《1849 年法兰克福宪法》正是在这一历史背景下颁布

[1]　周一良等主编：《世界通史资料选辑（近代部分）》（上册），商务印书馆 1964 年版，第 190 页。
[2]　周一良等主编：《世界通史资料选辑（近代部分）》（上册），商务印书馆 1964 年版，第 191 页。
[3]　[英] 拉尔夫·密利本德：《英国资本主义民主制》，博铨等译，商务印书馆 1988 年版，第 115 ~ 118 页。
[4]　何勤华主编：《德国法律发达史》，法律出版社 2000 年版，第 120 页。

的。尽管《1849 年法兰克福宪法》法案具有鲜明的保守色彩，赋予皇帝以相当的特权与权威；尽管它的出台是资产阶级与皇帝君主之间相互妥协的产物。但是，三月革命以其引起的立宪活动，使得自由思想深入人心，其公民民主政治权利的规定，体现了历史的进步性；同时也使自由资产阶级认清了德意志的政治现实，这对整个德国历史的发展都产生了一定影响。[1]

（一）行政权力配置

德国《1849 年法兰克福宪法》采取了邦联制的国家政权结构形式，即在统一德意志帝国中央政权的基础上，国家的外交及军事特权由帝国中央统一行使，同时在国内实行统一的关税、贸易、币制等制度，以保障德意志帝国统一的国家政权。《1849 年法兰克福宪法》第二节就如此规定："所有德国的武装力量均由帝国元首统帅"，"德意志帝国组成统一的海关与商业区"，"在全德意志只应采用同一币制"。[2] 但同时，此种邦联制的国家结构形式是比较松散的，参与邦联的各国在政治、经济和社会事务的运行中可保持很大的独立性和自主权。法案第一章第 1 条规定："德意志帝国系由前德意志邦联的领土所构成；德意志各邦保持其自主权，不受皇帝行政权力的制约。"[3] 可见，《1849 年法兰克福宪法》赋予了各德意志邦相当的自主自治权限。

（二）公民基本权利保障

《1849 年法兰克福宪法》是在综合借鉴美国宪法及西欧各国宪法的基础上，历经种种妥协制定出来的宪法法案。其对德意志人民基本政治权利的规定，在德国宪法史上是具有非常积极意义的，为德国宪法开创了规定人民基本权利的先例。德国《1849 年法兰克福宪法》第六章明确地规定了"德意志人民的基本权利"一章，赋予了公民相当的政治权利和民主权利。第 2 条第 137 节规定了德意志人民所享有的平等权，"在法律面前没有等级的差别，废除贵族等级，一切等级特权予以废除"，"在法律面前一切德国人一律平等"，[4] "公共机关向一切力能胜任的人开放"；第161 节规定了德国人的集会权利，"所有德国人均有不携带武器和平集会的权利，为此无须特许"；第 164 节规定了全德意志人民的财产权不受侵犯的权利，"财产权不可侵犯，对于财产的没收，只有在为了公共福利的需要时，在合法的基础上，并有合法的补偿，才能实行"；第 166 节规定了废除封建农奴制，"永远废除一切农奴制的从属关系"。德国《1849 年法兰克福宪法》对于公民广泛基本权利的规定，为实现政治民主和国家进步提供了一个重要的契机。

---

[1] 周一良等主编：《世界通史资料选辑（近代部分）》（上册），商务印书馆 1964 年版，第 123 页。
[2] 周一良等主编：《世界通史资料选辑（近代部分）》（上册），商务印书馆 1964 年版，第 273 页。
[3] 周一良等主编：《世界通史资料选辑（近代部分）》（上册），商务印书馆 1964 年版，第 273 页。
[4] 周一良等主编：《世界通史资料选辑（近代部分）》（上册），商务印书馆 1964 年版，第 273 页。

（三）规范政体与行政权的运行

1848 年巴黎二月革命和柏林三月革命起义后，[1] 德国资产阶级制定了《1849 年法兰克福宪法》，其目的是想把西方民主制度引入德国政治，建立民主共和政体。但是，在强大的普鲁士和奥地利君主专制的铁蹄下，[2] 宪法法案最终采取君主立宪制的国家政权组织形式。法案授予了君主享有相当的权利，君主不对议会负责，有权解散下院、搁置议会所通过的法案。《法兰克福宪法》第二章第 1 条规定："对外惟皇帝有权代表德意志和德意志各邦"；第 3 条 "所以德国的武装力量均由皇帝统帅"；第 9 条 "惟德国皇帝有立法权与对币制的最高监督权"。[3] 这些规定一方面源于德国长期的社会政治传统，封建君主势力强大，缺乏民主政治制度赖以生存和发展的社会民主土壤；另一方面则源于德国资产阶级的软弱性和革命的不彻底性，工人运动的高涨刺激了资产阶级敏感的神经，他们最终倒向了帝国君主一边。但与此同时不可忽视的是，德意志君主的权力也受到了一定程度的限制，立法与司法权力一定程度的分离为抑制君主肆无忌惮的滥用权力提供了条件。首先，立法权授予了议会，议院是帝国的最高立法机关，上院为联邦院，下院为众议院。"议会有两院组成：联邦院与众议院"。[4] 上院共 176 名代表，其中 88 名由各邦联政府任命，另外各 88 名由各邦立法机关任命；下院代表按人口比例选出，每万人通过秘密、普遍、平等的投票选出一名代表。在特殊情况下，议会有权征收直接税，政府的预算案应首先提交下院审查。可见，上院下院代表均具有广泛的民意性；其次，司法权授予最高法院，德国最高法院为联邦帝国的最高司法机关，它有权就法律问题裁决各邦之间、政府与议会之间的争端。[5]

三、美国《1862 年宅地法》中的行政法思想

美国《1862 年宅地法》法案是由林肯政府于 1862 年 5 月 20 日颁布的。这一法案是在美国人大张旗鼓地进行大规模的西部移民运动和对西部开发活动过程中出台的，法案允许美国公民可以从西部公有土地中得到一定地段，在继续耕种五年之后，就可以获得土地的所有权。这部法案的出台，为促进美国西部的开发与发展可谓是功不可没。到 19 世纪末的时候，美国已基本实现人口、农业和工业中心的西移，同时，由一个农业国一跃而成为工业大国。而这所有的一切，与美国的西部开发和

---

[1]　法国巴黎人民在 1848 年 2 月 22 日起义，推翻了路易菲利普的"七月王朝"。这场革命迅即波及德意志各邦，柏林和德国各邦工人及市民在 3 月间发动了起义，开始了资产阶级的民主革命，要求德国统一。这既是德国工人阶级登上政治舞台的开始，也是资产阶级提出政治主张的开始。参见沈炼之：《简明世界近代史》，中国青年出版社 1957 年版，第 76～87 页。

[2]　韩大元：《外国宪法》，中国人民大学出版社 2000 年版，第 101 页。

[3]　周一良等主编：《世界通史资料选辑（近代部分）》（上册），商务印书馆 1964 年版，第 273 页。

[4]　周一良等主编：《世界通史资料选辑（近代部分）》（上册），商务印书馆 1964 年版，第 273 页。

[5]　何勤华主编：《德国法律发达史》，法律出版社 2000 年版，第 122 页。

《1862 年宅地法》是密不可分的。

(一) 政府积极作为

19 世纪 60 年代美国所进行的西部开发运动正处在美国经济史中的自由市场时代，市场机制对资源的配置居主导地位，经济上的惊人成就多是在没有政府重大干预的条件下取得的。但在整个西进运动运动过程中，政府曾起过不可低估的推动作用。其一，实行联邦公共土地政策。美国进行西部开发的首要前提是西部有广大"自由土地"的存在。独立后，国家宣布西部土地为"公共土地"，然后进一步宣布向移民开放这些土地（以不同方式向移民出售这些土地），即通过市场陆续将公共土地转化为私有土地，从而形成了一种资本主义的土地所有制度。这一土地制度为成千上万自由移民以相对低廉的价格获取土地创造了条件，也为几百万独立的农场主得以形成、并不再受任何封建残余束缚的自由发展提供财产人格的准备。其二，实行产权私有化。美国联邦政府在将西部扩张所获土地宣布为国有后，再以低价出售乃至无偿赠予的方式分配给拓荒者，使这些探险者和耕作者享有土地的所有权。《1862 年宅地法》无疑就是这样一部西部开发最具有民主色彩的土地法，其颁布大大促进了移民运动，该法规定，每个合乎条件的西部定居移民只需缴纳少量登记费就可以无偿分配一块 60 英亩的宅地，这无疑大大加速了西部开发进程。

(二) 个人自由实现

美国的西进运动，所历时间之长、地域之广、影响之深，都数史上罕见。在这 100 多年西进拓殖、开发边疆的过程中，充满了危险、艰辛与竞争，但同时因其富饶和尚待开发为人们提供了无限的机会、自由与希望。参与西部开发的美国人来自社会的各个阶层，他们的共同目标是在那块充满希望的土地上构筑自己的"梦"，能否实现自己的梦，主要取决于个人的奋斗精神和个人的创造力。家庭背景、社会地位或血统关系在那里没有任何实质性意义，衡量一个人价值的尺度是他本人的奋斗业绩，而不是他的家庭的"光荣史"。因此，靠个人奋斗而取得成功成为人们遵循的准则。"西部广阔富饶的土地使人们真正体会到了个人的自由，也由此带来了影响生活各个领域的个人主义"。约翰·卡尔霍恩曾推断，个人的自由并非每个人的天然遗产，而是一种依靠人类高度发展的状态。自由是"结合有利形势，给智力和道德发展的最高奖赏"。这个地位并不是人生来就有的，而是必须努力争取；自由并不是在人的一生经历开始的时候给予他的，而是最终才能达到的遥远目标。[1]

由此，危险、艰辛、竞争和自由平等、机会与希望并存的现实"孕育了美国式的个人主义"。其第一层内涵是"个人奋斗"。美国民众"愿按照自己的意愿生活的充分自由和独立"[2] 的精神在政治领域得到充分彰显，民众敢于为了获得自由幸福的生活而奋起抗争，反对一切外来强势的干涉，这使得美国国人具备一种"为民权

---

〔1〕 〔美〕梅里亚姆：《美国政治学说史》，朱曾汶译，商务印书馆 1988 年版，第 122～123 页。

〔2〕 〔日〕端本义万主编：《美国社会文化透视》，南京大学出版社 1999 年版，第 53 页。

而抗争"潜质，使个人主义在美国得到强化与发展，并获得了新的内涵并被人们广为崇尚。其第二层内涵是尊崇"自由自立"精神。美国民众在边疆拓荒过程中争取自身美满幸福生活的同时，其实也在争取着自身的"自由与独立"，美国人在挣脱旧的社会秩序的桎梏的同时，也失去了文明世界能够提供的安逸和舒适，这些身份平等的美国人习惯于独立思考，相信自己的命运只掌握在自己手中，他们无所负于人，也无所求于人，他们崇尚自由、拼搏与奋斗，他们在政治生活中遵循自我的独立判断，不为外势所左右，为实现自身及国人的福祉而积极参与政治，并对政治生活产生影响。可以说，美国民众所具有的这种努力实践民主和参与政治生活意识的形成，与这场西进运动是有紧密关系的。美国的边疆开发运动使得美国的个人主义价值观得到重大发展，以至于有人认为个人主义精神实际上是一种边疆文化遗产，在西进运动中强化和发展起来的美国个人主义，随着时代的演进，其影响已渗透到美国民族的精神中了。

（三）财富私有价值

美国《1862 年宅地法》中优惠的土地政策激发了国人的生产积极性，吸引千万计自由移民和独立农场主加入到美国的西进运动过程中。《1862 年宅地法》的出台一方面是为美国西部开放聚集了前所未有的人气和心志，更重要的是其土地私有的政令为移民自由发展提供了物质上准备，"有恒产者有恒心"，这项政策的出台不仅将大量移民引入西部，而且实现了劳动力与生产资料的合理结合，使西部开发对拓荒者而言既利己又利国。财富的拥有和土地的私有化鼓舞国人以无比的气魄和力量创造辉煌的成就。由于土地私有化法令的出台，美国西部开发过程中，能以联邦公共土地政策为核心，以交通运输业为龙头，以私人企业、个人创业活动为动力，遵循资本主义市场经济模式开发、交易和流转，为美国民族财富的增加创造条件。

四、巴黎公社诸法令中的行政法思想

巴黎公社虽然仅维持了一段时间，但却是巴黎无产阶级爱国主义精神和树立工人阶级领导地位思想的一次伟大实践。在巴黎红色政权期间，公社颁布了一系列法令，以期建立一个完善的无产阶级政权：保证法国的自由与民族独立，争取法国的劳动群众摆脱资本主义的压迫。但最终由于势力的悬殊而政权被反政府颠覆。纵然革命最终失败，但无产阶级革命思想和实践却穿越时空，在全世界范围内蔓延开来。

（一）政权的民权基础

巴黎公社成立后，公社首先要作出的宣言就是：这个政权是由人民享有的，人民是国家的主人，享有广泛的自由和权利。1871 年 3 月 30 日颁布的《公社第一次宣言》就是在巴黎公社成立后的第一个纲领性文件，其宣告公社是一个由民众享权的政府，并在宣言中提及公社的初步行动。"公民们，你们的公社终于建立了……你们已用合法的自卫把那强迫你们承认国王、侮辱你们的政府赶出城外"，"公民们，你们是自己命运的主人，靠你们的支持而有了力量的代表，要补救已崩溃的政权所造成的损失，紊乱的工厂、停顿的劳动和瘫痪的公用事业都将获得巨大的推动力"[1]。1871 年 4 月 20 日的《告法国人民书》是公社的社会政治纲领，其首先就谈到了要建立一个怎样的政体的问题："巴黎公社要争取的是承认并巩固共和国这个符合人民权利、符合社会的正常自由发展的惟一政体。"[2]"巴黎所希望的政治统一是为了一个共同的目标——全体人民的幸福、自由和安全——各地倡导的自愿联合，是各个个体的自由自愿的合作"，而"帝国、君主政体和议会制至今所强加我们的统一，不是别的而是专制、不合理的、专横的和令人难以忍受的集权"[3]。巴黎公社要为全体法国人民的福祉而服务，坚决剔除以往政府所实行的不合理、专横的专制政权。巴黎公社旨在建立民主共和制的国家政权组织形式，人民是国家的权利享有者，此外，巴黎公社还通过了一系列法案和决议，目的是保障广大人民的经济社会权利，使得各种剥削制度无处藏身，从而为民主共和的法兰西共和国提供坚实的社会基础。1871 年 4 月 20 日公社颁布的《执行委员会关于取缔面包房夜班制的决议》是为保护面包工人和失业工人的利益的社会经济措施；1871 年 4 月 27 日公社颁布的《执行委员会关于禁止人员罚款和非法克扣职工工资的决定》是巴黎公社为维护工人利益而调整老板与工人间关系并废除了野蛮的罚款和克扣制度的法令；1871 年 3 月 30 日公报公布的《房租法令》规定了为保护广大居民的利益，禁止房东随意勒索；1871 年 5 月 6 日公社公布的关于《归还劳动者在当铺的抵押物品的法令》旨在改进劳动人民的生活状况，命令当铺将劳动人民的必需品及工作用具无偿地归还原主。

（二）政权巩固的制度构设

巴黎公社成立后，曾一度面临着反动势力的严峻考验，因此公社通过一些政令的颁布来建立和巩固无产阶级专政的政权。1871 年 4 月 20 日的《告法国人民书》中谈到了巴黎公社政府在权力运行中享有不可剥夺的权力，即"批准公社的预算、收入和支出，规定并分配税收，管理地方服务事业，组织诉讼程序、民警和教育事业，管理属于公社的财产"，[4]这些权力的享有，是国家机器运行所必须的。公社成立后，1871 年 3 月 29 日所颁布的《宣布公社是惟一政权的法令》中论及巴黎公社是法国目前惟一合法之政权，"第 1 条，一切公务部门的职工今后必须确认凡尔赛政府或其拥护者所发出的命令或通知为无效，无法律效力；第 2 条，凡不服从本法令的任何官吏和职工，将被立即开除"[5]。此法令的出台，是对资产阶级政权的否定，它宣布只有公社才是惟一的政权机关，凡尔赛政府的命令、指示无效。此法令的出台，为公社政权存在的合法性提供了依据。1871 年 3 月 30 日公布的《撤销常备

---

[1] 周一良等主编：《世界通史资料选辑（近代部分）》（下册），商务印书馆 1964 年版，第 9 页。

[2] 周一良等主编：《世界通史资料选辑（近代部分）》（下册），商务印书馆 1964 年版，第 9 页。

[3] 周一良等主编：《世界通史资料选辑（近代部分）》（下册），商务印书馆 1964 年版，第 11 页。

[4] 周一良等主编：《世界通史资料选辑（近代部分）》（下册），商务印书馆 1964 年版，第 10 页。

[5] 周一良等主编：《世界通史资料选辑（近代部分）》（下册），商务印书馆 1964 年版，第 14 页。

军由国民自卫军代替的法令》是巴黎公社成立后所颁布的粉碎旧的国家机器、建立新型国家的最重要的法令，这道法令的出台，为国家政权机器的巩固提供了强大和坚实的军事力量保障，"停止招募新兵，除国民自卫军外，不得在巴黎成立或调入任何武装部队"[1] 的决定，使得新成立的巴黎公社具有相当的不易为反动政府动摇的军事实力。

（三）政权巩固的意识形态强化

巴黎红色政权建立后，除了要建立巩固的革命政府之外，还在思想意识层面加紧无产阶级思想的传播和影响。1871 年 4 月 2 日颁布的《政教分离的法令》就是在上层建筑和思想意识方面对反动政府的一次狠狠的抨击，法令中谈到"法兰西共和国的第一原则是自由，信仰自由是一切自由之中最重要的；而宗教预算与这个原则相抵触，因为它违背公民自己的信仰而向他们课税，僧侣实际上是君主制度反自由的罪行的从犯。为此决定：第 1 条，政教分离；第 2 条，废除宗教预算；第 3 条，宣布被认为不能动用的属于宗教团体的动产和不动产为国家财产；第 4 条，对这种财产立即进行调查，加以统计，并交由国家支配"[2] 这一法令的出台，从根本上打碎了资产阶级欺骗麻痹人民的精神工具，实行政教分离，彻底摆脱宗教对国家政权的干预和影响，同时将宗教团体的财产宣布为国有，从经济上实行对宗教的管理统一。

五、日本《1900 年治安警察法》中的行政法思想

19 世纪末 20 世纪初的日本，军国封建帝国主义势力甚为嚣张，地主和封建军阀在国家政治生活中仍居领导地位。表现在对外不断发动侵越战争，军事费用节节攀升；对内迅速集中生产资料和产业资本，垄断资本同国内封建残余紧密结合，通过各种途径剥夺工厂工人和农村农民；此外加上工人农民生存十分困苦，工资微薄，还须负担不断加重的军事费用，战争的负担主要落在了劳苦大众的肩上。因此，日本人民不堪重负，不断掀起了反对政府和资本家的斗争，而此时的日本反动政府对平民运动也疯狂镇压，《1900 年治安警察法》正是统治阶级镇压工农运动和社会主义运动最凶暴法律的见证之一。它的颁布，公开的剥夺了人民群众集会结社和言论的自由，剥夺了工人罢工及农民进行反压迫斗争的正当权利，它是日本国内统治阶级反人民、反社会行为的突出体现。

（一）对于结社权力予以限制

《世界人权公约》规定，人人有和平集会结社自由之权。而日本《1900 年治安警察法》第 1 条规定了限制结社的事项，"有关政治事项之结社负责人（若为分社，则由分社负责人），需于结社组织之日起，3 天内将社名、社则、办事处地点，以及

---

〔1〕　周一良等主编：《世界通史资料选辑（近代部分）》（下册），商务印书馆 1964 年版，第 14 页。
〔2〕　周一良等主编：《世界通史资料选辑（近代部分）》（下册），商务印书馆 1964 年版，第 16 页。

负责人姓名，呈报于管辖其办事处所在地之警察局。已呈报事项中有所变更的，亦需同样呈报。"可见，日本《1900 年治安警察法》对公民结社的权利进行了详尽的限制，关于结社的负责人、社名、社则、办事地点均于一定期限前予以告知，对民众的结社权进行的全方位的限制，毫无疑问的是对公民基本自由人权的严重践踏。同时，第 14 条规定"禁止秘密结社"；第 17 条规定"不得以下各项为目的，对他人动武威胁或当众诽谤。其一，促使他人加入，在劳动或报酬事项上必须采取共同行动之团体，或妨碍他人参加此种团体。其二，为欲实现联盟解雇，促使雇主解雇其工作人员，或促使雇主拒绝工作人员之工作要求；为欲实现联盟罢工，促使工作人员停止其工作，或促使工作人员拒绝雇主之雇佣要求。其三，强使对方接受有关劳动之条件或报酬"。自由是人所固有的随意表现自己一切能力权力。它以正义为准则，以他人的权利为限制，以自然为原则，以法律为保障。[1] 凡是侵害不可剥夺的人权的法律，按其本质来说都是非正义的和暴虐的，它不是法律。[2]《1900 年治安警察法》对公民自由和人权的剥夺，反映出其本质的恶法属性及政权的反动性质。

（二）对于集会权予以限制

日本《1900 年治安警察法》第 2 条对集会作了如下规定："凡欲进行有关政治事项之公众集会者，须指定集会发起人"，"发起人须在开会时间 3 小时以前，将集会地点及年月时间呈报于管辖会场所在地之警察局；由警察局到达会场所需时间不计在此 3 小时内……"，第 4 条规定"在室外结集群众及聚众行动者，其发起人须于结集之 12 小时以前，将预定结集地点，年月日时间，以及预定通过之路线，呈报于当地警察局……"，"于维持秩序安宁上有必要时，警察官得限制、禁止或解散在室外举行之集会、群众行动以及群众聚集。警察官亦得解散室内之集会……"可见，日本的《1900 年治安警察法》对公开集会予以周全的限制，对集会时间、地点、路线、发起人等一一作出规定，并采用兜底条款对行政权限采取模糊策略，由此对民众的和平集会权利可以肆无忌惮的进行剥夺。而进行和平集会的权利、用出版或任何其他方法发表自己意见的权利，是人的自由的极明显后果。由于专制主义的存在或记忆犹新，故有鲜明的确定这些权利存在的必要。[3] 而日本所谓的《1900 年治安警察法》却从根本上将这些权利剥夺了。

公民拥有的结社自由、和平集会自由、言论自由是民众应当享有的一项民主人权，他们使用这种自由是要使之成为表达他们愿望的工具并承认别人的同等自由。这些自由的权利不是轻而易举获得的，反动政府和权力阶级总在试图剥夺和限制民众的这些自然权利，而广大人民只有通过不断奋斗和抗争才能获得。为何要争取自由，在于这些结社、集会、言论的自由带来了相当大的个人行动自由，它打破了统

---

〔1〕〔法〕罗伯斯庇尔：《革命法制和审判》，赵涵舆译，商务印书馆 1985 年版，第 137 页。

〔2〕〔法〕罗伯斯庇尔：《革命法制和审判》，赵涵舆译，商务印书馆 1985 年版，第 137 页。

〔3〕〔法〕罗伯斯庇尔：《革命法制和审判》，赵涵舆译，商务印书馆 1985 年版，第 137 页。

一行动的惯例和传统上的限制，扩大了个人表达意见的范围，并且由于那些志同道合的人自由联合而使自我表达意见的范围进一步扩大，争取个人自由的斗争基本上往争取结社、集会、言论自由的斗争的掩护下进行的。[1]

---

[1]　[英] 乔·柯尔：《费边社会主义》，夏遇南等译，商务印书馆 1984 年版，第 113 页。

第11章
中国近现代行政法思想

第一节 晚清的行政法思想

一、清末改革派的行政法思想

1840年以前，清政权曾经历了康雍乾三朝盛世，可以说已经达到了封建体制发展的顶峰。但是，长期推行的闭关锁国政策使国家对世界的发展完全处于闭塞无知的状态。当时西方各国伴随着17世纪开始的工业革命，社会生产力突飞猛进，至第一次鸦片战争爆发前夜，中国的综合国力已经远远落后于西方工业国家。不仅如此，在政治体制方面，晚清的封建专制体制已经弊端百出，民族矛盾、阶级矛盾和社会矛盾激化，社会危机泛起。以1840年鸦片战争为突破口，"天朝上国"的金锁铜关被打破，中国社会开始发生全面而急剧的变革，传统的制度文化随着西方列强的入侵而开始发生不可逆转的蜕变。

早在鸦片战争之前，晚清的一些开明官僚士大夫就痛感祖宗之法的弊病，呼吁对清朝法制进行改革，并开始着手对西方制度文明的译介。这些开明的官僚士大夫逐渐形成了一个思想政治派别，即所谓的清末改革派，其中的代表人物就是林则徐、魏源和龚自珍等。他们提出了许多在当时颇为先进的行政管理理念和方略，他们的行政法思想，在那个特殊的历史转折时期，起到了承上启下的作用。

（一）林则徐的行政法思想

林则徐（1785～1850年），字少穆，福建侯官县（今闽侯县）人。林则徐是中国近代史上一位伟大的人物，被誉为"近代中国开眼看世界之第一人"。他不仅是晚清一位政绩卓著的封疆大吏，而且在禁烟御侮的运动中奠定了其民族英雄的历史地位。林则徐的行政法思想比较丰富，主要内容包括民本思想、廉政思想和睁眼看世界的经世致用等思想。

林则徐行政法思想的核心是"民惟邦本"。这一思想的渊源可以追溯到古代，孟子曾有"民为贵，君为轻"的思想。封建儒家传统的"民本"思想与"尊君论"相辅相成，认为"民"是君主统治国家的基础，重民力、顺民意、关怀民生疾苦都是为了君主专制统治的长治久安。林则徐深受传统儒家思想的熏陶，其民本思想也是从维护封建政权出发，但林则徐的民本思想在继承古人思想的基础上有着更明显的时代特征，在西方发达国家对落后的中国进行挑战的严酷现实面前，林则徐把传统的民本主义提升到了一个史新的境界。其一，恤民生以筹国计。清末灾荒连年，民生疾苦，林则徐把潜心济赈、安抚民心、为民请命作为重要职责，为民力争减缓征赋，他认为"下恤民生，正所以上筹国计。"[1] 他认定"民瘼攸关"，不能掉以轻心。在中国从中世纪向近代转变的关键时刻，他把为官从政的重心在很大程度上放在帮助人民发展生产，发展社会经济上，抓住了国家的固本之根本，这也是林则徐比历史上民本思想家更进一步的地方。林则徐认为水利为农田之本，"水道多一分疏通，即田畴多一分依赖"。[2] 他从政期间兴修水利，推广农业科技，促进农业生产的发展，并且进行漕政改革，提出许多消弭漕政积弊的设想，谋划南北经济共同发展，是为民兴大利、为国图大安的重大举措。尽管漕政改革的许多方案未能实现，但已经充分体现了他高人一着的政治胆识和以民为本的思想。其二，商农并举。林则徐十分重视"商民"作为"兴邦之本"的地位和作用，积极维护商人的利益。他在上奏皇帝的奏折中集中表达过自己的商品意识和商品经济思想，他引"年老商民"之见为己见，反对损害商民利益的"骤平洋钱之价"[3] 和禁止商民使用"钱票"的盲目措施，并且在中国第一个提出建立本国银本位货币制度的先进主张，支持盐制改革，对于活跃和发展商业资本起了积极作用。鸦片战争期间他反对清政府闭关锁国不准华商出洋经商的政策，主张鼓励华商出洋与外商竞争，发展近代对外贸易，并且应战后经济形势变化之需，提出反对官府垄断矿业，提出"裕用足民，利用厚生"的积极主张，允许、鼓励和保障商民"朋职伙办"矿业。林则徐这些思想和举措符合新的生产关系和生产力的发展方向，适应社会历史发展的客观趋势。对于突破封建生产关系对生产力的束缚，改善民生，缓解阶级矛盾有重要作用。其三，扩张"民"的概念。林则徐把"民惟邦本"中"民"的概念予以符合时代的扩张，把"民"的范围从传统的"绅民"、"殷民"、"大户"、"业户"和"士民"扩大到"平民"、"贫民"、"穷民"和"小民"等下层民众，尤其是他痛心疾首地深情称呼遭受鸦片毒害的"烟民"为"吾民"，想方设法进行教育救治。对于少数民族，他指出："汉回虽气类各分，而自朝廷视之，皆为赤子"，他反对民族歧视政策，力图"务使汉回日久相安"。[4] 其四，肯定和发挥"民"在"卫邦"中的地位和作用。林则徐对各类"民"的权利充分肯定，并且主张依恃"民"力，进行抗敌卫邦，并且努力师夷长技，努力用先进技艺武装卫邦之民。他在广东发动沿海军民禁烟杀敌，在新疆力谋足民实边的史实足以佐证。

---

〔1〕《林则徐集·奏稿》（上册），中华书局 1965 年版，第 148 页。
〔2〕《林则徐集·奏稿》（上册），中华书局 1965 年版，第 237 页。
〔3〕《林则徐集·奏稿》（上册），中华书局 1965 年版，第 148～152 页。
〔4〕《林则徐集·奏稿》（下册），中华书局 1965 年版，第 984、985、987、1070～1072 页。

林则徐为政清廉狷介，察己律吏。《清史列传·林则徐传》称他"治狱严明"。他任江苏按察使时振扬风纪，澄清吏治，"申理淹滞，搏击豪强，风采卓著"[1]，在救灾中自己率先捐廉，对其他官绅起到了良好的表率作用。在任职期间，"事事体乎民情出之"，孜孜求治，在许多方面表现了最优的政绩，其中包括吏治、赈灾、漕务、水利等。林则徐的廉政思想不仅表现在对自己施政过程中，同时表现在考察吏治上。他在一篇奏折中说："深思原本，而必以察吏为最极"[2]他对人事行政有自己独到的见解，考绩的要旨体现在四个方面，一是要求"自察"，即自律，以身作则，以上带下；二是"事事与属员求其实际"，即实事求是；三是"出具切实考语"；四是要"手缮清单"，相当于今日的述职审查。

林则徐自江苏任职到广东禁烟抗英直至谪戍西北边陲，一直注意了解西方。他通过多重渠道了解、研究和应用西方科技，收集西方政治、经济、军事、科技等资料，"凡以海洋事进者，无不纳之；所得夷书，就地翻译"[3] 林则徐将传统文化中的经世致用思想运用于探求外来先进文化的实践之中，他将英国人主办的《广州周报》和《广州纪事报》编辑翻译成《澳门月报》，组织力量翻译了英人慕瑞的《世界地理大全》，编为《四州志》，作为后来魏源《海国图志》的蓝本。为了了解各国的法律制度和外人对华的评论，他还选择编译了《各国律例》和《华事夷言》等。在不断搜集和研究西方资料的基础上，他逐步了解西方主要资本主义国家的发展历史和富强现象，对其先进的政治制度、经济实力和军事科学技术等有了一定认识，并将其运用于他治下的经济、军事、人事行政等诸方面，如货币体制改革、荒政中的选才用人思想和"器良技熟"的建军思想等，作出了一个转折时期政治家的历史贡献。

(二) 魏源的行政法思想

魏源 (1794～1857 年)，字默深，湖南邵阳县人。他在鸦片战争前，曾代人编辑《皇朝经世文编》，又先后为林则徐等筹议漕运、水利、盐政等问题，所以他既广泛涉猎了典籍掌故和财经、刑兵等"经世"文献，又积累了政治和经济方面的实际知识。鸦片战争爆发后，他参与了浙江省前线抗英战争的筹划。后来，他写了《圣武记》，历述清皇朝过去武功上的胜利，用意在与当时军事上的颓势相对照。又综述各国历史、地理及中国应采取的对外政策，写成了《海国图志》100 卷。除此之外，魏源的主要著作还有《古微堂内外集》等。

魏源在林则徐提出的"睁眼看世界"的基础上，进一步明确提出"师夷长技以制夷"的思想，对于转变封建思想的保守风气，有着重要影响。

魏源认为专制君主"高危自处"，下情无法上达。他将国家机构与社会比做人

---

[1] 《林文忠公事传》，参见《续碑传集》卷二四。

[2] 《清史》卷一百四十七，《艺文志》二。

[3] 《林则徐致怡良书柬》。

的躯体，"后元首，相股肱，诤臣喉舌。然则孰为其鼻息？大非庶人软"！所有"九窍、百骸、四肢之存亡"，全"视乎鼻息""口可以终日闭，而鼻不可一息"，[1] 魏源揭露在庶民无法与君主沟通的专制政治下，帝王以天下为一己之私的实质。他要求帝王将自己看成众人中一员，"天子者众人所积而成"，天子要"自视为众人中之一，斯视天下为天下人之天下"，[2] 并提出"独得之见，必不如众议之参同也"。[3] 魏源的这些观点已经具有某些民主色彩。

魏源认为法律可变而且必变，他说："天下无数百年不弊之法，无穷极不变之法，无不除弊而能兴利之法，无不易简而能变通之法。"[4] 所以当政者不能墨守成规，应当因时制变，"善治民者不泥法"，"守陈案者不可与言律"。[5] 魏源不仅主张立法要因时变通，而且法和刑的具体运用也要因时而异，当政者要根据不同情况决定法的宽严和刑的轻重，所谓"天下有重典而不为酷者，惩一儆百，辟以止辟是也；有最轻之典而人莫敢犯者，有耻且格是也。"

魏源反对他生活的年代空疏且脱离实际的腐败学风，讥讽道学家们满口"心性"，实际上却"民瘼之不求，吏治之不习，国计边防之不问"，[6] 痛斥腐儒的无用误国，不是治国之材。魏源强调"不汲汲求立法，而惟求用法之人"，[7] 所以用合适的人执法用法是关键。而人才非常难得。"今夫财用不足，国非贫，人才不竞之谓贫"，"故先王不患财用而惟亟人才"，"人才进则军政修，人心肃则国威遒"。[8] 尽管魏源的人才观延续了传统"有治人，无治法"的人治思想，但是严格选人制度，将任官的标准限制在法定范围内，有利于人民。

在对外国侵略的问题上，魏源反对当权派的闭塞无知和盲目自大，批判他们拒绝吸取西方国家的"长技"和把机器看做"奇技淫巧"的保守思想。他提出了有名的"师夷长技以制夷"的主张，也就是学习西方资本主义国家先进科学技术和养兵练兵之法，以抵御外国的侵略。他在《海国图志》中介绍各国的历史、地理之外，开始接触西方各国的政治、法律制度，介绍了美国的民主制和总统制，对于"不设君位"，只立"官长贵族"的瑞士推崇备至，认为是"西土之桃花源"。他已将资产阶级民主看成优越于中国封建君主专制的制度。尽管他对西方的了解不够完备，但是却对国内知识分子有一定启蒙意义。

---

〔1〕《默觚下·治篇十二》，《魏源集》（上册）。
〔2〕《默觚下·治篇三》，《魏源集》（上册）。
〔3〕《默觚下·治篇五》，《魏源集》（上册）。
〔4〕《筹鹾篇》，《魏源集》（下册）。
〔5〕《默觚下·治篇五》，《魏源集》（上册）。
〔6〕《默觚下·治篇五》，《魏源集》（上册）。
〔7〕《海国图志》，《筹海篇四》。
〔8〕《圣武记序》，《魏源集》（上册）。

（三）龚自珍的行政法思想

龚自珍（1792～1841 年），号定庵，浙江仁和县（今杭州市）人，作为第一次鸦片战争时期"开风气之先"的思想家，他是清末改革派的重要代表人物，也是近代资产阶级改良派的思想先驱。龚自珍生逢清朝由盛转衰的嘉道年间，面对专制政治造成的万马齐喑的局面，他结束了清代士大夫埋首考据，避谈国是的沉闷局面，勇作登高之呼，大胆倡导改革。与魏源相似，他认为"法无不改"，"事例无不变迁"，形势终要发生变化，提出"更法"的主张。他的著作被后人编为《龚自珍全集》。

龚自珍在其所写的《明良四论》中，犀利泼辣地勾画了清代官场的腐败。大小官僚"不知有耻"，"自其敷奏之日，始进之年，而耻已存者寡矣！官益久，则气愈媮；望愈崇，则谄愈固；地益近，则媚亦益工"，"臣节之盛，扫地尽矣"。"政要之官，知车马、服饰、言辞捷给而已，外此非所知也。清暇之官，知作书法、赓诗而已，外此非所问也。堂陛之言，探喜怒以为节，蒙色笑，获燕闲之赏，则扬扬然以喜，出夸其门生、妻子；小不霁，则头抢地而去，别求夫可以受眷之法。""封疆万万之一有缓急，则纷纷鸠燕逝而已"。[1] 在勾勒出这幅行政道德危机图后，龚自珍进一步分析了造成这种危机的根源在于晚清的行政管理体制上，并提出了解决之道。

龚自珍详细分析了晚清行政管理体制的弊端。首先是人事管理上，君主实行集权管理，皇帝乾纲独断，对臣下万般约束羁縻，导致群臣廉耻丧失，不能自尊自重，没有政治责任心，"具思全躯保室家，不复有所作为"，[2] 并且行政组织没有生机和活力，君不信臣，制定繁苛戒律，群臣不能发挥主动性和积极性。其次是科举制造成官吏教育和选拔上弊端百出。他认为八股取士制度，严重地束缚士人的思想，不能选拔真才。在龚自珍看来，当时科举考试的内容多是些脱离实际的"无用之学"，士人学用分离，他们踏上仕途，非但不能给国家带来好处，反而使政治日趋败坏。再次是用人行政方面任人惟资，不分愚贤，官吏晋升制度存在明显缺陷。他说：凡仕宦者，由读书而登仕途，大抵需 30 年，从入仕开始算起，要 35 年才能升至一品大员，最快也要 30 年，贤智者不得逾越，愚而不肖者也可以挨到。岁月无情，人已垂垂老矣，精神已惫，又"因阅历而审顾，因审顾而退葸，因退葸而尸玩，仕久而恋其籍，年高而顾其子孙，偬然终日，不肯自请去"。而英奇之士无由得进，无法适时实现新陈代谢。由于任人惟资，资格浅者安静以守格，资格深者安静以守位，人为的努力都变成多余的了，"此时大幅所以尽奄然而无有生气者也"。他深刻地指出："当今之弊，亦或出于此，此不可不为变通者也。"[3] 最后是幕僚制度助长了吏治腐败。科举制度下出仕的官僚缺乏理政必备的刑名、钱粮等方面的实务知识，而

〔1〕《龚自珍全集·明良论四》。

〔2〕《龚自珍全集·明良论一》。

〔3〕《龚自珍全集·明良论三》。

频繁的岗位轮换使地方官不能充分当地的风土人情。因而许多行政事务不得不依赖幕僚胥吏去办理，从而为胥吏操纵行政事务创造了条件。官僚的昏庸无能使幕僚胥吏对官僚的控制操纵。在他们的操纵下，枉法裁判、屈法贪赃势所难免，加剧了吏治的腐败。

在分析封建体制的弊病之余，龚自珍提出了自己的行政改革建言。首先，改善权力运行机制，调动臣僚积极性，提高行政效率。他希望君臣共治天下，君臣一体，集思广益。他认为传统的君出令，臣行君之令的行政运行机制缺乏活力，君主不必事无巨细样样过问，只需"总其大端"，将权力下放给臣僚，使其能够充分发挥才干，处理分内政务，变消极行政为积极行政。他说："内外大臣之权，殆亦不可以不重，权不重则气不振，气不振则偷，偷则敝。""权不重则民不畏，不畏则狎，狎则变。"[1]　其次，废除八股和任人惟资的旧习。龚自珍曾经尖锐地指出八股考试使举国上下"左无才相，右无才史，阃无才将，庠序无才士"。[2]他主张从人才选拔和任官制度入手进行改革，废除八股，代之以"讽书射策"，即模仿汉代的"讽书射策"，选拔通经致用的人才。与此相应，他强烈要求破除任人惟资的陋习，大声疾呼："我劝天公重抖擞，不拘一格降人才。"[3]　主张用人不限资格，对有真才实学的人，要大胆破格擢用。最后，提出"学而入政"的建议，入仕前先学一定兵刑钱谷政教等经世致用的专业知识，改变流行的那种繁琐空疏的学风，"认真研究现状，以诵本朝之法，读本朝之书为率"，[4]　以提高官僚队伍的整体素质。除此之外，龚自珍还提出厚俸养廉、礼贤养耻等改革吏治的措施。

龚自珍虽然没有从根本上否定君主制和儒家的政治理念，但在士林噤若寒蝉、人人畏谈国是的嘉道年间，他的这些行政法思想为近代经世之学的勃兴、士人议政和政治改革指引了方向，可谓影响深远。

二、太平天国的行政法制与行政法思想

太平天国运动是发生于鸦片战争后10年中国社会急剧动荡变革的时期的一场反封建反侵略的农民革命运动，是中国近代史上第一次革命高潮，自1851年1月由洪秀全领导在广西桂平县金田村起义而开始，历时10余年，席卷了大半个中国，建都天京（南京）。由于这次革命爆发时历史发展已经步入近代，它的一些先进代表人物已经开始接触西方文化，因此虽然建立的是农民革命政权，但受西方基督教平等观念影响，它的行政法制中包含平等、民主法律思想，提出以"天朝"取代清朝；以"天法"取代"妖法"；以"平均分田"取代封建土地制度；以"上帝教义"取

〔1〕《龚自珍全集·明良论四》。
〔2〕《乙丙之际箸议第九》。
〔3〕《乙亥杂诗》。
〔4〕《乙丙之际箸议第六》。

代正统儒学，猛烈冲击了晚清的封建法制以及封建法律思想，对中国行政法的近代化演进有深远的影响。

太平天国包括行政法制在内的一系列法律制度的建设是逐步发展的，概括起来可以分为三个阶段：第一阶段是初创阶段（自 1851 年 1 月金田起义到 1853 年 3 月太平军攻克南京）。金田起义之前，拜上帝会就号召"不从清朝法律"，在金田起义时颁布了简明纪律五条，是军纪，也是太平天国运动中最初的法律。到 1851 年 9 月永安建制，颁布了《十款天条》和《太平条规》，作为治理军民的法律，有效约束了起义军队，调整革命过程中的各种法律关系，推动战争迅速发展。第二阶段是确立阶段（自 1853 年 3 月太平天国定都天京到 1856 年天京变乱）。这个阶段奠定了太平天国的法制基础。1853 年制定和颁布的《天朝田亩制度》是太平天国的土地纲领，也是土地行政管理领域中的立法。另外天王洪秀全和其他各王的诏令、诏谕、命令、条例等也是当时太平天国行政法的基本渊源。第三阶段是松弛瓦解阶段（自 1856 年"天京变乱"到 1864 年 7 月天京陷落）。这个阶段起义初期起着积极作用的平等精神在行政、立法中逐渐让位于封建等级特权思想，太平天国的法制松弛并一步步封建化，最终败灭。虽然 1859 年洪仁玕著成《资政新篇》，提出改革法制、革故鼎新的许多主张，把健全法制作为改革内政的重心，但最终没能挽回天国的危局，太平天国的法制最终瓦解。

太平天国的革命锋芒指向清朝封建专制统治和旧法律制度下的阶级不平等、民主不平等、男女不平等，行政腐败等，所以其建立的代表农民阶级利益的政权的目标是力图建立一种以平等与有限民主为基础的新行政法制。因此太平天国广泛吸收下层劳动人民参加政权，力图把"凌夺斗杀之世"改变为"公平正直之世"，使"强不犯弱，众不暴寡，智不诈愚，勇不苦怯"。同时，在人事行政方面也渗透了太平天国农民的朴素的平等与民主观念，官吏的铨选、赏罚、升降制度中体现了论功行赏、选贤任能的原则。在太平天国起义初期洪秀全颁布了"小功有小赏，大功有大封"[1] 的记录功罪的诏令，《天朝田亩制度》则将对官吏的铨选、升降的规定制度化，以是否遵守《十款天条》和命令区分忠奸，忠者，"由卑升至高，世其官"，奸者，"由高贬至卑，黜为农"。对于基层官吏的选拔实行保举制度，"举得其人，保举者受赏，举非其人，保举者受罚"。一定官职以上的官吏之间可以互相保举和奏贬，一定官职一下则只可上级保举下级，如有大功大奸则可破例。同时在选拔人才时还注重任人唯贤和实行考试制度。太平天国前期执行这些制度是比较严格认真的，有功及时升迁，赏罚当时，严明奖惩，虽国宗王戚亦不例外，并对新任命的官员发给"官执照"，以示令严命重，"其法至严，凡有失利取败，违令私财，重则立斩，轻则责降，不敢徇情，略无姑息。有功亦破格升迁，赏不逾时，而桀骜不驯之徒，

---

[1] 《天命诏旨书》，《太平天国》第 1 册。

遂群焉俯首，甘心服役，至身临矢石而不惴，膏涂草野而无悔矣"。[1] 但到后期这些认真奖励军功、严格铨选、考课的制度遭到了破坏，官员"动以升迁为荣，几若一岁九迁而犹缓，一月三迁而犹未足"。[2] 但是保举制度导致太平天国官制之滥，不可避免地出现了个人专权和朋党之弊。除此之外，太平天国还提出了社会组织改革方案，以军政合一、兵农合一为基础，《天朝田亩制度》中对农村的政治做了具体规定，试图建立公社式社会基层组织。

太平天国行政法思想的代表人物是洪秀全和洪仁玕。洪秀全（1814～1864年），广东花县人，是太平天国运动的组织者、发动者和精神领袖，也是中国近代学习西方寻求中国出路的先进人物之一。他四次到广州参加清朝的科举考试名落孙山，但是广州的对外开放使他眼界变得开阔，认识到外国的侵略对中国带来的深重苦难，基督教的平等思想启发他逐步摆脱某些封建纲常观念的束缚，创建"拜上帝会"，组织革命反清。他的法律思想既继承了中国古代的大同思想，也接受了基督教义中的某些因素，主要体现在不同时期的著作、条例、纲领、诰谕和他创建的太平天国各项法制中，他的民主行政思想以"政治平等、经济平等、男女平等、民族平等、天下一家、共享太平"为主要内容。他设计的"天国"的国家方案是要取代封建专制政权，"斩邪留正"，消灭被称为"阎罗妖"及其"妖徒鬼卒"的清统治阶层及其官僚组织，要建立一个"天地新、朝廷新、天国新、天堂新、世界新、爵职新、山海新、臣民新、景瑞新、万象新"的新朝。在他的领导下，太平天国一系列的行政立法出台并在前期得以良好实施。但是在政治制度的建设上，洪秀全尽管主张实施论功行赏、选贤任能的官吏铨选、考课制度，但是他仍沿袭"君权神授"的封建专制思想，他在《天父诗》中写道："只有人错无天错，只有臣错无圣错。"因此他主导建立的太平天国以天王为首的政体，尽管体现了朴素的原始的民主原则，引发了农民阶层的革命创造力和牺牲精神，但其实质仍是专制主义，因此官吏的铨选、升降都必须由"军师直启天王主断"，不会有群众参加。定都天京后，养尊处优的生活使洪秀全的思想发生变化，"不问政事"，封建思想和迷信观念逐步发展，致使"谗佞张扬，明贤倔避，豪杰不登"，[3] 形成立政无章，大纲紊乱的局面，作为太平天国最高领导人，他应当为铨选、升降官员的制度在太平后期被破坏殆尽负主要责任。

太平天国另一个行政法思想的代表人物是洪仁玕。洪仁玕（1822～1864年），号益谦，别字吉甫，洪秀全族弟，是太平天国后期主要领导人。长期生活海外，研读了许多西方的自然科学和社会政治学著作，受西方政治法律思想影响较多，著有《资政新篇》、《英杰归真》、《立法制喧谕》等。洪仁玕的行政法思想带有近代西方

〔1〕《贼情汇纂》，《太平天国》第3册。
〔2〕《立法制喧谕》。
〔3〕《忠王李秀成自述》。

法文化的色彩，力图用西方的经济、政治、法律来改造中国的行政法制，他以革新太平天国内政为目的著述的《资政新篇》关于采用某些西方国家立法的建议是中国近代法律思想史上最早的相关主张。他总理天国政事期间，强调"国家以法制为先"，[1] 以英、法、俄等西方国家强盛的现状和天国早期胜利的事实说明法制对革除弊端、增强国力的重要性。洪仁玕主张学习西方的民主政治，赞美美国民主选举、众议立政的制度，推崇西方新闻舆论在民主政治的重要作用，要求加强中央集权和民众参政相结合，"收民心公议"，给地方议政、参政和施政的应有权力。洪仁玕认为依法行政是完善法制的关键，"先要禁为官者，渐次严禁在下"。与此同时，洪仁玕非常重视整饬吏治，认为"设法"和"用人"应当并重，"夫国家机要，惟在铨选"，[2] 要使国家用人得当，首先必须健全铨选之法，并且法与人在治国中"二者并行不悖"，[3] 这在一定程度上超越了中国传统的人治思想，表现出法治的倾向。总之，洪仁玕的行政思想既受儒家传统思想的影响，同时也体现了西方民主、合法行政的精神，在当时具有积极意义。

三、洋务派的行政法思想

历时 15 年的太平天国运动对封建政治、经济、文化产生了巨大冲击，加深了清朝统治的政治危机。为了拯救清朝的统治，19 世纪 60 年代，在西方列强的疯狂入侵和太平天国农民革命的强大攻势下，为了解除来自国内外的双重压力，洋务运动开始兴起，日趋买办化的官僚集团在清王朝统治集团中形成了一个主张以"富国强兵"为目的、以"借法自强"为手段，从"洋器"入手学习西方国家科学技术和器物文明的重要派别，史称"洋务派"。洋务派奉行的指导原则是"中体西用"，即"以中国之伦常名教为原本，辅以诸国富强之术"。[4] 他们的行政法思想可以说由曾国藩等发其端，李鸿章等继其绪，张之洞总其成。尽管洋务派没有给中国带来真正的富强，也没有最终挽救晚清的政治危机，但是他们的行政法思想影响了清朝的政策和国家活动，并且对资产阶级改良派行政法思想的形成以及清末的变法修律都有一定影响。

以曾国藩、李鸿章、张之洞为主要代表人物的洋务派，虽然投身洋务的时间、经历不同，与满洲权贵或其他洋务官僚之间存在不同的认识，矛盾重重，但是，在实施洋务事业的方针、政策和策略上以及在如何巩固清王朝统治秩序的问题上，他们目标统一，共同积极推进洋务事业的实践。他们在洋务运动中体现出来的行政法思想对近代中国行政法制有很重要的影响作用。

---

〔1〕《立法制喧谕》。

〔2〕《立法制喧谕》。

〔3〕《资政新篇》，《太平天国》第 2 册。

〔4〕《校邠庐抗议·采西学议》。

（一）追求务实、廉洁、高效的行政原则

曾国藩、李鸿章、张之洞等人都久经官海，都曾为独当一面的封疆大吏，所以都深切感受到晚清官场上空疏无用、崇尚奢侈的官风和拖沓低下的行政效率，所以他们有针对性地提出务实、廉洁、高效的行政原则，这一思想犹以曾国藩为典型。

曾国藩早年致力于程朱理学，但他并未陷于性理玄谈，而是一方面讲求内圣，一方面追求经世。在修身、节欲的同时，"于经世之务及在朝掌故，分汇记录"[1]针对漕运、水利、盐课、海运、河堤、钱法等许多经济行政的问题，当时许多理学家认为属于"具体利事"而不屑论及，但曾国藩认为它们与国计民生相关，应当予以重视，"综括天下事，而于食货之政稍缺，乃其盐课、海运、钱法、河堤各事，抄辑近时奏议之切当时务者，别为六卷……"[2]这反映了他反对空谈，重视行政实务的行政法观念，他在劝戒官员"禁大言以务实"[3]的同时，强调行政的廉洁与高效。他说："历览有国有家之兴，皆由克勤克俭所致；其衰也，则反是。"他强调要"崇俭约以养廉"，为了消弭晚清的奢侈挥霍之风，他著《劝戒州县四条》、《劝戒委员四条》、《劝戒绅士四条》，希望以此增强官员廉洁意识，抑制腐败行为，他自己也奉行廉洁原则修己、齐家、治吏，长期为封疆大吏而俭朴自持。曾国藩非常痛恨官场上普遍存在的办事拖拉推诿的状况，他说："凡公事迟延通弊有二：曰支，曰展。支者推诿他人……展者迟延时日。"[4]因此他要求大小衙门不得积压公文，并且精简行政人员和简化文牍，官员在行政管理过程中"宜从大处分清界限，不宜从小处剖析微茫"，[5]从而提高行政管理的效能，做到高效行政。

（二）以自强为目的的军事行政思想

洋务派主张学习西方近代科学技术，兴办军事工业，提出"自强以练兵为要，练兵又以制器为先"的方针，编练军队，为中国近代军事行政制度的建设创造了基础。两次鸦片战争失败后，中国面对"轮船电报之速，瞬息万变，军器机事之精，工力百倍"[6]的西方劲敌，洋务派正视现实，寻求中国自处之道，形成自强的观念。李鸿章说，"中国欲自强，莫如学习外国利器，欲学习外国利器，则莫如觅制器之器，师其法而不必尽用其人"[7]而曾国藩也把"购买外洋船炮"提到"今日救时之第一要务"[8]的高度。他们也重视本国军事工业的独立发展，指出"购器甚

〔1〕《曾文正公全集·年谱》咸丰元年。

〔2〕《曾文正公全集·年谱》道光廿八年。

〔3〕《劝戒委员四条·杂著》，《曾国藩全集·诗文》。

〔4〕《直隶清讼事宜十条·杂著》，《曾国藩全集·诗文》。

〔5〕《致沅弟》，《曾国藩全集·家书》。

〔6〕《李文忠公全集·奏稿》卷二四，台北文海出版社1974年版，第9页。

〔7〕《筹办夷务始末》（同治期）卷二五，中华书局1979年版，第7页。

〔8〕《曾文正公全集·奏稿》卷一四，上海新文化书社印行，第18页。

难，得其用而昧其体，终属挟持无具"，而自行制造才能达到"师其所能，多其所恃"[1] 的目的。他们的这种军事思想有效推动了近代军事工业的发展。在发展军事工业的同时，他们希望通过学习西方军事技术编练军队，使军事管理法律化。从当年湘军和淮军实施的军事法规来看，洋务派已经认识到清朝的旧兵制必须革新，用西方的新式武器装备军队。而且在技术层面上学习西方外，还以建设近代海防为中心开始自己的军事法律制度，李鸿章亲自确定指导思想的《北洋海军章程》中就有与西方接轨且内容细致完备的船制、升擢、事故考校、俸饷等海军法律制度，其中许多渊源于英国海军法规。

（三）独具一格的人事行政思想

曾国藩说："国家之强，以得人为强。"[2] "人存而后政举。方今四方多难，纲纪紊乱，将欲维持成法，所须引用正人。"[3] 洋务派认识到人才的重要作用，在知人用人育才选才上有独具一格的人事行政思想。中国古代有治世尚德行、乱世重才能的原则，而洋务派在乱世之中并不仅重才能，而要求德才兼备，并且以德为先，"余谓德与才，不可偏重……与其无德而近于小人，毋宁无才而近于愚人"[4] 选好人才要善用人才，"虽有贤才，苟不适于用，不逮俗流……故世不患无才，患有才者不能器使适宜也"[5] 对于人才的考察培养洋务派主张勤教严绳，即以培育人才为己任，诲人不倦，并且对人才的道德、能力、作风等进行广泛考察，赏罚并用，强调"人才以培养而出，器识以历练而成"[6] 洋务派选用人才不拘一格，注意网罗各种不同类型的人才，以至当时在李鸿章"总督幕府中……凡法律、算学、天文、机器等专门家，无不毕集"[7] 洋务派的德才兼备、知人善任、勤教严绳、不拘一格的人事行政思想为洋务事业的发展奠定了人才基础，但是他们的行政思想未能突破人治的限制，在对待法治与人治的关系上，依旧执着于传统的人治论思想。

四、资产阶级改良派的行政法思想

19 世纪 70 年代，从洋务派中分化出一部分知识分子，如薛福成、马建忠、王韬、郑观应等，成为早期的资产阶级改良派。近代民族资本主义经济的产生为改良主义思想产生和发展奠定了经济基础，他们比起清末改革派、太平天国的领袖以及洋务派的代表，接触西方世界的范围更广阔，他们的行政法思想也更多地抛弃了儒家传统，容纳了更多西方上层建筑的内容，如西方的民主与法治和君主立宪制度。

〔1〕《李文忠公全集·奏稿》卷二六，台北文海出版社 1974 年版，第 19 页。

〔2〕《复左季高》，《曾文正公书札》卷四。

〔3〕《复毛寄云》，《曾文正公书札》卷十八。

〔4〕《曾文正公全集·杂著》。

〔5〕《曾文正公全集·杂著》。

〔6〕《求阙斋日记类钞·治道》。

〔7〕容闳：《西学东渐记》，岳麓书社 1985 年版，第 86 页。

但是在早期资产阶级改良派的眼里对西方文化的倡导与赞美仍是为了巩固封建政治，并试图在封建的政治土壤中培育资本主义，这样的改革方案显然是行不通的。到 19 世纪末，改良派进一步发展，政治舞台上出现以康有为等人为代表的资产阶级改良派宣传变法自强，并且发动维新变法的政治运动，力图建立资产阶级君主立宪制度，在中国开创宪政理论与实践。尽管戊戌变法败于强大的保守统治力量之手，但是对后来资产阶级民主革命的兴起有促进作用。

（一）甲午战争前早期资产阶级改良派的行政法思想

早期资产阶级改良派以薛福成、马建忠、王韬、郑观应、陈炽等为代表，他们自 19 世纪 70 年代起，在经济上，从本阶级的经济利益出发提倡振兴商务，与外商开展"商战"；在政治上，则在林则徐、魏源、洪仁玕、曾国藩、张之洞等的基础上，进一步将西方国家政治、法律制度介绍到中国，突破了洋务派"中学为体，西学为用"的观念，主张不仅要学习西方的先进科学技术，而且要学习西方的政治法律制度，认为以往"所谓变法者"，仅仅学习西方设立制造局、铸枪炮、造舟舰等，不过是"徒袭其皮毛"，[1] 更重要的是要参用西法，"减条教，省号令，开诚布公，而与民相见以天"。[2] 早期的资产阶级改良派比照了西方国家的君主、民主和君民共主三种政体，认为"惟君民共治，上下相通，君隐得以上达，君惠亦得以下逮"。[3] 郑观应提出："君主者权偏于上，民主者权偏于下，君民共主者权得其平。"[4] 在传统君权观影响下，早期资产阶级改良派眼里美国式的民主制"权偏于下"，是不能接受的，而英国式的君主立宪制更符合中国政治体制改革的方向，君主立宪思想自此发源。

当早期资产阶级改良派赞赏着西方的君主立宪制，积极为传统政治的改革寻找出路的同时，他们为中国的行政管理体制诊断病因，以期消除积弊，将西方的行政制度引入中国。郑观应认为中国行政管理体制的弊端在于"上下不通，症成关格，所以发为痿痹，一蹶不振"，"非顺民情，达民隐，设议院不可"[5] 而关于议院的具体设置办法，早期资产阶级改良派提出了不同的建言，有人主张将它与科举制度结合起来，有人主张将其与现行官僚体制融为一体，但他们理解的议会制度并不是三权分立下的权力机关，仍是附属于皇权，仅能充当咨询机构的角色。这是因为资产阶级作为新兴阶级在当时不成熟，难以突破深厚传统的束缚所造成的，但是他们倡言君主立宪、开设议院的行政改革主张成为康有为、梁启超的宪政理论和实践的

---

〔1〕 王韬：《弢园文录外编》，上海书店出版社 2002 年版，第 20 页。

〔2〕 王韬：《弢园文录外编》，上海书店出版社 2002 年版，第 13 页。

〔3〕 王韬：《弢园文录外编》，上海书店出版社 2002 年版，第 19 页。

〔4〕 "盛世危言·议院下附论——答某当道设议院论"，载夏东元编：《郑观应集》（上），上海人民出版社 1982 年版，第 316 页。

〔5〕 "盛世危言·议院下附论——答某当道设议院论"，载夏东元编：《郑观应集》（上），上海人民出版社 1982 年版，第 322 页。

先驱。

（二）戊戌维新时期资产阶级改良派的行政法思想

资产阶级改良派的法律思想到戊戌时期获得了长足的发展，在早期资产阶级改良派零碎片断的改良主义基础上形成了全面而系统的改良变法方针与政纲，并且催生了一场变法维新的政治运动，其领导者为康有为、梁启超、严复、谭嗣同等。这个时期的资产阶级改良派指责"二千年来君臣一伦，尤为黑暗否塞，无复人理，沿及今兹，方愈剧矣"，[1]认为中国现行的君主制度最终要进化为资产阶级民主共和制度，而当务之急是必须先进行改革，建立君主立宪制度。资产阶级改良派与清廷顽固派针对要不要变法、要不要变革封建政治制度、要不要改变封建教育制度展开激烈论战，认为"中国只有变法自新一途可走，此外别无选择"。[2]并且他们在批判封建的君主专制的同时，要求"伸民权"、"设议院"，认为议会与民权是宪政的两个方面，并且民权不伸，议会难开。梁启超等广泛介绍西学的基础上热情歌颂民权，"欲使吾国之国权与他国之国权平等……必先使吾国民在我国所享受之权利与他国民在彼国所享之权利平等"，[3]而要伸民权，他们又认为必要开民智。因此宪政的施行又与教育行政息息相关。严复说："善治如草木而民智如土田。民智既开，则下令如流水之源，善政不期举而自举。"否则，"虽有善政，迁地弗良"，势必要"淮橘成枳"。[4]梁启超也认为："凡国必风气先开，文学已盛，民智已成，乃可设议院……故强国以议院为本，议院以学校为本。"[5]提高全民的素养才能使民权的行使成为可能，而议会的设立才有意义。康有为等人在提出推行君主立宪的政纲和实行议会政治的途径之后，又提出学习西方国家实行三权分立，康有为在《上清帝第六书》中说："近泰西政论，皆言三权：有议政之官，有行政之官，有司法之官。三权立，然后政体备。"[6]从而引入西方的三权分立学说，主张在中国推行立法、行政、司法三权分立，为进一步变革传统行政法律体制提供了理论基础。可见资产阶级改良派的行政法律学说有力抨击了封建法文化的腐朽传统，在行政法思想史上起了巨大的思想启蒙作用。

第二节　孙中山的行政法思想

戊戌变法的失败证实了君主立宪在中国的不可行，资产阶级先进分子另辟蹊径寻求救国道路。1900 年前后，以孙中山为代表的革命党开始作为旧民主主义革命的

---

〔1〕《仁学》，《谭嗣同全集》（下册），中华书局 1982 年版，第 337 页。

〔2〕《变法通议·论不变法之害》，《饮冰室合集》（第 1 册），中华书局 1989 年版，第 8 页。

〔3〕《新民说·论权利思想》，《饮冰室合集》（第 6 册），中华书局 1989 年版，第 40 页。

〔4〕《天演论》导言八按语。

〔5〕《古议院考》，《饮冰室合集》（第 1 册），中华书局 1989 年版，第 96 页。

〔6〕《戊戌变法》（二），上海人民出版社 1957 年版，第 199 页。

主角登上政治舞台，民主立宪共和思想逐渐深入人心并凝聚成辛亥革命的巨大动力，将旧民主主义革命推上高峰。孙中山是这一历史时期行政法思想领域的代表人物，他的思想具有反帝反封建和民主性、民族性，尤其是凝结在五权宪法中的行政法律思想在近代具有中国特色。

孙中山（1866～1925年），名文，字德明，号日新，后改号逸仙，在日本曾化名中山樵，故后称孙中山，广东香山县（今中山市）人。他是中国近代伟大的民主革命家，早期在美国檀香山接受西方文化教育，1883年入香港皇仁书院就读，1892年毕业于香港西医书院。于1894年上书李鸿章，提出革新主张，遭拒绝后到檀香山组织兴中会——中国最早的资产阶级革命团体，并提出"驱除鞑虏，恢复中华，创立合众政府"的革命纲领。1895年广州起义失败后流亡欧洲，考察西方社会和政治、法律制度，逐步形成民族、民权、民生的三民主义思想体系。1905年，在日本领导兴中会结合华兴会和光复会组成中国同盟会，提出"驱除鞑虏，恢复中华，创立民国，平均地权"的纲领，创立《民报》，明确提出三民主义思想。1911年辛亥革命胜利，次年被推为中华民国临时大总统，组成临时参议院，通过《中华民国临时约法》。后因辛亥革命胜利果实被袁世凯窃取，1912年孙中山被迫辞去大总统职，不久改组同盟会为国民党。1913年发动"二次革命"讨袁，失败后流亡日本。1915年发表讨袁宣言。1917年掀起护法运动，并从1917年到1919年历时3年写出巨著《建国方略》。1924年1月，在广州主持召开中国国民党第一次全国代表大会，提出联俄、联共、扶助农工三大政策，重新解释三民主义，把旧三民主义发展成为新三民主义，建立国共两党合作第一次民族民主统一战线。孙中山的法律思想以三民主义为理论基础，深入批判封建专制主义的法律制度，同时根据天赋人权，自由、平等、博爱和法治等原则，阐发五权宪法、人权保障、行政参与等行政法思想。遗著编有《孙中山选集》、《孙中山全集》等。

一、五权宪法与行政法

孙中山的五权宪法思想是融合中西法律思想于一体的宪政思想，是在依赖中国的政治文化土壤的基础上，继承历史的政治文化积淀，汲取西方国家政治经验教训而形成的近代有中国特色的宪政思想。而他发现西方国家实行民主宪政共和制度，"地方秩序良好，物产丰富，商业发达，人民安居乐业"，"实由政府有法律，民众得保障所致"[1]于是在批判清朝统治的黑暗的同时，孙中山带着对民主、法治与宪政的想慕开始探索中国的政治改革出路。五权宪法是他三民主义理论体系中民权主义的主要内容，其目标是保证人民主权和直接民权。

"宪法者，国家之构成法，亦即人民权利之保障书也。"[2] "到底什么叫做宪

[1] 《总理事略》。
[2] 《中华民国宪法史前编序》，《孙中山全书》第4册。

法？所谓宪法者，就是将政权分几部分，各司其事而独立。"[1] 在理清宪法概念的基础上，论证制定宪法与建立民主共和国的关系，他明确指出："我们有了良好的宪法，才能建立一个真正的共和国家"，[2] 孙中山指出三权分立体制下代议制度容易变成"议会专制"，没有"直接民权"，[3] "西方民主国家中，国会既是立法机关，又是监察机关，往往擅用监察权，挟制行政机关，使他不得不俯首听命，因此，常常成为议会专制"；并且官员的产生"难免于埋没人才和任用私人"。因此，孙中山认为欧美宪法不适合中国国情。他指出，世界上"有文宪法是美国最好，无文宪法是英国最好。英是不能学的，美是不必学的"。[4] 同时，他考察了中国古老的科举考试制度和监察制度，认为"中国的考试制度是世界最好的制度"，[5] 从而孙中山在批判总结欧美各国宪法的基础上，参酌中国历史上的考试制度和监察制度，从"三权分立"的行政权中分割出考试权，从议会的立法权中独立出监察权，创立了独具特色的"五权宪法"。

五权宪法的核心是把政权和治权分开，由人民掌握"政权"，政府实施"治权"。"治权"相对于"政权"称作"能"，故称"权能分治"。人民的"政权"包括选举权、罢免权、创制权、复决权等四权，其中罢免权是人民管理官吏的权，复决权是人民管理法律的权。政府实施"治权"，采用五权分立体制，即立法权、司法权、行政权、考试权、监察权相互独立、相互制约。与此相应，中央政府实行五院制：一曰行政院，二曰立法院，三曰司法院，四曰考试院，五曰监察院。五院的组织法是宪法制定之后，由各县人民投票选举总统以组织行政院，选举代议士以组织立法院，其余三院之院长，由总统得立法院之同意而委任之，但不对总统、立法院负责，而五院皆对国民大会负责。各院人员失职，由监察院向国民大会弹劾之，而监察院人员失职，则国民大会自行弹劾而罢黜之。国民大会职权，专司宪法之修改，及制裁公仆之失职。国民大会及五院职员，与夫全国大小官吏，其资格皆由考试院定之。这些就是孙中山所主张的"五权宪法"。孙中山说："五权宪法是根据于三民主义的思想，用来组织国家的。……总而言之，三民主义和五权宪法，都是建国的方略。"[6] 在孙中山的这个方案中，国民大会直接代表民权，高于立法院（议会），行使中央统治权，享有对中央政府官员的选择权、罢免权和对中央法律的创制权、复决权。这样，"人民和政府的力量，才可以彼此平衡"。[7] 在孙中山提出的方略中，五权分立的确立既是直接民权的结果，又是直接民权的保证。他认为，只有

---

[1] 《孙中山选集·五权宪法》.
[2] 《孙中山选集·五权宪法》。
[3] 《孙中山选集·三民主义·民权主义》。
[4] 《三民主义与中国前途》。
[5] 《五权宪法》。
[6] 《孙中山选集·宣传造成群力》。
[7] 《孙中山选集·民权主义第六讲》。

这样"集合中外的精华"建立起来的政府,"才是完全的政府,才是完全的政府机关。有了这种政府机关,去替人民做工夫,才可以做很好很完全的工夫"[1] 孙中山为五权宪法设计了实现途径,即军政、训政、宪政三个阶段,"第一期为军政府督率国民扫除旧污之时代;第二期为军政府授地方自治权于人民,而自总揽国事之时代;第三期为军政府解除权柄,宪法上国家机关分掌国事之时代。俾我国民循序以进,养成自由平等之资格,中华民国之根本,胥于是乎在焉"[2]

五权宪法的提出具有近代中国的特色,既批判推翻封建专制统治,同时又对西方各国的政体去粗取精。孙中山提出五权分立、权能分开的主张。如前所述,他把政治权力分为政府权和人民权,认为"国民是主人,就是有权的人,政府是专门家,就是有能的人",[3] 即所谓权能分开,人民权包括管理官吏和管理法律的四种权力,政府权包括行政、立法、司法、考试、监察五权,由中央政府设立的五院行使。在人民权和政府权的关系方面,孙中山指出:"在一方面要政府的机器是万能,无论什么事情都可以做;又在他一方面要人民的工程师也有大力量,可以管理万能的机器……用人民的四个政权来管理政府的五个治权,那才算是一个完全的民权政治机关。有了这样的政治机关,人民和政府的力量才可以彼此平衡。"[4] 按照孙中山的设计方案,人民权和政府权既是相互制约又是相互平衡的。政府的权增大,人民的权也要随之增大,以制约政府,使政府按章行事,依法行政。

孙中山五权分立的分权制衡思想在中央与地方行政事权上的运用和发展表现为,根据行政事务性质区分中央与地方行政权限,并阐明中央与地方权力关系的限度。他说:"关于中央及地方之权限,采均权主义。凡事务有全国一致之性质者,划归中央;有因地制宜之性质者,划归地方。不偏听偏信与中央集权制或地方分权制。"[5] 孙中山提倡地方自治,认为地方之治发达,一省之治必然进步,推而广之,全国的治理也得到发展。他把地方自治看成是巩固国民和推进国家进步的基础,强调,"地方自治者,国之础石也。础不坚,则国不固……今后当注力于地方自治"[6] 中央行使间接民权,地方行使直接民权,两者共同构成民主共和制的行政管理体系。这种既以单一制集权维护国家统一,又采取联邦制分权发挥地方积极作用的思想是孙中山行政思想的独特之处。

孙中山指出,在欧美国家三权分立的体制下,官吏的选拔和任用或操之于行政机关,或单纯由选民选举。这两种做法都不可能做到任人唯贤,保证所用之人德才兼备。普选权虽然很好,若没有一个选举标准也会产生很多弊端,容易发生盲从滥

〔1〕《孙中山选集》(上卷),人民出版社1956年版,第700页。
〔2〕《孙中山全集》第9卷,中华书局1986年版,第353页。
〔3〕《孙中山选集》下卷,人民出版社1956年版,第740页。
〔4〕《孙中山选集》下卷,人民出版社1956年版,第798~799页。
〔5〕《孙中山全集》第9卷,中华书局1986年版,第123页。
〔6〕《孙中山全集》第3卷,中华书局1984年版,第327页。

举、任用私人，只有用考试办法限制被选举人，使那些无才无德、达不到一定标准的人，无法入选。所以他主张通过考试任用官吏，在三权分立基础上增加考试权并使之独立出来，以后国家用人行政，凡是人民的公仆，都要经过考试。期望能根据这种办法，最严密、最公平地选拔人才，使优秀人士掌国务。他认为只有通过考试才能避免无能之辈当政，才能使行政管理高效运作，充分发挥国家机器的效能。与此同时，孙中山主张加强对官员的管理，主张高薪养廉。他认为，中国吏治长期败坏的原因"在官俸微薄，地位不稳，又无养老金。故幸而得志，则借此机会拼命铲地皮，冀铲得一宗养老金"[1] 要推行养廉政策，消除腐败，充分发挥人才的聪明才智，为社会多作贡献。这套考选基础上的人事行政方案，反映了近代行政的科学性发展趋势，是孙中山在总结古今中外选官用人经验基础上形成的独具特色的人事行政思想。

　　孙中山认为中国传统政治中原本就有封建监察权可以用来在中国未来的民主政治中发挥积极的作用。他说："中国古时举行考试和监察的独立制度，也有很好的成绩。像满清的御史、唐朝的谏议大夫，都是很好的监察制度。执行这种制度的大权，就是监察权。"[2] 但是中国古代监察权皇权政治的一个组成部分，孙中山对其加以改造，首先，去掉君权，在立法、行政、司法三权分立的基础上将监察权从立法权中独立出来，设立独立的监察院来行使监察权，既可弹劾政府官员，也可监督国家政治，既防止欧美的"议会专制"，又防止中国的"君主专制"，保证国家机构正常运转，提高政府的管理效率。其次，孙中山的行政监察思想体现了他民权主义的行政法思想，他认为监察权应属于治权，必须接受人民政权的管理，监察人员失职则由国民大会自行弹劾而罢黜之；同时，监察权又与其他治权相互独立，相互制约，防止行政机关滥用权力。

　　当然，孙中山所构造的五权宪法理论也有其自身的局限性，如将国家机关的分工等同于分权，认为靠此可以实现直接民权就具有一定的空想性，又如他将人民大众视为"后知后觉"者、政府官员则是"先知先觉"者就体现了其思想的阶级局限性，至于建立"万能政府"和"全民政治"的设想也在很大程度上脱离了现实。然而，瑕不掩瑜，孙中山五权宪法理论及其包含的行政法思想融中西法律学说于一炉，在近代宪政思想的发展上留下了自己的丰碑，留给了我们宝贵的遗产。

二、人权保障与行政责任

　　孙中山的人权思想被很多学者认为是近代中国人权思想的逻辑起点。他的人权思想产生于当时社会启蒙与国家救亡图存的大背景下，因此孙中山法律观中的人权保障与西方不同。西方首先尊重和保护的是个人权利，并通过对他人权利的尊重达

---

〔1〕《孙中山全集》第1卷，中华书局1981年版，第319页。
〔2〕《孙中山全集》第9卷，中华书局1986年版，第353页。

到社会团体利益的实现，而孙中山的人权法以维护社会团体的共同利益为目标，在社会团体权利的基础上促进个人权利，"社会国家者，互助之体也"。[1] 他认为个体的生存与权利都是社会整体生存与权利的一部分。孙中山的人权思想融入了民族主义的意味，区别于现代人权法中作为完全独立价值实体的人权。[2] 孙中山强调"自法兰西《人权宣言》书出，自由平等博爱之义，昭若日月"，宣告民国"人权神圣"！指出民国革命，在于"去专制淫威，谋人民之幸福"，"重人权而彰公理"。[3] 孙中山人权保障的思想主要表达在他的三民主义理论体系中。民权主义中体现了人权中的公民权利和政治权利，民族主义中包含有现代民族自决的思想，民生主义则与人权中的经济权利相关。

孙中山呼吁保障人权，指责清王朝的统治是剥夺人权的专制统治，"他们侵犯我们不可让与的生存权、自由权和财产权"，"他们不依照适当的法律而剥夺我们的各种权利"。[4] 因此他要创建一个"用人民来做皇帝，用四万万人来做皇帝"的民权至上的理想中的"民国"，由人民管理政事，实现一种人民主权的宪政安排，为人民行使政治权利创造可能性和合法性，从而使最基本的人权得到保障。

由于当时中国陷于半殖民地的尴尬境地，孙中山提出民族主义以摆脱外来殖民统治，要求民族自决权，并强调维护国家安全与和平，具有远见地提倡开始"和平权"。鉴于古今民族生存的道理，要救中国，想中国民族永远存在，必要提倡民族主义。必须振起民族精神，求民权、民生之解决，以与外国奋斗。在民族自决的基础上，他又强调"要维持民族和国家的长久地位，还有道德问题，有了很好的道德，国家才能长治久安"。[5] 这里的道德，即"爱和平"。可见，孙中山一方面努力谋求中国在国际社会中的民族自决地位以摆脱殖民统治，另一方面提倡民族之间和平共处，团结平等。

孙中山的人权保障理论还体现在其民生主义中。"对外族的打不平，便要提倡民族主义；对国内的打不平，便是提倡民权主义"。[6] 民生主义关注人的生存和经济权利，具有现代意味。民生问题就是生存问题，民生就是人民的生活——社会的生存、国民的生计、群众的生民便是。当时中国国力低下，人民生活困苦艰难，孙中山顺应世界潮流，立足中国国情，提出保障人民经济权利，主张当人民衣食住行四种基本需要得不到满足时，"无论何人都可以向国家要求"，[7] 这里可以明确看出孙中山将公民生存和经济权利看做是个人的权利，由国家负责保障。

---

〔1〕《孙中山选集》（上卷），人民出版社1956年版，第141页。
〔2〕王人博："论民权与人权在近代的转换"，载《现代法学》1996年第3期。
〔3〕《辛亥革命资料》，中华书局1963年版，第29页。
〔4〕《孙中山全集》第1卷，中华书局1981年版，第252页。
〔5〕《孙中山文选》，上海远东出版社1994年版，第54页。
〔6〕《孙中山选集》（下卷），人民出版社1956年版，第547页。
〔7〕《孙中山文选》，上海远东出版社1994年版，第223页。

孙中山在呼吁保障人权的同时，并提出了行政责任制度的建设思想，主要体现在行政文化和行政制度建设上。首先，是要树立"天下为公"的行政文化，明确提出"官吏是人民的公仆"，在制定和颁布资产阶级共和国的根本大法《中华民国临时约法》时，孙中山坚持在这一大法中写上"中华民国之主权，属于国民全体"这一关键性条文。正因为在民国，人民当家做主，是权力的主体，所以，伸张民权，"人民管理政事"[1]要天下为公，不可家天下，民国提倡民权，人人权利平等。他指出，"中华民国既以人民为主体，国中之百官，上而总统，下而巡差，皆人民之公仆，首当守法，从舆论，为法治植其基"。他还主张实行官吏宣誓就职新例："凡百官吏就职，必发誓奉公守法，不取贿赂，以后有违誓者，必尽法惩治之。"[2]总之，在思想观念层面要求官吏遵纪守法，如有违法，都得追究法律责任，不允许任何人有超越法律的特权。其次，是改革旧的官僚制度，孙中山在行政改制方面都进行了大量研究和思考，并亲自主持有关各种行政组织、官制官规草案和条例的拟定起草。仅南京临时政府存在的3个月里，就先后颁布了《修正中华民国临时政府组织大纲》、《中华民国临时政府中央行政各部及其权限》、《各部官制通则》等数十个行政法规法令，详细规定了中央各部机构的设置、职权范围、办事规则、行政行为、官场称呼、行政公文程式等，以尽可能详尽的法律制度来推行依法行政，确保行政责任的落实，使民国中每个人都能享有生命、财产、言论等不受侵犯的权利。

三、行政法的秩序功能

人要组成社会，秩序是必不可少的。行政法作为一种社会规范，是社会秩序的重要载体之一，是用来防止行政管理领域无序的主要手段，所以秩序也就成为行政法最基本的价值之一。孙中山认为政即"众人之事"，治即"管理"，良好的政治就是拥有良好的社会秩序。对行政主体而言，秩序是社会存在的基础，也是政治运作所必须的条件和追求的结果。任何国家和政府，无论是民主的，还是专政的，都把追求秩序作为行政的主要功能，都以稳定秩序为根本要求。孙中山法律理论中强调了行政法的秩序功能。分析孙中山的行政法思想，可以发现他眼中行政法维持的秩序主要指国家机关的组织体系、职权、运转程式的秩序，而行政法的秩序功能主要表现在三个方面：一是将重要的行政管理秩序内化到行政法律、法令中去；二是行政立法创设行政制度，以使行政管理更有秩序；三是确保上述的行政领域中的法律秩序得以维系的强制力及其运行秩序。通过这三种途径实现的法律秩序，其最终目的不限于国家行政管理的运作有序，而且是为了保障人权，实现"民治、民享、民有"的资产阶级共和政治。

孙中山将拥有公权力的政府设想为"万能政府"，能够做任何事情，那么也就

---

〔1〕《孙中山全集》第2卷，中华书局1982年版，第2页。

〔2〕《孙中山全集》第5卷，中华书局1985年版，第429页。

意味着政府一旦失控，它将是社会、政治秩序潜在的最强大的破坏者，公权力的行使失序时会引起整个社会的秩序紊乱。孙中山在创建民国，建立南京临时政府的时候就注意到了这一点。孙中山领导的南京临时政府明确宣布：凡与共和相抵触的前法律条文均属无效；凡有损于中华民国国体的行为均在禁止之列；而一切有利于共和政体建设的行为，政府予以全力保护。以孙中山为首的革命党人，首次将分权制衡作为国家政治的重要内容引进政权体制的建设中，并以此为基础，在自由、平等、博爱思想的指导下建设中国历史上第一个民主共和制的国家政权，并且颁行了一系列宪政立法和行政法规来创设共和的行政制度。《临时政府组织大纲》为南京临时政府的成立提供法律依据，而《临时约法》则通过立法程序确立资产阶级共和国的国家制度、政权组织形式和资产阶级的民主原则，从而宣告封建专制的社会秩序被消除，民主共和制的法律秩序建立。而大量的行政性法规，包括政府行政组织法、行政管理与行政监督法、军纪法规等的颁行，为行政权力的运作提供了制度层面的标准，从而使管理更为有序。孙中山在领导南京临时政府的时候，不仅从中央到地方开展了广泛的立法活动以否定反动的君主专制和君主立宪制，并且努力确立和维持新的社会秩序，还进行了司法制度的改革，并且在中国初步建立了资产阶级的法律制度和原则，以立法、司法、行政、考试、监督五权相互制衡来确立民主共和的新秩序，通过教育唤醒国民的政治意识，使国家的政治运作组织化和有序化。

孙中山在设计了严格的法律体系把行政制度化之后，在另一方面，他主张社会秩序要合理、公正、有活力，还必须加强官员的行政道德建设，通过行政道德教化对社会秩序的构成系统进行补充。天下为公和公仆精神是官吏在行政执法是必须具备的行政道德，也是行政法制得以实现的人文保障。他反对封建官僚作风，反对对官吏称呼"老爷"、"大人"等，要求人民把国家官吏"当做是赶车的车夫，或者是当做看门的巡捕，或者是弄饭的厨子，或者是诊病的医生，或者是做屋的木匠，或者是做衣的裁缝"[1] 孙中山不但严格要求官员要放下架子，做人民的公仆，甚至"必须牺牲一己之自由平等，绝对服从国家，以为人民谋自由平等"[2] 国民是国家的主人，应该有维护国家的责任感。满清统治下社会秩序的不合理、非正义和衰败死亡，除了行政制度上的专制与腐败，还有一个重要的方面是行政道德、行政文化存在问题，家天下的行政观念必然导致君主以天下为一己之私，官员以行政为谋利之门，行政腐败在所难免，从而民心乱，民愤起，人人自危，社会秩序每况愈下，就会聚成打破现存秩序创建新秩序的革命动力。中华民国就是建立在这样的背景下，其目标是要消除旧的专制体制和专制秩序，树立主权在民的资产阶级共和制下的新秩序，家天下必须退位给公天下，官吏在履行行政管理职责的过程中张扬行政伦理道德，在三民主义的指导下消融社会内部的矛盾与不和谐，推动新的社会稳定有序

〔1〕《孙中山选集》（下卷），人民出版社 1956 年版，第 742 页。
〔2〕《孙中山全集》第 2 卷，中华书局 1982 年版，第 2 页。

发展。

孙中山建立中华民国所追求的秩序，是建立在正义基础上的国家在规则明、纲纪清的基础上，凭借具备良好行政道德的官僚队伍进行行政管理所创造的社会生活秩序，它以行政制度和行政道德建设为双重保障，关注国家的作用和功能，关注国民的权利和义务，政府受到政府外力量的肯定和拥护，承担维护正义的责任，通过法制防止和惩罚非公正行为，从而营造一种安全、和平的社会秩序。

四、平等思想与行政参与

西方近代的"自由、平等、博爱"思想给孙中山以巨大影响，孙中山曾将他的三民主义的"一贯精神"概括为"自由、平等、博爱"，孙中山融合中西法律文化，将平等思想贯穿在他对封建专制统治的批判和对中华民国法制的构建中。首先，他认为平等的真正意义在于社会地位的平等，而个人由于天赋和才力的不同造成后天差别，是不可能平等的，他主张要真平等，而不是不管个体间的后天差异，造就一个"平头的平等"。其次，孙中山否定"天赋平等观"，认为建立在"天赋人权"论上的"天赋平等观"是脱离现实的，真正的平等不是天赋的，而是靠人们争取得来的。

出于政治革命和社会实践的需要，他的平等观以社会本位为核心。统观孙中山的军政、训政、宪政三阶段的治国方案，在军政和训政期间"以党治国"，而党员和非党员区别就界定为公民与非公民的区别，革命时期非党员不具有公民资格，而党员也根据进党的时期分为"首义党员"和"普通党员"，其参政、执政的权利各不相同，而非党员要到宪政时期才能获得公民资格，他的这些论述在中华革命党总章中就有规定。由此可见，孙中山的平等思想是以社会为本位，并且是建立在等级国民的基础之上的。

但不可否认的是，孙中山的平等思想更有许多光辉之处。孙中山历来主张法律面前一律平等，强调民国法律"人人共守"，所有人平等地享有法律规定的权利和承担法律规定的义务，不允许任何人有超越法律的特权。他说，民国"既为人人共有之国家，则国家之权利，人人共享，而国家之义务，人人亦当共担。界无分乎军、学、农、工、商，族无分乎汉、满、蒙、回、藏，皆得享共和之权利，亦当尽共和之义务"。[1] 孙中山在就任南京临时政府大总统时签署和发布了一系列除弊兴利的法律法令，其中包括许多保障人民权利的法律与政令，如禁止买卖人口、禁止贩卖猪仔（华工）、禁止刑讯等，他为实现人民的政治权利平等做出了不懈努力。孙中山的平等思想不仅包括人民与人民平等，而且包括民族平等。他主张各民族在政治上应当享有平等待遇，都有发言权和参政权，他宣布汉满蒙回藏"五族一家，立于

---

〔1〕《孙中山全集》第 2 卷，中华书局 1982 年版，第 451 页。

平等地位"。中国境内诸民族应在"政治上有发言之权",[1] 共同"立于平等地位"。[2] 在他颁布的《中华民国临时约法》中明文规定:"中华民国人民,一律平等;无种族阶级宗教之区别。"1924 年 1 月在孙中山主持召开的国民党第一次全国代表大会上他指出:"国民党之民族主义,有两方面之意义:一则中国民族自求解放;二则中国境内各民族一律平等。"他提出中华民国各族人民一律平等"皆能取得国家参政权。"在对外关系上,他的平等思想体现为民族自决原则。他强调"废除我们的卖身契,不做外国人的奴隶","打破一切不平等的条约,收回外国人管理的海关⋯⋯",谋求中国在国际社会中的平等地位。

民权主义是孙中山三民主义的核心,其思想来源于中国古代的"民本"思想,由西周"民为天而君为子"、春秋"民为本而君为末"、唐"民为水而君为舟"、清初"民为主而君为客"、"民为贵而君为贼"一步步发展而来。到孙中山发展为民权主义,使民主开始建立在宪政的基础上,追求的民主状态是人民有直接的权力并有合法的途径行使这种权力,即人民参与国家的行政。他在《中国同盟会革命方略》中对民权主义作了具体的阐明:"今者由平民革命以建国民政府,凡为国民皆平等以有参政权。大总统同由国民公举,议会以国民公举之议员构成之。制定中华民国宪法,人人共守。敢有帝制自为者,天下共击之!"建立民国是为了推翻封建专制统治,使人民享有民主、平等和自由。孙中山从理论上创建了军政、训政、宪政三阶段论,并提出严密的"权能分治"来解决国家主权的最终所有者——人民与受人民委托来管理人民公共事务的政府之间权力划分与关系的问题,把"人民有直接管理政府之权"和"政府工作虽是受人指挥"奉为人民和政府关系的基本准则,认为人民对政府的态度就像"工程师对于及其一样","在一方面政府的机器是万能的,无论什么事情都可以做;又在另一方面要求人民的工程师也有大力量可以管理万能的机器。"[3] 人民管理及其得过程就是行政参与的过程。孙中山在治国三阶段论中的宪政阶段赋予人民选举、罢免、创制、复决四种直接的权力,力图实现"全民政治"。其中创制权和复决权是人民直接管理法律的权力,选举权和罢免权是人民直接管理官吏的权力,前二者是人民行使立法权的表现,后二者则包含了行政参与的内容,即在地方自治县人民实行选举、罢免、创制、复决的四大直接民权;在中央由国民大会代表国民对中央政府实行四大直接民权,保障人民直接、经常、有效地参与行政。具体而言就是当民国发展到宪政阶段,全国国民应按宪法举行全国大选;国民政府在选举完毕后 3 个月解职,而授政于民选之新政。之后,民选之新政则完全按照宪法规定实行职责,于是民主政治体制才算是得以建立起来。至于在军政和训政这两个阶段,孙中山考虑到中国封建专制传统的根深蒂固,认为立刻实施国民

---

〔1〕 《总理遗教》,《谈话》。
〔2〕 《总理遗教》,《演讲》。
〔3〕 《孙中山全集》第 9 卷,中华书局 1986 年版,第 319 页。

参政是不现实也是不科学的，所以现在军政时期运用革命的军事统治方式消灭封建势力，为民主政治铲平障碍；在训政时期实施约法，建立地方自治，促进中国的民主意识发育，促使民权发达。当结束这个过渡时期，则到了上述的宪政时期，这是一个循序渐进的过程，只有这样，国民实现系统的行政参与才可以得到保证。

第三节　北洋政府的行政法理论

北洋政府是中国近代史上承上启下的军阀政权，自 1912 年袁世凯窃取辛亥革命胜利果实起到 1927 年蒋介石建立南京国民政府止，统治中国长达 16 年之久。他的建立者是袁世凯，主要支持者是皖系和奉系军阀。不同派系的军阀为了争夺在北京的中央统治权，在近代中国封建统治极端衰败和西方列强瓜分中国这个特殊的历史背景下以近代民主共和政体的运作方式为表，以武力作为确保政治权威的最终手段为里，表里结合，在中国近代政治史上留下了特殊的一笔。在北洋政府时期，宪法与行政法律的创制活动并未停止，而是顺应清末开始的移植西方法律体系的法律变革潮流，在保留援用了一些清末制定的法律法规基础上，加快了规范社会秩序和调整社会关系的法律创制活动的步伐，这一时期的历届政府都制定了宪法，主要有袁世凯政府 1913 年《天坛宪草》、1913 年 3 月《中华民国约法》、1914 年 1 月《总统选举法》、曹锟政府 1923 年 10 月《中华民国宪法》、段祺瑞政府 1925 年 4 月《国民代表会议条例》和 1925 年 12 月《国宪草案》等。这一时期的立法和行政法思想为南京国民政府"六法体系"中的行政立法最终确立提供了宝贵的经验和教训。本节主要从《天坛宪草》、《中华民国约法》和《中华民国宪法》入手，分析北洋政府时期的行政法理论。

一、《天坛宪草》中的行政法思想

北洋政府成立后，各个阶级和各个政党都表示要制定一部宪法，但是其目的不同。由国民党籍议员占多数的国会认为《中华民国临时约法》赋予国会的权力太少，不能有效限制总统专权，期望新宪法的制定能更有效维护资产阶级民主共和国的国体和政体，防止袁世凯复辟帝制；而袁世凯及其支持者则认为《中华民国临时约法》对总统权力的限制过多，期望制定一部新的宪法赋予总统更多的权力，建立军阀独裁统治。于是在 1913 年中华民国国会成立并开始制定宪法，由于制宪会议最终在天坛祈年殿完成宪法草案，故这部宪法称为《天坛宪法草案》。《天坛宪草》的制定过程是以上两种对立力量斗争的过程，即期望"法律倒袁"的宪法起草委员会与逐步扩展自身实力、力图实现军阀独裁的袁世凯之间就共和政体与专制政体孰存孰亡的斗争。这部宪法草案自始至终不过 3 个月，胎死腹中，几番续议终未问世。由于其是在袁世凯白色恐怖的阴影下产生的，其短期政治目的性非常明显，但是其中表达的行政法思想在《中华民国临时约法》的基础上又有了进步，并成为北洋政府后期历次制宪活动的基本依据。

《天坛宪草》共 11 章，计 113 条，依次分别为国体、国土、国民、国会、国会委员会、大总统、国务院、法院、法律、会计、宪法之修正及解释。确立了立法、行政、司法三权分立、相互制约的政治体制。《天坛宪草》是特定历史环境下的产物，它是《中华民国临时约法》的继续，它的起草者政治目的非常鲜明，即维护资产阶级共和宪政，以法律形式限制袁世凯专制，因此也为这部宪法草案蒙上了一层法律之上的色彩。其维护民主共和的用意在法律条文上的表达主要体现在三个方面：

第一，议会实行两院制，并确立责任内阁制，以确保民主共和政体和"主权在民"。《天坛宪草》第 21 条规定："国会以参议院、众议院构成之"，并且"参议院以法定最高级地方议会及其他选举团体选出之议员组织之"，"众议院以各选举区比例人口选出之议员组织之"，《天坛宪草》第 81 条规定："国务总理之任命，须经众议院之同意。"第 82 条规定："国务员赞襄大总统，对于众议院负责任"。国务总理及各部总长在职责上向议会负责，而不是向总统负责，大大牵制了总统的权力。《天坛宪草》第 26 条规定："两院议员不得兼任文武官吏，但国务员不在此限"，代表民意的议员不仅有行使立法的权力，也可以进入行使最高行政权国会，立法制约行政的用意非常明显，强化了议会对内阁的控制。

第二，在国家机构上设立国会委员会为常设机构。为防止袁世凯专制独裁，尤其是为防止袁世凯通过行使总统所享有的法定紧急处分权而达到建立个人专制的目的，宪法起草委员会特意在国家建制上增设了国会委员会这一机构。依据《天坛宪草》，国会委员会为国会常设机构，"于国会闭会期间，除行使各本条所定职权外，得受理请愿并建议及质问"的权力，其第 67 条规定："大总统为维持公共，或防御非常灾患，时机紧急，不能召集国会时，经国会委员会之议决，得发布与法律有同等效力之诰令。"

第三，监督财政权的行使，建立独立于行政机构之外的审计行政体制和文官制度。为监督行政机构对财政权的行使，《天坛宪草》设计了相对独立的审计体制。审计院对于国家财政收入、支出决算案，行使审核权；对于财政支出的支付命令，行使核准权。《天坛宪草》第 105 条规定："国家岁出之支付命令，须先经审计院之核准。"第 106 条规定："国家岁出岁入之决算案，每年经审计院审定，由政府报告于国会。众议院对于决算否认时，国务员应负其责。"同时在官吏的任命上也对审计人员作出例外规定，《天坛宪草》第 66 条规定："大总统任免文武官吏，但宪法及法律有特别规定者，依其规定。"然而第 107 条规定："审计院以参议院选举之审计员组织之。"即审计长、审计员则超出由总统任命的行政官员范围之外，改由国会选举产生。但是必须一提的是，与《临时约法》相比，《天坛宪草》也对袁世凯的总统权也作了许多让步，例如它规定"大总统得停止参议院之会议"，使袁世凯获得停止国会会议的权力，还扩大大总统任免官员的权力，规定大总统可以直接任免除国务总理之外的所有内阁成员等。

除了上述从行政体制和文官制度角度出发体现《天坛宪草》监督、控制行政权的思想外，它的行政法思想还体现在其他一些方面，诸如教育行政。《天坛宪草》第 19 条规定："中华民国人民依法律有受初等教育之义务。国民教育，以孔子之道为修身大本。"受教育被当做一种公民义务规定在宪法中，并且教育的原则是遵循"孔子之道"。关于定孔教为国教的问题在《天坛宪草》的制定过程中曾引起争议。尊孔思潮在辛亥革命后曾一度兴起，严复、梁启超等甚至组织发起了孔教会，宪法起草委员会在天坛宪草的成型过程中再三斟酌，最后未将孔子之道当做宗教规定，以免使法律强行规定与宗教信仰自由冲突，而且也可在教育施行过程中提出孔子学说中诸如君为臣纲等理论，凸显合理传统文化资源的地位，这固然有当政者便于统治的因素，但也体现了不盲目推崇西学、清醒认识中国国情和适应民众心理的合理诉求。

二、《中华民国约法》中的行政法思想

解散国会、撕毁宪草、修改《中华民国临时约法》是袁世凯为实施独裁专制连续向资产阶级民主共和国挥舞的三刀。《临时约法》是他实现了前两个野心后的第三个进攻目标，他在《总统袁世凯咨国会提出的增修约法案》中说："本大总统之愚以为临时约法第四章关于大总统职权各规定，适用于临时大总统已觉有种种困难，若再适用于正式大总统则其困难将益盛"。因此，"提出增修约法案"，"酌加修正"。当时袁世凯仍举着共和政体的旗子当幌子，但最高立法机关国会已经不复存在，所以他于 1913 年 11 月将内阁召集的行政会议改为政治会议，讨论设立特别的"造法机关"——"约法会议"，以其承担修改《临时约法》及其相关法律制度的任务。1914 年 5 月修改定稿《中华民国约法》，废除《临时约法》。

《中华民国约法》共 10 章 68 条，依次为国家、人民、大总统、立法、行政、司法、参政院、会计、制定宪法程序、附则。这部约法掏空了资产阶级浴血奋战建立的资产阶级共和体制的实质，正式撕毁了中华民国临时约法、国会组织法、众议院议员选举法和参议院议员选举法等一系列资产阶级共和性质的宪法行政法法律文件。与《临时约法》相较，《中华民国约法》行政法思想的特点表现在：其一，取消了责任内阁制，改行总统制。不仅取消了内阁对大总统的牵制或制约，而且规定国务卿和各部总长执行行政事务要在大总统的领导下进行，总统既是国家元首，又是行政首长。其二，政治体制变异为总统权统领下的三权分立。《中华民国约法》取消了作为最高立法机关的国会，规定大总统有召集立法机关开会、闭会及解散权，有对立法机关议决的法律案批准或否决权。大总统掌握行政、立法、司法、财政、军事等一切大权，一切权力分立都以总统权最高为前提，而对大总统权力制约的规定则形同虚设，大总统实际上不须向任何人、任何机构负责。其三，修正《大总统选举法》，企图终身和世袭地继承。《中华民国约法》制定后约法会议通过《修正大总统选举法》，总统任期 10 年，可以连任，且总统选举会由现任总统本人召集，候选人由现任总统提名。凭此，袁世凯实际上成为了终身总统。其四，对人民的自由和权利加以限制。《中华民国约法》第 6 条到第 10 条将人民的各项权利，如请愿、诉讼、陈诉、任官、考试、选举、被选举等都限制在"依法律所定"的范围内。关于人民的平等权，也由《临时约法》规定的"中华民国人民一律平等"变为"中华民国人民……法律上均为平等"。（第 4 条），实质上限制和剥夺了人民的权利和自由。

总之，《中华民国约法》的出笼，是为了改变《临时约法》扩大立法权、缩小行政权所造成的"严重危机"，删除了束缚行政权的规定，增加可以助长行政权的规定，彻底否定了资产阶级民主共和制度，确认了封建军阀专制，为袁世凯复辟帝制铺平了道路，极大发展了他专制独裁的君主政治思想，使中国宪政发展遭受巨大的挫折。

三、《中华民国宪法》中的行政法思想

1922 年直系军阀控制北京中央政权后，以"法统重光"为号召，恢复第一届国会。1923 年 10 月 10 日国会以《天坛宪草》为蓝本，通过《中华民国宪法》，它是北洋政府时期惟一正式颁布的宪法。由于该宪法的出台过程中部分议员因受曹锟金钱贿赂从而受直系军阀控制，所以又被称为"贿选宪法"。该宪法是北洋政府历经漫长、艰难的十年政治斗争与时间最终形成的，就其本身内容而言，吸收了西方近代宪法与行政法的理论，并且结合中国国情，为中国近代宪政理论的发展起了推动作用。

《1923 年宪法》分为 13 章共 141 条，依次为国体、主权、国土、国民、国权、国会、大总统、国务院、法院、法律、会计、地方制度、宪法之修正解释及效力。与《天坛宪草》相比，《1923 年宪法》的结构根据时势的变化有了重大的调整，增加了 3 章："国土"，"国权"，"地方制度"，删除了"国会委员会"一章。并且在其他章节的内容上作出了调整。其中体现的行政法思想可以概括为以下几个方面：

1. 规定了中央和地方的分权制度。《天坛宪草》起草时，南京临时政府成立不久，政治实践不足，并且制宪的实践仓促，分歧难以解决，所以未包括关于中央与地方分权的条文。而在 10 年后《中华民国宪法》出台时，关于中央与地方的关系已经有多年政治实践，中央与地方之间权力矛盾在实践中逐渐露出水面，若不用宪法加以调整，则有发展为国家分裂与统一问题的可能。基于全国人民以及大多数利益集团呼吁统一、反对分裂的要求，《中华民国宪法》中增加了"国权"和"地方制度"章，规定了中央与地方分权的制度。如第 22 条规定："中华民国之国权，属于国家事项，依本宪法之规定行使之；属于地方事项，依本宪法及各省自治法之规定行使之。"所谓国家事项，依第 23 条规定是："①外交；②国防；③国籍法；④刑事、民事及商事之法律；⑤监狱制度；⑥度量衡；⑦币制及国立银行；⑧关税、盐税、印花税、烟酒税、其他消费税，以及全国税率应行划一之租税；⑨邮政、电报及航空；⑩国有铁道及国道；⑪国有财产；⑫国债；⑬专卖及特许；⑭国家文武官

吏之铨试、任用、纠察及保障；⑮其他依本宪法所定属于国家之事项。"所谓地方事项，第 25 条规定："①省教育、实业及交通；②省财产之经营处分；③省市政；④省水利及工程；⑤田赋、契税及其他省税；⑥省债；⑦省银行；⑧省警察及保安事项；⑨省慈善及公益事项；⑩下级自治；⑪其他依国家法律赋予事项。"在规定了中央与地方的权限事项后，在"地方制度"一章中为地方分权制度的实行进行体制上的设计。第 124 条规定："地方划分为省、县两级。"省由省议会、县议会及全省各法定之职业团体选出的代表，组织省自治法会议，制定省自治法。省设省议会和省务院分别行使立法与行政权。省务院执行省自治行政，以省民直接选举之省务院 5 人至 9 人组织之，并互选一人为院长，任期 4 年。县设县议会和县长分别行使立法与行政权。县长由县民直接选举之，依县参事会之赞襄，执行县自治行政。《中华民国宪法》还从司法上确保中央与地方分权的稳定。第 26 条规定，在中央权力与地方权力发生争议、二宪法或法律均未作明文规定时，由最高法院进行裁决；第 28 条规定，省法律不得与国家法律相抵触，否则无效；如果对于省法律是否与国家法律相抵触发生疑义，由最高法院作出解释；如果省自治法与国家法律发生抵触，亦由最高法院作出解释。

2. 总统行政权力行使的自由度扩大。根据《中华民国宪法》的规定，大总统有 10 项职权：①公布法律，发布命令；②任免文武职官；③统率全国军队；④宣告戒严；⑤宣告大赦、特赦、减刑、复权；⑥对外宣战、媾和、缔约；⑦解散国会；⑧对国会决议的否决；⑨授予荣典；⑩制定官制官规。《中华民国宪法》实际上赋予了大总统总揽民国的行政权，统率陆海军，大总统有权停止众议院和参议院的会议，甚至解散众议院，这就使大总统的实际权力凌驾于国会之上，从而使国会的立法权、限制和弹劾总统之权，以及自行集会、开会、闭会等权力，成了一纸空文。《天坛宪草》制定之时，为限制袁世凯专权，设立"国会委员会"作为国会的常设机构，以实施国会对行政机构的制衡。虽然从国家体制的机构设置上考虑，这只是一种权宜之计，但是从理论上增强了立法权对行政权的牵制。《中华民国宪法》则删除了这一规定，立法对行政的制衡缩小，从而使得大总统行使权力的自由度扩大。在政府体制上，《中华民国宪法》尽管规定实施责任内阁制而不是总统制，规定内阁成员，包括国务总理及各部总长，不向总统负责，而向国会负责。同时，内阁享有副署权，从而使总统在行使行政权时，受到内阁的牵制。第 95 条规定："国务员赞襄大总统，对于众议院负责任。大总统所发命令及其他关系国务之文书，非经国务员之副署，不生效力。"但是第 94 条第 2 款规定："国务总理于国会闭会期内出席时，大总统得为署理之任命"，不必经国务院之副署。这样任命的国务总理不可能牵制总统的权力，因而事实上又取消了内阁制。最终使得三权分立的政治制度被北洋军阀用强权手段破坏得千疮百孔，面目全非。

3. 行政诉讼理论得到发展。尽管在北洋军阀控制下，检察机构被作为当局压迫人民的工具，但行政诉讼理论还是缓慢而艰难地向前发展着。北洋政府时期，在

1923 年《中华民国宪法》制定以前，行政诉讼采大陆法系单独设立行政法院的制度，即在首都设立平政院，为行政诉讼受理机关。1914 年 3 月 31 日公布《平政院编制法》，7 月 20 日公布《纠弹法》、《行政诉讼法》与《诉愿法》，由此建立行政诉讼制度。平政院的职权，一为"纠弹"，凡政府官员有违宪违法、行贿受贿、营私舞弊、溺职殃民等行为者，由平政院所属肃政厅提出纠弹；二为行政诉讼，凡各级官署作出了违法的处分，损害人民权利，经人民提出陈述者，由行政法院以评事 5 人组成行政法庭裁决。1923 年《中华民国宪法》改变了上述制度，取消平政院，改采英美法系，即行政诉讼归于普通法院管辖以保障独立审判，防止行政诉讼受行政官员操纵。《中华民国宪法》第 99 条规定："法院依法律受理民事、刑事、行政及其他一切诉讼。"从而使得行政诉讼与其他民事、行政诉讼一样归于普通法院受案审理，从而消除了单独设立行政法院审理行政案件的两大弊端：一是一级终审制，平政院是从地方到中央惟一的审判机关，缺乏制约机关，难以确保行政司法公正；二是平政院易被行政机关操纵，根据《平政院编制法》规定平政院的裁决要呈请大总统批令有关官署执行，司法受控于行政，缺乏司法独立性。《中华民国宪法》采纳的英美法系行政诉讼制度为行政诉讼法在近代中国的发展奠定了基础。

第四节　国民政府的行政法理论

1927 年 4 月蒋介石在南京建立国民政府，次年张学良宣布东北"易帜"服从南京国民政府，从此南京政府从名义上统一了中国，结束了多年军阀混战的局面。在整个国民政府统治中国的时期，实行以蒋介石为首的国民党一党专政的政权，以孙中山提出的"权能分治"、"五权宪法"和"建国三时期"等思想为理论基础，建立五权分立的政府体制。南京国民政府的法律制度是清末法律改革以来法律近代化继续和完善的结果，其《六法全书》成文法律体系的全面确立把近代中国的法律制度建设推向最为完备的阶段。《六法全书》是南京国民政府六种主要成文法律汇编的通称，以宪法、民法、刑法、民事诉讼法、刑事诉讼法、行政法六大类法律为主体。南京国民政府为了适应国民党统治的需要，颁布了数量繁多的行政法律和行政法规，这些行政法律、法规涵盖内政、军事、土地、财政、人事、教育、司法等诸多方面，其中体现的行政法理论一方面吸收了大量西方国家近代以来行政法的思想，另一方面又结合了中国近代政治实践的经验，标志着中国行政法近代化在形式上达到一个高点

一、《六法全书》中的行政体制

（一）中央行政体制

南京国民政府的政治体制是以《国民政府组织法》为基础设立的五院分立。所谓五院，即指行政院、立法院、司法院、考试院、监察院。立法院是国民政府最高

立法机关，但它不是民意机关，这是它与一般民主国家不同之处。立法委员不是人民选举产生，而是由立法院长提名经国民政府（实际上是由国民党"中政会"）任命，因此立法委员实际上是官员而不是议员。司法院是国民政府的最高审判机关。当司法行政部隶属于司法院时，称司法院为最高司法机关。司法院下的行政法院掌理全国行政诉讼审判事务。司法院所属另一重要机构是公务员惩戒委员会，它掌理公务员的惩戒事宜。考试院是"国民政府最高考试机关"，"考试"是指官吏的选拔，除此以外，考试院还执掌任免、考绩、升降、转调、奖惩、俸给等工作，称为铨叙。因此，国民政府考试院的职权实为考试与铨叙两项，并据此设立考试委员会与铨叙部两个基本机构。监察院是国民政府的最高监察机关。《国民政府组织法》规定监察院依法律行使弹劾与审计两项职权。

行政院为国民政府最高行政机关。它在国家行政生活中的地位，常与国民政府主席的地位呈此消彼长或此长彼消之势。即当国民政府主席权重时，行政院权便轻；反之，当国民政府主席处于虚尊地位时，政务的决定权便向行政院倾斜，这时的行政院长近乎责任内阁首相。

行政院的重要行政决定，由行政院会议（1930年改称国务会议）作出。行政院会议由行政院正副院长、各部部长、各委员会委员长组成，会议以院长为主席。下列事项应经行政院会议议决：提出于立法院之法律案、预算案、大赦案、宣战案、媾和案、条约案及其他重要国际事项；荐任以上行政、司法官吏之任免，陆海空军少尉以上军官的军阶与少校以上军官的职务的决定；行政院各部各委员会之间不能解决的事项；其他依法律或行政院长认为应付行政院会议议决事项。

行政院设院长、副院长各一人，由国民党中央执行委员会选任（有时直接选任，有时则由国民政府主席提名，请国民党中央执行委员会选任，在实际操作上，还经过"中政会"的议决）。行政院下设部、委员会、署等机构，分掌各种行政事务，这三种机构虽常列作同一层次，但行使职权的范围与方法则有所不同。"部"是国民政府日常行政的主管机关，行政院设若干个部掌理行政之职权。据国民政府公布的组织法，各部对地方最高行政长官执行本部主管事务有指示与监督之权，并依据法律发布"部令"。"委"也是直隶于行政院的行政主管机关，国民政府组织法规定"关于特定之行政事宜，得设委员会掌理之"，可见"委"与"部"的区别之一是："部"掌理日常行政，"委"掌理特定行政。由于"委"是出于掌理特定行政的需要设立，因之它便不像"部"那样具有较大稳定性，当某种特定行政的需要消失时，它便随之被撤销。"委"与"部"的另一不同处是"部"就其主管事务对地方最高行政长官进行指导与监督，"委"无此种职责，但可以就自己的主管事务对其他"部"和地方行政当局进行协调。另外，"部"一般在地方政府中有下设机构或与其主管事务相对应的机构彼此发生纵的关系（如内政部之与省民政厅，财政部之与省财政厅），"委"则一般无此类纵的关系部门。"署"在国民政府行政机构中有较大随意性，它有时与"部"、"委"同级，直隶于行政院，署长与部长、委员长一样也是特任官，有时则隶属于"部"，仅与"司"同级。"署"的地位的升降主要决定于这一项行政事务在当时环境下的繁要程度。　"署"不能发布命令，即使在它与"部"、"委"同级时也是如此。

其中尤值一提的是司法行政部。该部管理全国司法行政事务，其隶属关系迭经变化。1928 年 10 月属于司法院，1931 年 12 月的国民政府组织法中改隶行政院，1934 年 9 月修改国民政府组织法仍隶属司法院，1942 年 12 月国民党五届十中决议再次隶属行政院。这种反反复复的改变，反映了国民党内对于行政权及司法权的不同解释。认为司法即审判的，便主张司法行政这一不属于审判的机构应从司法院脱离，因为司法行政既是行政，便要受到来自其他部门的牵制，便影响了司法院的独立性。另一种意见认为司法权首先应完整，不完整的司法权无法独立。司法行政既是关于司法的，自应属于司法院。这种争论直到抗战后期才渐趋统一，从 1942 年 12 月起直到国民党成立"行宪"政府，司法行政部一直属于行政院。

国民政府行政制度采取行政与立法交叉负责的办法。即凡行政法律、外交条约、国家预算及全国大赦等重大行政事项，在经行政院会议议决后，须经立法院全体会议同意始得执行；另一方面，在立法院举行全体会议时，行政院各部部长各委员会委员长视必要得列席会议并有发言权。

（二）省级行政体制

南京国民政府的省制包括以下三个方面：实行党治和委员合议制、实行省府合署办公制度、建立省民意机关。

省制的原则是"党治"。国民党中央在 1929 年颁布了《各级监察委员会稽核同级政府施政方针及政绩通则》，明确提出：地方政府以"党治"为原则，"随时将施政方针函致同级党部执行委员会转监察委员会稽核"；"如与本党政纲政策不符，转请同级政府修改"；发现"有违背本党政纲政策得提出弹劾案，呈报上级执行委员会转请上级政府办理"。1938 年 3 月，国民党废除了省党部监察委员会制度，改为省党部与省政府每月举行一次联席会议，建议并协助省政府执行职务。并规定"省党部主任委员应出席省政府委员会议，以收党政联络之效"。根据"党治"原则，各省政府的领导层均由国民党人士组成，始终置于国民党的控制之下。

省政府采用合议制的议事方式。其组织起初叫省务会议，1926 年明文规定为省政府委员会。省政府委员由国民党中央简任，任期不定。省政府主席也是委员之一，起初是由省务会议或省政府委员会推选，后来改为由国民政府就省政府委员中任命。省政府由秘书处、各厅及各直属处局组成。各省设置了民政、财政、建设、教育等厅，开始由混合型向专门型方向发展。

在行政管理体制上，实行"合署办公"。国民政府始建时，沿袭北京政府，省政府下设的各厅自成系统，直接受国民政府对口的部或委员会指挥，彼此行文无须经省政府主席承启，这样便失去了省、县两级政府的作用。1934 年春，湖北省政府主席张群主张打破各厅割裂局面，并各厅入省政府公署内办公。1936 年 5 月，行政院通令全国一体实行，规定省政府的秘书处、民政厅、财政厅、教育厅、建设厅、保安处应一律并入省政府公署内合署办公。改变了省行政系统、府、厅分为两级的状况。各厅不再与国民政府对口的部、会发生垂直关系，直接对省政府负责，省政府对中央负责。"合署办公"后，使省政府的行政管理权得以统一和集中。

二、《六法全书》中的行政控权思想

"控权论"的理论出发点是保护公民个人的权利。这种理论对控权的解释是限制行政权力范围和防止公务人员滥用职权。限制行政权力范围的直接目的是防止行政权力过大，干预本应由个人自己完成的社会事务。为此，"控权论"不仅强调立法在授予自由裁量权时细化其行为标准，并且制定有关行政程序的法律法规，同时还强调行政机关内部监督和司法的外部监督。

在行政组织机构方面，国民政府于1928年10月颁布了第一部行政组织法——《国民政府组织法》，建立了五院制政府，规定了五院的具体职责、组成、议决方式等，虽然此后围绕国民政府主席职权进行过数次修改，但对于五院部分，却基本保持未变。随后同年10月公布了《考试院组织法》，12月公布了《行政院组织法》、《立法院组织法》、《司法院组织法》、《监察院组织法》，这些法律规范对五院的具体组织构成进行了规定。

对于行政院下各个部、委、署、厅、局的组织，国民政府都制定了相应的组织法加以规范。例如，1928年12月公布的《内政部组织法》、《外交部组织法》、《财政部组织法》等各部组织法；1930年1月公布的《赈务委员会组织条例》，1931年5月公布的《全国经济委员会组织条例》；1932年公布的《宣化使行署组织条例》，1933年5月公布的《西垂宣化使公署组织条例》；1929年公布的《首都警察厅组织法》；1928年公布的《商标局组织条例》；1929年公布的《全国度量衡局组织条例》。对于地方行政机关，国民政府也公布了相应的组织法，如《省政府组织法》、《省警务处组织法》、《设治局组织条例》等。此外，对于公务员的管理，国民政府公布了《官等法》、《官俸法》、《考试法》、《公务人员服务法》、《公务员任用法》、《公务员交代条例》、《考绩法》、《公务员惩戒法》等一系列法令来规范公务员的行为。在行政行为和行政程序方面，国民政府于1932年颁布了《行政执行法》，此后于1943年、1947年又修改过两次，规范了行政机构的行政执法行为。为适应形势的变化，这些法律在国民政府期间又经数次修改。

在行政机关的内部监督上，国民政府特设监察院，为国民政府的最高监察机关。监察委员受《监察委员保障法》的特别保障。监察院的主要职务为弹劾与审计。分区设区监察使及审计部。弹劾是监察院制度的基本内容，具体由《弹劾法》规定。弹劾的对象是监察中发现违法或失职的公务员。监察委员如发觉公务人员有违法失职的事实时，可以单独提出弹劾。用书面形式把被弹劾人违法的事实详细开列，并附以证据。监察院接到弹劾案后，即派其他监察委员3人按照《监察院审查规则》

进行审查。审查的结果，经多数认为应付惩戒时，则将被弹劾人移付惩戒。如多数审查委员认为不应交付惩戒而提出弹劾案的委员有异议时，监察院应即将该弹劾案再交付另外 5 名监察委员审查，作应否惩戒之最后决定。在以上全部过程中，监察院院长均无权指使或干涉，在指派审查委员时应按全院监察委员次序轮流担任。监察院院长为便利分区监察，可提请国民政府特派监察使，分赴各监察区巡回视察，其地位与监察委员相同。

监察院的监察工作在早期偏重于事后的监察，其工作重点在针对已构成违法或失职行为的公务员，这是受古代监察制度的影响所致。稍后，监察院认为监察制度的精神不仅在于"摘发奸邪，惩戒贪墨于事后"，还应当"纠正违法于事前"，于是提出了事前监察的主张，即"各机关重大事务之处理，其情势有监察之必要者，政府当令监察院派员监视之"，"其议而不决，决而不行，行而不力者，监察院得随时提出质问，以促其注意"。从此监察制度便由单纯事后监察进展为既有事后监察也是有事前监察。

国民政府中的监察权与惩戒权是分离的。监察院的职权只到"移付惩戒"为止，以后的事便由惩戒机关去做。惩戒机关系统纷呈，分属于不同机构，各有自己的惩戒对象：凡选任政务官（国民政府委员、五院正副院长）归国民党中央监察委员会审查是否应予惩戒；其他政务官的惩戒归于直属国民政府主席的政务官惩戒委员会，监察院认为这种办法有损于监察机关威信，主张将惩戒机构设于监察院。直至 1945 年 5 月，国民党六届一中全会才正式作出决议，将中央公务员惩戒委员会划归监察院，以一事权而增政治效率。但 1946 年修订的《国民政府组织法》中，公务员惩戒委员会仍隶属于司法院，行宪后也未改变，反映了国民党当局依然主张监察权与惩戒权分离。

审计部掌理审核全国财政。其职权的行使以审计为中心，采取合议制。审计部行使职权的对象，为全国各政府机关，并包括国营事业机关在内。为工作便利，在各省市设立审计处或审计办事处，凡中央机关的财务、审计由审计部办理，各省市的财务、审计。由各省市审计处或审计办事处办理。审计权包括审核与稽察两方面，审核是指审查核定政府各机关收支命令与决算，并监督其对预算的执行；稽察是检查发现各机关财政上的不法或不忠于职务的行为。换言之审核是对事的，稽察是对人的。根据上述职权内容，审计部机构的设置以第一厅掌理全国各机关的事前审计，第二厅掌事后审计，第三厅掌稽察。《审计法》规定一切财政主管机关的支付命令须先经审计部核准，当支付命令与预算案或支出法案不符时，审计部应不予核准。未经审计部核准的支付命令，国库不得付款。国民政府收入支出总决算及政府的各种计算均应由审计部审计。上述决算、计算虽与预算案或支出法案相符，如有不经济的支出，审计部有权驳复。

独立行使监察（弹劾与审计）职权是五院制度所一再告示的。为达此目的就需要两方面的保证。一方面，监察院的成员必须是专职的，在职务上不与任何其他职务相牵连，因此国民政府组织法第51条规定"监察委员不得兼任其他官职"。《审计部组织法》规定审计、协审、稽察不得兼任下列职务：①其他官职；②律师、会计师或技师；③公私企业机关之任何职务。另一方面，政府应对监察人员从法律上给以保障，使他们得以大胆地独立行使职权。《监察委员保障法》规定监察委员非有下列情形之一者不得免职停职或罚俸：①被国民党开除党籍者；②受刑事处分者；③受禁治产之宣告者；④受惩戒处分者。监察委员非经本人同意不得转任。监察委员除现行犯外非经监察院许可不得逮捕、监禁。《监察委员保障法》还规定监察委员在执行职务时，所在地军警机关应予以充分保护。《审计部组织法》规定审计、协审、稽察非受刑之宣告或惩戒处分者不得免职或停职。审计部在调度审计、协审、稽察人员时，应以审计会议的决议行之。

三、《六法全书》中的行政救济思想

行政救济是指人民团体和行政机关的违法或不当行为，导致行政相对人权利或利益受到损害，请求"国家"予以补救的制度。行政救济通常指行政复议和行政诉讼。1931年5月，南京国民政府公布的《训政时期约法》第22条规定："人民依法律有提起行政诉讼及诉愿之权。"从人民基本权利的角度，确认了诉愿权和行政诉讼权。

1930年1月，行政院以"行政处分，关系人民生命财产甚巨"，[1] 因此将《诉愿法草案》提请立法院审议。南京国民政府于1930年3月24日公布了《中华民国诉愿法》。此后于1937年对第12、13条作了修改。该诉愿制度是在中华民族传统法律文化的背景下产生和发展起来的，因而受义务为本位思想的影响，习惯于等级差别，服从权威，崇尚权力，重视国家而无个人，表现出极其强烈的"官贵民贱"的陈腐观念。

该法中所称的"诉愿"，是指人民请求政府机关对它作出的行政处分再审查的一种制度，即相当于现在的行政复议。该法共14条，第1条规定了诉愿的范围是对于中央或地方机关之行政处分，认为违法或不当，致损害其权利或利益。该法采取了概括主义的立法技术，比采取列举式的模式无疑要先进些。对于诉愿的受理机构，由于当时行政系统复杂，机构各异，因此在该法中进行了详细例举，共分县市政府、省政府各厅与特别市各局，省政府与特别市政府，中央主管部委，主管院四个级别。诉愿的审级分为两级，对于不当行为诉愿处分决定仍旧不服的，还可提起再诉愿，并以该再诉愿为最终决定。对于不服违法行为该再诉愿最终决定的，还可以提起行政诉讼。这里区分行为的不当和违法性采取不同的终局决定，可见国民政府该项行政救济非常强调诉愿的地位和作用，重诉愿而轻诉讼的倾向十分明显，这与现今大多数国家的复议诉讼可选择性是相反的。诉愿的期限为30日。比北洋政府规定的60

---

〔1〕 谢振民编著：《中华民国立法史》，中国政法大学出版社2000年版，第1051页。

日短了一半，对人民的行政救济似乎略嫌不足。并规定原处分机关收到诉愿书副本，认为有理由的，可以自行撤销原处分。并规定了诉愿决定书的格式以及诉愿最终决定机关对于被诉愿机关官员违法或不当处分的处分决定权。

1931 年 12 月，国民政府修正公布《国民政府组织法》，该法第 36 条规定："司法院设最高法院、行政法院及公务员惩戒委员会。"第一次在立法中使用了行政法院这一机构名称，同时表明行政法院遵循司法独立原则，以摆脱行政机关的控制。

1932 年 11 月，南京国民政府颁布《行政法院组织法》和《行政诉讼法》，具体规定行政法院的组织与职权。至 1933 年 6 月，行政法院正式开始受理行政诉讼。与北洋政府的平政院比较，行政法院最大的变化是，它归属于司法系统，而非行政系统。行政法院特点如下：其一，它享有独立的行政裁判权，其判决无须向其他机关呈准，即发生确定力。其二，行政法院评事专职于行政审判，不得兼任他职。其三，行政法院不属于行政组织，因而与行政机关形成对立，实际行政人员无权参加行政审判。其四，行政法院非属于普通法院，故又与普通法院形成对抗，普通法官不得参加行政审判。其五，行政法院属于司法体系，直隶于司法院。

民国时期的行政判例涉及土地、水利、仓储、税捐、关务、盐务、矿业、营业、商标、教育、交通、考铨等多个领域的"官""民"争议。尽管行政法院在多数情况下维持了行政官署的决定，但撤销行政官署决定的情形决非罕见。即使在驳回原告诉讼请求的场合，行政法院也经常在判决书中指出行政官署的不当行为，促其纠正。受诉愿及再诉愿前置程序的限制，这些行政案例的被告一般为省政府等地方最高行政官署或者内政部、实业部等中央部会乃至行政院。在受"官官相护"的浓厚传统熏陶的国度里，允许平民置疑最高官署之决定，继而赋予起诉的权利，本身即具有进步意义。

行政法院对行政官署形成有力的制约和监督，促使其依法行政。行政法院（包括北洋时期的平政院和南京政府的行政法院）在行政诉愿——行政诉讼的系统中居于最高位置，其对于个体权利范围、个体权利是否遭受损害、行政官署行为是否违法，乃至如何理解有关法律享有最终发言权，因而其判例要旨与大理院（北洋政府）、最高法院（南京政府）之判例要旨同样，也具有法律效力，并成为民国判例法体系不可缺少的部分。这种行政判旨非但涉及行政救济程序，更涉及广泛的实体领域，所以，不但弥补了民国时期成文立法的缺陷，对于促进行政官署依法制定规章，依法行政，也发挥着积极影响。

1932 年 11 月 17 日国民政府公布了《行政诉讼法》，共 27 条，其间在 1935、1937 和 1942 年进行了修改。其中的主要内容有三个方面：其一，关于行政诉讼范围，该法采取概括主义原则，并规定附带损害赔偿请求也由行政法院管辖，由前所述，可以提起行政诉讼的行为必须是行政机关的违法行为，对于行政机关的不当行为，以再诉愿决定为最终决定。并且对于违法的行政行为，也须经过"诉愿—再诉愿"之后仍然不服的，才可以提起行政诉讼。该法采用概括式，受案范围极其广泛，不仅可以受理直接利益受到侵害的行政争议案件，而且可以受理间接利益受到侵害的行政争议案件，在立法体例上无疑是进步的，在保护人民利益上无疑是更充足的。其二，关于行政诉讼的审级，该法规定实行一审终审。该法第3条规定："中国现在情形，省政府县政府之内，既无类似参事会之机关，可以兼理行政诉讼，而地方财政拮据，县法院未遑遍设，自无余力设置下级行政法院。"因此，该法借鉴日本立法模式，采取了设立一级行政法院为初审即终审机关。由于行政法院设在南京，级别与最高法院相当，采取一审终审制，至少在与地方政府、中央部等机关抗衡时，不会有后顾之忧。这使得有关行政机关在受理人民的诉愿书审查下级行政机关的行政行为时，不得不考虑行政法院的态度。对于行政机关自律，采取措施弥补自己的违法行为，无疑是一个促进因素。其三，关于审理方式，该法采取书面审理为原则，口头审理为例外的立法模式。"中国幅员辽阔，交通未尽发达，行政法院只设于首都，若必须口头审理，反使人民深感不便"，因此该法采取的是书面审理的原则，这种审理原则的优点是能够迅速地审结案件，便于当事人诉讼，免除出庭应诉之累。但其弊端也很明显，"以书面审理为原则"，可能使原告和被告之间的法律争点无法明确地在审理过程中呈现出来，而当事人能否胜诉，在很大程度上取决于书状格式及其他形式上法律技巧的优劣。虽然行政法院认为必要或依当事人之声请，可以进行言辞辩论，但当事人仍然处于受调遣的被动地位。当法官未能尽合理注意充分地审查案件及当事人的需要，那么，案件中争点有可能被忽视，当事人本应被赋予的权利和机会则有可能被剥夺。所以说，书面审理原则在保护人民或公共团体的合法权益方面，远不能发挥充分而又圆满的作用。

四、《六法全书》中的部门行政法思想

按照通说，部门行政法是特定行政领域的法规范总和。"部门行政法是指在行政法体系中调整各个领域行政管理关系，主要为管理相对一方当事人设定权利和规定义务的法律、行政法规以及其他行政管理规范性文件的总称。"[1] 国民政府五院制建立以后，各个重要的行政单行立法，均由立法院颁行，且在系统上也相对完备。除了关于规范行政机关自身的法律外，例如前文所述关于行政机关的组织法、公务员法、诉愿法和行政诉讼法之外，现今所称的部门行政法也渐臻完备，形成了独特的部门行政法思想。立法院最初设法制、外交、财政、经济、军事5个常设委员会，除法制委员会外，其他均是负责某一个行政方面立法的，可以看做是部门行政法的大致形态。到了1947年修正的《立法院组织法》下设委员会增至17个：内政、外交、国防、经济、财政、预算、教育、农林、交通、社会、地政、边政、侨务等。

在经济管理方面，国民政府立法院制定一系列的关于经济运行的法律规定。这些规定，有些是关于经济宏观调控的，比如《国民政府监督地方财政暂行法》、《预

---

〔1〕 关保英："论市场经济与部门行政法及其独立"，载《法商研究》1995年第4期。

算法》、《统计法》；有些是关于经济活动的，例如《狩猎法》、《矿业法》等；有些是关于经济活动中介机构的，如《技师登记法》、《会计师条例》、《商会法》、《工商同业公会法》；有些是关于经济活动标准的，如《会计法》、《审计法》、《度量衡法》、《度量衡器具营业条例》、《商品检验法》；还有相当部分是关于税收的，如《海关进出口税则》、《印花税法》、《营业税法》、《倾销货物税法》等，虽然国民政府课税非常严重，但是还是在形式上还是法律依据的。

在教育管理方面，国民政府立法院制定了《中央研究院法》，这是关于中华民国最高学术机构——中央研究院的规定；《大学组织法》、《专科学校组织法》、《中学法》、《小学法》，分别是关于大学、专科学校、中学、小学建制的规定，其中对于各级学校成立的条件、组织机构及人员构成等均有详细的规定；《师范学校法》、《职业学校法》则对两类特殊的学校——师范和职业学校的类别、组织、师资、教学内容、学生招收等非常具体的问题作了规定；《国民体育法》则是关于体育教育的专门法规；《教育会法》则是关于教育群众自治机构——教育会的专门法规，可见国民政府在教育这方面还是下了很大力气，形成了较为完备的法律体系。

在军事管理方面，国民政府立法院制定了《兵役法》、《陆海空军惩罚法》、《陆军大学校组织法》、《陆军大学校兵学研究院组织条例》、《要塞堡垒地带法》、《陆军军常服军礼服条例》、《海军服装条例》、《陆军礼节条例》、《海军礼节条例》、《陆军步兵师司令部组织条例》、《戒严法》等军事法规，从兵役义务、军队组成、军队教育、军队日常活动、军队礼节、军队惩戒等方面对军事行政管理进行了法律规制。

另外，在人口管理、警察管理、通讯管理、交通管理等方面，国民政府均制定了相应的配套法规进行调整。值得一提的是，这些部门行政法规大部分都不是行政院自己制定的，而是行政院所属各部提出法律议案，然后提请立法院通过的，这对于遏制部门利益、达到规范部门行政法的目的无疑意义重大。

第五节　革命根据地的行政法理论

中国共产党领导人民在反帝反封建的新民主主义革命过程中创建了革命根据地，并在法律制度方面进行了彻底改革，这种新的革命法制及其法律思想的实质是以工农联盟为基础的，对人民实行民主，对帝国主义、封建主义和官僚资本主义实行人民民主专政。革命根据地的法律体系包括具有基本法性质的宪法大纲和施政纲领，以及政权组织法、行政法、土地法、劳动法、经济法、民法和刑法等。其中党的纲领政策是政府制定法律的指针和灵魂，在此基础上制定的宪法性文件和行政法律、法规中包含了丰富的行政法思想，开辟了中国行政法思想史上的新纪元。

一、《中华苏维埃共和国宪法大纲》中的行政法思想

中国共产党领导人民制定的《中华苏维埃共和国宪法大纲》是第二次国内革命

战争时期工农民主政权最主要的根本法和纲领性文件。该大纲首次以宪法的形式确认劳动人民当家做主的政治制度和人民民主权利，将已经取得的革命成果用立法的形式确定下来，同时指出了今后的奋斗目标和各项施政方针。《中华苏维埃共和国宪法大纲》及由此制定的一系列关于政府管理体制、单行组织章程和部门行政法规，体现了中国共产党领导下工农民主专政民主国家的行政法思想。

（一）在行政体制方面，贯彻"议行合一"和"条线结合"的思想

中华苏维埃共和国国家机关重要工作的决议和执行是统一进行的，这是中华苏维埃共和国行政管理体制和行政管理工作的一个显著特点。为保证由广大工农劳动人民选出的各级代表大会享有切实的权力，使其不仅能够在反映人民意志的基础上商议国家大事，形成国家行政管理的方针、政策、决定，而且可以直接贯彻执行，实现人民的意志。中华苏维埃共和国采取了"议行合一"的行政体制类型。《宪法大纲》第3条规定："中华苏维埃共和国之最高政权为全国工农兵苏维埃代表大会，在大会闭会期间，全国苏维埃临时中央执行委员会为最高政权机关，在中央执行委员会下组织人民委员会处理日常政务，发布一切法令和决议案。"在中华苏维埃共和国里，全国工农兵苏维埃代表大会既是议事机关，议决大政方针，制定法律，又是执行机关，它直接组织行政，贯彻执行法律和各项决议。中央是这种模式，自上而下，地方各级政权也形成了以地方各级工农兵苏维埃代表大会为核心的政权组织形式，各级苏维埃代表，一方面代表选举他们的选民到苏维埃去工作，传达民意；另一方面将上级苏维埃所要进行的工作，经该级苏维埃讨论后，传达到群众中去，并领导其所在范围内的居民，坚决执行上级苏维埃的命令和指示以及该级苏维埃的决议。

在中央政府的统一领导下，中华苏维埃共和国分中央和地方五级政府机构，其间没有中央和地方的派出机关。省、县、区三级政府均设立与中央政府机关大致相应的简练的工作部门，各级政府中的各部委，归各级政府管理，并对其负责。上级部委指导检查下级部委的工作，上下级部委进行业务联系，同时相互监督。下级政府都对自己的上一级政府负责。这样，中华苏维埃共和国就组成了一个有利于中央集中统一领导，可以调动全中华苏维埃共和国的人力、物力、财力以推进革命战争，争取革命胜利的"条线结合"的行政体制。

（二）在施政过程中，贯彻法制化和科学化的思想

遵循《中华苏维埃共和国宪法大纲》精神，中华苏维埃共和国于1934年12月制定了《中华苏维埃共和国中央苏维埃组织法》，此后又陆续制定了中央政权机构各部、委、局的组织纲要、条例，规定了中央政权各级机构的建制及运作方式。为适应革命战争的要求，中华苏维埃共和国行政管理工作的总方向是提高工作的速度和质量，坚持实行精简原则，力求行政机构精干。根据中央和地方《组织法》的规定，中央和地方各部、委、局均严格编制定员，尽量减少副职，不设虚职。这些规定，都是朝着行政管理科学化，提高行政效能的方向前行的。

此外，苏维埃共和国各级行政机关担负着推行政务的重任，它们的工作状况与工农民主政权的巩固、革命战争的发展以及劳动群众的切身利益有密切关系，因此，行政监督的思想得到了很大的体现。这也是现代行政法控权思想的体现。苏维埃共和国实行人民群众和专门机关相结合的监督体制。各行政机关必须接受权力机关、工农检察机关、审计机关和主管部门四个专门机关的监督。各行政机关的领导成员均由权力机关选举产生，这些行政机关必须向权力机关负责并报告工作。从中央到地方设立的工农检察委员会执行行政检察职能，监督国家行政机关和国有企业及其工作人员正确执行法律和政令，接受群众控告，同官僚主义和贪污腐化作斗争。在中央、省和中央直属市设立的审计委员会，主要对行政机关的财政情况进行监督。此外，基于行政隶属关系，上级行政机关还以检查工作等形式对下级行政机关进行监督。同时，人民群众还对行政机关进行直接监督。人民群众的直接监督以批评、建议、检举和控告为基本方式，内容十分广泛。

（三）在行政管理功能上，贯彻人权保障的思想

《中华苏维埃共和国宪法大纲》以较大的篇幅规定了苏维埃政权区域内工人、农民、红色战士及一切劳苦民众和他们的家属，享有广泛的人权。该大纲第4条规定了在苏维埃法律面前一律平等的平等权；第10条规定了民主自由权利："保证工、农、劳苦民众有言论、出版、集会、结社的自由"；第13条规定了信教自由权等。规定了较多的人身民主权利，也就是较多地控制了政府的权力。这与现代的行政法的控权论不谋而合，但是仅仅规定人民的权利而不限制政府权力是不够的，因此，在大纲颁布后，一系列的关于行政机构设置和职权的法令相继颁行，为实现保障人权的行政管理理念奠定了坚实的基础。

二、《陕甘宁边区施政纲领》中的行政法思想

抗日民主政权各个时期的施政纲领，以新民主主义理论为指导，以团结抗战救中国为基本内容，把建立强盛、独立、民主的新中国作为奋斗的根本目标。抗战初期，陕甘宁边区第一届参议会通过了《陕甘宁边区抗战时期施政纲领》，体现了民族主义、民权主义和民主主义。到1941年，抗日战争进入了最艰难的岁月，日寇的疯狂进攻与国民党顽固派的消极抗日，积极反共的做法，使得陕甘宁边区形势及其严峻。为扭转局面，1941年11月，陕甘宁边区第二届参议会通过了《陕甘宁边区施政纲领》，总结经验，发扬民主，加强团结，推进了抗战全面胜利。

（一）建设廉洁政府

陕甘宁边区各级政府的绝大多数工作人员，是忠实于人民事业的公仆。但是，但凡有权力的地方就有腐败，陕甘宁边区也不例外。封建社会高官厚禄、升官发财的观念以及国民党政府内部的贪污腐败之风的渗透，对边区政府中的意志薄弱者也产生了侵蚀作用。另外，"3年多的国内和平，已经有个别同志，醉心于个人生活，

虽然谈不上奢侈，然已非几元津贴所能够用"[1] 尽管人数不多，但在特等的战争环境里影响非常恶劣。为保障边区政府历史使命的圆满完成，必须把这些害群之马从边区政府中清除。"贪污不仅党不容许，法律也必予制裁。"[2] 边区政府首先从法制上确立了建设廉洁政府的原则。早在 1938 年就公布了《陕甘宁边区政府惩治贪污暂行条例》，1939 年又发布《施政纲领（草案）》。《陕甘宁边区施政纲领》第 8 条明确规定"厉行廉洁政治，严惩公务人员之贪污行为，禁止任何公务人员假公济私之行为，共产党员有犯法者从重治罪。同时实行俸以养廉原则，保障一切公务人员及其家属必需的物质生活及充分的文化娱乐生活"。1943 年的《政务人员公约》重申"公正、廉洁、奉公守法"。此外在对干部的任免、考核和奖惩条例中也散见着惩治贪污等的条款。

除了从法制层面采取措施外，边区政府还非常注重发挥人民群众的监督作用，诚如董必武所言："严禁贪污，谨防腐化。惩办贪污应当著为法令，有群众监督检举。"[3] 本着这样的理念，边区人民群众对政府及其各级工作人员的监督，包括对其工作人员的任免权的掌握和对其工作情况的检查，以及直接对违法失职或贪污腐败者予以控告。《施政纲领》第 6 条规定："人民则有用无论何种方式控告任何公务人员非法行为之权利。"

（二）精兵简政、爱惜民力

抗日战争初期，各个根据地适应战争发展的要求，在政权建设上取得了巨大的成绩。但是也出现了一些问题。行政机关上层机构庞大重叠，出现了职责不清，行动迟缓，办事拖拉的弊端，助长了官僚主义的发展；而下层机构薄弱，又阻碍了政策和法律的贯彻执行。早在 1940 年 10 月，毛泽东就提出，减轻人民负担，党政军脱产人员不得超过居民总数 3% 的要求，已经包含了精兵简政的基本思想。其后林伯渠也提出了"珍惜民力"的号召，探索解决此问题的根本办法。他还用楚国百里奚的故事借古喻今，"今陕甘宁边区，即古秦国之地，当兹抗战建国之时，对于动员人力物力应加爱惜合理，不可过于疲竭，劳逸不均"[4] 此后边区绅士李鼎铭在边区第二届参议会上提出了《政府应彻底计划经济，实行精兵简政主义，避免入不敷出，经济紊乱之现象案》，受到毛泽东及党中央的重视，并在边区和各抗日根据地得到贯彻执行。

此后从 1941 年 11 月（也就是通过施政纲领时起）至 1942 年 4 月陕甘宁边区进行了第一次精兵简政工作，1942 年 6 月又开始了第二次精兵简政。1942 年 12 月，毛泽东在陕甘宁边区高级干部会议上作了《经济问题与财政问题》的报告，指出：

---

〔1〕《谢觉哉文集》，人民出版社 1983 年版，第 353 页。
〔2〕《谢觉哉文集》，人民出版社 1983 年版，第 368 页。
〔3〕《董必武选集》，人民出版社 1985 年版，第 150 页。
〔4〕《陕甘宁边区战时动员法规》序言。

"这一次精兵简政，必须是严格的，彻底的，普遍的，而不是敷衍的，不痛不痒的，局部的。在这次精兵简政中，必须达到精简、统一、效能、节约和反对官僚主义五项目的。"并于同月通过了《陕甘宁边区简政实施纲要》，具体规定了精兵简政的方针政策和具体方案。

（三）还政于民

共产党反对国民党的"一党专政"，但并不要建立共产党的"一党专政"。共产党和"八路军、新四军所到之处，如果能够建立政权的话，就要建立统一战线的革命各阶级联合的政权……毫无保留地还政于民，将政权全部交给人民所选举的政府来管理"[1]这绝不是权宜之计，而是抗日斗争，民主政治建设合乎逻辑的发展。只有大多数的人民都积极起来参政，积极担负政府的工作，并积极为国家民族的利益与大多数人民的利益而努力的时候，抗日民主政权才能巩固与发展，帝国主义与封建势力的压迫才能推翻，中国的独立自主与人民的民主自由才能实现。这是共产党的目的，也是全国绝大多数人民共同的目的。共产党除了人民的利益与目的外，没有其他的利益与目的。例如，《施政纲领》第5条规定了"三三制"原则。为了把抗日根据地政权建设成真正的包括一切抗日爱国阶层和各党各派的统一战线政权，以发展和巩固民族统一战线。毛主席指示各个抗日根据地实行"三三制"政权，以使各党派及无党无派人士均能参加边区民意机关之活动与边区行政之管理。"三三制"政权，是中国共产党在新民主主义革命中对政权建设的一个创造，它在发扬民主，团结各抗日阶级、阶层和广大非党人士，提高人民群众抗日积极性等方面发挥了重大作用。对于打破国民党的一党专政，推动大后方的民主运动也发生了重大影响。

（四）执政为民

抗日战争时期，毛泽东把解决农民的民主民生问题，提到国共两条路线的高度。减租减息是中国共产党在抗日战争时期解决农民问题的基本政策。农民问题是中国革命的中心问题，解决农民问题的关键在于土地问题的解决。中国共产党首先抓住了这个关键问题，决定实行减租减息政策。执行这个政策，虽不能根本解决土地问题，但仍在政治上动摇了封建统治，在经济上削弱了封建剥削。从1939年冬起陕甘宁边区就开展了减租减息的斗争，到《施政纲领》则明确了惟须减低佃农租额及债务利息，这样，农民不仅改善了生活，而且增强了自己的政治优势，提高了抗日和农业生产积极性。

从发展经济中去解决财政问题，达到支持长期战争和改良人民生活两个目的。毛泽东反对不顾人民困难，只顾政府和军队的需要，"竭泽而渔，诛求无已"的思想。《施政纲领》规定："实行合理的税收制度"，并且要求"县区"党政工作人员在财政经济问题上，"应以90%的精力帮助农民增加生产，然后以10%的精力从农

---

[1]《刘少奇选集》（上卷），人民出版社1981年版，第177页。

民取得税收"〔1〕他尖锐地指出，凡不注意生产，不用主要精力帮助农民解决"救民私粮"，只顾向农民要"救国公粮"，这就是沾染了国民党的作风，沾染了官僚主义的灰尘，就不是好领导者。

三、《陕甘宁边区宪法原则》中的行政法思想

为了维护和发展解放区，在陕甘宁边区召开的第三届参议会第一次会议，于1946年4月23日通过了《陕甘宁边区宪法原则》。该《宪法原则》是中共领导下的敌后抗日根据地以新民主主义政权为基础，体现新民主主义民主政治日益完善的必然结晶。它把在根据地已经实行的政权组织、人民权利、司法制度、经济文化政策等，用法律的形式固定下来，确立了新民主主义宪政的基本模式。其中广泛地渗透着关于行政管理的新的理念。

（一）人民代表会议制度

人民代表会议制的内涵，其核心在于人民是国家的主人。人民代表会议是真正的由人民直接与自由选举产生的民意机关；是人民管理和监督政权的机关，有选举罢免政府工作人员及决定大政方针的权力；是各革命阶级联合的政权，代表的构成非常广泛；人民及人民权力机关对政府及其工作人员有监督和罢免的权利，这些都是真正民主的重要标志。《陕甘宁边区宪法原则》明确规定了人民代表会议制："边区、县、乡人民代表会议（参议会）为人民管理政权机关"，"人民普遍直接平等无记名选举各级代表，各级代表会选举政府人员"，"各级政府对各级代表会负责，各级代表对选举人负责"。在乡一级"乡代表会即直接执行政务机关"。还规定了各级人民代表会议召开和改选的时限、职权范围。"各级人民代表会议（参议会）：乡1年改选一次，县2年改选一次，边区3年改选一次"，"各级代表会每届大会应检查上届大会决议执行的情况"。

（二）人民监督政府

《陕甘宁边区宪法原则》还规定了严格的人民监督政府的制度。它规定人民不仅享有监督权，还享有罢免权。"人民对各级政权有检查、告发、及随时建议之权，每届选举时则为大检查"，"各级政府人员，违反人民的决议，或忽于职务者，应受到代表会议的斥责或罢免，乡村则由人民直接罢免之"。由此可见，《陕甘宁边区宪法原则》中关于人民对政府及其工作人员的监督、罢免权的规定是非常充分的，既有人民权力机关的自上而下的监督和罢免，也有人民群众的直接监督和罢免。这种人民对政府及其工作人员实行广泛的、严格的、经常的检查监督制度，对于保证政权的人民性质，对于保证政府机能的有效性都是十分有利的，充分体现了人民民主政权监督机制的特质。

---

〔1〕《毛泽东选集》（合订本），人民出版社1964年版，第866页。

（三）司法与行政分开

《陕甘宁边区宪法原则》规定"各级司法机关独立行使职权，除服从法律外，不受任何干涉"。这意味着第二次国内革命战争时期形成的司法由政府直接领导的体制，逐渐发展为司法机关可不受任何外力干涉独立行使职权，这是边区司法建设的一大进步。当然，这种司法独立与西方的三权分立不同，不是权力制衡的分立制，而是政府领导下的独立行使其职权的司法独立制度。司法机关在政治上仍受政府的领导，但是行政不能兼司法，"统一领导和兼职完全是两回事"[1]。"司法机关对法律负责，进行独立审判，不受任何地方行政的干涉"。这充分体现了边区政府的实行民主的决心。更为可贵的是，它规定了"人民有不论用任何方法控告失职的任何公务人员的权利"，以加强对司法机关的检查和监督。

司法与行政分开思想的基本出发点还是保护各革命阶级的利益。正如林伯渠在边区第二参议会所作的政府工作报告中所说："边区的司法制度，是民权主义的一个重要组成部分。它要保护的是一切抗日人民的人权、政权与财权，而打击的则是不可救药的汉奸与土匪。它是服务于政治的，它向人民负责"[2]。

（四）政府切实保障人民权利

《陕甘宁边区宪法原则》规定："人民为行使政治上各项自由权利，应受到政府的诱导与物质帮助"。"人民有免于经济上偏枯与贫困的权利。保证方法，为减租减息与交租交息，改善工人生活与提高劳动效率，大量发展经济建设，救济灾荒，抚养老弱贫困……"，"人民有免于愚昧及不健康的权利。保证方法为免费的国民教育，免费的高等教育，优等生受到优待，普施为人民服务的社会教育，发展卫生教育与医药设备"。针对每一项人民的权利，都规定了政府应该采取的措施进行保障，明确了政府的功能，是保护人民权利，这与现代行政法功能与目标是相吻合的。

（五）民族区域自治

《陕甘宁边区宪法原则》明确规定实行民族区域自治制度，各民族一律平等。"边区各少数民族，在居住集中地区，得划成民族区，组织民族自治政权，在不与省宪抵触原则下，得订立自治法规。"这标志着中国共产党处理中国国情的成熟，一方面保证了各民族在国家中的平等地位，另一方面维护了祖国的统一。苏维埃时期，对民族问题的处理，基本上是照搬社会主义联邦制形式下的苏俄（联）宪法的有关条文，仍规定实行联邦制。抗战时期，中共更加重视民族问题，在少数民族聚居地区建立了民族自治政权，提出了民族区域自治的主张。1945年毛泽东在《论联合政府》中明确宣布实行民族区域自治，而到了《陕甘宁边区宪法原则》，则用根本法的形式使这一重要制度从法律上固定下来了。

---

[1]　《谢觉哉日记》（下卷），人民出版社1984年版，第756页。

[2]　中国科学院历史研究所第三所编：《陕甘宁边区参议会文献汇辑》，科学出版社1958年版，第89页。

四、陕甘宁边区其他部门法中的行政法思想

陕甘宁边区的立法，除了上述具有宪法性质的根本性法律外，还制定了相对比较完善的各个部门法体系。这些部门法在遵循《施政纲领》和《宪法原则》的前提下，发展和完善了其他一些行政法思想。

（一）党对政府的领导作用

在抗日根据地，中国共产党对政府是居于领导地位的，政府需在党的领导下开展工作。党对政府的领导主要是通过制定路线、方针、政策、督促和检查政府对路线、方针、政策的执行以及通过党在政权工作中的组织和党员的模范作用来体现的。中国共产党的政策在边区人民民主法制建设中的地位和作用主要体现在以下三个方面：①党的政策是抗日民主政权立法的依据，抗日民主政权在立法中以党的政策为依据，把党的政策定型化、条文化、规范化，使其既充分体现人民群众的意志，又符合抗日战争的客观需要；②党的政策是抗日民主政权实施法律的指导方针；③在没有法律的情况下，党的政策实际上起到了法律的作用。

（二）人事行政管理思想

针对干部管理工作中的各自为政，自行其是的混乱现象，陕甘宁边区政府于1943 年制定了《陕甘宁边区各级政府干部管理暂行通则》，依据统一管理与分工负责的原则，将干部管理的权限和形式纳入制度化的轨道。《通则》规定："边区各级政府所属之干部，均由民政厅统一管理。"《通则》还规定了干部管理的内容。对于干部的任免与调动，贯彻"任人惟贤"与"德才兼备"的思想。1943 年边区政府发布的《陕甘宁边区各级政府干部任免暂行条例》第 3 条明确规定了干部的任用标准："一、拥护并忠实于边区施政纲领；二、德才资望与其职务相称；三、关心群众利益；四、积极负责，廉洁奉公。"

政权工作人员的素质和水平，是影响工作效率的重要因素。为了造就一支既有高度政治觉悟又有一定文化水平和专业知识的干部队伍，中共中央于 1942 年发布了《关于在职干部教育的决定》，对在职干部教育的方针、内容和方式作了明确具体的规定，使干部培训制度化。除此之外，还规定了严格的干部考核制度及干部奖惩制度，将干部考核奖惩纳入法制化的轨道。虽然边区各级政府干部参加革命和工作，不企求升官发财高官厚禄，而惟以谋求阶级和民族解放为目标。但是也应该看到，在这支队伍中，还存在不少缺陷，比如一般工作人员还不习惯于正规工作制度，工作进行还不够紧张，生活习惯还不尽适应于当时的环境；有相当一部分干部，特别是县级以下干部文化程度太低。由于文化程度的限制，一部分区、乡级干部看不懂文件，不易于领会上级指示精神，工作思路褊狭，形成狭隘经验主义的作风，加之基层工作的事务性特点，很容易导致强迫命令的官僚主义、重量不重质的形式主义等弊端；还有一些公务人员，"遵守法令的精神不足……一从片面利益或错误观点出发，不尊重法律，甚至有破坏法纪的情形，如任意捆绑群众或处罚老百姓，乱没收

老百姓的东西"；[1] 此外，还有少数公务人员，不讲原则，要私情偏袒亲友，贪污腐化等。上述现象，如果得不到有效遏制，对违法乱纪者失之惩戒，不仅严重损害边区形象，阻滞边区民主政治建设的进程，而且还直接关系到边区历史使命能否顺利完成。因而，制定一套切实可行的干部考核制度，是边区干部管理的必然要求。边区参议会副议长谢觉哉说："'有功必赏，有罪必罚'，历来治国的常规，我们不能例外。"[2] 正是"为确保各级政府机关任务之完成，发扬干部之积极性与模范作用，鼓励进步，反对落后"[3] 鉴于以上客观因素，边区政府制定了以《陕甘宁边区各级政府干部奖惩暂行条例》为代表的一系列干部考核与奖惩法规。

（三）坚持政务与事务分开

边区依据工作性质，把行政机构分为两类：一是政务机关，即行政工作的领导机关，如各级政府，政府的民政、财政、建设、教育、保安等主要直属机构和法院。规定这类机关的基本任务是"了解情况、掌握政策、督导行政、培养干部"。要求在这类机关工作的干部"要长于研究策划、熟悉和决定政策、指导工作，而不能陷于事务主义"。二是事务机关，又分为事业专管机关和技术事务机构。前者如各级卫生、粮食、税务、贸易行政和通讯站、银行等，规定其任务是事业设计与指导检查管理所属系统的工作；后者如秘书、总铸、收发等，是行政领导机关或事业专管机关的工作部门，应减少其单位部门和人员，实行统一管理。遵循政事分开，领导与事务分开的原则，1943 年 3 月公布的边区《简政实施纲要》进一步决定把应当下移的日常事务（如选举、税收、土地、婚姻、抚恤、救济等）划归县（市）政府管理，把本来属于事业单位主管的业务移交给事业部门。

（四）集体领导与个人分工负责相结合

抗战时期的陕甘宁边区继承了十年内战时期苏维埃政权实行的集体领导和个人分工负责相结合的行政领导制度，并在新的条件下加以充实和发展。首先，政府工作的重大问题都必须经过集体讨论决定而不能由个人决断，政务中须经政府委员会讨论决定的，有关法律作了明确规定。对各级政府委员会集体作出的决议各该级行政首长无权改变，而必须履行其领导贯彻落实之责。其次，边府政务会议是边府执行政务的领导机构，直接对边府政务委员会和边区参议会负责。专员公署、县、区、乡也依据同样原则设立政务会议。政务会议就职权范围内执行政务所作的规定，要经集体讨论，但最后取决于行政首长。这实际上是一种个人负责制，行政首长对会议决定须负个人责任。最后，为适应战时形势，在特定情况下赋予行政首长以较大权力。这是边区实施精兵简政后为加强集中领导而提出的。《陕甘宁边区政纪总则草案》规定："在两次政府委员会之间，所有关于政策、法令、制度之设施，人事之

---

〔1〕 林伯渠："边区建设的新阶段"，载《解放日报》1945 年 5 月 7 日。

〔2〕 《谢觉哉文集》，人民出版社 1983 年版，第 609 页。

〔3〕 杨永华：《陕甘宁边区法制史稿》，陕西人民出版社 1992 年版，第 97 页。

进退以及重要的指示，概须经（边区政府）正副主席裁决。"这一方面扩大了行政首长的权力，同时也加重了他们的个人责任。这是集体领导与个人负责相结合在战争条件下的一种特殊形式。

（五）行政程序化思想

边区设立了各级政府委员会会议制度，这是主要的行政会议制度。简政之始，边府又制定了各级政务会议制度，这是新民主主义行政会议制度的一大发展，是对政府委员会会议制度的必要补充。为防止会议过多过滥，边区领导人曾强调指出，要精简会议，开会要有所准备，要有明确的议题，可开可不开的会不开，以提高会议质量。这对会议制度的建设，具有一定的指导意义。边区政府实行行政工作报告制度。工作报告分为三类：工作总结报告、专题工作报告与临时工作报告。此外，边区政府还实行行政工作检查制度。《陕甘宁边区抗战时期施政纲领》第 5 条规定："建立工作检查制度，发扬自我批评，以增进工作的效能。"在此原则下，边区政府又建立了制度化的具体的检查模式。

文献制度是机关工作的重要制度。在边区改制后相当长一个时期里，文献制度的建设存在着严重的不足：在县、区、乡、由于行政工作人员文化水平很低，缺乏正规的文献制度，保留着浓厚的"游击习气"：在边区一级，则不同程度地存在着滥发文件、指令的现象，并且存在着公文旧式正规化的倾向。精兵简政中，这两种倾向都得到了相当程度的克服。特别是整风运动中开展了反对党八股的斗争，批判了公文旧式化的倾向，提倡新鲜活泼、浅易平实的文风，有力地促进了文献制度的改革。

（六）行政复议和行政诉讼制度

陕甘宁边区《户籍条例》第 28 条规定："关于户籍或人事登记纠纷事件，以乡市政府之处分为不当或违法者，得用书面或口头诉愿于县政府，县政府接受书面或言词诉愿时，认为该诉愿无理由者，应以决定驳回之；有理由者，应以决定令该乡政府变更或撤销处分诉愿之决定，应送达于该乡市政府及诉愿人。诉愿人不服县政府之决定者，应向民政厅提起再诉愿，如抗议愿人再不服民政厅之决定者，应向边区政府提起再诉愿，必要时可向司法机关依法提起诉讼。"

第 12 章

20 世纪西方国家的行政法思想

第一节　20 世纪的信息技术革命与行政法思想

一、信息化与部门行政法作为行政法的主流

（一）行政法信息化的产生和发展

所谓信息化，是指充分利用信息技术和信息资源，促进信息交流和知识共享，提高经济增长质量，推动经济社会发展转型的历史进程。从历史发展看来，信息化的概念是与后工业社会或信息社会相联系的，信息化的概念起源于 20 世纪 60 年代的日本。1964 年日本社会学家梅倬忠夫在其发表的《信息产业论》中首次提出了"信息化"这个概念，认为信息社会是信息产业高度发达并且在产业结构中占据优势的社会，信息化是由工业社会向信息社会演进的动态发展过程。而后该思想被传播到西方，确切来说，西方社会普遍使用"信息社会"和"信息化"的概念是从 20 世纪 70 年代后期才开始的。人类社会进入 20 世纪 90 年代以来，信息化呈现出鲜明的时代特色。

随着信息技术的不断创新和信息网络的广泛普及，信息化已经不仅仅限于社会经济发展领域，而是逐步渗透到社会生活的各个方面。现代行政法所赖以存续的技术基础经过了从产业化到信息化的发展过程，其最高形态是社会的信息化。所谓社会的信息化是指信息成为社会治理和社会过程的主流，信息在社会生活中不单单是一种交往形式，更是创造财富和创设社会关系的一种物质力量。现代行政法的最高表现就是对社会信息化的高度感应。社会的信息化在决定了行政法体系的基本格局后，还直接影响到行政法规范的构成，在一些行政立法文件中直接对信息化过程进行了规制。[1] 政府信息化作为社会信息化中的重要一环，是构建精简高效、规范廉

---

[1] 例如 2005 年制定的部门规章中就有下列规章是专门规范信息化进程的，《电子认证服务管理办法》、《互联网 IP 地址备案管理办法》、《电信服务规范》等。

洁政府的有效途径，是行政管理制度现代化、民主化的催化剂。然而，政府信息化必然要以一定的信息技术为基础，因此，推行"电子政务"就成了政府信息化的集中体现。电子政务是指政府机构在其管理和服务职能中运用现代信息技术，实现政府组织结构和工作流程的重组优化，超越时间、空间和部门分隔的制约，建成一个精简、高效、廉洁、公平的政府运作模式。电子政务的模型可简单概括为两方面：①政府部门内部利用先进的网络信息技术实现办公自动化、管理信息化、决策科学化；②政府部门与社会各界利用网络信息平台充分进行信息共享与服务、加强群众监督、提高办事效率及促进政务公开等。电子政务的基本要求是，一切行政手续借助电脑和网络来完成，使行政机关内部、行政机关和国民之间过去需要见面才能办理的业务全部在线进行，中央和地方的行政网络一体化，保证信息能够上通下达，实现信息的瞬时共享。

电子政务系统的优点主要体现为：其一，省力省时、方便快捷。电子政务为申请人提供了从网上下载、填写并递交电子申请书的便利，行政单位也在网上对申请书进行受理、进行确认并提供相关证明和批文，这种方式一方面提高了行政效率，另一方面也为申请人提供了便利。其二，提高了行政的透明度。政府机关通过政府网站公开各种政务信息，公民可以随时了解政府的重大决策，为有效监督行政运行提供了更为广阔的途径。例如在美国，政府公开的政务信息包括：政府领导人的重要活动及演讲、政府工作的最新动态、民众到政府办理注册、登记等事项的有关信息、与政府工作相关的研究和支持机构的有关信息等。可以说，大部分与民众相关的政府事务，都能及时通过政府网站获得详尽的信息。其三，拓宽了政府便民服务的潜力。例如在美国，政府网站大都在首页头版位置设有网上服务栏目，用于为民众提供各种查询、申请、交费、注册、申请许可等服务，具有"单一窗口"、"一站式"、"自助式"等特点，极大的便利了公众。

同时，信息化也重塑了公共行政管理理念，催生了新的社会组织管理结构。我们知道，在不同社会形态中，由于生产力基础不同，会形成不同的组织管理结构。农业社会的生产组织形式是以家庭为基本的生产单元，因而金字塔形的集权式权力结构是社会组织管理结构的基本特征；工业社会的生产组织形式是以企业为单元的社会化大生产，因而形成了以代议制民主为特征的社会宏观管理体制；而在信息社会，信息技术为人们充分表达意愿提供了技术条件，促进了民众的民主意识、民主观念、民主要求。因而，在现今的信息社会，社会组织管理中的代议式民主、间接民主开始向参与民主、直接民主演变，传统的金字塔形组织管理结构向网络形的组织管理结构转变。从而产生了一种崭新的公共行政模式，即政府治理模式从管理型向服务型转变。

（二）部门行政法的产生和发展

部门行政法也称行政法各论、分论或者特别行政法，是指在行政法体系中调整各个领域行政管理关系，主要为管理相对一方当事人设定权利和规定义务的法律、行政法规以及其他行政管理规范性文件的总称。[1] 部门行政法的概念主要存在于大陆法系国家，由于英美法系国家的行政法建立在法院判例的基础之上，用法院判例确定的规则来调整各个行政领域的具体法律问题，所以没有部门行政法这个概念。但是却存在集中研究某个特定行政领域法律问题的著作，例如施特劳斯在《美国行政法导论》中就从行政法的范围角度介绍了部门法律问题，包括经济规制、健康与安全规制、土地、移民、驱逐、税收等。[2] 这就说明英美法系国家仍然存在对部门行政法的研究。

　　20世纪60年代之后，法国在部门行政法研究取得了长足进步，大量编纂行政法典，如《矿业法典》、《森林法典》、《市镇法典》等，内容包括适用于这一部门的全部行政法律规范总和；而且在公务员、国有财产、公共工程工事、征用土地、能源保护、教育、国防和卫生等分支行政法研究方面，都取得了巨大的成果。[3] 而在德国，其公法领域的发展得益于对警察法的研究。从17世纪开始，德国就出版了许多关于警察法的书籍，警察法的研究就代表了当时的公法学研究，警察法与公法几乎成为同义词。后来，随着警察权的进一步分解以及行政法学的逐步形成，行政法学才出现了行政法总论与部门行政法之分。[4] 其中，部门行政法涵盖了地方法规和警察法、公务员法和其他公职法规、经济行政法和营利事业法、建筑法和计划法、道路法和交通法、教育法和青少年法、社会法和救济法、卫生法、税务行政法、财政和预算法等庞杂的行政领域，与行政法总论一道形成了纵横交错的德国行政法体系。[5] 而日本各行政领域都形成了较为完备的部门行政法体系和以行政解释为主的庞大的实务法解释体系，部门行政法已经成为日本行政法学体系中的重要组成部分。日本学者或将部门行政法在"行政过程论"中展开，或以"特殊法学论"将其分别加以研究，但对于"各个行政领域的特殊性及固有法价值"都给予了高度重视。[6]

　　我国行政法学体系中关于部门行政法的产生也经过了一个循序渐进的发展过程。1983年王岷灿主编的《行政法学概要》一书标志着我国行政法学的诞生。但当时行政法体系还只是一个总的体系构架，在这个体系之下，笼统地将行政法的调整对象一体化，认为行政法就是调整行政机关在管理活动过程中各种社会关系的法律规范的总称，即"行政法调整的对象，是国家行政机关在行政活动过程中所发生的各种社会关系"。[7] 20世纪80年代中期，我国行政法学界逐渐出现了将行政法体系分为

〔1〕 关保英："论市场经济与部门行政法及其独立"，载《法商研究》1995年第4期。

〔2〕 Cf. Peter L. Strauss, *An Introduction to Administrative Justice in the United States*, Carolina Academic Press, 1989, pp. 103~133.

〔3〕 罗豪才等："行政法学研究现状与发展趋势"，载《中国法学》1996年第1期。

〔4〕 参见陈新民：《德国公法学基础理论》（上册），山东人民出版社2001年版，第118页以下。

〔5〕 王名扬：《法国行政法》，中国政法大学出版社1988年版，第24页。

〔6〕 杨建顺：《日本行政法通论》，中国法制出版社1998年版，第127页。

〔7〕 参见王岷灿主编：《行政法学概要》，法律出版社1983年版，第1~2页。

总则部分和分则部分的论点，这种观点认为行政法总则部分是规范行政机关组织体系和行政行为的总的行为规则，分则部分则是相关的行政救济规则，行政诉讼制度就应当属于分则部分的内容。20 世纪 80 年代末 90 年代初在我国出版的一些教材中出现了行政机关在职能管理范围内的单行管理法。[1] 其尽管没有将这些管理规则叫部门行政法，但它却是后来部门行政法产生的前奏。90 年代中期以后，在我国行政法学界正式出现了部门行政法的概念，[2] 并提出在市场经济条件下，部门行政法的独立具有必然性。认为部门行政法的独立不仅是行政诉讼制度完善化的基础，也是理顺行政权和立法权的关键，它不仅有利于政府责任和社会责任的有效区分，也有利于立法技术的改进和行政法制的完善。[3]

二、信息革命与行政法思想的分化

20 世纪在全世界范围内兴起了一场以微电子、计算机、通信和网络技术为代表的信息技术大变革——信息革命。在这场变革中，方便快捷的通信和网络使人们感到地球像个村落，天然的地理分布不再是阻隔人们交流的屏障，人与人之间进行交往的时空距离以及心理距离都大大缩短。一方面，现代交通工具使人与人能够在很短的时间内在相对长的距离中进行直接交流，而现代通讯技术更使人们在很短的时间内解决长距离的交流问题。另一方面，由于人们在知识上的相互依赖性其心理距离则十分相通，此一地区的人们能够领会彼一地区人们的需求，此一地区的人们亦能够接受彼一地区人们的行为方式等。这场信息技术革命始于 20 世纪 50 年代，并于 60 年代获得初步发展。步入 80 年代，它席卷全球，从欧美到亚洲，从发达国家到广大发展中国家。如同工业技术革命创造一个工业化社会一样，信息技术革命必将创造一个全球范围内的现代信息化的社会。在这历史性转变的时刻，世界各国积极应对，进行着一系列的政治、经济、文化方面的变革，从而也创造着新的文明。在这场信息技术革命的浪潮中，人类的思维方式、价值观念、生产方式、学习方式和生活方式都发生了很大改变，同时，行政法思想也得到了前所未有的发展，并分化出很多新的更适应信息革命潮流的新思想。

众所周知，19 世纪的行政法学思想主要是以"天赋人权"、"个人自由"理论为指导和基石，大陆法系的行政法思想表现为"公共权力论"，英美法系国家则表现为"控权论"，尽管两者有所差别，但其基本精神却是一致的，即这两种行政法思想都强调政府与个人之间的关系是一种权力与服从的对抗关系。但是到了 20 世纪，

---

[1] 参见张尚鷟主编：《行政法教程》，中央广播电视大学出版社 1990 年版，目录第 4~8 页。

[2] 1995 年《法商研究》第 4 期刊载了关保英教授的《论市场经济与部门行政法及其独立》一文，使部门行政法的概念和理论有了一定的系统化。参见孟鸿志："论部门行政法的规范和调整对象"，载《中国法学》2001 年第 5 期。

[3] 关保英："论市场经济与部门行政法及其独立"，载《法商研究》1995 年第 4 期。

由于信息革命的影响，个人的生活空间发生了很大变化，利益需求也有了明显的改变，在这种情况下出现了以团体主义思想为理论基础的行政法思想。狄骥认为，"人是一种不能孤独生活并且必须和同类始终一起在社会中生活的实体"，[1] 他指出："人们有共同的需要，这种需要只能通过共同的生活来获得满足。人们为实现他们的共同需要而作出了一种相互的援助，而这种共同需要的实现是通过其共同事业而贡献自己同样的能力来完成的。这就构成社会生活的第一种要素，形成杜尔凯姆所称的同求的联带关系或机械的联带关系。""在另一方面，人们有不同的能力和不同的需要。他们通过一种交换的服务来保证这些需要的满足，每个人贡献出自己固有的能力来满足他人的需要，并由此从他人手中带来一种服务的报酬。这样便在人类社会中产生一种广泛的分工，这种分工主要是构成社会的团结。按照杜尔凯姆的术语来说，这就是经常分工的联带关系或有机的联带关系。"[2] 这种社会联带主义后来也被称为"团体主义"。可见，社会联带主义的基本精神在于，反对个人自由，强调个人对社会的依赖性和责任以及社会对个人的责任或义务，提倡人们之间的合作关系和利益关系。行政主体与相对人之间的关系不是权力与服从的对抗关系，而是一种服务与合作的信任关系。他还认为，国家及其行政主体的服务是一种通过执行法律为公众提供的服务即公务，因而服务与合作关系就是一种公务关系；公务构成了行政法的基础，行政法将随着公务需要而变化。[3]

可以说，狄骥的这一理论对 20 世纪的行政法思想有很大影响。福斯多夫在 1938 年发表了《当成是服务主体的行政》一文，他认为"公共机构所拥有之权力也不是由法律所规范，或者至少不必一定要有法律的依据，而可以有自己的规章，或是依'事物之本质'，实质上地获得规范的效力。法治国家用法律来保障个人自由的原则，亦不妨碍公共机构对于人民拥有规范之权力，因为基于法谚'自愿者不能构成不法'可以认为公共机构之权力取代了法律的地位，而可以对自愿接受公共机构支配之人民（使用者）的权利予以限制。"[4] 当代德国学者彼德·巴杜拉也认为，20 世纪是"社会法治国时代"。在社会法治国时代，"不似自由主义法治国专注个人财产（关系），而是以'个人劳动'（工作关系）为着眼的社会。行政法使行政与个人或团体产生了一种'指导与服务性'的法律关系，来保障个人的福祉。依社会法治国的理念，行政必须提供满足个人生活所需的'引导'及'服务'行为"[5] 庞德则分析了分权、制约和对立的弊端，并肯定了权力的分工与合作。现在，信任、合

---

〔1〕　[法] 狄骥：《宪法论》，钱克新译，商务印书馆 1962 年版，第 49 页。

〔2〕　[法] 狄骥：《宪法论》，钱克新译，商务印书馆 1962 年版，第 63～64 页。

〔3〕　徐鹤林编译："法国行政法"，载《行政法研究资料》（下），中国政法大学出版社 1985 年版，第 272 页。

〔4〕　参见陈新民：《公法学札记》，台湾三民书局 1993 年版，第 55 页以下。

〔5〕　[德] 彼德·巴杜拉："在自由法治国与社会法治国中的行政法"，陈新民译，载陈新民：《公法学札记》，台湾三民书局 1993 年版，第 112 页。

作已成为美国行政法的重要原则。[1] 服务与合作的理论在西方国家又被称为"福利国家论",由于福利国家政策容易导致个人的懒惰,因此在20世纪70年代,汉斯·彼德斯和J. 艾生瑟等西方学者又提出了"国家辅助主义"理论以修正和发展福利国家论。该理论认为,只有在个人无力获得幸福时,才能要求国家提供服务。[2]

上述行政主体与相对人的关系理论最终导致了20世纪行政法思想的变革。其一,对行政强制重视程度的减弱。行政行为的实质被普遍认为是一种服务行为,行政强制只能在无法取得相对人合作的情况下才可以实施。也就是说,在相对人能够自觉合作或者行政目的可以顺利实现的情况下,行政主体部应当运用具有强制性的行政行为来服务,而可以运用行政合同和行政指导等非正式、非强制的行政行为来服务。其二,行政过程的价值取向发生转变。19世纪的行政法学思想的价值取向是公正,即个人自由。到了20世纪,由于服务与合作理论的影响,行政法学思想的价值取向发生了变化,即效率优先于公正。学者们普遍认为,只有高效率的行政,才能为相对人提供更多的服务。因此,赋予政府更多的自由裁量权是必要的,委任立法和行政司法的产生也是不可避免的。此外,为了实现效率,对个人自由进行一定的限制也是适当的,相对人有忍受或配合的义务。其三,行政法治观念发生改变。西方学者认为,19世纪的行政法治只注重行政行为而忽视行政程序。20世纪的行政法治不仅应重视服务结果或已发生法律效力的行政行为,而且还应强调行政程序即服务与合作的过程。通过行政程序,扩大行政民主,调动相对人对服务的合作或参与,增进行政主体与相对人之间的相互沟通和信任,消除相互之间的隔阂和对立,使行政主体的意思表示融合相对人的意志,从而增强行政行为的公正性、效率性和可接受性,避免违法行政行为的发生。为此,西方国家在第二次世界大战后形成了一股制定行政程序法的潮流。

三、行政法中的技术主义

20世纪以前的行政法主要强调的是法律的阶级性和人文性,行政法以调整行政主体与行政相对人之间的权利义务关系为主要内容。而当人类社会进入20世纪以后,由于信息革命的影响,行政法学界普遍认为,社会技术在某种程度上决定着行政法规范的调整对象和调整内容,社会技术对行政法的发展总会产生间接或直接的影响。一方面,社会技术与法律的关系非常密切,任何社会中的法律体系以及法律规范的构成都不能不与社会技术发生联系,所不同的是不同的部门法与社会技术的关系密切程度不同。可以说,行政法与社会技术的关系是最为密切的,主要原因在于行政法与社会生活的关系最为密切。作为国家的行政活动来讲,面对的是方方面面的社会事务,这些社会事务的状况直接或间接决定行政法的状况。同时,由于任

---

〔1〕　参见王名扬:《美国行政法》(上),中国法制出版社1995年版,第81、87页。

〔2〕　陈新民:《公法学札记》,台湾三民书局1993年版,第103页。

何一种社会技术的出现都会不同程度地对人类社会的社会结构和社会过程产生影响，这样的影响使人与人之间的关系模式发生了变化，进而冲击了先前通过法律规则尤其通过行政法规则设定的社会关系，而这种冲击的最终结果是导致行政法格局的变化，这可以说是社会技术对行政法的间接影响。另一方面，社会技术既可能是一种价值体系又可能是一整套规整方式，如社会技术让人们在日常生活中可以做一些事情而不能做另一些事情等。这些规整方式在它产生的初期仅仅是技术层面的，但当它开始变成日常生活所必需时就从技术规整变成了法律规整。行政法规范必须吸收技术规则中的行为规则，"一个技术规则若具有这样的效力性，就可能转化为行政法规范，如夜间开车必须打开车灯，这一技术要求无须证明的控制着行车人的行为和意识，它最终由技术规则转化成了行政法规范。"[1] 这样技术规则便直接对行政法产生了影响。[2]

20 世纪行政法的技术主义特点主要体现为两个方面。

第一，行政法规则本身包含了大量的技术性准则。如我国的《高速公路交通管理办法》第 11 条规定："机动车在高速公路上正常行驶时，最低时速不得低于 50 公里。最高时速，小型客车不得高于 110 公里；大型客车、货运汽车和摩托车不得高于 90 公里。但遇有限速交通标志或者限速路面标记所示时速与上述规定不一致时，应当遵守标志或者标记的规定。"这条规定主要是在考虑道路安全等技术性因素的前提下制定的，但是，随着技术的进一步发展和汽车设计的不断更新，最高时速也发生着变化，因此，我们认为，有关高速公路最大限速的规定也需要随着汽车技术的发展而作适当调整，这也是行政法技术主义的一个体现。再如《高速公路交通管理办法》第 14 条规定："机动车在高速公路上正常行驶时，同一车道的后车与前车必须保持足够的行车间距。正常情况下，当行驶时速 100 公里时，行车间距为 100 米以上；时速 70 公里时，行车间距为 70 米以上。遇大风、雪、雾天或者路面结冰时，应当减速行驶"等。这些技术准则在其发端时并不一定都是行政法现象，其中大部分都是行政法以外的纯技术要素，但由于其对行政过程的普遍调节作用便由法外要素变成了法内要素，进而成为了行政法这一大系统中的基本内容。

第二，行政法的运作以及调控过程更倾向于数字化。一方面，行政法体系中充满了数字化的法律语言，从行政组织规则到行政行为规则再到行政程序规则都有很多量化的内容。人们关心的不再仅仅局限于行政法规则中包含的权利义务内容，而是更多的关心各种行政法权利义务对利益所造成影响的数字化估算。另一方面，行政法事实不再是抽象的事件和行为，而是可以用数字说明的物质利益和精神利益。相关的数据化资料和报表充斥了整个行政行为过程，行政主体甚至不需要再作深刻

---

〔1〕《宪法学行政法学》（中国人民大学法学复印资料）2003 年第 12 期，第 44 页。

〔2〕 参见关保英："现代行政法的终结与后现代行政法的来临——后现代行政法精神之论析"，载《河南省政法管理干部学院学报》2006 年第 4 期。

的逻辑推理，而仅仅通过报表就可以完成这样的推理，因为报表中的数据就已经构成了行政法的过程。行政法的数字化形态是必然的，这主要原因在于社会的数字化（技术化），"数字'革命'的说法仍然是站得住脚的，因为不管用什么标准来衡量，经济带来的变化是惊人的，而数字技术则是这种惊人变化的惟一驱动力。不管狂热者们如何夸大世界将发生的变化，这些变化将最终决定于数字技术的发展。眼下，没有人知道数字技术将如何发展，因为虽然技术本身已经稍稍变得可以预测，但确切的形势将如何变化、以什么速度变化并不仅仅取决于技术的发展，而且还要取决于一个国家的主要商业政策和政界要人们。"[1]

四、行政法思想的现实化

20 世纪的行政法思想与之前的行政法思想的形式主义相比，其更加注重现实化的价值取向。之所以会发生这种变化，一个主要的原因来自于 20 世纪实用主义法学的影响。实用主义法学的最大特点就是反对过分强调法律的逻辑性和严整性，而强调法律的社会目的、效果和作用，提倡探索、求实的精神。

早在 1910 年，庞德就提出了"书本上的法"与"行动中的法"存在差异的观点。他指出，"如果我们深入研究，书本上的法与行动中的法之间的区别、用于支持政府调控人与人之间关系的规则和实际上控制他们之间关系的规则之间的区别就会显现出来。而且我们还会发现法学理论与司法实践之间确实存在着差异鸿沟，并且这个鸿沟还很深"[2] 面对这种差异，庞德认为："让我们面对人类行为的现实，让我们考虑经济学、社会学和哲学的因素，放弃法学是自足体系的假定。让我们的律师不是通过徒劳地怒斥那些盛行的不遵守法律的行为，也不是通过雄辩地敦促人们遵守文字法律去使行动中的法与书本上的法保持一致，而是通过使书本上的法与行动中的法保持一致的状态为实际适用提供一种快捷、廉价和有效的法律模式来使行动中的法与书本上的法保持一致。"[3] 从以上论述中我们可以看出，庞德赞成用"动态的法"来适应变化发展的社会，使之跟上社会的发展步伐。也就是说，我们不能为了法学理论本身而研究法学理论，法学理论研究的目的是为了解决实际问题，是为了实际适用法律。理论要与时俱进，要能够回答时代所提出的新问题。这就是实用主义法学的基本精神所在。20 世纪 30 年代，卢埃林进一步发展了庞德的实用主义法学思想。他说道："有许多绅士花费很多时间去讨论'法律的终极目标'或'法律的应然问题'"，然而，"当法官在'安排好的地方'工作的时候，他可能就不

---

〔1〕 〔英〕约翰·格里宾等:《历史焦点》（下卷），朱善萍译，江苏人民出版社 2000 年版，第 564 页。

〔2〕 Roscoe Pound, "Law in Book and Law in Action", *The American Law Review*, Vol. 44 (1910), p. 15.

〔3〕 Roscoe Pound, "Law in Book and Law in Action", *The American Law Review*, Vol. 44 (1910). "Transferring American legal realism", edited by William W. Fisher III, Morton J. Horwitz, Thormas A. Reed, Oxford University Press, 1993, p. 44.

去关注那些绅士们说了些什么，并把它称之为毫不相干的主观臆断"。基于此种原因，"我不试图去对法律下个定义，不去对那些边缘问题、法律停滞的地带和存在的法律障碍进行描述，我将致力于对法律事务的核心进行关注，我将努力关注那些所有法律事务最可能关注到的有用的着眼点……我将探讨那些人们不太熟悉但令人兴奋而又十分有用的法律核心问题，而不是那些过去人们在谈到法律时都谈论过的法律核心问题"。[1] 这里，卢埃林把法律的实际运行看做是法律的重点，"关于法律的最富有成效的趋势就是把法律看做具有多重目标的社会引擎（能量巨大的引擎），而不在于它的价值本身；越来越清晰地看到人们由过去常常重视法律语言转向了更加重视可见行为（任何可以看到的态度和思想模式都应该包括在内）。法学研究的核心现在明显地转向了社会关系，转向了人的相互行为，官方调整行为和那些影响官方调整的行为或受官方调整影响的行为"。[2] 卢埃林的观点显然是对传统的注重法律概念规则的法律形式主义的批判。

20 世纪的行政法思想的现实化特点非常明显，这一时期的行政法学者大多数以行政法的实际效用为研究目的，强调行政法对社会所能起到的积极作用。例如，在有关依法治国的理论问题上，19 世纪和 20 世纪的依法治国思想都强调依法行政。然而，两者在理念上和实践中都存在很大的差异。19 世纪的依法行政理念强调政府的行政活动必须严格按照法律的规定来进行，而不管行政的现实结果如何，因此 19 世纪的依法行政很大程度上是一种形式意义上的依法行政。而由于 20 世纪的行政法是服务行政法，因此其依法行政理念并不过分重视行政活动的形式，而是强调行政是否真正为公众提供了服务。只要行政主体为公众提供了服务，则服务形式和服务程序中存在些微瑕疵都是可以弥补的。换句话说，20 世纪的依法行政理论更强调行政的实质性和现实性，只要行政行为实质上合法，那么行政程序等形式上的要件可以在事后进行补正，而且某些行政行为的实质性内容也可以进行替换，如文字上的错误或者计算误差等都可以进行更正，而不需要将程序上有瑕疵的行政行为一律予以撤销或宣告无效。在行政法规范的解释和适用上，也不再拘泥于法律条文的字面含义，而是注重探求立法者的意图并注重行政目的的实现。

---

〔1〕 ［美］卡尔·卢埃林：《法学：理论与实践中的现实主义》，芝加哥大学出版社 1962 年版，第 4～6 页。

〔2〕 ［美］卡尔·卢埃林："现实主义法理学——引领未来"，载《哥伦比亚法律评论》1930 年第 30 期，第 464～465 页。

第二节　马克斯·韦伯的行政法思想

一、行政法思想中的哲理

韦伯把社会存在的正当的统治类型分为三种，即传统型的正当统治、个人魅力型的正当统治和法理型的正当统治。[1] 韦伯认为，法理型统治是最符合现代西方社会的一种统治类型，其产生和发展与西方社会独特的宗教、文化和经济形态等因素息息相关。法理型统治的基础是一套内部逻辑一致的法律规则以及得到法律授权的行政管理人员所发布的命令。这种统治类型与其他两种统治类型的根本区别在于：它是一种"非人格化"的统治，即它并不依赖于与个人有关的身份或属性。法理型统治的最明显体现就是"法治国"理想。法治理念之所以能够得到有效的维持，是建立在如下一整套相互关联的信念基础之上的：首先，调整社会关系的一整套法律体系要么是由社会全体成员的一致同意而产生的，要么是由一个被社会全体成员所认可的权威机构发布的，同时这套法律体系能够得到社会成员的遵守。其次，法律具有普适性和强制性的特点，社会管理活动围绕着法律的制定、执行和维护而展开。立法机构负责制定法律规范，为社会关系的建构提供一种法律上的指引；行政机构依照立法机构制定的既定规则对社会实施的日常管理；司法机构负责在个案中纠正偏离法律秩序的行为，从而维护法律的尊严和社会的秩序。最后，法律系统独立于政治、宗教和其他社会领域。法律职业者受过专门的职业训练，参与法律实践活动，而非专业人员由于受到资格条件和知识本身的双重限制，无法涉足法律实践领域。

在韦伯的理论中，法理型统治对应的是"官僚制"的统治方式。在韦伯看来，"官僚制"是现代社会合法统治方式的一个重要"理想类型"，它包含如下六个方面的要素：其一，公务按照每日重复的常规进行，它不需要、也不允许个人的创造力在其中得到体现。其二，公务的履行由行政机关根据确定的规则来安排。该规则的具体要求是：①通过非人格化的标准来确定每一个公务人员所必须完成的特定任务；②公务员被授予完成其职业任务所必须的权力；③公务员可以使用的强制手段受到严格的限制，他们的合法职业活动的范围也得到明确限定。其三，每一个公务员的职责和权力都是一个科层式的权威体系的组成部分。上级官员负责监督下级的工作和绩效，而下级官员则有权对上级的监管行为提出申诉。其四，公务员和其他政府雇员对于他们履行职务所必需的那些资源并不享有所有权，但他们得为这些资源的使用负责。公共事务与私人事务、政府收入与个人收入有严格的区分。其五，公务

---

[1] 应当指出，韦伯所做的这一分类是为了分析和研究的便利而主观建构出来的，并不是对客观历史事实的描述。在现实社会中，这三种类型的正当统治大多数是以相互糅合的形式出现在不同的国家统治中，而很少表现为纯粹的单一形态。

员对他们的职务不享有所有权，这些职务不能被出售，也不能被继承，而只能按照形式化的规则进行解聘和招新。其六，公务的履行在很大程度上有赖于形式化的文书写作。[1] 在官僚制中，行政官员的权力来自于法律的授权，公民的权利和义务也要由法律来界定，同时各种社会关系以及这些社会关系所组成的社会结构也都由法律来安排。在各级政府机构中，官员们具有一定的流动性，但是政治权力的结构却保持不变。这种制度安排使社会关系具有持续性和稳定性，为人们的社会行动方式规定了明确的限度，从而使个人行为和社会运转都处于一种有序的状态。但韦伯同时也看到了官僚制本身所具有的负面效应。他指出：在这种制度下，社会越来越变得像一个"铁笼"，被囚禁于其中的个人变成了"制度化"的个人，他们越来越需要"秩序"，如果这种秩序发生动摇，他们就会惊慌失措；如果他们被某种力量从这种秩序中抽离出来，获得完全的"自由"，他们就会感到束手无策。[2]

　　为了进一步深入论述官僚主义体制的合理性，韦伯提出了工具——目的理论。他在逻辑上划分出两种合理性，即形式合理性和实质合理性。"实质合理性是指遵循意识形态体系的原则，如道德、宗教、权力政治等，而不是法律本身；形式合理性是指外在的即根据感觉来归纳可观察的外部行为的意义，或逻辑的即根据法律思想创设的并被认为构成完全体系的抽象概念来表示规则。"[3] 在韦伯那里，形式合理性是可以准确计算的，即"一种经济行为形式上的合理应该自然称之为它在技术上可能的计算和由它真正应用的计算的程度"。"实质上的合理，应该是指通过一种以经济为取向的社会行为的方式，从曾经、正在或可能赖以观察的某些（不管方式如何）价值的基本要求的立场看，允许用货物供应现存的人的群体（不管其界限如何）的程度。"[4] 可见，所谓的形式合理性，是一种可以进行手段和程序等方面量化的合理性，从而使得行动的本身以及行动的目的都变成了可以被计算和被量化的指标，因此它是一种纯粹客观的合理性；实质合理性则与此不同，它是一种只注重伦理主义或道德理想而忽视行动效率的一种合理性，完全建立在对行动目的和后果的价值判断的基础之上，而通常被作为价值判断的标准有：是否合乎宗教信仰或宗教教义，是否符合习惯，是否表现出某种社会美德或善行等，因此是一种主观合理性。韦伯将形式合理性表述为工具——目的主义，而将实质合理性表述为道德理想主义。韦伯指出，实质合理性是前资本主义社会的存在物，现代社会没有它存在的社会环境。随着现代社会生产力的高速发展，社会对效率的需求已经到了非常高的

〔1〕　Max Weber, *The Theory of Social and Economic Organization*, New York: Oxford University Press, 1947, pp. 330~332.

〔2〕　Mayer, J. p., *Max Weber and German Politics*, 2nd ed., New York: Arco, reprinted, 1979. pp. 127~128.

〔3〕　[德] 马克斯·韦伯：《论经济与社会中的法律》，张乃根译，中国大百科全书出版社 1998 年版，第 25 页。

〔4〕　[德] 马克斯·韦伯：《经济与社会》（上卷），林荣远译，商务印书馆 1997 年版，第 106 页。

地步，而由于科层制具有高效率的特点，因此行政管理必然要向着科层化的趋势发展。在韦伯看来，现代生活的彻底科层化意味着工具——目的论已被社会所广泛接受，并且社会实践证明，这种工具——目的论与现代社会对效率的追求是一致的，它或许是社会进步的表现，或许是社会发展进程中压倒性的世界潮流。日常生活的一切领域都倾向于变得取决于纪律严明的等级制度、合理的专业化、个人本身及其活动的条理化工具化。

二、行政体制的法律决定

被誉为"组织理论之父"的马克斯·韦伯，是德国著名的社会学家、政治经济学家和官僚制理论的奠基人。在整个 20 世纪中，韦伯创立的官僚制理论，可以说是影响最大的理论之一，并对后世产生了非常深远的影响。韦伯所指的官僚制与传统官僚制并不是一个概念，而是一种现代意义上的官僚制。现代意义上的官僚制在 19 世纪后期英国出现文官制度后才作为一种行政体制正式进入政治生活领域。马克斯·韦伯明确而系统地指出理想的组织应以合理、合法的权力为基础，这样才能有效地维系组织的连续性，也才能够有利于组织目标的实现。为此，韦伯首推官僚组织，并且阐述了规章制度是官僚组织得以良性运作的基础和保证。这里需要指出的一点是，"官僚组织"一词等同于技术意义上的"行政组织"，它是一个中性的概念。

马克斯·韦伯认为，在人类社会中，有三种合法的权力类型被社会所接受，它们分别是：由传统惯例或世袭得来的传统权力、源于他人的崇拜与追随的超凡权力以及由法律规定的权力即法定权力。任何组织都必须以其中的某种形式的权力作为其存在和运行的基础，缺乏这种权力，任何组织都不能实现自己的目标。对于不同的权力类型，韦伯有不同的观点。他认为人们对传统权力的服从并不是基于秩序的考虑，而是基于传统的个人忠诚。人们之所以服从传统权力，是因为领袖人物占据着传统所支持的权力地位，领袖人物的作用似乎只为了维护传统，因而这种权力形式效率较低，以此为基础建立起来的行政组织属于传统性组织。在传统性组织中，缺乏行之有效的行政管理。组织中不存在按照事务处理自身需要的规则确立的固定的权限范围。组织中不存在固定的、合理的等级制度。官员的任免与升迁并不取决于自由的契约。[1] 而对于超凡权力来讲，其合法性完全依赖于人们对领袖人物的信仰和崇拜，因此它是一种极不理性的权力，其存在的基础在于神秘的启示而不是规章制度，所以，以此为基础建立起来的行政组织属于神秘性组织。在神秘性组织内部，没有专门的行政管理职位，管理者的产生主要取决于领袖个人的好恶，同时组织管理中也没有抽象的法律原则、具体的规章、传统的先例及积累下来的司法判决

---

〔1〕　〔德〕马克斯·韦伯：《经济与社会》（上卷），林荣远译，商务印书馆 1997 年版，第 254 页。

与判例可循，惟一所诉诸的是神的宣判、默示及先知的预言。[1] 在韦伯看来，只有法定权力才最适合作为行政组织体系的基础，以法定权力为基础的行政组织是一种法理性组织。韦伯认为，法理性组织是符合现代社会与资本主义经济发展所需的组织结构形式。法理性组织必然是借助官僚体制的行政管理班子进行管理与统治，在此意义上，官僚组织是法理性组织的纯粹形态。[2]

韦伯对官僚组织的产生原因以及官僚组织模式的特征都进行了十分充分的论述。他认为，从经济层面来看，资本主义商品经济的发展为官僚组织的产生提供了强有力的推动力。从政治层面来看，公众民主意识的不断增强对政府部门的管理活动形成一种强大的压力，从而迫使政府必须提高反应能力，而反应能力的提高必须借助于严密的官僚组织体系。从法律层面来看，具有理性特征的资本主义法律孕育了官僚组织的合理性。韦伯认为，资本主义的发展是与理性的法律联系在一起的。"资本主义需要可以像机器一样在可靠的法律基础之上运行。"[3] 韦伯所构建的官僚组织模式具有下列特征：其一，组织中的成员应具有固定的、正式的职责并依法行使职权。组织是根据合法程序确定的，应有其明确目标，并靠着这一套完整的法规制度，组织与规范成员的行为，以期有效地追求与达到组织的目标。其二，组织的结构是由上而下逐层控制的体系。在组织内，按照地位的高低规定成员间的命令与服从关系。其三，强调人与工作的关系，成员间只有对事的关系而无对人的关系。其四，在成员的选用与保障方面，每一职位均根据其资格限制（资历或学历），按自由契约原则，经公开考试合格予以使用，务求人尽其才。其五，在专业分工与技术训练问题上，对成员进行合理分工并明确每人的工作范围及权责，并不断通过技术培训来提高工作效率。其六，在成员的工资及升迁问题上，实行按职位支付薪金的办法，并建立奖惩与升迁制度，使成员安心工作，培养其事业心。韦伯对理想官僚组织模式的描绘，为行政组织指明了一条制度化的组织准则。

我们不难发现，韦伯所倡导的官僚组织（即行政组织）体制是建立在理性的法律基础之上的。在他所构建的行政体制中，法律、规则、程序等具有严肃性、执行性、普遍性等特点，行政组织的职权领域、上下级之间的职权关系以及行政官员的职位等级和职责范围等都是由法律事先设计并规定好的。法律明确规定，在行政组织内部，下级必须接受上级的命令与监督，官员不得滥用其职权，个人的情绪不得影响行政组织的理性决策；组织成员要按严格的法令和规章对待工作和业务，以确保组织决策的顺利实施组织目标的最终实现；组织成员必须秉公办事，不能徇私枉法。

---

〔1〕 ［德］马克斯·韦伯：《经济与社会》（上卷），林荣远译，商务印书馆 1997 年版，第 271 页。

〔2〕 唐兴霖：《公共行政学：历史与思想》，中山大学出版社 2000 版，第 210 页。

〔3〕 ［德］马克斯·韦伯：《世界经济通史》，姚曾译，上海译文出版社 1981 年版，第 291 页。

三、行政主体的相对被动性

韦伯认为，"在国家的行政领域里，'国家利益至上主义'的特别现代的和严格'客观的'思想尤其适用，它把官员'创造性的'随意处置的观点最强烈地神化，作为他的举止的最高的和最终的指路北斗星。同时，首先当然是官僚体制对于在自己的国家里（和通过它面对其他国家）保持它的权力条件的可靠的直觉，难解难分地溶入这种抽象的和'求实的'思想教规化。最后，这种自己的权力利益才给予那种本身绝不是明确的理想以一种具体可用的内容，以及在模棱两可的情况下，赋予决定性的意义……对于我们来说，具有决定性意义的仅仅是：在真正官僚体制的行政管理中任何行动的背后，原则上都存在着一种理性上可以讨论的'理由'的体系，也就是说，或者：归纳在准则之下，或者：在目的与手段之间进行权衡。在这里，任何'民主的'潮流的表态，也就是说，在这种情况下，最终走向统治的'最小限度化'潮流的表态，必然也是模棱两可的。同老的世袭统治的个人自由随意专断和恩惠相反，'法律平等'和要求法律保障不得随意专断，就需要有行政管理的形式的理性的'求实性'。但是，'伦理'倘若在个别的问题上控制着群众——我们想完全撇开其他的直觉——伦理连同它的以具体个案和具体人员为取向的对实质的'公正'的要求，就不可避免地同官僚体制的行政管理的形式主义和受规则约束的、冷漠的'求实性'发生冲突，而且基于这个原因，必然在感情方面，摒弃理性所要求的东西"。[1] 也就是说，在韦伯的观念里，国家利益至上主义和客观主义在国家的行政活动中占有绝对重要的地位，而官员的创造性、主动性在行政行为中所起的作用却被缩小到极致。他认为，在真正官僚体制的行政管理活动中必然存在可以量化的规则，而完全由人的意志决定的价值判断应当最小限度化。从他的这段论述中我们可以明显可以看出，韦伯并不赞同行政主体在行政组织系统中发挥主动性，官员的行为必须符合行政管理的形式主义并受规则的约束和控制。

行政主体的相对被动性在马克斯·韦伯的科层制理论中有着十分突出的体现。韦伯非常赞赏现代科层制，按照他的分析，"科层制的结构一方面源自于现代权威和技术理性的基本原则，一方面则源自于协调经济和国家领域中复杂的劳动分工的层级制要求。这两方面共同产生了一种引人注目的组织能力，这种组织能力是作为一个社会集团的科层制的权力的源泉。"[2] 科层制具有处理复杂的行政管理任务的独特能力，可以说如果没有科层制，大规模的集中行政就很难得到维持。在马克斯·韦伯的科层制行政组织模式下，权力等级、非人格化、技术化是科层制组织的基本特征，这些特征所折射出来的正是行政主体的相对被动性。

权力等级取向是马克斯·韦伯所构建的科层制组织的最为鲜明的特征。科层体

---

〔1〕 韩水法编：《韦伯文集》（下卷），中国广播电视出版社 2000 年版，第 348~349 页。
〔2〕 ［英］戴维·毕瑟姆：《官僚制》，韩志明、张毅译，吉林人民出版社 2005 年版，第 92~93 页。

制主要表现为一种法律化的权力等级制度，在这种制度中，行政组织根据组织体制中每个人的权力和责任排定职务的高低顺序，将官员纳入金字塔般的职务等级体系中，从而建立起命令与服从的行政管理关系，在这种模式下，官员须受制于所属机构的控制并丧失了自身的个性，成为"在一台机器上赋予专门化任务的一个环节"和行政机器中的一颗"齿轮牙"[1]。换句话说，权力等级理念强调的是行政组织中上下级之间的命令——服从关系，任何官员的行动方向是由处在更高一级的官员决定的，下级对于上级的命令只能被动地接受和执行，而不能平等交流和自主参与。在制定和执行政策方面，行政主体也不能出于个人的意志和需要行动，而是必须受制于组织目标的需要。行政组织的成员都是屈从于规章制度的"组织人"，而不是具有责任感和积极性的"社会人"。

非人格化取向强调利用完美的组织制度和模式来规制组织成员的行为，在这种体制下，行政官员不是为特定的个人服务，而是为客观的非个人的组织和组织目标服务。马克斯·韦伯非常注重行政组织的效率，他认为，传统的科层组织之所以效率低下就是因为有过多人为因素的干扰，因此要尽量排斥人为因素，从而提高科层组织的效率。这就使得个人的性格和意志难以有所作为，行政主体的主动性也相应地难于发挥。此外，由于权力来源于形式法学理论和形式法律规定的制度，因此个人财产和国家财产的实际分离以及个人权力资源与管理手段的分离导致了个性化权威的虚化，从而使得官僚体制不那么容易遭受来自内部和外部的冲击。官员的流动主要取决于法律制度所规定的其年资、工作经验、责任心、敬业精神等在形式上可以量化的指标。在科层体制内部，对权力义务体系的规定细致而明晰，使得每个成员都能够照章作好自己的分内事而不致超越权力义务范畴。在此种情况下，不允许行政组织成员表现出个人的"能动性"。

技术化手段是现代科层组织所拥有的重要管理手段。在技术化取向的支配下，现代科层在管理的方法和途径上越来越重视科学化、合理化的模式。现代科层组织之所以要选择这种发展路径，也是为了回应来自科层组织系统外部的种种挑战，以便与现代社会的信息化发展相适应。技术化的管理方式所导致的一个直接结果是，在行政组织中，作为行政主体的官员，在庞大且看似全能的科层机器面前显得无能为力，他们的工作主动性和个人意图已经被彻底忽视了。例如，科层的日常工作越来越多地与信息的收集整理归纳、多个可行性决策方案的提出以及对待定决策方案的深入论证等技术性工作相关，这就使得组织行为对个人创造能力的依赖降至最低，同时组织中的个人对伦理价值的追求也越来越少，其工作更多地体现出被动性特点。

韦伯的科层制得到了社会的普遍认同，它被认为是一种能够最大限度地提高效率的机制。一时间几乎社会领域的每个层面都组建起现代科层制组织。在社会经济生活中，生产者利用科层体制精确地并尽可能以更大的成本效益和更快的速度处理

---

[1]　[德] 马克斯·韦伯：《经济与社会》（下卷），林荣远译，商务印书馆 1997 年版，第 245 页。

它的各项业务；在国家政治活动中，政府统治活动越来越依靠科层化的管理方式，使它的军事、行政管理和司法人员日益脱离行政组织的物质手段，并逐渐向着非人格化的状态发展；在公共生活领域中，报刊、电视等社会舆论不仅在内部形成了分工明确、运作有序的机制，而且在外部也越来越依赖于科层化的国家。同时，社会公共空间也日益官僚主义化，为了追求效率，人们日益把信仰、理想等伦理价值弃之不顾，取而代之的是缺乏人性的、机械的整理、归纳、演绎、推理、计算和论证。我们不得不承认形式合理性的法律确实给西方建立法治社会带来了极好的效果，但是它也存在局限性，伯尔曼就指出："在任何一个社会，构成法律之基本实体的乃是持续不断地制定和重订法律的事件序列；这些事件，连同其仪式，传统，权威和普遍性，不但显示和实现了法律的原则和策略，而且表明并且实现了法律的价值、法律的情感。而这些，又有助于确立法律的宗教性和神圣性。"[1] 对此韦伯认为，官僚主义使得几乎每一个行政领袖都淹没在技术绝对主义的情景之中，它是一种社会不自觉的潜在魔力。而突破这一困境的途径在于，尽快培育出具有个性的、意志坚定、目标明确、对自身行动充满信心并且具有高度责任感的领导人。这样的领导人将是打破这种格局的重要因素。同时他也提出了这种领导人应当具备的条件：其一，他必须对从事的事业怀有持续的信仰。持续的信仰可以确保他的行动目标明确，并使他具备强烈的责任感及献身精神；其二，为了坚定其信仰，他必须对从事的事业保持充沛的热情，只有如此，信仰以及由信仰感召的行动才能获得始终如一的力量源泉；其三，他的行动必须是在对信仰与客观现实进行仔细权衡之后作出的。同时，他要确保在个人意图的实现历程中，信仰始终处于统领地位。

四、部门行政法的精神

在韦伯的思想中，折射出很多部门行政法的精神，这些精神甚至对于当代部门行政法的发展都具有十分积极的意义。比如，在行政主体对市场垄断现象的应对问题方面，韦伯就提出了这样的观点："在那些以自己的经济利益持续参与市场流通的人身上，对于市场行情和利害关系的合理认识，总的来说，自然远比那些仅仅在思想上关心法律规定的制定者和执行机关大得多。在一种建立在普遍的错综复杂的市场基础之上的经济里，某一项法律规定的可能的和不受欢迎的附带成果，尤其会在很大程度上脱离法律规定制定者和执行者们的预见，因为这种附带成果掌握在私人的有关利益者手里。然而，正是这种附带成果可能扭曲规定的预想达到成效的目的，走向恰恰是预定目的的反面，这是屡见不鲜的。面对这些困难，在现实中，法的实际力量在经济方面达到何种程度，这不能泛泛而论，而是只能对各种具体情况加以研究，即对社会经济学的各种具体问题进行探讨。总的来看，只能这么讲，纯粹从理论上观察，一种市场的完全垄断化，即对市场的一目了然，在正常的情况下，在

---

[1] [美] 伯尔曼：《法律和宗教》，梁治平译，生活·读书·新知三联书店 1991 年版，第 91 页。

技术上也便于通过法的强制来控制经济的有关部门。如果说，尽管如此，市场的垄断决非总是提高法的强制的机会，那么其中的原因往往在于存在着各种竞争着的政治团体，因而产生在法律上各行其是——关于这个问题还将作论述——此外，还在于垄断主义者可以控制的、私人利益的力量，私人利益又抵制着使用法的强制。"[1]在政府部门对经济进行规制的问题上，韦伯也有自己的观点，从他的这一观点我们可以看出他对经济行政法的理解和赞同。他认为："对一种现代形式的经济制度来说，没有具有特别特征的法的制度，自然无疑是行不通的，而这种法的制度实际上只能作为'国家的'制度才是可能的。今天的经济建立在通过契约而获得的机会之上。尽管对'契约的合法性'固有的兴趣影响广泛，尽管有产者们对相互保护财富的共同兴趣影响广泛，以及尽管惯例和习俗今天仍在同样的意义上强烈地决定着个人，但是，由于传统受到震撼——一方面是传统制度下的关系受到动摇，另一方面是对传统的神圣性的信仰受到震动——这些权力极大地丧失其意义，阶级的利益是如此明显的泾渭分明，南辕北辙。现代流通的速度要求有一种迅速而可靠地发挥其功能的法，也就是说，一种由最强大的强制权力所保障的法，而首先是现代经济，由于其自身的特性，消灭了曾经是法和法的保障的体现者的其他团体。这就是市场发展的杰作。一方面，市场社会化的普遍占统治地位，要求法应具有一种根据合理的规则可预计的功能。另一方面，我们将看做是市场社会化的典型倾向的市场的传播，由于其固有的内在的一贯性，通过一种普遍主义的强制机关，摧毁一切分立的、往往是建立在经济垄断之上的等级的和其他的强制机构，有利于一切'合法的'强制权力的垄断化和管辖。"[2] 在他看来，随着经济的高速发展，传统的契约关系、惯例、习俗甚至是信仰都受到很大冲击，因此需要有一部能够发挥其功能的法律来代替传统的制度。同时，市场的社会化倾向要求成立一种普遍性的、具有合法的强制权力的机关来规范和管理国家经济生活。这里所说的"能够发挥其功能的法律"就是行政法，更准确地说是经济行政法，而"具有合法的强制权力的机关"就是行政机关。

第三节　罗素的行政法思想

一、实证哲学与实用行政法

"实证"一词是从拉丁文 *Positivus* 转化来的，其本意是肯定、明确、确实。实证哲学是以近代实验科学为根据的一种"科学的哲学"，与形而上学相对立。实证意味着实在、有用、确定与确实，因此实证哲学的基础需要依靠于事实，注重哲学的

---

[1]　韩水法编：《韦伯文集》（上卷），中国广播电视出版社 2000 年版，第 202 页。
[2]　韩水法编：《韦伯文集》（上卷），中国广播电视出版社 2000 年版，第 203～204 页。

实践性，其目的在于改善人类与社会的存在，其最明显的特性就是始终与自然科学的发展同步。实证哲学发展到逻辑实证主义时达到了顶点，逻辑实证主义以经验事实和逻辑方法为基础，在划清科学与形而上学的界限基础上实现了哲学的科学化。

罗素哲学对逻辑实证主义的产生和发展产生了重大的影响。作为逻辑原子主义的创始人，他率先提出了"逻辑是哲学的本质"这一口号，这个口号"说出了逻辑原子主义与后来的逻辑实证主义的共同本质：把哲学等同于逻辑，从而把科学哲学逻辑主义化"。[1] 罗素的逻辑原子主义是建立在孔德的实证主义基础之上的，他同后来的逻辑实证主义者都承认科学的认识只能局限于经验的领域之内，都拒斥他们自认为没有意义的形而上学问题。为了从本质上将他的科学哲学与传统哲学相区别，罗素给他的新科学哲学提出了四条纲领，其中第一条就是，"认识（科学知识）必须属于经验的范围，否则就是非科学的独断论或形而上学"。[2] 这与实证主义原则不谋而合。他认为："哲学和别的学科一样，其目的首先是要获得知识。哲学所追求的是可以提供一套科学统一体系的知识，和由于批判我们的成见、偏见和信仰的基础而得来的知识……任何一门科学，只要关于它的知识一旦可能确定，这门科学便不再称为哲学，而变成为一门独立的科学了。关于天体的全部研究现在属于天文学，但是过去曾包含在哲学之内；牛顿的伟大著作就叫做《自然哲学之数学原理》。同样，研究人类心理的学问，直到晚近为止还是哲学的一部分，但是现在已经脱离哲学而变成为心理学。因此，哲学的不确定性在很大程度上不但是真实的，而且还是明显的：有了确定答案的问题，都已经放到各种科学里面去了；而现在还提不出确定答案的问题，便仍构成为叫做哲学的这门学问的残存部分。"[3] 他提出科学哲学的任务"在于对科学的陈述进行逻辑的分析，以检查它们在化繁为简的逻辑系统化过程中是否完全符合逻辑规则，有没有因违反逻辑规则（即逻辑混乱）而造成的各种错误。从而确保科学体系的逻辑严密性及其内容的正确性"[4] 这也揭示了现代科学哲学乃至整个哲学的基本问题仅仅是逻辑问题。在哲学与政治的关系上，他认为"哲学并非政府所必需的部分，政府只是为了方便起见而借助于哲学"[5] "在许多文明的国家，除了自由和民主占优势之外，哲学仍然是当局控制的官方意见。天主教堂遵循阿奎那的哲学，苏维埃政府遵循马克思主义哲学，而德国唯心主义占上风的纳粹党徒尽管在一定程度上表现出对康德、费希特和黑格尔的推崇，但是他们还没有清晰的哲学观点。天主教徒、共产主义者和纳粹分子的政治实践的观点都与他们的哲学理论观点有密切关系。早期民主自由主义曾与洛克的经验主义哲学

---

〔1〕 夏基松等编著：《西方科学哲学》，南京大学出版社1987年版，第76页。

〔2〕 康福斯：《科学与唯心主义的对立》，三联书店1954年版，第91页。

〔3〕 ［英］罗素：《哲学问题》，何兆武译，商务印书馆1999年版，第129页。

〔4〕 夏基松等编：《西方科学哲学》，南京大学出版社1987年版，第76页。

〔5〕 ［英］罗素：《自由之路》（上），李国山等译，文化艺术出版社1998年版，第164页。

有关。"[1]

罗素的实证哲学对实用行政法的发展也具有很大影响。在他看来，我们应当关注的不应当是国家这个抽象、空洞的事物，而是具体、真实的社会存在。"为达到某些目的，国家看来是一个必要的组织机构。诸如和平与战争、关税征收、卫生防疫、禁毒、保证公平的分配制度等事务，要是在一个没有中央政府的社会里是很难办好的……只要使用暴力和进行破坏的冲动还普遍存在，国家就是需要的。但是，它仅仅是一种手段而已，要想不让它作恶多于行善，就得尽量慎重、尽量少地使用它。我们要效忠的不是国家，而是社会，是现在和将来所有人类的全世界的社会。一个美好的社会不是产生于国家的荣耀，而是产生于个人的自由发展；产生于日常生活的幸福；产生于每一男女都有符合个人兴趣并能充分发挥个人才能的工作；产生于人与人之间的关系自由而又充满爱，在感情中清除了因失望而产生嫉妒的根源；更重要的是产生于生活富于乐趣并在科学和艺术的自由创作中得以表现出来。一个时代或一个国家只有取得了这样的成就才有存在的价值，但是乞灵于国家是无法达到这些成就的。一切美好的东西必须实现于个人身上，而一个志在重塑世界面貌的政治制度，其终极目标必须是个人的自由发展。"[2] 从罗素的这段论述中我们可以明显感觉到其实证主义的哲学色彩。我们在研究行政法学的相关问题时，完全可以借鉴他的这一精神。

目前对现代行政法的体系设计、制度构建、规制方式等仍然是围绕公权的运行状况而展开的。换句话说，公权是行政法存在的基础。在这一基础上研究行政法，自然更多地会考虑公共利益的保护问题。然则，社会进入更高阶段以后，情况则发生了变化，有学者就指出，目前社会已经进入了后现代行政法阶段，"后现代行政法的基础已经不是公权而是私权。一方面，私权具有特定主体，而每一个私权主体最终都可以具体到一个的活的生灵中去。公权则没有这样的主体，其即便有主体也只能是一些抽象的存在物，而不是具体的生灵。根据功利主义哲学中的快乐与痛苦原理，公权就必然陷入逻辑矛盾中。因为社会的幸福要以快乐与痛苦来测评，即能够给社会成员带来快乐之事便最终可使其幸福，而这样的事情也就成为合乎理性之事。反之，给社会成员带来痛苦之事便最终使其不幸，而这样的事情就成为不合乎理性的事物。进一步推论，公权由于主体的抽象性是无法感悟快乐与痛苦的，既然不能对快乐与痛苦作出测评就是一个虚幻的东西，这种虚幻的东西最终会成为理论构建的最大障碍。行政法所涉及的是管理规则，这些规则的最终主体是社会中的个体，这些个体以及与这些个体相关的私权才是行政法规则的决定因素。另一方面，无论我们分析公权也好，还是分析私权也好，其实质性的东西都是利益问题，权力和权利的始端是利益，权力和权利的末端同样是利益。而利益状况和不利益状况决定了

〔1〕　[英] 罗素：《自由之路》（上），李国山等译，文化艺术出版社 1998 年版，第 163 页。

〔2〕　[英] 罗素：《自由之路》（上），李国山等译，文化艺术出版社 1998 年版，第 88～89 页。

行政法的走势,一个规则被人们承认是利益所使然,一个规则被人们反对亦是利益所使然,而利益只有得到证明以后才能判断其合理性与否。不幸的是,任何利益的最终证明都必须回归到个体身上,因为任何集合要素都无法对利益的状况作出证明"。[1]

在这种情况下,"对于一个以公共利益为借口的行政行为或者行政过程,可能行政法中的任何一个人都没有得到来自这种公共利益的实惠,这样就使公共利益的概念成了一个无法证明的虚假概念"。[2] 因此,行政法对公权力(更多情况下表现为公共利益)的关注必然要转移到对私权利(更多情况下表现为个体利益)的保护上,同时,其运作过程也应当以私权利的实现与否为最终的测评指标。

二、权力的泛化与行政权递减

随着国家政权体制的发展,行政权不断膨胀。20 世纪中期以后,行政权几乎涉及社会生活的各个方面,正如托马斯·戴伊所说:"如果说,政府的权力曾经一度受到限制的话——政府除了保障法律和秩序、保护私人自由和私人财产、监督合同、保护本国不受外国侵略以外,没有别的权力——那个时刻早已过去。今天,认为政府机构干涉着我们生活中'从生到死'的各个方面的看法是很平常的。在美国,政府的首要职责是为防老、死、无依无靠、丧失劳动力和失业提供安全保障;为老年人和穷人提供医疗照顾;为小学、中学、大学和研究生提供各级教育;调整公路、水路、铁路和空中运输的规划;提供警察和防火保护;提供卫生措施和污水处理;为医学、科学和技术的研究提供经费;管理邮政事业;进行探索太空的活动;建立公园并维持娱乐活动;为穷人提供住房和适当食物;制定职业训练和劳力安排的规划;净化空气和水;重建中心城市;维持全部就业和稳定货币供应;调整购销企业和劳资关系;消灭种族和性别歧视。看来,政府的职责似乎是无限的,而我们每年都给政府增添任务。"[3] 同时,政权体制的发展导致权力的泛化现象也越来越突出,这主要表现在以下两个方面。一方面,原来属于立法权范畴的权力不知不觉转移到了行政机关手上,如立法本来只能由代议机构制定,然而,现代社会中行政机关的立法权能越来越大,从行政法规范的总量看,行政机关制定的行政法规范实际上多于立法机关制定的规范。另一方面,纠纷解决权本来属于司法权的范畴,而在现代国家中行政机关在很大程度上承担着解决纠纷的职能,或者说行使着排解纠纷的权力。对于一些民事纠纷行政主体有权作出裁决,而行政纠纷的一大部分都是由行政

---

〔1〕 关保英:"现代行政法的终结与后现代行政法的来临——后现代行政法精神之论析",《河南省政法管理干部学院学报》2006 年第 4 期。

〔2〕 关保英:《行政法的私权文化与潜能》,山东人民出版社 2003 年版,第 344 页。

〔3〕 〔美〕托马斯·戴伊:《谁掌管美国:卡特年代》,梅士、王殿宸译,世界知识出版社 1980 年版,第 66 页。

机关通过行政程序解决的。[1]

罗素构建了一个可望实现的理想社会，在这个社会里，社会实行的是全民义务教育，而且人们是否选择参加劳动是完全自由自愿的，即便人们不参加劳动也会拥有绝对自由。罗素认为，在这样一种开明的未来社会里，"仍将保留政府和法律，但它们的权力将降低到最低程度"。[2] 换句话说，在罗素的眼里，我们未来社会的行政权应当向着递减的趋势发展。一方面，政府只应由两部分组成，"一个部分是社会或权力机关制定的决议；另一个部分是强迫反对者执行这些决议……第二部分在一般文明国家里可以完全藏在幕后：那些在对新法律进行讨论时持反对意见的人一般在该法律通过以后就服从了，因为在一个稳定有序的社会里进行反抗是没有用的。但是，政府使用武力的可能性还是有的，正因为此少数派也就服从了，这反过来又使武力解决成为不必要的了"。[3] 另一方面，罗素认为政府由多数派把持的这种做法存在很多弊病，特别是在关系到国计民生的大事上，因此，可以通过两种途径来减轻这些弊病给国家带来的危害："①可以通过权力转移的方式把由多数派把持的政府变得不那么专断，就是把那些只影响到一部分人的问题交由代表这一部分人的团体去解决，而不是事事都由中央政府出面。这样，人们就不再会被迫接受由大都对有关事务一无所知也不感兴趣的人所做出的决定了。这种自治权不仅应当交给各个地区，而且还应当交给所有组织，如产业部门和教会等，因为它们都拥有不为其他团体所分享的重要的共同利益。②现代国家所以被赋予巨大权力，主要是因为常常需要做出快速决断，特别是在外交事务上。战争的威胁一旦解除，就有可能采纳比较繁琐但不那么专断的办法，许多被行政机构所篡夺的权力也就可以重新交给立法机关了。"[4]

从罗素提供的这两种途径来看，他是主张在权力泛化的现实社会中，将行政权的权限范围适当缩小的。要实现这一目标，其一，就是在适当范围内实行组织自治，将社会能够自主解决的问题交由社会自己解决，其二，就是将本来属于立法机关的权力交还给立法机关，从不该管的事务中退出来。罗素认为，虽然政府权力不断递减的这一趋势是不可避免的，这是实现人类自由的要求，但是在一定时期内保留政府权力也是必要的。通过促进政府权力（行政权）的递减，"政府对自由干涉就可逐步减轻了。有些干涉，甚至某些不正当的、粗暴的干涉的危险，是政府本身固有的，只要政府存在，它们就不会消失。但是，在人们没有变得比现在更不倾向武力之前，暂时还保留政府的一定权力还是较好的一个选择"。[5] 罗素认为政府权力

---

〔1〕　参见关保英：《行政法教科书之总论行政法》，中国政法大学出版社 2005 年版，第 60 页。
〔2〕　［英］罗素：《自由之路》（上），李国山等译，文化艺术出版社 1998 年版，第 124 页。
〔3〕　［英］罗素：《自由之路》（上），李国山等译，文化艺术出版社 1998 年版，第 124 页。
〔4〕　［英］罗素：《自由之路》（上），李国山等译，文化艺术出版社 1998 年版，第 125～126 页。
〔5〕　［英］罗素：《自由之路》（上），李国山等译，文化艺术出版社 1998 年版，第 126 页。

（行政权）的发展趋势将仅限于社会事务的管理上，也就是说，随着时代的发展，当战争危险完全消除之后，政府的权力（行政权）将会缩小到最低程度，即仅仅体现在社会事务管理方面。"我们仍可以希望，一旦战争危险解除了，人们使用武力的冲动会逐渐减弱，而这种冲动减弱得越多，就越有可能大大减少个人权力（这种权力目前让统治者专横霸道，为镇压反对者不惜采取任何残暴手段）。要建立一个政府力量成为不再必要的（除了对付疯子）世界需要一个漫长的过程，但它毕竟是完全可能的：一旦实现了这个目标，我们希望看到无政府主义的原则被体现在社会事务的管理上。"〔1〕

三、社会自治中的行政法

"自治"一词来源于希腊，它包含两层含义：一是独立自主，由人民自己管理自己的事务；二是国家的某部分独立自主地进行管理，意味着一定的国家集权与分权。学术界一般采用《布莱克维尔政治学百科全书》中关于"自治"的概念，这一概念表达的核心思想是行为主体的"自主权"，包括文化自我表达权、司法独立权和平等权、地方共同体自主权、民族国家独立权等。社会自治是人类社会活动的一种非常高级的治理模式，在这种社会形态下，社会成员多半通过自治组织来实现对事务的管理和对生产过程的领导，管理以服务为内容，并通过全体成员的自我约束和普遍合作精神而实现。对此，马克思和恩格斯也认为，"当国家终于真正成为整个社会的代表时，它就使自己成为多余的了，当不再有需要加以镇压的社会阶级的时候，当阶级统治和根源于阶级的生产无政府状态的个体生存斗争已被消除，而由此二者产生的冲突和极端行动也随着被消除的时候，就不再有什么需要镇压了，也就不再需要国家这种特殊的镇压力量了"。"那时，国家政权对社会关系的干预将先后在各个领域中成为多余的事情而自行停止下来。那时，对人的统治将由对物的管理和对生产过程的领导所代替。"〔2〕

在罗素看来，在自治的社会中，政府可以帮助人们解决物质生活方面的问题，从而便于他们更好地追求社会自由。"社会合作的进行，越来越依赖于人们对它所带来的好处的理性认识，而不是依赖于那种可以被粗略称为'群众本性'的内在动力。在未开化的人当中不存在个人解放的问题，因为他们根本未感觉到有此需求，而在文明人当中，这个问题随着文明的进步变得越来越紧迫。随着人们越来越发现政府可以帮助他们从追求自由的物质羁縻中解脱出来，政府在人们生活中所起的作用也越来越大。因此，社会中的自由问题将会变得越来越紧迫，除非人类文明停止进步。"〔3〕当社会中的自由问题成为一个日益紧迫的问题时，如何设计政府的活动

---

〔1〕　［英］罗素：《自由之路》（上），李国山等译，文化艺术出版社1998年版，第126页。
〔2〕　《马克思恩格斯选集》第3卷，人民出版社1972年版，第631页。
〔3〕　［英］罗素：《自由之路》（上），李国山等译，文化艺术出版社1998年版，第213～214页。

范围又成了首先需要解决的。对此，罗素提出了他的见解："靠单纯地压缩政府的作用是不能增大自由的，人们之间的欲望多数情况下是不相容的，因此，无政府主义对于强者来说意味着奴役。如果没有政府的控制，现在的全球人口可能是目前数字的 10 倍，尽管人口增长受到饥荒和婴儿高死亡率的限制。这种无政府状态给人们造成的物质奴役，可能比正常情况下形成的最严重的社会奴役还要可怕得多。因此我们现在要考虑的不是在无政府的情况下该怎样做，而是思考在保证政府的优点的情况下，如何将它对自由的干预限制在最小范围内。这就是要在物质和社会自由之间谋求一种平衡。说得明白一点，就是为了获得更多的食物和更好的健康状况，我们究竟能够承受多大的政府压力。"[1] 也就是说，罗素认为，在实现了社会自治的情况下，不可否认的一点是，政府在某些社会领域仍然发挥着很重要的作用，只是它的权限应当限定在一定范围内，在满足人们的社会物质需求的前提下，尽可能少地干涉社会自由。"每一产业都可以就自己内部事务实行自治，甚至每家工厂都可以自行决定只关涉本厂职业的事情。那里不再会有像目前的这种资本家管理，而只有那种类似于政治的由推选的代表进行的管理。不同生产组织之间的关系由基尔特代表大会来决定，涉及居住在某一地区的人的社会问题时仍由议会解决，而议会和基尔特代表大会之间的争端由一个来自双方的等数代表组成的机构决定。"[2]

我们知道，行政法"是管理政府行政活动的部门法。它规定行政机关可以行使的权力，确定行使这些权力的原则，对受到行政行为损害者给予法律补偿"[3] 更直接一点说，它是"控制政府权力的法"[4] 从行政法是对政府权力的控制这一角度来讲，既然在社会自治的环境下政府的权力范围和活动领域需要进行调整，那么，行政法作为控制政府权力的规范，自然需要通过相应完善以便适应政府权力的发展变化。从行政法是对政府权力运作的保障这一角度来讲，行政法要想保障政府的高效运作并使其与社会进步的要求相一致，就必须对社会自治予以更多的关注。因为自治与强制相比，更能为社会带来活力，在今日和平与发展成为主要潮流的社会里，活力所能营造的社会稳定要明显比强制所营造的社会稳定具有更积极、更深远的意义。因此，在社会自治条件下，要求行政法能够促使国家放松政府管制并加强市场的调节作用，比如在法律的调节和规制下，将一些政府垄断项目转移到市场竞争领域，利用社会的力量来分担政府职责，或者将市场因素引入到公共领域进行适用，等等。

〔1〕［英］罗素：《自由之路》（上），李国山等译，文化艺术出版社 1998 年版，第 214 页。

〔2〕［英］罗素：《自由之路》（上），李国山等译，文化艺术出版社 1998 年版，第 121～122 页。

〔3〕［美］伯纳德·施瓦茨：《行政法》，徐炳等译，群众出版社 1986 年版，第 1 页。

〔4〕［英］威廉·韦德：《行政法》，徐炳等译，中国大百科全书出版社 1997 年版，第 5 页。

四、新秩序构建中的行政法

第二次世界大战以后，世界范围内的政治秩序、经济秩序和社会秩序都处于一片混乱中。自由竞争所导致的社会矛盾和冲突在客观上需要一个超脱于自由竞争主体并能够扼制自由竞争恶果的协调者，基本社会公正的维持也需要一个公正的社会产品分配者，经济的发展需要一个执行共同社会事务的组织者，基于此，国家的职能必须扩张，国家不仅要负责照顾私人的社会安全，而且还必须担负起组织社会生存和发展的一系列职责，即担负起以"生存照顾"为社会基础的"给付行政"职能，从而构建一种战后的社会新秩序。我们知道，秩序的构建离不开外在的意志，只有社会的互动行为服从一项同一的公共意志，并保证该公共意志是稳定有效的，社会互动关系的有序化才是可能实现的，而介于无政府状态与专制政体之间的法律则是这种公共意志的体现。因此，要构建这一新的社会秩序，必须使国家职能的行使受制于法律，因为"如果没有法律和秩序，社会将不复存在"[1] 而此处所说的法律主要就是指行政法。要实现行政法对国家职能的有效控制，必然要对行政法的内容进行调整，在这之前，"我们必须做的第一件事是在我们的头脑中先弄清楚我们认为好的生活以及在这个世界中我们所要求的那种变化"[2] 也就是说我们必须首先确定一个价值取向，并使行政法的调整工作在这个价值取向的指导下进行。

罗素告诉我们，一个好的价值取向首先要与当前的实际需要相适应，同时这个价值取向必须能够促进个人和社会的发展与进步，即"在寻求某一特定时期有用的政治理论中，所需要的不是乌托邦的发明，而是发现一个最好的运动方向。在某一时候好的方向可能与另一时候好的方向在外表上很不一样。有用的思想是那种为当前指出正确方向的思想。但是在判断什么是正确的方向方面有两个永远适用的普遍原则：①个人和社会的生长和生命力应尽可能被推进。②一个人或一个社会的生长要尽可能少阻碍另一个人或另一个社会"[3] 罗素认为，"对于政治重建的任何一种认真的尝试，必须认识什么是普通男女的根本需要。在政治思想方面，人们习惯于认为只有经济上的需要是和政治有关的。这种观点不足以说明诸如目前的战争这件事，因为任何可以归因为战争的经济动机，大多是神话式的，而战争的真正原因必须求之于经济范围之外。大凡不经过有意识的努力即可以正常地得到满足的需要是不受注意的，因此产生了一种过于简单的关于人类需要的通行理论。主要是因为工业制度的缘故，人们的许多需要在以前可以不用费劲即可得到满足，而现在大多数的男女得不到满足。但是关于人类需要的陈旧而过于简单的理论依然存在，使人忽视了新的使人满足的原因，从而编造出十分虚伪的理论来说明为什么不能满足。好

---

〔1〕 ［英］罗素：《自由之路》（下），李国山等译，文化艺术出版社 1998 年版，第 419 页。

〔2〕 ［英］罗素：《自由之路》（下），李国山等译，文化艺术出版社 1998 年版，第 559 页。

〔3〕 ［英］罗素：《自由之路》（下），李国山等译，文化艺术出版社 1998 年版，第 560～561 页。

似灵丹妙药的社会主义，在我看来在这个方面是错误的，因为它过于轻易地认为只要有了更好的经济条件就当然会使人幸福。人们所需要的不仅仅是更多的物质财富，而是更多的自由，更多的民主，更多的创造性的出路，更多的愉快生活的机会，更多的自愿的合作，而少一些非出于自愿的为他人的目标而服务。如果我们对于自然界的知识以及控制自然界的能力的增长、在产生一种良好的生活方面，可收到完满的果实，那么，未来的制度必须帮助我们产生这一切"。[1] 也就是说，重建新的秩序不能仅仅以满足经济发展的需要为目的，而是应当以人们的自由、民主、创造性的出路、愉快生活的机会、自愿的合作等价值追求为目的。因此，在新秩序的构建过程中，行政法的发展也必须能够服务于这些价值追求。

第四节　罗尔斯的行政法思想

一、罗尔斯的思想方法与行政法方法论

罗尔斯的所有思想，都围绕建立与维护秩序良好的正义社会这一中心问题。他的这种理论关注，对于 20 世纪以来世界范围内的政治问题、社会问题等方面的研究具有十分积极的影响。从行政法学的角度来看，他的理想方法对于我们完善行政法方法论也有很大的启示。要分析罗尔斯的思想方法，我们就不能不谈到他的代表作《正义论》。《正义论》最关心的问题，就是如何建构一个在道德上值得追求、在实践上实际可行的正义原则，以此规范社会的基本结构，决定公民的权利与义务，合理分配社会合作中的利益。为了设计《正义论》的体系，罗尔斯选择了契约论这一方法。更确切地说，罗尔斯希望用契约论的方法，来论证一组较效益主义及其他理论都更为合理公平的社会分配原则。

在《正义论》的第 1 章，罗尔斯就提出了自己的思想方法。他说："在作为引论的这一章里，我要概括地叙述一下我希望予以阐发的正义理论的一些主要观点。这方面的说明是非正式的，其目的是为后面更详尽的论证铺平道路。这一章和以后各章的论述，不可避免地会出现某种重叠现象。我首先要说明正义在社会合作中的作用，并简略地介绍正义的主题，即社会的基本结构。然后，我要提出正义即公平这个主要思想，即一种正义理论，这个理论把传统的社会契约论加以归纳，并提到一个更高的抽象层次上来。社会契约被一种初始状态代替了，这种状态包含了对某些论据的程序性限制，而这些限制的目的是为了就正义的原则取得某种原始协议。为了说明问题和便于比较起见，我还要提出古典的功利主义和直觉主义正义观来讨论，并考虑这些观点与正义即公平观的某些差异。我的主要目的是要提出一种正义

---

[1]　[英] 罗素：《自由之路》（下），李国山等译，文化艺术出版社 1998 年版，第 466 ~ 467 页。

理论，使它能够代替长期以来支配我们的哲学传统的那些理论。"[1]　在概括介绍了自己的思想方法后，罗尔斯首先讲述了正义理论的一些主要问题，提出正义理论只是契约理论的一个方面，契约理论包容了更广泛的体系。因此，他在研究正义理论时，也只是讨论了契约理论中与正义原则相关的问题。他说："正义即公平理论不是一种完备的契约理论，因为契约论的思想显然可以扩大应用于选择一种或多或少完整的伦理体系，就是说，扩大应用于一种把不但对正义而且对所有美德也同样适用的原则包括进去的体系。不过，在大多数情况下，我将只考虑正义原则以及与其密切相关的其他原则；我不打算系统地讨论美德问题。显然，如果正义即公平这种提法能够站得住脚，那么下一步就是研究'正义即公平'这个提法所表明的更普遍的观点。但是，甚至连这个内容比较广泛的理论也不能包括所有道德关系，它似乎只包括我们与其他人的关系，而不考虑我们应如何对待动物和自然界其余部分这个问题。我并不认为契约观点为这些肯定是最重要的问题提供了一个解决办法；因此我将不得不把这些问题放在一边。我们必须承认，正义即公平观以及它所体现的有普遍代表性的那类观点所涉及的范围是有限的。一旦对这些不同的问题有了充分的理解，那么必须在多大程度上修改它的结论，这是事先无法决定的。"[2]

罗尔斯将他的正义原则设置在一个公平的契约环境下，得到社会各方的一致同意。他希望改良来自洛克、卢梭以及康德的社会契约论传统，并将其提升到一个更普遍、更抽象的高度，从而来论证他的正义原则。为保证立约环境是公平的，罗尔斯接着提出以下的构思：设想在一个仿真的立约环境（他所称的原始状态）中，立约者被一层无知之幕遮去了所有有关他们的个人信息，包括他们的天赋及能力、所属的阶级以及社会地位等，此外，他们也不知道所处社会的特定环境，但却容许知道有关社会运作的一般性事实，例如政治及经济的运作规律、良序社会的基本特点及稳定性的重要等。更重要的是，立约者虽然不知道他们人生目标的内容，却知道离开无知之幕后，各人都会有特定的人生理想，亦知道社会基本物品（自由、机会、财富）是发展他们的两种道德能力（正义感的能力及价值观念的能力）及人生目标的必要条件。在这个环境中，立约者同时被假定为理性的自利主义者，他们理性地计算什么原则能够使他们得到最多的基本物品。罗尔斯之所以要设计这一原始状态，目的就是为了使所有立约者都可以在平等的条件下进行选择。也就是说，"在选择原则的过程中，所有的人都拥有相同的权利；每个人都可以提出建议，提出他们接受建议的理由，等等。显然，这些条件的目的是要表明，作为道德的主体，作为具有自己的关于善的观念和某种正义感的人，他们彼此都是平等的。在这两个方面，平等的基础被认为是相同的。目标系统在价值观中不分等级；每个人都被假定为对所采纳的任何原则具有必要的理解能力和按这些原则行动的能力。这些条件和无知之

---

[1]　[美]约翰·罗尔斯：《正义论》，谢延光译，上海译文出版社1991年版，第3页。
[2]　[美]约翰·罗尔斯：《正义论》，谢延光译，上海译文出版社1991年版，第18页。

幕一起，在已知没有任何人由于社会和自然的偶然因素而处于有利或不利地位的情况下，把正义原则规定为关心增进自身利益的有理性的人作为平等的人而可能同意的原则"[1]

由此可见，原始状态及无知之幕的目的，是为了构造一个合理公平的立约条件。这些条件不是任意编造的，而是反映了罗尔斯对于正义社会的道德信念。罗尔斯的契约论，也绝非一群自利的人在自然状态中互相议价妥协的结果，原始状态本身是一个道德构想，约束了正义原则的内容及范围。因此，我们可以看到契约在罗尔斯的理论中，并不如想像中那么具有约束力，之所以要对它如此重视，罗尔斯直到书中最后一页，还一再提醒我们："我们所做的就是把全部条件结合成一个观念，而我们通过适当的认真反思，随时都准备承认，在我们的相互行为中，这些条件是合理的（第 4 节）。一旦我们掌握了这个观念，我们就能够在任何时候按照规定的观点去看社会上的万事万物。只要按照某些方式来进行推理并遵循得出的规律办事就行了。这种观点并且是客观的，它表明了我们是自律的（第 78 节）。这种观点不是把所有的人合而为一，而是承认他们是不同的个别的人，它能使我们对别人不存偏见，即使他们不是我们同时代的人，而是属于许多世代的人。因此，从这种状态出发来看我们的社会地位，就是把它看做是几乎永恒不变的那种地位：应该不仅从所有的社会观点而且也从所有现世的观点来看待人的地位。永恒的观点不是现世之外的某个地方的观点，也不是超凡入圣的人的观点；相反，它是现世的每一个有理性的人都可以接受的某种思想和感情。不管他们是哪一代人，只要他们那样做了，他们就能把所有人的观点结合成一种安排，一起来提出一些起支配作用的原则。由于每个人都离不开这些原则，他们就可以按照自己的观点来予以确认。心灵的纯洁（如果能够达到的话）将会使一个人明察秋毫，并按照这种观点通情达理地、自我克制地去行动。"[2]

从学术史的视角来看，一门学科的成熟与否很大程度上取决于其方法论的完善程度。方法论关系到研究主体思考问题的角度选择、研究途径的比较选择、研究手段的筛选和运用、研究目的的限定等，在某种程度上决定了学科的发展方向与理论深度。20 世纪以来，随着法学理论的不断发展变化，批判法学、社会法学、比较法学等纷纷出现，逐渐形成了具有多元价值取向的法学方法论的研究热潮，在行政法学的研究中，学者们也逐渐拓展视角，开始对行政过程中的实体性因素予以分析，对公共政策的制定和实施过程予以关注。总的来讲，这一时期的行政法方法论一改过去以注释手段为主的静态研究方法，更加注重对行政法的形成、发展及效果等动态因素的研究，并由此产生了动态研究方法。与此同时，行政法学的分析路径也呈现出双向性的特点，既关注局部也观察整体，既关注效果也观察过程。而就具体技

---

〔1〕　［美］约翰·罗尔斯：《正义论》，谢延光译，上海译文出版社 1991 年版，第 21 页。

〔2〕　［美］约翰·罗尔斯：《正义论》，谢延光译，上海译文出版社 1991 年版，第 640 页。

术而言，经济学、社会学等的研究方法也都较好地融入行政法学的研究之中。从 20世纪 90 年代至今，行政法方法论的研究得到了进一步的发展，出现了与行政学融合、与法社会学接近的理论，更有人提出了立法政策论或法务政策论的学术观点。[1] 在此背景下，我国的行政法方法论还不是很发达，从总体上来看还显得有些单一。"方法论上的局限也影响了我国行政法学的深层探究，以致囿于陈说，鲜有创新，因而研究方法上的推陈出新就显得至关重要。我国行政法学应寻求方法论上的创新，从多维的视角通过多元化的方法探讨行政法问题，如此，方会有行政法学百花齐放格局的形成，才会有真正繁荣兴盛的行政法学。"[2] 罗尔斯的思想方法能够给我们提供某种启发，我们可以借鉴他在构建正义理论过程中所运用的研究方法并运用到行政法学的研究中，以促进行政法方法论的进一步丰富和发展。

二、正义与行政法治

"正义"一词的使用由来已久，早在古希腊时期，亚里士多德就认为，"简而言之，正义包含两个因素——事物和应该接受事物的人；大家认为相等的人就该配给到相等的事物……政治学上的善就是'正义'，正义以公共利益为依归，按照一般的认识，正义是某些事物的'平等'（均等）观念"。[3] 可见，在亚里士多德眼里，正义是一种衡量人们行为的一种标准。然而，当人类历史发展到近现代社会以后，"正义"的概念越来越多地被用作评价社会制度的一种道德标准，它逐渐成为社会制度的首要价值。罗尔斯认为，"正义是社会体制的第一美德，就像真实是思想体系的第一美德一样。一种理论如果是不真实的，那么无论它多么高雅，多么简单扼要，也必然会遭到人们的拒绝或修正；同样，法律和体制如果是不正义的，那么无论它们多么有效，多么有条不紊，也必然会为人们所改革或废除。每个人都具有一种建立在正义基础上的不可侵犯性，这种不可侵犯性甚至是整个社会的福利都不能凌驾其上的。因此，正义否认某个人失去自由会由于别人享有更大的利益而变得理所当然起来。它不承认强加给少数人的牺牲可以由于许多人享有的更大利益而变得无足轻重。因此，在一个正义的社会里，平等公民的自由权被认为是确然不移的；得到正义保障的权利不受政治交易的支配，也不受制于社会利益的权衡。使我们默认某种有错误的理论的惟一原因，是我们没有一种更好的理论；同样，某种不正义行为之所以能够容忍，也仅仅是因为需要避免更大的不正义。作为人类活动的第一美德，真实和正义都是不可调和的"。[4] "正义的主题是社会的基本结构，或者说得更准确些，就是主要的社会体制分配基本权利和义务以及确定社会合作所产生的利益分配

[1] 参见蔡秀卿：《现代国家与行政法》，学林文化事业有限公司 2003 年版，第 9 页。

[2] 应松年：《行政法学与行政诉讼法学》，法律出版社 2005 年版，第 51 页。

[3] [古希腊] 亚里士多德：《政治学》，吴寿彭译，商务印书馆 1965 年版，第 148 页。

[4] [美] 约翰·罗尔斯：《正义论》，谢延光译，上海译文出版社 1991 年版，第 3~4 页。

的方式。"[1] 我们知道，由于不同地域的人们所受到的政治体制、经济条件和社会环境的限制和影响不同，因此他们之间就不可避免地形成了一种与生俱来的、个人无法自由选择的不平等，这种不平等对人们的生活前景会带来不同程度的影响。因此，这些最初的不平等就成为正义原则的最初应用对象。换言之，正义原则就是要通过调节主要的社会制度，进而从全社会的角度处理这种与生俱来的不平等，尽量排除社会历史和自然方面的偶然因素对人们生活前景造成的影响。

罗尔斯进一步指出，"形式正义的观念，即由公共规章进行有规则的公正管理的观念，在应用于法律制度时就成了法治"[2]。法治社会应当符合以下条件：其一，在法律制度方面，罗尔斯认为法治包含很多准则，如义务包含能力准则、对类似的案件用类似的方法来处理的准则、无法律即不构成犯罪的准则、自然正义观念的准则等。其中，义务包含能力准则不仅在罗尔斯眼里是法治的准则，而且它也是当今法治社会的重要准则之一。该准则显示了法制的几个明显特征："首先，法治所要求和禁止的行动必须是人们理应能够做到的或能够避免的行动……其次，义务包含能力的观念表达了这样的思想，即制定法律和发布命令的人是秉公办事的。立法者和法官以及执行规章制度的其他官员，必须相信法律是能够得到遵守的……最后，法制应该承认不可能执行也是一种辩护理由，至少是一种可以减轻处罚的情节。"其二，在经济方面，最重要是保证一个纯粹程序正义的背景制度。为保障机会均等，"政府除了维持通常的那种社会基本资金外，政府还通过补贴私立学校或建立某种公立学校制度，以努力保持具有类似天赋和动机的人得到公平的教育和文化机会。政府同时还在经济活动和自由选择职业方面实行和保障机会均等……政府还要维持最低限度的社会保障，例如，或者对家庭进行补贴，为病人和失业者支付特别费用，或者更有计划的采用诸如收入级差补贴等手段"[3]。

通过分析不难看出，罗尔斯的这种正义观和法治观与我们今天所倡导的行政法治理念仍然具有相一致的地方。我们今天所讲的行政法治是依法行政过程中的一个重要原则，它要求作为国家公权力之一的行政权在形式上应当服从法律并受法律的支配，而且进一步要求行政权的行使在实质上要符合公平、正义的观念。在确保行政权符合正义方面，法治公开确认了"法律面前人人平等"的原则，为正义提供了法律基础；法治也确立了"类似情况类似处理"的原则，使人们可以用规范的手段调节自己的行为，也使裁判者必须在法定权限范围内作出合理裁判；此外，法治还包括若干自然正义原则，如"不做自己案件的法官，平等对待，考虑相关因素，不单方接触，不偏听偏信，在作出对公民不利的决定时事先通知公民，并听取其陈述和申辩"，等等。所有这些都为维护正义创造了条件。同时，在行政管理领域的消极

〔1〕　〔美〕约翰·罗尔斯：《正义论》，谢延光译，上海译文出版社1991年版，第7页。

〔2〕　〔美〕约翰·罗尔斯：《正义论》，谢延光译，上海译文出版社1991年版，第257页。

〔3〕　〔美〕约翰·罗尔斯：《正义论》，谢延光译，上海译文出版社1991年版，第301页。

行政行为方面，法律为行政设定了严格规则，行政法治要求行政活动必须严格按照规则办事，法无明文规定不可为。这就为防止行政权滥用而侵害公民合法权益构建了一道屏障；在积极行政行为方面，法律没有为行政设定严密的规则，而是给行政机关及其工作人员以较大的自由裁量的空间，其目的是为了让行政机关及其工作人员充分发挥其主观能动性，为公民提供更多的服务，为公民创造更多的获得利益的机会，通过引导、示范和扶持，帮助公民提高物质生活和精神生活的质量。在行政管理领域的行政程序方面，法律通过制定相应的程序规则，促使行政机关依法办事，使公民能预见自己行为的后果，抑制行政机关及其工作人员的不作为与乱为，保护自己的合法权益，增强政府与公民之间的信任关系，从而为行政效率的提高提供内在的动力。同时，行政法治化还使得行政系统中各部门的目标明确，权责分明，各司其职，各负其责，不相互推诿，从很大程度上也促进了行政效率的提高。总之，行政法治的目的在于，保障行政机关及其工作人员公正行使职权，防止权力的滥用，保护和扩大公民权利与自由，使行政的"正义"性和"公平"性得到最低程度的保障。

三、正义中的行政相对人权利

在《正义论》中，罗尔斯提出了两个正义原则。"第一个原则：每个人都有平等的权利去拥有可以与别人的类似自由权并存的最广泛的基本自由权。第二个原则：对社会和经济不平等的安排应能使这种不平等不但可以合理地指望符合每一个人的利益，而且与向所有人开放的地位和职务联系在一起"。[1] 罗尔斯提出这两种正义原则的目的在于"指导对权利和义务的分配，指导对社会经济利益的分配。"他认为，第一个原则适用于公民的基本自由权方面，如政治自由权、良心自由权、思想自由、人身自由、拥有个人财产的权利、按法治概念规定不受任意逮捕和拘押的自由。第二个原则首先适用于收入和财富的分配，适用于利用权力和责任差异的组织机构或指挥系统的设计。在我们看来，第一个原则所要解决的问题属于公民的政治权利领域，因此与作为行政相对人的公民的权利联系不是很大；而第二个原则所要解决的问题属于公民的社会经济权利领域，因此与作为行政相对人的公民的权利联系十分密切。接着，罗尔斯对第二个正义原则进行了进一步的讨论，并得出了第二个正义原则的内容，即"对社会和经济不平等的安排，应能使这种不平等既符合地位最不利的人的最大利益，又按照公平的机会均等的条件，使之与向所有人开放地位与职务联系在一起。"[2] 由于在正义的理念之下，社会被理解为一种互利的合作事业，因此罗尔斯所提出的公平的机会均等原则的作用就是确保合作体系成为纯粹程序正义体系。罗尔斯认为，"除非这个原则得到实现，否则即使在有限的范围内，

---

〔1〕〔美〕约翰·罗尔斯：《正义论》，谢延光译，上海译文出版社1991年版，第66页。
〔2〕〔美〕约翰·罗尔斯：《正义论》，谢延光译，上海译文出版社1991年版，第92页。

分配的正义也不能发挥作用。纯粹程序正义的巨大的实际优点是：在满足正义的要求时，不再需要随时注意无数的不同情况和具体的人的不断变化的相对地位"。要深入地了解这一概念，我们需要将它与另外两种程序正义相比较。第一种是完美的程序正义，它是指既有一个决定公正分配的独立标准，同时又有可行的程序达到该标准。第二种是不完美的程序正义，即虽然有独立的标准，却没有可行的程序，绝对保证得到预期的结果。至于纯粹的程序正义，则是指虽然没有独立的标准决定何者是正确的结果，但却有一个公平的程序，保证无论得出什么结果，都是合理公正的。

纯粹的程序正义体现在行政程序中，可以表现为告知制度、听取陈述和申辩制度、不单方接触制度和说明理由制度等。罗尔斯在谈到法治的准则时也指出，自然正义观念的准则属于法治的准则之一，该准则包括不做自己案件的法官、平等对待、考虑相关因素、不单方接触、不偏听偏信、在作出对公民不利的决定时事先通知公民，并听取其陈述和申辩，等等。在行政程序中，设计这些制度的目的更多的是为了体现正义的价值，其中就蕴涵了对行政相对人合法权利的保护。在此，我们将对上述制度展开具体分析：其一，告知制度要求行政主体在作出影响行政相对人权益的行为时，应事先告知该行为的内容，包括行为的时间、地点、主要过程、作出该行为的事实根据和法律根据、相对人对该行为依法享有的权利等。事先告知制度是对行政相对人权利进行保护的重要体现，也有利于避免给相对人权益造成不可弥补的损害。其二，听取陈述和申辩制度规定，行政相对人认为相应行为违法、不当，根本不应实施该行为；或者认为相应行为虽应实施，但所持事实、法律根据不当；或者认为行政行为虽不存在瑕疵，但对行为实施的时间、地点、方法有所建议、要求时，有权提出陈述和申辩。行政主体都应认真地听取相对人的意见，并加以认真的、充分的考虑。其三，不单方接触制度要求行政主体在处理某一涉及两个或两个以上有利益冲突的当事人的行政事务或裁决他们之间的纠纷时，不能在一方当事人不在场的情况下单独与另一方当事人接触，听取其陈述，接受和采纳其证据等。不单方接触制度主要适用于行政裁决行为，此外，在行政机关实施行政许可行为时，如两个或两个以上的当事人为取得同一事项的有竞争性的许可证而向行政机关同时提出申请时，行政机关应为之举行听证，同时听取各方当事人的申请理由和接受、审查其证据，而不能单独与其中的一方当事人接触。不单方接触制度主要是为了防止行政主体在行政活动中形成偏见，从而对当事人的权利造成不利影响。其四，说明理由制度要求行政主体在作出对行政相对人权益有不利影响的决定、裁决时，必须在决定书、裁决书中说明其事实根据、法律根据或行政主体的政策考虑。该制度也是基于保护相对人的合法权益，同时也体现了对相对人权利的尊重。

四、分配的正义与行政程序

分配正义是罗尔斯政治哲学的一个中心议题。在他那里，分配并不是经济过程的一个环节，而是政治问题的核心所在。需要进行分配的东西也不是表现为物质形态的物品和货币，而是权利、自由、收入和财富、机会、自尊等抽象的概念。罗尔斯认为正义原则"规定了对基本权利和义务的分配，它们决定了社会合作利益的分配"。[1]罗尔斯假定，正义原则只适用于一个封闭的社会合作体系，它与其他社会没有任何联系，而只是一个自足的民族社群。此外，即使在此封闭体系之内，正义原则也不是适用到社会各个领域，而是只适用于"社会的基本结构"。这个基本结构包括规范一个社会的主要政治、经济及社会制度，这些制度互相调和交织成一个系统，决定人们的权利、责任及利益分配。社会的基本结构之所以成为社会正义的首要对象，主要是因为它们对每一个人的人生影响至为深远。我们一出生，便无可选择地活在某种社会制度之下。这些制度很大程度上影响我们的生活前景、社会地位以及追求各种价值成功的机会。活在社会主义或自由主义之下，我们的人生前景便完全不同。因此，没有所谓价值中立的制度，任何制度都预设了某种道德取向，并导致某种社会合作模式。再者，我们无法抽离社会基本结构，判断某一个别行为是否正义。一个人应得多少，必须视乎他活在哪种分配制度之下。最后，即使我们对正义原则已有共识，在长期复杂的社会运作当中，缺乏基本结构居中执行及调整，亦难以维持一个正义的背景。

罗尔斯认为，"分配正义的主要问题是选择社会制度。正义的原则适用于社会基本结构，并规定怎样把社会的主要体制结合成一种安排。我们已经知道，正义即公平这个概念是要用纯粹程序正义这个概念来处理特殊情况中的随机事件。不管事情的结果如何，社会制度的安排都应能够使由此而产生的分配是正义的。为了达到这个目的，必须在适当的政治体制和法律体制的环境中来调整社会和经济过程。没有对这些背景体制的适当安排，分配过程所产生的结果就不会是正义的，也不会有背景的公平性"。[2]在罗尔斯预设的所有的背景体制中，我们认为最主要的一点就是："基本结构是由保证平等公民自由权的正义宪法所规定的。良心自由权和思想自由被认为是理所当然的，而政治自由权的公平价值也是得到维护的。在环境许可的情况下，政治过程是作为选择政府和制度正义立法的正义程序来安排的。"[3]罗尔斯在这里所提到的正义程序即"纯粹的程序正义"。同时他以赌博为例，说明了纯粹的程序正义的存在，他认为，只要赌博的程序是公平的，是在公平的条件下自由制定的，那么所有这些特殊的分配（赌博）都是同样公平的。罗尔斯希望，他的正义原则规范的社会基本结构，亦能保证一个公平的程序，使社会分配的结果最后总是公正的，但这要依赖于两个条件：其一是正义原则本身必须公平公正，其二是基本结构必须能充分实现该原则的要求。

在行政程序中，也存在着罗尔斯所说的分配。在这里，分配的是行政法关系中

〔1〕　[美]约翰·罗尔斯：《正义论》，谢延光译，上海译文出版社1991年版，第63页。

〔2〕　[美]约翰·罗尔斯：《正义论》，谢延光译，上海译文出版社1991年版，第300～301页。

〔3〕　[美]约翰·罗尔斯：《正义论》，谢延光译，上海译文出版社1991年版，第301页。

行政主体与行政相对人的权利义务，甚至也包括行政相对人的自由。为了确保"分配正义"，行政过程中也存在着一些程序来确保分配过程的正义，这些程序虽然无法确保分配的结果最终一定是正义的，但是却存在一套公平的程序，保证无论行政过程最后得出什么结果，其都是合理公正的。我们认为符合这种要求的最重要的程序主要有以下几点：①程序无偏私地对待行政相对方；②在行使权力可能对当事人权利义务产生不利影响时必须提供某种形式的表达意见和为自己利益辩护的机会，其中最主要的形式是为当事人提供听证的机会；③主持程序活动的决定者必须是独立的。在这三项程序要求中，相对一方的听证权被认为是最重要的，甚至被认为是程序正义的最低限度要求。就其本质意义上讲，听证要求享有听证权的人有权通过论辩支持自己的主张，无论其论辩多么简单；在必要时，有权提供证据支持自己的主张，反驳对方的观点，无论这些证据多么非正式。在行政过程中，我们之所以对听证程序如此重视，其原因就在于这种程序最有利于保障程序的正义。此外，程序正义的存在基于这样一种信念：某些程序要素对于一个法律过程来说是最基本的、不可缺少、不可放弃的，否则不论该程序的其他方面如何，人们都可以感受到程序是不公正和不可接受的。如果一个法律程序缺乏这些要素，不论通过该程序产生的结果如何，也不论该程序多么具有效率，人们仅仅根据"正义感"或一般常识就可能感觉到它的"不公正"，程序的正义性也将因此而受到挑战和质疑。

第五节　20 世纪行政法思想的多元进路

一、控权主义的行政法思想

（一）控权主义行政法思想的起源

17 世纪至 19 世纪是西方资产阶级夺取并巩固政权，发展资本主义的时期。在这一段时期里，资产阶级为了最大限度地实现经济自由并促进资本主义经济的迅速发展，要求取消一切不利于资本主义发展的限制措施和政策。人们深信，"管得最少政府就是最好的政府"。这就使得在自由竞争资本主义时期，各国无不围绕"行政权力"构建本国的行政法制度。在这种历史背景下，行政法作为规范和控制行政权的法得以产生，并且在英美法系国家形成了传统"控权论"的行政法思想。

英美法系国家中最早给行政法下定义的是英国法学家奥斯丁，他认为行政法是规定主权行使之限度与方式：君主或主权者直接行使其主权，或其所属之高级行政官吏之行使主权者授予或委托之部分主权。[1] 另外，19 世纪末的一些著名学者如 T. W. 霍兰特、史密斯、戴雪等纷纷从宪法或诉讼法角度，对行政法的概念进行界定。例如，戴雪在阐释英国法治的三个主要观念时，向我们充分展示了其对保护公

---

〔1〕　李放主编：《比较法教程》，吉林大学出版社 1993 年版，第 201 页。

民权利、控制行政权力的高度重视。英国法治的"首要之义是，未经普通法院依一般法律手续明白确认其违法，任何人不得无故受罚或受法律处分，以至人身或财产受损。在此意义上的法治与任何基于执政者行使宽泛、武断或自由裁量之强制性权力的政府制度恰成对立……第二层含义不仅是指任何人不得逾越法律之上，而且是指在我国……每个人都受制于国内的一般法律，都服从于普通法院的管辖……我们可以说，宪法之所以渗透了法治精神，是因为宪法的一般原则（例如人身自由的权利，或者公开集会的权利）是普通法院在特定案件中决定个人权利的司法裁判的结果"[1] 尽管如今的学者们在评价当时的行政法思想时一致认为，当时的人们对于行政法有着顽固的偏见，但是我们从另一角度来看，这种偏见所包含的行政法思想内核的理解，正是控权。

（二）控权主义的行政法思想发展的客观基础

从深层次来看，控权主义的行政法思想充分反映了其存在的根基，即它是从其所从属的政权体制中派生出来的。在资本主义国家的政治制度中，最主要的制度就是权力的相对分立，即在其宪法制度中将国家权力作理论上和实践上的分类，再将不同的权力交由不同的国家机构行使，并保证各个国家机构在国家权力的分配中要适当均衡。因此，权力分立构成了行政法控权理念的基础条件。立法机关向来是制造规则的机关，《权利法案》首先规定，国王在未经议会同意的情况下擅自征税、招募军队、废止法律都属于非法行为，这就肯定了议会的权力地位高于国王的权力，王权的行使要受到议会的制约，从而确立了"议会权力至上"的原则。[2] 该原则构成了英国行政法必须遵循的一项重要原则，行政权的授予、行使及监督制约的实体控权机制，从此被宪法确定了下来。而司法机关对行政权的司法审查从权力分立体制确定伊始就被确立了下来，有关司法审查的规则和程序无疑是对行政权进行限制的过程。然而，行政法的控权主义思想从来都没有20世纪以后表现得那么突出。也就是说，20世纪以后的行政法控权理念表现得越来越明显，这其中的主要原因在于政府管理领域的扩大和行政权的日益膨胀。[3] 20世纪以后，政府的行政功能越来越

---

〔1〕 Dicey, *Law of the Constitution*, pp. 186～203.

〔2〕 参见赵宝云:《西方五国宪法通论》，中国人民公安大学出版社1994年版，第169页。

〔3〕 正如托马斯·戴伊所言，"如果说，政府的权力曾经一度受到限制的话——政府除了保障法律和秩序、保护私人的自由和私人财产、监督和保护本国不受外国侵略以外，没有别的权力——那个时刻早已过去。今天，认为政府机构干涉着我们生活中'从生到死'的各个方面的看法是很平常的。在美国，政府的首要职责是为防老、死、无依无靠、丧失劳动力和失业提供安全保障；为老年人和穷人提供医疗照顾；为小学、中学、大学和研究生提供各级教育；调整公路、水路、铁路和空中运输的规划；提供警察和防火保护；提供卫生措施和污水处理；为医学、科学和技术的研究提供经费；管理邮政事业；进行探索太空的活动；建立公园并维持娱乐活动；为穷人提供住房和适当的食物；制定职业训练和劳动力安排的规划；调整购销企业和劳动关系；消灭种族和性别的歧视。看来，政府的职责似乎是无限的，而我们每年都给政府增添任务。"参见［美］托马斯·戴伊:《谁掌管美国：卡特年代》，梅士、王殿宸译，世界知识出版社1980年版，第66页。

突出，行政对社会事务的干预越来越广泛，在诸多方面行政有取代立法和司法的倾向，这样说可能有点过分，但行政权的确在一些方面侵犯了立法权的领域，在另一些方面则侵犯了司法权的领域。行政权对立法权、司法权的介入使传统的权力格局发生了微妙的变化，而变化的结果则是打破了权力之间的平衡关系。对于这种变化立法机构和司法机构绝不能等而视之，这正是 20 世纪以后控权性行政法迅速发展的客观基础。[1]

（三）控权主义行政法思想的核心理念

传统控权主义的行政法思想于 19 世纪逐渐盛行起来，其核心理念可以归结为：行政法是保障个人自由权利、控制行政机关权力的法律。在此前提下，它对行政法的一系列基本问题形成了系统的认识，归纳起来主要表现为以下几个观点：其一，行政法的宗旨和作用在于最大限度地保障个人的天赋自由和权利，制止国家行政机关对个人自由和权利的干预或限制；其二，行政机关行使权力的范围必须受到严格限制，其管理只限于国防、外交、财政、治安等有限的领域，同时要最大限度地排斥行政自由裁量权的行使；其三，行政法对行政权进行限制和控制的最主要手段就是利用相对独立的司法权对行政行为予以司法审查；其四，行政法治原则（或称为依法行政原则）对一切行政活动的要求是行政执法活动必须以法律为依据，"无法律则无行政"，如果没有法律的明确授权，行政机关则不得作出任何行政行为来干涉公民行使自己的法定权利。

进入 20 世纪以后，尽管英美法系国家的行政法理论、制度实践以及相应的社会背景都发生了较大变化，但是，传统控权主义的行政法思想仍然具有十分广泛的影响，尤其是在行政法的核心内容方面，一些著名法学学者仍然坚持传统控权主义的理念。例如，美国行政法学家伯纳德·施瓦茨认为，"行政法是管理政府行政活动的部门法。它规定行政机关可以行使的权力，确定行使这些权力的原则，对受到行政行为损害者给予法律补偿"。[2] 我们可以从三个层次来分析这一定义：其一，行政主体所具有的权力，即行政机关所享有的国家权力，这些权力的规范就是行政法。其二，行政主体行使行政权力的法定要件，权力的行使只有在具备法律要件时才是有效的。其三，行政主体违法行政或不当行政对国家或相对人造成侵害的补救。这三个层次的内容实际上都是强调行政法是对行政主体权力进行控制的法。英国行政法学家威廉·韦德则更加直截了当地指出："行政法定义的第一个含义就是它是控制政府权力的法。"[3] 韦德的这一论述反映了他仍然认为普通法院对行政主体实施法律控制是行政法的主题。诺内特和塞尔兹尼克更是明确申明，"按照我们对行政法的认识，把它理解为自治型法的一个继承者比理解为回应型法的一个预示者要好。它

〔1〕　参见关保英：《行政法教科书之总论行政法》，中国政法大学出版社 2004 年版，第 63~64 页。

〔2〕　［美］伯纳德·施瓦茨：《行政法》，徐炳译，群众出版社 1986 年版，第 1 页。

〔3〕　［英］威廉·韦德：《行政法》，徐炳译，中国大百科全书出版社 1997 年版，第 5 页。

仍旧是一种对行政行为的司法审查的法、一种关于受行政决定影响的当事人的程序权利的法，以及一种关于那些使行政政策无效和约束行政权力的根据的法"。[1]

　　然而，任何理论都是在不断发展着的，尽管传统的控权理论仍被很多学者支持，但是随着时空的转移，传统的控权思想也进行着变换。一方面，一些学者对传统的控权理念进行了新的阐释，"和韦德一样，亚德利视法院控制为行政法的中心部分，但是，他把法院控制的功能解释为'控制权力，以及在行政（中央政府、地方政府或专门机关）和公民的竞争性利益之间保持一种公正的平衡'。一种融合效率和公正的人道行政成为行政官员和行政法学家共同的目标"。[2] 另一方面，从英美国家的学者经常提及的"行政国兴起"这一概念中，我们也可以感受到控权理念的变迁过程。相对于早期资本主义国家的形态而言，行政国至少具有以下特征：其一，行政干预遍及社会的各个领域，许多社会活动的完成或多或少都必须通过行政程序；[3] 其二，行政权的功能从消极地维护社会安全和秩序，转向极为积极、主动地解决各种社会问题；[4] 其三，行政权集中立法、执法和司法的功能，传统上基于严格的分权学说而限制行政机关行使立法、司法职能的观点成为"过时"、"僵死"或"迂腐"的教条；[5] 其四，行政机关及其官员拥有虽受控制但相当广泛的自由裁量权，传统的认为广泛自由裁量权与法治不相容的观点已显武断。[6]

　　在我国，行政法的控权理念也有其发展空间。自 20 世纪 80 年代以来，随着改革开放的进程不断深入，行政法学界和实务部门在借鉴西方行政法学的实践经验和学说的基础上，结合本土国情对行政法学的诸多问题进行研究。总的说来，我国行政法的控权色彩在不断增强，昭示着我国行政法的进步。但在对待控权主义行政法思想的研究上，支持这一主张的中国学者并没有拘泥于英美国家的控权理念。"法律控制行政权的目的是双重的：一方面是防止权力的行使者滥用权力从而保障公民的合法权益不受侵犯；另一方面则是使行政权能有效地运作，从而使行政活动发挥效能并能尽为民服务之职责。因此，在对'控制'的理解上，切忌等同于'限制'，它不只是对行政权力行使的限制，还应包括为权力行使者指明方向、提供行为依据和确立行为标准等内容。"[7] 但是，对于这一论题还有很多内容值得我们进行进一步的研究。尽管如此，就法律与权力的关系而言，强调控权永远不会过时，这是早

---

〔1〕　参见［美］诺内特、塞尔兹尼克：《转变中的法律与社会》，张志铭译，中国政法大学出版社 1994年版，第 81～128 页。

〔2〕　C. Harlow and R. Rawlings, *Law and Administration*, p. 10.

〔3〕　［英］威廉·韦德：《行政法》，徐炳等译，中国大百科全书出版社 1997 年版，第 1 页。

〔4〕　参见［美］诺内特、塞尔兹尼克：《转变中的法律与社会》，张志铭译，中国政法大学出版社 1994年版，第 81～128 页。

〔5〕　参见［美］施瓦茨：《行政法》，徐炳译，群众出版社 1986 年版，第 7、31 页。

〔6〕　［英］威廉·韦德：《行政法》，徐炳等译，中国大百科全书出版社 1997 年版，第 55 页。

〔7〕　杨解君："当代中国行政法（学）的两大主题"，载《中国法学》1997 年第 5 期。

已为中外思想家所公认的法治精髓和实质，谁也不能否认控权作为实现正义和法治之手段，具有经典的价值和意义。

二、管理主义的行政法思想

（一）管理主义行政法思想的起源与基础

在早期自由资本主义时期，资产阶级为防止国家权力过分扩张造成对个人权利的侵害，奉行自由主义的思想。自由主义认为，应该将国家职能局限于维护个人自由所必不可少的尽可能小的范围内，强调"管得最少的政府就是最好的政府"，政府仅仅需要扮演"守夜人"的角色。有人曾经对此形容道："直到 1914 年 8 月，除了邮局和警察以外，一名具有守法意识的英国人可以度过他的一生却几乎没有意识到政府的存在。"[1] 这一时期的国家行政模式也被称为"管制行政"，单方性、命令性和强制性是其主要特征。

前苏联在十月革命后，建立了社会主义法制，为国家对社会生活各方面的管理提供了法律依据。在这种社会主义的法制环境下，国家行政管理的范围相当广泛，行政法所调整的社会关系几乎涉及了政治、经济、文化和社会生活的各个方面。由于其片面地强制法的阶级性，并以贯彻高度集中的计划经济为中心任务，从而形成了以管理为核心的行政法，将行政管理主体、方式及效果作为行政法的主要内容。其行政法与西方国家的最大不同之处在于，相对人几乎没有对行政权的运行过程与结果进行监督的权利，行政法被看做是"对国家事务进行管理的工具"，正如前苏联行政法学者马诺辛所讲的："行政法作为一种概念范畴就是管理法（从拉丁文中的'行政管理'一词翻译过来），更确切一点说，就是国家管理法……国家管理是影响人们行为的社会管理的一种形式。管理主体对管理对象的这种影响是借助于行政法规范（与其他手段一起）来实现的。苏维埃行政法是苏维埃社会主义法的一个部门，行政法规范调整苏维埃国家管理范围内的社会关系，即在社会主义和共产主义建设中为完成国家任务和行使国家职能而进行实际组织工作的过程中产生的关系。"[2] 而正是这种对行政管理手段的高度重视，使得不断膨胀的行政权受到了法律的认可和保障，并日益得到强化，同时也造成了重实体轻程序的现象，得出了行政法就是国家管理法这一失之偏颇的结论，并将"管理论"作为其行政法学的理论基础。

显然，管理论能够在前苏联这样一个社会主义民主国家中形成，是有着主客观交织的复杂原因的。其中最主要的一个主观原因就是前苏联共产党对社会主义初级阶段的认识不足与建设经验的缺乏，他们忽视了社会利益与个人利益的具有显著差异这一社会事实，而这一思想影响了行政法的基本特征，行政法不关心对政府权力

---

〔1〕 ［英］威廉·韦德：《行政法》，徐炳等译，中国大百科全书出版社 1997 年版，第 3 页。

〔2〕 ［前苏联］B. M. 马诺辛：《苏维埃行政法》，黄道秀译，群众出版社 1983 年版，第 29 页。

的监督作用，也不关心对公民个人权利的保障，它关心的主要问题是如何保证政府以建设共产主义为目标的政策的成功；它不强调权力的分立和制衡，而是强调议与行的合一，即立法机关的意志与行政主体的意志是合而为一的，在合一的国家意志之下当然会忽视对权力的监督，而权力对社会的管理职能则被无限重视起来。在这种管理主义的行政法思想下，控权被认为是不必要的，没有必要用法律去约束政府的行为，也没有必要在国家机关间建立权力制衡机制，其只会带来行政成本无谓的增加及行政效率的降低，这就是管理论的政治基础。而其中最主要的一个客观原因在于，前苏联实行的是公有制经济与计划经济体制，当然，冷战的压力也使得前苏联在国家管理中忽视了法律的作用，而更重视党的政治行为或政策在社会生活中的作用。这种社会背景使人们认为将行政法作为国家行政管理的工具是最有利于行政权的有效实现，也正是这些社会背景这最终导致了管理论的形成。

（二）管理主义行政法思想的核心理念

管理论者认为行政法就是管理法，"行政法作为一种概念范畴就是管理法，更确切一点说，就是国家管理法"[1] "既是管理者进行管理的法，又是管理管理者的法"[2] "行政法是关于国家行政机关进行行政管理活动的各种法律规范的总和"[3] "国家有关行政管理方面的法规种类繁多，具体名称不一，但就其内容来说，凡属于国家行政管理范畴的，在部门法的分类上统称为行政法"[4] 管理主义的行政法思想以国家利益为本位，强调代表这种利益的国家权力的重要性，如阿奎那认为："社会的利益大于个人的利益，并且更为神圣。所以，对某个个人的伤害有时是可以容忍的，如果这种伤害是有利于社会福利的……"[5] 这种理论在 20 世纪早期特别是在大陆法系国家和前苏联的行政法学中占据统治地位。管理论者从"分析实证主义"出发，认为行政机关是权力主体，相对方是义务主体，二者之间的关系是权力义务关系，权力义务不对等是行政法的基本特征，命令——服从是行政行为的基本模式。强调法制的中心是以法行政，即用法律管理国家事务，要求行政相对方服从法律的命令，否则要承担行政法律责任，受到法律的制裁。他们将行政法律责任的范围限于行政相对方的责任，不强调行政主体的法律责任，追究行政法律责任的机关是主管行政机关或行政裁判机构。而行政救济早期被认为是行政长官对受害的相对方的一种恩赐，此后方逐步被承认为相对方的一种权利补救措施。从当时行政法学者的研究中我们可以发现，他们一般都是以行政组织、行政职能和作用为核心来构筑行政法学理论体系，在他们的早期著作中，不讲司法审查和司法补救。

---

〔1〕［前苏联］B. M. 马诺辛：《苏维埃行政法》，黄道秀译，群众出版社 1983 年版，第 24 页。

〔2〕张尚鷟主编：《走出低谷的中国行政法学——中国行政法学综述与述评》，中国政法大学出版社 1991 年版，第 44 页。

〔3〕候淘直主编：《中国行政法》，河南人民出版社 1987 年版，第 3 页。

〔4〕王岷灿主编：《行政法概要》，法律出版社 1983 年版，第 1 页。

〔5〕［意］阿奎那：《阿奎那政治著作选》，马清槐译，商务印书馆 1982 年版，第 70 页。

在他们看来，行政权的有效行使比公民权利的保障更为重要，德国的特别权力关系理论就代表了这样一种观念。德国著名行政法学者麦耶认为"国家对人民的一般普遍性的综合关系是一种大的权力关系，但在狭义方面，可想像而得者，国家与个人之间，尚可成立另一种权力关系，即特别权力关系"，"特别权力关系中，行政权享有自由活动的余地，人民有特别服务之义务，基于此概括的服从义务，国家或公共团体为达成特定行政目的所为必要之命令或强制，不必另有个别之法律依据……"[1]种特别权力关系理论带有很强的权力本位色彩，其实质上所体现的正是管理主义的行政法思想，它把国家与公民之间的关系视为一种管理——服从的关系。在这种关系中，公民对行政权有绝对的服从义务，而不以个别法律的明确规定为前提。

（三）管理主义行政法思想的发展前景

中国在20世纪80年代以后受管理主义行政法思想的影响较大。新中国成立后，政治体制和意识形态的榜样是前苏联。因此，建国初期行政法学的萌芽，就是对前苏联行政法学的移植。我国公开出版的第一本行政法学著作《行政法概要》，就是前苏联行政法学的翻版。甚至在90年代以前，我们一直都未能阻挡前苏联行政法学的影响，这种思想在我国始终占有支配性地位，当时的多数论著都是按照"行政管理的法制化"这一思路进行的。因此，有学者分析"中国行政法实际上是管理法，主要是从教科书内容和当时的法律制度出发来论证的，当然也提及了国家的法律文化传统"[2]这种观点固然有一定的道理，但是我们认为，要判断一个国家行政法的思想基础，必须从当时特殊的历史背景、政治思想观念、意识形态、经济条件等多个方面进行综合分析。因而，这种观点不是十分妥当。

管理主义的行政法思想有其产生的历史必然性，在一定条件下，对社会的稳定和发展起到了积极的作用。但是，从前面的论述中我们不难发现，在行政相对方和行政主体的关系问题上，管理主义的行政法思想实际上是将行政管理中的行政相对方视为行政客体，过于强调行政权力的优势地位和行政主体的优越性，漠视行政相对方的合法权利；在国家利益或公共利益与个人利益的关系问题上，过分强调所谓国家利益或公共利益，甚至不惜以牺牲个人利益为代价。在这种理论支配下，国家缺乏对行政相对方的法律救济机制，缺乏对行政权力的法律监督机制。因此，导致这种理论有较大的片面性，无法全面而深刻地把握行政法的实质，远远不能同现代民主社会的发展需要相适应。事实上，管理论在行政法制实践中并不成功，它未能像人们期望的那样保证了行政权的有效实现。这也给了我们一个启示，即尽管由于行政法比其他法律部门更易受人的主观意志的影响，但在一定的客观社会条件下，保证行政权有效实现的行政法制模式依然是客观的，即在一个错误的理论基础指导下

---

[1] 翁岳生：《行政法与现代法治国家》，台湾三民书局1988年版，第135～136页。

[2] 何勤华、郝铁川：《中西法律文化通论》，复旦大学出版社1994年版，第92页。

的行政法实践必然是失败的。我们认为，管理主义的行政法思想已经失去了其存在的社会基础，因此，其在很大程度上已经不再适应当今法治社会发展的需要。

三、平衡主义的行政法思想

（一）平衡主义行政法思想的发端

美国行政法学者施瓦茨认为："人们期望的法律来保护的最微妙和最易变动的平衡，是在相互冲突的权利之间，尤其是在个人权利和整个社会的权利之间的平衡。保护个人的自由必然意味着限制大多数人的权力：法院保护个人或少数人权利的权力的另一面是，它限制大多数人的权利。"[1] "所有国家的兴旺都依靠一种个人、少数人与多数人之间的正确的平衡来维护。美国公法的任务特别要保持这一平衡。"[2] 行政法平衡状态的实现，视国情而有手段的差异，但它的观念指导是以利益者可接受性为前提，保证所有受到行政权影响的利益都能在行政权行使过程中得到充分的反映和平衡。

早在20世纪80年代初期，我国行政法学界就发生了一场关于行政法是控权法还是管理法的争论。主张行政法是控权法的学者认为，行政法的根本作用在于控制和约束行政权力，并对违法和不当行政给公民造成的侵害进行救济；主张行政法是管理法的学者认为，行政法是管理法，目的在于保障国家行政管理活动的有效性和合法性。随着我国改革开放和法制进程的不断深入，认为行政法是管理法的传统观念不再有人公开支持，行政法学界一致认为社会主义国家的行政也应当对行政权力予以控制和约束。但是，在行政法究竟是不是控权法的问题上，我国行政法学界所持的观点不一，一些学者认为，主张行政法的性质是控权法是西方学者的观点，不符合中国的国情，"我国社会主义行政法学的理论不可能是研究什么'控制权力'"[3] 另一些学者认为，在"管理论"随着计划经济体制的消亡而衰微之后，"控权论"曾一度活跃。然而，在现阶段的中国推行"控权论"并不实际，这不仅归因于英美控权法是以健全的司法审查制度与完善的行政程序为主要控权手段，而且还具有权利本位、自由主义、消极政府、企业主导型市场经济模式等现实基础，而这些思想观念与制度环境，在90年代初的中国并不具备。[4] 而主导观点认为，单纯提行政法是控权法是片面的，行政法对国家行政权既要保障，也要控制。正是在这种理论背景下，我国学者提出了"平衡论"的行政法思想。

平衡论是北京大学罗豪才教授等人于1993年在其论文《现代行政法的理论基础——论行政机关与相对一方权利义务平衡》中率先提出的。平衡论的基本含义是

---

〔1〕 ［美］施瓦茨：《美国法律史》，王军等译，群众出版社1985年版，第265页。

〔2〕 ［美］施瓦茨：《美国法律史》，王军等译，群众出版社1985年版，第277页。

〔3〕 应松年、朱维究编著：《行政法学总论》，工人出版社1985年版，第103页。

〔4〕 宋功德："平衡论：行政法的跨世纪理论"，载《法制日报》2000年9月3日。

在行政机关与行政相对方权利义务关系中，权利义务在总体上是平衡的。它既表现为行政机关与相对方权利的平衡，也表现为行政机关与相对方义务的平衡；既表现为行政机关自身权利义务的平衡，也表现为相对方自身权利义务的平衡。[1] 认为平衡是"行政法的基本精神"，是行政法的价值追求，是一种状态，是一种过程。[2] 平衡论者还认为平衡（行政机关和相对一方权利义务的平衡）是现代行政法的实质，是行政法的精义。[3]

（二）平衡主义行政法思想的主要内容

平衡论者认为行政法是"保证行政权与公民权处于平衡状态的平衡法"，其理论基础是"平衡论"。平衡论的"基本含义是：在行政机关与相对一方权利义务的关系中权利义务在总体上就是平衡的。它既表现为行政机关与相对一方权利的平衡，也表现为行政机关与相对一方义务的平衡；既表现为行政机关自身权利义务的平衡，也表现为相对一方自身权利义务的平衡。平衡论也可称之为'兼顾论'，即兼顾国家利益、公共利益与个人利益的一致……在我国，国家利益、公共利益与个人利益在根本上和总体上是一致的、统一的。这正是平衡论存在的客观基础"。[4] 平衡论者认为"平衡"是现代行政法的精神。其结合目前国内外行政法学界共同关注的焦点问题，即政府权力——公民权利的关系，运用辩证唯物主义和矛盾论的分析方法，阐释了行政法与公民权、公共利益与个人利益的对立统一关系，阐述了行政法中的"平衡"及"平衡论"范畴。[5] 通过对行政权力的授予、运作与监督，政府权力与公民权利在立法过程中的公平分配以及公民权利的救济与保障等途径，建立一系列的制度来确保二者利益的平衡，在此基础上追求一种"相对平衡"的价值目标。

平衡论主张现代行政法应追求平衡，主要是指行政权与相对方权利的结构性平衡，这可分解为相对方权利义务的统一、行政职权与职责的统一。"行政权与相对方权利的结构性平衡"这一命题，意指双方法律地位的平等，从而区别于"行政权与相对方权利对等"的命题。平衡论对行政法本质的认识是从行政法的不平衡现象入手的，是以行政法中首先存在二者权利义务的不平衡为前提的。"讲平衡，正是因为存在着不平衡，存在着不平衡，便要实现平衡，否则就是无的放矢，毫无意义。"[6] 该理论指出，行政法中行政权——相对方权利的不平衡，就阶段上看，存在着行政实体法律关系上的不平衡，其中，行政机关处于强势位置；还存在着行政程序法律关系及司法审查法律关系上的不平衡，在这两种关系中，相对一方则处在较有利的

---

[1] 罗豪才等："现代行政法的理论基础——论行政机关与相对一方权利义务的平衡"，载《中国法学》1993 年第 1 期。

[2] 王锡锌："再论现代行政法的平衡精神"，载《法商研究》1995 年第 2 期。

[3] 沈岿："试析现代行政法的精义——平衡"，载《行政法学研究》1994 年第 3 期。

[4] 罗豪才等："现代行政法理论基础"，载《中国法学》1993 年第 1 期。

[5] 罗豪才、甘雯："行政法的'平衡'及'平衡论'范畴"，载《中国法学》1996 年第 4 期。

[6] 罗豪才等："现代行政法理论基础"，载《中国法学》1993 年第 1 期。

地位，因而才有可能在行政法关系的全过程中实现整体平衡。因此，我们不难发现，如果"行政权——相对方权利"关系中，行政权一直处在强势地位，则公民的权利就无保障可言，其极端结果只能是极权主义；反过来，如果相对方权利一直处于强势的地位，则行政管理就无法进行，其极端结果只能是无政府状态。在这两者间维持平衡是必须的。这种平衡状态为许多思想家所希求，耶林就认为公民权与国家权力的平衡是法治的健全状态。而这种平衡的实现，又是以不平衡（倒置）为条件和手段的，离开了不平衡来讲平衡不仅无的放矢，而且也不知所云了。[1]

平衡论的民主政治维度主要体现为：政治民主制度化、公共行政组织精干化、行政管理模式多元化与相对方参与制度化四方面。其一，政治民主制度化。平衡论者认为，平衡法的历史使命在于以行政法治革除行政专制、以制度化民主代替"大民主"、以民主参与防范行政专断、以适度的社会自治代替政府包办。因此，平衡法中的政治民主，不仅体现为政治决策的正义，更体现为决策过程的公开与开放，以看得见的方式实现民主。其二，公共行政组织精干化。平衡论者主张建立"精干政府与自治社会共生共促"的模式，在精简行政机构、转变政府职能的同时，大力培育规范化的社会中介组织，扩大公民参与，以壮大社会自治的力量，从而形成社会自治与行政法治的良性互动。其三，行政管理模式多元化。平衡论者主张构建一种多元复合行政管理模式，现代政府在保留必要强制性行政的同时，广泛地采用行政指导、行政合同等灵活多变的非强制性行政手段，积极地整合行政目标与相对方的私人目标，充分体现行政民主化。其四，相对方参与制度化。平衡法的功能在于使得相对方参与程序制度化。相对方主要在两个领域参与行政：一是参与行政法律规则制定。由于行政立法直接关乎多数人利益，强调行政立法过程的公开与开放，主要旨在防止多数人专制。行政立法的理性程度往往与公众参与程度成正比。二是参与行政法律规则实施。行政执法中的相对方参与是行政立法参与的自然延伸，也是兑现立法参与结果的必然要求，它主要包括两种性质的参与：一是制约机制中的消极参与，以维护既得利益，二是激励机制中的积极参与，以争取更多增益机会。[2]

（三）平衡主义行政法思想的理论困境

近年来，我国学者提出的"现代行政法应是平衡法"这一理论命题引发了行政法学界对行政法学理论基础问题的研究和讨论。不少学者对"平衡论"这一理论发表了自己的观点和看法，并对提出了一些批评和质疑。对平衡论提出质疑的代表观点主要有：

1. 杨解君教授在《关于行政法理论基础若干观点的评析》一文中指出：其一，行政法是什么和行政法的理论基础应该是两个不同的命题，但平衡论者认为行政法是平衡法，相应地行政法的理论基础就是平衡论，将二者相等同或者相循环地理解；

---

〔1〕　王锡锌："行政法理论基础再探讨"，载《中国法学》1996 年第 4 期。
〔2〕　参见宋功德："平衡论：行政法的跨世纪理论"，载北大法律信息网。

其二，兼顾国家利益、公共利益和个人利益三者的一致，是我国法律调节利益关系矛盾应遵循的价值准则，并非行政法所独有，因此从这个角度提出兼顾论没有意义；其三，平衡论者认为平衡论存在的客观基础就是我国国家利益、公共利益与个人利益的一致，而在国家利益、公共利益和个人利益三者总体上的一致和统一的客观基础上是不可能建立行政法的"平衡论"的；其四，行政权与公民权由于分属于不同的系统，不能作为相对应的两端，也就不可能以是否平衡来衡量它们的关系。[1]

2. 叶必丰教授在《行政法的理论基础问题》一文中提出：首先，平衡论没有解决行政法的适用范围这一本质问题；其次，平衡论没有揭示行政法功能的本质特点；再次，平衡论没有揭示行政主体与行政相对人关系的性质；最后，平衡论没有从行政法所赖以存在的客观基础的角度来解释行政法现象。基于此，平衡论不能作为我国行政法的理论基础。[2]

3. 武步云教授在《行政法的理论基础》一文中认为：就以"平衡论"来说，虽具有一定的事实根据和真理性，但说政府和公民之间的权利义务的平衡，是行政法产生的原因，或用以解释行政法的本质、功能、价值、体系及其发展规律，似乎是有难度的。同时，权利义务的平衡是法律上的权利义务的一个普遍性特点，这里的"平衡"实质上是指权利义务的对应性，而且仅仅是在具体的法律关系中表现出来的。如果把它放在政府和公民之间并且在"总体上"，是很难这样讲的。相反，在行政关系中，政府和公民之间的权利义务在总体上恰恰是以不平等为特征的，从根源上讲，政府的权力正是人民赋予的，在总体上也很难说是平衡的，权利义务是在社会关系、法律关系中来讲的，因此，说政府自身和公民自身的权利义务是平衡的，在理论上似乎难以说通；权利义务的平衡性、对应性是一切法律关系包括行政法律关系的一个普遍性特征，因此，如果说权利义务的平衡是行政法的理论基础，那么它同时也是如民法等其他法的理论基础，这样它也就不成其为某一种法的理论基础了。[3]

四、服务主义的行政法思想

（一）服务主义行政法思想的起源

19世纪末20世纪初，西方资本主义国家发生了巨大的变化，由自由竞争的资本主义时期发展到垄断资本主义时期，各国市场经济实现了前所未有的经济高度发展和生产高度社会化。伴随着社会经济状况的转变，各国也出现了许多严重的社会问题，如贫富悬殊、两极分化等。这一切问题远非个人或个别企业所能解决，必须依靠政府来处理。基于这种情况，一些国家的宪法逐步引进并确立了"福利国家"

---

[1]　杨解君："关于行政法理论基础若干观点的评析"，载《中国法学》1996年第2期。

[2]　叶必丰："行政法的理论基础问题"，载《法学评论》1997年第5期。

[3]　武步云："行政法的理论基础"，载《法律科学》1994年第3期。

的理念，强调使每一个人都过上一样的生活。在立法和制度层面上，主要表现为积极限制社会经济强者的经济自由权并保障社会经济弱者的"社会权"。如《魏玛宪法》第151条第1款就规定："经济生活的秩序，以确保每个人过着真正人的生活为目的，必须适用正义的原则。每个人经济上的自由在此界限内受到保障。"与这种福利国家的理念相适应，人们对行政权和行政运行模式的认识也发生了变化。法国著名学者狄骥就认为："这种公共权力绝不能因为它的起源而被认为合法，而只能因为它依照法律规则所作的服务而被认为合法。"[1] 行政民主化的诉求开始被越来越多的人关注。在20世纪下半叶出现的世界范围内的民主潮流的影响下，行政法治实践中越来越多地增加了民主因素，公民参与行政的深度和广度成了民主判断标准之一。公民不再仅仅是行政管理的客体（对象），而是在很大程度上成为行政管理的主体，即可以通过民主的方式使公民的意志在行政行为的过程中得到体现，甚至可以主动要求行政机关提供某种服务。与此同时，学者们的论述中也开始出现"服务行政"的理念雏形。但正式提出"服务行政"概念与理论的是厄斯特·福斯多夫。福斯多夫于1938年发表了《当成是服务主体的行政》一文，该文中明确提出了"服务行政"概念，认为生存照顾乃是现代行政的任务。[2] 自此，服务行政的理念被越来越多的国家认同，其内涵也得到了极大的丰富。于是20世纪80年代以来，西方各国掀起一股行政改革浪潮，形成了一场持续至今的新公共管理运动，其重要价值导向之一是实现由'以政府为中心'的管理模式向'以满足人民的需求为中心'的公共服务模式转变。有专家曾对其意义作出了高度评价："服务行政是人类行政模式的一种人性回归，是一种真正意义上的公共行政。"[3]

（二）服务主义行政法思想的基本理念

人类进入现代社会以来，团体主义的思想日渐盛行。该思想认为，个人与社会是一个"有机的整体"，不存在离开社会的个人，也不存在离开个人的社会。社会的利益体现为个人的利益，而个人的利益反过来又建筑在社会利益的基础之上。因此，该思想主张，国家的责任就是促进全社会福利的增加，并使社会中的每个人都能各得其所，从而达到促进团体发展的最终目的。为此，现代国家不能再满足于消极地不侵害个人的自由和权利，而是应当积极地为社会公众服务，以便最大限度地满足现代社会的要求。所谓"最好的政府、最大的服务"正是其代表理论。而服务主义的行政法思想正是以此理论作为指导，其认为，现代行政法的价值取向更加强调行政的公共服务职能，弱化行政权力的管制职能；同时它强调以人为本、尊重人权，重视对公民权利的保护和对国家权力的控制，呈现出行政管理和行政法制的民主化发展趋势。在服务主义的行政法思想看来，现代行政法学的理论基础应当是

---

〔1〕 ［法］狄骥：《宪法论》，钱克新译，商务印书馆1962年版，第56页。
〔2〕 参见陈新民：《公法学札记》，中国政法大学出版社2001年版，第48页。
〔3〕 沈荣华："论服务行政的法治架构"，载《中国行政管理》2004年第1期。

"服务论","服务论"的基本含义是:为了使政府能够更有效地为整个社会提供最好的服务和最大的福利,法律授予其各种必要的职权,使其能够凭借这些职权来处理各项行政事务;但是行政职权的行使不得超越法律授权的范围,更不得对公民的自由和权利造成侵害。也就是说,"服务论"以法律授予政府行政职权为条件,要求政府扮演"服务者"的角色,即政府不应以管理者的身份自居,而应以服务者的身份去为广大民众提供各种服务,从而与现代法律发展的趋势相符合。

"服务论"所主张的核心观点是,行政法要实现公共利益与个人利益和谐一致的目标,必须以建立行政主体与相对人之间的服务与合作关系为宗旨。该理论认为,公共利益是相对人个人利益的集合,它之所以要从个人利益中分离、独立出来,是为了充分保护和促进个人利益的安全和发展。作为公共利益的代表者,行政主体所享有的要求相对人服从的行政权,只不过是为相对人提供服务的权利,所实施的行政行为实质上也就是维护和分配公共利益、为相对人提供服务的行为。相对人对行政权的服从,是出于对服务的需要,是对服务的合作和配合。因此,行政法的宗旨"就是为了促进行政主体对相对人的服务与相对人对服务的配合和合作这种互相信任关系的建立和发展,并不是为了激化利益冲突"[1]。正如狄骥所说,政府与公民之间的关系应是一种相互服务与合作的社会连带关系。[2]

服务主义的行政法思想反映在行政法上就是由消极的依法行政转向积极的社会行政。其主张,服务行政是国家行政机关为公民服务的行政,因而在行政法观念上更强调民主的色彩,并认为这应当成为现代行政法的发展趋势。"服务论"要求政府走出昔日统治与管理的思想窠臼,而以服务和授益作为其行政理念和价值诉求。其认为在现代民主国家中,政府的职权来自于人民,政府受人民的委托,肩负着兴国利民的重任,因此政府应以提供金钱、物质或服务等非权力性的授益行为为主,对作为国家主人的人民给予全面的帮助,并接受人民的监督和控制。从这个意义上说,服务行政法也就是民主行政法,行政民主是服务行政法的核心价值所在。而服务行政法的制度架构也正是建立在行政民主化的基础之上的,"行政民主"和"民主行政"是服务行政法律制度建构的最基本的价值内核,公民在行政过程中的广泛民主参与是服务行政法律制度建构的主线。从宏观的层面上来讲,服务行政法的制度架构主要包括如下要素:民主化基础上的行政立法制度、民主化基础上的行政执法制度、民主化基础上的行政司法制度、民主化基础上的监督救济制度。[3]

此外,服务主义的行政法思想强调行政的积极性和机动性。其主张公民对法律法规不加禁止或限制的事项进行请求时,行政机关应当在其法定职权范围内,合法

---

〔1〕 叶必丰:"行政法的理论基础问题研究",载《法学评论》1997 年第 5 期。

〔2〕 参见叶必丰:"公务论研究",载刘莘、马怀德、杨惠基主编:《中国行政法学新理念》,中国方正出版社 1997 年版。

〔3〕 莫于川:"政府职能与服务行政法",载《江苏社会科学》2004 年第 6 期。

运用裁量权予以积极处理，以促进行政机关服务功能的发挥。而行政的机动性则广泛体现在行政立法、行政执法以及行政司法过程中。其中，行政立法作为国家施政的主要手段，已经成为现代立法的趋势；而行政执法中自由裁量权的行使更是日趋广泛，是行政机动性的最充分体现；行政司法则以准司法的地位，在行政争讼案件中日益发挥着重要的作用。总之，服务主义的行政法思想之所以强调行政的积极性和机动性，是为了适应现代国家行政服务与授益的需要。

（三）服务主义行政法思想的发展前景

从我国的基本情况来看，当我国在实行传统的计划经济体制时，行政运行模式是一种典型的管制行政。行政权力的触角遍布社会生活的每一个角落，政府的职能无限膨胀。在实行社会主义市场经济以后，政府逐渐从一些管不了也管不好的领域里退了出来，行政管理更多地强调对社会公众需求和利益的满足，逐步形成"服务行政"的管理模式。可以说，服务行政的价值理念与我国宪法确立的"人民政府执政为民、全心全意为人民服务"的宗旨是完全一致的。特别是"人权入宪"以后，我国行政法的立法、执法、司法和救济四个方面更加重视行政民主的价值追求和制度创新，更加注重公民的民主参与和对公民权利的保护。目前在这四个方面，我国行政法已出现并正在进行着一系列制度创新，逐步体现了服务行政法的理念。例如行政立法中的听证制度；行政执法中的听证制度、申辩制度；行政司法中的简易程序、减免制度；行政监督救济中的申告处理、复议申请和公开接受公民监督的举措等，都体现了我国行政法正在向更加民主化的方向发展，同时也为服务行政法的确立和发展提供了具体的制度支撑。

然而，我们必须承认，我国行政法虽然初步确立了服务行政法的理念，在制度建设上也有了一定的发展，初步建立起了以民主行政为核心的法律制度，但是，法律制度的建构和实施是一个综合而复杂的过程，要使服务行政的理念在调整社会关系的过程中得以充分落实，还需要法律制度、法律环境、法律文化等各方面的协调配合。我国要真正实现"实质意义上"的服务行政法，尚需经历一个漫长的过程，这也是我国依法治国、依法行政的奋斗目标。从西方社会的情况来看，在福利国家时代，政府对社会进行全方位管理，但随着时间的推移，政府机构日益膨胀，其副作用也越来越明显，这种现象被称为"政府失灵"。特别是自20世纪60年代~70年代，西方国家普遍产生了人的生存能力和创造能力退化等一系列问题，引发"福利国家向何处去"的疑问，面对福利危机，美国率先放弃福利理念，开始尝试"为工作而福利"的新观念，福利逐渐成为削减的对象。而欧洲也在朝着鼓励劳动的方向发展。[1] 从这种趋势来看，"服务论"在西方国家正在走向衰落。

---

〔1〕 参见周弘："福利国家向何处去"，载《中国社会科学》2001年第3期。

第13章
20世纪前苏联、东欧的行政法思想

20世纪上半叶，世界上第一个社会主义国家苏联成立，不久，东欧诸国也纷纷建立社会主义国家。前苏联、东欧诸社会主义国家的成立打破了西方资本主义行政法思想一枝独秀的局面，将马克思、恩格斯的社会主义思想引入到行政法的制定、执行中，并在实际的国家管理过程中进一步发展，形成了独具特色的社会主义行政法思想。尽管20世纪末前苏联、东欧诸社会主义国家出现剧变，其行政法思想的影响依然存在。

第一节 社会主义国家行政法思想的起源

所谓社会主义国家行政法思想的起源，是指社会主义国家的行政法思想是从何时开始萌生、何时正式形成，以及它的哲学基础和思想根源是什么。笔者认为，社会主义国家行政法思想的起源具有如下几个方面的特点：首先，社会主义国家行政法思想的起源应当从马克思主义的相关论著中进行追溯。由于社会主义国家的建立本身就是以马列主义思想为根本指导，社会主义国家的行政法以及行政法思想的起点也应当追溯到马克思、恩格斯、列宁等人关于行政权、国家管理、官僚机构等问题的论述上。其次，社会主义国家行政法思想的一个重要理论基础就是社会主义国家行政法应当是国家管理法，也就是规范社会主义国家管理活动的法律。最后，社会主义国家行政法作为管理法有诸多表现形式，通过这些表现形式我们可以看出社会主义国家的行政法思想是如何演绎到具体的行政管理过程中的。下面，笔者将具体阐述社会主义国家行政法思想的起源。

一、马克思、恩格斯著作中的行政法思想

严格来说，马克思、恩格斯的相关著作中并没有针对行政法或者行政法思想的系统、专门阐释。但是其著作中确实有不少关于国家、法律、行政权、官僚体制、过渡时期的国家管理、过渡时期国家法等内容的论述，这些论述对后来整个社会主义国家的行政法理论和实践都产生了巨大的影响，成为各社会主义国家行政法思想

的最初源头。概括起来，马克思、恩格斯著作中的行政法思想至少包含以下几点。

（一）行政权在国家政权体制中地位的思想

在资本主义国家政权体制中，行政权与司法权、立法权等都是国家权力的组成部分，这些权力分别交由行政机关、立法机关和司法机关行使，权力与权力之间互相制衡、平分秋色。这种分权与制衡的国家政权体制设计是为了避免封建专制与集权。马克思认为，资本主义国家的这种国家政权体制尽管曾经为新兴资产阶级反对封建制度起到过一定作用，但是随着资产阶级社会的成熟它已经变成资本奴役劳动的工具。在《法兰西内战》一书中，马克思提出了"议行合一"的思想，他高度肯定了巴黎公社集行政权、立法权等为一体的组织形式，指出"公社是由巴黎各区通过普选选出的城市代表组成的。这些代表对选民负责，随时可以撤换。其中大多数自然都是工人，或者是公认的工人阶级的代表。公社不应当是议会式的，而应当是同时监管行政和立法的工作机关。一向作为中央政府的工具的警察，立刻失去了一切政治职能，而变为公社的随时可以撤换的负责机关。其他各行政部门的官吏也是一样。从公社委员起，自上至下一切公职人员，都只能领取相当于工人工资的薪金。国家高级官吏所享有的一切特权以及支付给他们的办公费，都随着这些官吏的消失而消失了。社会公职已不再是中央政府走卒们的私有物。不仅城市的管理，而且连先前属于国家的全部创议权都已转归公社"。[1] 在马克思所设想的社会主义国家政权体制中，国家权力不是分成若干部分分别交由不同的机关来行使，而是全部国家权力由一个统一的主体来行使。这个主体不是一个议会式的机关，而是同时行使立法权与司法权的机关。在这样的政权体制中，主权机关既制定法律、发布决定和命令，同时还直接执行自己所制定的法律和作出的决定、命令。此时，行政权成为立法的从属权力，成为主权机关所拥有国家权力的一个组成部分、一个功能。

（二）行政组织与行政组织法

资本主义国家的行政组织与行政组织法均采用了金字塔式的结构形式，将整个行政组织从上至下划分为一个有序的等级结构，各层级之间上级对下级负责，下级对上级负责，从而形成一个金字塔式的官僚体系。黑格尔在其《法哲学原理》一书中就曾经提出过等级制的行政组织设想，[2] 后来马克斯·韦伯进一步系统阐述了等级制的官僚制度理论。马克思全面批判了黑格尔的等级制行政体制观点，认为"官僚机构是和实在的国家并列的虚假的国家，它是国家的唯灵论。因此任何事物都具有两重意义，即实在的意义和官僚式的意义，正如同知识（以及意志）也是两重性的——实在的和官僚式的一样。但官僚机构是根据自己的本质、根据彼岸的唯灵论本质来看待实在的本质的。官僚机构掌握了国家，掌握了社会的唯灵论实质：这是它的私有财产。官僚机构的普遍精神是秘密，是奥秘。保持这种秘密在官僚界内部

---

〔1〕《马克思恩格斯全集》第17卷，人民出版社1963年版，第358页。

〔2〕参见〔德〕黑格尔：《法哲学原理》，范扬、张企泰译，商务印书馆1982年版。

是靠等级制组织，对于外界则靠它那种闭关自守的公会性质。因此，公开的国家精神及国家的意图，对官僚机构来说就等于出卖它的秘密。因此，权威是它的知识原则，而崇拜权威则是它的思想方式。但在官僚界内部，唯灵论变成了粗劣的唯物主义，变成了盲目服从的唯物主义，变成了对权威的信赖的唯物主义，变成了例行公事、成规、成见和传统的机械论的唯物主义"[1] 马克思敏锐地意识到，国家的行政权不应当专属于官僚机构所有，行政权赋予官僚机构的思想必然导致两方面的谬误。一方面，会导致官僚在国家中形成特殊的闭关自守的集团，官僚机构的目的被认为是国家的最终目的，官僚机构则成为掌握行政权的凌驾于普通人之上的权威存在。官僚体系一旦形成，在这个体系内部就会形成一个庞大的密切联系着的利益整体，每个单个的官僚都必须依靠整个官僚体系而存在，下级对上级的普遍盲从与上级对下级的依赖成为常态。于是，官僚体系内部就会形成自身的特殊利益，在这样的情况下，如果把行政权完全看成属于官僚机构所有的权力，必然导致官僚机构与国家之间、官僚机构的目的与整个国家的目的之间出现差异甚至是矛盾，官僚机构成为与普通人民对立的特权集团。"官吏既然掌握着公共权力和征税权，他们就作为社会机关而凌驾于社会之上。从前人们对于氏族制度的机关的那种自由的、自愿的尊敬，即使他们能够获得，也不能使他们满足了；他们作为日益同社会脱离的权力的代表，一定要用特别的法律来取得尊敬，由于这种法律，他们就享有特殊神圣和不可侵犯的地位了。"[2] 另一方面，行政权赋予官僚机构还会导致国家与市民社会之间的对立。国家本来应当代表市民社会的普遍利益，然而，将行政权看成属于官僚机构所有将导致官僚机构成为不属于市民社会的特殊的国家代理人。这样，国家不在市民社会之内，而在市民社会之外，成为与市民社会相互对立的主体。

（三）公务人员法

"为了防止国家和国家机关由社会公仆变为社会主人——这种现象在至今所有的国家中都是不可避免的——公社采取了两个可靠的办法。第一，它把行政、司法和国民教育方面的一切职位交给由普选选出的人担任，而且规定选举者可以随时撤换被选举者。第二，它对所有公务员，不论职位高低，都只付给跟其他工人同样的工资。公社所曾付过的最高薪金是 6000 法郎。这样，即使公社没有另外给代表机构的代表签发限权委托书，也能可靠地防止人们去追求升官发财了。"[3] 根据上述马克思、恩格斯对巴黎公社公务人员相关做法的肯定，马克思、恩格斯在有关公务人员的选拔、任期和薪资待遇方面，有诸多与资本主义国家公务人员法完全不同的观点。首先，在公务人员的选拔方面，西方资本主义国家的公务人员主要采用选任制

---

[1]　《马克思恩格斯全集》第 1 卷，人民出版社 1956 年版，第 302 页。

[2]　恩格斯："家庭、私有制和国家的起源"，载《马克思恩格斯选集》第 4 卷，人民出版社 1995 年版，第 167～168 页。

[3]　《马克思恩格斯选集》第 3 卷，人民出版社 1995 年版，第 12～13 页。

与委任制相结合的方式进行选拔和任用，也就是说，对于少数重要职务或领导职务采用选举的方法选举并任命公务人员，对于非领导职务一般采用考试或者聘任的方法选拔任用公务人员。马克思、恩格斯则主张对于所有公职都应当用普选的方式选举产生相应公务人员，只有这样才能实现真正意义上的民主，才能从一开始就对公务人员的人选进行有效监督。其次，在公务人员的任期方面，西方资本主义国家的做法是选任制公务人员一般有规定的任期，任期届满即解除公职；委任制公务人员则可以终身任职，非经法定事由和非经法定程序不被免职、辞退。无论是任期制还是终身任职，公务人员队伍都具有相当的稳定性。马克思、恩格斯并不主张维护公务人员队伍的稳定性，他们认为，长期担任公职容易形成独立于社会的官僚队伍，为了避免公务人员被权力腐化或官僚化，应当让公务人员具有相当的流动性，选举者可以随时撤换被选举出来的公务人员。最后，在公务人员的薪资待遇方面，西方资本主义国家一般强调给予公务人员以稳定合理的经济保障，公务人员的薪资水准应当与社会上具有同等专业水平人才的报酬大致平衡。某些国家和地区甚至给予公务人员相对较高的薪资福利以维持公务人员队伍的高水准和廉洁性。马克思、恩格斯则主张公务人员的工资应当与其他工人相同，无论其职位高低。因为在他们看来，担任公职是工人阶级为广大人民群众的一种自觉服务，无须以薪资来进行激励。此外，与普通工人相同的工资水平也能避免人们为了升官发财而寻求担任公职。

（四）行政过程的社会参与

在马克思所处的时代，各资本主义国家都强调行政管理是一种专业性、技术性非常强的国家行为，应当由具有专门管理知识和技能的人来承担。普通公民只需被动接受行政机关的行政决定即可，只与行政过程的相关信息和相关环节，普通公民都无须也无权知晓。黑格尔就曾谈道："……个人之担任公职，并不由本身的自然人格和出生来决定。决定他们这样做的是客观因素，即知识和本身才能的证明；这种证明保证国家能满足它对普遍等级的需要，同时也提供一种使每个市民都有可能献身于这个等级的惟一的条件。"[1] 在这样的思想影响下，国家行政管理完全成为行政机关与公务人员的事情，普通公民根本无从参与行政管理过程。马克思全面批判了以黑格尔为代表的行政管理专业化论点，提出国家行政管理过程应当向社会公众开放，允许甚至鼓励社会成员积极地参与到行政过程当中来，他指出，"从前有一种错觉，以为行政和政治管理是神秘的事情，是高不可攀的职务，只能委托给一个受过训练的特殊阶层……现在这种错觉已经消除。彻底清除了国家等级制，以随时可以罢免的勤务员来代替骑在人民头上作威作福的老爷们，以真正的负责制来代替虚伪的负责制，因为这些勤务员经常是在公众监督之下进行工作的……所谓国家事务的神秘性和特殊性这一整套骗局被公社一扫而尽；公社主要是由普通工人组成，它组织着巴黎的防务，对波拿巴的御用军队作战，保证这座庞大城市的粮食供应，担

---

〔1〕 ［德］黑格尔：《法哲学原理》，范扬、张企泰译，商务印书馆1982年版，第311页。

负着原先由政府、警察局和省政府分担的全部职务，在最困难、最复杂的情况下，公开地、朴实地做它的工作，它像弥尔顿写他的《失乐园》一样所得的报酬只是几英镑；它光明正大地进行工作，不刚愎自用，不埋头在文牍主义的办公室里，不以承认错误为耻而勇于改正。公社一举而把所有的职务——军事、行政、政治的职务变成真正工人的职务，使它们不再归一个受过训练的特殊阶层所私有。"[1] 在马克思看来，行政过程社会化的理由就在于，行政权本身是来源于社会的，行政权所作用的对象也是广大社会公众，其所针对的是各种各样的社会关系。因此，对于社会公众来说，国家行政并不是陌生和特殊的，不是不可理解、无法掌控的，而应当是为普通公众服务的一种基本国家活动。作为扎根于社会、服务于社会的国家活动，普通公民完全可以而且应当参与到行政过程当中来。由于社会公众对行政过程的积极参与和广泛监督，公务人员会真正地对行政管理工作负起责任，而且能够避免在国家形成新的特殊阶层。

二、列宁的行政法思想

如果说马克思、恩格斯的行政法思想侧重于对资产阶级行政法思想进行全面批判，那么，列宁的行政法思想则是批判与建设并重的。他既深刻批判了资产阶级行政法思想尤其是资本主义进入垄断时期之后的资产阶级行政法思想，又对社会主义国家建立之后如何确立较为完善的新的法制体系、如何管理国家、如何保证社会主义行政法的统一与执行等问题提出了全面、系统的观点。列宁的行政法思想对前苏联社会主义行政法的确立和发展有着直接的影响，也对后来其他社会主义国家的行政法治理论和行政法治实践产生了深远影响。由于篇幅所限，此处着重介绍列宁有关社会主义行政法建设的思想。关于社会主义国家如何制定、执行、完善行政法列宁有过多方面的论述，其中最为重要的行政法观点有以下几点。

1. 从资本主义到共产主义的过渡时期需要无产阶级专政。无产阶级专政的思想是马克思、恩格斯著作中十分重要的关于社会主义国家的思想，在马克思、恩格斯看来，社会主义国家建立之后为了尽快向共产主义过渡，必须确立无产阶级专政。列宁坚持和发展了马克思、恩格斯的无产阶级专政思想，"在这里我们看到马克思主义在国家问题上最卓越最重要的思想，即'无产阶级专政'（马克思和恩格斯在巴黎公社以后开始这样说）这个思想的表述，其次我们还看到给国家下的一个非常引人注意的定义，这个定义也属于马克思主义中'被忘记的言论'：'国家即组织成为统治阶级的无产阶级'"[2] 这是对马克思、恩格斯无产阶级专政思想的肯定和强调。同时，列宁又指出，无产阶级需要国家，但是，无产阶级所需要的只是逐渐消亡的国家，即能立即开始消亡而且不能不消亡的国家；劳动者所需要的"国家"，

---

〔1〕《马克思恩格斯全集》第 17 卷，人民出版社 1963 年版，第 589～590 页。

〔2〕《列宁选集》第 3 卷，人民出版社 1995 年版，第 129～130 页。

即"组织成为统治阶级的无产阶级"。无产阶级之所以需要国家，是因为需要镇压剥削者（资产阶级）的反抗，能够领导和实行这种镇压的只有无产阶级。农民、小资产阶级、地主和资本家都不可能或者不能完成对剥削者的镇压，只有无产阶级是惟一彻底革命的阶级，是惟一能够团结一切被剥削劳动者对资产阶级进行斗争、把资产阶级完全铲除的阶级。无产阶级需要国家政权，中央集权的强力组织、暴力组织，既是为了镇压剥削者的反抗，也是为了领导广大民众即农民、小资产阶级和半无产者去建立新的经济结构，推翻资本主义的旧有经济结构。在列宁看来，无产阶级专政应当贯穿于从资本主义到共产主义的整个过渡时期，"只有懂得一个阶级的专政不仅对一般阶级社会是必要的，对推翻了资产阶级的无产阶级是必要的，而且对介于资本主义和'无阶级社会'即共产主义之间的整整一个历史时期都是必要的——只有懂得这一点的人，才算掌握了马克思国家学说的实质。资产阶级国家的形式虽然多种多样，但本质是一样的：所有这些国家，不管怎样，归根到底一定都是资产阶级专政。从资本主义向共产主义过渡，当让不能不产生非常丰富和多样的政治形式，但本质必然是一样的：都是无产阶级专政"。[1]

2. 社会主义国家经济领域中的一切都属于公法范畴，而不属于私法范围。苏维埃俄国在取得国内战争胜利之后，开始进行和平经济建设，1921 年，苏俄开始实施著名的新经济政策，以实物税取代余粮收集制、把企业租给私人资本家等。在列宁看来，这些措施都是资本主义关系的恢复和发展，新经济政策所采取的每一个步骤都包含着许许多多的危险。为了防止资产阶级在苏俄卷土重来、资本主义生产关系重新复辟，列宁要求各经济机构、行政机关和立法机关要加强革命法制，一方面要适应政策的转变，另一方面也要加强对经济领域进行法制监督，确保经济生活中的一切关系都在社会主义国家公法规制之下进行运作。"我们不承认任何'私人的'东西，在我们看来，经济领域中的一切都属于公法范围，而不是什么私人的东西。我们容许的只是国家资本主义，而国家，如上所述，就是我们。因此必须扩大国家对'私法'关系的干预；扩大国家废除'私人'契约的权力；不是把罗马法典，而是把我们的革命的法律意识运用到'民事法律关系'上去；通过一批示范性的审判来经常地坚持不懈地说明应当怎样动脑筋、花精力来从事这种工作；通过党来抨击和撤换那些不学习这一点和不愿了解这一点的革命法庭成员和人民审判员。"[2] 由于经济领域中的一切都属于公法范围，社会主义国家便应当以公法（尤其是行政法）来管理和干预经济领域中的一切关系，以行政法来规制原来属于私法规制的民商事关系。在这一点上，列宁的态度是十分明确的，他曾反复多次作了强调，"不要迎合'欧洲'，而应进一步加强国家对'私法关系'和民事案件的干涉……现在我们在这方面的危险是做得不够，而不是做'过头了'，这个我也是非常明确的。正

---

〔1〕《列宁选集》第 3 卷，人民出版社 1995 年版，第 140 页。
〔2〕 瞿泰丰主编：《马克思主义宝库》，中国广播电视出版社 1992 年版，第 566 页。

是在热那亚会议召开以前，我们不能乱了步调，不能畏缩不前，不能放弃些微可能来扩大国家对'民事'关系的干涉"[1] "应立即成立一个由 3 名能保证正确理解这项工作并提出必要的修改和补充的法学家组成委员会。责成该委员会在不长的期限内向政治局提交修改和补充的草案。确定该委员会的主要任务是：能够毫无例外地监督（事后监督）一切私人企业，并废除一切与法律条文和工农劳动群众利益相抵触的合同和私人契约，从这一方面充分保障无产阶级国家的利益。"[2]

3. 关于国家机关改革的思想。十月革命胜利之后，苏俄推翻了原来的旧的国家机器，迅速建立起一套新的国家机构。不久列宁就发现，这套新的国家机构存在着机构臃肿、执行力不高、人员素质不够等问题，这与列宁所设想的社会主义国家机关有着很大的差距。于是，列宁花了很大的精力来改革国家机关，提出了一些很有价值的观点。一方面，列宁提出应当对国家机关工作人员的数量作刚性控制，提高工作人员的工作质量。在《我们怎样改组工农检察院》一文中他就提出："应该把工农检察院的职员缩减到 300～400 人……我相信，把支援减少到我所说的那个数目，会使工农检察院工作人员的质量和整个工作的质量提高许多倍，同时也会使人民委员会和部务委员有可能集中全力安排工作，有步骤地、不断地提高工作质量，而提高工作质量对于工农政权和我们苏维埃制度是绝对必要的。"[3] 另一方面，列宁指出，应当将真正具有现代素质的优秀人才集中到国家机关之中。在这一点上列宁与马克思的想法是有差异的。正如我们前面所谈到的，马克思认为国家管理并非只有专门人才能从事的专门职业，普通工人完全可以胜任国家管理的各种活动。列宁则认为，要建立新型的有效率的社会主义国家机关，就应当选拔具有相应知识和能力的人才来充实国家机关。在《宁肯少些，但要好些》一文中列宁强调，应当把作为改善国家机关的工具的工农检察院改造成真正的模范机关，"凡是我们决定要破例立刻委派为工农检察院职员的公职人员，应符合下列条件：第一，他们必须有几名共产党员推荐；第二，他们必须通过关于我们国家机关知识的考试；第三，他们必须通过有关我国国家机关问题的基本理论、管理科学、办文制度等基础知识的考试；第四，他们必须同中央监察委员和本院秘书处配合工作，使我们能够信赖整个机关的全部工作"[4]。

三、社会主义行政法的哲学基础

社会主义行政法之所以与资本主义行政法相比展现出诸多差异，与其哲学基础有着很大的关系，也就是说，社会主义行政法的哲学基础与资本主义行政法的哲学

---

〔1〕 瞿泰丰主编：《马克思主义宝库》，中国广播电视出版社 1992 年版，第 566～567 页。

〔2〕 瞿泰丰主编：《马克思主义宝库》，中国广播电视出版社 1992 年版，第 567 页。

〔3〕 《列宁选集》第 4 卷，人民出版社 1995 年版，第 780～781 页。

〔4〕 《列宁选集》第 4 卷，人民出版社 1995 年版，第 788 页。

基础从根本上讲是不一样的。我们知道，资本主义国家的行政法是以权力的分离与制衡为基础的，不同的资本主义国家的国家权力有多种划分方式，无论如何划分，权力与权力之间都要通过相互制约来达到平衡，行政权也不例外。作为国家权力的一种的行政权必须受到立法权、司法权等其他权力的制约。于是，资本主义国家的行政法必然从权力制衡的角度来进行演绎，主要目的就在于调整行政权与其他国家权力之间的关系，通过其他权力对行政权进行有效控制。社会主义国家行政法则有所不同，它的哲学基础在于国家管理。[1] 无论是马克思、恩格斯还是列宁，在论述社会主义国家行政关系的时候都更多地采用了国家管理这一概念。社会主义国家行政法以国家管理为基础是有内在原因的。社会主义国家是在无产阶级反抗资产阶级的革命中产生的，社会主义革命胜利之后，为了彻底改变以私有制为基础的旧的国家模式，必须打破一切旧的国家管理方式和旧的国家机构，迅速建立起新的社会主义性质的行政管理关系、设置新的行政秩序。

恩格斯在《共产主义原理》中就指出，无产阶级革命首先要建立民主制度，在这个基础上，要采取一系列措施，包括"①用累进税、高额遗产税、取消旁系亲属（兄弟、侄甥等）继承权、强制公债等来限制私有制。②一部分用国营工业竞争的办法，一部分直接用纸币赎买的办法，逐步剥夺土地私有者、厂主以及铁路和海船所有者的财产。③没收一切流亡分子和举行暴动反对大多数人民的叛乱分子的财产。④组织劳动或者让无产者在国家的田庄、工厂、作坊中工作，这样就会消除工人之间的相互竞争，并迫使残存的厂主付出的工资跟国家所付出的一样高。⑤直到私有制完全废除为止，对社会的一切成员实行劳动义务制。成立产业军，特别是农业方面的产业军。⑥通过国家资本的国家银行，把信贷系统和银钱业集中在国家手里。封闭一些私人银行和钱庄。⑦随着国家所拥有的资本和工人数目的增加而增加国营工厂、作坊、铁路、海船的数目，开垦一切荒地，改良已垦土地的土质。⑧所有的儿童，从能够离开母亲照顾的时候起，由国家机关公费教育。把教育和工厂劳动结合起来。⑨在国有土地上建筑大厦，作为公民公社的公共住宅。公民公社将从事工业生产和农业生产，将结合城市和乡村生活方式的优点而避免二者的偏颇和缺点。⑩拆毁一切不合卫生条件的、建筑得很坏的住宅和市街。⑪婚生子女和非婚生子女享有同等的遗产继承权。⑫把全部运输业集中在国家手里"。[2] 要建立起如此之多的新型管理关系和秩序，就必须动用国家权力进行全面而有效的国家管理。社会主义国家的行政法就是在国家管理的基础上演绎出来的。具体而言，社会主义行政法

---

〔1〕 司徒节尼金在《苏维埃行政法（总则）》一书中就讲道："列宁和斯大林所创立的关于社会主义国家管理的学说，斯大林同志的关于社会主义国家的严整完备的学说，是苏维埃行政法这门科学的理论基础。"参见［前苏联］C. C. 司徒节尼金：《苏维埃行政法（总则）》，中国人民大学国家法教研室译，中国人民大学出版社1953年版，第21页。

〔2〕 《马克思恩格斯选集》第1卷，人民出版社1972年版，第220～221页。

是以下列几点国家管理基本原则为基础的。

（一）共产党领导原则

社会主义国家的全部国家管理活动都是在共产党领导下进行的，共产党领导原则是社会主义行政法的首要基础。翻阅社会主义国家的各部行政法典和行政法文件不难发现，这些行政法相关文件要么直接表达了共产党领导这一基本原则，要么间接反映出共产党在行政过程中的领导作用、共产党的愿望和意志。党的领导有三个基本方面：

第一，共产党决定社会主义国家管理的基本纲领和基本路线、方针、政策。共产党是社会主义国家的领导力量和指导力量，社会主义国家的一切大政方针政策都应当而且必须由共产党来决定，列宁就曾指出："在我国，任何国家机关未经党中央指示，都不得解决任何重大的政治问题或组织问题。"[1] 由于事关国家的重大事项都由共产党决策，社会主义国家的行政法必然成为共产党意志的体现。而且很多行政法律文件本身就是由共产党与国家管理机关联合制定发布的。

第二，共产党决定国家管理机关的领导干部人选。在社会主义国家，共产党对国家进行领导很重要的一方面就是组织领导，也就是说，由共产党来推荐、决定社会主义国家管理机关各领导岗位的人选。在行政法上，行政机关领导如何确定是行政组织法的重要内容，社会主义国家共产党决定行政机关领导人员本身就构成了其行政组织法的一个重要部分。

第三，共产党对国家管理机关享有广泛的监督权。社会主义国家共产党各级各地党组织对国家管理机关及其工作人员就享有广泛的监督权，这种监督权是由共产党章程和法律予以明确规定了的。"各部、国家委员会和其他中央与地方机关中的党组织就执行党和政府的指示，遵守苏维埃法律方面对所在机关的工作实施监督。这些机关的党组织应当按照前苏联共产党章程，积极促进完善所在机关的工作，教育机关工作人员提高对所从事的事业的责任心，采取巩固国家纪律的措施，改进对居民的服务，开展和官僚主义的斗争。在必要的情况下，机关党组织可以越级向相应党的机关反映所在机关及其个别公职人员的问题。工业、运输、通信、建筑、物资技术供应、商业和公共饮食等企业、公用事业单位、国营农场和其他国营农业企业、计划组织、设计机构、科研机构、高等学校、文化教育机构和医疗机构的基层党组织享有对行政机关活动进行监督的法定权利。"[2]

（二）群众参与原则

社会主义国家管理过程中的群众参与原则是有着相当长的历史的，早在巴黎公社时期，公社就采用了发动群众广泛参与社会管理的多种措施，取得了非常好的效

---

〔1〕《列宁全集》第31卷，人民出版社1963年版，第29页。

〔2〕［前苏联］瓦西林科夫主编：《苏维埃行政法总论》，姜明安、武树臣译，北京大学出版社1985年版，第47页。

果，也得到了马克思、恩格斯等人的肯定。前苏联、东欧等社会主义国家成立之后，也十分注重人民群众对国家管理进行广泛参与，并将群众参与作为国家管理的一项重要原则。尽管近年来，西方资本主义国家行政法也开始强调民众参与，但其与作为社会主义行政法基础的群众参与原则存在着本质上的不同：

第一，社会主义国家的群众参与原则是作为国家管理的基本要求写入宪法的。前苏联、东欧等社会主义国家宪法基本上都明确了群众有参与国家管理的权利，如前苏联《1977 年宪法》第 48 条就规定："前苏联公民有权参加国家事务和社会事务的管理，参加全国和地方性的法律和决议的讨论和通过。这一权利的保证是：可以选举和被选入人民代表苏维埃和其他选举产生的国家机关，参加全民讨论和投票，参加人民监督，参加国家机关、社会组织和社会业余活动机构的工作，参加劳动集体和居住地点的会议。"[1] 资本主义国家宪法将民众参与国家管理明确写入宪法的比例则小得多。

第二，社会主义国家鼓励甚至发动群众组织参与国家管理。社会主义国家有各种群众组织，这些组织分别按照职业、阶层、年龄、性别等特点将不同类型的社会群众组织起来，表达自身利益与观点，参与国家经济、社会、政治、文化事务的管理。像不少社会主义国家就在宪法中明确规定了工会、共青团、妇女联合会、合作社等群众组织的性质、任务和活动方式等。这充分体现出社会主义国家对群众参与国家管理的高度重视和积极推动。而资本主义国家尽管也承认社会公众有集会、结社等权利，允许公众成立群众性组织，但一般都不会动用国家力量鼓励或发动公众成立相关组织来参与国家管理。可见，在组织群众参与国家管理方面，社会主义国家是积极的、热情的，资本主义国家则是消极的、被动的。

第三，社会主义国家群众参与国家管理的范围十分广泛。资本主义国家近年来所强调的民众参与，仅仅是指民众对行政过程的参与。社会主义国家的群众参与原则，其内涵则要丰富得多，既包括群众参与行政管理过程，又包括群众参与国家立法活动、参与社会管理活动、参与社会文化事务等，甚至连国家经济管理活动和生产建设工作都鼓励群众参与管理。列宁就曾经多次强调社会主义国家要组织发动群众参与经济、生产管理，他指出："应当运用社会主义民主（不论是国家的民主，还是非国家民主）的一切可能性，使劳动人民更加广泛地参加管理经济和建设新的生产部门。"[2]

（三）计划管理原则

计划管理原则是为前苏联、东欧等绝大多数社会主义国家所确认的一项国家管理原则。前苏联《1977 年宪法》第 16 条就规定："前苏联经济是包括全国社会生产、分配和交换各个环节的统一的国民经济综合体。对经济的领导根据国家经济和

---

〔1〕 萧榕主编：《世界著名法典选编·宪法卷》，中国民主法制出版社 1997 年版，第 430 页。
〔2〕 《列宁全集》第 30 卷，人民出版社 1963 年版，第 371 页。

社会发展计划，在考虑到部门原则和地区原则的情况下，在集中管理同企业、联合公司和其他组织的经济独立性和主动性相结合的情况下实施之。同时积极利用经济核算、利润、成本以及其他经济杠杆和刺激。"[1] 作为一项宪法性原则，社会主义国家在国家管理过程中为贯彻、落实这一原则做了大量的工作，制定了为数众多、层次不同的国民经济与社会发展计划。围绕国家计划管理原则所制定的国民经济与社会发展计划、计划组织工作有关规则、计划执行监督工作有关规则等众多规则构成了前苏联、东欧等社会主义国家行政法的重要组成部分。譬如前苏联、东欧等国就制定了多部计划法或者与计划有关的专门法律、法令和决议，包括 1979 年的《罗马尼亚经济和社会发展计划法》、1973 年的《罗马尼亚经济和社会发展最高委员会组织法》、1977 年的《罗马尼亚经济社会组织委员会法》、1976 年的《南斯拉夫社会计划体制基础和社会计划法》、1973 年的《匈牙利国民经济计划法》、1973 年的《匈牙利计划法实施条例》、1965 年的《苏共中央和苏联部长会议关于完善计划工作和加强工业生产的经济刺激的决议》、1979 年的《苏共中央和苏联部长会议关于改进计划工作和加强经济机制对提高生产效率和工作质量的影响的决议》等[2]。这些法律、法令和决议都是社会主义国家行政法的组成部分。值得注意的是，社会主义国家所制定的国民经济与社会发展计划本身也被视为法律，具有与法律同等的效力，违反国民经济与社会发展计划所规定义务的主体要承担相应的法律责任。[3]

第二节　前苏联的行政法理论

1917 年俄国社会主义革命成功，以列宁为首的共产党人在俄国建立了世界上第一个无产阶级专政的社会主义国家，后各苏维埃共和国联合成苏联社会主义共和国联盟，简称苏联。前苏联作为第一个社会主义国家其行政法理论是在马克思、恩格斯、列宁关于国家和社会管理的有关论点基础上发展起来的。由于之前没有一个现成的样板可供参照，前苏联领导人和学者在国家管理实践中进行了长期的摸索和探讨，提出了很多很有创造性的观点。这些观点在很大程度上为后来建立的其他社会主义国家所吸收，成为社会主义行政法思想的主干。正是基于这样的原因，本节将详细介绍前苏联行政法基本理论的形成过程及前苏联宪法、行政法典所包含的重要行政法思想。

---

〔1〕 萧榕主编：《世界著名法典选编·宪法卷》，中国民主法制出版社 1997 年版，第 428 页。
〔2〕 参见国家计委经济条法办公室计划参考资料编辑小组编：《外国计划法参考资料选编》，法律出版社 1982 年版。
〔3〕 "国民经济计划是苏维埃国家不可变异的法律。计划任务使人享有权能也使人承担义务，同时它还规定着为它的执行所负的责任。"参见［前苏联］C. C. 司徒节尼金：《苏维埃行政法（总则）》，中国人民大学国家法教研室译，中国人民大学出版社 1953 年版，第 46 页。

一、诸部宪法典中的行政法思想

俄国十月革命胜利之后，前苏联曾先后于 1918、1924、1936 和 1977 年颁布过四部宪法，其中 1918 年所颁布的《俄罗斯社会主义联邦苏维埃共和国宪法》是世界上第一部社会主义类型的宪法，这部宪法以列宁起草的《被剥削劳动人民权利宣言》和斯大林起草的《俄罗斯社会主义联邦苏维埃共和国宪法总纲》为基础确立，当时前苏联尚未成立。1924 年颁布的《苏维埃社会主义共和国联盟根本法》是前苏联成立之后颁布的第一部宪法，这部宪法分为两个大的部分，第一部分是关于成立苏联的宣言和盟约，主要说明苏联成立的原因、各加盟共和国的权利及民族平等自愿联合；第二部分则是关于苏联的国家体制，确立了苏联最根本的制度。1936 年的《苏维埃社会主义共和国联盟宪法》是在 1924 年宪法的基础上修改而成的，主要是针对 1934 年苏联社会主义社会建成之后的新情况、新问题进行了修改。这部宪法强调赋予公民实质性的权利，被称为最民主的宪法。1977 年颁布的《苏维埃社会主义共和国联盟宪法》较前几部宪法在结构上有了比较大的变化，内容和范围也有所扩充，被称为是发达社会主义阶段的宪法。上述诸部宪法之间存在着继承关系，内容上一部比一部丰富完善，每一部宪法都规定了苏维埃社会主义国家的基本制度，包含着丰富的行政法思想。笔者认为，前苏联诸部宪法典所包含的行政法思想至少可以归纳为以下几点：

（一）行政机关权力来自行政相对人的行政法思想

1936 年的《苏联宪法》规定国家一切权力属于城乡劳动者，苏联《1977 年宪法》第 2 条进一步规定："苏联的一切权力属于人民。人民通过作为前苏联政治基础的人民代表苏维埃行使国家权力。其他一切国家机关受人民代表苏维埃的监督并向人民代表苏维埃报告工作。"[1] 国家权力包括行政权、立法权、司法权、检察权等，一切权力属于人民意味着包括行政权、立法权、司法权、检察权在内的国家权力都应当属于前苏联人民。按照这样的逻辑，一切权力属于人民的思想演绎到行政法中就是行政权属于人民，行政机关只是代表人民行使行政权的主体。也就是说，行政机关的权力来自于行政相对人。既然行政机关权力来自行政相对人，那么行政相对人当然有权利对行政机关的行为进行监督、提出批评建议等。于是，苏联《1977 年宪法》第 49 条就规定："每一个前苏联公民都有向国家机关和社会组织提出改进其工作的建议并对其工作中的缺点提出批评的权利。公职人员必须在规定的期限内处理公民的建议和申诉，做出答复并采取必要措施。禁止对批评实行打击报复。对批评实行打击报复的人要追究责任。"[2] 第 58 条进一步规定："前苏联公民有对公职人员、国家机关和社会机关的行为提出控告的权利。控告应按照法律规定的程序和

---

〔1〕 萧榕主编：《世界著名法典选编·宪法卷》，中国民主法制出版社 1997 年版，第 427 页。

〔2〕 萧榕主编：《世界著名法典选编·宪法卷》，中国民主法制出版社 1997 年版，第 430～431 页。

期限予以审理。对公职人员违反法律、擅越权限、损害公民权利的行为，可根据法律规定的程序向法院提出控告。前苏联公民对于国家组织和社会组织以及公职人员在执行公务时因非法行动造成的损失，有要求赔偿的权利。"[1]

（二）行政相对人义务法定的行政法思想

苏联《1977年宪法》第七章专章规定了前苏联公民的基本权利、自由和义务。在这一章当中，涉及前苏联公民权利和自由的条文共有19条，涉及公民义务的条文则只有10条，宪法所赋予公民的权利和自由显然多于其要求公民承担的义务。这说明前苏联宪法在处理行政相对人的义务的时候是十分谨慎的，在赋予行政相对人权利的时候则是非常慷慨的。而且前苏联宪法对行政相对人的权利采取了概括式的规定，根据该法第57条规定，"尊重人格、保护公民的权利和自由，是一切国家机关、社会组织和公职人员的义务"。[2] 在赋予行政相对人广泛权利的同时，苏联《1977年宪法》尽管也赋予了行政相对人一定的义务，但这些规定明确地体现了一个共同的精神，那就是只有在前苏联法律有明确规定的情况下，行政机关和公职人员才能向行政相对人课以义务。譬如苏联《1977年宪法》第55条就规定："苏联公民有住宅不可侵犯的保障。没有合法理由，任何人都无权违背住户的意志进入住宅。"[3]

（三）行政法治中民族平等原则的确立

苏维埃社会主义共和国是一个多民族的联盟国家，联合在苏维埃社会主义共和国联盟内的加盟共和国共有15个，每一个加盟共和国基本上都有一两个占人口绝大多数比例的主要民族。如此之多的民族联合在同一个国家，如何处理各民族之间的关系就成为一个十分重要的问题。苏联《1977年宪法》确立了行政法治中的民族平等原则，规定了各民族享有平等的权利，任何行政机关和公职人员不得歧视或者不公正对待不同民族。任何宣传民族特殊化、仇恨或歧视的行为均应依法制裁。之所以如此强调民族平等，一方面是由前苏联多民族的国情特点所决定，另一方面也与马克思、恩格斯、列宁等人一贯强调所有人、所有民族平等的思想有关。

（四）国家行政机关结构化的思想

1977年前苏联宪法第16～19章分别规定了前苏联各级国家管理机关的结构化体系。从这个体系可以看出，前苏联的国家行政机关设置始终贯穿着结构化的思想，也就是说，将整个国家的行政机关分成不同的层级，各个层级的行政机关分别行使不同层面的行政权。行政机关结构化是为了在各级行政机关之间确立起合理的上下级关系，分别负责该级行政机关应当处理的行政事务。根据苏联《1977年宪法》，在整个联盟国家层面，苏联部长会议是国家权力的最高执行和发布命令的机关，是国家的最高政府。部长会议之下设全联盟的部和国家委员会，它们在各自的管理部

---

[1] 萧榕主编：《世界著名法典选编·宪法卷》，中国民主法制出版社1997年版，第431页。
[2] 萧榕主编：《世界著名法典选编·宪法卷》，中国民主法制出版社1997年版，第431页。
[3] 萧榕主编：《世界著名法典选编·宪法卷》，中国民主法制出版社1997年版，第431页。

门行使行政权。在加盟共和国和自治共和国层面，加盟共和国和自治共和国的部长会议分别是加盟共和国和自治共和国的最高国家执行机关，即行政机关。在它之下设部和专管机关，专门负责某一部门或者某一方面的行政管理工作。在地方层面，地方苏维埃执行委员会是地方人民代表苏维埃的执行机关，即行政管理机关。为了管理地区事务，地方苏维埃执行委员会之下可依法设各局、处、委员会，等等。

（五）国家行政机构有效分类的思想

所谓国家行政机构有效分类，是指在各个层级行政机关内部进行职能分工，根据这种分工把同一层级的行政机关划分为若干个不同的部门，部门与部门之间分工合作、共同完成该层级行政机关应当完成的任务。对国家行政机构进行有效分类是现代行政管理科学化的一种基本方法，前苏联宪法对国家行政机构的有效分类体现在多个方面。在中央行政机关层面上，宪法规定了苏联部长会议统一并指导苏联全联盟各部和国家委员会、苏维埃联盟——共和国各部和国家委员会以及所属其他机关的工作。至于苏联全联盟各部和国家委员会、苏维埃联盟——共和国各部和国家委员会的名单，则依宪法由关于苏联部长会议的法律来进行规定。在加盟共和国行政机关层面上，宪法规定了苏联各加盟共和国部长会议统一并指导联盟——共和国的部、共和国各部、加盟共和国国家委员会及其所属机关的工作。在地方行政机关层面上，宪法仅规定了地方各级人民代表苏维埃执行委员会为地方行政管理机关，至于地方行政机关的具体分类，则要依据其他法律进行确定。总之，尽管前苏联宪法没有详细规定各层级行政机关具体分为哪些不同的部门，也没有涉及各部门之间如何分工、配合的问题，但是作为国家根本法的宪法已经非常明确地体现出各层级行政机关应当进行有效分类的行政法思想。

（六）行政法管理价值的思想

前苏联行政法强调国家管理，以国家管理作为行政法的基本价值。这一点在苏联《1977 年宪法》当中得到了充分体现，苏联《1977 年宪法》第二章"经济制度"、第三章"社会发展和文化"、第四章"对外政策"都分别从不同的角度说明了国家对社会、经济、文化、对外关系等诸多方面进行管理的基本原则性问题。譬如苏联《1977 年宪法》第 16 条规定："苏联经济是包括全国社会生产、分配和交换各个环节的统一的国民经济综合体。对经济的领导根据国家经济和社会发展计划，在考虑到部门原则和地区原则的情况下，在集中管理同企业、联合公司和其他组织的经济独立性和主动性相结合的情况下实施之。同时积极利用经济核算、利润、成本以及其他经济杠杆和刺激。"[1] 这些原则性规定实际上都围绕着一个核心问题，那就是前苏联如何进行国家管理的问题。而这些问题的解决，都有赖于以行政法的形式具体规定行政机关的权限、行政相对人的权利与义务、行政机关与行政相对人的各种关系等。也就是说，根据苏联《1977 年宪法》所演绎出来的行政法主要是对国

---

〔1〕　萧榕主编：《世界著名法典选编·宪法卷》，中国民主法制出版社 1997 年版，第 428 页。

家经济、社会、文化、对外事务等进行管理的法，前苏联宪法框架下的理想行政法主要应当实现国家管理的基本任务或者基本目标。

二、诸著名行政法典与行政法思想

从 1917 年社会主义革命到 1991 年解体，前苏联曾经出台过大量有关国家管理的法律、部长会议决定以及其他规范性文件，但是有关行政法的基础立法文件却十分有限，法律层面的行政法典也并不是很多。以计划法为例，计划管理工作是各社会主义国家国家管理的一种十分重要的手段，罗马尼亚、匈牙利、前南斯拉夫等社会主义国家都制定了相应的计划管理基本法。而前苏联尽管是最早推行计划管理的社会主义国家，却一直没能制定出相应的基本管理法，有关计划管理工作的规则有不少是以苏共中央决议的方式表现出来的。直到 80 年代初，某些行政法制度才以法律的形式得到比较完整的体现。像 1980 年《苏联和各加盟共和国行政违法行为立法纲要》、1984 年《俄罗斯联邦行政违法行为法典》、1981 年《关于调查机关、侦查机关、检察院和法院的不法行为给公民造成损害的赔偿程序条例》、1981 年《关于国家机关、社会组织和公职人员在执行公务中的不法行为给公民造成损害的赔偿法令》等都是具有代表性的行政法律、法令或条例。下面笔者将分别介绍前苏联诸著名行政法典中的行政法思想。

（一）行政违法法典中的行政法思想

前苏联较有名的行政违法法主要有两部，一是 1980 年 10 月 23 日由前苏联最高苏维埃通过的《苏联和各加盟共和国行政违法行为立法纲要》，二是 1984 年 6 月 20 日由俄罗斯联邦最高苏维埃通过的《俄罗斯联邦行政违法行为法典》。这两部法典是上下位法的关系，前一部法典是后一部法典的上位法。后一部法典的制定是为了对前一部法典进行具体化，它的整个立法继承了前一部法典的基本原则和精神，故笔者把两部法典放在一起进行评述。总体来讲，我们认为《苏联和各加盟共和国行政违法行为立法纲要》和《俄罗斯联邦行政违法行为法典》是前苏联较为成功的行政法典，其中包含着不少有价值的行政法观点。

第一，实体规则与程序规则相结合。两部法典都详细规定了针对行政违法行为的各种实体规则与程序规则，而且实体规则与程序规则相互交织、相互融合。《苏联和各加盟共和国行政违法行为立法纲要》共分四章，分别规定了总则、行政违法行为和行政责任、处理行政违法案件的机关及其主管范围、行政处罚的程序。这四章有些更侧重于对实体方面进行规制，如该法典在第二章中规定了行政违法行为的概念，指出法律对其规定有行政责任，侵犯国家秩序和社会秩序、社会主义所有制、公民的权利和自由，规定的管理秩序的故意或过失违法作为或不作为，是行政违法行为。有些部分更侧重于对程序方面进行规制，如该法同样在第二章中规定了行政机关对行政违法行为进行处罚的程序，要求行政机关应当在行政违法行为实施之日起 2 个月内对行政相对人进行行政处罚，对于持续性的行政违法行为行政机关则应当在行政违法行为发现之日起2个月内对行政相对人进行行政处罚。可见在这部法典中实体规则、程序规则是非常紧密地结合在一起的，在立法时并没有刻意地区分程序规则与实体规则，《俄罗斯联邦行政违法行为法典》也同样体现了这样的立法精神。

第二，行政违法行为由特定机关进行处理。前苏联行政法学界普遍认为并非所有的行政机关均有权处理行政相对人的行政违法行为，由于行政处罚的种类多、强度较大，必须将处理权交由特定的机关来行使。根据《苏联和各加盟共和国行政违法行为立法纲要》，有权处理行政违法行为的机关包括区、市、市属区、镇、村人民代表苏维埃执行委员会的行政委员会；镇、村人民代表苏维埃执行委员会；区（市）、市属区未成年事物委员会；区（市）人民法院（人民审判员）；内务机关、国家检察机关和其他授权机关。《俄罗斯联邦行政违法行为法典》进一步细化了上述机关的管辖权限和范围，不仅明确了前面所提到的这些机关的管辖范围及其处罚权限，而且说明了"其他授权机关"是指包括国家消防监督机关、铁路运输机关、海运机关等21个机关。

第三，审理程序连续化。两部法典都规定了行政机关审理行政违法案件的程序和当事人、受害人的上诉、抗诉程序，程序与程序之间衔接得十分紧密。我们知道，在许多国家行政处罚程序与行政诉讼程序都有着明显的区分，一般由不同的法律分别规定这两种程序。而前苏联的行政处罚程序与诉讼程序并没有进行这样的区分，在两部关于行政违法行为的法典中，都将有关行政违法行为的处罚程序与诉讼程序放在同一章进行规定，各环节紧扣在一起，整个审理程序环环相扣，体现出连续化的特征。

（二）有关国家赔偿法中的行政法思想

前苏联有关国家赔偿的法律主要有两部，即1981年5月18日经前苏联最高苏维埃主席团批准颁布的《关于国家机关、社会组织和公职人员在执行公务中的不法行为给公民造成损害的赔偿的法令》与《关于调查机关、侦查机关、检察院和法院的不法行为给公民造成损害的赔偿程序条例》。前一部法律主要是对行政行为引起的损害进行赔偿的程序性规定，后一部法律是由前一部法律认可批准的有关司法行为如何赔偿的程序性规定。与其他国家的国家赔偿原则相比，前苏联的赔偿原则有其独到之处。其他大部分国家的国家赔偿仅规定一种赔偿原则，该种赔偿原则同时适用于行政行为引起损害的赔偿与司法行为引起损害的赔偿两种情况。而前苏联则分别对两种情况进行了区分，根据《关于国家机关、社会组织和公职人员在执行公务中的不法行为给公民造成损害的赔偿的法令》，行政行为引起损害的赔偿原则是违法原则，即只要国家机关、社会组织和公职人员在执行行政管理的公务时违反法律规定并对前苏联公民造成了损害，就应当由国家对受损公民进行赔偿。

根据《关于调查机关、侦查机关、检察院和法院的不法行为给公民造成损害的赔偿程序条例》，司法行为引起损害的赔偿原则是过错原则，即只有当司法行为作出时存在过错，而且造成了非法审判、非法追究刑事责任、非法强制拘押、非法给予行政拘留或劳动改造处分的后果，才由国家对受损公民进行赔偿。司法行为赔偿原则与行政行为赔偿原则的区分，使得前苏联对司法行为赔偿的范围大为缩小，这一点也是为不少人所诟病的地方。此外，前苏联的国家赔偿法还体现出借用民法原理的特点。以前苏联对不法行为造成损害的赔偿为例，法律并没有具体规定赔偿的方法、程序等，而是简要指出"如果法律没有另行规定，根据苏联和各加盟共和国民事立法纲要的有关规定进行赔偿"。再如，有关司法行为造成损害的赔偿还适用责任相抵的原则，有关公民如果在司法过程中使用自我毁誉的方法阻挠查明真相从而助长非法司法行为，则不给其国家赔偿。这样的规定显然也是借用了民法上的原理。事实上，除了国家赔偿法之外，前苏联行政法在很多地方都借用了民法上的原理，这一方面体现出前苏联行政法重视行政机关与行政相对人之间尽量实现平等，另一方面也与前苏联行政法自身发展得不够充分有一定的关系。正是因为行政法理论和行政法制度的发展欠充分，前苏联不得不在行政法上借鉴民法原理来进行补充。

第三节　东欧诸国的行政法理论

一、东欧诸国行政法理论概说

东欧国家是一个特指的概念，指除前苏联以外的前实行社会主义制度的欧洲国家。这些国家大体上包括前南斯拉夫、阿尔巴尼亚、罗马尼亚、保加利亚、波兰、捷克斯洛伐克、匈牙利和德意志民主共和国。东欧国家在第二次世界大战以后均实行社会主义制度，其基本的政治制度、经济制度以及法律制度都大体上相同，因此我们可以将其作为一个法系进行研究。我们说，这些国家处于同一个法系之中，但并不是说它们的行政法制度是完全相同的，恰恰相反，这些国家在行政法制度方面各有特色。所以，我们将分别对这些国家的行政法制度进行考察。当然，由于各方面的原因，有些国家的资料我们占有得相对多一些，有些国家的资料我们占有得相对少一些，这便决定了我们不可能将每一个国家的行政法制度都进行介绍，也决定了每一个国家的行政法制度介绍的详略程度不会完全相同。首先，我们将对这些国家的政治制度、经济制度、文化制度等进行总体上的考察。

（一）东欧国家诸制度概览

1. 这些国家都是一个独立的主权国家，它们在国家主权方面经历了一个相同的道路。在第二次世界大战期间，它们绝大多数都沦为被占领国，国家政权曾一度不具有独立性，甚至可以说在当时情况下这些国家是没有主权的。因此，当第二次世界大战结束以后，它们成为独立的主权国家时，就特别珍惜独立的主权。为此50年代在前苏联和东欧社会主义阵营内部曾经发生过一些事情，比如匈牙利、前南斯拉夫都对前苏联以社会主义阵营中处于领导者地位的身份提出了质疑和否定，50年代匈牙利的纳吉事件就很有代表性，[1] 而前南斯拉夫的国家领导人铁托更是实行自己的一套经济管理体制和社会管理体制。他们这样做的目的主要是为了捍卫国家主权，捍卫国家在国际社会中的独立地位。总而言之，对主权国家的珍惜和重视是这些国家的共有特征。

2. 这些国家都有严密的政党制度，都有自己的共产党组织。虽然在不同的国家，政党的名称有所不同，但政党都是这些国家政治生活中的核心力量。[2]

3. 这些国家的国家政权体制基本上都实行议行合一的制度。我们知道，这些国家的主流意识形态是马克思主义，因此其政治体制和政权组织方式的设计都受马克思主义国家观的指导。如前述及，马克思在《法兰西内战》中认为社会主义的政权体制应当是议行合一的体制，所以这些国家基本上都以议行合一的原理建构政权体制。例如，在罗马尼亚，大国民议会是全体公民的代表机构，是国家的最高政治机关和惟一的立法机关。而部长会议则是罗马尼亚最高国家行政机关，它的主要职能是领导并监督全国一切行政机关，特别是决定为实现有关国家对内对外政策，以及使法律得到遵守所必采取的一般性措施。部长会议作为最高行政机关和最高国家执行机关对大国民议会负责，受大国民议会监督，这就是典型的议行合一的政权体制。再比如德意志民主共和国，其最高权力机关是人民议院。涉及宪法和立法问题的最高权力只能由人民议院行使，人民议院决定一切国家政策的根本问题，制定法律，通过决议并保证其实施。部长会议是人民议院的一个机关，它是德意志民主共和国的政府，受人民议院委托负责统一地执行国家政策。国家最高行政机关隶属于最高立法机关的国家机关设置方式清楚地表明了立法机关对行政机关的统摄关系，这样的政权体制显然是按照议行合一的原理进行建构的。

4. 这些国家的经济制度都是社会主义公有制。即是说，土地以及其他一些相关的生产资料都归国家或集体所有，个人在土地和重要的生产资料面前可以获得很大的好处，甚至可以使用这些东西，但个人并不是这些财产的所有者。

5. 在这些国家都强调民族平等。这些国家中的有些国家是多民族的国家，而且各民族之间存在人数、文化等方面差异，但是他们在政治制度中还是强调各民族平

---

〔1〕 20世纪50年代初，纳吉·伊姆雷在匈牙利实施了一系列"非前苏联模式化"的政策，试图效仿前南斯拉夫和波兰，走自己的社会主义道路，遭到前苏联干预。1956年10月23日，布达佩斯爆发了声势浩大的群众示威游行，随后演变为流血冲突。当年10月24日和11月4日，前苏联两次派兵镇压，史称"匈牙利事件"。

〔2〕 对于这些国家的政党组织以及政党作为政治生活中的核心因素应该从两方面进行分析：从积极的方面看，这些国家的政党为其建立强有力的统治提供了有效的政治支撑，一定意义上讲，政党是这些国家实行主权独立、政治统治、经济改革的前提条件，也就是说，如果没有强有力的政党制度这些国家就不会取得那么大的政治成就和经济成就；从消极的方面看，由于长期的政党统治，使这些国家在政治权力的行使中最后沦为了一种专断权力，而这些专断权力对于推动法治是有阻碍作用的。政党统治使这些国家常常将包括行政法在内的法律仅仅作为政治统治的工具，而不是作为政治统治的价值之一，这点便最终使这些国家的行政法不能够和发达资本主义国家的行政法相提并论。

等，并采取了各种积极措施来具体落实民族平等的基本原则。例如前南斯拉夫社会主义联邦共和国就由波斯尼亚和黑塞哥维那、克罗地亚、马其顿、黑山、塞尔维亚、斯洛文尼亚共6个社会主义共和国组成，这6个共和国基本上代表了前南斯拉夫境内几个主要的民族，除此之外，前南斯拉夫境内还有阿尔巴尼亚族、匈牙利族等。前南斯拉夫社会主义联邦共和国成立之后，在铁托的带领下十分强调维持各民族在地位上的平等和相互关系的和谐，赋予各社会主义共和国高度的自治权，一度在这个民族矛盾一贯激烈的国家实现了民族关系的高度缓和。鉴于各共和国经济发展水平差别很大，铁托认为，这种不平衡加剧了落后地区与发达地区的矛盾，为了消除这种发展水平上的差距甚至实行了所谓"劫富济贫"、"单纯注入资金"等政策。

6. 在国家结构形式上，强调国家政权的统一。我们知道，国家政权的结构形式分成单一制与联邦制两种形态，在东欧国家中有些实行的是单一制的国家结构形式，有些实行的是联邦制的国家结构形式。但是无论实行单一制的国家还是实行联邦制的国家都强调国家政权的统一性。从这个意义上来讲，这些东欧国家的联邦制和一些资本主义国家的联邦制还不是同一意义上的概念。资本主义国家联邦制其各个邦联之间的关系相对松散一些，而东欧国家联邦制其各个邦联之间的关系则相对密切一些。例如美国作为一个典型的资本主义联邦制国家，其各个邦联之间的关系就相对比较松散，各个州都有自己的成文宪法，而且这些宪法产生于不同的年代；州与州之间、州与联邦之间其立法机关、行政机关的组织结构形式不一定一致，如内布拉斯加州的立法议会就仅由一院组成，而联邦和其他州的立法议会则是两院制；州的法律由州的机构来执行，联邦法则由联邦的机构来执行，如州税由州的机构来征收，联邦税由联邦官员，主要是国内税收署的地区专员征收。而作为社会主义国家联邦制国家典型的前南斯拉夫，其各个邦联之间的关系就要密切得多。前南斯拉夫各共和国的立法机关、行政机关在组织结构形式上基本上是一样的，各共和国以及自治省的总的组织结构都是与联邦相对应的，由一个议会、一个主席团和一个执行委员会共同组成，其他机构的组织形式也基本一致，甚至称呼都与联邦相一致。在法律的执行方面，前南斯拉夫各共和国的执行机关既要执行该共和国所制定的相关法律规则，也要毫不犹豫地执行联邦所制定的各项法律规定。

7. 这些国家社会制度的基础都是公民的自由和平等。东欧国家认为，社会制度的基础是公民在作为生产者、创造者的权能上享有自由和平等。公民进行劳动的基本目的是为了满足他们个人的需要和社会的需要，而绝不应当为了其他目的而劳动。以公民自由、平等为基础的社会制度的基本前提是在生产资料社会所有制的结构范围内来理解人们的地位和作用。这样便能真正消除人剥削人的制度，避免剥削制度复活，并且为人民生产和分配人民生产出的劳动产品提供必要的条件。此外，它还能够为经济发展提供社会性的指导、实现劳动者的真正解放。社会制度以公民的自由、平等为基础取代了过去历史所遗留下来的、由于历史条件而形成的人们在生产中的不平等关系和依附关系。公民无论作为个人，还是作为劳动社会的一员，都应当享有基本的人的权利。采取这样的社会制度，可以保障公民能够享有这些基本权利，可以保障其享受自身劳动成果和社会物质进步所带来的好处。从而，可以适用的普遍原则为"各尽所能、按劳分配"。这项原则保证了公民在保证自己的劳动物质基础和社会的物质基础方面能够恪守其应尽的职责。于是，公民既为满足自己的需要、也为满足他人的需要在做贡献。为实现公民的自由和平等，社会主义国家在经济上强调劳动者自我管理生产和企业，鼓励劳动者积极参与到经济和生产管理过程当中来，赋予劳动者监督企业生产经营活动的权利；在社会事务上强调劳动者有权参与各项社会事务的管理，可以通过各种社会组织、群众组织参与社会事务，为社会事务管理贡献自己的力量；在政治上强调劳动者享有各项基本的自由和权利，有权参与国家的各项政治事务，既可以通过民主方式选举自己的代表参政议政，也可以自己通过法定程序被选为公民代表参与国家事务。上述制度为公民履行个人职能与社会职能提供条件，保障了人们在经济上和社会上的自由与平等。

（二）东欧国家的公法思想

1. 宪法。东欧国家几乎都制定了自己的宪法，它们的宪法基本上都是有共性的。东欧国家的宪法并没有确立个人利益与社会利益之间存在着某种等级关系，与之相反，这些国家的宪法认为个人利益与个人利益、个人利益与社会利益之间的矛盾在性质上是一样的。于是宪法通过采取恰当的方式来明确个人的责任范围，以调整不同利益之间的相互依存关系。首先，这些国家的宪法尽可能明确而具体地规定了个人的基本权利和基本义务。通过这种方式实际上赋予个人在社会的、政治的、经济的社会结构中以明确的地位。而且这保证了个人在经济生活领域方面、在从事劳动和创造性的工作方面、在社会保障方面均享有独立与平等，在现有条件下个人能够享有最大限度的自主。其次，这些国家的宪法均赋予人们以广泛的权利。各个国家的宪法基本上都有赋予公民权利的条款，然而，东欧国家宪法在赋予公民权利方面表现出极大的积极性。他们认为，赋予个人以广泛的权利可以尽可能地使其成为掌握自己命运的主人。正是由于赋予了公民广泛的权利，个人才具有了较高的社会地位和经济地位，而这种较高的社会地位和经济地位是实现社会主义民主和个人自由的主要基础。最后，这些国家的宪法尽可能明确地规定了社会机构的职能和公民权利的平等。这些国家认为，宪法对社会机构的职能规定得越具体，社会机构就越能恪守职责而不越权。而公民权利的平等则保证了任何个人不能滥用自由，不能因一个人的自由而阻碍他人的自由与权利，不能妨碍整个社会的共同发展。东欧国家宪法在上述三个方面的努力在宪政制度下为个人在社会、经济、政治和个人权利方面都树立起一种极为牢固的独立地位。

此外，为了保证个人在其权利和义务上能够平等，为了保证人人都尽可能有良好的工作条件，社会主义国家的权力在其职能的一切方面应当具有强而有力的充分能力。但宪法绝不能授予包括最高机关在内的任何社会机构和国家机关为了社会共同利益而专横独断地伤害个人利益的权力。而个人或社会机关如果滥用其权利和自由去伤害他人利益或社会共同利益，则必须承担相应的责任。

2. 法律渊源。有人对前南斯拉夫的法律渊源从总体上作了这样一个评价："就内部组织观念而言，前南斯拉夫作为社会主义国家，乃是一个崭新的国家。所以它的法律代表一种新型的法律和一种崭新的，具有革命性质的法律秩序，从而新旧南斯拉夫之间在政治和宪法上并无连续性可言，尽管作为一个国家在国际法意义上仍保持前南斯拉夫法律的连续性。由于社会主义革命的胜利和新国家的建立，就国家的法律规范和法律秩序已被取代，这方面已由1945年2月3日的《南斯拉夫反法西斯民族解放委员会决定》（《联邦政府公报》1945年第4号）做出首次宣告。随后又为1946年10月20日的《关于1941年4月6日前及敌占期间颁布的法规全部无效法》（《联邦政府公报》1946年第86号）做出此种宣告。此项立法的效力是使1946年4月6日（德国进攻前南斯拉夫之日）以前，在前南斯拉夫境内有效的法律全部宣布无效，废除或中止执行。不过，为了维护法律秩序，并使在新的国家政权来得及制定自己的法律前，避免因此出现法律上的真空状态，仍允许在特定条件下，适用载入1941年4月6日以前的有效法律和规章里的法律条文。对于这一点，在上述立法中亦有规定。适用这些已失效的战前或敌占期间法规的条件是其适用应以不违背《宪法》或其他任何法定规则和前南斯拉夫新的宪法秩序原则为限。它所遵照执行载入战前规章里的法律规范的有效性，并非出于这些规范的本身，而是来自载入1946年10月20日的法律里的授权，且使之相对的合法化。其实，上述条文规定，战前的前南斯拉夫法律规范仍可大量适用，特别是在民法和经济法领域，因为这些领域内尚未全面制定出新的法规。"[1] 这是对前南斯拉夫法律渊源的一个概括。事实上这些国家的法律渊源中最关键的应当是宪法。东欧国家诸法的法律渊源所体现的公法思想可以作出以下概括：

（1）宪法至上的公法思想。这些国家都非常重视宪法制定，而且赋予了宪法非常高的法律地位，将其作为根本法。例如《南斯拉夫社会主义联邦共和国宪法》第206条就规定："共和国宪法和省宪法不得违反南斯拉夫社会主义联邦共和国宪法。一切法律以及社会政治共同体机关的其他条例和一般文件，以及联合劳动组织、其他自治组织和共同体的一般自治文件，必须同南斯拉夫社会主义联邦共和国宪法一致。"[2]

（2）行政机构健全化的公法思想。仍以前南斯拉夫为例，其整个联邦行政机构就非常健全，而且联邦行政机关的设置都是由联邦法规专门规定了的。具体而言，前南斯拉夫社会主义联邦共和国联邦行政管理机关有以下一些：①外交部、国防部、内务部、经济部、交通运输部、农业部、财政部、对外贸易部、劳动和社会保护部、

〔1〕〔德〕托克维·纳普主编：《各国法律制度概况》，高绍先、夏登峻等译，法律出版社2002年版，第1677页。
〔2〕萧榕主编：《世界著名法典选编·宪法卷》，中国民主法制出版社出版1997年版，第665页。

司法部，共 10 个部；②海关行政管理机关、民用航运行政管理机关、无线电行政管理机关，共 3 个行政管理机关；③市场检查署、外汇检查署，共 2 个监察署；④社会计划局、价格居、国际科学局、教育局、文化和技术合作局、统计局、标准化局、专利局、计量与贵金属局、水文气象和地质局，共 9 个联邦局；⑤消费品储备管理处、工业品储备管理处、设于塞萨洛尼亚自由区的前南斯拉夫管理处，共 3 个联邦管理处；⑥立法和经济两个联邦专门委员会以及 6 个与国际组织合作的联邦委员会。这些机关形成了一个严密的体系结构。当然，在联邦行政机关之外还设置了一些隶属于议会的执行机关，前南斯拉夫就设置了联邦执行委员会。从性质上来讲，联邦执行委员会实际上是联邦议会的集体执行机关，它是议会体制的一部分，享有在联邦管辖权限结构范围内的政治——行政权力。

（3）行政法部门化的行政法思想。这些国家将行政法的范围从诸如行政诉讼、行政程序、行政组织等较为典型的行政法规范中拓展至部门行政管理法中。例如，罗马尼亚就有一个非常特别的部门行政法称为经济合同法。[1] 它的主要目的是为了让经济合同更好地适应经济发展的需要，保证能够更有效地实现国家经济与社会发展计划的目标。经济合同法这一部门行政法是由一系列的法令、部长会议决定和行政管理规章所构成的一个单独的部门行政管理法。

（三）东欧诸国行政法理论概说

东欧国家的行政法思想从它的形成过程看是政治机制的产物。在西方一些国家行政法思想的形成通常情况下是沿着两条进路展开的，一个是官方的行政法思想，即是说国家政权机构接受和认可的行政法思想。譬如美国有关控权的行政法思想在它的宪法和宪政制度里面就体现出来了。[2] 另一个是民间的行政法思想，民间的行政法思想是非常复杂的，有些实质上和官方的行政法思想是一个行政法思想，有些实质上是与官方的行政法思想不一致的行政法思想。我们这里所讲的是后者，也就是与官方的行政法思想不一致的行政法思想，譬如在美国也有与控权思想相对立的行政法思想存在于民间。前东欧国家的行政法思想则是非常特别的，在这些国家由于政党和政权体制对国家的高度控制，便使这些国家的出版物等常常是受政府严格控制的，而且基本的思想都受意识形态的制约，所以基本上没有民间的行政法思想。

---

〔1〕 作为罗马尼亚部门行政管理法的经济合同法与我国原《经济合同法》是两个截然不同的概念，已经被废止的《中华人民共和国经济合同法》第 2 条规定："本法适用于平等民事主体的法人、其他经济组织、个体工商户、农村承包经营户相互之间，为实现一定经济目的，明确相互权利义务关系而订立的合同。"而罗马尼亚的经济合同法所称经济合同是为了实施国家经济与社会发展计划而采取的一种手段。

〔2〕 《美利坚合众国宪法》规定了三权分立的基本原则，"本宪法所规定的立法权，全属合众国的国会，国会由一个参议院和一个众议院组成……行政权力赋予美利坚合众国总统……合众国的司法权属于一个最高法院以及由国会随时下令设立的低级法院。"参见萧榕主编：《世界著名法典选编·宪法卷》，中国民主法制出版社 1997 年版，第 9～12 页。

或者换句话说，这些国家的行政法思想走的是民间与官方合一的道路。在学术著作中所体现的行政法思想也基本上是官方文件和法律所规定的治国方略和法律价值。因此对这些国家法律思想的研究紧密结合其法律制度、法律典则、法律规范等便是一个非常简捷的路径，这些国家的行政法思想我们可以从总体上作出下列概括：

1. 行政法思想的形式主要体现在政府文件和法律规范中。正如前面所提到的，东欧国家的行政法思想有一个重要的特点就是官方的行政法思想与民间的行政法思想合一，除了官方的行政法思想基本上民间没有与官方不一致的行政法思想。而官方的行政法思想最集中的体现就是各种政府文件和法律规范。因此，东欧国家各种政府文件（尤其是各种重要的政府文件）以及有关行政管理的法律、法令、部长会议决议和其他法律性文件，甚至共产主义政党的各种决议、共产主义政党与政府联合发布的决议和文件就成为集中体现其行政法思想的重要载体。

2. 这些国家的行政法思想是马克思主义国家观的组成部分。国家在马克思主义的理论中是阶级统治的工具，而法律在这些国家中往往是国家机器的组成部分。正如联合国教科文组织所作的一个评价："法是国家强制的一种工具。作为工具，其内容是表达统治阶级的意志。这种意志，不是难以确定的，而是由一定社会生活的物质条件所决定的。这就是马克思列宁主义的法律观念的出发点。由此可见，从方法论和认识论的观点而论，法作为科学认识的对象，不是什么独立的东西；只有在社会现实和司法现实双方的相互作用之中方可认识：就是要通过对决定法的社会条件的人士以及通过法对社会的反作用的认识。"[1]　同时，法仅仅是国家机器的延伸。那么申而论之，在这些国家法基本上没有独立的价值，它是国家价值的组成部分。所以我们如果能够深入领会东欧国家的国家价值，我们也就能够领会它的法律价值和行政法价值。

3. 这些国家的行政法是由国家计划产生的，所以它的行政法思想基本上是行政管理法思想。例如其将经济管理、文化管理、社会管理等的管理规则都归到部门行政法之中，这与西方国家形成巨大反差。在西方国家，或者说在有些西方国家，政府行政管理过程中运用的规则并不一定是行政法的构成部分，而东欧国家清一色的将部门管理的规则划归为行政法。

4. 在行政法概念中有法和行政两个可以拆开的词语，但是这两个词语的关系在不同类型的国家处理方式却是不一样的。在现代法治发达国家，法和行政的关系中行政是法的附属物，法是行政的源泉。因为有学者将法视为是对国家意志的表达，将行政是为是对国家意志的执行。在这些学者眼里，行政是法的产物，同时行政必须受到法律的控制和约束。在东欧国家则是另一种处理方式，在行政与法的关系中行政是主词，法是行政的副词。因为行政机关的行政权是国家政治生活的核心，法

---

〔1〕　联合国教科文组织编：《当代学术通观·人文科学卷》（下），周昌忠等译，世纪出版集团、上海人民出版社 2004 年版，第 639 页。

律规范只是行政机关进行管理的工具，因此行政法实际上是行政机关在行政管理过程中对社会进行规范的一个手段。

二、东欧诸国行政法思想的分别考察

（一）前南斯拉夫

前南斯拉夫社会主义联邦共和国是一个联邦制的社会主义国家，它由6个社会主义共和国自愿联合而成，这六个社会主义共和国分别是波斯尼亚和黑塞哥维那、克罗地亚、马其顿、黑山、塞尔维亚和斯洛文尼亚。此外，在前南斯拉夫还有两个自治省，即伏伊伏丁那和科索沃，它们是塞尔维亚共和国的组成部分。第二次世界大战结束之后，南斯拉夫在约瑟普·布罗兹·铁托的领导下成为一个独立的社会主义国家。一开始，由于对社会主义制度的热切向往，南斯拉夫几乎照搬了前苏联的一整套制度，但是经过一段时间之后，铁托发现前苏联的社会主义制度并非完美无缺，而且有不少不适应南斯拉夫国情的地方。于是开始探讨更加符合本国国情的社会主义制度，并取得了非常好的效果。因此，前南斯拉夫的社会主义制度与前苏联相比有很多很有特色的地方，反映在行政法上，前南斯拉夫社会主义联邦共和国的行政法理论也颇具特色，在前苏联、东欧社会主义国家当中可谓独树一帜。下面笔者将着重介绍前南斯拉夫行政法理论的特色之处。

1. 行政组织法相关理论。前南斯拉夫是一个社会主义和民主的共同体，其权力来自劳动者，并建立在自治原则基础上。自治原则是前南斯拉夫行政法的一个十分重要的理论基础。为切实落实自治原则，前南斯拉夫将全国划分成若干社会经济共同体，这些共同体包括联邦、各社会主义共和国、自治省以及社区。每个共同体都拥有独立的政府和行政管理的权力，由公民和劳动者代表组成议会代表共同体行使权力。与西方国家的议会不同的是，前南斯拉夫各社会经济共同体的议会并非是一个单独的立法机关，而是该共同体的最高行政管理机关，也是自治机关。议会的权力包括以下几点：一则，单独决定社会经济共同体的各项相关政策以及共同体的政治、经济、文化和社会生活中的重大基本事项；二则，通过规章、社会计划、预算以及其他一般性的法令；三则，制定有关决定行政管理体制的组织结构及其机构权限的法规；四则，根据所制定的法规选出公职人员并监督日常的行政管理工作；五则，讨论有关司法机关因合法行使职能而产生的问题；六则，对预算及行政机关和社会各个部门的工作行使监督权。可见，前南斯拉夫各社会经济共同体的议会行使着共同体内部的广泛权力，几乎囊括了基本的立法、行政、监督等多项权能。

这样的行政管理机关与传统意义上的行政管理机关有着很大的不同。它更多地是为了实现自治政府的理想而设立的一种高度自治的行政组织。这样的行政组织形式在前南斯拉夫被认为是一种创举，他们认为，社会经济共同体的议会结构是旨在有利于按照生产和劳动的原则来逐步取代传统的政治代议制，亦适用于自上而下的组建各级社会代表制度。可以说，共同体的议会是前南斯拉夫社会制度和宪政制度上具有重大意义的成就之一。它决定了前南斯拉夫的宪政制度是一种直接民主和自治的体制，而不是一种代议机关的体制。值得注意的是，与前苏联的行政组织法理论相比，前南斯拉夫有关共同体议会的行政组织理论更接近于马克思对社会主义国家行政机关的有关设想。比如前南斯拉夫规定，担任特定公职人员的人每届任期 4 年，任何人不得超过两次连任为同一职位公职人员，这保证了公职人员能够经常予以调整，公民能够尽可能广泛地参与担任公职，这与马克思在《法兰西内战》中所主张的工人代表轮流担任公职的做法十分接近。

2. 经济管理行政法相关理论。我们知道，社会主义国家有关经济行政管理的相关法律被视为是行政法的重要组成部分，前南斯拉夫有关经济管理的行政法也在其整个行政法中占有很大一部分。与前苏联和其他东欧国家相比，前南斯拉夫在经济管理过程中强调工人自我管理企业，其经济管理行政法理论紧紧围绕工人自我管理而展开。1950 年 7 月 2 日，《工人集体管理国家企业和高级经济社团基本法》开始实施，此后前南斯拉夫逐渐停止了国家直接干预企业活动的做法，企业不再属于国家，也不再被称为是国营企业。根据前南斯拉夫经济管理行政法理论，企业管理应当完全转交到工人集体手里，国家只能采用专门立法的方式，并在总政策的框架范围内干预企业活动。工人集体有权决定企业产品的品种和范围，确定产品价格，分配劳动所得，制定投资方针，决定工资的支付。按照有关自我管理规章的规定，企业的总管理人为主任，主任代表企业法人以企业的名义与其他法人订立合同。除了主任以外，企业还有工人委员会、理事会两个集体管理机构。其中工人委员会是企业最高管理机关，决定有关企业的一切重大经营事项，如拟定企业章程、制定有关收益分配规章、规划企业未来方针、在公开招聘主任的申请者中选任主任等。理事会是由工人委员会选出的 15 名以上的理事所组成，主任为理事会当然的成员，但不得当选为理事会的主席。理事会是企业日常管理机关，它监督、决定企业管理中的日常事务。

从前南斯拉夫经济行政管理规则可以看出，前南斯拉夫以行政法的形式规定了整个国家的相关企业制度，这是继承了社会主义国家以行政法来规定企业运作的论点。但前南斯拉夫这种强调高度自治的经济管理规则又与其他社会主义国家有着很大区别。其工人委员会、理事会、主任的企业自我管理模式，在一定程度上借鉴了西方国家的现代企业管理制度，又坚持了企业国有、工人当家做主的社会主义理想。按照前南斯拉夫的经济管理理论，工人自我管理旨在让工人自己行使工人的权利，而不需让其他人代表工人行使权利，也就是说，与生产、工作有关的一切事物都应当由作为直接生产者的工人来进行决定，无须通过任何中间人（包括任何个人或国家管理机关）为之。可以说，这样的经济管理行政法理论是相当有特点的，它在一定程度上是将政治上的直接民主原则引申到经济行政管理中的结果。

3. 计划管理行政法相关理论。制定和执行经济、社会发展计划是社会主义国家行政管理过程中一个十分重要的组成部分，前南斯拉夫也不例外。可以说，计划工作是其社会、经济管理中的一个主要特征。在前南斯拉夫实施工人自我管理制度之前，其计划工作与前苏联和其他东欧社会主义国家十分相似，都是详细规定具体的生产任务和分配方式的一种精确的社会经济管理方法。在采用工人自我管理制度之后，这种情况发生了一定的变化，前南斯拉夫有关计划工作的行政法思想表现出与其他社会主义国家的一些不同之处。1970 年 6 月 26 日前南斯拉夫《联邦政府公报》1970 年第 28 号公布了《社会计划法》，1976 年新的《南斯拉夫社会计划体制基础和社会计划法》取代了旧法，这两部法律反映了前南斯拉夫有关计划工作的行政法思想，其中有特色的观点主要有三：

（1）制订社会计划的主体广泛，企业本身拟订自己的计划。我们知道，在前苏联以及其他东欧社会主义国家，制订社会经济发展计划的主体主要是各级国家权力机关和行政机关，与企业有关的经济计划和指标也是由国家机关具体确定并下发到各企业的。前南斯拉夫的计划工作则强调各种社会主体的自己参与，以自治组织和共同体计划为例，有权利和义务制订自治组织和共同体计划的主体就包括联合劳动基层组织，联合劳动组织和联合劳动复合组织；联合劳动组织共同体和其他形式的联合劳动的联合组织以及其他形式的其他自治组织和共同体；银行；财产和人寿保险共同体以及其他财政组织；联合劳动组织中的劳动共同体，业务联合会组织中的劳动共同体，财产和人寿保险共同体以及银行中的劳动共同体；自治利益共同体；他方共同体；联合劳动合同组织；农业合作社和其他合作社以及法所规定的其他形式的劳动人民的联合和合作（这些联合和协作形式同联合其劳动的劳动者一起从事农业和手工业等活动，使用公民所有的劳动资料）。可见，企业不再是国家社会、经济发展的被动接受者，而是有权利和义务制订自身计划的主人。具体而言，包括企业在内的联合劳动基层组织和其他联合劳动组织，其计划由工人委员会通过。工人委员会则必须根据大多数工人预先通过的意见，按照法和章程规定的方式通过联合劳动基层组织和其他联合劳动组织的计划。

（2）计划的执行不具有法律上的强制性效力。在前苏联和其他东欧社会主义国家，国家社会经济发展计划要么直接被视为是具有法律效力的文件，要么其具体内容和指标以法或法规的方式被确定下来，于是国家社会经济发展计划便具有了法律上的强制执行效力。司徒节尼金就曾说过："国民经济计划是苏维埃国家不可变易的法律。"前南斯拉夫尽管专门制定了《南斯拉夫社会计划体制基础和社会计划法》，却并未赋予各项计划以强制执行的效力。根据前南斯拉夫相关法律，联邦执行委员会、共和国和自治省执行委员会、联合劳动组织、其他自治组织和共同体的管理机构等都要在各自的权利和职责范围内负责计划所确定的共同利益和目标，并采取有效措施促进计划的执行工作。尽管如此，如果因为各种原因无法达成既定计划，也应当按照一定的程序对计划进行修改、调整，无须强制执行。以自治组织自治共同体和社会政治共同体所制订的计划为例，自治组织和共同体的管理机构以及社会政治共同体的主管机构负责注意观察计划的实施情况和履行自治组织和共同体计划基础自治协议中的义务以及社会政治共同体计划基础契约中的义务情况。一旦计划未能得以实施，或者这些计划基础自治协议和契约中的义务没得到履行，上述机构应当立即分析其原因，并在自己的权利和职责范围内采取被授权采取的措施和应为实施计划和履行所承担的义务建议要通过的措施。如果上述机构经过分析，认为计划不能实现，自治组织和共同体的授权机构以及社会政治共同体议会的执行机构要向通过计划的机构建议修改和补充计划。

（3）计划工作的主要目的是为了协调生产与分配的基本关系。前苏联和其他东欧社会主义国家在国家管理当中采用计划管理的方式有着多重目的。在他们看来，计划管理是国家对国民经济各过程和社会发展方向实行有意识的领导，通过这种领导可以促进国民经济发展、提高劳动群众的物质文化水准、加强国防能力、巩固社会主义国家的独立和发展，从而完成社会主义建设并逐步从社会主义社会过渡到共产主义社会。前南斯拉夫的计划工作尽管也有着这样或那样的目的考虑，但最主要的目的还是为了协调生产与分配的基本关系。因为前南斯拉夫在经济生活中强调工人自我管理，与其他社会主义国家相比在经济生活中政府干预得比较少，各个企业及其他经济组织的生产、分配基本上都由这些企业和组织的劳动者来决定的。这样做尽管从客观上刺激了劳动者的劳动积极性，增强了企业活力，但是也存在一定的问题。根据马克思的相关理论，社会化大生产客观上要求整个社会在生产与分配方面要进行相应的协调，否则就会出现供求不平衡的现象，甚至出现一定的危机。为此，前南斯拉夫相关理论认为，为了对整个社会的再生产和联合劳动的条件、资金和成果进行经济监督和社会监督，为了协调整个社会再生产和某些部分其中的经济、社会和物质比例的发展关系，克服市场自发作用，克服发展中劳动条件和取得收入方面的不平衡性，必须采取相应的措施来协调整个国家各层级、各部门、各方面的生产、分配等各种关系。而计划工作就是一种十分重要的协调措施。

4. 有关行政诉讼的行政法思想。前南斯拉夫是较早制定行政诉讼法的社会主义国家，早在 1952 年，前南斯拉夫联邦议会就通过了该国第一部《行政诉讼法》，确立了司法机关对行政权的监督制度。后经数次修改、补充，1977 年 1 月 14 日公布的《南斯拉夫行政诉讼法》是该国最后一部行政诉讼法。前南斯拉夫的行政诉讼制度经过近半个世纪的不断修正与实践，发展成一套相当成熟完善的法律制度，通过它我们可以看出前南斯拉夫行政法思想有很多值得借鉴的地方。

（1）申诉前置的行政法思想。我们知道，绝大多数国家行政法都规定了对行政相对人的各种救济措施，其中最主要的救济方式有三种，即行政复议（或称行政复核、复查、申诉）、行政诉讼、国家赔偿。行政复议与行政诉讼如何协调、衔接就成为各国行政法上一个十分重要的问题。综观各个国家的行政法制度，大体上有几种处理模式，有复议前置的处理模式，有复议与诉讼可供当事人选择的处理模式，有复议前置为原则、当事人选择为例外的处理模式，有当事人选择为原则、复议前置为例外的处理模式，等等。前南斯拉夫在这一问题上选择了申诉前置的处理模式，也就是说，当事人如果对行政机关的行政行为不服，应当首先向第二级管理机关提出申诉，只有申诉无门、逾期不作决定或对申诉结果仍然不服的，才能向有管辖权的法院提起行政诉讼。具体情况有三种：①当事人对第二级管理机关就申诉所作裁决仍然不服的，可以向有管辖权的法院提起行政诉讼；②当事人对行政程序中无处申诉的第一级管理机关所作的第一次行政文件不服的，[1] 可以向有管辖权的法院提起行政诉讼；③当事人向第二级管理机关提出申诉，但主管机关对当事人的要求或申诉不按时制定出相应的行政文件的，可以向有管辖权的人民法院提起行政诉讼。

（2）行政诉讼的原告范围广泛。哪些人可以作为行政诉讼的原告是行政诉讼法必须解决的一个问题。就各国的情况而论，其行政诉讼法所规定的原告范围不尽相同，有些国家规定的原告范围要广泛一些，有些国家规定的原告范围则相对狭窄一些。但是出于对行政相对人利益、社会公共利益进行有效保护的出发点，一个总体的趋势是各国行政诉讼法所规定的原告范围越来越广泛，限制越来越少。这反映出行政诉讼法朝着有利于保护行政相对人合法权益的方向发展的总趋势。《南斯拉夫行政诉讼法》尽管最后一次修正于 20 世纪 70 年代，但是也充分注意到了对行政相对人权益的有效保护。该法所规定的原告范围相当广泛，它包括公民、法人、国家机关、公设律师、社会自治律师、工会、享有法人资格的社会组织、检察院和法律授权的其他国家机关等。例如，当社会政治共同体的机关或组织对某一行政事务做出了第一次决定后，而其他社会政治共同体的机关或组织根据对该文件的申述又作出裁决时，作出第一次决定的共同体机关或组织如认为其自治权利受到申诉裁决文件侵犯的，就可以对该裁决文件提起行政诉讼，从而赋予了社会政治共同体或组织这样的国家机关以原告资格。

（3）诉讼裁判应得到有力执行的行政法思想。前南斯拉夫的行政诉讼法十分重视对生效裁判的执行，他们认为，如果一项生效的行政裁判不能得到有效执行，就无法真正体现行政诉讼的价值。为此，《南斯拉夫行政诉讼法》规定了强而有力的执行措施，对于法院所作出的撤销判决，主管机关应当负责将行政文件所针对的客体恢复到被撤销文件制定之前的状态。如果法院判决重新制定行政文件的，被告应在判决生效之日起 30 日内重新制定文件。若原告不执行法院判决，被告可强制执行；若被告不执行，原告可要求法院通知被告履行。自法院通知被告之日起 7 日内被告仍不执行的，法院可以代替被告作出行政文件，由管辖执行的机关负责执行并向法院提交报告。法院直接代替被告作出行政文件的执行方式是一种相当强势的执行方式，在各国的行政诉讼执行制度中并不多见。这一方式可以说有力地保证了前南斯拉夫行政诉讼的结果能够得到有效执行。当然，对于这种执行方式也是存在争议的，有不少人就提出这一做法有司法干涉行政之嫌。但这一点也确实是前南斯拉

---

[1] 《南斯拉夫行政诉讼法》中的"行政文件"，是一个特指的概念，它相当于我国行政法上的具体行政行为。

夫行政诉讼法上一个很有特色的行政法思想。

（4）一审终审为原则，上诉和非常法律手段相结合的行政法思想。前南斯拉夫行政诉讼法实行一审终审为原则，上诉和非常法律手段相结合的审级制度。我们知道，行政诉讼是否可以上诉、可以由法院审理几次是行政诉讼法上一个十分重要的制度，不同的审级制度会影响到当事人权利、行政诉讼审判资源的分配、行政诉讼效率等多方面的问题。一般地讲，行政诉讼的审级制度所规定的审级越多，越有利于充分查明行政诉讼案件，保护当事人的合法权利，减少错判误判的概率，但同时审级太多也会消耗大量的司法审判资源，降低审判工作的效率；反之，行政诉讼的审级制度所规定的审级越少，其所消耗的司法审判资源就相应越少，提高审判工作的效率，但是，审级过少减少了对错误判决进行纠正的机会，不利于对当事人合法权利进行充分保护。尽管世界各国的行政诉讼审级制度各不相同，但都是在考虑本国国情的前提下综合衡量审级数量的各种利弊基础上而进行确定的。前南斯拉夫也不例外，其一审终审为原则，上诉和非常法律手段相结合的行政诉讼审级制度既考虑到提高审判工作效率的一面，又考虑到了保护当事人合法权利的一面。然而，前南斯拉夫行政诉讼审级制度又有自己的特点。就上诉而言，只有在有明确法律依据的条件下，当事人才能向上一级法院提起上诉，要求重新审理。就非常法律手段而言，前南斯拉夫行政诉讼法上的非常法律保护手段主要有三种，分别是提起特别再审、提起维护法制要求、提起复审程序。这些非常法律保护手段比较繁复，以提起维护法制要求为例，它主要是检察院作为法律监督机关认为法院的生效判决违反了社会利益、国家利益，向有关法院提出指责，从而让法院复查原法院判决的一种制度。

（二）罗马尼亚

罗马尼亚社会主义共和国位于欧洲东南部，巴尔干半岛北端，主要居住着罗马尼亚族、匈牙利族、日尔曼族等民族的人。作为一个社会主义共和国，国家权力属于人民，其政权是以产业工人作为国家的领导阶级，农民、知识分子和其他劳动者在社会主义建设事业中密切进行合作为基础的。罗马尼亚是一个单一制国家，行政区划分为县、市、乡三级，外加一个经立法赋予自治市地位的自治市。首都布加勒斯特被划分为9个区。罗马尼亚社会主义共和国的行政法思想在很大程度上吸收了前苏联的行政法理论，在部门行政管理法方面，也有一些比较有特色的法律，这些法律反映出罗马尼亚行政法思想的独特之处。下面笔者详细介绍罗马尼亚社会主义共和国的行政法思想。

1. 关于行政组织的行政法思想。作为一个社会主义国家，罗马尼亚实行议行合一的政治制度。大国民议会和国务委员会是罗马尼亚的最高国家权力机关，后者是前者的常设机构。大国民议会作为国家最高政治机关和惟一的立法机关行使国家最高权力，国家一切行政机关均要向大国民议会负责并受其监督。按照罗马尼亚社会主义共和国有关行政组织的行政法观点，行政机关分为中央行政机关与地方行政机关两类。其中中央行政机关又分为部长会议、各个部、各中央行政管理机关。部长会议是罗马尼亚最高行政机关，它由依法设置的、并经大国民议会选举的部长会议主席、第一副主席、副主席、各部部长以及其他中央行政管理机关的首长组成。它的主要职能是领导并监督全国所有的一切行政机关，特别是决定为实现有关国家对内与对外的政策，以及使法律得到遵守所必须采取的一般性措施。在履行职责时它可以颁布具有约束性质的单项决定。各个部是罗马尼亚国家权力的中央执行机关，除了各个部之外，还有各个中央行政管理机关。其中有一些中央行政管理机关行使特别行政部门的职能，有一些中央行政管理机关则担负特殊的职责，例如国家计划委员会、国家文化艺术委员会等就属于后一种中央行政管理机关。各个部和各个中央行政管理机关的负责人都可以颁发具有约束力的一般性或者单向性决定。地方行政机关在其辖区范围内负责执行法规和中央与地方国家权力机关制定的具有约束力的法令、决定，它们拟订、通过并执行地方财政预算和计划，并可办法具有约束力的一般性或单向性决定。[1]

2. 关于计划工作的行政法思想。罗马尼亚十分注重制定和执行经济和社会发展计划工作，并针对这项工作制定了多部法律和法令，其中有代表性的法律有《罗马尼亚经济和社会发展计划法》、《罗马尼亚经济和社会发展最高委员会组织法》、《罗马尼亚经济社会组织委员会法》。纵观这几部法律，可以看出罗马尼亚关于计划工作的行政法思想主要有以下五个方面的特点：

（1）计划管理的原则性。罗马尼亚计划管理工作的主要目的在于落实罗马尼亚共产党关于建设全面发展的社会主义社会和创造条件逐步向共产主义过渡的政策所提出的各项目标和手段，提高生产力、增加国民收入、增进人民福利。围绕上述目的，罗马尼亚相关法律十分明确地提出了发展经济和社会的计划管理工作应当坚定不移地贯彻六条基本原则，即在坚持运用和不断完善民主集中制的条件下，把工人自治和企业的财经独立核算与整个经济和社会活动的计划管理有机结合起来；贯彻集体劳动和集体管理的原则，保证广大劳动人民能参加讨论和参与各项管理并作出决策；应当使包括各个社会活动部门的行政计划、部门计划和地区计划有机地结合起来；计划工作从经济、社会文化和地方行政的基层单位开始，为了使这些基层单位的计划、建设，符合国民经济总的平衡，各级应编制方向性指标和计划标准；经济计划建立在合同的基础上，根据国家经济和社会发展计划的各项目标，适当地利用物质刺激制度，以及财经和价格杠杆；通过把现行计划，长期规划和经济预测同五年计划以及年度计划有机地结合起来，使所有社会主义单位的日常活动都符合经济和社会发展的未来趋势，符合为贯彻罗马尼亚共产党总政策而进行的共同努力。纵观罗马尼亚关于计划管理工作的所有法律规范，都是紧紧围绕这六条基本原则而

---

〔1〕 ［德］托克维·纳普主编：《各国法律制度概况》，高绍先、夏登峻等译，法律出版社2002年版，第1201～1202页。

展开的。可以说，基本原则的确定为整个计划管理行政法制度指明了方向，具有原则性指导意义。

（2）计划管理的全面性。为更好地为整个国家的经济和社会发展指明方向，罗马尼亚行政法十分强调计划管理的全面性，可以说，整个罗马尼亚的计划管理工作已经覆盖到国家经济生活、社会生活的方方面面。根据《罗马尼亚经济和社会发展计划法》第三章的篇目结构，整个罗马尼亚的经济和社会发展计划被分为 12 个具体的领域。它们是工业的计划工作，农业的计划工作，交通运输和邮电的计划工作，投资和建筑活动的计划工作，物资技术供应的计划工作，发展外贸、国际经济和科技合作的计划工作，科研、发展工艺、采用先进技术和提高生产质量的计划工作，教育、培训和使用劳动力的计划工作，国民经济各部门和各行业的计划工作，经济和社会发展的地区计划工作，提高人民生活水平的计划工作，财政的计划工作。每一具体的领域又对应着诸多计划内容。通过这 12 项计划工作的概括，基本上已经覆盖了国家管理工作可能涉及的大的方面，将计划工作充分地融入到各项国家管理工作当中去。

（3）计划管理的精确性。由于罗马尼亚对计划管理工作非常重视，将它视为是涉及国家经济、社会发展各个方面的重要管理手段，因此十分强调计划管理的精确性。也就是说，无论是制定国家经济、社会发展计划，还是执行各项计划，都应当尽量做到精确、具体，尽量用数据、标准和各种量表来说话，尽量照顾到经济生活和社会生活中的一切细节。而不能随意地进行一个大概的定性估计了事。譬如，《罗马尼亚经济和社会发展计划法》第 9 条就规定："五年计划和年度计划从数量上和质量上规定的具体项目和任务，以及为这些项目而规定调拨的资金，都应按统一的指标、标准和定额体系来表示，并根据科学管理经济社会活动的需要不断地予以完善。指标、标准和定额体系，必须能够保证准确地计算工作量、拨款和所提供资金应取得的经济效果，应该准确地表示每个社会主义单位对增加国民收入和发展国家的经济和社会所作的贡献。在指标体系中，表示生产活动数量的基本指标是净产值和产品实物量指标；用产品实物量来确定原材料、燃料、动力、消耗品、机床、机器、设备、零配件以及发展经济所需要的其他产品和劳务的数量。产品实物量指标被用来确定生产任务、劳动生产率、投资、出口、进口和市场供应，以及促进技术进步的任务。"[1] 类似这样的规定罗马尼亚相关法律里面还有很多。

（4）计划管理的科学性。鉴于计划管理工作在国家管理中的重要地位，罗马尼亚在多部法律、法令以及罗马尼亚共产党的决议之中都高度强调要采用科学的方法来制订、执行计划，以确保国家经济和社会发展计划能够制订得比较科学，并用科学的管理方法来进行计划管理。一方面，罗马尼亚强调用现代、科学的方法来进行

---

[1]　国家计委经济条法办公室计划法参考资料编辑小组编：《外国计划法参考资料选编》，法律出版社
1982 年版，第 27 页。

分析和决策。提出计划管理必须建立在严格的经济和社会统计的基础上，要有一整套科学的经济、社会情报系统，从而能够客观地认识现实和社会的进程与现象。有效的计划管理是建立在认清形势的基础上的，要客观地认识清楚不同时期的具体情况和社会发展趋势并不是一件容易的事情，必须借助于各种现代化的科学方法来进行调查、分析、研究和决策。只有这样，才能尽可能保证计划管理科学合理。另一方面，罗马尼亚强调从下至上地制订计划、从上至下地协调计划。计划的制订和执行必须紧紧依托各种社会主体、经济主体，不能由上级拍脑袋想出来。为了更科学地进行计划管理，一种有效的手段就是从下至上地制订计划、从上至下地协调计划。基层经济单位和基层地区行政单位是最了解社会经济实际情况、掌握第一手资料最多的主体。由他们开始来制订计划，逐级上报，上一级又在下一级所反映情况的基础上来制订更高一级的计划，这样制订出来的计划就能充分反映出整个社会的基本情况。计划又必须符合整个国民经济总的速度和比例，这就需要国家对各级各地的计划进行总体上的协调。从上至下地协调计划就是为了让各个部门、各个地区能够服从大局、相互合作。

（5）计划管理的组织性。所谓计划管理的组织性是指计划管理工作有明确、有力的组织保障，法律规定了各种具体的组织机构来从事计划管理工作。罗马尼亚的计划管理工作有很强的组织性，从专门从事计划管理工作的组织机构来看，除了作为中央行政管理机关的国家计划委员会之外，还专门制订了《罗马尼亚经济和社会发展最高委员会组织法》与《罗马尼亚经济社会组织委员会法》两部法律设置了罗马尼亚经济和社会发展最高委员会和罗马尼亚经济社会组织委员会来负责协助制订与实施各项经济社会计划。根据上述两部法律的规定，经济和社会发展最高委员会与经济社会组织委员会既是党的机关又是国家的机关，在罗马尼亚共产党中央委员会和国务委员会的直接领导下组成并开展工作。它们的职能、机构和工作也都在这两部法律当中得到了明确具体的规定。多个机构相互协作管理计划工作从行政组织的角度说明了罗马尼亚对计划管理工作的重视和保障。

3. 关于经济合同的行政法思想。罗马尼亚社会主义共和国法律上的经济合同这一概念是一个特指的概念，与我国原《经济合同法》上所称"经济合同"是两个完全不同的概念，与一般民法上所称合同也不是同一概念。我们知道，一般民法上所称合同是指平等主体的自然人、法人、其他组织之间设立、变更、终止民事权利义务关系的协议。而罗马尼亚法律上的经济合同是社会主义组织以计划为根据，并为具体执行计划而签订的一种协议。可见，这里的经济合同完全是围绕计划的执行而展开的，订立和履行经济合同都是为了实施国家经济和社会发展计划。从这个角度来讲，有关经济合同的行政法思想实际上也是有关计划管理工作行政法思想的一个组成部分。只是因为罗马尼亚特别重视对经济合同进行法律规制，在经济合同方面形成了很多十分有特色、相对独立的行政法观点，所以笔者特地把它单列出来进行论述。

根据罗马尼亚有关经济合同的行政法观点，经济合同分为"计划合同"和"调节合同"两类。如果某一经济合同的签订和履行是因为国家经济和社会发展计划的指令向相关社会主义组织下达了任务，根据计划指令所下达的命令有关社会主义组织必须完成特定的任务，于是他们在计划指令所规定的时限内签订并履行合同，这样的经济合同就被称为"计划合同"。如果某份经济合同的签订和执行不是由计划指令强制决定的，而只是社会主义组织在仅规定了综合性指标的国家计划相关部分的指导下，自行决定所要完成的任务，自愿签订合同，这样的经济合同就被称为"调节合同"。显然，与"计划合同"相比，"调节合同"的当事人具有更高程度的自主性和自愿性，更加能够发挥经济合同当事人的主动性和积极性。正因为如此，到了后期罗马尼亚国民经济生活中的"调节合同"越来越多，"计划合同"相对减少，而且"调节合同"比"计划合同"发挥着更大的作用。然而，无论是"计划合同"还是"调节合同"，都是为了实施国家经济与社会发展计划而采取的一种手段。从本质上讲，它们更多地体现出行政关系的属性而不是民事关系的属性。罗马尼亚有关经济合同的法律、法令也证明了这一点，该国对于经济合同的法律规定更多地是以行政管理法的形式出现的，规定的也更多的是经济合同中所涉及的行政管理关系而非民事关系。譬如，社会主义组织之间如果因为经济合同的签订与履行发生争议，该争议必须以国家公断的方式来进行解决。即在作为争议当事人的社会主义组织的经理参加下，由一名国家公断人来进行裁决。公断是强制性的，如果当事人缺席，公断人可以自行作出裁决。此项裁决不但是终局性裁决而且还可以强制。

（三）匈牙利

匈牙利人民共和国是一个单一制的社会主义国家，整个国家划分为乡、镇、市、区和州几级行政单位，其中首都布达佩斯市相当于一个州的地位。根据《匈牙利人民共和国宪法》，匈牙利社会主义工人党是全国惟一重要的政党。但是与前苏联、其他东欧社会主义国家不同的是，匈牙利宪法强调党、政在一定程度上分离，党与国家机关体系并不结为一体，党的决议也不具有法律约束力。匈牙利社会主义工人党主要通过向人民、国家机关及人民群众组织提出建议、进行说服的方式来发挥其政治体制核心力量的作用。匈牙利社会主义政党这种主要通过柔性措施发挥影响作用的领导方式也间接影响到了匈牙利整个国家生活的方方面面，具体而言，匈牙利社会主义政党所制定、实施的相关政策相对来说较为灵活、务实，整个国家的政权运作和法律制度也相对宽松、灵活一些。这一点在匈牙利行政法相关理论上也有所体现，下面笔者就从三个方面介绍一下匈牙利人民共和国的行政法思想：

1. 有关行政组织的行政法思想。匈牙利人民共和国是一个议行合一的社会主义国家，最高国家机关是国民议会和匈牙利人民共和国主席团，后者是前者的常设代表机构。国家政府是部长会议，由国民议会根据主席团的提议选出。政府领导全国的行政机关，可以对国家行政机关权力范围之内的任何事项采取直接行动；可以建立新的行政机关；可以撤销、纠正国家行政机关的任何行为；领导各个政府委员会并监督各个政府委员会的活动和法；任命绝大多数高级文职人员；可就内政、外交、国防方面的问题进行决策；其一切命令和决议对于各行政部门部长均有约束力。政府之下有各个部和赋予全国性权限的行政机关两大类中央行政机关，各个地方也有相应的地方行政机关。匈牙利人民共和国较有特色的行政组织安排体现在它的人民监察机关方面，人民监察机关是匈牙利专门负责监察工作的机关。它的产生方式比较特别，中央人民监察委员会是由匈牙利人民共和国主席团选举产生的，地方各监察委员会则由各地的权力机关选举产生的。无论是中央人民监察委员会还是地方各监察委员会，都对权力机关和行政机关双重机关负责：中央人民监察委员会受部长会议领导和监督，对部长会议和主席团双重机关负责；地方各监察委员会受中央人民监察委员会领导和监督，对中央人民监察委员会和地方权力机关双重机关负责。人民监察委员会除少量专职行政人员外，大部分人员是其所聘请的协助其工作的人民监察员，它也可以委托其他国家机关和人民群众组织代为履行职能。可见，匈牙利的各级人民监察委员会是一个比较特殊的国家机关，从性质上来讲，它更接近于行政机关的性质，因为它的上级领导和监督机关是部长会议和上一级监察委员会，这与行政机关的领导体制更加接近一些。

2. 有关经济组织管理的行政法思想。匈牙利人民共和国的生产资料为国家、合作社、其他工人和农民组织的社团法人所有，因此该国有关经济组织管理的行政法思想主要体现在对国营企业和合作社组织进行规范的行政法之中。有关国营企业经济组织的国家管理主要是通过宪法、行政法有关规定来进行法律调控的。与罗马尼亚、前苏联等社会主义国家对经济组织进行管理的法律制度相比，匈牙利的相关法律制度相对比较宽松，其国营企业享有更多的经营自主权；然而与前南斯拉夫对经济组织进行管理的法律制度相比，匈牙利的相关法律制度又相对要严格一些，其国营企业没有前南斯拉夫基层劳动组织那样的自治权。这是与匈牙利社会主义政党和匈牙利国家机关对经济管理的基本设想和要求相一致的。

就国营企业的设立而言，是由行政管理机关来决定的。国营企业可由政府（也就是部长会议）设立，可经财政部长批准，由政府各部门和被赋予全国性权限的行政机关的首长来设立，还可经财政部长批准，由地方议会的执行委员会来设立。就国营企业的人事任免而言，其主要高级职员为经理或总经理，经历、副经理均由有关政府部门任免或由地方议会的执行委员会任免，但在任命之前相应机关应当征求工会意见。就企业的内部管理制度而言，主要实行厂长经理负责、工人集体参与管理的制度。厂长经理负责与工人集体参与管理相辅相成、互为协调。厂长经理主要负责决定企业的生产、商品流通、企业发展等事项，而工人集体参与管理则主要通过工会来进行。工会负责保护广大工人群众的利益，可以监督企业的各项活动和决策，在某些问题上工会可以否决企业的决定，在某些问题上可以提出自己的意见。此外，工会还可以决定企业社会和文化基金的使用事项。就企业的变更、消灭而言，与企业的设立一样，也是由有关行政机关决定的。政府管理机关不但可以要求企业在经济上实行经营整顿更生，可以要求企业解散或者是同其他企业合并，还可以要求企业在一定期限内在一定的经济部门内组成联合体。有关合作社经济组织的管理规则主要集中于 1971 年第 3 号法令所公布的《合作社法》之中，各种特殊类型合作社的具体规定则在其他法规之中专门有所体现。在匈牙利，主要由农业合作社、手工业合作社、家庭工业合作社、普通消费合作社和供销合作社等类型的合作社，上述各种类型的合作社又分别成立了该类型合作社联合社。这些合作社联合社的性质是社会组织，主要是出于保护合作社利益的目的而设。在各个合作社内部，基本规则由合作社章程决定，社员可以自愿进出合作社。

3. 有关计划工作的行政法思想。从总体上来看，匈牙利的计划管理工作与大部分社会主义国家相比具有更大的灵活性，这是与匈牙利社会主义工人党对计划工作的认识有着密切联系的。匈牙利人民共和国成立之初，几乎完全照搬了前苏联的计划管理工作模式，计划成为国家管理经济的惟一手段，在经济管理中具有很大的权威性和约束力。直到 1966 年 5 月，匈牙利社会主义工人党中央委员会举行了扩大会议，讨论并通过了《匈牙利社会主义工人党中央委员会关于经济体制改革的决议》，提出实行经济体制改革。这项改革的一个重要内容就是改变过分强调计划管理的经济发展模式，提出在生产资料社会主义所有制基础上，把国民经济按计划发展与市场的积极作用有机地结合起来，建立计划和市场的有机统一体。

决议指出："通过对卖者和买者之间的商品关系和市场体制的运用，我们可以把中央计划从千百万个不断变化的细节过程及考虑其相互联系这一不可解决的任务中解放出来，可以发挥企业的首创精神，可以鼓励他们有目的地选择和使用各种经济潜力，以满足顾客的需要（市场需要），同时发现新的需求，扩大生产的手段和增加产品。通过运用市场体制，可以使社会主义计划经济变得更加灵活和有效，促进生产和需求之间有利的相互影响的展开。经济体制改革的基本特点是，在生产资料社会主义所有制基础上，把国民经济计划发展的中央管理和商品关系、市场积极作用有机地联系起来。我们通过建立这种有机联系可以达到：一方面在国民经济计划中仍旧由中央一级决定经济发展的主要指标和主要比例；集中种种适当手段保证比现在更有效地实现这些指标和比例；另一方面在社会主义经济总体中，保障给市场体制活动以广阔的活动余地，即给供求价格直接的相互影响、卖者和买者之间真正的商品关系以广阔的活动余地。这样把大部分的经济决定权转入企业职权范围内，下方的决定权范围增加了。在新经济体制中，应依据在国民经济计划中业已协调的中央决议所决定的市场活动条件和规章来建立计划和市场的有机统一体。市场不能成为一种放任不管的、自由竞争的市场。而是应该成为市场本身也是由中央来规定和管理的市场。这样，有助于实现业已奠定基础的国民经济计划。应该估计到，下方的决定权和市场进程对国民经济计划可以起反作用，构成并对它起监督作用。市场的进程也可以导致计划的改变。如这种改变没有打乱实现计划的主要比例，从国

民经济观点来看更为有利，那就不必用规定的手段强迫实现原来的计划指标。"〔1〕

正是在这样的改革思路影响下，1973 年匈牙利实施了《匈牙利国民经济计划法》及《匈牙利计划法实施条例》，与其他国家的计划法相比，该法有几个显著的特点：

（1）企业与合作社具有相当的自主性。匈牙利社会主义工人党早在 1966 年就指出，企业应当由自己来决定自己的计划，取消经济管理中计划下达的方法，也就是取消通过中级管理机构把国民经济的年度计划以计划指示、计划指标的形式下达给企业。1973 年的《匈牙利国民经济计划法》进一步规定，企业和合作社的计划由它们自己自主决定，企业的计划应当在听取职工意见之后由经理来决定，合作社的计划应当由社员代表大会来决定。当然，企业和合作社的计划也应当与国民经济计划和其他经营单位的计划相协调，但国民经济计划对企业和合作社而言不再具有强制性的约束力。也就是说，企业与合作社只是尽可能地配合国家的国民经济计划，不再有固定的计划指标必须完成。这一点在很大程度上解放了企业、合作社的经营管理活动，使它们获得了相当大的经营自主权。

（2）国家机关负责国民经济计划目标的实现。企业和其他经营单位不再被强制履行计划义务之后，由谁来负责落实国民经济计划呢？《匈牙利国民经济计划法》把这一任务交给了各个国家机关。当然，不同的国家机关所承担的责任也是各不相同的。总体来讲，所有的国家机关都有义务在官方活动过程中促进国民经济计划目标的实现。负责制订国民经济计划的单位又较其他国家机关承担着更大的责任。在匈牙利，在部长会议领导下的国家计划局、政府各部和全国性机构共同负责制订国民经济计划，这些国家机关必须监督国民经济计划和国家决定的实现，它们有义务采取必要措施或者建议采取必要措施已落实计划。而部长会议作为中央政府又较其他制订国民经济计划的单位承担着更大的责任。这种由国家机关来负责国民经济计划目标实现的做法实际上对国家机关的计划管理提出了相当高的要求，同时又减轻了企业、合作社等其他社会主体的义务，与现代行政法的发展方向是相一致的。纵观整个《匈牙利国民经济计划法》，不难看出，该法绝大多数条文都是强调国家机关的义务、限制国家机关权限的规则。这在社会主义国家的计划管理法中是比较有特点的。

（3）主要通过经济调节手段而非行政手段实现计划目标。我们知道前苏联和东欧的绝大多数社会主义国家其计划管理都是国家行政管理的一个重要方面，国家经济和社会发展计划的实现也主要是通过国家的行政权以行政手段进行推动的。匈牙利在实行经济体制改革之后，其计划工作的实现方式有了相当大的转变，从过去以行政手段推动计划目标实现转变为强调以经济手段推动计划目标实现。所谓经济手

---

〔1〕 国家计委经济条法办公室计划法参考资料编辑小组编：《外国计划法参考资料选编》，法律出版社 1982 年版，第 129～130 页。

段，主要是指通过对社会主义经济活动进行中央调节，依靠价格政策、财政政策、信贷政策、工资政策、地区发展政策、国际经济政策等来促进计划的实现。与直接下达行政命令、计划指标的行政手段相比，通过调整各项经济政策间接推动计划目标实现的经济手段更加柔性，也更加灵活。

三、东欧诸国行政法理论的历史地位

（一）形成了新的行政法理论基础

行政法理论基础是行政法学和行政法治的重要理论问题，不同模式的行政法学和行政法制度往往都受制于行政法的理论基础。在前苏联以及东欧国家行政法产生之前，行政法的理论基础只有一个，由这个理论基础的行政法模式也只有一个。我们知道，资本主义国家产生了第一个现代意义的行政法类型，这个类型的行政法主要侧重于对政府行政权力的控制，而提供控制政府行政权力的行政法理论基础是自然正义，[1] 以及与自然正义相适应的行政法理念。如果我们把行政法作为一个社会现象来看的话，资本主义国家这种单一的行政法理论基础必然是行政法现象呈现出一种万马齐喑的格局。东欧国家行政法现象的产生使行政法的这种单一格局发生了根本性的变化，由于这些国家的行政法现象从一开始就与资本主义国家的行政法现象泾渭分明，撇开这些国家行政法现象的基本格局，单就行政法理论基础而言，这些国家形成了一个与资本主义国家完全不同的行政法理论基础。这个理论基础在通常情况下被表述为管理论。

有学者对管理论的理论基础作了这样的概括："由于行政法被认同为管理法，难免更多的带有行政管理的属性而较少带有规制行政权的属性。依据行政管理学大辞典的解释，行政管理是指'国家根据宪法和有关法律，通过行政机关对国家政治、经济、文化、卫生等各方面事务进行管理的组织活动，是国家行政权的运用和实施。'笔者以为该定义包含如下意思：其一，行政管理代表了国家意志。管理的全部内容是由国家在该时期的任务和职能决定的，即为完成国家任务、发挥国家职能、完成社会发展计划而进行的实际组织活动。其二，行政管理是行政权行使的表现。行政权是相对于立法权、司法权而言的一种国家权力，在三权分立国家，它是主权分割后的一分子，与立法权、司法权平分秋色。在议行合一国家，它是由立法权派生出的一种权力，处于立法权之下，受其监督，对其负责。行政权是由行政主体把握的，它和其他国家权力一样，是要在现实中发挥作用的，主要表现为行使管理权能。其三，行政管理是行政权作用于一定对象的表现。管理的目的是社会的良好秩

---

〔1〕 "在行政法上自然正义是一个界定完好的概念，它包括公正程序的两项根本规则：一个人不能在自己的案件中做法官；人们的抗辩必须被公正地听取。"转引自 [英] 威廉·韦德：《行政法》，徐炳等译，中国大百科全书出版社1997年版，第95页。

序，而这一结果的获得是要通过对一定对象的规制才能达到的。"[1]

（二）形成了新的行政法类型

法律类型学的划分是法理学中的一个核心论题，马克思主义法学对法律类型学的划分是从阶级分析的观点出发的，即以法律所体现的阶级意志作为划分法律类型的标准。这样法律便有了下列类型：奴隶社会的法律、封建社会的法律、资本主义社会的法律、社会主义社会的法律。我们认为，法律类型的划分不是一个纯粹的法理学问题，即是说，我们纯粹从法理的角度对法类型进行划分的话就使法的类型显得比较抽象。换言之，法的类型的划分必须具体到部门法中去。那么，前苏联和东欧国家行政法的产生就使行政法有了一个新的类型，即社会主义的行政法。事实上资本主义类型的行政法和社会主义类型的行政法存在着较大的差异，依王连昌教授的分析，"关于行政法的含义，由于各国制度不同，理解也不尽相同。学者们从不同的角度作出了存在极大差异的概括。在大陆法系国家，行政法被认为是调整公共行政活动的公法。一般认为，行政法首先是公法的组成部分，其次是公法中专门调整行政活动的部分。大陆法系的这一观点是与其将法律分为公法、私法的法律传统相吻合的。在英美国家，行政法被认为主要是'控制行政机关权力'的法律，它规定行政机关可以行使的权力，确定行使这些权力的原则和程序，对受到行政权力侵害者给予法律补救（或叫'救济'）。英美的行政法是由其制度所生成，与其法律不分公法、私法，注重程序问题的传统相吻合。上述观点从不同的侧面揭示了行政法的含义。

国内学者对行政法概念的表述也是分别从不同的角度出发，有的认为行政法是有关国家行政机关进行行政管理活动的各种法规的总称；有的认为行政法是关于国家行政组织及其行为，以及对行政组织及其行为进行监督的法律规范的总称。还有其他多种提法，莫衷一是。我们认为，行政法应围绕着行政权下定义。所谓行政法，就是调整与规定国家行政权力的法律，它主要规范承担行政权力的组织、行政权力的活动以及对行政权力运用所产生的后果的补救。"[2] 当然，资本主义类型的行政法和社会主义类型的行政法除了上列差异外，还有诸多技术上的差异。例如，正如我们前面所述，在资本主义国家法律和行政的关系中，通过法律对行政进行机制化的控制，而社会主义国家则是将法视为行政过程中的有效工具。这种技术上的划分，也许是纯粹中性的东西，但是其中有些技术因素是由行政法的类型决定的。

（三）形成了新的行政法板块

行政法和其他部门法相比，是一个非常特殊的法现象。其他部门法从它产生之日起就有一个规范化的法典作为该部门法的主法，甚至在有些国家一部法典就可以支撑起一个法律部门，例如《拿破仑法典》就支撑起了法国民事法律的体系，行政

─────────────

〔1〕　关保英：《行政法模式转换研究》，法律出版社、中央文献出版社2000年版，第87页。

〔2〕　王连昌主编：《行政法学》，中国政法大学出版社1994年版，第10～11页。

法则完全不同。我们知道，现代意义的行政法是人民主权原则的产物，是代议民主制的产物，是三权分立体制的产物。应当说，在这种相对严谨机制下产生的行政部门法应当是非常规范的，至少应当像其他部门法那样有一个主法典作为支撑。然而，令人不能理解的是，行政法并没有一个类似于民法典、刑法典的那样能够统摄该部门法的典则体系。[1] 但行政法在西方国家其分立化的典则体系还是存在的，不同的典则体系便构成了行政法的不同板块。例如，我们可以把行政组织法作为一个板块、行政行为法作为一个板块、行政救济法作为一个板块。在前苏联、东欧等国家的行政法产生之前，行政法的主要板块也就是上列这些。而前苏联、东欧国家行政法的出现，使行政法的板块发生了根本性的变化，这个板块中最主要的是部门行政管理法。部门行政管理法从它的类别和数量来看，不知道要比传统行政法的板块体系大多少倍，以前南斯拉夫为例，就有工业行政法、农业行政法、劳动行政法、经济组织行政法、计划管理行政法、交通行政法、环境资源行政法、财政金融行政法等诸多部门行政管理法。当然，行政法板块的问题还是需要再进行研究的，因为在西方正统的行政法理论中部门行政法似乎不是行政法板块的构成。但无论如何，在现代人类行政法现象中部门行政法的这个板块在一些国家中确确实实是一种行政法实在，因此我们认为前苏联、东欧国家的行政法形成了一个新的行政法板块。

---

[1]　行政法为什么没有形成典则体系，为什么没有一个主法典作为支撑是不大容易理解的。如果仅从行政法涉及的范围较宽来证明其不能形成典则体系，这种证明显然是没有力量的。因为无论如何，行政法所涉及的社会事项都不会比宪法更宽泛，但是宪法却有一个完整的典则。如果从行政法调整社会关系的多样性来分析似乎也不能作出合理证明，因为部门法的划分通常就是以该部门法调整的对象及调整的社会关系来确定的。因此，行政法没有形成像其他部门法那样完整的典则是一个还需要研究的问题。

第14章
中国当代的行政法思想

第一节 新中国行政法的哲理基础

一、两点论中的行政法思路

行政法就是调整行政主体与其他社会因素发生冲突的控制性规范，反映并连接行政主体与行政相对方以及其他社会主体的关系，在现代民主国家其法律指向在行政主体。[1] 属于上层建筑的范畴，主要是为一国的经济基础而服务的。但"国家是统治阶级的各个个人借以实现共同利益的形式，是该时代整个市民社会获得集中表现的形式。因此，可以得出一个结论，一切共同的规章都是以国家为中介的，带有政治的形式……法律应以社会为基础"[2] 作为行政管理的部门法，行政法又要与该国社会基础相适应。国家行政管理是人类在适应该社会基础之上并服务于其经济基础的一种手段，是人类社会发展到一定时期的产物。在人类发展的道路上，国家行政管理活动呼唤行政法的形成，行政法的形成与发展又对国家行政管理起到规范和保障的作用。每当行政法发展到一定的时候，国家行政管理受行政法的规制便会处于一种良好的有序状态。但阶级对立和利益冲突的存在，使得规制国家行政管理的行政法存在的社会背景处于矛盾的对立与统一的动态之中，只有将社会矛盾的对立与统一调整在和谐的状态下，社会管理秩序才处于良好状态之中。因此，适应社会基础的矛盾运动是行政法的客观需要，是对社会发展起到良好促进作用的需要。因此，静止、片面的看待行政法和行政法，机械的对待社会现象都是不科学的，必须要引入科学的方法。"两点论"是一种辩证的思维方法，其要旨在于研究复杂事物矛盾发展过程中，既要研究主要矛盾，又要研究次要矛盾，既要研究矛盾的主要方面，又要研究矛盾的次要方面。"两点论"的思维方式在处理社会矛盾问题时会起到很重要的作用。用"两点论"的思维来分析国家行政管理，就会发现国家的行政管理内部蕴涵着丰富的行政法思想。在行政法治方面，"两点论"的思维方法在

---

〔1〕 关保英：《行政法教科书之总论行政法》，中国政法大学出版2005年版，第61页。
〔2〕 《马克思恩格斯全集》第1卷，人民出版社1972年版，第70页。

强调各部门法在调整社会关系作用的同时，重点强调行政法在国家行政管理中的核心地位。在行政法功能方面，传统的行政法突出行政法管理功能，也重视行政法的服务与控权功能。这些都是通过两点论与行政法二者的内在本质和规律来体现的。

（一）行政法是法律体系中调整行政关系的基本法

法律体系，也称为部门法体系，是指一国的全部现行的法律规范，按照一定的标准和原则，划分为不同的法律部门而形成的内部和谐一致、有机联系的整体。法律体系是由各个部门法构成的。法律部门，也称为部门法，是根据一定的标准和原则所划定的调整同一类社会关系的法律规范的总称。划分法律部门需要遵守一定的标准和原则：划分法律部门的标准主要有两个：一个最主要的标准就是调整对象，另一个标准就是调整的方法。在我国，刑法、民法和行政法之所以是三个不同的法律部门，在于刑法调整的是特殊的对象——犯罪与刑罚；民法调整的是平等主体之间的财产关系和人身关系，而行政法所调整的对象是行政关系，即是指行政主体在行使行政职能和接受行政法治监督过程中与行政相对人、行政法制监督主体之间发生的各种关系以及行政主体内部发生的各种关系。我国的部门法有宪法、行政法、民法、商法、经济法、劳动法和社会保障法、自然资源与环境保护法、刑法和诉讼法等。行政法这个法律部门是中华人民共和国法律体系的重要组成部分。中华人民共和国成立以来，我国的社会关系除了犯罪与刑罚关系、平等主体之间的人身关系和财产关系等关系之外，还有行政关系，也即行政管理关系、行政法制监督关系、行政救济关系以及内部行政关系。犯罪和刑罚的关系需要法律调整，促成了我国刑法的颁布；平等主体之间的人身关系和财产关系需要法律调整，促成了我国民法通则以及其他民事法律的颁布；与此相对应的是，现实中的行政关系的存在及其对法律调整的需要，也就呼唤行政法的制定、颁布和实施。按照两点论的关系，在现实社会中，我们既要看到存在着刑事关系、民事关系等其他关系，也要看到现实存在的行政关系。在制定法律的过程中，我们既要制定刑事法律、民事法律等其他法律，也要制定行政法律。通过行政法律的制定和实施，来对社会上存在的行政关系进行调整。何况在我国实行依法治国方略的今天，要依法行政，要规范政府行政权力的行使，必须制定和完善我国的行政法律体系。

（二）行政法既强调行政管理职能，更重视服务与控权职能

从我国传统的行政法来看，行政法是调整行政关系的法，是调整政府行为的规范与行政管理规范共存的部门法。在建国初期很长的一段时间里，甚至在 20 世纪 80 年代，行政法一直被认为是一种管理法，这主要与当时的社会背景和人们的思想观念密切相关。中华人民共和国成立之后，我国当时的国内外形势是十分严峻的，对内要防止国民党残余势力的反扑，对外要防止帝国主义对中国的侵略。因此，在那种形势下的行政法的基本理念是便与政府及其职能部门、工作人员对社会进行管理。20 世纪 80 年代初期，我国刚刚经历了十年"文化大革命"，当时政府的最主要的任务是维持社会的稳定，维持和保持一个稳定的局面是当时政府的最重要的任务，因

此，当时一些行政法律法规都是从管理社会的角度予以制定的。行政法学界也是以这种观念来阐述行政法的概念的。例如张尚鷟先生认为："行政法，指的是现代国家以实施各个方面国家行政管理工作的各种行政法规范或其总称。"随着我国政治和社会的稳定，经济的发展，人们政治、法律意识的提高，特别是随着福利国家理念在我国的传播，行政权对人民权益的侵害越来越受到人民的关注。人民也越来越意识到对行政权控制的重要性。为顺应社会的发展，现行体制下的行政法不仅仅强调行政法的管理职能，亦非常关注行政法的服务与控权职能。也就是说，人们认为，国家制定行政法律法规的出发点不再是，或者说不仅仅为了方便政府对社会进行行政管理，而且为了更好地控制政府滥用行政权力，规范政府行政权力的行使，从而更好地为人民服务。从两点论的观点看，我们既要看到行政法是管理社会的法的一面，更要重视行政法的服务和控权职能，以便更好地控制和规范政府行政权力的使用，从而有利于政府依法行政，有利于我国福利国家的建设。

二、人民民主与行政法的人民性

（一）人民民主的社会主义国家法制化

人民民主，通俗地说就是人民当家做主，是马克思主义经典作家在批判资本主义民主基础上提出的民主理论。列宁指出："民主制是一种国家形式，是一种国家形态。因此，它同任何国家一样，也对人民使用有组织有系统的强力，这是一方面。但另一方面，民主制在形式上承认公民一律平等，承认大家都有决定国家制度和管理国家的平等权利。"[1] 在人民民主国家政治制度下，人民在国家中处于统治地位，国家的一切权力属于人民，人民通过一系列的规则安排来维护自己的统治地位。我国就是确立了这样的充分体现人民性的社会主义人民民主的国家制度，其人民性表现在：

1. 人民在国家的统治地位。人民统治意味着一个国家的主权及主权之下的管理权属于人民。也就是说人民是国家的主人，人民有管理国家事务的一切权力。我国现行《宪法》第2条规定"中华人民共和国一切权力属于人民"，体现的就是人民是国家的主人。在资本主义制度下，占统治地位的是资产阶级，人民处于被统治地位。资产阶级对国家的统治就是为了维护资产阶级的利益，这就表明资本主义民主实质就是资产阶级内部的民主。但资产阶级有时为了标榜其所谓的"普遍民主"，不得不把自己的利益说成是社会全体成员的共同利益，抽象地讲，就是赋予自己的思想以普遍性的形式，把它们描绘成惟一合理的、有普遍意义的思想。[2] 这纯属一种假象。因为在任何一种制度下，只要占统治地位不是大多数人，那么意味着大多数人就不能享有民主。马克思和恩格斯在《共产党宣言》中就明确指出，"工人革

---

〔1〕《列宁全集》第25卷，人民出版社1958年版，第459页。

〔2〕《马克思恩格斯选集》第1卷，人民出版社1972年版，第53页。

命的第一步就是使无产阶级上升为统治阶级，争得民主"。[1]

2. 人民广泛参与管理国家的形式。"无产阶级的民主制（苏维埃政权就是它的一种形式）正是为了绝大多数的人，即为了被剥削的劳动群众而把民主发展和扩大到世界上空前未有的地步。"[2] 人民民主就是要实现人民当家做主，人民要当家做主必须要行使国家管理的权力。人民在国家中的范围属于最广泛的群体，它包括工人、农民、知识分子等。国家要真正实现人民民主，就必须保证这些群体参与到国家的管理中去。

3. 人民民主制度的广泛内涵。民主制作为一种国家制度，涉及的内容相当的广泛，要使人民享有广泛的权利才能体现民主是真实的。"享有在最好的大厦里开会的自由，享有利用最大的印刷所和最好的纸库来发表自己的意见、保护自己利益的自由。享有选拔本阶级人去管理国家，'建设'国家的自由。"[3]

4. 人民民主的制度规则。民主是否真实，一个重要检验标准就是是否有人民民主的制度规则。在现代社会，一个国家的宪政制度发达程度就是民主制度的外在表现。毛泽东在《新民主主义的宪政》中指出"宪政是什么呢？就是民主的政治"。"世界上历来的宪政，不论是英国、法国、美国或者是苏联，都是在革命成功了有了民主事实后，颁布一个根本大法，去承认它，这就是宪法。"[4] 也就是说，人民民主必须有宪法依据。在宪法的指导下建立人民民主的宪政制度，如果宪政制度完善，该国的人民民主就较为完善，反之，就不能反映人民民主。此外，人民民主的宪政制度还要一系列的制度去实施和维护。我国宪法对人民权利的广泛赋予就是人民民主宪政在我国的充分体现。

（二）行政法的人民性直接体现为行政权的人民属性

宪法是人民民主制度的法律依据。在现实社会生活中，人民民主是通过具体的行政法律制度来体现的。行政法与其他部门法相比的突出特点，就是它与行政权有着难以分割的联系。因此，要解决行政法的任何理论问题都必须从行政权入手。[5] 从行政法与行政权的联系来看，行政权是行政法的核心内容，行政法的性质在很大的程度上就是通过行政权的运行表现出来的。行政权的人民本位在理论界与实践中得到了普遍的认同，行政法作为包含行政权的理论体系，反映了行政权的人民本位思想实质就是行政法人民属性。行政法的人民性是指行政法在调节行政主体与行政相对方以及其他社会主体的关系最终体现在人民的利益上。这在以下几方面得到体现：

〔1〕《马克思恩格斯选集》第1卷，人民出版社1972年版，第272页。
〔2〕《列宁全集》第28卷，人民出版社1958年版，第228页。
〔3〕《列宁全集》第28卷，人民出版社1958年版，第230页。
〔4〕《毛泽东选集》第2卷，人民出版社1991年版，第69页。
〔5〕 关保英：《行政法的价值定位——效率、程序及其和谐》，中国政法大学出版社1997年版，第1页。

1. 人民是行政权的归属主体。行政权作为国家权力的组成部分，可以分为归属主体和行使主体。所谓行政权的归属主体，就是指行政权所有者，即谁是行政权的实际享有者。所谓行政权的行使主体就是指行政权的行使者，即谁是行政权的实际行使者。[1]《中华人民共和国宪法》第2条规定："中华人民共和国的一切权力属于人民。人民行使国家权力的机关是全国人民代表大会和地方各级人民代表大会。人民依照法律规定，通过各种途径和形式，管理国家事务，管理经济和文化事业，管理社会事务。"国家一切权力属于人民也就决定行政权必然属于人民。人民作为行政权的归属主体，便可以通过一定的途径与方式来行使属于自己的行政权。行政权的来源在很大的范围内直接来自于行政法的规定，宪法之下的行政法对行政权的设定就必须围绕人民的利益展开。

2. 人民设定行使主体。行政权是国家权力的一种，由行政权的行使主体来具体行使。从行政权归属主体与行政权行使主体的关系上看，行政权归属主体是行政权所有者，人民是行政权的归属主体，也就是说人民可以决定行政权的意志。相对于行政权归属主体而言，行政权的行使主体是行政权归属主体为了实现其利益而设计的一种手段。这就表明，行政权行使主体在行使行政权过程中必须体现行政权归属主体的意志，即人民意志。可见，行政权归属主体与行政权行使主体意志是一致的。行政法在设定行政权时也就是必须围绕人民的意志而展开，体现出人民性。

三、议行合一与行政系统的执行性能

（一）"议行合一"的理论基础与精神实质

所谓议行合一就是将决定问题的权力和执行问题的权力合二为一，一切权力都统一归于人民的代表机关，当然人民代表机关可以通过自己的权力设立行政和司法机构，但所有权力最终都必须归于人民代表机关。[2]"议行合一"是社会主义国家政权建设的思想基础，与"三权分立"是相对立的。在社会主义政权体制下，不强调权力的分衡与制约，即立法主体与行政主体意志的合一，体现的是国家的一切权力属于国家最高权力机关。"议行合一"是马克思在总结1871年法国无产阶级革命所建立的巴黎公社政权的组织原则与形式得出的经验。巴黎公社所实现的政权组织原则为普选制、限任职、责任制、监督制与更换制五项。组织形式主要为：最高权力机关是公社委员会，由公民普选产生；政府机构负责执行公社委员会的作出的决议，由财政、外交、劳动、贸易、教育等10个委员会组成。对此，马克思在《法兰西内战》中评价巴黎公社说"公社不应是议会式的，而应当是同时兼管行政和立法

---

[1] 关保英：《行政法的价值定位——效率、程序及其和谐》，中国政法大学出版社1997年版，第10页。

[2] 杨海坤、关保英：《行政法服务论的逻辑结构》，中国政法大学出版社2002年版，第25页。

的工作机关"[1] 这是对巴黎公社政权组织形式的理论概括，也成为"议行合一"制的思想来源，体现出了"议行合一"的形式与实质的特征：其一，"议行合一"的前提是建立在国家的一切权力属于人民的基础之上，国家的权力行使的代表机关由人民选举产生，人民是国家权力的真正所有者；其二，国家行政机关和其他国家机关都由人民代表机关产生，均对代表机关负责并受其监督；其三，国家行政机关和其他国家机关执行国家代表机关的决议，共同体现人民的意志。马克思和恩格斯在对资本主义的分权制批判时，就主张用社会主义的"议行合一"制度替代资本主义的分权。毛泽东也曾提出过中国"不必搞资产阶级的议会制和三权鼎立等"[2]。

俄国十月革命建立的苏维埃政权、中国所确立的人民代表大会制以及其他的一些社会主义国家建立的政权组织是对"议行合一"制度的继承与发展。我国宪法规定，全国人大和地方各级人大是国家权力机关，行政机关和司法机关由其产生，对它负责，并受它监督，表明了我国实行"议行合一"制度。"议行合一"制度能在实践中得到具体实施，就在于其本质特征中体现出的精神实质，即"强调由人民选出来权力机关的神圣地位，强调这样的机关在国家权力机关体系中的不受限制；强调国家的一切权力属于人民，人民群众当家做主；强调在需要实行间接民主的地方和时候，要坚持人民群众通过自己选出的代表对国家事务拥有全权；人民代表和官员都来自于人民，为人民服务"[3]。

（二）"议行合一"与行政执法

"议行合一"强调的是"议"与"行"的合一。卢梭认为"议行合一"最大的好处在于能够保证立法者的意志得到全部、准确的贯彻和执行，因为立法者比任何人都更清楚法律应该怎样得到执行和解释[4]。社会主义国家为了实现一切权力属于人民，贯彻"议行合一"的制度，目的就是为了人民能表达意志并能使该意志得以执行。人民选出的代表机关作出的决定是人民意志的体现，在没有执行之前，其只是纸面的东西。也就是说"议行合一"的价值不仅在于人民表达意志，还应在于将人民的意志贯彻到实践中去服务于广大的人民的利益。要做到这一点，必须要通过一定的媒介与途径来实现。

"议行合一"中，"行"就是对"议"的执行。在社会主义制度下，人民选出代表机关来管理国家，管理事项涉及国家的政治、经济、文化等方面。同时，人民又通过选出的代表机关设计出行政权行使主体作为国家权力机关的执行机关，充当国家权力的管理者与执行者的角色。这种由行政权行使主体组成的行政系统实质上就是执行人民意志。"行"的表现形式从社会发展的历史来看主要有两种：一是执行

---

[1] 《马克思恩格斯选集》第 2 卷，人民出版社 1972 年版，第 375 页。
[2] 《毛泽东文集》第 5 卷，人民出版社 1996 年版，第 136 页。
[3] 朱光磊：《政治学概要》，天津人民出版社 2001 年版，第 235 页。
[4] ［法］卢梭：《社会契约论》，何兆武译，商务印书馆 1982 年版，第 87 页。

决议。由于各个国家的国情不同，管理社会的方式也不尽相同，有些国家轻视法律，代表机关表现人民的意志往往只是一些政策与决议。行政权行使主体一方面的任务是执行决议；另一方面，行政权由于没有法律的约束，使得行政权行使主体在很多的情况下是在执行党的政策、政府的文件与领导的命令、指示。二是行政执法。在现代民主法治国家，民主与法治是人民治理国家的价值标准，人民的意志集中体现在法治国家就是法律。行政权行使主体执行人民的意志实质上就是执行法律。1959年，在印度新德里召开的国际法学家会议上通过的《新德里宣言》提出了法治的三大要素为：立法机关制定良法（维护人类）、行政法治（防止行政权滥用且使政府有效地维护法律秩序）、司法独立和律师自由。[1] 约翰·密尔在《代议制政府》中认为，行政体制是由人设计的，是人的劳作。人民意志以法律形式表现出来后，行政权行使主体是通过一定的行政行为来实现的，其内涵表现为以下几点：其一，行政权行使主体的行政行为就是行政执法，执行不能超越法律的范围；其二，行政权行使主体诸要素是由人民设计并制造出来，人民赋予其法定的权限与职责，既是权力，也是责任；其三，法是人民的意志集中表现、是执行的依据与前提，执行是法追求的结果。

四、新秩序构建与行政管理法

（一）新秩序构建的法治理念与价值选择

行政法治是建立和维护一个国家良好秩序的手段，但是行政法治又受制于一国社会背景与法治基础。新中国的建立就是对旧的社会制度的否定，重新建构社会主义新体制与新秩序。建国初期，新中国面临的主要任务是建立人民民主专政的国家机构，建立并巩固新的社会制度。实行新民主主义制度并制定规范有关国家机构与当时重大政治运动的一系列法律构成了当时国家的行政管理体制。1954 年，新中国颁布了中国历史上第一部社会主义类型的宪法。"五四"宪法明确规定了人民民主原则与社会主义原则是我国建国的总的指导思想。具体规定了国家的基本政治、经济、文化教育和社会意识形态等各项社会制度。最重要的是赋予了公民享有的各项权利与义务。从此，构建和谐社会主义的社会秩序与法律秩序就有了宪法依据。"五四"宪法的颁布，标志着"人民是国家的主人"真正被法制化。该宪法的序言、总纲、公民权利与国家机构的职能均体现出国家的一切权力在人民的手中，人民有权力通过管理国家来服务于自己的利益。

法治社会，人民主要通过设计一系列的法律管理制度来建立国家管理的新秩序。我国的社会主义制度是建立在人民民主的社会基础之上，较之旧的社会制度，政治、经济与文化都发生了前所未有的变化，构建新秩序便成为了我国社会主义政治与经济建设的客观需要。但在建设的方式上，我国在一段时间内出现了"人治"与"法

---

〔1〕 王人博：《法制论》，山东人民出版社 1989 年版，第 131 页。

治"的争论。"法律是最优秀的统治者",[1] 使得用法律的方式去构建新秩序成为了必要的途径与保障。人民在社会主义制度下是一个个体的概念,新秩序的构建不可能完全靠所有人民共同来完成,其依靠的力量是人民通过其选出的权力机关制定的规则和选举的实施主体来完成。新秩序是一个相当复杂的系统工程,内容涉及政治、经济、文化等领域。在政治领域,要确立新型的社会主义制度;在经济领域,要建立与健全适合社会主义经济发展的经济制度;在文化领域,要建立具有社会主义国家精神文明的意识形态。"在一个现代文明之国中,被制定来确保重大进程得以平稳有序的进行的官方与非官方的规定,其数量之大,浩如烟海。"[2]

那么,新秩序价值目标不是通过个别的法律条文来表现,而是通过构建新秩序的整体制度规则来体现的,应体现出的是在一定原则之下和谐统一的整体。新秩序下的法律规则数量多、范围广,新秩序的良好状态是这些法律规则所追求的目标。这也就意味我国的新秩序的价值体现和反映出的法律价值表现在两个方面:一是正义,即法律要以维护社会正义为基本的价值目标;二是秩序,即法律必须从维护社会秩序出发,并以维护秩序为基本的价值目标。行政法作为部门法,其所设计的规范必须体现法律的价值。行政法规则是国家行政管理秩序有序运行的保障,人民管理国家的重要手段就是用这种规则来衔接的行政主体与行政相对方的关系,在实践中表现为行政权与公民权的实现。行政权与公民权的关系是行政法的核心内容,行政权是以人民为本位,公民权在实践中转化就是人民的权利,二者所表现出的利益是一致的。行政法实质也就是围绕人民的利益在行政主体与公民之间构建公平、正义的良好秩序。

（二）行政法的管理法理论演进

构建新秩序既是宪法的功能之一,也是传统行政法的主要功能。行政法的理论基础决定了行政法构建社会新秩序的作用与价值。我国的政治、经济、文化制度等方面与前苏联有着很多相似之处,其中就包括国家管理的方式。长期以来,我国的行政法理论深受前苏联行政法理论的影响,"行政法作为一种概念范畴,就是管理法,更确切地说,就是国家管理法";"管理主体对管理对象的这种影响（是指影响人们行为的社会管理的一种形式）是借助于行政法规范来实现的"[3] 我国的传统行政法就是模仿前苏联的行政法律创建的。我国许多学者认为"行政法是规定国家行政机关的组织、职责权限、活动原则、管理制度和工作程序,用以调整各种国家行政机关之间,以及国家行政机关同其他国家机关、企事业单位、社会团体和公民

---

〔1〕　〔古希腊〕亚里士多德:《政治学》,吴寿彭译,商务印书馆1965年版,第163页。

〔2〕　〔美〕E. 博登海默:《法理学——法哲学及其方法》,邓正来、姬敬武译,华夏出版社1987年版,第213页。

〔3〕　〔前苏联〕B. M. 马诺辛等:《苏维埃行政法》,黄道秀译,群众出版社1983年版,第29页。

之间的行政法律关系"[1] 这包括两个方面的含义：一是行政法是规定政府行为即行政机关行为的法，如规定政府的组成、职责；二是行政法是规定管理相对人一方的法。如对相对人行为的设定、法律责任等。从这种理解和认识看来，我国的行政法既是行政机关进行管理的法，即管理者进行管理的法，也是国家对行政机关及其工作人员进行管理的法，即管理管理者的法。

在传统的行政法中，行政法作为部门法，调整政府行为的规范与行政管理规范都包含在行政法体系当中。但随着我国政治、经济建设的发展，特别是社会主义市场经济的逐步建立与发展，行政法的这种理论体系逐步与实践产生矛盾。如市场要求政企分开，而行政法并未对此限制，行政权对公民权的侵害不断加大与公民权利救济理论的缺位之间的矛盾。这表明随着时代的变迁，对"行政法是管理法"的理解已不适应社会的不断前进和发展。80年代中后期，西方国家发达的国家和地区"控权法"行政法基础理论对我国行政法逐步产生影响，如英国的法学家威廉·韦德认为"行政法定义的第一个含义就是它是控制政府权力的法"[2] 法学家伯纳德·施瓦茨认为"行政法是管理行政活动的部门法。它规定行政机关可以行使的权力，确定行使这些权力的原则，对受到行政行为损害给予法律补偿"[3] 他们强调行政法的核心是控制行政权力，即是对行政机关起作用的法，是调整、规范行政机关的法。对此，我国有些行政法学者也提出我国的行政法应为"控权法"的论点。西方诸多国家的行政法是在行政权日益膨胀的发展过程中产生的，其产生之初就倾向对行政权的控制。而我国的行政法是在建国之初急需建立良好的行政管理秩序中产生的，强调的是国家的管理职能。因此，对行政法的基础理论理应结合本土的实际，否则就会失实。我国行政法学家杨海坤、关保英教授认为，行政法的本质精神是为人民服务。"管理"与"控权"只是传统行政法中的两种手段。随着社会的发展，我国传统意义上行政法应分解为行政法与行政管理法两个法律体系与法律部门，[4] 这是行政法发展的必然趋势。

建国初期，鉴于法制建设刚起步，国家的各项管理需要规范，行政法强调对国家的管理无疑对规范国家的秩序起着重要的作用。但是随着我国市场经济的确立与发展，市场主体法律人格的确立，政府职能便要求作出相应转变，政府在原经济体制下的一些职能就要转化为由市场来调节，行政权力就要受到相应的制约。否则，行政权力对公民权侵害的事实与可能性在市场经济下无疑会不断加大。权力腐败、公民权受侵害现象的不断出现就是权力未得到有效控制的外在表现。这时，就应该开始意识到控制行政权力体现在行政法的功能里。但行政法作为一个法律部门已难

---

〔1〕　王珉灿、张尚鹭：《行政法概要》，中央广播电视大学出版社1989年版，第2页。

〔2〕　[英]威廉·韦德：《行政法》，徐炳译，中国政法大学出版社1995年版，第14页。

〔3〕　[美]伯纳德·施瓦茨：《行政法》，徐炳译，群众出版社1986年版，第2页。

〔4〕　关保英："论市场经济与行政法体系的分化"，载《福建法学》1994年第2期。

以容纳两种不同的元——调整政府行为的规范与行政管理的规范。"法之分为各个部门，这并不是什么人为的，由法学家或立法机关任意决定的，而是由需要进行法律调整的社会关系的多样性客观地决定的。随着社会关系的产生和发展，也就会分出新的社会主义法的部门来。"[1] 传统的行政法随着其建立的经济基础的深刻变化而分化便成为必然。因此，规范政府的职能与行政管理规范便可以在不同的部门法予以表现。

第二节　"五四"宪法中的行政法思想

一、行政机构的管理权威

"在任何社会中，总有一些在某种场合下人民必须符合的人和规则。这些人就有权威，而这些规则就是法律。反过来规则变成法律，是因为它们已通过公认的程序被授予了权威。"[2] 这是对法律权威的高度肯定。法律的权威要靠一定的媒介执行才能体现，而行政系统正是这个媒介的重要组成部分。行政系统是由多个依法设定行使国家行政职能的国家机构组成的，因此，法律的权威必然带来这些行政机构的管理权威。恩格斯在《论权威》一文中指出，在社会主义制度下，政府行政系统必须是有组织的，必须是一个庞大的能够处理各种各样社会事务的有机整体。而在这个有机整体中，个别意志、个别行为必须服从整体意志、整体行为。从这个意义上讲，整体对个别就有了权威性。"五四"宪法对行政机构规定的内容相当丰富，充分体现出宪法对行政机构的管理权威的肯定。

1. 通过确立行政机构管理地位来体现权威。权威是基于一定的主体而产生的，它可以是一个自然人，也可以是一个组织或机构，这个人或机构只有他人信服才具有一定的权威，这就要借助一定的背景或力量来实现和表现。行政管理活动从宪法规定的角度上看，体现出的就是行政机构代表国家行使行政权力。"五四"宪法对行政机构行使行政权资格与地位高低的认定，实质就是对其在社会中权威的认可。"五四"宪法分别对中央与地方行政机构的地位进行了规定，从规定中就能反映出行政机构是否具有权威。如"五四"宪法第47条规定"中华人民共和国国务院，即中央人民政府，是最高国家权力机关的执行机关，是最高国家行政机关"。第62条规定"地方各级人民委员会，即地方各级人民代表大会的执行机关，是地方各级国家行政机关"。这些条文分别肯定了中央行政机构与地方行政机构在中央与地方的

---

〔1〕［前苏联］卡列娃等：《国家和法的理论》（下册），李嘉恩等译，人民大学出版社1956年版，第463页。

〔2〕［英］戴维·米勒、［英］韦农·波格丹诺编：《布莱克维尔政治学百科全书》，中国问题研究所等译，中国政法大学出版社1992年版，第44页。

最高行政地位，也就肯定了其最高的行政管理权威。另一方面，我国的宪法本身有着至高的权威，一切国家机关及其工作人员、政党、社会团体、个人都必须遵守宪法的规定，宪法对行政机关地位的规定，就是对其权威的肯定。

2. 通过行政机构行政权来体现权威。行政权一向被认为是国家权力的核心。一些学者认为，行政权是较国家立法权与司法权更为重要的一种权力。他们认为行政立法与司法都服务于行政权的实施，行政立法是为行政权提供规范，司法是为行政权的实施提供保障。这种观点虽然在一定程度上夸大了行政权的作用，但是从另一个角度上也反映出行政权在当今的国家与生活中的重要地位，它是其他权力都无法取代的。从恩格斯在《论权威》中的观点可以看出，行政系统与行政权权威的存在是合理的。现代行政权的行使面临错综复杂的社会关系，而对这些社会关系的调整主要是依靠强大的行政权的实施来实现的。行政权如果没有权威，社会关系就不可能得到有效的调整。这也就表明，行政权作为国家权力的一种，其地位与权威是不可动摇的。"五四"宪法第49条规定："国务院行使下列职权：①根据宪法、法律和法令，规定行政措施，发布决议和命令，并且审查这些决议和命令的实施情况。②向全国人民代表大会或者全国人民代表大会常务委员会提出议案。③统一领导各部和各委员会的工作。④统一领导全国地方各级国家行政机关的工作。⑤改变或者撤销各部部长、各委员会主任的不适当的命令和指示。⑥改变或者撤销地方各级国家行政机关的不适当的决议与命令。⑦执行国民经济计划和国家预算。⑧管理对外贸易和国内贸易。⑨管理文化、教育和卫生工作。⑩管理民族事务。⑪管理华侨事务。⑫保护国家利益，维护公共秩序，保障公民权利。⑬管理对外事务。⑭领导武装力量的建设。⑮批准自治州、县、自治县、市的划分。⑯依照法律的规定任免行政人员。⑰全国人民代表大会和全国人民代表大会常务委员会授予的其他职权。"同时，"五四"宪法第62条对县级以上的人民委员会、乡、民族乡、镇人民委员会的职权作出明确的规定。从宪法规定看，行政机构的行政权限所规定的内容相当广泛，涉及国家的政治、经济、文化、军事、外交等许多方面，行政机关就可以在这些领域内充分行使行政权。权力是产生权威的前提条件之一，宪法对各级行政机关在行政权力的赋予，就是对其在这些领域管理权威的肯定。

3. 通过行政机构的道德规则来体现权威。有德才有威，这是我国传统观念对权威的形象概括。可见，道德在权威中具有重要的作用。行政机构要有权威，就要取得人民的信赖。这就要求行政机关在依法办事的同时，还必须具有一定的道德价值。要让人民感到行政机关存在的价值，让老百姓从行政机构的行为得到应有的好处，人民才会对行政机关产生信赖与崇敬，这种崇敬也是权威的一种表现。"五四"宪法第17条规定"一切国家机关必须依靠人民群众，经常保持同群众的密切联系，倾听群众的意见，接受群众的监督"，第18条规定"一切国家机关工作人员必须效忠人民民主制度，服从宪法和法律，努力为人民服务"，就是要求行政机构有"为人民服务"、"忠诚"等道德观念，通过这些道德观念来维护人民的利益，从而树立在人民面前的权威。

二、公民权利与行政约束

宪法是公民权利的保障书。宪法所要解决的核心问题主要有两个：一是规范国家的权力，二是保障公民的权利。[1]"五四"宪法规定，国家的一切权力属于人民，人民享有管理国家事务的各项权力。作为国家的根本大法，"五四"宪法把体现人民当家做主的各种基本权利与规范行政权的制度的重要内容以宪法的形式予以确认，从而为公民权的有效实现提供了宪法保障。公民权的行使与行政权息息相关，诸多的公民权利是在行政权的实施过程中来实现的，因此，行政权只有在法制约束的范围内，公民权才会有效的实现。

（一）公民权利内容的宪法确认

从"五四"宪法规定的内容看，公民享有的基本权利非常广泛，主要包括：平等权；政治权利与自由；宗教信仰的自由；人身不可侵犯的自由；社会经济权利，文化教育权利。[2]

1. 平等权。平等权是公民基本权利最重要的权利，承认公民的平等权是其他权利的前提。"五四"宪法首先就是对公民这一权利的确认。如"五四"宪法第 85 条规定"中华人民共和国公民在法律上一律平等"，公民除了平等的享受宪法和法律规定的各项权利，还有立法上的平等。"五四"宪法对平等权具体内容规定得相当全面，既有男女平等，又有民族平等。又如第 86 条第 2 款规定："妇女有同男子平等的选举权和被选举权。"第 96 条规定"中华人民共和国妇女在政治的、经济的、文化的、社会的、家庭的生活方面享有同男子平等的权利"。第 3 条规定："中华人民共和国是统一多民族国家。各民族一律平等……"

2. 政治权利与自由。公民的政治权利与自由体现的是公民与国家政权的关系，反映了公民在国家中的地位，是公民在社会生活中最根本的权利之一。"五四"宪法第 86 条规定："中华人民共和国年满 18 岁的公民，不分民族、种族、性别、职业、社会出身、宗教信仰、教育程度、财产状况、居住期限，都有选举权和被选举权。但是有精神病的人和依照法律被剥夺选举权和被选举权的人除外。"第 87 条规定："中华人民共和国公民有言论、出版、集会、结社、游行、示威自由。国家供给必需的物质上的便利，以保证公民享受这些自由。"

3. 宗教信仰的自由。"五四"宪法第 88 条规定："中华人民共和国公民有宗教信仰的自由。"

4. 人身不可侵犯的自由。"五四"宪法第 89 条规定："中华人民共和国公民的

---

〔1〕　萧北声："制宪仪式背后的曲衷——从《共同纲领》到《1954 年宪法》"，载《当代中国研究》
　　　2003 年第 2 期。
〔2〕　辛光编著：《中华人民共和国公民的基本权利与义务》，湖北人民出版社 1955 年版，第 13 页。

人身自由不受侵犯。任何公民，非经人民法院决定或者人民检察院批准，不受逮捕。"第 90 条规定"中华人民共和国公民的住宅不受侵犯，通信秘密受法律的保护"，"公民有居住和迁徙的自由"。

5. 社会经济权利。社会经济权利包括劳动权、劳动者的休息权和物质帮助权。"五四"宪法第 91 条规定："中华人民共和国公民有劳动的权利。国家通过国民经济有计划的发展，逐步扩大劳动就业、改善劳动条件和工资待遇，以保证公民享有这种权利。"第 92 条规定："中华人民共和国劳动者有休息的权利。国家规定工人和职员的工作时间和休假制度，逐步扩充劳动者休息和休养的物质条件，以保证劳动者享受这种权利。"第 93 条规定："中华人民共和国劳动者在年老、疾病或者丧失劳动能力的时候，有获得物质帮助的权利。国家举办社会保险、社会救济和群众卫生事业，并且逐步扩大这些设施，以保证劳动者享受这种权利。"

6. 文化教育权利。"五四"宪法第 94 条规定"中华人民共和国公民有受教育的权利。国家设立并且逐步扩大各种学校和其他文化教育机关，以保证公民享受这种权利"，"国家特别关怀青年的体力和智力的发展"。第 95 条规定："中华人民共和国保障公民进行科学研究、文学艺术创作和其他文化活动的自由。国家对于从事科学、教育、文学、艺术和其他文化事业的公民的创造性工作，给予鼓励和帮助。"

（二）公民宪法权利实现的行政约束

所谓行政约束，就是指对行政系统的约束性规范，并通过规范形式形成约束机制。"行政权力分配一切职位，它能给人以巨大的希望，而不给人以恐惧，所以，那些从它那里得到恩惠的人，随时都可以拥护它的主张，但是它同时也就有可能受到那些没有从它那里得到任何东西的人的攻击。"[1] 宪法规范中的权利要转变为公民生活实在的权利，必须要有相应的制度作为保障。也就是说，保障公民权利的有效实现是政府的一项重要行政职能。政府是由庞大的行政系统组成的，其行政职能是由组成庞大行政系统的各支系统来分别承担的。对于每一个公民来而言，是行政系统的各支系统在对其产生作用。行政权力与公民权利是对立统一的，虽然都是体现人民的利益。但是，在一定的范围内，又会有各自的利益。为了利益，"一切有权力的人都容易滥用权力，这是万古不易的一条经验"[2] 因此，要防止权力被滥用，就必须对行使权力的行政系统进行约束。

"五四"宪法对此有相应的规定：首先，确定了行政系统各个支系统之间的关系形式，使各个支系统之间保持一种相互制约的关系形式。"五四"宪法第 62 条规定："地方各级人民委员会，即地方各级人民政府，是地方各级人民代表大会的执行机关，是地方各级国家行政机关。"第 66 条规定"地方各级人民委员会都对本级人民代表大会和上一级国家行政机关负责并报告工作。全国地方各级人民委员会都是

〔1〕 ［法］孟德斯鸠：《论法的精神》（上卷），张雁深译，商务印书馆 1982 年版，第 320 页。
〔2〕 ［法］孟德斯鸠：《论法的精神》（上卷），张雁深译，商务印书馆 1997 年版，第 8 页。

国务院统一领导下的国家行政机关，都服从国务院"。其次，确定了每一个机构实体之间相互约束的规则，使其保持职责关系的明确化。"五四"宪法第 64 条规定"地方各级人民委员会依照法律规定的权限管理本行政区域的行政工作。地方各级人民委员会执行本级人民代表大会的决议和上级国家行政机关的决议和命令。地方各级人民委员会依照法律规定的权限发布决议和命令"。最后，确定了行政系统中各个成员的责任。"五四"宪法第 97 条规定"中华人民共和国公民对于任何违法失职的国家机关工作人员，有向各级国家机关提出书面控告或者口头控告的权利。由于国家机关工作人员侵犯公民权利而受到损失的人，有取得赔偿的权利"。

三、行政法治的统一

西塞罗在《论法律》描述的理想法治社会就是一切权力都依照法律规定行事，认为"官员是说话的法律，法律是不说话的官员"形象说明了行政与法律之间的关系，即法律是行政的依据，行政是法律的实现。俄罗斯的法学家则作了更加透彻的说明，"不管法治国家的解释如何不同，还是可以找出这一政治法律模式的某些共同特点和外形轮廓，因为法治国家的外形和最终建立是与下列因素密切相关的：人权与自由的最大保障，个人对国家和国家对个人的责任，法律威望的提高，所有国家机关、社会组织、团体和公民对法律的严格遵守，护法机关的有效工作"。[1] 由此可见，行政法治的核心在于合理配置行政权与公民权并以法律的形式确定下来，以确保行政权与公民权良性互动，体现公平、正义、自由、秩序等社会价值。"五四"宪法就是在这种价值的观念下来设计行政法治的内涵，即行政与法的统一、行政权与公民权的统一。

（一）行政与法的统一

行政法包含两个不同的元——行政与法。行政是一种非常活跃的国家行为，是随着事态的变化采用不同的措施。法相对于行政来说，具有稳定性与规范性。二者统一于行政法当中。"行政法和行政权力应该成为朋友而不是敌人。法律能够和应当作的贡献应是创造而不是破坏。""行政法的最初目的就是要保证政府权力在法律的范围内行使，防止政府滥用权力，以保护公民。"[2] 可见，行政与法律关系非常密切，二者体现都是国家与公民利益的实现。"五四"宪法的规定从不同的角度反映了二者之间的关系。回答了人民关注的焦点问题即行政与法的统一及何为第一性，何为第二性的问题。其一，从权力来源上看，"五四"宪法第 2 条规定"中华人民共和国的一切权力属于人民。人民行使权力的机关是全国人民代表大会和地方各级人民代表大会"。人民作为国家一切权力的归属主体，人民可以设计一定的制度与规则来服务与自己的利益，这些代表人民意志的制度与规则在法治社会里就是法律范

---

〔1〕 〔俄〕B. B. 拉扎列夫主编：《法与国家的一般理论》，王哲等译，法律出版社 1999 年版，第 346 页。
〔2〕 〔英〕威廉·韦德：《行政法》，徐炳等译，中国大百科全书出版社 1997 年版，第 5 页。

畴的内容。在这些范畴内包括对社会体制与社会规则的设计，社会体制与社会规则反应的就是一国的行政。可见法律对行政具有决定作用。其二，从国家治理方式看，人治与法治是治理国家的两种根本方式。"五四"宪法第 18 条规定"一切国家机关工作人员必须效忠人民民主制度，服从宪法和法律，努力为人民服务"反映的是行政权的人民本位思想。行政权人民本位直接决定了国家必须采用法治的方式。对此，可以结合行政法基础理论来理解。

行政法的服务理论若从法治层面讲可作这样的概括：政府由法律产生、政府由法律控制、政府依法律管理并为人民服务、政府对法律负责、政府与公民法律地位平等。[1] 人民通过权力机关立法授予政府行政权力后，从形式上看，行政权就来源于法律的规定了。法是人民意志和利益的集中体现，是人民统治国家的工具，人民是通过宪法与法律规定行政权行使主体的组成形式及其权力。行政权的行使过程就是行政过程。可见，法须高于行政权，行政权的行使就必须服从于法。从形式上看，虽然法是第一位的，行政是第二位的，但从行政法治的基本内涵上看，行政与法又是统一的。表现在都是体现人民的利益，其归根到底是要为人民的利益服务。要实现行政与法的统一，一是依法行使行政权。行政权行使主体与公民在法律上一律平等，其一切行为必须遵守法律规定并与公民一样负有相同的法律义务和责任。二是明确法律责任。行政权行使主体违法行使行政权侵害公民、法人和其他组织的合法权益，应承担法律责任。简言之，就是行政权离不开法，它必须要通过法律来规范，以防止行政权的非理性膨胀。

（二）行政权与公民权的统一

行政权的人民属性决定了行政权必然来自于人民的权利与公民的权利，也即公民的权利和人民的权力派生出行政权力。美国的政治家汉密尔顿在《联邦党人文集》中认为"人民是权力的惟一合法源泉"和"原始权威"。"五四"宪法规定"中华人民共和国一切权力属于人民"。可见，在当代的社会，无论是资本主义国家，还是社会主义国家，行政权是以人民为本位被人们普遍认可。这也表明政府权力是人民赋予的，人民赋予政府的权力就要求政府既维护好公共利益，又要保护和增进公民个人的权益。国家权力的归属主体是人民，政府只是人民为实现自己目的而设计的工具。"五四"宪法第 1 条规定"中华人民共和国是工人阶级领导的、以工农联盟为基础的人民民主国家"。第 2 条规定"中华人民共和国的一切权力属于人民。人民行使权力的机关是全国人民代表大会和地方各级人民代表大会"。人民掌握了国家的一切权力，就可以依法选举自己的代表组成国家权力机关——人民代表大会，再由人民代表大会产生政府并授予权力，政府的权力由人民赋予也便由此产生。人民与政府之间就是一种国家权力的归属主体与国家权力的行使主体之间的关系，这种关系决定政府在行使权力的过程中不得违背人民的意志和利益。首先，权力是

---

〔1〕 杨海坤、关保英：《行政法服务论的逻辑结构》，中国政法大学出版社 2002 年版，第 20 页。

由权利赋予的。行政权行使主体的权力基于公民的权利，权力的本质决定其不得侵犯公民的权利和自由，不得将权力凌驾于公民权利之上，应积极为公民创造获得利益的机会和条件，为公民服务。其次，权力必须保障和维护权利。行政权是人民为了自身的利益而设计的，保障公民权利也便成为其职责。最后，权力是受权利监督的。公民有权通过行使各种权利监督和制约政府行使权力的活动，才能实现双方意志和行动的统一。

四、部门行政管理的新思路

部门行政管理法是有关部门行政的法律规范的总称。部门管理法体系是指国家立法机关、行政机关为了能够有效地对社会进行行政管理所制定的各个不同的行政部门管理法所组成的内部和谐一致，有机联系的整体。"五四"宪法所规定的各级政府的职能非常的广泛，涉及国家的政治、经济、文化、军事、外交等许多方面，这就为部门行政法制定具体的管理规则提供了宪法依据，为部门行政管理法及其体系的形成提供了基础条件。部门行政管理在"五四"宪法的原则下，逐步形成了新的法治格局。

（一）以实在法规范部门行政管理

部门行政法涉及的范围非常的广泛，主要有以下几个方面：商业行政法，如1957年11月14日全国人民代表大会常务委员会颁布的《国务院关于改进商业管理体制的规定》；工业行政法，如1957年11月8日国务院颁布的《国务院关于改进工业管理体制的规定》；财政金融方面的行政法，如1957年11月8日国务院颁布的《国务院关于改进财政管理体制的规定》，中共中央和国务院于1962年4月21日作出《关于严格控制财政管理的决定》，简称"财政六条"；工商行政法，如1959年9月23日颁布的《关于组织农村集市贸易的指示》；税务行政法，如1958年4月11日国务院颁布的《国务院关于改进税收管理体制的规定》；农业组织行政法，如1956年中共中央、国务院颁布的《中共中央、国务院关于加强农业生产合作社的生产领导和组织建设的指示》；农副业行政法，如1962年11月22日中共中央和国务院联合发布的《关于发展农村副业生产的决定》；土地行政法，如1955年国务院发布的《国务院关于农村土地的移转及契税工作的通知》；林业行政法，如1963年国务院发布的《森林保护条例》。水利行政法，如1957年国务院颁布的《中华人民共和国水土保持暂行纲要》；海关行政法，如1958年11月6日颁布的《海关处理没收物品办法》等；劳动行政法，如1956年国务院颁布的《国务院关于工资改革的决定》。

（二）行政行为作为部门行政管理手段

传统的管理方式很多，但在法治社会下，行为与责任都需要法定。法定的行政行为作为部门管理的手段是部门管理规范化的重要标志。

1. 管理性行政行为。管理性行政行为是指通过法律规范赋予相关行政机关对行政事务进行管理的资格与行为，是行政管理的重要手段。如为了适当扩大地方政府在工业管理方面的权限和企业主管人员对企业内部的管理权限，1957 年 11 月 8 日国务院颁布了《国务院关于改进工业管理体制的规定》，"第一，扩大省（市）自治区管理工业的权限。一是调整现有企业的隶属关系，把目前由中央直接管理的一部分企业，下放给省（市）自治区领导，作为地方企业……二是增加各省（市）自治区人民委员会在物资分配方面的权限……三是原来属于中央各部管理现在下放给地方政府管理的企业，全部利润的 20% 归地方所得，80% 归中央所得"。

2. 许可性行政行为。1955 年 8 月 6 日全国人大常委会颁布的《华侨申请使用国有荒山荒地条例》第 7 条规定"县（市）或县（市）以上人民委员会审查申请人所提出的申请书，认为可以批准的，就发给使用证。申请人领到使用证后，就取得了使用证上所开列的荒山、荒地的使用权"。

3. 行政检查行为。如 1958 年 9 月 5 日对外贸易部发布的《海关检查揭发进出口货运事故办法》规定"海关在口岸上对进出口货物的下列事故有责任检查和揭发：①包装不良或者标记错乱、模糊造成的事故；②装卸、保管、运输不当所造成的事故；③没有及时装卸和提（续）运所造成的事故；④其他事故"。

4. 行政处罚行为。1963 年 5 月 20 日国务院颁布的《森林保护条例》第 38 条规定"违反本条例，有下列情形之一的，给予行政处分、治安管理处罚。但是，情节轻微的，经过批评教育以后，可以免予处分：①国家工作人员，工作失职，使森林遭受损失的；②不遵守林区野外用火规定，引起火灾的；③滥伐、盗伐以及其他破坏林木的行为，使森林遭受损失的；④不按照国家规定进行采伐和更新的。盗伐林木，应当追回赃物，并且责令赔偿损失"。

5. 行政强制行为。行政强制执行有两种，一种为行政强制执行。中共中央和国务院于 1962 年 4 月 21 日作出的《关于严格控制财政管理的决定》规定"坚决维护应当上交国家的财政收入。凡是逾期不交税收和偷税漏税的单位，除由银行从他们的存款中扣交以外，还要加收滞纳罚金。凡是拖欠或者挪用上交利润的单位，也要查明情况，加以处理"。另一种为行政强制措施。1958 年 11 月 5 日对外贸易部、铁道部发布的《海关对铁路进出国境列车和所载货物、行李、包裹监管办法》规定"海关检查进出国境列车，发现有未列入单据的货物、物品或者其他违法以及有破坏嫌疑等事情，在必要的时候可以通知车站将有关车辆调到指定地点，进行处理"。

6. 行政奖励行为。1963 年 5 月 20 日国务院颁布的《森林保护条例》第 37 条规定"有下列事迹之一的，由省、自治区、直辖市或者县人民委员会，给予表扬或者奖励：①在本行政区域内或者在森林保护责任区内，连续保持 3 年以上未发生森林火灾的；②发生森林火灾，及时采取有力措施，组织扑救，或者在扑救火灾当中起模范带头作用，并且有显著成绩……在森林保护工作中发明创造有显著成绩的。"

（三）以行政执法责任制作为部门管理的制度保障

行政法可以为国家的管理活动提供法律上的依据，也可以在社会的常态中对违法行为予以惩戒。有关行政管理的法律、法规根据职能分工的原则将行政管理与执法规定由各个不同的部门来行使。但我国政府部门在行政管理中不仅以行政主体身份出现，在诸多的情况下又以独立的经济利益主体的身份出现。部门利益化的出现也便造成了行政管理与管理目标的偏离。确立行政执法责任制是"五四"宪法与部门法规为保障国家行政管理秩序有序进行所采取的法律措施。所谓行政执法责任制，简单地说，就是岗位责任制，是指法律、法规及规范性文件对行政机关及其公职人员的职位范畴、工作性质、职责范围的要求，以保证每个行政机关及其工作人员各司其职的行政法律制度。对行政执法责任制的规定在三个方面得到体现：一是部门法直接对行政机关及其公职人员职责的规定。如 1957 年 5 月 24 日国务院发布的《中华人民共和国水土保持暂行纲要》规定，"为了加强统一领导和使有关部门密切配合，在国务院领导下成立全国水土保持委员会，下设办公室，进行日常工作。有水土保持任务的省，都应该在省人民委员会领导下成立水土保持委员会，下设办公室；任务繁重的省还可以成立水土保持局，水土流失严重的专区、县也应该成立水土保持委员会和专管机构或设专职干部（人员由农、林、水等有关部门抽调，不另增加编制）"。二是规定了公民对行政机关及其工作人员的监督。"五四"宪法第 97 条规定"中华人民共和国公民对于任何违法失职的国家机关工作人员，有向各级国家机关提出书面控告或者口头控告的权利。由于国家机关工作人员侵犯公民权利而受到损失的人，有取得赔偿的权利"。三是规定了行政机关承担责任的方式。主要有民事责任、行政责任、刑事责任。如 1963 年 5 月 20 日国务院通过的《森林保护条例》第 38 条就规定国家工作人员，工作失职，使森林遭受损失的给予行政处分、治安管理处罚。情节轻微的，经过批评教育以后，可以免予处分。

第三节　"八二"宪法中的行政法思想

一、行政责任制

责任制，也称首长负责制，是指行政首长对重大事务及日常行政事务享有最后的决定权，并由行政首长独立承担责任的一种行政领导体制。[1] 换言之，行政责任制就是确立行政权的最终决定主体，并由之承担此行为产生的法律责任的一种制度。行政权之所以要实行首长负责制，是由于首长负责制较集体负责制来说具有效率更高、责任明确的特点所决定的。行政责任是对应于行政执法而言的一个外延广泛的概念，是确保行政权力有效实施与行政系统有效运行的一项总的制度，属于制度的范畴。

首长负责制是我国长期行政实践所形成的一种行政责任制，随着行政机关的不

---

〔1〕　关保英：《行政法的价值定位》，中国政法大学出版社 1997 年版，第 144 页。

断变化而逐步发展。行政首长是行政机关的负责人，决定了行政责任制与行政机关的组织形式与原则紧密相关的。龚祥瑞教授认为：行政权先于立法权而存在。国家机构的发展规律告诉我们总是先有行政机关而后才有立法机关，行政权超越立法权，因为它有更强大的实权来管理整个社会事务，这是世界各国政治制度发展的必然结果。[1] 建国初期，我国就从中央到地方组建了相应的行政机关体系，但均无相关的法律予以规定，行政机关的性质与设置都不是很完善。"五四"宪法的通过才确立了国务院的性质为国家的最高行政机关，为国家最高权力机关的执行机关。同时也对地方行政机构的地位与性质予以了认可。由此，有很多学者便认为，"行政机关是指按照宪法和有关组织法的规定而设立的依法行使国家行政权力、对国家各项行政事务进行组织和管理的国家机关"，[2] "行政机关是指依宪法或行政组织法的规定而设置的行使国家行政职能的国家机关"。[3] 对"五四"宪法所确立的行政机关的性质与地位，"八二"宪法予以了确认，但由于"五四"宪法所确立的行政机关开展工作主要依靠集体领导下的会议制，从而导致了行政效率低下、职责不清的状况。对此，"八二"宪法对其进行了改革，建构了以法律制约为主，其他约束为辅的行政责任制度体系。

（一）行政责任制之法律制约

宪法规范具有最高的效力，"为了保障人民民主，必须加强法制，必须使民主制度化、法律化，使这种制度和法律不因领导人的改变而改变，不因领导人的看法和注意力的改变而改变"。[4] 行政责任制针对的是行政机关首长的行为与责任，因此，对于行政机关与之相关的权力必须予以法律化。首先，宪法对国务院及各级地方行政机关的地位与性质的确立。"八二"宪法规定，中华人民共和国国务院，即中央人民政府，是最高国家权力机关的执行机关，是最高国家行政机关。国务院对全国人民代表大会负责并报告工作。在全国人民代表大会闭会期间，对全国人民代表大会常务委员会负责并报告工作。地方各级人民政府是地方各级国家权力机关的执行机关，是地方各级国家行政机关。地方各级人民政府对本级人民代表大会负责并报告工作。县级以上的地方各级人民政府在本级人民代表大会闭会期间，对本级人民代表大会常务委员会负责并报告工作。地方各级人民政府对上一级国家行政机关负责并报告工作。全国地方各级人民政府都是国务院统一领导下的国家行政机关，都服从国务院。其次，改革了我国行政机关的领导体制，这也是确立行政责任制的核心。"八二"宪法对以往的集体领导的原则作出重大改变，确立行政机关为首长负责制。即国务院实行总理负责制，各部、各委员会实行部长、主任负责制。地方各

---

〔1〕 龚祥瑞：《比较宪法与行政法》，法律出版社 1985 年版，第 197 页。

〔2〕 王连昌主编：《行政法学》，中国政法大学出版社 1999 年版，第 46 页。

〔3〕 姜明安主编：《行政法与行政诉讼法》，北京大学出版社、高等教育出版社 1999 年版，第 92 页。

〔4〕 《邓小平文选》第 2 卷，人民出版社 1994 年版，第 146 页。

级人民政府实行省长、市长、县长、区长、乡长、镇长负责制。这也就意味总理对国务院、省长、市长、县长、区长、乡长、镇长对本级政府的各项工作享有最后的决定权，并承担相应责任的一种领导体制。

列宁认为"管理的基本原则是——一定的人对所管的一定的工作完全负责"[1]首长负责制的确立，符合行政权行使的特征，有利于行政机关提高行政效率，从而促进我国行政法律制度的发展。同时，也改变了过去集体领导的做法，加强了总理、省长、市长、县长、区长、乡长、镇长对本区域范围内行政事务的责任，有利于克服政出多门、无人担责、效率低下的局面。

（二）行政责任制之社会控制

法律是规制行政行为的最佳手段，但不是有了法律的规定，行政行为就能得到良好的控制。首长决定行政行为的实施并承担法律上责任是行政管理的需要，也是行政责任制的主要内容，但并不是行政责任制的全部。也就是说，行政责任制还必须得到社会的控制。人民是一切权力的归属主体，行使主体行使行政权都必须是在其制定的规则范围内进行。相对于行使主体而言，归属主体享有监督权。行政责任制就是要行使主体受到内部的法律控制与外部手段的控制。"八二"宪法中除了法律责任外，还规定了行政责任制相关的配套制度原则。

1. 确立行政行为的道德规范价值准则与行为准则。马多佛认为"法律不曾亦不能涉及道德的所有的领域。若将一切道德的责任，尽化为法律责任，那便等于毁灭道德"[2]道德作为一种内在的、自律性的规范，是对人思想产生作用的，是通过对行政行为的行使主体的职业道德提出的要求，从而促进依法行政与行政行为的最大效益化。如"八二"宪法第27条规定"一切国家机关和国家工作人员必须依靠人民的支持，经常保持同人民的密切联系，倾听人民的意见和建议，接受人民的监督，努力为人民服务"。这就标明社会主义国家政府的宗旨是全心全意为人民服务。

2. 确立行政行为的社会控制的主体与方式。行政行为的社会控制是指公民、社会团体、民主党派对行使主体的行政行为表达自己的态度，并通过一定的方式出达到社会所认可的目的。"八二"宪法第41条规定："中华人民共和国公民对于任何国家机关和国家工作人员，有提出批评和建议的权利；对于任何国家机关和国家工作人员的违法失职行为，有向有关国家机关提出申诉、控告或者检举的权利，但是不得捏造或者歪曲事实进行诬告陷害。""对于公民的申诉、控告或者检举，有关国家机关必须查清事实，负责处理。任何人不得压制和打击报复"，"由于国家机关和国家工作人员侵犯公民权利而受到损失的人，有依照法律规定取得赔偿的权利"。可以看出，宪法赋予我国公民对国家机关和国家工作人员享有批评、建议、申诉、控

---

〔1〕《列宁全集》第36卷，人民出版社1963年版，第554页。

〔2〕［美］马多佛：《现代的国家》，转引自肖金泉主编：《世界法律思想宝库》，中国政法大学出版社1992年版，第402页。

告和检举等监督的权利。

二、权利与义务的统一与行政法功能

"没有无义务的权利，也没有无权利的义务。"这是马克思主义对权利与义务一致性的经典理论，后来成为我国建构公民宪法权利与义务体系的理论来源。在该理论的指引下，"八二"宪法既确认公民享有广泛的权利，同时也明确了公民应尽的基本义务。从宪法对公民权利与义务规定的内容、原则及方式上看，我国公民的宪法权利与宪法义务具有统一性。

（一）公民宪法权利与宪法义务的统一性

所谓权利义务的一致性，就是指任何公民在享受权利的同时就处于在一定义务状态约束之中，公民尽义务的同时是处于享有一定的权利状态之下。这种属性是由权利与义务本身的社会属性决定的，因为权利与义务是在一定社会之下并相对于另一方而存在的关系状态，是在相互联系中体现的。在民主与法治社会，保障每一公民权利的有效实现是该社会的一项责任。社会是由个体的人来组成的，社会的责任最终是由人来承担的，相对于个体的人来说，相当一部分的社会责任就表现为人所应尽的一项义务。正如《世界人权宣言》所强调"人人对社会负有义务"。在现代法治国家，公民的权利只有得到法律的确认与限制才会得到保障。在保障公民的权利过程中，既要保障每一个公民的权利行使不会侵害他人的权利，也要保障每一个公民自己的权利不因他人的权利行使而受到侵害。对公民义务而言，法律为公民设定义务，就是规定公民对国家的一种责任，这种责任就是宪法为每一公民的权利得到尊重而设计的。

"八二"宪法就是在权利与义务的一致性上对公民权利与义务进行了全面规定。首先，从内容上看，宪法确认了公民享有广泛的权利。以学理与立宪例结合的标准，公民的权利可界分为六大类：平等权，这是概括性的权利，为其他五种权利的基础；政治权利，包括选举权、被选举权和政治表现的自由（言论、出版、集会、结社、游行、示威等表现的自由）、监督权（提出批评建议的权利）；精神文化活动的自由，包括思想和良心的自由、宗教信仰自由、文化活动的自由、通信的自由和秘密；人身自由和人格尊严，包括人身自由、住宅不受侵犯、人格尊严；社会经济权利，包括财产权、劳动权、休息权、生存权、受教育权；获得救济的权利，包括申诉权、控告权、国家赔偿及补偿请求权。[1] 同时，宪法也为公民设定了相应的义务，如维护国家统一和民族团结，维护祖国的安全、荣誉和利益的义务；遵守宪法和法律，保守国家秘密，爱护公共财产，遵守劳动纪律，遵守公共秩序，尊重社会公德的义务；维护祖国安全、荣誉和利益的义务；依法纳税等。这些宪法权利与义务都是公民的行为准则，相对于公民来说，是一个完整不可分割的整体。其次，从宪法对公

---

〔1〕 许崇德主编：《中国宪法》，中国人民大学出版社1999年版，第147～184页。

民权利与义务规定的原则看，"八二"宪法第33条规定"任何公民享有宪法和法律规定的权利，同时必须履行宪法和法律规定的义务"。直接表明公民在宪法权利与宪法义务面前，不能只享有权利而不履行义务，也不能只履行义务而没有权利。公民的权利与义务在宪法与法律的范畴内是一个相关的整体，具有一致性。宪法与法律之下的一致性具有严格的法定性。即公民所享有的权利是宪法与法律赋予的，在行使权利就不能超出宪法与法律规定的范畴。当然，要求公民履行义务也必须有宪法与法律的明确规定，即公民履行义务实质就是服从宪法与法律的规定。否则，任何设定都不能构成公民当然的义务。最后，从宪法对公民权利与义务规定的方式上看，"八二"宪法对公民的权利与义务主要采用列举的方式，用了大量的条文进行规定，并且分门类别的从政治、经济、文化等方面进行详细的规定。同时，对公民的某些权利与义务又采用相结合的方式进行规定的，既规定为公民基本权利，又规定为公民的基本义务。如"八二"宪法第42条规定"中华人民共和国公民有劳动的权利与义务"，第46条规定"中华人民共和国公民有受教育的权利与义务"。权利与义务的相互关系从形式与内容上体现了其相互一致性。

（二）行政法的功能表现

"八二"宪法所设定的公民基本权利较以前的宪法规定更加丰富与充实，这既体现了我国公民权利的历史发展过程，也体现了我国行政法学发展的重大历程。行政法的功能通常指行政法在行政管理事务中所发挥的作用。主要有维持功能、管制功能、扶助功能、服务功能、保卫功能。[1] 从这些功能的作用上看，其主要是围绕行政权与公民权的内容展开的。"八二"宪法对公民权利与义务的设定是宪法本身的客观需要，也是对行政法功能的塑造，也就是说，宪法在解决自我问题同时也解决了行政法必须予以解决的问题。完全可以这样说，宪法对公民权利与义务的规定使得行政法实现自己的功能有了宪法依据。

1. 维持功能。行政法维持功能是指通过宪法、行政法律、法规的规定，培养健全的政治，建立合理的生活规范及秩序，维护国家的政治、行政和社会的稳定。在政治事务上，"八二"宪法规定公民选举权和被选举权、表达自由权、公职权、诉愿权等。"八二"宪法第34条规定"中华人民共和国年满18周岁的公民，不分民族、种族、性别、职业、家庭出身、宗教信仰、教育程度、财产状况、居住期限，都有选举权和被选举权；但是依照法律被剥夺政治权利的人除外"。选举权和被选举权是公民参加国家与社会事务管理的重要手段，体现了人民当家做主地位。第35条规定"中华人民共和国公民有言论、出版、集会、结社、游行、示威的自由"，确定了四方面权利，即言论自由权（包含表达思想的自由和不受非法干涉两个方面）、出版自由权、结社自由权、集会、游行、示威权。体现的是公民作为国家的政治主体而享有参与国家政治生活的自由。此外，宪法还通过对公民义务的设定来对国家

---

〔1〕　关保英：《行政法的价值定位》，中国政法大学出版社1997年版，第93～95页。

政治、行政及社会稳定的维护。如"八二"宪法第 52 条规定："中华人民共和国公民有维护国家统一和民族团结的义务。"第 54 条规定："中华人民共和国公民有维护祖国的安全、荣誉和利益的义务。不得有危害祖国安全、荣誉和利益的行为。"在经济事务方面，主要是通过对公民财产权等经济权利的规定来维护政治、经济及社会的稳定。"八二"宪法第 13 条规定："国家保护公民的合法的收入、储蓄、房屋和其他合法财产的所有权。国家依照法律规定保护公民私有财产权和继承权。"1988年 4 月 12 日第七届全国人民代表大会第一次会议通过中华人民共和国宪法修正案作了修改，修改了宪法第 11 条，增加规定："国家允许私营经济在法律规定的范围内存在和发展。私营经济是社会主义公有制经济的补充。国家保护私营经济的合法的权利和利益，对私营经济实行引导、监督和管理。"把宪法第 10 条第 4 款"任何组织或者个人不得侵占、买卖、出租或者以其他形式非法转让土地"。修改为："任何组织或者个人不得侵占、买卖或者以其他形式非法转让土地。土地的使用权可以依照法律的规定转让"等。

2. 管制功能。行政法的管制功能有两方面的内涵。一方面，行政法要求政府行政机关及其工作人员依公益的要求与标准，对社会团体、企事业组织、公民个人的活动施以控制与检查，使其勿以"私利"害"公益"。"八二"宪法第 53 条规定："中华人民共和国公民必须遵守宪法和法律，保守国家秘密，爱护公共财产，遵守劳动纪律，遵守公共秩序，尊重社会公德。"宪法通过义务的形式要求公民将遵守宪法和法律作为自己应尽的责任，将保守秘密，爱护公共财产，遵守劳动纪律，遵守公共秩序，尊重社会公德作为自己的光荣的职责，从而促进了"公益"的实现。另一方面，行政法也要对政府权力实施控制，防止政府机关及其公务人员违法、失职、越权和滥用权力。"八二"宪法第 41 条规定"中华人民共和国公民对于任何国家机关和国家工作人员，有提出批评和建议的权利"。第 77 条规定"全国人民代表大会代表受原选举单位的监督。原选举单位有权依照法律规定的程序罢免本单位选出的代表"；第 102 条规定"省、直辖市、设区的市的人民代表大会代表受原选举单位的监督；县、不设区的市、市辖区、乡、民族乡、镇的人民代表大会代表受选民的监督。地方各级人民代表大会代表的选举单位和选民有权依照法律规定的程序罢免由他们选出的代表"。这些都是有关公民对政府及其公务人员实施监督的权利，其形式多样，直至通过法定形式行使罢免权，其从内容与程序对行政法的管制功能进行全面的设计。

3. 扶助功能。行政法的扶助功能是指由政府通过技术辅导、宣传、示范、奖励等方法使社会的农、工、商、矿、文、教等事业日益发展与进步。"八二"宪法第 47 条规定："中华人民共和国公民有进行科学研究、文学艺术创作和其他文化活动的自由。国家对于从事教育、科学、技术、文学、艺术和其他文化事业的公民的有益于人民的创造性工作，给以鼓励和帮助。"这是对行政法扶助功能的全面概括，保证这一功能有了实质性的内涵。

4. 服务功能。行政法的服务功能是指行政机关以法直接办理各种业务，供人民使用，为社会造福。"八二"宪法没有明确生存权，但对行政法的服务功能主要是通过生存权的内容来实现，宪法涉及生存权的内容相当广泛。第21条规定"保护人民健康"，第26条规定"国家保护和改善生活环境和生态环境，防治污染和其他公害"，第45条规定"中华人民共和国公民在年老、疾病或者丧失劳动能力的情况下，有从国家和社会获得物质帮助的权利。国家发展为公民享受这些权利所需要的社会保险、社会救济和医疗卫生事业"。这些规定保证了行政法服务功能实现的可行性，并且指出了其实现的与有效途径。

5. 保卫功能。行政法的保卫功能主旨在于维护社会安定和保护人民的生命、财产及各种权益，防止国家行政机关及其工作人员侵犯或损害公民合法权益的行为。"八二"宪法第41条第1款规定："对于任何国家机关和国家工作人员的违法失职行为，有向有关国家机关提出申诉、控告或者检举的权利，但是不得捏造或者歪曲事实进行诬告陷害。对于公民的申诉、控告或者检举，有关国家机关必须查清事实，负责处理。任何人不得压制和打击报复。"宪法这一规定是通过赋予公民监督权与救济的权利来反映行政法的保卫功能的。

三、行政立法的相对松弛

行政立法是国家立法的重要组成部分，主要是指有权的国家行政机关制定行政法规和规章的行为。行政立法在我国经历了从无到有，从小到大的缓慢发展过程。1982年的宪法在总结历史和现实的经验教训基础上，确立了现行的行政立法体制。从我国行政立法实践及成果来看，行政立法具有其存在的历史必然性和合理性，实现了许多行政行为由无序向有序的转变，然而它的大量运用又引发了许多新的问题。20世纪末，在国家行政权力膨胀的状况下，行政机关利用行政立法使不法利益合法化的现象时常发生，导致了人们开始对行政立法给予更多的关注，对行政立法存在的价值和作用也提出诸多疑问。相对于国家权力机关的立法而言，行政立法在执行国家权力机关的决定起到重要的作用，有着自身存在的价值，但行政立法的状况却比权力机关立法松弛得多。

（一）行政立法主体的广泛性

自我国规定行政立法权限很长一段时间以来，对行政立法主体都没有一个明确的法律规定。根据"八二"宪法的规定，我国的行政立法是两级多层次的立法体制。所谓"两级"指中央与地方两级；"多层次"是指同一级别里还存在不同的层次，呈现出种类多、范围广的局面。概括起来主要有四类：第一类是国务院，国务院所属各部委，国务院直属机构；第二类是省、自治区、直辖市的人民政府；第三类是省、自治区人民政府所在地的市和经国务院批准的较大的市人民政府；第四类是经济特区的人民政府。上述所列第一类属于中央行政立法，第二、三、四类则属于地方行政立法。在中央行政立法与地方行政立法中又存在不同的层级，不同的层级里则又存在多个行政立法主体。此外，这些行政立法主体的权限来源也相当的广泛。一是职权立法，行政职权立法是来自宪法的规定，如"八二"宪法的 89 条规定"国务院行使下列职权为：①根据宪法和法律，规定行政措施，制定行政法规，发布决定和命令……⑱全国人民代表大会和全国人民代表大会常务委员会授予的其他职权"，就赋予国务院的职权立法；二是授权立法，主要有两种：其一，全国人大及常委会通过决定对国务院、地方政府的行政立法授权。如上述第四类机关的立法；其二，法律对国务院及其部委的立法授权。如《中华人民共和国药品管理法》第 59 条规定"国务院卫生行政部门根据本法制定实施办法"。

（二）行政立法权限的概括性

"八二"宪法第 89 条规定了国务院的 18 项职权，《立法法》第 56 条规定"国务院制定的行政法规，可以就下列事项作出规定：①为执行法律的规定需要制定行政法规的事项；②宪法第 89 九条规定的国务院行政管理职权的事项"。此外，宪法对国务院各部门、地方行政立法主体的职能也作了相应的规定，立法法对其在职权范围内的行政立法权均予以了确认。如"八二"宪法第 107 条规定"县级以上地方各级人民政府依照法律规定的权限，管理本行政区域内的经济、教育、科学、文化、卫生、体育事业、城乡建设事业和财政、民政、公安、民族事务、司法行政、监察、计划生育等行政工作，发布决定和命令，任免、培训、考核和奖惩行政工作人员"。从这些规定看，宪法与法律赋予行政立法领域非常广泛。同时，在明确行政立法制定主体的前提下，抽象地规定了其立法权限，给行政主体较大的行政立法的空间。只要行政法规、规章不与宪法和法律相抵触，行政机关的立法行为就不构成越权，行政机关据此所享有的立法权也就几乎没有什么限制。

行政立法主体制定出大量的行政法规与规章来保障行政机关的管理活动，使自己的管理活动能通过法律的强制力来保障实施。同时，也就难免行政立法主体通过行政立法的途径来实现自己不当利益合法化现象的发生。在层与层之间、级与级之间的行政立法权限规定得较为概括，没有明确、具体的规定。各行政立法主体根据具体情况与需要进行相关的行政立法，具有很大的灵活性，引起了法与法之间的冲突的现象也频繁发生。主要表现在行政立法主体之间的权限交叉与冲突。如国务院与全国人大常委会立法权限之间，国务院甚至突破立法权限代替人大常委会立法。以国务院为例，据统计，截至 1999 年 3 月，国务院共制定行政法规 769 件。其中，国务院几乎垄断了税收立法权，据统计，新税制改革以前，在我国全部税收立法中的全国人大及其常委会制定的税收法律只有 4 个，仅占 10% 左右，其他的近 80% 为国务院制定，另有 10% 左右为财政部、税务总局、海关总署所制定。实行新税制后，共有 24 个税种、23 个税收行政法规和有效税法出台（包括海关），其中加上税收征管法，全国人大及其常委会制定的税法也只占 15.2%，而国务院制定的税收行政法规则占84.8%。如果加上税收征管法，全国人大及其常委会制定的税法也只占21%。[1] 此外，行政法规、规章的制定权与法律之间、行政法规之间、规章之间都存在一定的冲突。从这些冲突现象中，我们就可以看出我国缺乏统一的行政立法标准体系。各行政立法主体在其职权范围内，不管法律有无规定，只要不存在与法律相违背就可以制定行政法规与规章。没有运用统一的立法标准去系统和有效的控制行政立法是其松弛的主要的根源。

（三）行政立法程序的简单性

"八二"宪法确立行政立法以来，一直没有确立统一的行政立法程序规则。这使得各行政立法主体在行政立法上缺乏法律上的依据，从而使各行政立法主体在行政立法程序上相当的自由。特别是在地方的行政立法中，各地方政府规章的通过及批准等环节上很不规范，也不统一。具体表现在：一是制定过程中公众参与程度欠缺。行政立法应充分反应人民的意志，才能维护人民的利益。行政机关在行政立法过程中，也可能通过咨询、协商等方式收集民意，但没有法律规定为行政机关必须的法律义务，公众能否参与行政立法过程往往取决于行政机关的单方意志。二是行政立法不够公开。我国的行政立法公开是相当有限的，行政立法各个阶段及其阶段性的成果均不能做到向社会公开，如立法性文件、立法会议一般都不能向社会公开。三是行政立法听证程序不够完善。由于立法法对立法听证的规定比较原则，缺乏相应的操作规则，便导致各地在举行行政立法听证时方式各异，相对来说都比较简单。由于听证人与听证陈述人的权利义务不明确，都不会承担具体的责任，很多地方的行政立法听证成为了形式。

（四）行政立法监督的疲软性

行政立法的法制监督疲软性表现在两个方面：一是缺乏行政法本身的自我控制，我国的行政立法注重对行政相对人的行使权力，而往往忽视了规定行政主体的过错责任，使得行政行为缺乏行政法本身的监督；二是缺乏有效的监督机制。"八二"宪法第67条规定全国人大常务委员会可以"撤销国务院制定的同宪法、法律相抵触的行政法规、决定和命令"；第89条规定国务院可以"改变或者撤销各部、各委员会发布的不适当的命令、指示和规章；改变或者撤销地方各级国家行政机关的不适当的决定和命令"；第104条规定"县级以上的地方各级人民代表大会常务委员会监督本级人民政府、人民法院和人民检察院的工作；撤销本级人民政府的不适当的决定和命令；撤销下一级人民代表大会的不适当的决议"；第108条规定"县级以上的地方各级人民政府领导所属各工作部门和下级人民政府的工作，有权改变或者撤销所属各工作部门和下级人民政府的不适当的决定"。这些规定只赋予了撤销和改变的权力，并没有规定一系列惩罚措施与责任追究制度，也意味着相对人对不科学与不合理的行政立法所造成的损害不能得到有效的救济。损害得不到救济必然有损法律

---

〔1〕　戚渊：《论立法权》，中国法制出版社2002年版，第177页。

的公正与权威。

四、部门行政法中的经济行政法

部门行政法中的经济行政法，简单地说，就是指有关部门行政法中关于国家经济管理规范的总称。它是随着行政法的研究不断深入与经济的不断发展而兴起的一个部门行政法。杨海坤教授认为"经济行政法，就是对我国各种经济管理法律规范的总称，它的调整对象，就是国民经济行政管理活动中所发生的各种关系"[1]。"八二"宪法的制定与不断修正过程，直接地反映出我国经济由计划向市场经济的变迁过程，经济制度的变迁必然要有一个完整的法律制度来保障。经济行政法在很大的程度上就担负了此项职能。从我国制定的经济管理法规的分布状况上看，大多数部门的经济行政法规分散在部门行政管理法中。由于我国的部门行政管理法其采取的是二元结构的立法体制，即规范行政相对人与规范行政主体的内容全部规定在一部部门行政法典中。部门行政法中经济行政法呈现出的也是这样的格局。从总体上看，在"八二"宪法的指导下，我国部门行政中的经济行政法自成一体逐步趋向成熟。

（一）经济行政法管理领域系统化

经济行政法作为部门行政法的一类，从总体上讲是以经济行政法的规范在部门行政法涉及行政管理领域的划分。每一个部门行政管理都有一些经济行政法的管理规则，若将这些部门管理规则集中在一起进行分析的话，我们会发现经济行政法领域的划分从某种意义上讲是经济行政法的基本内容系统化。因为只有对经济行政法分布的领域作出合理划分，才能逐步建构我国经济行政法的体系。目前我国经济行政法分布的领域非常的广泛，主要有：工商经济行政法，如《中华人民共和国企业法人登记管理条例》等；税务经济行政法，如《中华人民共和国税收征收管理法》等；海关经济行政法，如《中华人民共和国海关法》等；价格经济行政法，如《中华人民共和国价格法》等；土地经济行政法，如《中华人民共和国土地管理法》等；环境保护经济行政法，如《中华人民共和国环境保护法》等；能源管理经济行政法，如《天然气商品管理暂行办法》等；交通经济行政法，如《中华人民共和国公路法》等；国有资产管理部门经济行政法，如《国有资产管理办法》；劳动部门经济行政法，如《中华人民共和国劳动法》等；财政经济行政法，如《政府采购法》等；审计经济行政法，如《中华人民共和国审计法》等；金融经济行政法，如《中华人民共和国中国人民银行法》等；对外贸易部门经济行政法，如《中华人民共和国反倾销条例》等。此外，还包括科学技术经济行政、商标经济行政法、专利经济行政法、教育经济行政法、农牧渔业经济行政法、地质矿产经济行政法、林业经济行政法等。

---

[1] 杨海坤："《民法通则》的公布和我国经济行政法的发展"，载杨海坤编：《市场经济、民主政治和法治政府》，中国人事出版社 1997 年版，第 324～325 页。

（二）经济行政行为主体明确化

经济行政行为都是一定行政主体的行为，当经济行为与经济行政行为主体对应以后，经济行政行为本身才具有合法性。所谓经济行政主体，是指在经济行政法律关系中，享有经济行政权力、履行经济行政义务、承担经济行政责任的国家机关及法律法规授权的组织。"八二"宪法与依据该宪法制定的部门行政法对经济行政主体都有相应的规定，通过规定行政机关的经济职能来设计行政机关的经济行政主体资格。如宪法第107条规定"县级以上地方各级人民政府依照法律规定的权限，管理本行政区域内的经济、教育、科学、文化、卫生、体育事业、城乡建设事业和财政、民政、公安、民族事务、司法行政、监察、计划生育等行政工作……"部门行政法是在确立某一具体的经济行政行为时就同时规定了该行为的经济行为主体。如《中华人民共和国税收征收管理法》第5条规定"国务院税务主管部门主管全国税收征收管理工作。各地国家税务局和地方税务局应当按照国务院规定的税收征收管理范围分别进行征收管理"，规定了国家税务局和地方税务局是税收征收管理机关，国家税务局和地方税务局以外的机关则不能实施此条规定的经济行政行为。

（三）经济行政行为措施制度化

经济行政行为是行政机关在管理经济活动过程中作出的行政行为。"八二"宪法强调我国为法治国家，经济行政便必须要依法行政，即所有的行政权力必须是在法律规定的范围内行使。从我国的宪法及法律规定来看，经济行政法是在宪法的指引下，具体经济行政法规则大部分则存在于部门行政管理法之中。归纳起来，主要有强制性经济行政行为与非强制性经济行政行为两大类。

强制性经济行政行为主要有：一是经济行政许可行为，此类行为赋予了行政主体实施行政许可行为的资格，行政主体并因此对行政相对人实施行政审批；二是经济行政检查行为，即部门行政法赋予行政主体对某些事项实施行政检查行为；三是经济行政处罚行为，是指经济行政机关依据法律的规定并经法定的程序对经济行政相对人所作出的制裁行政行为。在行政处罚行为之下，存在着警告、罚款、吊销许可证执照、行政拘留等众多具体的经济行政行为类型。四是经济行政强制执行行为，指国家机关依法对拒不履行经济行政法义务的相对人采取强制性措施的行政行为。行政强制行为有两种，分别是行政强制执行与行政强制措施。行政强制执行是指行政机关对违法当事人采取的强制执行的具体行政行为。如行政主体对不交纳税款的人强征滞纳金；行政强制措施是指行政主体对当事人在紧急情况下采取的处罚措施。

非强制性经济行政行为主要有两种：一是经济行政指导行为，指国家经济行政机关为了实现一定的经济目的，通过采取非强制性的手段引导其职责范围内的行政相对人作为或不作为的行为方式。我国经济领域的行政指导非常广泛，如产业政策的指导、技术指导、就业指导等。二是经济行政合同行为，指经济行政机关为了实现经济管理的目标与行政相对人就特定的经济行政事务依法设立、变更、终止行政法上权利义务关系的协议。我国的经济管理领域适用经济行政合同有公共事业管理、国有资产管理等。

（四）经济行政行为救济途径法定化

部门行政法中对经济行政行为的规定，基本上没有规定行政行为的实施程序，但是一般都规定了经济行政行为若对公民、法人或其他组织的权益造成损害时的救济途径，即经济行政行为救济。目前，我国宪法与部门法规定基本的经济行政行为救济途径有两条：一是经济行政复议，是指法定的行政复议机关对经济行政相对人提出的认为经济行政机关侵犯其合法权益的申请进行审查并裁决的活动。如《中华人民共和国民用航空器适航管理条例》第 26 条规定："任何单位或者个人对民航局作出的罚款决定不服的，可以在接到罚款通知书之日起 15 日内向民航局提请复议"。二是经济行政诉讼，指经济行政相对人认为经济行政机关的具体行政行为侵犯其合法权益，依法向人民法院起诉，由法院依法审查具体行政行为的合法性并作出裁判的活动。如《中华人民共和国海关法》第 64 条规定："纳税义务人同海关发生纳税争议时，应当交纳税款，并可以依法申请行政复议；对争议决定仍不服的，可以依法向人民法院提起行政诉讼。"

第四节　市场经济与行政法理论的完善

一、宏观调控中的行政法治

市场经济是社会化的商品经济，是市场在资源配置中起基础性作用的经济，具有平等性、竞争性、法制性和开放性等特征。市场对实现资源的优化配置发挥着积极的作用，是实现资源优化配置的有效形式。但市场的调节的作用不是万能的，完全的市场配置资源方式在促进经济发展的同时，也会使整个社会的生产处于无政府状态之中。由此可见，市场经济的正常发展，不仅要充分发挥市场的作用，而且离不开国家的宏观经济调控。国家的宏观调控是指国家运用各种手段对国民经济进行的控制和调节。20 世纪 30 年代以来市场经济发展的实践证明，国家的宏观调控已经成为现代市场经济的重要组成部分。特别是第二次世界大战后，发达资本主义国家无一例外地认为单纯的市场调节存在着诸多的缺陷，大多数国家都主张国家干预经济生活，对经济运行活动进行宏观调控。1933 年，罗斯福"新政"就是开创资产阶级政府对经济运行加以干预的开端。1936 年，英国资产阶级经济学家凯恩斯发表的《就业、利息和货币通论》，系统论证了国家或政府干预经济的必要性和行动纲领，科学地论证了国家宏观调控作为资源配置的手段应成为现代市场经济的重要组成部分。对此，正如邓小平同志指出，计划多一点还是市场多一点，不是社会主义和资本主义的本质区别，社会主义和资本主义都可以采用。

（一）宏观调控与政府职能

在我国传统的计划经济体制下，政府管理方式就是对社会事务的全面干预，事无巨细一律纳入行政控制之下。在市场经济制度的不断运行过程中，市场机制则迫切要求政府改变这种方式，建立起由国家宏观控制下市场自发对社会资源进行合理配置的管理方式，宏观调控作为一种管理和控制的手段便适时应运而生。宏观调控与传统的政府全面干预经济行政管理的行政职能是相对立的。因此，行政机关应赋予自身新的宏观调控职能内涵。

亚当·斯密认为政府职能表现在三个方面："第一，保护社会，使其不受其他独立社会的侵犯。第二，尽可能保护社会上各个人，使其不受社会上任何其他人的侵害或压迫，也就是说，要设立严正的司法机关。第三，建设并维持某些公共事业及其某些公共设施（其建设与维持绝不是为了任何个人或少数人的利益），这种事业与设施，在由大社会经营，其利润常能补偿所费而有余，但若由个人或少数人经营，就绝不能补偿所费。"[1] 穆勒则认为政府职能有四个方面："第一，保护不能照顾自身利益的儿童和其他人。第二，当个人对他遥远未来的利益作出不可挽回的决定时，例如签订永久性契约，政府应当干预。第三，只能由代表来执行的事情，如联合股份公司或股份有限公司等，国家通常比个人干得好。第四，对个人判断有必要实施法律干涉的一些事情，如减少工厂劳动时间等，政府应当干预。"[2]

上述观点都能体现政府职能的宏观调控作用的价值。从市场经济的运行机制及其在实践中表现出的优点与缺点来看，宏观调控下政府职能的新内涵应体现在以下几方面：一是服务职能。政府作为管理社会的主体，其首要任务是为社会提供服务，例如公用设施的筹建、公益事业的举办、良好环境和秩序的创造以供人民使用或享用。二是保护职能。旨在维护社会安定和保护公民、法人、社会组织等的生命、财产及各种权益，防止国家行政机关及其工作人员侵犯或损害其合法权益以及其彼此之间的伤害。三是扶助职能。即政府通过技术辅导、宣传、示范、工作奖励等方法使社会的农、工、商、矿、文教等事业日益发展与进步。如工矿登记、农业改良、学术发明的奖励、版权以及商标权的保护等。四是适当的管制职能。政府行政机关及其工作人员依公益的要求与标准，对公民个人、社会团体、企业事业组织的活动施以适当控制或检查，使其勿以"私利"害"公益"。如国际贸易外汇价格的管制、工业安全的检查、战略物资的控制、经济垄断的禁止，部门行业利益的纠正等。通过这几个方面职能的行使，达到维护正常社会状态的目的。[3]

（二）宏观调控与行政法治

宏观调控是市场经济下国家管理社会事务的一种科学的管理模式，国家宏观调控的手段包括经济手段、法律手段和行政手段。宏观调控主要运用经济手段和法律手段，同时辅之以必要的行政手段。而在传统的计划经济体制下国家管理主要是行

---

〔1〕 转引自曾繁正编译：《经济管理学》，红旗出版社1998年版，第6页。
〔2〕 转引自曾繁正编译：《经济管理学》，红旗出版社1998年版，第7页。
〔3〕 关保英：《行政法模式转换研究》，法律出版社、中央文献出版社2000年版，第236页。

政手段。政府几乎无所不包，无所不能。相比之下，社会主义市场经济体制的国家管理方式较传统计划经济体制发生了巨大的变化。这种的变化的结果直接导致的就是设计政府职能的传统行政法制要发生根本的变化。经济系统和社会系统的状况决定了法制系统的结构和模式，进而决定了法制系统的目标和价值、性质和功能、过程和手段。传统法制系统从结构和模式上看，呈现出高度一体化、统一化和权威化，该结构下法制系统的社会适应性较差。从性质和功能上看，以稳定化、秩序化、程式化为特征。一则强调法制系统的稳定性和操作过程的程式性，二则强调法律对社会和经济秩序稳定性的认可和保护；从过程和手段来看，法律的适用过程也就是司法机关和行政机关对社会生活全面控制和干预的过程，并以刚性为主要法制手段。此种法制调控模式和法律价值与新的社会结构、经济运行是格格不入的，具有明显的时代滞后性。[1]

随着市场经济的不断深入，政府行政部门应围绕有利于市场经济的角度来确立自己的管理职能，建立起适应社会主义市场经济宏观国家管理调控体系。政府行政部门行政管理指导思想要以宏观调控为主，不再大包大揽一切社会管理事务，将市场承担的职责交给市场，个人决策的事务交给个人。行政机关职权上以行政部门为本位的全面干预应转向服务职能，允许管理相对人有较多的自主权和参与竞争机会，尽量减少政府的管理环节。要达到此目的，就必须要用法律来规制行政机关的职能，政府只有依法进行宏观调控才会为市场参与者创造良好的法治竞争环境与市场秩序。具体来说，宏观调控下的行政法治要体现以下几方面的特点：其一，较强的指导性与原则性。就是说行政法规只提供一般性的、普遍性的法律原则，规制行政过程和相对人行为的基本方向，而不直接、具体地制定范围，限定手段，不涉及具体的社会事务。其二，市场主体的自主性。在一个社会中，若各种文化和生活形态逐渐认同于某一个主要的组织，则为了社会的健全就需要主要的领导阶层有充分的自治。它需要自治的企业和自治的管理人员。[2] 市场经济是一种社会参与经济，参与者参与的深度、广度实质上决定着市场的深刻程度和活跃程度。肯定了管理对象的自主性以后，就为其积极地、认真地参与市场创造了条件，提供了机会，最终利于市场的活跃。其三，行政法的服务功能。市场经济下，行政的基本职能之一就是服务。要求政府把以前的干预取向变为为社会和企业提供方便的行为取向，为市场参与者创造良好的市场竞争的环境。

二、市场主体与行政相对人的法律人格

"如果一个公共行政制度只注重法律而不关心人格，那么它就有可能导致独裁与

---

〔1〕 关保英：《行政法模式转换研究》，法律出版社、中央文献出版社 2000 年版，第 236 页。

〔2〕 ［美］彼得·杜拉克：《经营管理——工作、责任与实践》，台北中兴管理顾问公司 1980 年版，第 332 页。

压迫。"[1] 可见对人格的关注是现代民主法治国家的客观需要。法律对人格的确定，正好印证了社会发展对人格的关注与重视。所谓法律人格是指法律赋予或承认的享有法律权利和承担法律义务的法律主体资格。换句话说，就是指具有法律上的主体地位，能以自己的名义从事法律上的行为，并在法律关系中享受权利并承担相应的义务的资格。一种社会主体只有具有法律人格，才能参与一定的法律关系，才享有和行使法律权利，承担和履行法律义务。在市场经济下，厘清市场主体的"法律人格"有着重要的理论及现实意义。

（一）"法律人格"突出人格的法定性

所谓确认标准是指确认某一事物区别其他事物的方式和方法。法律人格的确认标准是指在整个社会管理体系中，确立一定社会主体的某种资格，使之区别于其他主体的方法。"法律人格"从语源上来看源于拉丁语 *Persona*，*Persona* 原本是用于演戏方面的意思，并进而引申指扮演剧中演员的角色。[2] 在一种法律体系中，哪些社会实体具有法律人格，各自具有什么样的法律人格，哪些社会实体不具有法律人格，取决于人们持有什么样的法律人格观。这样的人格观导致的结果也就不同。从人们对人格的观点来看，法律的人格观主要有两种观点：一种是法律确定的主体资格为"法律人格"；另一种是行政主体的认可的资格为"法律人格"。两种不同的标准导致法律责任也就不同，一种是法定的责任，另一种便是人定责任。市场经济是法治经济，市场经济对市场主体与行政相对人法律人格的确认需要的是一种法律标准，对其责任的认定也要求是一种法律确认。"法律人格"是一种立法技术层面上的问题，一种法律上的技术概念。它的作用在于通过法律的形式对法律认可的"人"予以认可并赋予一定的形式，从而使具有形式的"人"能进入法律的范畴，与法律其他的内容一起形成一个有机的整体。因此，其必须是基于法律的规定，而不能人为的设定。星野英一教授认为，"法律人格"并非指人的整体，而是指脱离人的整体的人在法律舞台上所扮演的地位或角色，具有象征性。它是一个反映人一定侧面的概念，并不一定与人性有联系的法律上的特别的资格。[3] 由于人格概念与自然人的人性并不具有必然的联系，法律也就可以赋予一定社会团体法律人格。

（二）"法律人格"突出经济与行政关系法定性

"法律人格"是法律对"人"（包括单个的人与一些社会团体）的一种认可，而不是某个人或某个机关对"人"的认可。在不同的法律关系中，不同的部门法每一个"人"的法律人格认同有着不同标准。也就是表明，不同的"人"在不同的部门

---

〔1〕 ［美］E. 博登海默：《法理学——法哲学及其方法》，邓正来等译，华夏出版社1987年版，第355页。

〔2〕 ［日］星野英一："私法中的人——以民法财产法为中心"，王闯译，载梁慧星主编：《为权利而斗争》，中国法制出版社2000年版，第337页。

〔3〕 ［日］星野英一："私法中的人——以民法财产法为中心"，王闯译，载梁慧星主编：《为权利而斗争》，中国法制出版社2000年版，第338~340页。

法中有着完全不同的法律地位。法律所调整的不同的社会关系对法律主体资格要求是不一样的。在不同的法律关系中，有些人在几乎所有条件下均可获得"法律人格"，一些人只有在条件成就时才可获得法律人格，而有些人在任何条件下均不可能获得法律人格。这些完全基于不同的部门法对"法律人格"的规定。"法律人格"是一个象征，任何人只要获得法律人格，就平等的享有该法律规定的权利与义务。市场经济既是一种自由竞争的经济，又是一种由国家进行宏观调控的经济。市场经济的双重属性决定了市场主体的同一行为处于不同的法律关系当中，同时受到不同的部门法律调整。"法律人格"就是保障了市场主体在不同法律关系中的权利与义务。从而保障经济与行政法律关系的有序进行。另外，在市场经济条件下，国家承担着一定的经济职能，行政主体行使行政管理权来建立和维护有序的市场秩序是国家行使职能的主要手段。在这种情况下，行政主体是以管理者的身份出现，行使的是行政法上的权力，与行政主体相对应是行政相对人，两者之间表现是行政法上的权利与义务关系，行政主体与行政相对人就基于"法律人格"受行政法的调整。但国家作为财产所有者也可以直接从事市场经济活动时，如进行投资、商业等活动时，各实施主体便基于"法律人格"的规定受民法的调整，行政主体与其他市场主体便处于平等的法律地位。因此，厘清了市场主体在不同法律关系中的"法律人格"，也就理顺市场主体在市场经济中行政、民事法律地位与责任。可见，市场主体的"法律人格"确立既明确了其在市场经济中所享有的权利与义务，又维护了市场经济的法律秩序。从不同的角度和谐了市场关系，反应了市场经济的本质要求。

（三）"法律人格"突出责任的法定性

市场经济是一个涉及多方利益的经济制度。"法律人格"的确立就是要赋予一定的"人"取得利益的权力与资格。是在此一主体与彼一主体的关系形式上表现出来的。在这样的关系形式下，要么依法实现"人"的合法利益，否则，导致的便是法律的责任。在行政法律关系中，与行政主体相对应是行政相对人，法律赋予行政相对人的法律人格，便赋予其行政法上的权力。行政主体与行政相对人之间的关系本身就是对社会利益的一种分配。如行政主体通过行政行为对社会利益分配得比较合理，此时，行政相对人的权益就得到应有的保护。反之，如行政主体对社会利益分配不公，或在行政过程中对行政相对人及其他的社会主体的利益分配不公，那么就侵害了一部分行政相对人的合法权益。行政相对人便可基于"法律人格"的权力与利益来寻求救济，行政主体便应承担相应的责任。在民事法律关系中，利益关系主要体现在平等市场主体之间。市场主体是通过平等的竞争来实现自己的利益。基于法律对人格的规定，市场主体便以平等的民事主体出现，其享有的是平等竞争的权利。当这种权利受到侵害，便可以追究侵害人的法律责任。

三、市场诸关系与行政法关系的内容构造

市场关系指市场主体与市场、市场主体与行政主体、市场与行政主体、市场主体之间、行政主体内部关系的总和。行政法主要解决的是社会主体之间的关系，也就是说，其调整的对象主要就是社会主体之间的关系。行政法的人民属性决定其调整市场诸关系要体现出人民的利益。市场经济中行政法的作用，简单地说，就是有关国家通过调控经济活动来服务于人民的利益。虽然不是调整平等主体之间的法律关系，但对市场经济活动中平等主体的影响相当的重要。公平、正义、诚信、效率、秩序等是行政法的价值，也是市场经济所追求的目标，二者具有同样的价值趋向。行政法的基础理论就是服务于人民的利益，人民在市场经济中表现为平等的市场竞争主体，人民能有一个平等、公平的竞争秩序，便是行政法服务于人民的现实表现。良好的市场诸关系构建迫切需要行政法的基础理论与价值标准作指导。行政法就是通过其基础理论与价值标准在行政法规范中有效结合来衔接与市场诸关系。对此，可以从两个方面来揭示。

（一）行政法的服务理论是建构行政法与市场诸关系有效衔接之基础

行政法的服务理论若从法治的层面讲可作这样的概括：政府由法律产生、政府由法律控制、政府依法律管理并为人民服务、政府对法律负责、政府与公民法律地位平等。[1] 政府与公民的关系是行政法调整的主要对象。在行政法律关系中，政府与公民之间的关系表现为行政主体与行政相对人之间的关系，是管理与被管理的关系。但在市场经济下，公民在经济活动中则是以平等的市场主体的身份从事经济活动。作为商品生产者和经营者的市场主体，根据价格、供求竞争等市场信号和自身的生产经营条件，自主决定扩大或减少某种商品的生产和需求，市场则像一只"看不见的手"自发地调节着人、财、物在全社会范围内的分配。市场之所以能自发的对资源起到调节作用，一方面是由于市场经济的运行规律的作用，即通过价值规律与竞争规律在市场中发挥作用；另一方面是有健全的法制保障，即市场主体按照一定的规则办事，这种规则就是法律。

市场经济是社会化的商品经济，是对资源配置起基础性作用的经济；更重要的是，它是一种法治经济，即用法律规则来保证市场有效运行的经济，要求任何经济活动都必须在法律规定的范围内进行。市场经济客观要求用法律规范来规范社会主体的权利与义务及政府的管理行为。经济管理与经济行为的规范化、法治化才能保证市场运行的有序化。社会主体的市场行为处于在政府管理之下，政府的管理理论模式便直接影响着社会主体的市场行为。在传统的计划经济下，社会主体的民事行为则受到行政指令的高度控制。在市场经济中，政府的职能则要发生转换，市场主体的行为只受到政府宏观上的调控，表现为国家的一种宏观的管理活动。这种活动是由行政法来进行有效的设计。行政法的理论模式也就决定了其与市场主体行为只能是一种服务关系。行政法中最基本、最原始的东西，即单个个人之间的利害冲突。市场经济是包含行政主体与各市场主体有利害关系的社会状态。行政法是被决定了

---

[1]　杨海坤、关保英：《行政法服务论的逻辑结构》，中国政法大学出版社2002年版，第3页。

的东西，即行政法可以对一些社会事务和社会关系作出设计、进行改变并形成新的社会关系。[1] "人民，只有人民，才是创造历史的动力"[2] 这就说明行政法的各种因素的最终决定因素是人民，人民设计的行政法建立在服务于人民的理论模式基础之上也便是历史发展的必然。

（二）行政法的价值是建构行政法与市场诸关系有效衔接之准则

任何一种法律制度设计，不同的主体及其之间的关系都会受到不同的具体规范来调整，行政法亦是如此。行政法对市场经济所涉及包罗万象的社会事态运用了大量的具体的规范去调整，这些规则通过对市场的规范，直接或间接影响着市场经济中的诸关系。这些规范促进市场经济健康的发展就会得到人民的认可，反之会被人民所抛弃。这就必然要求行政法在建构与市场主体的关系必须建立在一定的价值基础之上。边沁认为政府或法律的职责是通过避苦求乐增进社会的幸福"最大多数人的最大幸福是正确与错误的衡量标准"。[3] 依边沁的理论，政府的价值、行政法的价值最终都要归结到个人的生活中去，必须以个人的生活状况作为判断法律价值的标准。边沁进一步分析认为，个人的幸福有四点评价标准：一是物质财富；二是富裕；三是平等；四是平安。当行政法构建的社会能满足上述的四项标准，行政法就实现其存在的价值。可见，在市场经济下，行政法在关注衔接行政主体与行政相对人关系的同时，还十分关注其本身对市场主体之间关系的作用，才会满足个人的幸福与实现政府与法律的价值。

行政法与市场诸关系也正是通过其价值取向与具体规范的吻合来体现。首先是促进平等。我国学者普遍认为，市场机制能自发的对社会资源进行有效的配置，但是对公民之间来说，市场也可能产生一定的缺陷。市场不是必然的认为是社会公平的一种收入的分配方式。纯粹自由放任的市场经济可能产生令公民难以接受的高度不平等的收入和消费，市场配置有时会导致一些人一夜之间成为亿万富翁，而一些弱势群体却得不到最基本的生存保障。这种由于市场导致的不平等使经济目标与社会目标产生严重的冲突，是国家政治与伦理难以接受的。市场机制对市场主体的收入分配的不平等，必然要求政府采取一定的行政措施来改变收入不公的分配现状，这时政府就不得不通过它的权威来对收入进行适当的分配。行政法在诸多的领域内为促进市场主体发挥这一作用。如对社会救济、社会福利的规定。其次是规范市场竞争秩序。市场主体基于经济利益通过一定的市场行为与其他市场主体展开争夺，这就是市场经济竞争规律。自由放任竞争的市场经济所造成的后果已很明显，市场主体有时为了片面追求经济利益，一方面是破坏经济规律，为了自己的利益损害他人的利益。如垄断市场行为。另一方面是为了眼前的利益而破坏长远的、人类的共

---

〔1〕 杨海坤、关保英：《行政法服务论的逻辑结构》，中国政法大学出版社 2002 年版，第 47 页。

〔2〕 《毛泽东选集》第 3 卷，人民出版社 1991 年版，第 980 页。

〔3〕 ［英］边沁：《政府片论》，沈平等译，商务印书馆 1995 年版，第 92 页。

同利益。如生态平衡、环境污染等。为避免这些不当的行为，市场经济必须是建立在一定的规则内的经济制度。在市场经济下，市场主体的行为不能是为所欲为的，竞争行为受到市场机制的影响，同时要受到一定规则的约束。从衔接市场诸关系看，行政法治主要表现在两方面，一是确立市场管理的行政法治规则，是指国家立法机关制定的市场主体必须遵守的准则；二是建立完善的市场管理组织机构。主要包括：职能管理机构，如政法、工商、税收等；技术管理机构，如计量、质量管理机构；社会管理机构，如消费者协会。最后，是高效管理。市场诸关系相对于行政法来说，是一种管理者与被管理者之间的关系，对市场诸关系的直接与间接的管理与调节就是为了使市场主体在公平的竞争环境中获得最大的效益。行政法确立的原则属于法定的原则，如果得不到有效的实施，则不能达到预期的效果。效率管理的方式则要求行政主体在管理过程中，选择最佳的管理方案，以最小的人力物力来换得最大的物质财富。

四、行政责任的行政法设计

英国学者韦德认为，全部行政法可以认为是宪法的一个部门，直接发源于法治和议会主权的宪法原则。龚祥瑞教授认为"宪法是行政法的基础，而行政法则是宪法的实施。行政法是宪法的一部分，并且是宪法的动态部分。没有行政法，宪法每每是一些空洞、僵化的纲领和一般原则，至少不能全部地见诸实施。反之，没有宪法作为基础，则行政法无从产生，至多不过是一大堆零乱的细则，而缺乏指导思想"。[1] 我国的宪法规定"国务院实行总理负责制。各部、各委员会实行部长、主任负责制"，"地方各级人民政府实行省长、市长、县长、区长、乡长、镇长负责制"，"由于国家机关和国家工作人员侵犯公民权利而受到损失的人，有依照法律规定取得赔偿的权利"。行政责任应包括行政主体及其公职人员应当具有对事对人负责的精神，又包括行政主体或行政人员由于违法行为而应当带来的法律后果。[2] 因此，行政法对行政责任设计应围绕宪法这一规定而展开，对其外延不能扩大，内涵也不能缩小。同时，行政责任又是与行政执法责任关系非常密切的一种制度。行政责任是行政执法责任制的内容之一，是被行政执法责任制所包容了的，是行政执法责任制的最后一个环节。[3] 行政法作为一个部门法，对行政责任的设计除了在宪法的范畴内外，还应与之相关联的行政执法责任的衔接。行政法对行政执法责任的设计的诸多规定实质就是对行政责任的一并设计，属于行政责任的基本内涵之一，共同构成行政责任的整体含义。

---

〔1〕 龚祥瑞：《比较宪法与行政法》，法律出版社1985年版，第5页。
〔2〕 关保英：《行政法的私权文化与潜能》，山东人民出版社2003年版，第260页。
〔3〕 关保英：《行政法教科书之总论行政法》，中国政法大学出版社2005年版，第582页。

（一）行政法对行政责任的设计表现为责任主体的设计

行政行为都是一定主体的行为，当行政行为与行政主体对应时，该行政行为才可以实施。同时实施的后果也便有了相应的责任承担主体。行政法在规定行政行为的承担主体就必然要规定该行为的责任承担主体，才能体现行为与结果的对应。现行宪法与行政法规定行政行为承担主体有三个：一是国家行政机构总系统；二是具体实施行政行为的单个行政机关；三是行政机关的工作人员。这三类都是行政行为的实施者，他们在实施某种具体的行政行为就必然带来一定的后果。与此相适应，行政法就要规定该行为承担的责任主体。理论与实践界普遍认为，行政机关的管理职能最终都是分配给公职人员个人的，只有个人的失误才可能导致行政行为的违法或不当，因而由行政机关中实施行政行为的个人负责才是正确的。[1] 同时，宪法确定了首长负责制，也就意味首长就是行政责任的双重主体。行政法规定，首长既要对自己个人的行为承担责任，同时又要对其所领导的行政机关及其工作人员的行为负责。行政法对行政首长在多大的范围与多大的空间之内承担责任的规定实质上也就是对行政责任的具体设计。

（二）行政法对行政责任的设计表现为对行政责任归责原则的设计

行政责任否有能得到有效的追究在很大的程度上取决于行政责任的归责原则是否科学。我国宪法规定"由于国家机关和国家工作人员侵犯公民权利而受到损失的人，有依照法律规定取得赔偿的权利"。这一规定直接将行政责任的归责原则的设立赋予了立法机关，各立法机关便可根据具体的国情来设计准确的归责原则。从现行的法律及政策的规定，对行政责任的归责原则有不同的规定，主要有过错与违法两方面。过错原则是指行政行为发生过错以后，应当由相关机关与公职人员承担一定的责任。过错原则的前提是行政机关与其公职人员主观上有过错，故意或过失实施了某种损害行政相对人权益的行为。违法原则则是国家赔偿法对行政责任的规定。如赔偿法第2条就规定"国家机关和国家机关工作人员违法行使职权侵犯公民、法人和其他组织的合法权益造成损害的，受害人有权取得国家赔偿"，确立国家赔偿的行政责任为违法归责原则。也就是说国家机关和国家机关工作人员执行职务时的违法行为侵犯了公民、法人或其他组织的合法权益并造成损失，国家应当承担赔偿责任。该原则的确立同时也是对国家机关的行为准则与责任的法律规制，对保障公民、法人和其他组织的合法权益也就有了现实的意义。此外，首长负责制也是行政责任归责原则的一项重要的配套制度。长期以来，在我国"一旦决策出现失误，常常以集体承担责任的方式来代替个人承担责任，个人负责任结果导致人人没有责任"[2]"八二"宪法规定是首长负责制，明确出首长的地位与作用，确立首长个人对行政事态负责。体现了行政权力与责任一致性，既加强了首长的责任感，又较好地改变

〔1〕张淑芳："简论行政赔偿无过错责任"，载《法学天地》1993年第5期。
〔2〕王运生："公共行政的责任与民主"，载《中州学刊》2000年第3期。

了政出多门、互相推卸责任的局面。

（三）行政法对行政责任的设计表现为对行政责任承担的具体形式上的设计

行政权力与行政责任是对等的，行政权力的大小决定着责任的大小。在权力与责任之间，责任是保障其权力行使的制约规则。明确行政责任的形式是行政法的一项重要的具体任务。行政责任的承担形式主要体现在两个方面：一是政治责任。"八二"宪法第27条规定"一切国家机关和国家工作人员必须依靠人民的支持，经常保持同人民的联系，倾听人民的意见和建议，接受人民的监督，努力为人民服务"。鲜明地指出政府的宗旨是为人民服务。行政权的行使就是要围绕人民的利益展开。如果行政机关及其工作人员的决策失误或行为损害人民的利益，其行为与为人民的利益相违背就要承担一定的政治责任。政治责任的主要方式有质询、罢免、引咎辞职等。如《党政领导干部选拔任用工作条例》第59条规定"党政领导干部因工作严重失误、失职造成重大损失或者恶劣影响，或者对重大事故负有重要领导责任，不宜再担任现职，由本人主动提出辞去现任领导职务"。二是法律责任。主要包括民事法律责任、行政法律责任与刑事法律责任。民事法律责任是指因行政权力的行使使公共资金遭受了不必要的损失，国家承担相应的补偿责任。同时包括故意或重大过失承担的赔偿责任。行政法律责任是行政机关及其工作人员的行为没有触犯刑律，因违反了行政法而承担的行政法律责任。

（四）表现为对行政责任追究制度的设计

完美的内容与科学的归责原则，只有具有具体的制度才能赋予实施，才能将行政责任的追究落到实处。行政法在追究制度的设计上体现出了简便与法定的原则，主要有两种方式：

1. 行政机关确认与追究。对行政责任的确认和追究，行政机关的自我纠正也是一个重要的方式和途径。其意义在于行政机关对自我行政行为的修正来确立正确的行政事态；另一方面是便于行政相对人的损害快速及时得到解决。其方式主要有：行政复议、行政监察、行政处分三种。行政复议是在政府行政系统的主持下解决行政纠纷的一种活动。行政监察主要是监察机关通过调查，对行政机关或其公务人员违法行为查处并依法以自己的名义作出处理，或者建议有权机关作出追究违法者的行政责任的活动。行政处分是对在有违法违纪行政公务人员给予一定的制裁活动。

2. 司法机关的确认与追究。司法机关确认和追究行政责任主要通过行政诉讼的形式。法律是解决纠纷的最后一道保障，其具有的法定性与强制性是对行政责任认定的客观依据。《中华人民共和国国家赔偿法》第13条规定"赔偿义务机关应当自收到申请之日起2个月内依照本法第四章的规定给予赔偿；逾期不予赔偿或者赔偿请求人对赔偿数额有异议的，赔偿请求人可以自期间届满之日起3个月内向人民法院提起诉讼"，此条规定明确赋予了司法机关对行政行为责任的认定权。

第五节　21 世纪行政法思想的新进路

一、行政法思想全球趋同化

全球化"是一种体现了社会关系和交易空间组织转变的过程,这一过程导致了洲际或区域内的活动、交往和权力的流动和网络的形成,包括经济、技术和法律的全球化"。[1] 从这一定义可以看出,法律全球化如同经济全球化,是当今世界经济发展的重要趋势,一样成为当今世界的基本趋势。"法律全球化是全球分散的法律体系向全球法律一体化的运动,或者全球范围内的法律整合为一个法律体系的过程。全球化时代,经济的全球化迟早将导致法律的全球化。"[2] 在法律全球化的进程中,行政法作为部门法肯定占有重要的一席。经济作为社会的基础,其全球化趋势日新月异,作为上层建筑的行政法肯定要适应经济基础的发展趋势而发展,其发展趋势便表现为政治制度的全球化动向。

(一) 行政法趋向与民主法治相衔接

社会治理方式是现代社会进步的标志,实现社会的法治化,由人治与权治向民主法治的转化是现代社会发展的必然要求。我国是有着两千多年的封建专制历史国家,"中华农业社会由千百个彼此雷同,极端分散而又少有商品交换关系的村落和城镇组成。但是,对外抵御游牧人的侵袭,对内维持社会稳定又是这个社会的全民性需要,这就有建立统一的、权威巨大的帝国的必要。然而,农业型的自然经济决定了,不能指望以商品交换形成的纽带来维系国家的大一统,只能依靠政治上和思想上的君主集权主义将国家大一统变为现实",[3] 传统的观念与习惯使我国进入现代的法治社会时代受到相当程度的思想阻力。全球化的进程要求现代国家政治与经济的建设是以民主与法治作为前提与目标,并依此来衡量一国的政治与经济的文明程度。因此,对我国的政治民主与经济活动带来巨大的挑战。

传统的行政法突出的是政府行政系统对社会事务的管理,全球化的趋势必然要求其确立的原则与民主法治精神相一致。在民主政治上,行政权的扩张近代国家权力发展的一个重要的特点,为避免市场机制缺陷,国家往往通过立法的形式赋予政府集管制社会与经济的诸多权力。全球化的进程是对个人权利与公共权力界限不断调整的过程,导致民主管理处在不断变化的过程当中。在公共行政管理上,全球化的进程要求缩小政府干预的范围和程度,强调政府是依法行政,政府要在法定的范围内管理国家。因此,行政法在保障公民基本权利的同时,必须加强公民对行政权

---

[1]　乐欣文:"2002 年内地·香港·'法律全球化'研讨会综述",载《检察日报》2002 年 6 月 2 日。
[2]　周永坤:"全球化与法学思维方式的革命",载《法学》1999 年第 11 期。
[3]　冯天瑜等主编:《中华文化史》,上海人民出版社 1990 年版,第 179 页。

的民主制约和监督。也就是说，人民制定行政法不仅仅强调行政法是方便政府对社会的行政管理，也强调控制行政权的滥用，规范政府行政权的行使，从而更好为人民服务。故行政法应限制政府对社会生活介入的范围和程度，通过放松政府管制等法治措施来规范行政行为，通过强化服务与民主管理的过程，实现管制行政理念向服务行政理念转变、权威行政理念向民主行政理念的转变，从而推动行政法内容的国际化。在经济管理上，市场机制在经济建设中发挥着重要的作用。市场机制的内涵决定其要按照法定的国际规则来运转。只有这样才能确保一国的社会管理处于良好的法治状态之下，如果一个国家或地区不是处于政治经济与社会生活法治化的状态之下，其经济管理制度就不可能与国际规则相衔接。内部无规则，对外更无规则，国家的法制与经济建设就跟不上全球化的步伐。

（二）行政法趋向与 WTO 规则相衔接

世界贸易组织是全球规模最大的国际贸易组织，其宗旨就是为国际贸易创造一个良好的、公正、有序的市场竞争秩序。这与行政法在现代社会中的价值是一致的。任何一个加入 WTO 组织的成员国，遵守 WTO 的基本原则是加入 WTO 组织的前提条件。各成员国在享受 WTO 成员应享有的权利的同时，必须遵守相应的义务。从法律的角度上讲，WTO 的原则实质就是保障市场有序竞争的规则，其属于一揽子接受计划，也就是说我国的国内法与相关制度必须与之相一致。WTO 的基本原则有非歧视原则、市场准入原则、公平贸易和互惠互利原则、全国贸易政策统一与透明度原则等。[1] 其中，非歧视原则包括最惠国待遇原则、国民待遇原则。这些原则都是为了建立和维护各成员国在国际贸易的平等竞争权利的有效实现。同时又要体现出这些原则的法制化。我国加入 WTO 时就作出承诺："《WTO 协定》和本议定书的规定应适用于中国的全部关系领土……"，"中国地方各级政府的地方性法规、规章及其他措施应符合在《WTO 协定》和本议定书中所承担的义务"。纵观我国近几年的行政立法，诸多行政法规则就与 WTO 的原则就是相冲突的。例如，地方政府或一些国家经济部门在利益的驱使下，为了保护一小部分市场主体的利益，采取与中央精神不一致的行政立法来限制市场竞争，与 WTO 的非歧视性原则、市场准入原则及全国贸易政策统一的原则呈现出格格不入的局面。这些行政立法与我国法治社会的要求是背道而驰的，对我国履行 WTO 规则承诺义务造成了障碍，对国内市场竞争秩序造成了极大的破坏，阻碍了中国产业经济的形成，破坏了公平贸易的竞争秩序。因此，行政法应与 WTO 规则一致才能管理好市场经济。这便要求我国的行政法完全吸收和采纳 WTO 规则的基本原则，形成法定规则，才能保证我国的行政法的发展方向符合世界立法的潮流。

---

[1] 刘德标、薛淑兰编著：《世界贸易组织及多边贸易规则》，中国方正出版社 1999 年版，第 36～41 页。

（三）行政法趋向与司法审查制度相衔接

司法审查是现代民主法治社会所确立的一项重要法律制度，是行政权与公民权的互相制约的保障，体现的是一个国家的民主政治程度。该制度已普遍被世界各国所接受。"在美国，司法审查制度是指法院审查国会制定的法律是否符合宪法以及行政机关的行为是否符合宪法和法律而言"。[1] 在我国，司法审查"包括违宪审查与违法审查，因为违宪审查，专指宪法审查，并不包括违法审查；另一方面违宪审查就审查主体而言，司法机关和立法机关均可进行，所以司法对违宪的审查属于违宪审查的一种形式"。[2] 司法机关通过这两个方面的审查，可以起到相应的规制作用，一方面通过对行政立法的审查从而使法律本身合法，达到国家的法制和谐统一；另一方面通过对具体行政行为的审查，达到对国家行政机关的行为的监督，纠正其违法行为，保障受害人获得应有的赔偿。行政行为以行为方式的不同，分为抽象行政行为与具体行政行为。抽象行政行为是指行政主体制定和发布普遍性行为规范的行政行为；具体的行政行为是指行政主体针对特定的对象，并对其权利义务产生影响的行为。

从上述内容可以看出，行政行为的范围正好与司法审查的范围与相一致。行政行为借助司法审查的法律途径来实现自我的规范是现代社会的客观需要。现阶段，依据现行《中华人民共和国行政诉讼法》的规定，对行政行为的审查可以通过行政诉讼方式解决，但对抽象的行政行为的审查，则成为目前解决不当行政行为存在的难题。行政诉讼法及其司法解释规定法院审理行政案件可以参照规章，只意味着规章作为一种抽象行政行为纳入了司法审查，但是还有大量的不当行政行为披上的是行政法规、地方法规及其他规范性文件的合法的外衣。司法审查对此抽象行政垄断的审查则于法无据，只能靠行政机关的自我监督与权力机关的监督。以监督控制代替依法治理行政行为显然与现代法治精神不相一致。随着国家政权体制的发展，行政权所涉及的范围越来越广，到20世纪中期以后，行政权几乎涉及社会生活的各方面。如果不加大司法审查制度介入行政法领域，行政权的膨胀与滥用便得不到有效的制止，行政法治的目标就更难以实现。因此，确立对抽象行政行为的审查已迫在眉睫。

二、行政法思想走向后现代[3]

"后现代"是相对于现代社会而言的，美国的后现代主义思想家格里芬在定义

---

[1] 王名扬：《美国行政法》，中国法制出版社2005年版，第561页。

[2] 傅思明：《中国司法审直制度》，中国民主法制出版社2003年版，第107页。

[3] 关于本节"后现代化"与"行政法认知"的内容与理解，主要参考关保英教授的研究成果。参见关保英："现代行政法的终结与后现代行政法的来临——后现代现代行政法精神之论析"，载《河南政法管理干部学院学报》2006年第4期。

现代社会时，将其概括为四个方面的特征：集中化（centralization）、分离（differentiation）、机械化（mechanization）、物质主义（materialism）。[1] 随着社会的发展，现代社会的特征逐步被人类新的社会现象所代替，人民分别用后官僚时代、知识经济时代、信息时代、网络时代等含义来形容现代社会的重大变迁，这些变化也预示着一个新的社会时代的来临，即后现代，这也是人民区别于现代社会提出的观念观点。后现代的观念包含着一个新的历史时代、新的文化产品以及一种新的有关社会的社会理论类型。[2] 行政法是人民认识行政法现象的一种分析工具，行政法思想也就在后现代社会的社会属性影响下形成新的价值理念。

（一）行政法思想趋向体现人本属性

人是社会的第一要素，进入 21 世纪后，社会格局的诸多变化使人的地位越来越重要，社会给予人的关注也越来越明显。作为衔接行政主体与行政相对人关系的行政法在体现人本属性上发生质的飞跃。在后工业来临之前，社会官僚化是现代社会的一个重要的特征。所谓社会的官僚化是指官僚机构包括行政机构以及与行政机构并成的其他官僚机构成了现代社会生活的主宰者，整个社会的运行过程是官僚机构的驾驭下进行的。官僚机构既要确立社会过程的总体格局，又要设定社会过程中这样那样的法律关系，这些关系实质上是对社会关系的设立，只不过是其让这些社会关系法律化而已。其他社会成员的行为要么在官僚机构的直接监控之下，要么在官僚机构设定的规则的规范之下。虽然，行政法强调对人权的捍卫和保障，重视人在行政法治中的地位等。但这些官僚机构始终是社会中的主体要素，人只是在官僚机构设计的行政法规范之下的人，是存在普普通通的行政法关系中的人。行政法思想后现代化，这样的格局就会发生质的飞跃，突出人本属性是后现代行政法的精神，其主要表现出人在社会中的价值与作用，首先反映了人与行政法规范、与制定行政法规范主体之间的理性关系，要求行政法规范的设计以及行政法中官僚机构的状况都要由人来决定，人是整个行政法过程的发动机和最终的归属。

（二）行政法思想趋向私权属性

一般认为，有关民事以及其他法律中所反映和保障是私权，反过来说，私权是这些法律形成的基础。[3] 宪法、行政法和其他能够归入公法范畴的法所反映和保护是公权，公权就成为宪法、行政法和其他公法性文件存在的基础。因此，现代行政法的体系设计、制度构建、规制方式都以公权的运行状况而展开。然而，社会进入高级阶段后，作为社会主体的个人将替代官僚机构成为社会过程的主宰者，公权将成为一种没有根基的存在物，私权则以其特有的性质替代公权成为诸多法律的基础。行政法的基础适应了这一转变，一方面，行政法所涉及是管理规则，这些规则的最

---

〔1〕 〔美〕格里芬编：《后现代精神》，王成兵译，中央编译出版社 1998 年版，第 12~21 页。

〔2〕 〔美〕乔治·瑞泽尔：《后现代社会理论》，谢立中等译，华夏出版社 2003 年版，第 8 页。

〔3〕 〔意〕密拉格利亚：《比较法律哲学》，朱敏章等译，商务印书馆 1940 年版，第 197 页。

终主体是社会中的个体,这些个体以及与这些个体相关的私权就会对这些管理规则的制定起着决定的作用;另一方面,公权与私权都是为了维护一定的利益。行政法是为了一定的利益而设定的,但"对于一个以公共利益为借口的行政行为或者行政过程,可能行政法中的任何一个人都没有得到来自这种公共利益的实惠,这样就使公共利益的概念成了一个无法证明的虚假概念"。[1] 利益的最终证明是要回归到个体身上,任何集合要素都无法对利益状况作出证明。

(三)行政法思想趋向民治属性

《中华人民共和国宪法》第13条修正案规定"依法治国,建设社会主义法治国家",确立了我国法治的治国理念。宪法所确立的这种治国的理念也就当然的会深植于行政法当中。法治即用法律手段对国家管理过程进行调控,以法规范权力主体行使等,法治"不是强调政府要维护和执行法律及秩序;而是说政府本身要服从法律制度,而不能不顾法律或重新制定适应自身利益的法律"。[2] 中共十六大文件指出,依法治国的关键是依法行政,即法治的内容必须体现到行政权的行使中,对行政权进行规范是依法治国的关键环节。在现代国家中,法治与民主是分不开的,法治是治理国家过程中的一种外在形式,而民主则是法治的物质内涵。法治与民主的关系在现代行政法中表现就是政府行政系统的职权行使和国家的行政过程必须在宪法和法律规范下进行,而进行的主体是由人民选举和决定的。也就是说,在现代行政法法治理念下,认可了人民对规则的选择权,认可了人民对权力行使者行使权力之资格的承认权。但在这种情况下,人民对行政权的运行过程则是间接的,在某些方面就制约了行政过程的社会化和人民性。随着社会的发展,行政权人民本位与行政法人民性在社会不断得到体现,现代行政法民主属性逐步趋向后现代民主基础上的民治就成为行政法思想发展的趋势,在民治的行政过程中,即人民已不是间接地决定规则或权力的行使者,其除了有选择权外,还有一定的决定权,可以直接决定自己的权利与义务以及在行政过程中的职责,从而决定了行政权的走向。

(四)行政法思想趋向科学性

一个事物是否具有科学属性,有五个判断标准,即该事物是否具有客观性、系统性、普遍性、精确性、原则性。符合这五个特性的行政法现象就是具备科学属性的行政法现象。现代行政法还不能够完全用科学属性的五大标准来衡量。后现代行政法是在全球趋同、科技高速发展的社会格局下产生的,行政法的地理特性相对较少,可以形成一个体系,其规范内容既符合自然现实又符合社会现实,是自然现实、社会现实和规则体系三者的有机统一、和谐一体。所以后现代行政法能够与自然的、社会的客观实在对应,能够用连贯的方法进行整合,能够在科学的概念下排斥任何

---

〔1〕 关保英:《行政法私权文化与潜能》,山东人民出版社2003年版,第344页。

〔2〕 [英]戴维. M. 沃克:《牛津法律大辞典》,北京社会与科技发展研究所译,光明日报出版社1988年版,第790页。

感情因素，能够用一定的量化标准来衡量，能够用有效的方法对发展变化来分析。

（五）行政法思想趋向创新属性

行政法的制定需要严格的法定程序，从需要行政法调整的社会现象出现到行政法规则的产生存在着时间差。而社会发展的活跃性是客观存在，不以行政法规则是否制定为转移。所以，这种时间差反映了行政法规范在现代行政法治过程中的弊端。同样，行政法规范的修改和废止也需要特别程序，在尚不发达的我国，诸多行政法规范发生法律效力的时间竟高达半个世纪，行政法规范与其所规制的社会现象之间常常存在代际之差，行政法规范明显滞后于时代，阻滞社会的发展。后现代行政法所处的社会背景是一种不断组合、变迁的动态化格局，行政法规范在这样的社会背景下已经由被动变为主动，对多变的社会关系和社会事态进行不间断的感应，通过立法主体的主动行为设计新的社会关系模式，使其所设计的社会关系模式本身具有超前性。后现代行政法对社会变化的应对就是不断设计新的制度，反映新的社会过程，不断创新行政法的各种制度和理念。

三、行政法认知理性化

现代行政法是人们对行政法现象的认识，属于行政法认知的范畴。现代行政法中人们认识行政法更多的是将行政法放在法的范畴内来考察。现代行政法作为一个法律现象首先是实在法的问题，即一套法律制度和法律规范以及与之相关的运作机制等。静态行政法和动态行政法共同构成了行政法现象。[1] 静态行政法是指行政法的若干静态要素，如行政法典体系、行政法的相关体制、行政法的一些制度等，它是行政法现象中最为基础的东西。动态行政法则是指行政法运作过程及其运作过程中的关系要素，如行政法中主体构建行为、行政法实施与实现、行政法的社会反馈等，它是行政法现象的关键要素。这两个范畴中的一个及其相互关系是人民评价行政法现象及其质量的标准。即静态行政法若比较发达，动态行政法亦比较发达，同时，二者能保持平衡，这个政权体系下行政法就是发达的，反之，则是不发达的。这便成为行政法认知的外在标准，与这标准相辅相成的其他行政法认知内在标准还很广泛，如行政法的价值判断、行政法的理念体系、行政法的模式、行政法的相关解释方法等，但这些认知均不能从行政法现象中独立出来。

现代行政法作为一种法律实在产生的时间较早，且具有相对的规则内涵。而现代行政法作为一种认知产生的时间要比作为法律实在的现代行政法晚得多。这就表明行政法作为实在法的含义高于行政法作为法律理念的含义。但由于现代思想体系的飞速发展以及各个国家民主进程的推进，现代行政法思想也逐步得到升华，行政法的认知理念也随着行政法思想的升华而升华，逐步实现行政法作为法律理念的含义高于行政法作为实在法含义的转变，这一变化是行政法逐步走向理性化标志。其

---

〔1〕　关保英：《行政法的价值定位》，中国政法大学出版社1997年版，第102页。

表现在行政法的认知趋向时代性、哲理性与方法论等方面。

（一）行政法认知趋向时代性

当今社会日新月异，从形式上表明了社会的发展与进步。但判断社会的发展重要的因素是其经济基础与在该基础之上所建立的上层建筑。科学技术的突飞猛进，促进了生产力与生产关系的发展，经济基础也随之发展。经济基础决定上层建筑，经济基础的发展必然导致上层建筑的改变。从法社会学的角度上看，法律是调节社会的工具，是属于上层建筑的范畴。社会经济的发展必然带来法律的变迁。"社会的需要和社会的意见常常或多或少走在法律前面的。我们可以非常接近地达到它们之间缺口的结合处，但永远存在的趋向是要把这缺口重新打开来。因为法律是稳定的，而我们谈到的社会是进步的，人民幸福的或大或小，完全决定于缺口缩小的快慢程度。"[1] 现代行政法是社会的产物，其只有满足现代社会的基本要求，才能体现行政法存在的价值。现代的社会被诸多的思想家冠以民主社会、知识经济社会、信息社会、科技社会与网络社会来突出社会的特征。反映出时代的变迁给社会带来的巨大影响。行政法是对现实与未来社会存在的表达，行政法的发展规律就是认清现实，再在现实的基础上预测未来。从而将国家的行政管理置于科学的法治轨道，行政法的认知趋向与社会的特征一致是其理性的现实表现。

（二）行政法认知趋向哲理性

哲学家黑格尔认为，历史是一条"永动的河流，随着它的奔腾，独特的个性不断被抛弃，并且总是在新的法律基础上形成新的个性结构"即社会生活（包括法律在内）的种种表现形式，都是一个能动、发展过程的产物。这种过程采取一种辨证的形式：它呈现在正题、反题和合题之中……在这一历史过程中，法律和国家起着至关重要的作用。[2] 奥特弗利德·赫费认为："法和国家理论主要是由哲学家们写成的。"[3] 法律与国家管理制度属于哲学范畴的内容。行政法作为一个部门法亦应有其自身的哲学内涵。较其他部门法而言，行政法是除宪法以外对社会中权力分配与权利与义务的赋予最确定的部门法。其公正、合理与否，直接影响着对整个社会的价值判断的观念。自然与社会科学的发展，行政法就不能片面的静止于其原始存在的状态之中，而要适应形势的发展。但这种变化不是对原有的事物全部的否认，而是对不适应人类发展事物的修正与科学方法的吸纳的过程。行政法认知就是要求将行政法本身纳入哲学的范畴。将行政法的本质与现象用哲学的方法予以表现，既体现出行政法的基础社会价值，又体现出行政法与社会的一致性。

〔1〕 ［美］梅因：《古代法》，沈景一译，商务出版社1959年版，第15页。
〔2〕 ［美］E. 博登海默：《法理学——法哲学及其方法》，邓正来等译，华夏出版社1987年版，第76～77页。
〔3〕 ［德］奥特弗利德·赫费：《政治的正义性》，庞学铨、李张林译，上海译文出版社1998年版，第3页。

（三）行政法认知趋向方法论

方法论一词有时用作指一门学科的技术程序，不过是代替方法的一个比较动听的同义语，然而它更经常是指人们对一门学科的概念理论以及基本推理原则的研究。[1] 科学的方法论是人们认识与研究某一事物及现象的手段。"如果没有个人主义方法论在 19 世纪末的广泛传播，微观经济学中的诸多理论就很难在当时产生和深化；倘若不确立整体主义方法论，制度主义者一类经济学'异端'也不可能始终沿着'制度—结构'分析的道路行进；假使 30 年代并未发生'方法论革命'，计量经济学、投入产出经济学等新分支也绝对无法随即问世。"[2] 行政法的认知是一个极其复杂的系统，它涉及行政法的方方面面。行政法的认知是对行政法的发展方向与价值的趋向的认同，没有科学的方法论来指导，行政法认知就有可能迷失了方向。行政法就难以找到有效的途径来实现自己存在的价值。针对行政法知识而言，法学方法是人思想对客观规律的表达模式。在实践中，行政法的产生是依赖一定的物质基础与社会基础，行政法的认知就离不开这些物质基础与社会基础。行政法只有对行政实在法背后的物质关系与社会关系的认知，才会得出行政法的本质。这就要求行政法的认知采用唯物主义方法论的基础之上，运用历史的方法、比较的方法与分析的方法等方法来科学的认识行政法。

四、行政法学趋向经院化

经院哲学或经院主义（scolastic philosophy 或 scolasticism）一词来自拉丁文 *scolasticus*。从 6 世纪开始，这个词语主要用于教育领域，习惯上把修道院学校或主教教会学校里履行教育职能的人称作 *scholasticus*。相应地，这些学校里传授的知识就叫做经院知识或经院哲学，其内容包括神学也包括自由艺术，而自由艺术的主要部分就是哲学。[3] 但经院主义思想的繁荣，是伴随着 12 世纪学校的兴起而发展起来的。经院哲学家至少有三个共同的特点：①重视严格的论证，相信逻辑和辩证法能通过讨论和分析揭示哲学真理，这也是理性论证的原则；②接受古人的洞见作为发展他们自己思想的基本指南，充分关注早期哲学家们保留下来的思想和作品，以说明一个人参考前人或与前人对话时自身反思的逻辑合理性，这是一条权威的原则；③一般都提出并讨论理论和启示真理的关系问题，而且使哲学的洞见符合神学的教导，这是信仰和理性和谐一致（concordia）的原则。[4] 其中，第一个特点最为重要，是经院哲学的核心内容。中世纪的神学家从 12 世纪初开始经常把他们的作品展

---

〔1〕 ［英］马克·布劳格：《经济学方法论》，石士钧译，商务印书馆 1992 年版，序言第 1 页。

〔2〕 ［英］马克·布劳格：《经济学方法论》，石士钧译，商务印书馆 1992 年版，译者前言第 1 页。

〔3〕 ［德］吴尔夫：《经院哲学导论》，P. 科菲英译，多弗出版公司 1956 年版，第 13 页。

〔4〕 乔治·J. E. 格雷西亚、蒂莫西·B. 努恩编：《中世纪哲学指南》，布莱克维尔出版社 2003 年版，第 55～56 页。

示为语录（箴言，sentences）、问题（quaestion）或大全（概要，summae），而代表经院哲学特点则是问题形式。它的论证和反论证、结论和返回原始论证的辩证法结构，反映了中世纪大学教育实践的一种核心方法，这就是辩论。Quaestion 的目的就是通过分辨对立的权威或观点而进行深入理解，其实质就是一种最大可能的理智的开放性。[1] 我国的行政法学起步较晚，但很迅速。特别是行政法的经院化发展趋势相当明显，体现了行政法学发展的新趋势。

（一）行政法学教育理念与方法趋向经院化

行政法作为一门科学，属于人们的科学的思维方式。那么，科学化的教育理念尤为重要。这就决定了对行政法的教育不能是对行政法律规范的简单了解，而应是对行政法科学规律的认知。在 80 年代期间，我国的行政法教学的学科主要是以"行政法"来命名，如我国 1983 年 6 月出版的由王珉灿任主编的第一部统编行政法学科的教材《行政法概要》、支馥生主编的《行政法教程》等。在高校的课程表上也多以"行政法"来命名。这样的命名和这样的课程体现实质上反映了行政法教学以实证法和实在法为基本教学单位的现实，也反映了行政法教学以注释为主这样一个格局。所谓注释式教学就是只对一国行政法的相关制度，行政法的法律规范，行政法的法典类型进行讲解，且这种讲解不能超过基本的行政法框架。[2] 也就是说，在以行政法为学科体系的情况下，教学主要是围绕一国制定的实在行政法规范进行在教学的过程中，只要求对一国行政法规范的基本含义进行解释，不要求对该规范进行深层次的剖析。到 90 年代以后，我国的大多数的行政法教科书都以行政法学来命名。如罗豪才主编的《行政法学》、应松年主编《新编行政法学》等。

在以行政法学为学科体系情况下，其不仅仅是要求让学生了解一国行政的实在法律规范，而是要求学生深入地了解一国法律规范背后所涉及的各种社会关系，远远超出了一国实在行政法律规范的内容。如以"行政法"命名的教科书中大多数按照实在行政法律规范的内容编排，而以"行政法学"命名的教科书里则突破这样的编排体系，不再按照行政实在法律规范的顺序来设计：首先，是对行政法学基本理论与基础理论的讲解，引导学生对行政法的制度的本质与规律有所了解，拓宽学生对行政法律制度了解的视野，启发学生对行政法律制度的思考。其次，才是对行政法实在法律规范的讲解，也不再是简单地按照行政实在法律规范的顺序编排，而是按照行政法的理论框架来介绍一国实在行政法律规范。关保英教授在其主编的教科书里就是按照体制行政法、行政行为法、行政救济法的框架来讲解行政法规范的内容。此外，在教学的方法上，行政法的课程体系是在一国的意识形态之下对实在行政法规范的含义与功能的讲解。行政法学则强调的是要用科学的方法对行政法的基本理论与实在行政法规范进行科学的评价。这种教学方法的转换便直接导致行政法学知识广度与深度的拓展，使行政法学教育成为获得行政法学

---

[1] 菲力普·W. 罗斯曼：《和富科一起理解经院思想》，圣马丁出版社 1999 年版，第 173 页。

[2] 关保英：《行政法教科书之总论行政法》，中国政法大学出版 2005 年版，第 24 页。

知识与社会知识最为有效的途径。

（二）行政法学人才培养途径趋向经院化

20世纪80年代，为解决我国法律人才的不足，国家倡导多形式、多层次的方式来培育法学人才，形成了普通高等法学教育、成人法学教育与法律从业机构培训等多种形式。由于培养方式、标准、目标的不统一，培养出来的人才素质参差不齐。就行政法学人才培养而言，除高等法律院校的学科教育外，其他的人才的培养方式主要是立足对行政实法的了解与适用。即要求其能够将行政法规范应用到行政管理的实践当中。这样的培养模式与一国的行政法治体系有关，当一国的行政法典非常完善，有一系列可以适用的行政法规范，这样的培养方式对行政法治起到积极的作用，可以将较完善行政法律规范直接应用到实践中。不足的是，对行政法的基本理论则没有太多的深入研究，对存在于行政法规背后的各种社会关系不能全面地了解，就难以适应不断变化的各样的行政法律关系，也就不能成为高素质的行政法学人才。我国的行政法还处于起步阶段，行政法律规范还没有形成完善的法律体系。这些就要求我国的法学教育必须培养出既熟知行政法理论又精通实法法律规范的学者型的法学人才，以推动我国的行政法律制度的建设。从这个角度看，以行政法学为学科体来实施教育成为必然，即行政法的教学不限于对实体法的解释，应拓宽到对行政法律规范背后的各种社会关系的理论研究与探讨。

在我国，这种教育的方式主要通过高等法学院校的层次教育（高等法学院校法学培养分三个层次，即法学本科、硕士和博士）来实施的。近几年，高等法学院的这种方式得到迅速的发展。如在高校内部对博士点的建设上，截至2001年底，全国博士学位授予单位323个，其中高等学校为276个，占85.4%；博士学位授予一级学科383个，其中高等学校331个，占86.4%；博士学位授权点1 827个，其中高等学校1 427个，占78.1%。[1] 行政法硕士点、博士点的建设也是在我国大力加强高校内部高学位建设的步伐中迅速发展起来的。1982年，安徽大学法律系招收首批行政法专业研究生，袁曙宏、陆一平成为建国以来的首批行政法专业研究生。1983年，北京政法学院（后改名为中国政法大学）开始招收行政法专业研究生。自1993年后，我国的行政法博士点也不断扩大，北京大学、中国政法大学、中国人民大学、中国社会科学院法学所、苏州大学、浙江大学、武汉大学、中南财经政法大学等机构先后在宪法行政法与行政诉讼法专业取得行政法学（行政诉讼法）专业博士学位授予权。到本世纪初，上述单位行政法硕士、博士的培养工作均得到快速发展，培养的行政法博士大多数在行政法学研究上有所建树，对我国的行政法学的发展与司法实践的进步起到了很大的推动作用。由此证实，经院化的行政法学人才的培养途径随着社会的发展将倍受重视。

---

[1] 吴镇柔、陆叔云、汪太辅主编：《中华人民共和国研究生教育和学位制度史》，北京理工大学出版社2001年版，第176页。

图书在版编目（CIP）数据

行政法思想史 / 关保英主编． 一北京：中国政法大学出版社，2008.7
ISBN 978-7-5620-3246-5

Ⅰ.行... Ⅱ.关... Ⅲ.行政法 - 思想史 - 世界 Ⅳ.D912.102
中国版本图书馆CIP数据核字（2008）第107830号

出版发行	中国政法大学出版社
经　销	全国各地新华书店
承　印	固安华明印刷厂

787×960　　16开本　　37.75印张　　780千字
2008年7月第1版　2008年7月第1次印刷
ISBN 978-7-5620-3246-5/D•3206
定　价: 59.00元

社　址	北京市海淀区西土城路25号
电　话	(010)58908325（发行部）　58908285（总编室）　58908334（邮购部）
通信地址	北京100088信箱8034分箱　邮政编码 100088
电子信箱	zf5620@263.net
网　址	http://www.cuplpress.com （网络实名：中国政法大学出版社)
声　明	1. 版权所有，侵权必究。
	2. 如有缺页、倒装问题，由本社发行部负责退换。
本社法律顾问	北京地平线律师事务所